[MIRROR]
理想国译丛
imaginist
060

想象另一种可能

理
想
国
imaginist

理想国译丛序

"如果没有翻译,"批评家乔治·斯坦纳(George Steiner)曾写道,"我们无异于住在彼此沉默、言语不通的省份。"而作家安东尼·伯吉斯(Anthony Burgess)回应说:"翻译不仅仅是言辞之事,它让整个文化变得可以理解。"

这两句话或许比任何复杂的阐述都更清晰地定义了理想国译丛的初衷。

自从严复与林琴南缔造中国近代翻译传统以来,译介就被两种趋势支配。

它是开放的,中国必须向外部学习;它又有某种封闭性,被一种强烈的功利主义所影响。严复期望赫伯特·斯宾塞、孟德斯鸠的思想能帮助中国获得富强之道,林琴南则希望茶花女的故事能改变国人的情感世界。他人的思想与故事,必须以我们期待的视角来呈现。

在很大程度上,这套译丛仍延续着这个传统。此刻的中国与一个世纪前不同,但她仍面临诸多崭新的挑战。我们迫切需要他人的经验来帮助我们应对难题,保持思想的开放性是面对复杂与高速变化的时代的唯一方案。但更重要的是,我们希望保持一种非功利的兴趣:对世界的丰富性、复杂性本身充满兴趣,真诚地渴望理解他人的经验。

理想国译丛主编

梁文道　刘瑜　熊培云　许知远

[英]奥兰多·费吉斯 著　　王晨 译

创造欧洲人：
现代性的诞生与
欧洲文化的形塑

ORLANDO FIGES

THE EUROPEANS: THREE LIVES AND
THE MAKING OF A COSMOPOLITAN CULTURE

北京日报出版社

The Europeans: Three Lives and the Making of a Cosmopolitan Culture
by Orlando Figes
Copyright © Orlando Figes 2019
This edition arranged with ROGERS, COLERIDGE & WHITE LTD (RCW)
through Big Apple Agency, Inc., Labuan, Malaysia.
Simplified Chinese edition copyright © 2023
Beijing Imaginist Time Culture Co., Ltd.
All rights reserved.

北京版权保护中心外国图书合同登记号：01-2022-1400

地图审图号：GS（2020）2263号

图书在版编目(CIP)数据

创造欧洲人：现代性的诞生与欧洲文化的形塑 /（英）奥兰多·费吉斯著；王晨译 . -- 北京：北京日报出版社, 2023.3

（理想国译丛）

ISBN 978-7-5477-4227-3

Ⅰ. ①创… Ⅱ. ①奥… ②王… Ⅲ. ①文化史－欧洲 Ⅳ. ① K500.3

中国版本图书馆 CIP 数据核字 (2022) 第 003861 号

责任编辑：许庆元
特约编辑：梅心怡
装帧设计：陆智昌
内文制作：陈基胜

出版发行：北京日报出版社
地　　址：北京市东城区东单三条 8-16 号东方广场东配楼四层
邮　　编：100005
电　　话：发行部：（010）65255876
　　　　　总编室：（010）65252135
印　　刷：山东临沂新华印刷物流集团有限责任公司
经　　销：各地新华书店
版　　次：2023 年 3 月第 1 版
　　　　　2023 年 3 月第 1 次印刷
开　　本：965 毫米 ×635 毫米　1/16
印　　张：47.5
字　　数：630 千字
定　　价：148.00 元

版权所有，侵权必究，未经许可，不得转载

如发现印装质量问题，影响阅读，请与印刷厂联系调换

献给我的姐姐凯特

目 录

关于货币的注释 i
插图列表 v
地图 xii

导言 001

第一章 1843 年的欧洲 009
第二章 舞台上的革命 095
第三章 机械复制时代的艺术 165
第四章 流动的欧洲 239
第五章 欧洲在玩乐 295
第六章 没有音乐的国度 379
第七章 没有国界的文化 411
第八章 死亡与正典 479

后记 539

附录 音乐、戏剧、文字、绘画作品列表 557

注释 591
致谢 647
索引 651

关于货币的注释

我给出了原货币的金额,并在括号中加上了等值法郎的数字,以便于比较。

在19世纪的大部分时间里,欧洲主要货币之间的汇率相对稳定。汇率取决于钱币的金属成分。关键的稳定因素是英镑,它采用了金本位制。其他货币通过转向银本位制(例如大多数德意志和斯堪的纳维亚国家)或金银双本位制(例如法国和俄国)确立了对英镑的稳定汇率。从19世纪70年代开始,欧洲普遍转向黄金平价。

19世纪中期,100法郎大致相当于:

4英镑

25俄国银卢布*

---

* 1843年之前有两种卢布流通:银卢布(当时价值大约4个法国法郎),用于对外支付和委托;纸卢布(常被称为"指券"[assignat])由政府发行,可以按照3.5比1的比率兑换银卢布(因此价值略高于1个法国法郎)。1843年,纸卢布退出流通,被国家债券取代。——本书脚注若无特别说明,皆为作者原注。

90米兰（奥地利）里拉

19罗马斯库多

23那不勒斯杜卡托

38奥地利盾

27普鲁士塔勒

100比利时法郎

20美元

作为价值指标，简单的货币换算可能具有误导性，因为它没有考虑购买力的差异。英国的生活成本普遍高于欧洲大陆，尽管得益于工业化和帝国，一些商品（如棉花）更加便宜。更高的成本也反映在英国更高的工资上。英国专业阶层的工资比他们在欧洲大陆的同行高得多。1851年，一名英国上诉法院法官的工资为6000英镑（约合15万法郎），是法国同等法官年收入的两倍。牛津学院院士每年的基本收入为600英镑（约合1.5万法郎），比索邦大学的教授收入（每年约1.2万法郎）要高。在中下阶层，差异就不那么明显了。19世纪50年代，一个"中等"英国家庭的年收入一般在150英镑（3780法郎）左右，法国绝大多数中产阶级家庭的收入至少能与之持平，而且嫁妆对家庭收入的补充力度一直要高于英国。一名法国技工或初级工程师每年可以挣3000到7000法郎。一名熟练的城市工人或职员的年薪在800到1500法郎。在社会阶层的这一头，英国人的薪水与之相仿。

在艺术界，收入差异巨大。就收入而言，本书中的艺术家和音乐家在上面描述的阶层中位于收入最高的法官和收入最低的技工之间。举几个例子就足以说明这种收入的差异。19世纪50年代，处于事业巅峰的阿里·舍费尔（Ary Scheffer）每年能挣4.5万到16万法郎；但与此同时，许多艺术家一年挣不到5000法郎，比如舍费

关于货币的注释

尔的门徒泰奥多尔·卢梭（Théodore Rousseau）。1854年之前，作家维克多·雨果（Victor Hugo）靠写作平均每年收入2万法郎。乔治·桑（George Sand）和伊凡·屠格涅夫（Ivan Turgenev）的收入也差不多——后者还能从自己的庄园中获得同样的收入。1849年到1853年间，作曲家罗伯特·舒曼（Robert Schumann）靠作曲平均每年挣得约1600普鲁士塔勒（约合6000法郎），另外每年还能从杜塞尔多夫（Düsseldorf）乐队指挥的职位上平均领到750塔勒（约合2800法郎）的薪水。

将这些数字换算成今天的价值几乎是不可能的。在19世纪，商品和服务的成本截然不同。当时的劳动力要便宜得多（在俄国，对拥有农奴的地主来说是免费的），房租也远不如现在高，但城市里的食物相对昂贵。下面的数字能帮助读者对19世纪中期的货币价值有个大体的印象：100万法郎是一大笔钱，能够购买相当于今天500万英镑（650万美元）的商品和服务；10万法郎足够买下一座带大片土地的城堡（就像维亚尔多夫妇[Viardots]在库尔塔维内尔[Courtavenel]那样的）；1万法郎大致相当于今天的5万英镑（6.5万美元），这是维亚尔多夫妇为著名的管风琴匠人阿里斯蒂德·卡瓦耶—科尔（Aristide Cavaillé-Coll）制作的管风琴所支付的金额。

插图列表

* 正文中出现的人名,此处不标记原文。作品原文名称参见附录。

正文插图

图 1　意大利剧院,根据欧仁·拉米(Eugène Lami)的画制作的版画,1840 年左右。(纽约公共图书馆)

图 2　阿尔弗雷德·德·缪塞,对路易·维亚尔多追求保琳娜的讽刺画,1840 年左右。(巴黎法兰西学院图书馆,RMN-Grand Palais,法兰西学院/Gérard Blot)

图 3　贾科莫·梅耶贝尔的照片,1847 年。(维基共享资源)

图 4　屠格涅夫的母亲瓦尔瓦拉·彼得罗夫娜·卢托维诺娃,达盖尔相片,1845 年左右。(奥廖尔斯帕斯科耶—卢托文诺沃伊凡·屠格涅夫国家纪念馆和自然保护区)

图 5　克拉拉与罗伯特·舒曼,达盖尔相片,1850 年左右。(adoc-photos/Getty Images)

图 6　莱比锡布商大厦,版画,约 1880 年。(akg-images)

图 7　保琳娜·维亚尔多在写给尤里乌斯·里茨的信中画的库尔塔维内尔城堡,1858 年 7 月 5 日。(纽约公共图书馆,JOE 82-

1, 40）

图 8　肖邦的六首《玛祖卡舞曲》乐谱，保琳娜·维亚尔多改编，E. Gérard & Cie，1866 年。（私人收藏）

图 9　梅耶贝尔的《先知》中的"溜冰芭蕾"，手绘黏土模型的立体照片，19 世纪 60 年代。（Lebrecht/Alamy）

图 10　夏莱和雅各宾（Charlet & Jacobin），夏尔·古诺的照片，1850 年左右。（Bridgeman Images）

图 11　查尔斯·瑟斯顿·汤普森（Charles Thurston Thompson），消防队和炼糖厂之间的画廊，来自 R. J. Bingham and C. T. Thompson, *Paris Exhibition*, 1855, Vol. I, No. XXXVIII。（伦敦维多利亚和阿尔伯特博物馆）

图 12　古皮尔坐落在巴黎城外的印刷厂，版画，来自《画报》，1572 期，1873 年 4 月 12 日。（Getty Images/De Agostini）

图 13　纳达尔，埃克托尔·柏辽兹的照片，1857 年。（Archive Farms/Getty Images）

图 14　安德烈-阿道夫-欧仁·迪斯代里，保琳娜·维亚尔多在《俄耳甫斯》中的扮相照片，1859 年。（巴黎法国国家图书馆）

图 15　保琳娜·维亚尔多在屠格涅夫的笔记本上画的五角星，1862 年。（巴黎法国国家图书馆，Slave 88. Tourguéniev. Manuscrits parisiens XV, fol. 91v）

图 16　屠格涅夫在巴登的别墅照片，1986 年。（得到提供者尼古拉斯·泽库林的复制许可）

图 17　鲁道夫·克里兹瓦内克（Rudolf Krziwanek），约翰·施特劳斯和约翰内斯·勃拉姆斯在巴德伊舍尔的照片，1894 年。（Getty Images/De Agostini）

图 18　路德维希·皮奇，《最后的巫师》在屠格涅夫的巴登别墅的首演，版画，1867 年。（Heritage Image Partnership/Alamy）

插图列表

图 19　未具名，雅克·奥芬巴赫的照片，约 19 世纪 70 年代。（Lebrecht/Alamy）

图 20　埃蒂安·卡尔雅（Étienne Carjat），居斯塔夫·福楼拜的照片，1870 年左右。（鲁昂市立图书馆）

图 21　伦敦德文郡广场 30 号的照片，2019 年。（作者拍摄）

图 22　伊凡·屠格涅夫，来自给保琳娜·维亚尔多的一封信，上有他根据格罗夫纳馆的一幅画中描绘的形象所画的草图。（法国国家图书馆，手稿部，保琳娜·维亚尔多档案，NAF 16273）

图 23　夏尔·莫朗（Charles Maurand）根据奥诺雷·杜米埃（Honoré Daumier）的画制作，德鲁奥拍卖行的展厅，版画，1862 年。（戴维森艺术中心开放获取图像，康涅狄格州米德尔敦卫斯理安大学）

图 24　商（即诺埃伯爵阿梅代·夏尔·亨利），"印象派画家可以通过演奏瓦格纳的音乐来让他们的展览效果翻倍"，漫画，《逗闹》杂志，1877 年 4 月 22 日。（海德堡大学图书馆）

图 25　未具名，维克多·雨果在巴黎凯旋门的丧礼，1885 年 5 月 31 日。（维基共享资源）

图 26　未具名，奥古斯特·罗丹站在他塑的雨果像旁边，1902 年。（ullstein bild/Getty Images）

图 27　圭戈尼和波西（Guigoni and Bossi），朱塞佩·威尔第的送葬队伍在米兰波拿巴广场上，1901 年 1 月 30 日，来自《意大利画报》，XXXVIII：9，1901 年 3 月 3 日。（Getty Images）

图 28　未具名，里科尔迪出版社在伦敦的店铺，1900 年左右。（里科尔迪档案）

图 29　约翰·沃尔夫冈·歌德，雷克拉姆万有文库版《浮士德》

第一卷的封面，1867 年。私人收藏。（Fine Art Images/Heritage Images/Getty Images）

图 30　未具名，雷克拉姆万有文库的仓库，约 1930 年。（Imagno/Getty Images）

图 31　未具名，保琳娜·维亚尔多在她位于巴黎圣日耳曼街边的房子的阳台上，1900 年左右。（Lebrecht/Alamy）

图 32　未具名，巴黎世博会入口，1900 年。（日内瓦博物馆日内瓦图像中心）

彩色插图

图 1　阿里·舍费尔，《保琳娜·加西亚像》，布面油画，1840 年。巴黎浪漫生活博物馆。（Roger-Viollet/TopFoto）

图 2　绘者未具名，由皮埃尔·朗格鲁梅（Pierre Langlumé）制作雕版，曼纽埃尔·加西亚饰演奥赛罗，版画，约 1821 年。（维基共享资源）

图 3　泽菲兰·贝利亚尔（Zéphirin Belliard），路易·维亚尔多，版画，约 1839 年。（Heritage Image Partnership/Alamy）

图 4　亨利·德凯纳（Henri Decaisne），玛丽亚·马里布兰在《奥赛罗》中饰演苔丝狄蒙娜，布面油画，1830 年。巴黎卡纳瓦莱博物馆。（Granger Historical/Alami）

图 5　约瑟夫·魏宁格（Josef Weninger），伊凡·屠格涅夫的达盖尔相片，1844 年。（莫斯科国家历史博物馆）

图 6　亨德尔的《里纳尔多》中的《无情的阿尔米达》和《请让我哭泣》的乐谱，毕肖普（H. R. Bishop）改编，伦敦，1840 年。（作者收藏）

图 7　约瑟夫·丹豪泽（Josef Danhauser），《弗朗茨·李斯特在钢琴边幻想》，布面油画，1840 年。柏林国家博物馆，普

插图列表　　　　　　　　　　　　　　　　　　　　　　　　　　　ix

　　　　鲁士文化财产基金会，老国家美术馆。（Heritage Image Partnership/Alamy）

图 8　居斯塔夫·库尔贝，《奥尔南的葬礼》，布面油画，1849—1850 年。巴黎奥赛博物馆。（Ian Dagnall/Alamy）

图 9　保罗·塞尚，《弹钢琴的少女》，布面油画，1868 年。圣彼得堡艾尔米塔什博物馆。（Classic Paintings/Alamy）

图 10　让—莱昂·热罗姆，《化装舞会结束时的决斗》，布面油画，1857 年。（Painters/Alamy）

图 11　夏尔—弗朗索瓦·杜比尼，《瓦尔蒙杜瓦山的月光》，蚀刻画，1877 年。（纽约大都会艺术博物馆，戴维·T. 明尼伯格医生与其妻安妮·W. 明尼伯格捐赠，No. 2012.236.3）

图 12　莱维茨基（S. L. Levitskii），保琳娜·维亚尔多的达盖尔相片，1853 年。（莫斯科国家历史博物馆）

图 13　路易·维亚尔多的照片，1868 年。（巴黎法国国家图书馆）

图 14　保琳娜·维亚尔多在巴黎的音乐沙龙，手工上色版画，1858 年。（Stefano Bianchetti/Getty Images）

图 15　保琳娜与女儿克劳迪娅和玛丽安娜，以及让娜·波梅在巴登—巴登，1870 年，布日瓦尔屠格涅夫博物馆。（作者拍摄）

图 16　鲁阿尔格（Rouargue）兄弟，巴登—巴登，手工上色版画，1858 年。（作者收藏）

图 17　埃德加·德加，《犬之歌》，水粉和粉彩独幅纸面版画，1875—1877 年。私人收藏。（Art Heritage/Alamy）

图 18　雅姆·蒂索，《伦敦游客》，布面油画，1874 年。（莱顿艺术收藏有限公司，弗雷德里克·莱顿捐赠，威斯康星州密尔沃基艺术博物馆，L1888.14.）

图 19　伊利亚·列宾，《伊凡·屠格涅夫像》，布面油画，1874 年。莫斯科特列季亚科夫国家美术馆。（Sputnik/Alamy）

图20 阿列克谢·哈拉莫夫,《伊凡·屠格涅夫像》,布面油画,1875年。圣彼得堡国家博物馆。(Heritage Image Partnership/TopFoto)

图21 阿列克谢·哈拉莫夫,《路易·维亚尔多像》,布面油画,1875年。(第戎市立图书馆)

图22 卡米耶·柯罗,《农妇捡柴》,意大利,布面油画,约1870—1872年。私人收藏。(Christie's/Bridgeman Images)

图23 泰奥多尔·卢梭,《霜,在瓦尔蒙杜瓦的高山上》,布面油画,1845年。(马里兰州巴尔的摩沃尔特斯艺术博物馆,威廉·T.沃尔特斯于1882年购置,37.25)

图24 皮埃尔-奥古斯特·雷诺阿,《拉格勒努耶尔》,布面油画,1869年。奥斯卡·莱因哈特收藏,温特图尔。(Art Collection/Alamy)

图25 爱德华·莫奈,《埃米尔·左拉像》,布面油画,1868年。巴黎奥赛博物馆。(Peter Horree/Alamy)

图26 埃德加·德加,《巴黎歌剧院的管弦乐队》,布面油画,1870年。巴黎奥赛博物馆。(Art Heritage/Alamy)

图27 皮埃尔-奥古斯特·雷诺阿,《乔治·夏庞蒂埃夫人和她的孩子们》,布面油画,1878年。(纽约大都会艺术博物馆,凯瑟琳·洛里亚德·沃尔夫收藏,沃尔夫基金会,1907年。No. 07.122.)

图28 克劳德·莫奈,《圣拉扎尔车站》,布面油画,1877年。巴黎奥赛博物馆。(Peter Barrett/Alamy)

图29 约瑟夫·费迪南德·开普勒(Joseph Ferdinand Keppler),"盗版出版商",彩色版画,《普克》(Puck)插图,1886年2月24日。(华盛顿国会图书馆印刷品和照片部)

图30 维亚尔多别墅,1900年左右,布日瓦尔屠格涅夫博物馆。(作

插图列表　　xi

者拍摄）

图 31　"白蜡树之屋"，屠格涅夫在布日瓦尔的别墅，2018 年。（布日瓦尔旅游局）

图 32　彩绘玻璃，上面绘有屠格涅夫的形象，布日瓦尔"白蜡树之屋"，2018 年。（作者拍摄）

图 33　带保琳娜·维亚尔多肖像的吊坠，屠格涅夫佩戴。布日瓦尔屠格涅夫博物馆。（作者拍摄）

图 34　屠格涅夫临终时所卧的床，照片，2018 年摄于布日瓦尔屠格涅夫博物馆。（作者拍摄）

图 35　克劳迪娅·维亚尔多，临终的屠格涅夫像，铅笔画，1883 年。（保琳娜·维亚尔多-加西亚附加文件，MS Mus 264。霍顿图书馆，哈佛大学图书馆）

图 36　安德烈·塔波尼埃（André Taponier），保琳娜·维亚尔多像，1900 年左右。巴黎玛格丽特·杜朗图书馆。（Roger-Viollet/TopFoto）

地图1 19世纪40年代初的欧洲（本书地图皆为原书所附）

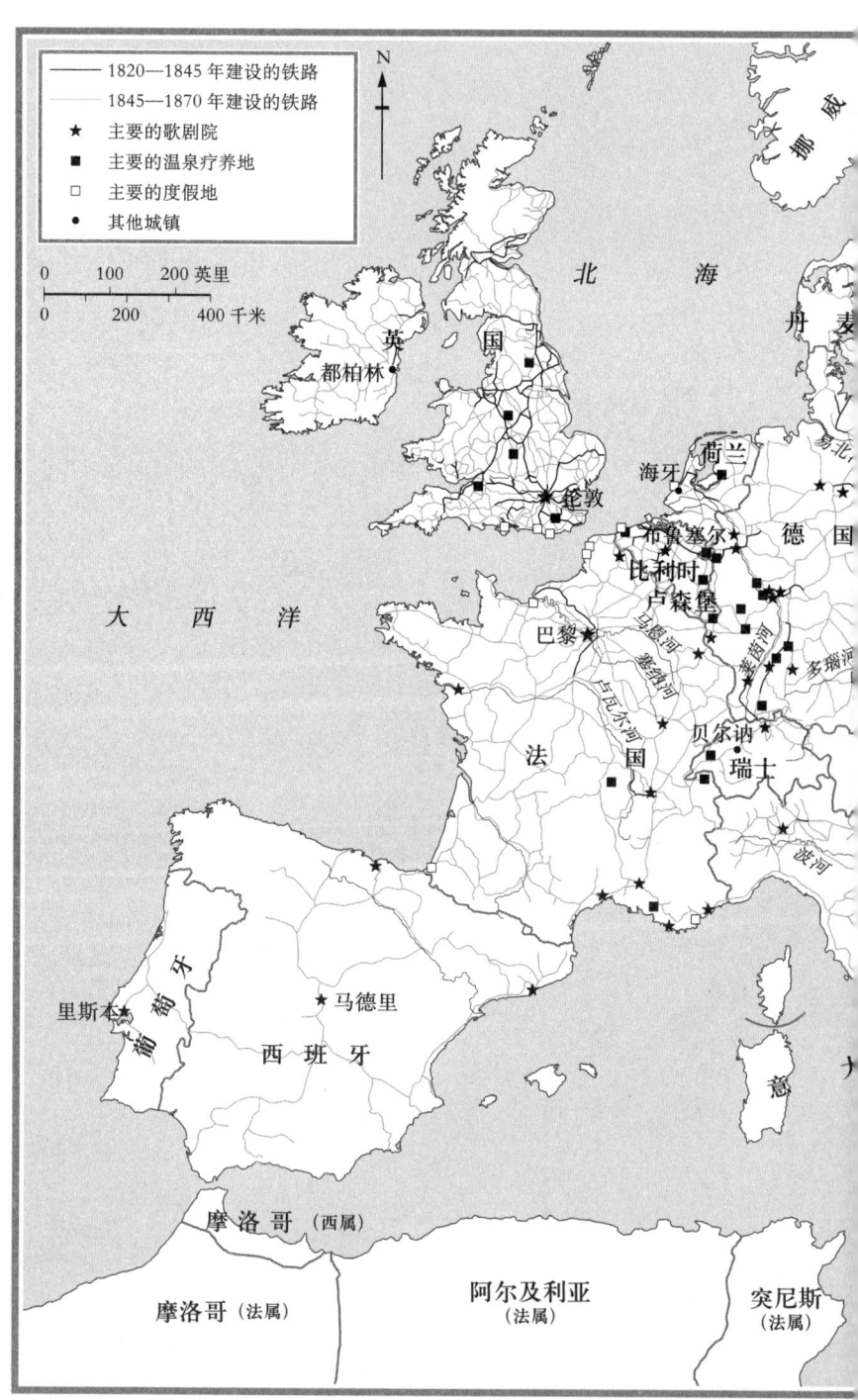

地图2　1820—1870年欧洲铁路的发展，以及1914年前主要的温泉疗养地、度假地和歌剧院

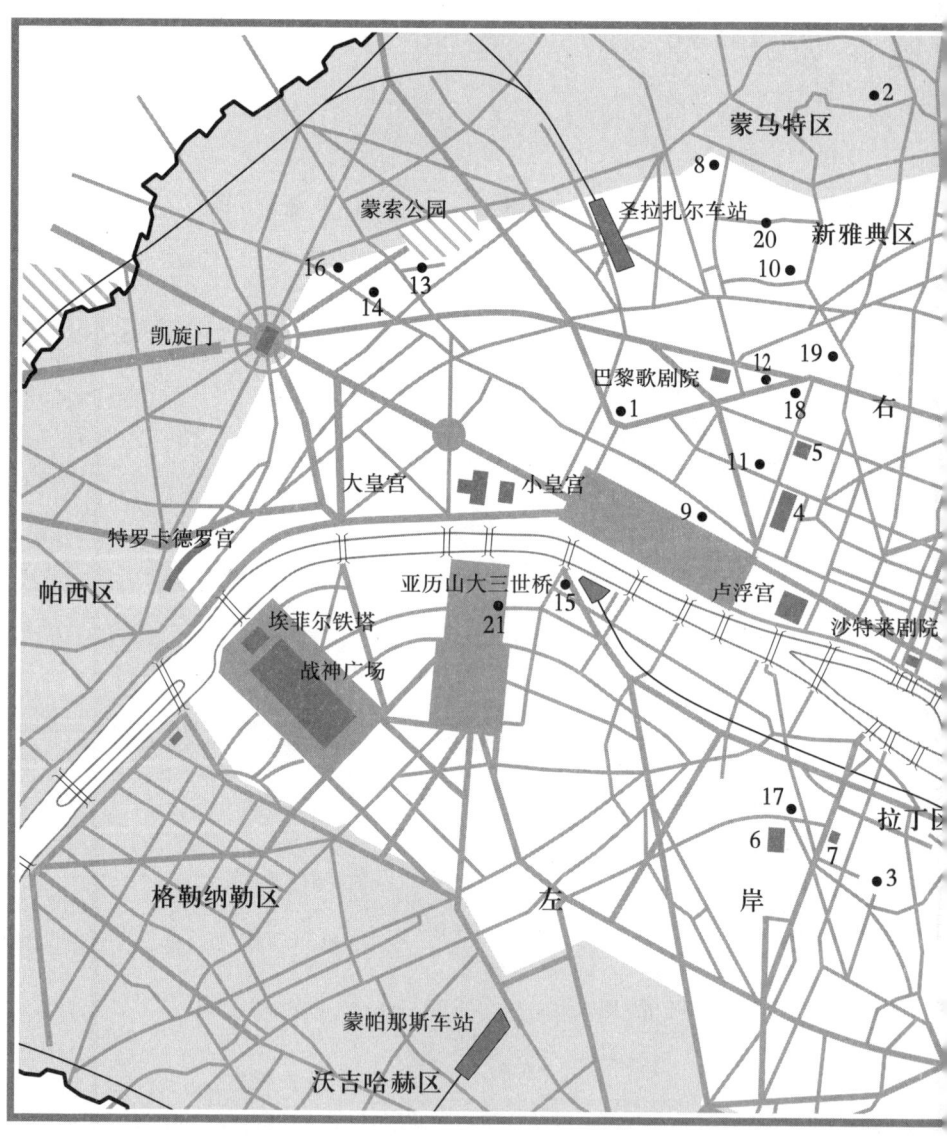

地图3　1900年前后的巴黎

书中提到的地名：

1 玛德莲教堂
2 圣心教堂（建造中）
3 先贤祠
4 罗亚尔宫
5 国家图书馆
6 卢森堡宫
7 索邦大学
8 杜埃街 50 号
9 里沃利街 210 号
10 奥尔良广场
11 意大利人剧院
12 勒佩勒蒂耶厅
13 穆里略街
14 圣奥诺雷郊区 240 号
15 圣日耳曼大道 243 号
16 普莱耶尔厅
17 奥德翁剧院
18 喜歌剧院
19 德鲁奥拍卖行
20 沙普塔尔街
21 国民大会

■ 主要的铁路终点站
── 铁路线
▒ 公共公园和绿地
▨ 墓地

当各国具备本土性的各种艺术习惯于相互交流时，艺术的属性就会得到无法衡量的丰富，而各民族独有的天才也不会被改变。这样一来，就会形成一个欧洲派，代替那些造成艺术家大家庭仍然分裂的民族派；然后就会形成一个世所周知的普世派，人类的一切都被包含其中。

泰奥菲勒·托雷—比尔热，《19世纪的艺术趋势》（1855年）

金钱解放了作家，金钱创造了现代文学。

埃米尔·左拉，《文学中的金钱》（1880年）

"你是某种欧洲人了。"格特鲁德说。

"某种——是的；我认为如此。但谁能说是哪种？我不认为我们有时间解决这个问题。你知道有那样的人。他们说不清自己的国家、宗教和职业。"

亨利·詹姆斯，《欧洲人》（1878年）

导言

　　1846 年 6 月 13 日，一个阳光明媚的星期六，早上 7 点 30 分，三台蒸汽机车中的第一台从圣拉扎尔站（Gare Saint-Lazare）驶出，开始了前往布鲁塞尔（Brussels）的开创性旅程。每列火车都由 20 节敞篷车厢组成，用代表法国国旗和比利时国旗的三种颜色装饰。车上的 1500 名乘客是应雅姆斯·罗斯柴尔德男爵（Baron James Rothschild）的邀请来庆祝巴黎—布鲁塞尔铁路开通的，他的"北方铁路公司"（Chemin de Fer du Nord）刚刚完成了从法国首都到里尔（Lille）的铁路建设。

　　这不是第一条国际铁路。三年前的 1843 年，比利时人在普鲁士的莱茵省开通了一条从安特卫普（Antwerp）到科隆（Cologne）的铁路。但巴黎—布鲁塞尔线特别重要，因为它开启了法国与低地国家、英国（通过奥斯坦德［Ostend］或敦刻尔克［Dunkerque］）和德语系的国家之间的高速连接。法国媒体宣称它的开通是在法国文化统治下欧洲统一的开始。"邀请外国人来见证我们的艺术，我们的机构，以及所有让我们伟大的东西，这是保持我们国家在欧洲良好声誉的最可靠方式",批准里尔铁路建设的委员会是这样想的。[1]

  第一列火车上载有官方要人,包括法国国王的两个儿子,内穆尔公爵和蒙庞希埃公爵(Ducs de Nemours and Montpensier),陪同他们的是法国和比利时的部长、警察局局长和各位名流,其中有作家大仲马(Alexander Dumas)、维克多·雨果和泰奥菲尔·戈蒂埃(Théophile Gautier),以及画家让-奥古斯特-多米尼克·安格尔(Jean-Auguste-Dominique Ingres)。这个先遣队以闻所未闻的30公里时速从巴黎出发,在炎热的下午到达里尔。游客们的头发被风吹乱,精美的衣服沾上了露天旅行的灰尘,他们在中世纪城墙外的一个临时车站下车,在那里迎接他们的是城里的头面人物、坎布雷(Cambrai)大主教*和手举法国国旗与比利时国旗的骑兵仪仗队。军乐队奏完国歌后,政要们列队走过装饰华丽的街道,那里聚集了如此庞大的人群,以至于国民警卫队需要竭力维持秩序。到处都是小偷,饮料喝光后出现了混乱的场面,还有司法宫起火引发的警报。[2]

  罗斯柴尔德在未来的火车站所在地——当时车站正在中世纪的城墙内修建——一个巨大的帐篷里为2000人举行的盛大宴会拉开了庆典的帷幕。60名厨师和400名侍者奉上了丰盛的白酱水煮三文鱼、约克火腿配水果、焗鹌鹑、"摄政王"鹧鸪†、奶油炖豆子、奶酪、甜点和法国葡萄酒,然后是祝酒词:"为法国和比利时的统一

---

* 指皮埃尔·吉罗(Pierre Giraud,1791—1850),法国修士,于1842—1850年担任坎布雷大主教。——编注

† 关于"摄政王"鹧鸪(partridges à la régence),朱尔·古费(Jules Gouffé)的《皇家烹饪书》(The Royal Cookery Book,1869年)上记载的做法是:红鹧鸪6只,处理干净后扎牢,上面放几片肥培根,加入密尔博瓦调味汁(用洋葱、胡萝卜和猪油等烹制),文火炖制。在盘子里铺上米饭,放上烹饪好的鹧鸪,每只鹧鸪下面放一只松露,上面放一只倒置的大蘑菇……最后淋上摄政王酱汁(402页)。摄政王酱汁的做法是:0.5磅生瘦火腿切碎,加上2个洋葱、2个小洋葱和1/4磅黄油,入锅煎制,再加入1品脱的浓缩鸡汤,0.5品脱的索泰尔纳甜白葡萄酒,文火煨至洋葱变熟。用纸巾过滤出酱汁,加入3耳的浓缩鸡汤、1.5品脱的西班牙酱,入炖锅加热至酱汁黏稠,用布过滤(208—209页)。——译注

干杯！""为国际和平干杯！"罗斯柴尔德就铁路将欧洲各国联系在一起发表了衷心的讲话。[3]

随着夜幕降临，在广场上举行了"怪物音乐会"，埃克托尔·柏辽兹（Hector Berlioz）指挥来自当地驻军的400名乐队成员演奏了他的《凯旋与葬礼大交响曲》*。组织者坚持要在管弦乐队中加入12门礼炮，准备在最后的"升天"和弦时开炮。但当那一刻到来时，炮没有响，因为点火器找不到了。尽管有两门炮被用雪茄点燃，使得引线在空气中嘶嘶作响，让一些观众误以为原本就是这样设想的。[4]

柏辽兹被委托创作一首名为《铁路之歌》的康塔塔，歌词出自作家儒勒·雅南（Jules Janin）之手，歌颂国际和平与兄弟情谊，那是铁路所激发的理想。这首康塔塔是为男高音独唱、管弦乐队和几个合唱团谱写的，广场音乐会结束后，在市政厅的宴会上表演了这首歌曲。"这首康塔塔以不同寻常的神韵和清新的声音被演唱，"柏辽兹向他的妹妹南希（Nanci）报告说，"但当我被内穆尔公爵和蒙庞希埃公爵叫去隔壁房间里谈话时，我的帽子和乐谱一起被偷了。"[5] 乐谱被找了回来，但帽子没有。

凌晨两点钟，狂欢者的队伍继续前往布鲁塞尔。在他们抵达的第一座比利时小城科特赖克（Kortrijk），全城的人都出现在车站，迎接来自法国的非凡列车。根特城（Ghent）则奉上鸣礼炮的阅兵式。在从梅赫伦（Mechelen）开始的最后一段旅程中，前面的两列火车平行前进，在聚集人群的欢呼声中同时进入布鲁塞尔车站。站台上，法国王子们受到比利时国王利奥波德一世和他的法国妻子、王子们的姐姐——奥尔良的路易丝（Louise of Orléans）的欢迎。大皇宫举行了宴会，比利时铁路公司也在刚刚运营的北站（Gare

---

* 书中提及的音乐、戏剧、文字和绘画作品的原文名称及创作、首演或出版年份，参见本书"附录"。——编注

du Nord）举办了舞会。车站被改成了舞厅，铁轨上铺了木地板，玻璃屋顶悬挂着吊灯，并从荷兰运来成车厢的郁金香。《国民报》（Le National）的记者宣称："我们从未见过如此壮观的舞会。"[6]

清晨，来自法国的游客开始返回巴黎。330公里的旅程只花了12个小时——是乘坐驿站马车通常所需时间的四分之一，后者是铁路出现之前最快的交通方式。

很快，到处都可以看到铁路穿越国界。欧洲文化的新时代开始了。艺术家和他们的作品现在可以更容易地在大陆上往来。1847年，柏辽兹将经由巴黎到布鲁塞尔的线路前往俄国进行音乐会巡演。* 在接下来的几十年里，铁路将被管弦乐队和合唱团、歌剧和戏剧团、艺术作品巡展和巡回朗读自己作品的作家所使用。† 国际市场将为绘画、书籍和乐谱的廉价大规模复制打开大门。国外旅行的现代纪元将会开始，使多得多的欧洲人能够认识到他们的共同点，并在这些作品中发现他们自己的"欧洲性"，即他们与全欧洲其他民族共同的价值观和理念，这些是高于和超越他们各自国籍的。

这种"欧洲文化"是如何产生的将是本书的主题。它试图解释在1900年左右，欧洲大陆各地如何开始阅读相同的书籍，复制相同的画作，在家里演奏或在音乐厅中聆听相同的音乐，以及在欧洲所有的主要剧院演出相同的歌剧。总而言之，欧洲的正典——组成了今天欧洲乃至有欧洲人定居的世界各地的高雅文化——是在铁路时代确立的。至少从文艺复兴开始就存在一种精英的世界文化。它建立在基督教、古典文化、哲学和知识之上，在整个欧洲的宫廷、学院和城邦中传播。但直到19世纪，一种相对完整的大众文化才

---

* 当时他搭乘火车，最远只能到柏林。但在20年后的第二次巡演时，他就能从巴黎一路坐着火车直达圣彼得堡了。——原注（以下脚注若无特别标示皆为原注）

† 许多艺术作品的运送原本需要数量惊人的马匹和马车，但现在通过蒸汽动力就可以相对轻松地移动。

得以在欧洲大陆各地发展起来。

《创造欧洲人》是一部国际史。它把欧洲视作一个整体，而不是将其划分为不同的民族国家或地理区域，就像大多数欧洲史所做的那样，它们主要关注文化在19世纪的民族主义运动和民族构建计划中的角色，而非艺术作为将各民族统一起来的力量。我的目标是把欧洲作为一个跨越国界的文化传递、翻译和交流的空间，从中将诞生一种"欧洲文化"——一个艺术形式、理念和风格的综合体——它的出现将使得欧洲不同于更广大的世界。[7] 就像肯尼斯·克拉克（Kenneth Clark）曾经说过的，文明中几乎所有的重大进步——19世纪欧洲文化的耀眼成就无疑是其中之一——都出现在国际主义最为盛行的时候，那时人员、思想和艺术创造可以在各国之间自由流动。[8]

在许多方面，这本书是对作为第一个文化全球化时代的19世纪的探索——因为那实际上就是欧洲艺术品市场在这个时代的创立所代表的。许多人从一开始就反对这个过程——最明显的是民族主义者，他们害怕融入国际文化会影响本民族的独特文化和原创性——但没有人能阻止它。19世纪的重大技术和经济变革（大众传播和旅行的革命、平版印刷术和摄影的发明、自由市场体系的崛起）以不受任何民族国家政治控制的方式充当了"欧洲文化"形成背后的推动力——这种文化是一个覆盖整个大陆的思想和艺术作品的跨国流通空间。

本书的核心是19世纪新发展起来的艺术和资本主义的关系。其中既有关于艺术本身的，也有关于艺术经济学的内容（生产技术、商业管理、营销、宣传、社交网络和打击盗版的问题）。我将专注于与资本主义体系关系最密切的艺术形式，它们有的为了市场而被印刷复制（文学、音乐和绘画的主要利润来源），有的一旦失去国家补贴就会被作为商业经营（比如歌剧）。雕塑和大型公共艺术作品在本书中不那么重要。最终，是市场决定了欧洲的正典，决定了哪些作品将继续存在，哪些（数量更为庞大的）作品将会失传和被遗忘。

有三个人将是本书的中心：作家伊凡·屠格涅夫（1818—1883），与屠格涅夫保持长期亲密关系的歌手和作曲家保琳娜·维亚尔多（Pauline Viardot，1821—1910），以及她的丈夫路易·维亚尔多（Louis Viardot，1800—1883），此人今天已被遗忘，但在他那个时代是重要的艺术评论家、学者、剧院经理、共和派活动家和出版商、记者，还是把俄语和西班牙语文学作品译介到法语的译者（换句话说，他不是艺术家，但与艺术家所依赖的一切有关）。他们的传记是通过叙事编织而成的，将跟随他们前往欧洲各地（他们先后在法国、西班牙、俄国、德国和英国共同生活过，并在欧洲其他地方广泛旅行），描绘他们认识的人（几乎每个人都是欧洲文化舞台上真正重要的人），并探索那些影响身为艺术家和艺术推动者的他们的问题。

屠格涅夫和维亚尔多夫妇以不同的方式成为适应市场及其挑战的艺术人物。保琳娜来自一个巡演歌手的家庭，所以她的血液里流淌着商业冒险精神；但她非常善于利用新经济，而且作为一个女人，她在这个父权主义的时代显得异常独立。路易在他们婚后的最初岁月里担任她的经纪人。作为欧洲主要歌剧院之一的意大利剧院（Théâtre Italien）的主管，他很快就学会了如何在自由市场中运作，但他的商业敏锐性总是受到学术气质的影响。至于屠格涅夫，他出身俄国贵族阶层，这个阶层的子弟们被认为应该担任公职，靠庄园的收入生活。当屠格涅夫开始成为作家时，他并没有商业头脑。

通过他们的国际关系，屠格涅夫和维亚尔多夫妇成了重要的文化中介，在欧洲各地推介作家、艺术家和音乐家，帮助这些人为自己的作品建立海外市场。光顾他们在巴黎、巴登和伦敦的沙龙的人们代表了欧洲艺术界、上流社会和政界的名流。

他们的世界属于一种随着第一次世界大战的爆发而消失的国际文化。屠格涅夫和维亚尔多夫妇四海为家，可以在欧洲土地上的任何地方生活，只要那里不损害他们的民主原则。他们在"欧洲文明"中找到了自己的家，以"欧洲人"的身份生活，但也没有失去自己的国籍。埃德蒙·伯克（Edmund Burke）的名言——"在欧洲的任何地方，没有欧洲人会是完全的流亡者"[9]——可能就是为他们设计的。

第一章
1843年的欧洲

> 空间被铁路毁了,我们只剩下时间……现在你可以在四个半小时内到达奥尔良,去鲁昂也不用更久。只须想象一下当前往比利时和德国的铁路竣工,将这些铁路连接起来时会发生什么。我觉得仿佛各国的山峦和森林都在向巴黎逼近。甚至现在,我已经可以闻到德国椴树的气味;北海的白浪正涌向我的门口。
>
> 海因里希·海涅,1843年

一

1843年11月3日晚上8点,把圣彼得堡的大彼得罗夫大剧院(Bolshoi Theatre)坐得满满当当的观众们兴奋地等待着帷幕拉开。为了目睹伟大的女高音保琳娜·维亚尔多在俄国首次出演《塞维利亚的理发师》中的罗西娜,剧院座无虚席。坐在主厅前排的扶手椅上的是俄罗斯帝国最高级别的政要,他们都穿着燕尾服,身旁的妻子和女儿大多穿着应季的白色;他们身后是穿晚礼服的大臣们和穿制服的军官们。在主厅和下面四层的私人包厢里连一个空座也没有,那里完全被贵族占据,钻石在巨大枝形吊灯上的油灯射出的光线下闪闪发光。在比枝形吊灯更高的第五层,即顶层的最便宜的座位上,学生、职员和严肃的音乐爱好者紧紧地挤在长椅上,伸长脖子望着舞台。当晚到的人陆续就座,序曲开始奏响时,观众席上充满了兴奋的嘈杂声。几个星期以来,这位著名歌手将与乔瓦尼·鲁比尼(Giovanni Rubini)及其意大利剧团一齐登场的消息,是圣彼得堡沙龙唯一引人注目的话题。媒体造势如此激烈,以至于有一家报纸试图抢跑,提前两天就发表了一篇关于她首演的文章——包括对狂热掌声的描述。[1]

当时被称为维亚尔多-加西亚(Viardot-Garcia)的她拥有让所有人惊讶的容貌。她长着长长的脖子、突出的大眼睛和厚厚的眼睑,看上去具有不同寻常的异国情调,有些人甚至说她像马;但亲切的微笑、闪耀着智慧光芒的淡褐色眼睛和生动活泼的表情给她的脸带来了迷人的魅力。她在圣彼得堡首演时,俄国外交大臣卡尔·内塞尔罗德伯爵(Count Karl Nesselrode)形容她"丑得华丽"。以风趣著称的诗人海因里希·海涅(Heinrich Heine)认为她如此没有吸引力,"几乎是美丽的"。[2]

声音是她在舞台上令人着迷的存在的关键。它极具力度,拥有非凡的音域和多变性。*她的声音不是柔和或清脆的——有人认为它是喉音——而是具有戏剧性的力量和强烈的情感,使其同样适用于悲剧和她经常演唱的西班牙吉卜赛歌曲(法国作曲家卡米尔·圣-桑[Camille Saint-Saëns]将其比作"苦橙"的味道)。[3] 克拉拉·舒曼(Clara Schumann)于1843年8月在巴黎听过她的演唱,认为

---

* 严格说来,按照今天的标准,维亚尔多是女中音(mezzo-soprano),但这个术语直到19世纪末才被普遍使用,因此可以称她为女高音。《塞维利亚的理发师》中的罗西娜一角本来是为女低音所写,也被认为是女中音的保留角色之一。

自己"从未听过这样的女声"。[4] 俄国人对此表示认同。"我们听过很多一流的歌手,但没有人以这种方式让我们不知所措,"一位批评圣彼得堡首演的评论家如此写道,"她惊人的音域、无与伦比的技巧、神奇的悦耳音色,即使是训练有素的耳朵也几乎听不明白的段落——我们从未听到过这样的声音。"在最后的帷幕落下后,她被观众唤回舞台九次,整整一个小时,人们一直站在剧院里,没有一个人走向出口。[5]

俄国观众对歌剧充满热情,表现出让维亚尔多感到高兴的自发热情。[6] 第二天晚上,她在第二幕中的音乐课场景中演唱了一首著名的俄国曲子,引起全场轰动。为了咬对字,她还上了几节俄语课。这是她用来赢得海外观众的心的惯用技巧。沙皇尼古拉一世非常高兴,带头献上了热烈的掌声,还在皇室包厢里接见了这位歌手。第二天早上,他送来了一对钻石耳环,保琳娜当即对其爱不释手。[7]

随着每一次新的表演,观众的激动程度达到了新的高度。而随着当季曲目的展开,维亚尔多觉得自己的声音每晚都在提高,在《塞维利亚的理发师》中首次亮相后,她在罗西尼(Rossini)的《奥赛罗》、贝里尼(Bellini)的《梦游女》和多尼采蒂(Donizetti)的《拉美莫尔的露琪亚》中的表演同样令人惊叹。每一首咏叹调都引发了"太棒了!"的喝彩声。每一幕结束时都有十几次谢幕要求,大多是为了维亚尔多。在《梦游女》的最后一幕,仅她本人就15次被要求谢幕。坐在帷幕侧面包厢里的沙皇皇后扔了一朵茶花到女主演的脚边。这一举动打破了帝国禁止向舞台上投掷鲜花的禁令。从第二天晚上开始,在维亚尔多的每一首咏叹调之后,都有鲜花被扔上舞台。花店生意红火。能找到的每一束花都被歌剧的"狂热拥趸"买下——花束本身也成了一部轻喜剧的主题,即弗拉基米尔·索洛古布(Vladimir Sollogub)创作的《花》(1845年)。[8]

这是俄国对意大利歌剧狂热的高峰。在圣彼得堡几乎听不到其他歌剧。1843—1844 年的演出季，意大利歌剧的演出几乎是俄国歌剧的两倍。即使是"俄国歌剧的发明者"米哈伊尔·格林卡（Mikhail Glinka）——他的《鲁斯兰与柳德米拉》和《为沙皇献身》在 1843 年最初的几个月里几乎每晚都让大彼得罗夫大剧院座无虚席——也发现随着鲁比尼剧团的到来，他的作品被降级到了周日，后来更是被发配到了外省。事实上，格林卡早就习惯了意大利人的统治。他曾于 19 世纪 30 年代初在意大利生活过，不得不使自己的音乐适应时髦的意大利风格。正如他后来承认的那样，他最具"俄国"色彩的作品《为沙皇献身》（1836 年）的确"散发着意大利主义的气息"。[9]

这种意大利狂热的历史并不太悠久。尽管沙皇宫廷在 18 世纪保留过一个常驻的意大利歌剧团，但除了在生活着许多非俄国人的黑海港口敖德萨（Odessa），1801 年后在俄国就没有这种剧团了。1823—1824 年的演出季，被流放的诗人亚历山大·普希金（Alexander Pushkin）在敖德萨听了一家平庸的巡演剧团表演罗西尼的歌剧。这段经历启发了普希金的诗体小说《叶甫盖尼·奥涅金》（1825 年开始连载）中的一段话——无聊的叙述者用他的长柄眼镜在歌剧院里四望：

在那儿难道只陶醉于音乐？
想想那长柄眼镜的穷追！
想想那秘不告人的约会！
想想那女主角！想想那芭蕾！
想想那包厢——就是在那里，
巨商的老婆，年轻又美丽，
浑身珠宝，慵倦、骄矜，

第一章　1843年的欧洲

> 周围的奴仆结队成群！
> 不论对恳求或抒情的小曲，
> 或者对半带玩笑的阿谀，
> 她似听非听，爱搭不理……
> 她丈夫在身后的角落里打盹，
> 迷糊中叫一声"再来一个"，
> 打个哈欠——又鼾声大作。[10]
> （智量译）

意大利歌剧直到1836年才在圣彼得堡重新流行起来。当时已被俄罗斯化的威尼斯人卡特里诺·卡沃斯（Catterino Cavos），作为大彼得罗夫大剧院主管，上演了罗西尼的《赛密拉米德》而引起轰动。

俄国是最后一个被这股国际热潮席卷的欧洲国家。它吸引了上了年纪、急于利用他们过去的名声赚钱的明星们。1841年，伟大的朱迪塔·帕斯塔（Giuditta Pasta）与俄国歌剧团一起表演了贝里尼的《诺尔玛》，那是她十年前表演过的一个角色。此时的她演唱生涯即将终结，已经失去了往日的歌喉。不久之后，俄国人又迎来了"这个时代最伟大的男高音"，时年49岁的乔瓦尼·鲁比尼。钢琴大师兼作曲家李斯特曾建议他效仿自己的榜样，为了天真的俄国人准备为他们的"文明"支付的成堆现金而进行一次俄国之旅。急于让圣彼得堡在文化上与巴黎、维也纳和伦敦相提并论的沙皇尼古拉一世付给鲁比尼一大笔钱（8万纸卢布或9万法郎），让他把一个意大利歌剧团带到圣彼得堡，参加1843—1844年的演出季。光是维亚尔多就获得了6万卢布的酬劳，以及她可以自由举办的演出和其他音乐会的一半收入。[11]这是以前很少有歌剧演员能获得的报酬水平。根据沙皇自己的发言人，编辑法杰伊·布尔加林（Faddei Bulgarin）

的说法，这样的支出是完全合理的，因为它给俄国首都带来了声望。他于第一个演出季时，在自己的报纸《北方蜜蜂》(The Northern Bee)上写道：

> 让我们承认：如果没有意大利歌剧团，那么世界上最重要的帝国的首都似乎总是缺少些什么！富裕、辉煌和有教养的消遣似乎没有了焦点。在欧洲所有的首都，最丰富的装备、最浓烈的色调，在欧洲所有的首都中，最华丽的服饰、最高雅的音调和社会的全部风雅都汇聚在意大利歌剧中。这不能改变，也不应该改变。[12]

* * *

在西欧，意大利歌剧自17世纪起就开始盛行。歌剧最初是一种私人宫廷活动，但很快就变成了一种公共表演，首先是在威尼斯，然后是整个意大利。不同于法国（在那里，王室直接控制着歌剧），每个主要的意大利城镇都有自己的剧院，由一群贵族或富商和专业人士来管理（1868年，意大利第一次全国普查中记录了775家正在营业的歌剧院）。[13] 整个半岛的商业模式相当统一。剧院的拥有者组成了一个包厢所有者联盟，他们与剧院经理（通常是前歌手或音乐家）签订合同，由后者雇用一个剧团进行当季的演出。经理向所有者收取预付款，并从销售正厅座位中获得利润，而剧院则通过租赁私人包厢赚取年费。[14] 在单个城镇，来自精英阶层的观众规模有限，迫使剧团不断巡回演出，以吸引更多的观众：很少有外省的剧场能负担得起一个剧团。歌剧因此成为意大利不同邦国的统一元素，即使在人们说方言而不是意大利语的地方，歌剧的语言也能被理解。

巡演剧团将歌剧从意大利输出到欧洲的宫廷。欧洲的每个首都为满足其需要而建造了新的剧院。18世纪时，歌剧以本质上是意大利式的风格在亨德尔的伦敦或格鲁克（Gluck）的维也纳等地扎根。意大利歌剧的统治如此强大，以至于各国作曲家都被吸引来创作歌剧：德国人西蒙·迈尔（Simon Mayr）在1795年至1820年间为意大利歌剧院创作了50多部歌剧；莫扎特甚至在十几岁时就为米兰的斯卡拉剧院（La Scala）写了三部歌剧，后来还用意大利语为意大利以外的奥地利剧院写了其他许多歌剧。不过，是罗西尼首先为意大利歌剧垄断了国际市场。他征服了整个欧洲及其之外的世界的剧院，用他的传记作者司汤达（Stendhal）的话来说，他是音乐界的拿破仑："拿破仑死了；但一位新的征服者已经出现在世上；从莫斯科到那不勒斯，从伦敦到维也纳，从巴黎到加尔各答，每个人都在提他的名字。这位英雄的声名传遍了整个文明世界。"[15]

对歌剧院来说，聘雇罗西尼几乎就是赚钱的保证。他曲调优美而轻快的歌剧完美迎合了复辟时期的上层阶级。在他的早期歌剧取得了令人眼花缭乱的成功后，特别是在威尼斯的凤凰剧院（Teatro La Fenice）首演的《坦克雷迪》（1813年），罗西尼被聘为那不勒斯圣卡洛剧院（San Carlo）的音乐主管，那是当时世界上顶尖的剧院。它的经理是多梅尼科·巴尔巴亚（Domenico Barbaja），一位精明的商人出身的剧院经理，他偶然发现了一种靠歌剧赚钱的新方法。

巴尔巴亚的职业生涯是从在米兰斯卡拉剧院附近的一家咖啡馆里做侍者开始的。他在歌剧院把点心送到人们的包厢里，并发明了一种风靡一时，混合了奶油和巧克力的新型咖啡（一种摩卡咖啡），这让他赚了一大笔钱。在法国占领米兰期间（1796—1815年），奥地利对剧院赌博的禁令被解除。巴尔巴亚赢得了在斯卡拉剧院的入口大厅经营轮盘赌（拿破仑的军官带到意大利的一种游戏）这一利润丰厚的特许权。他的赌博帝国迅速扩展到其他被法国人征服的城市。巴尔巴亚为经营他的赌博集团而发展出的组织技巧可以很方便地被转移到歌剧管理中，后者同样经常有大量的现金周转。在那不勒斯，他不仅负责圣卡洛，还负责较小的菲奥伦蒂尼剧院（Teatro dei Fiorentini），巴尔巴亚用他从轮盘赌赚的钱为剧院雇用了最好的歌手。在1815年至1822年担任圣卡洛剧院的音乐主管期间，罗西尼根据合同每年写两部歌剧，为此获得了12万法国法郎的薪水，并能从巴尔巴亚所有的轮盘赌收入中分得一部分——后者远远超过罗西尼从他的音乐中获得的收入。[16]

随着《塞维利亚的理发师》（1816年）和《灰姑娘》（1817年）在国际上的成功，罗西尼获得了全球的瞩目。1822年接管维也纳歌剧院（Vienna Opera）后，巴尔巴亚雇用了罗西尼。维也纳的贵族很快就拜服于意大利热，尽管民族主义评论家反对这种"外国入侵"，号召他们的支持者为卡尔·马里亚·冯·韦伯（Carl Maria Von Weber）的《自由射手》（1821年）助阵，这部作品被他们誉为"日耳曼民族歌剧"，主要是因为它的民俗主题和语言（事实上，它的风格有一部分是法国的，背景则是波希米亚）。同样，罗西尼也被英国人视为国际名人，1823年他在伦敦度过了五个月。罗西尼的一举一动都被媒体报道，即便只是提到他肥胖和快乐的身影走进了刚刚由约翰·纳什（John Nash）设计建成的摄政街象限拱廊的房间。大众对他的音乐需求永无止境。伦敦的三家歌剧院（国王剧院、德鲁里巷［Drury Lane］和考文特花园的皇家剧院［Theatre Royal］）都迎合了对罗西尼歌剧的狂热。[17]

不过，罗西尼对歌剧世界产生了最大影响的地方是在巴黎。1824年，他成为意大利剧院的主管，这是该市由王室控制的三家主要歌剧院之一，其他两家分别是巴黎歌剧院和喜歌剧院（Opéra Comique）。罗西尼的合同回报丰厚。随着他在伦敦取得成功，法国宫廷愿意接受这位作曲家的高额要价：第一年4万法郎，他打算写两部歌剧，享受与法国公民同等的版权保护，这是当时欧洲最先

第一章 1843年的欧洲

图1 意大利剧院，版画，1840年左右

进的法律保护措施。[18] 在他六年的主管生涯中，意大利剧院成为欧洲顶尖的歌剧院之一。相比之下，巴黎歌剧院则处于低迷状态。巴黎人已经厌倦了陈旧的法国歌剧——现在早已失传或被遗忘的克里斯托夫·格鲁克（Christoph Gluck）、安德烈·格雷特里（André Grétry）或尼古拉·达莱拉克（Nicolas Dalayrac）等人的作品，这些作品在王室的命令下占据了曲目的很大一部分。相反，他们蜂拥前往那个被亲切地称为"意大利人"的地方，用司汤达的话说，罗西尼在那里作为"公民君主"统治着。

剧院的所在地法瓦尔厅（Salle Favart）不仅是一个剧场，而且是一种生活方式（根据泰奥菲尔·戈蒂埃的说法，"既是剧院，也是沙龙"）。那里只上演意大利剧目，是优雅的社交界、歌剧的狂热爱好者（"艺术爱好者群体"）、严肃的音乐爱好者和知识分子的去处，而不像巴黎歌剧院所在的勒佩勒蒂耶厅（Salle Le Peletier）那样吸引更庄重的公众。小说家乔治·桑、诗人阿尔弗雷德·德·缪塞

（Alfred de Musset）和画家欧仁·德拉克洛瓦（Eugène Delacroix）是意大利剧院的常客。由于正厅前排座位禁止女性使用，桑以男装出现，她穿着一件长长的军装，配上裤子和马甲，这是当时的时尚，还穿戴了领带、帽子和钉靴。在法国浪漫主义者中，只有格鲁克乐派的信徒柏辽兹无法忍受对意大利歌剧的崇拜，他"不止一次地盘算是否可能在意大利剧院埋下地雷，在某一天晚上把它和聚集在那里所有的罗西尼拥趸炸飞"。[19] 与该市其他音乐厅不同（那里的观众在整个演出过程中都在交谈），意大利剧院的观众听得更专心：当罗西尼大师敲击三次示意序曲开始时，他们会安静下来并保持沉默。

19世纪初，歌剧业是流动商人的国际买卖。直到1810年前，年轻的罗西尼一直靠担任声乐教练（répétiteur）和大键琴伴奏谋生，两者都是重要的音乐行业。然后他受雇于博洛尼亚的科尔索剧院（Teatro del Corso）担任作曲家。合同中认定他是"音乐商人"（mercante di musica）。音乐家在贵族的宫殿和沙龙中的地位仍然很低，尽管莫扎特等作曲家努力提升他们的地位。曾与李斯特同居的玛丽·达古尔伯爵夫人（Countess Marie d'Agoult）写道，他们出现在"下等人的行列中"：

> 如果有人想举办一场精彩的音乐会，他就派人去找罗西尼，后者收取一笔公认的费用——费用足够低，如果我没记错的话，只有1500法郎——负责安排节目并确保它们能够上演，从而免去了主人的一大堆麻烦，包括选择艺术家和排练等等……在约定的时间，他们一起到来，从侧门进入；他们一起坐在钢琴边；在得到主人和几个自称艺术爱好者的人称赞之后，他们又一起离开。[20]

在歌剧界，剧院经理通常会雇用一位作曲家来为歌词谱曲，监督排练，并作为羽管键琴演奏者指挥前三场演出。他的服务将让他获得一次性酬劳，与出色工匠的水平相当。一旦完成了合同，作曲家就可以自由地离开，在下一个城市继续他的生意。制作一部歌剧很快，所以一年可以写好几部。《塞维利亚的理发师》在罗西尼开始谱曲后不到一个月就举行了首演。在首演日当天，歌手们仍在练习自己的角色，这可能部分地解释了为什么它以惨败告终，在罗马银塔剧院的舞台上发生了一系列事故后，观众报以口哨声和嘘声。

罗西尼以惊人的速度创作歌剧——在他的前五年中完成了16部——其中许多是重复利用他早期作品中的片段写成的。19世纪初，这种重复利用仍然是歌剧作曲家的普遍做法，那时歌剧的传播范围不广：在下一个城市，很容易把翻新的作品伪装成新作。多尼采蒂在这方面就很出名（他被人发现，因此受到批评）。快速创作乐谱的压力是他重复使用自己以前的乐谱的主要原因。1832年，当多尼采蒂只有几个星期的时间来创作《爱的甘醇》时，他整段整段地借用了自己的《阿拉霍在格拉纳塔》（1826年）和《凯尼尔沃斯城堡的伊丽莎白》（1829年）。[21] 这种做法的基础是铁路时代之前的歌剧制作经济，当时剧院吸引的是来自狭小地理区域的观众，每年都需要几部新作品来供他们消遣。当时的这个行业并不总是给作曲家写原创材料的时间，报酬也不太高。比如，在1827年，多尼采蒂与那不勒斯的巴尔巴亚签订了一份合同，在接下来的三年里写12部歌剧，他的薪水是每月400杜卡托（约2100法郎）。合同中没有规定每部歌剧的音乐应该是新的，只要写出足够数量的作品，多尼采蒂就能拿到钱。[22]

主演歌手挣的钱比作曲家多。人们来剧院是听明星演员歌唱，音乐只是起到展示他们才华的配角作用。所有的主要作曲家都会为特定的歌手写作，或者根据他们的音质调整谱子。支付给女主演的费用是天文数字。19世纪的头几十年，随着珍贵的阉人的消失，女歌手成为歌剧演员中收入最高的。歌剧制作成本的一半用于主要独唱演员的报酬并不少见，特别是如果其中包括朱迪塔·帕斯塔或维亚尔多-加西亚的姐姐玛丽亚·马里布兰（Maria Malibran）这样的女歌手的话。她们努力讨价还价，争取更好的工资和条件，有时使用经纪人，有时亲自谈判，但总是关注着竞争对手的收入。[23]

主演们把越来越多的时间花在国际巡演上，前往他们能挣到最高报酬的地方。道路运输的改善、19世纪20年代轮船的启用、后来铁路的发明推高了费用，因为更多的剧院能够竞争他们的服务。像圣彼得堡这样的目的地现在在地图上站稳了脚跟。比如，在1827年的伦敦音乐季，帕斯塔在45场演出中赚了2365英镑（6万法郎），是任何其他独唱者的30倍。19世纪30年代初，马里布兰获得了甚至更高的报酬——在考文特花园的12场和在德鲁里巷的40晚演出中，她分别赚到了1000英镑和3200英镑，这还不包括保证入账2000英镑的一系列慈善音乐会的收入。来自纽约的一份从1834年起的两年期合同的邀约为她奉上了50万法郎（约合2万英镑），但被她拒绝了。[24]

只有李斯特或帕格尼尼的音乐会巡演能够真正与顶尖女歌手的经济成功相比。根据一项统计，1831年3月和4月期间，帕格尼尼仅在巴黎的11场音乐会上就赚了133,107法郎，然后在伦敦，从5月到7月，他又获得了1万英镑（25万法郎），足够在伦敦梅费尔区买一栋房子。人们花了大笔的钱来听这位炫技的小提琴家演奏——国王剧院的前排座位需要一整个的几尼，而不是通常的8先令。对他的奇特外表和恶魔般的性格，他的艳事，还有他据说能够通过演奏催眠的能力的夸张描绘拉高了票价。他表演中的一切都是为轰动效果和壮观场面而设计的。他以商人的身份踏上旅程，将他收支的详细账目记录在"秘簿"上。他聘请音乐会经理作为代理人，负责处理支出，用收入的一部分作为报酬——这是音乐行业的一项创新，此前的作曲家们是自己的经理。帕格尼尼和他的经理一起亲手控制了他的音乐会的方方面面，从找场馆到在报刊上发布广告、聘请乐队、雇用票务代理，有时还亲自上门卖票。他开发了自己的周边产品：印制版画、"帕格尼尼蛋糕"和其他音乐会纪念品。[25]

李斯特从帕格尼尼那里取到了经。他职业生涯早期的许多时间都是在巡回演出中度过的，从中学会了如何培养自己的名声来吸引观众。1823年至1824年，李斯特和父亲一起在欧洲巡演，作为一个十几岁的神童，他引起了人们的极大兴趣。在巴黎商店里有这位早熟的钢琴家的印刷画像出售。他的父亲每次收取100法郎，让儿子在私人家里表演。1828年父亲去世后，李斯特放弃了巡演音乐会（他形容它们是"遛狗表演"），试图以钢琴教师的身份谋生。但在1831年，他听了帕格尼尼在巴黎歌剧院的演奏。通过模仿帕格尼尼小提琴的效果，包括他的颤音、跳跃和滑奏，李斯特着手创作了新的钢琴曲目。这是一种炫技式的演奏，让他在1839年至1847年间开启了在欧洲各地收入丰厚的巡回音乐会——从西班牙和葡萄牙到波兰、土耳其和俄国。以前的作曲家大多是为了提高自己的声誉和赢得赞助人而展开巡回演出，李斯特则认为他的巡演是一项旨在让他成为"资本"——这是他本人使用的字眼——的生意。[26] 他聘请了一名经纪人加埃塔诺·贝洛尼（Gaetano Belloni）负责管理他的账户，并与他一起为这些巡回演出打造他的公众形象。李斯特夸张的舞台举止给了他一种情感吸引力，鼓励他的听众在音乐厅中用强烈的情感来回应他的表演。"李斯特热"（Lisztomania，这个词是海涅发明的）从1843年开始席卷欧洲。乐迷们会成群簇拥在这位技艺高超的钢琴家周围。前排的女观众会争夺他在钢琴边坐下前故意扔下的手帕或手套。他的雪茄烟灰被当作"圣物"小心翼翼地守护着。[27] 数以千计的乐迷会买票聆听他技术难度最高的作品，即使在大多数情况下，他们根本没有机会演奏它们，仅仅是因为他们想要拥有对李斯特现象的记忆。

歌剧行业有许多歌唱家、舞蹈家、器乐家的家族，甚至是王朝，他们全家一起在欧洲的剧院巡演。但加西亚家族是所有这些家族中最有才华、最多产和最成功的。李斯特曾经写道，保琳娜"出生在一个天才似乎是世袭的家族"。[28]

1775年，保琳娜的父亲曼纽埃尔·加西亚（Manuel Garcia）出生于塞维利亚，当时距离西班牙宗教裁判所的最后一名受害者被当成异教徒烧死在火刑柱上仅仅过去五年。在很长一段时间里，人们认为他有吉卜赛血统（保琳娜相信这一点），但那很可能是他自己捏造的，为的是营造浪漫主义和波希米亚风格的效果来推动他的事业。加西亚属于第一代职业歌手，他们独立于任何赞助人（无论是国家，教会或贵族），完全靠市场来维持生计。[29] 他的音域特别宽广，使他可以演唱男中音和男高音角色。他最初在加的斯（Cadiz）担任西班牙歌剧的歌手和作曲家，在那里娶了著名的波莱罗（Bolero）舞者曼努埃拉·莫拉莱斯（Manuela Morales），然后搬到西班牙的意大利歌剧中心马拉加（Malaga），后来成为马德里皇家剧院的音乐主管，在那里他与歌手华金娜·布里奥内斯（Joaquina Briones）交往并娶了她。

曼纽埃尔·加西亚以西班牙风格创作，将民歌和舞蹈融入他的查瑞拉歌剧（zarzuela）中。后来的西班牙作曲家们把他看作西班牙歌剧的奠基人。[30] 19世纪时，在马德里几乎没有给民族传统留下文化空间，当时的西班牙剧院主要表演法国和意大利的作品。加西亚抛下莫拉莱斯和他们的两个小女儿（但继续为她们提供经济支持），和华金娜一起去了巴黎，后者已经给曼纽埃尔生了一个儿子，给他取了和父亲相同的名字。1807年，他在意大利剧院首次登场，很快成为首席男高音，他以技艺出色的即兴演唱闻名，这在当时被认为是浪漫主义歌唱风格的一部分（人们经常拿帕格尼尼和加西亚相比较）。

曼纽埃尔·加西亚是一个有着深色卷发和"吉卜赛人"面容的帅气男子，有一种火爆和叛逆的气质，戈雅描绘的他在西班牙时的年轻肖像很好地刻画了这一点。他的许多暴力都发泄在了华金娜身上，后者不仅承受着他的殴打，而且还承受着在公共场合装作他的情妇，以掩盖其重婚罪行的耻辱。[31] 他暴躁的性格经常导致与当局发生冲突（在马德里，他甚至曾因拒绝按照剧院管理层的命令演出而被监禁）。曼纽埃尔解决这些冲突的办法总是转移到新的地方。加西亚一家过着居无定所的生活。1808年，华金娜的第二个孩子玛丽亚出生三年后，他们前往那不勒斯，曼纽埃尔在那里遇见了罗西尼，然后他到了罗马，在《塞维利亚的理发师》的首演中扮演了阿尔马维瓦伯爵——一个为他量身定做的角色。他们接着又从罗马去了伦敦，在那里，8岁的玛丽亚被送到哈默史密斯（Hammersmith）的一所修道院学校。加西亚一家后来回到巴黎，他们的第三个孩子保琳娜于1821年在那里出生。

从很小的时候开始，加西亚就教他的孩子们唱歌。他是个严格的监工，据说当他们没有正确地重复时，他就会打他们。玛丽亚和她的父亲一样性格暴躁，因此受责罚最多。多年后，作为最小和最受宠爱的那个孩子，保琳娜声称自己只被打过一次，并相信那是正确的，她否认父亲是残忍的。无论如何，他是个一流的老师，拥有一种特殊的方法，并将其传给他的孩子们，使曼纽埃尔和保琳娜也成为著名的歌唱老师。

年仅14岁时，玛丽亚就在伦敦国王剧院出演了《塞维利亚的理发师》里的罗西娜。曼纽埃尔则饰演阿尔马维瓦的角色。他当时正受雇于该剧院，由于莫拉莱斯从马德里现身，向他索要钱财，并威胁要揭露他是重婚者,他逃离了巴黎。玛丽亚引起了轰动。她的声音非同寻常,音色丰富,有超过三个八度的音域,使她能够同时演唱女高音和女低音角色。曼纽埃尔担任了他女儿的经理一职,为她开出高额报酬,甚至比剧院成名的首席女歌手的收入还要高。英国的批评家变得充满敌意,曼纽埃尔又踏上了旅程。

1825年,他接受了一份丰厚的邀约,带着他的家人和一群歌手前往纽约,那里有一群富人爱上了意大利歌剧,愿意支持这次旅行。19世纪20年代,在美洲巡回演出的意大利歌剧团数量显著增加:布宜诺斯艾利斯和纽约等城市的新财富像磁石一样吸引着冒险的巡演团体。[32]保琳娜当时4岁,在穿越大西洋的长途海上之旅中学会了唱歌。许多年后,她回忆说:"我是在一艘帆船上开始学的,没有钢琴,一开始是我自己唱,然后配上两个和三个声部。""我父亲写了一些小卡农,我们每天晚上都在舰桥上演唱它们,这让船员感到开心。"[33]

意大利音乐的到来在美国引起了巨大的兴奋——其中很大一部分是由像洛伦佐·达·庞特(Lorenzo da Ponte)这样的人物激发的,这位杰出的剧本作家曾为莫扎特工作,他住在纽约(主要是为了逃避他在欧洲的债主),被任命为哥伦比亚学院的第一位意大利语教授。1825年11月29日,纽约音乐季以《塞维利亚的理发师》拉开帷幕(这是新大陆第一次用意大利语演唱歌剧),观众包括流亡的前西班牙国王约瑟夫·波拿巴(Joseph Bonaparte)和即将出版《最后的莫希干人》的詹姆斯·费尼莫尔·库珀(James Fenimore Cooper)。演出大获成功。玛丽亚被誉为明星。在这个演出季中,加西亚家的四口人(两位曼纽埃尔、玛丽亚和华金娜)随后还在达·庞特面前表演了莫扎特的《唐璜》,这是该剧第一次被带到美国。但歌剧观众人数太少——也没有国王或贵族赞助人——使得歌剧无法在纽约成为一项有利可图的事业。加西亚夫妇还面临着一个更为紧迫的问题，当时 17 岁的玛丽亚决定嫁给一位名叫欧仁·马里布兰（Eugène Malibran）的法裔纽约银行家，从而逃离她专横的父亲。这位银行家支付了一大笔钱，据说高达 5 万美元或 1.2 万英镑，用以补偿加西亚失去他的主唱歌手。[34]

没有了玛丽亚后，加西亚一家动身前往墨西哥，在那里他们至少可以说西班牙语。在墨西哥城，大教堂的风琴手马科斯·维加（Marcos Vega）给 6 岁的保琳娜上钢琴课。但这里是歌剧的处女地，没有真正的欧洲意义上的剧院，观众太少，无法从歌剧中赚到任何钱。1828 年，这家人放弃了，启程返回巴黎。在前往维拉克鲁兹（Vera Cruz）的路上，即他们返回欧洲的长途跋涉的第一段旅程中，他们的车队遭到了与护送车队的士兵勾结的强盗的袭击。蒙面强盗迫使旅行者脸朝下趴在地上，抢走了他们所有的东西——"我们只剩下衣服"，就像保琳娜后来回忆的——直到她漫长生命的最后，她都一直在用同样生动的细节重复这个故事。[35]

许多年后，保琳娜写道："上帝让我生来就是旅行者。这在我出生之前就在我的血液里了。"[36] 早年的不断迁徙和父亲严格的教诲给她灌输了一种钢铁般的坚忍和成功的决心。这也使她在语言方面很有天赋。再加上她在家里时说的西班牙语，她从小就能十分流利地讲法语、意大利语和英语，稍晚些又学会了德语。她掌握的许多语言之间看上去没有思想障碍：在日记和信件中，她用所有这些语言自然而轻松地表达着自己的想法，她经常在句子中间从一种语言转换到另一种语言，如果后者拥有某个更好的词。

1827 年，保琳娜的姐姐回到巴黎，她在意大利剧院上演的罗西尼的《赛密拉米德》中首次亮相，开始了她在欧洲引人注目的演唱生涯。她的嗓音的非凡力量、简洁的表现力、具有异域风情的西班牙人相貌、热情的表演风格和总体上的忧郁气质完美地代表了那个时代的浪漫主义精神，很快为她赢得了年轻巴黎人的崇拜。玛丽亚·马里布兰离开了纽约的银行家丈夫,与比利时小提琴家夏尔·德·贝里奥(Charles de Bériot)交往,和他一起住在布鲁塞尔附近,还给他生了两个孩子,但只有一个活了下来。曼纽埃尔拒绝再见玛丽亚,宣称她的行为"冒犯并羞辱了她的整个家族"(仿佛他本人的重婚没有造成这种结果)。[37] 她继续给他们寄钱,并写信给她的母亲询问消息,但"不敢"写信给她的父亲,因为她担心他不会回复。"让他知道他可以对他的女儿感到满意",这是她所能说的一切。[38]

1832年6月9日,老曼纽埃尔·加西亚死于心脏病突发。保琳娜和她的母亲前往布鲁塞尔与玛丽亚共同生活(她的哥哥曼纽埃尔两年前应征参加了法国对阿尔及利亚的远征)。丈夫去世后,华金娜继续担任保琳娜的歌唱老师和总管经纪人。保琳娜在唱歌方面表现出早熟的天赋。她4岁时就为威灵顿公爵献唱,8岁时又为罗西尼唱过歌。[39] 在巴黎,她被送到出生于捷克的作曲家、贝多芬的朋友安东·雷哈(Anton Reicha)那里学习作曲,此人的弟子包括柏辽兹和李斯特。在这个阶段,保琳娜似乎注定将以音乐会钢琴家为职业——钢琴或人声是当时唯一被认为适合女性表演者的乐器。她曾向墨西哥城的大教堂管风琴师学习,现在12岁的她由20多岁的李斯特教导。保琳娜自然而然地爱上了李斯特。许多年后她回忆说,穿好衣服去上星期六的课时,自己的手会因为动情而颤抖,以至于无法给靴子系上鞋带。"当我敲他的门时,我的血液凝固了;当他打开门的时候,我会泪水奔涌……但当我们一起演奏赫尔茨(Herz)的四手联弹变奏曲时,那是多么快乐啊。"[40]

是她的母亲坚持让保琳娜成为一名歌手——1836年,28岁的玛丽亚去世,让这一决定更加坚定。两个月前,她在伦敦摄政公园从马上摔了下来,但挣扎着履行了演唱会的合约,最终在曼彻斯特(Manchester)倒下。在短暂生命的最后几年里,她的国际声望达到了顶峰。在斯卡拉剧院，玛丽亚·马里布兰在《诺尔玛》中的表演让她拥有了近乎神明的地位，歌迷们会站上几个小时，仅仅是为了看她走进剧院。她的死在整个歌剧世界掀起了冲击波。戈蒂埃和缪塞都写诗表达了他们的悲痛。加西亚一家受到的影响显然更大，特别是曼纽埃尔刚刚去世不久。此事对保琳娜具有决定性的意义，让她注定要追随玛丽亚的脚步。对于华金娜来说，舞台上没有加西亚家的人是不可想象的。

夏尔·德·贝里奥把保琳娜纳入自己的羽翼之下，为两人组织了音乐会。1836年8月，也就是她年满15岁三个星期后，保琳娜与夏尔在列日（Liège）举行了她的首场演唱会。巧合的是，作曲家贾科莫·梅耶贝尔（Giacomo Meyerbeer）——此人后来将在她的职业生涯中发挥关键作用——也在观众中。[41] 从一开始，她就把西班牙歌曲作为她曲目的一部分。她从小就唱这些歌——其中许多是她自己的父亲写的——这些"派对曲目"对欧洲北部的观众来说一定是迷人的原创之作，当时西班牙音乐在那里还不为人所知。保琳娜的首场公开演出取得了成功。在接下来的一年里，她和夏尔一起出现在布鲁塞尔和柏林的几场音乐会上，前者有比利时国王和王后出席，后者有普鲁士国王腓特烈·威廉三世到场，后者对她的演唱深深着迷，送给她一条翡翠项链，还几次邀请她去夏洛滕堡的王宫与自己的家人见面。正是在这几次觐见中，保琳娜开始了与奥古斯塔太子妃（未来的普鲁士王后）*的长期友谊。[42]

保琳娜不可避免地被与马里布兰相比。她利用了这种比较。当年12月，在巴黎的首场演唱会上，保琳娜穿了与马里布兰相同的

---

* 指奥古斯塔·玛丽·路易丝·卡塔琳娜（Augusta Marie Luise Katharina，1811—1890），萨克森-魏玛-爱森纳赫（Saxe-Weimar-Eisenach）大公卡尔·弗里德里希（Karl Friedrich）之女，其外祖父是俄国沙皇保罗一世，丈夫为未来的普鲁士国王威廉一世。——编注

服装——配有一颗黑色钻石的朴素白色连衣裙，那是后者一直穿着的。马里布兰的朋友，评论家欧内斯特·勒古维（Ernest Legouvé）写道："她的姐姐复活了。""同样的声音，同样的演唱技法，同样的风格，令人难以分辨的相似才华，但却没有丝毫模仿的迹象！"马里布兰崇拜的大司祭缪塞认为，这种相似性"如此惊人，看起来像是超自然的"。[43]

现在，缪塞从她妹妹身上看到了他在马里布兰身上理想化的东西：她具有异国情调的西班牙血统；她的火热和忧郁的气质；她无拘无束的表达；她自然的外表；还有最重要的，她的演唱的纯洁性，没有任何过度的炫技或浪漫主义效果。缪塞写道："她用那种简单朴素的方式让自己沉浸在灵感中，这让一切都带有高贵的气息。""她唱歌就像呼吸一样。"[44] 缪塞爱上了她，不懈地追求着她。他在自己的前情妇之一卡罗琳·若贝尔（Caroline Jaubert）夫人组织的一场音乐会上遇到了保琳娜，开始追求这位年轻的歌手。在他经常发文的《两个世界的评论》（Revue des deux mondes）上，缪塞把她的演唱夸上了天。利用他的人脉，他为她打开了通往巴黎最重要的沙龙的大门。

即使在巴黎这样的城市，音乐圈的规模也相对较小，这意味着艺术家在社交界推广自己的才华很大程度上需要依赖有影响力的评论家和赞助人。在时尚的圣日耳曼郊区，越来越多的沙龙偏爱音乐表演以及关于艺术和音乐的对话，而不是政治八卦，若贝尔夫人热闹的沙龙就是其中之一。每周一次的沙龙有人脉广泛的知识分子参加，如律师安托万·贝里耶（Antoine Berryer），罗西尼的赞助人贝尔乔约索王子（Prince Belgiojoso），雕塑家让-奥古斯特·巴尔（Jean-August Barre），以及阿尔弗雷德·缪塞和他同为作家的弟弟保罗，两兄弟都热爱音乐，爱慕保琳娜。1838年12月15日，他们在旺塔杜尔厅（Salle Ventadour）为她组织了在巴黎的第一场演唱会，并在谈话和写作中传播了这里有一颗真正的新星冉冉升起的观点。[45]

凭借在巴黎沙龙的成功，保琳娜在伦敦度过了下一年的春天，在为维多利亚女王举办的两场私人音乐会上表演。1839年5月9日，她在女王陛下剧院完成了歌剧首演，饰演罗西尼的《奥赛罗》中的苔丝狄蒙娜。她的母亲谈成了一笔非常可观的报酬，六场演出的每一场都能让她获得6000法郎（约合240英镑），比任何其他首次在伦敦亮相的歌手都要高。[46] 5月13日，保琳娜在给一位朋友的信中写道："公众对我的接受就好像我是一个回归的宠儿，而不是第一次为他们表演的外国人。"

> 我如此激动，以至于在第一幕中我的声音哽住了。但在第二幕中，随着他们兴趣的加强，我获得了力量和信心，最后我不再害怕观众……我多次返场，重唱了几首咏叹调。在[第二幕]结束时，所有的前排观众都站了起来，挥舞着领带和手帕，发出狂热的欢呼声。[47]

新闻界的评论令人欣喜若狂。《雅典娜神庙》（Athenaeum）的评论者亨利·乔利（Henry Chorley）评价"这个新加西亚"时写道："那天晚上看过苔丝狄蒙娜的所有人都毫无疑问地认为，另一段伟大的生涯开始了。"[48]

在伦敦，她接待了一个名叫路易·维亚尔多的人的来访，此人是一位著名的记者和作家、艺术收藏家和评论家、西班牙专家和历史学家，最近成为意大利剧院的主管。维亚尔多是一个英俊和外貌高贵的男人，当时刚满40岁，留着精致的鬓角和小胡子，他的来意是询问她是否愿意为他的剧院演唱。他似乎准备满足她的报价，宣称他相信她的才华与他所认识的她的姐姐不相上下。获得意大利剧院的任命时，他收到了夏尔·德·贝里奥的一封信，信中以如此高调的措辞推荐了保琳娜，以至于他马上想到要签下她，作为自己的新星。[49]

* * *

1800年，路易·维亚尔多出生在第戎（Dijon），他的父亲是上诉法院的检察长。作为索邦大学的一名法律系学生，他成了一个歌剧迷，把他能负担得起的每一个苏都花在了意大利剧院。1819年，正是在那里，他第一次聆听了曼纽埃尔·加西亚在《唐璜》中的演唱。他省吃俭用，为的是买一张二层看台的票。在接下来的三年里，他没有错过一场加西亚或他的家人的表演。他成了马里布兰值得信赖的朋友和顾问，当后者在1830年怀上夏尔·德·贝里奥的孩子，需要法律帮助来与欧仁·马里布兰离婚时，绝望中的她找到了维亚尔多。[50] 维亚尔多头脑冷静、善良、有原则，坚定地致力于个人自由，包括促进妇女的平等权利。他是马里布兰在绝望的困境中可以求助的最佳选择。

维亚尔多对西班牙的兴趣使加西亚一家对于他来说更具吸引力。1823年，一支在维罗纳会议*上由五大国授权的6万人法国远征军入侵西班牙，恢复了斐迪南七世国王的专制权力。过去的三年里，这位国王一直被自由派政府的议会领袖们囚禁。从法学院毕业后，维亚尔多加入了远征军，认为这是一个"看世界的机会"。后来，他转而把复辟视作"对西班牙新生的制宪主义的犯罪"。但在当时，他没有成为一名士兵，而是作为塞维利亚的法国军队的

---

* 维罗纳会议（Congress of Verona）是俄罗斯、奥地利、普鲁士、法国、英国组成的"五国同盟"于1822年10月22日至12月14日在维罗纳召开的会议，会上决议继续镇压欧洲的革命活动，其中包括派遣法国远征军出征西班牙。英国持反对意见，因此会后推出五国同盟的协调机制。——编注

供应商，以便不让此行违背自己的民主良心。他为自己的军衔"酒库看守"（garde-magasin de liquides）感到自豪，因为在1588年西班牙无敌舰队的时代，塞万提斯也曾担任过塞维利亚舰队的食品供应商。[51]

在塞维利亚度过的两年开启了他对西班牙艺术和文学的终生兴趣，把他从律师变成了作家。1826年出版的书信体小说《西班牙人书简》是他关于西班牙的众多作品中的第一本，在书中，维亚尔多本人对这个国家的印象使他对一位法国骑兵军官穿越安达卢西亚的虚构旅程的描述活灵活现。他写道，那里是"欧洲最落后的地区之一"，毁于封建制度和教会的力量，"它需要向其他欧洲文化的影响开放，才能发展自己的文明"。[52] 这是他的文化哲学的确立宣言，也是几代法国人对西班牙思想和艺术兴趣的开始，维亚尔多在其中发挥了主导作用。

回到巴黎后，维亚尔多越来越多地转向撰写政治评论。他经常以笔名"Y…"出现在《环球》（Le Globe）杂志上，这份文学刊物对于反动的法国国王查理十世的反对变得越来越直言不讳。[53] 从1830年开始，《环球》成为圣西门主义者的喉舌，维亚尔多与这场早期的社会主义运动有着松散的联系。

维亚尔多并不纸上谈兵，而是有实际行动。他参加了1830年的七月革命，这场革命以更倾向自由主义的奥尔良公爵路易·菲利普（Louis Philippe）取代了其堂兄查理，成为七月王朝的统治者。7月30日上午，也就是三天起义的最后一天，维亚尔多正在《环球》的办公室准备关于革命胜利的第一份公告，这时一名被市政委员会派去占领警察局的年轻记者前来寻求帮助。这两个人带着步枪来到警察局，在接下来的24小时里占领了那里，他们恢复了行政运作，让在战斗中被民兵封锁的货物能够重新自由进入巴黎。[54]

1830年8月，流亡巴黎的西班牙自由派提名维亚尔多担任推动西班牙民主的"革命委员会"的领导人。路易·菲利普起初支持这一倡议,但他任命的卡西米尔-皮埃尔·佩里埃(Casimir-Pierre Perier, r. 1831—1832年)领导的政府更加保守:它以革命的名义放弃外国干预,并关闭了维亚尔多的委员会。维亚尔多加入了反对七月王朝的阵营。他成为激进的共和派刊物的记者,主要撰写关于歌剧、戏剧、艺术和政治的文章,并担任《共和评论》(La Revue Républicaine)的编辑。[55] 到了19世纪30年代末,他被认为是巴黎知识分子圈子的重要人物之一。

1838年1月14日,因烟囱过热引起的大火吞没了意大利剧院。法瓦尔厅被毁。爱德华·罗贝尔(Édouard Robert)成功逃脱,但他的联合主管卡洛·塞维里尼(Carlo Severini)被烧死。[56] 维亚尔多伸出援手,让剧院重新站稳了脚跟,把它临时安顿在奥德翁剧院(Théâtre de l'Odéon)。6月,他被任命为主管,年薪为1.2万法郎。维亚尔多因其商业嗅觉而受到尊敬——除了报纸,他还经营着一家城市运输公司,称其为"社会企业"。[57] 但他获得任命的关键是他与西班牙银行家亚历杭德罗·阿瓜多(Alejandro Aguado)的友谊,这位拉斯马里斯马斯侯爵(Marquis de Las Marismas)是欧洲歌剧界的重要人物。[58]

1784年,阿瓜多出生于塞维利亚的一个大贵族家庭,他曾经加入西班牙军队,但在1810年拿破仑的军队征服安达卢西亚后,他投向了法国。像许多雄心勃勃的西班牙年轻人一样,他认为波旁王朝已经失势,觉得可以依靠拿破仑来复兴西班牙。阿瓜多成为苏尔元帅(Marshal Soult)的副官,帮助他成批掠夺西班牙艺术品并将其出口到法国。1813年,当法国军队被驱逐出西班牙时,他随他们一起离开,开始在巴黎经商,后来成为西班牙投资者在法国的金融经纪人。他的突破出现在1823年,当时负债累累的西班牙新政府被迫接受法国的贷款,后者是该国在当年的干预之后的主要保护国。

作为筹集贷款的关键参与者之一,阿瓜多获利约500万法郎之多。从那时起,他开始担任西班牙政府的银行家,从巴黎的金融市场为其筹措贷款,到了19世纪20年代末,他已经积累了超过2000万法郎的个人财富。他拥有巴黎的几处宅邸、塞纳河畔伊夫里的珀蒂堡(Château de Petit-Bourg),以及谢尔的格罗苏夫尔(Grossouvre)的一个狩猎庄园。1835年,当他通过为阿尔及利亚和希腊筹集贷款而变得更加富有时,他买下了著名的玛尔戈酒庄(Château Margaux)。[59]

阿瓜多急于将他的巨大财富转化为"象征资本",他买下了多家报纸,并花了一大笔钱购买艺术收藏品,收藏了"老大师"(Old Master)的400幅画作(包括17幅委拉斯开兹[Velázquez],55幅牟利罗[Murillo],13幅苏巴朗[Zurbarán]和4幅伦勃朗[Rembrandts]的作品),并于1837年向公众展示。在此之前,西班牙艺术在法国鲜为人知,但阿瓜多画廊的开业正值人们的兴趣变得日益浓厚之时,1838年路易·菲利普在卢浮宫建立的"西班牙博物馆"就反映了这一点。为了宣传他的画廊,阿瓜多委托他的朋友维亚尔多——后者被公认为西班牙绘画的鉴赏家——为一本版画集撰写一篇对那里所收藏的大师作品的研究。[60]

歌剧是阿瓜多最大的兴趣,也是他在19世纪30年代挥金如土的焦点。他是罗西尼的密友,给了后者大笔的钱和大量的礼物,并向其开放自己的豪宅(1828—1829年,罗西尼长期住在珀蒂堡,其间写下了歌剧《奥利伯爵》和《威廉·退尔》)。[61] 正是通过与罗西尼的友谊,阿瓜多更多地参与到对意大利剧院和巴黎歌剧院的管理中。

意大利剧院首先落入了他的掌握。1829年7月,法院与爱德华·罗贝尔签订合同,从1830年10月开始将剧院作为企业经营("自负盈亏"),为期15年。罗贝尔是阿瓜多的人,他的"卒子"

(prête-nom），就像监管皇家剧院的巴黎警察局所形容的。合同为企业家主管设定了一些条件，要求维持剧院"目前的荣耀"，为此宫廷将每年向他支付7万法郎的补贴。而合同中的他这一方则由阿瓜多存入的10万法郎作为担保。[62]

然后，在1831年2月的改革中，这一合同确定的模式又被扩大到了巴黎歌剧院。七月革命让人们更加坚定地认为，剧院应该作为一项生意来经营，不应给公共财政带来负担。巴黎歌剧院已经负债累累，尽管它在19世纪20年代，获得了越来越多的补贴。它的特权地位成了自由派反对者的靶子，他们还要求更新其保守的剧目。1831年2月，政府任命了一位"企业家主管"，在未来六年里将其作为一项买卖来运营，他有义务使其保持国家剧院应有的"华丽和辉煌的状态"。这是一种公私合伙制。主管将获得补贴，当他让剧院恢复赢利时，补贴将会减少。被选中担任这一角色的人是路易－德西雷·维隆（Louis-Désiré Véron），此人是一名医生、记者和商人，他通过销售一种涂抹在胸部，用于治疗普通感冒的药膏发了一笔小财。和罗贝尔一样，他也是由阿瓜多安排的，后者支付了作为担保所需的25万法郎中的20万。[63]

在接下来的十年里，阿瓜多实际上控制了巴黎的两家主要歌剧院。他为每一位主管支付了担保金，并为他们提供了大笔资助。[64] 剧院的运营成本远远高于补贴和门票销售收入：它们依靠这位西班牙银行家才能够生存。阿瓜多的损失相当可观（据传闻，一年至少5万法郎），但作为回报，他所获得的声望要超过这笔损失。在勒佩勒蒂耶厅，他坐在王室包厢里，那里有一个豪华的前厅和一个供国王和王后使用的私人厕所。1837年，当王位继承人奥尔良公爵费迪南－菲利普（Ferdinand-Philippe）与梅克伦堡－施韦林的海伦（Helen of Mecklenburg-Schwerin）举行婚礼时，阿瓜多将自己的包厢作为结婚礼物送给了这对王室夫妇（后来，他把其他两个包厢改造成一个几乎与之相同，但更大的包厢）。每次演出后，当晚的收入都被放在阿瓜多包厢外的一张桌子上清点，他在那里等待宣布金额。这位银行家的影响力如此之大，以至于在巴黎歌剧院，任何演出中都必须有芭蕾，舞者穿的服装是西班牙风格的，用1838年开张的剧院商店——"阿瓜多藏衣室"（Garde-robe d'Aguado）——出售的面料裁制。没过多久，时髦的观众开始穿着"西班牙式"服装前来剧院。[65]

在被任命为意大利剧院的主管后，维亚尔多想方设法使其赢利。让歌剧赚钱的一种方法是将几家剧院的管理整合起来，在它们之间共享歌手。19世纪20年代，巴尔巴亚成功地将斯卡拉剧院的演出与克恩顿剧院（Kärntnertortheater）的意大利乐季结合起来，从1835年到1848年，巴托罗缪·梅雷里（Bartolomeo Merelli）和卡洛·巴洛基诺（Carlo Balochino）也是这样做的。罗西尼曾鼓励阿瓜多以巴黎、伦敦和那不勒斯为基础，通过把它们作为同一家企业运营来建立一个统一的歌剧帝国。考文特花园和圣卡洛剧院在19世纪30年代都处于金融危机中，所以也可能廉价收购它们的租约。维亚尔多为这位西班牙银行家写了一份备忘录，提议将两家巴黎歌剧院与考文特花园合并。这将节省成本，因为两个城市可以使用相同的歌手（巴黎乐季在春天结束，那时伦敦的乐季尚未开始）；如果在勒佩勒蒂耶厅的原址上建造一家更大的剧院，将获得可观的利润。以此为例能够很好地向政府表明，一座更大的歌剧院有助于法国的荣耀。[66]

1839年5月，维亚尔多带着阿瓜多的指示前往伦敦，准备购买考文特花园的租约。6月1日，维亚尔多报告说，托管人不愿出售；他们已经拒绝了三个超过8万英镑的报价，他被告知，他们坚持开价9万英镑（226万法郎）。他认为以这个价格购买在商业上仍然很可行。如果将之与巴黎歌剧院、意大利剧院合并的话，可以扭转伦敦剧院的颓势，每年可能带来6000英镑（15万法郎）的利润。他总结道："但为此，我们必须首先把我们在巴黎的事安排好。"[67]

法瓦尔厅的大火让意大利剧院遭受重创。它在奥德翁的新家位于塞纳河左岸，对于主要来自右岸的观众而言，位置不是那么方便。为了在即将到来的秋季乐季提高票房，维亚尔多购买了多尼采蒂的三部新剧，正是在那时，当他在伦敦听了保琳娜的演唱后，他登门拜访，询问她是否愿意签约意大利剧院。

他与她母亲的谈判被证明是困难的，后者当时仍担任她的经纪人。华金娜不是傻子。她知道自己可以为女儿赢得什么价格，如果出价低于她的预期，她会毫不犹豫地拒绝任何出价。[68]她与维亚尔多达成的交易对于意大利剧院来说是昂贵的。保琳娜的月薪是4500法郎，整个乐季的工资是2.7万法郎，并能获得一半的收益作为报酬，管理层保证这笔钱将至少是5000法郎。维亚尔多在6月1日写给阿瓜多的信中说，"我不知道这些财务条件对你来说会不会有点难以接受"：

> 但我一直认为，而且你也同意我的想法，我们需要不惜代价地签下保琳娜·加西亚，无论她将来可能取得何种成功。事实上，相比留在奥德翁，最关键的是提高季票销量，以便确保剧院的收入能够不依赖艺术家或作品获得成功的机会。最好的方式无疑是预先吊起您的"教区居民"的兴趣，承诺为他们带来业已成名的新天才。[69]

9月，保琳娜独自一人回到巴黎，开始在意大利剧院排练。她写信给布鲁塞尔的华金娜，表示她多么希望自己首秀时后者能在巴黎，并说万一母亲来的话，她已经留了一个房间。让她感到失望的是，夏尔·德·贝里奥在她的首演前几天就离开了巴黎，开始了音乐会巡演。[70] 当母亲不在的时候，保琳娜无疑变得更加依赖维亚尔多了。面对其他歌伶，她需要一位经纪人的保护，因为她们忌妒这位薪水高而且被大肆宣传的新来者。尽管她们散布了针对她的恶意谣言，但10月8日，保琳娜还是以在罗西尼的《奥赛罗》中饰演苔丝狄蒙娜完成了精彩的首演。

缪塞在《两个世界的评论》里把她捧上了天。他写道，第一天晚上，"整个巴黎都被吸引到了奥德翁。当加西亚小姐走上舞台时，出现了片刻的静默。这位年轻的艺术家明显被感动了，她犹豫了，但在她开口之前，剧院里所有的人都一致鼓掌欢迎她。是对她姐姐的记忆让我们这么做的吗？"缪塞写道，马里布兰扮演的苔丝狄蒙娜是一个"威尼斯式女主角——爱情、愤怒、恐惧，她的一切都充满活力"，而她的妹妹以一种更加忠于罗西尼的方式扮演她，"作为一个天真地爱着，希望自己的爱能被宽恕的女孩，她在父亲即将诅咒她的那一刻在他的怀里哭泣，只有在她死的那一刻才有了勇气"。她天真无邪的外表（她穿着一件朴素的白色连衣裙，以唤起对她姐姐的回忆），没有夸张戏剧手势的自然表演，以及她纯净的歌声都让观众感到高兴。有些人对她的清新感到困惑，这是以前从未见过的。玛丽·达古尔对保琳娜没什么好感，她在给李斯特的信中写道，这位年轻歌手"丑陋、衣品低劣、笨拙"。不过达古尔承认，保琳娜有一副"华丽的嗓音"，能把她的角色提升到悲剧的高度。尽管她有这些"瑕疵"，但她有一种"骄傲而高贵的女人"的神奇，"前途无量"。20年后，在他的19世纪法国戏剧史中，戈蒂埃写到了她的首演，"没有人能忘记她可爱的笨拙和天真，堪比乔托的壁画"。[71]

保琳娜的首演是巴黎的热门话题，每个人都想见到她。维亚尔多把她介绍给了乔治·桑，后者刚刚和肖邦一起从诺昂（Nohant）的乡间别墅回来。作为马里布兰的铁杆粉丝，桑去听了妹妹的演唱，立刻宣布她是"第一个和唯一伟大而真正的歌手",是"音乐理想的女祭司"。桑和这位年轻的明星交上了朋友,成为她的庇护人和参谋,她的"充满母性且最亲密的朋友",就像保琳娜在她们19世纪40年代的许多书信中对桑的称呼。"在我看来,"桑在她的日记中写道,"我对保琳娜的爱就像我对儿子和女儿的神圣之爱一样,除了那些温柔的感情之外,我还加入了被她的天才所激发的热情。"[72]

这位作家认为保琳娜体现了自己关于艺术自由和自主的女权主义理想。桑将把她作为《康素爱萝》中的女主角的原型,这是一个浪漫的传奇故事,于1842年至1843年在《独立评论》(La Revue indépendante)上连载,那是1841年桑与维亚尔多和皮埃尔·勒鲁(Pierre Leroux)共同创办的共和派刊物。[73]康素爱萝是一个单纯的西班牙女孩,拥有非凡的歌剧天赋。18世纪50年代,她来到威尼斯,成为欧洲宫廷的顶尖歌手。因为专注于艺术,她拒绝被任何男人或婚姻束缚,尽管在续集《鲁道尔施塔特伯爵夫人》(1843年)中,她与忠诚的精神伴侣阿尔贝重聚,并最终嫁给了他。桑根据她对保琳娜的期望塑造了她的女主人公。她试图塑造自己的年轻朋友和受保护人的真实生活,就像她塑造了自己的女主角的故事。

桑决心保护保琳娜免受缪塞的爱意之扰,后者最终向这位年轻的歌手求婚。[74]她本人与这位浪漫主义诗人的不平静爱情给她留下了深深的创伤,尤其是缪塞在他的自传体小说《一个世纪之子的忏悔》(1835年)中对她的不忠的描绘。桑知道缪塞是一个花花公子和自私的浪荡子,认为他不适合作为保琳娜的追求者,后者需要一个更加稳定和不那么苛刻的丈夫来继续她的事业(保琳娜的另一位女性庇护人卡罗琳·若贝尔也持同样的观点)。[75]桑想到了她的老朋友路易·维亚尔多,无论如何,他已经对保琳娜表现出了浓厚的兴趣,曾邀请她和华金娜到他家,与阿瓜多、多尼采蒂和阿里·舍费尔共进晚餐。[76]

维亚尔多具备履行保琳娜的丈夫、经纪人、保护者、朋友和精神伴侣等角色所需的全部特质。他的年纪大到可以成为她的父亲,不会像缪塞这样年轻而有艺术气质的人一般被自私所驱使。他会毫不犹豫地将保琳娜的职业生涯放在首位,以他在剧院管理方面的商业技能为其提供支持。他在社交界、金融界、艺术界、文学界和戏剧界都有很好的人脉。通过扮演保琳娜经纪人的角色,他可以比她的母亲华金娜更有效地推动她的职业生涯,华金娜作为一名女性在歌剧行业处于劣势,尽管她的能力毋庸置疑。维亚尔多会给保琳娜带来她姐姐从来没有过的体面,后者受到与夏尔·德·贝里奥的绯闻韵事影响。自从马里布兰去世以来,一直有恶意的传言说,曾带领保琳娜去伦敦、布鲁塞尔、莱比锡和柏林巡回演出的贝里奥一直与她有染,并即将娶她。[77] 桑担心这样的流言蜚语可能会毁掉保琳娜刚刚起步的职业生涯,因此敦促其接受维亚尔多的求婚,她向华金娜推荐的不仅是一个丈夫,也是经纪人。

这不是一场激情的婚姻。路易是一个得体、善良和聪明的人,虽然非常不苟言笑。他在保琳娜心中激起了深厚的友情和亲情,但没有强烈的浪漫情感。她依赖他的建议和支持(如果没有他,她将会迷失),觉得有这样一位丈夫是幸事。但她"无法回报他深沉而热烈的爱,尽管有着世上最好的意愿",就像她本人曾经承认的。[78]

1858年,在一封写给她的知己和朋友,德国作曲家和指挥家尤里乌斯·里茨(Julius Rietz)的吐露心声的信中,保琳娜这样介绍了她的丈夫:

> 你会发现他是一个拥有敏感灵魂的令人钦佩的人。他看起来很冷漠,但事实上并非如此。他的心是温暖和善良的,他的头脑比我的要优秀得多。他崇尚艺术,完全懂得欣赏美与崇高。

他唯一的缺点是缺乏孩子气,即情绪不易受影响。但**只有**一个缺点不是很棒吗!也许在他年轻的时候,他甚至没有这个缺点。当他是个年轻人的时候,我还不认识他——太糟糕了——那时我还没有出生。[79]

向另一个男性如此描绘自己的丈夫表明,保琳娜认为她在情感上是自由的。她没有内心约束,面对相比路易更适合她热情而调皮的脾性的男性,她无法阻止自己与他们发展出一系列的亲密关系,就像她在后来所做的。路易太冷静、太懂事和太老了,无法满足她自己所说的"外向和南方人的性格"。根据桑的说法,保琳娜"只有以某种方式,温柔、纯洁而慷慨,没有激动、陶醉、痛苦和热情"来爱维亚尔多。[80]

* * *

1840年4月18日,他们在第二区的市政厅结婚。保琳娜18岁,路易39岁。缪塞对输掉竞争感到恼火,向朋友们声称他受到了保琳娜和桑的恶劣对待。他用一幅残忍的卡通描绘了维亚尔多对保琳娜的求爱和他们的婚礼;这位剧院经理有生理缺陷,长着一个巨大的鼻子,当桑说服保琳娜的母亲接受他的求婚时,鼻子变成了粉末。维亚尔多的形象从此与这个比例离奇的鼻子联系在一起,后者经常出现在报纸上他的画像中。

他们在意大利度了很长一段时间的蜜月,其间路易受政府委托写了一份"关于剧院和艺术状况"的报告。他们去了米兰、博洛尼亚、威尼斯和佛罗伦萨,然后是罗马,在那里他们参观了美第奇别墅(Villa Medici),那是罗马的法兰西学院所在地,当时由安格尔主持,他们遇到了年轻的夏尔·古诺(Charles Gounod),此人刚

第一章　1843年的欧洲

图2　缪塞讽刺路易·维亚尔多追求保琳娜的漫画局部。图中的文字（英语）："恩迪亚娜［乔治·桑第一部小说的主人公］的绝妙说教，证明2加2等于4，男人越是一无所有，就越必须把女儿给他。V先生的鼻子靠在西洋跳棋的桌子上。"（左图）"恩迪亚娜的讲话结束后，V先生的鼻子碎成了粉末。"（右图）

刚获得了罗马大奖。*

那年夏天的晚些时候，他们回到巴黎，在法瓦尔街12号安家，距离意大利剧院旧址只有几步之遥。1842年，他们搬到了奥尔良广场（Square d'Orléans），这座美丽而僻静的纳什风格的宅子是英国建筑师爱德华·克雷西（Edward Cresy）于1829年建造的，桑和肖邦住在那里的不同公寓里。[81]

婚后，路易宣布辞去意大利剧院主管一职，他觉得自己无法在没有利益冲突的情况下担任此职。他现在承担了保琳娜的业务经理

---

* 罗马大奖（Prix de Rome）是法国国家艺术奖学金，于1663年由路易十四设置，挑选绘画和雕塑领域的优秀学生，至罗马的美第奇别墅接受著名艺术家指导三年，费用皆由法国政府负担。后来陆续增加建筑、音乐、雕刻三个领域。——编注

的角色,负责她所有的报酬和合同的谈判,并打理她所有的收入和财产,作为她的丈夫,他在欧洲大多数国家都对这些收入和财产负有法律责任。[82] 直到1852年,她的所有合同都"得到丈夫的正式授权",并由他签署。后来,她自己签署合同,但注明她"得到了丈夫的适当帮助"。[83] 由于剧院的"诱惑"和不道德的名声,相比一般情况,法律更严格地将女歌手置于她们丈夫的控制之下。根据在19世纪主宰法国,并对其他国家的法律产生了重大影响的《拿破仑法典》,妇女在没有丈夫同意的情况下不能签署合同,但允许她们打理自己的事务。然而,法学家认为,对于戏剧行业的女性而言,丈夫将保留基于道德和保护家庭的理由而终止他先前批准的合同的权利。[84]

路易·维亚尔多与阿瓜多关系密切,在戏剧界很有影响力,但与保琳娜的支持者们想象的不同,身为这个男人的妻子并不能确保她的成功。阿瓜多本可以在巴黎舞台上帮助她,但1840年,他的影响力被政府削减,后者反对他的合并计划,迫使他接受自己选择的莱昂·皮莱(Léon Pillet)出任巴黎歌剧院的主管,阿瓜多对此人无法忍受(他立即将在那里的投资从每年30万法郎减少到15万法郎)。在1842年,阿瓜多在西班牙死于一场马车车祸,他的遗孀随即卖掉了他在歌剧行业的股份。[85]

随着阿瓜多的力量被清除,巴黎的歌剧界陷入了混乱的琐碎竞争。保琳娜发现她的事业遭到了其他当家花旦和她们的支持者的阻挠。在巴黎歌剧院,保琳娜被罗西娜·斯托尔茨(Rosine Stolz)排挤,这位歌手是剧院主管皮莱的情妇,以激情过度和夸张的演技著称。[86] 皮莱无法抗拒她的影响,不允许任何一部歌剧在没有他的情妇主演的情况下上演。斯托尔茨雇用了一伙人捧场,为自己鼓掌欢呼。她还使用阴谋算计保琳娜,收买记者散布谣言,称其太唯利是图,难以与剧院的管理层达成协议。路易变得如此沮丧,以至于1841年

12月他在《独立评论》上抨击了剧院，指责它的偏见和无能。这不是推动保琳娜事业的最有效方法。[87]

与此同时，在意大利剧院，新的管理层不愿聘用保琳娜，担心这会影响他们的当家花旦朱莉娅·格里西（Giulia Grisi），这位意大利女高音当时如日中天。格里西比保琳娜大十岁，害怕作为对手的后者。从1842年10月开始，当保琳娜终于获得了一季的合同后，格里西雇用了一伙人在她自己演唱咏叹调时大声鼓掌和喝彩，而在保琳娜演唱时发出嘘声。格里西还贿赂著名的评论家，让他们对自己的表演大加赞扬，嘲讽对手的表现。《两个世界的评论》、《巴黎评论》、《游吟诗人》（Le Ménestrel）和《箴言报》（Le Moniteur）的评论家都被她所收买。最恶毒的攻击来自亨利·布拉兹·德·比里（Henri Blaze de Bury），他在12月1日的《两个世界的评论》上发动了这场攻击。[88]这篇文章的真正目标不仅是保琳娜，还有她的丈夫，与这份刊物是竞争对手的《独立评论》的创始人和主要投资人之一。路易觉得有义务维护妻子的荣誉，于是给《世纪报》（Le Siècle）写了一封洋洋洒洒的信，解释了布拉兹·德·比里的真正动机，三年前，保琳娜在意大利剧院首次亮相时，他还把她捧上了天。"有些好心人会为了伤害男人而去打击女人。"维亚尔多总结道。[89]

由于在巴黎碰壁，保琳娜被迫出国巡演。1841年，她在伦敦度过了第二个乐季，这是一座她不喜欢的城市，她向乔治·桑抱怨说，那里的市民枯燥乏味，过于正式，"不得不奉承他们糟糕的品味"。[90]

第二年夏天，他们的第一个孩子路易丝出生后，保琳娜在作为她经纪人的路易陪同下前往西班牙举行巡回演唱会。她得到了狂热的接待。在格拉纳达（Granada）的极度闷热中，庞大的人群挤在剧院外面，拼命地推门想要进去。黑市票价飙升。[91]这是她第一次访问父母的祖国。几十年后她回忆说，这一切对她来说似乎令人奇怪地熟悉:"我看到的一切都似曾相识,我听到的一切感觉都曾经听过……我遇到的人似乎是从我自己的梦中重现的……我感觉这里就像是我真正的故乡。但这并不意味着我想生活在那里。"[92]

桑来信表示,她在诺昂与肖邦、德拉克洛瓦一起从报纸上关注着巡演,她正在那里照顾襁褓中的路易丝。"你的脚踩在一个马镫上,那就是西班牙。你需要把你的脚放在第二个马镫上,那就是意大利,然后你将飞快地穿过法国和英国。"她通告说,三位朋友一致认为保琳娜是世上最伟大的歌手,总有一天"庸俗之辈和鉴赏家"都会明白这点,她在遭遇挫折(被巴黎歌剧院拒之门外)之前取得了飞速的进步,需要选择不同的前进道路。桑确信"等我们的'路路'(路易)考虑此事并与你讨论之后,他会给你同样的建议":

> 事实上,法国和英国过于麻木,它们的品味太过腐败,以至于——只要可能——会扼杀年轻艺术家的发展,尤其是当那个艺术家是忠诚而谦虚,没有阴谋或不当行为的女性的时候。你必须带着在国外获得的卓著声名回到这些冷淡的国家,反对你的阴谋集团只会让你更强。一定不能让报纸上那些出于恶意的无知、狭隘和迂腐的批评每天早上都来左右你。你必须以热情统治那些不那么怀疑和不那么教条主义的国家,在几年时间里,"报纸国家"[桑特别强调]必须只记录你的成功并吸引人们的关注,而不是分析它们和将其拆成碎片。总而言之,必须让低能的公众渴望你,呼唤你,要求你回来,他们自以为是如此杰出的鉴赏家,实际上远远不是,因为他们没有心。

结论是保琳娜应该继续她的欧洲之旅,在她的名声能迫使她的敌人让步之前不回巴黎。"没有剧院合同的巴黎对你来说就是坟墓。"[93]

图3　梅耶贝尔，1847年

维亚尔多夫妇同意了，作为保琳娜的经纪人，路易很快开始与斯卡拉和柏林进行谈判。第二年春天，从4月到7月，他们在维也纳，保琳娜凭借出演《塞维利亚的理发师》中的罗西娜和《灰姑娘》大获成功。在首演之夜，她不下十几次谢场，每一次都有鲜花被抛到舞台上，将舞台盖满，就像她自己向乔治·桑所描绘的。梅特涅公主（Princess Metternich）在回忆录中写道，维也纳人"从未听过任何人像这样歌唱"。他们又从维也纳前往布拉格，她觉得那里的观众"非常聪明，非常热情"，然后继续前往柏林。在之前的巡演中，她一直在努力给普鲁士人留下印象，普鲁士人以作为观众相对稳重闻名。但这一次，她可以对桑说："冷淡的柏林人突然变得和维也纳人一样狂热。"[94]

在柏林，保琳娜第一次遇到了作曲家梅耶贝尔，后者是欧洲音乐界的一位重要人物，他创作的宏伟壮观的歌剧《恶魔罗伯》（1831年）和《胡格诺教徒》（1836年）在整个欧洲大陆大受欢迎。从1843年起，梅耶贝尔是普鲁士宫廷的音乐主管（Kapellmeister），还担任柏林歌剧院的音乐总监（Generalmusikdirektor）。作为保琳娜的声音和演技的热情崇拜者，他安排她在波茨坦为普鲁士国王腓特烈·威廉演唱。梅耶贝尔认为保琳娜应该成为巴黎歌剧院的当家花旦。他向她保证，除非有她参演，否则他不会允许自己的歌剧在那里上演。"梅耶贝尔为我安排了计划，"1843年8月，保琳娜兴奋地写信给桑，"他告诉所有能听到他话的人，他认为我是宇宙中最伟大的艺术家，他想要我出现在巴黎歌剧院。"[95]

梅耶贝尔是一个强大的盟友，但即使是他的支持也不足以战胜巴黎的反对者。1843年9月，回到巴黎后不久，维亚尔多夫妇就接受了在即将到来的秋季乐季前往圣彼得堡的合同。9月20日，保琳娜写信给桑说："我可以非常兴奋地宣布，圣彼得堡的合同是一个小时前签署的，我们都**非常**高兴，特别是因为这场盛会在一千个不同的方面都是有利的。"[96] 他们此行的动机是商业的：俄国人提供给她的钱实在是太丰厚了，让人无法拒绝。对于意大利歌剧来说，俄国是一个利润丰厚的新市场，保琳娜需要它，不仅是因为她会赚取巨额报酬，还因为正如乔治·桑所建议的那样，她需要更多的成功来吸引法国这样的"报纸国家"对自己的关注。

在10月的第一个星期，维亚尔多夫妇踏上了从巴黎经柏林到圣彼得堡的漫长而艰苦的旅程。法国的铁路才刚刚开始修建，所以从巴黎到比利时边境，他们必须乘坐驿站马车。但接下去，他们可以换乘安特卫普和科隆之间新完工的铁路。他们坐驿车穿越普鲁士西部，出发六天后到达了汉诺威（Hannover）。从那里，他们可以乘火车去马格德堡（Magdeburg），然后继续骑马和坐马车去波茨坦（Potsdam），那里有一条通往柏林的铁路。从普鲁士首都出发的最后一段路程没有铁路，所以他们需要乘坐德国最快的马车"快驿车"（Schnellpost）走完到圣彼得堡剩下的1600公里，直到俄国边境，然后乘坐有棚顶的马车在泥泞崎岖的道路上穿行。

二

安特卫普和科隆之间的第一条国际铁路刚刚开通,维亚尔多夫妇无疑是这条线路上最早的旅客。这条新的铁路大大推动了国际贸易。来自莱茵河流经土地的货物可以通过亚琛(Aachen)和列日被运往斯海尔德河(Scheldt)畔的安特卫普港口,然后再从那里用船运到世界其他地方。

在科隆、亚琛和安特卫普,人们为铁路开通举行了庆祝活动,包括游行、游览骑行、宴会、舞会和烟火。在所有的歌曲和演讲中,主题是比利时与莱茵省的统一。安特卫普市长在安特卫普市证券交易所举行的500人宴会上宣称:"我们的风俗、习惯、愿望和兴趣都是一样的。我们都有同样的商业冲动,都受到对艺术和科学同样的热爱鼓舞。"[97]

普鲁士国王没有出席。作为1815年由三个保守大国(俄国、奥地利和普鲁士)为反对欧洲大陆上的自由势力而成立的神圣联盟的成员之一,腓特烈·威廉不会承认1830年7月通过革命建立的比利时政权,认为它对普鲁士在莱茵兰的利益构成了日益严重的威胁,尤其是它通过"教皇至上主义"运动将比利时天主教徒和莱茵兰天主教徒联系起来。他担心安特卫普和科隆之间的铁路可能会使莱茵兰与比利时统一,将其从普鲁士分开。莱茵兰的资产阶级羡慕比利时的自由。他们在国际线路上投入了大量资金,希望与比利时建立更紧密的贸易联系。从一开始,这条铁路就削弱了国家边界,并通过更多的国际线路与欧洲连接。

随着从安特卫普经布鲁塞尔到南部蒙斯(Mons)的第二条铁路建成,比利时很快被两条主要线路穿越——一条从东到西,另一条从北到南——将其主要的城市、港口和工业区连接起来。该网络还向比利时的四个邻邦开放:英国、法国、荷兰和组成德意志的那些独立邦国。

在科隆至安特卫普线建成几年后，随处可见跨越国界的铁路。1846 年，随着法国北方铁路公司将法国境内的部分一直延伸至里尔，巴黎至布鲁塞尔的路线贯通。该公司很快将巴黎与布洛涅（Boulogne）、敦刻尔克和加莱（Calais）这三个海峡港口连接起来，轮船从那里花上三个小时就能到达英国。到了 1848 年，从法国到瑞士，瑞士到巴登和黑塞，巴伐利亚到萨克森和普鲁士，布伦瑞克（Brunswick）到汉诺威和荷兰都有了铁路连接。奥地利人有一条从维也纳到布拉格的铁路，并且正在修建另一条穿越塞梅林（Semmering）山脉通往他们唯一的海港的里雅斯特（Trieste）的铁路。沙俄帝国有一条从华沙到奥地利边境的铁路。

铁路是工业进步和现代化的象征。它定义了"现代"，将马车运输归于追溯到时间之初的"旧世界"。威廉·梅克皮斯·萨克雷（William Makepeace Thackeray）宣称："对于生活在铁路出现之前，经历过旧世界的我们来说，这就像是挪亚和他的家人走出了方舟。"[98] 铁路给欧洲人的空间感和时间感带来了一场革命。广阔的新视野打开了，国家似乎缩小了规模，因为偏远的腹地被纳入了首都城市的轨道。"我觉得仿佛各国的山峦和森林都在向巴黎逼近。甚至现在，我已经可以闻到德国椴树的气味；北海的白浪正在涌向我的门口"，海涅在谈到 1843 年开通的两条从巴黎出发的新铁路时如此写道（一条通往奥尔良，一条通往鲁昂［Rouen］）。[99]

铁路团结人民的力量立即被利用了。它们被视作民主的力量。在反思一次从巴黎到凡尔赛的旅程时，历史学家儒勒·米什莱（Jules Michelet）写道，如果说宫殿是国王任性的产物，那么铁路就是"供每个人使用，把法国联系在一起，让里昂（Lyon）和巴黎彼此交流"。[100] 反动派害怕铁路的民主影响。出于这个原因，教皇格里高利十六世在教皇国禁止铁路，而汉诺威王储也同样反对它们，因为他"不想让每个鞋匠和裁缝都能像我一样迅速地旅行"。[101]

歌德将铁路视为统一德国的力量，经济学家弗里德里希·李斯特（Friedrich List）在其有影响力的著作《政治经济学的国民体系》（1841年）中同样持此观点。李斯特设想了一个覆盖全德的铁路系统，有六条线路从柏林辐射到慕尼黑、巴塞尔（Basel）、科隆和其他连接德意志与邻国的城镇。他坚称，铁路是国家发展的动力，它实现了贸易和产业的增长，促进文化统一，通过减轻外省的孤立和狭隘来推动民族统一。他甚至认为，铁路能推动全欧洲的经济发展。

李斯特并不是唯一一个看到铁路有潜力联合欧洲的人。负责皮埃蒙特铁路建设的卡米洛·加富尔（Camillo Cavour）看得更远，相信它们具有"提升低等国家道德水准"的使命，他指的主要是其他意大利人。[102] 在法国，维克多·雨果形容铁路是人类进步的火车头，催生出使用法语这同一种语言的全球文化："我们坐火车，我们说法语。"在英国，有预言说，铁路将把世界各国变成"一个大家庭，说同一种语言，崇拜同一个神"。[103]

但没有人比圣西门主义者更相信铁路的统一力量，他们在铁路中看到了关于国家之间的兄弟情谊这一大革命理论的实现。圣西门主义思想家贡斯当·佩克尔（Constantin Pecqueur）在1839年的一本书中写道："为每个人缩短地点之间的距离相当于缩小人与人之间的距离。"他的中心论点——物质条件的变化带来了文化领域的变化——对马克思的唯物主义哲学产生了重大影响。[104]

马克思本人敏锐地意识到铁路对商品流通的影响。在《政治经济学批判大纲》（1857—1858年）中，他谈到铁路、轮船和电报让"时间毁灭了空间"，实现了商业全球化。通过削减运输成本，铁路为一系列产品开辟了新的市场：新鲜的鱼现在可以到达内陆城镇；来自法国或意大利的地区性葡萄酒变得享誉整个欧洲。在铁路出现之前的300年间，世界贸易量以每年不到1%的速度缓慢增长；但在 1820 年至 1870 年期间,世界贸易量以每年 4.18% 的速度激增。[105]

流通得更广更快的不仅仅是商品,还有人员、信件、新闻和信息,使得所有开通铁路的国家越来越多的公众意识到自己属于"欧洲"。许多最重要的思想家都强调过国际商贸的增长与泛欧洲或"世界主义文化"的发展之间的关系,包括康德、歌德和马克思。在铁路出现之前,对于一个公民来说,在他出生的城镇度过一生并不少见。一位英国作家在 19 世纪 90 年代回忆道,"当时人们对 100 英里的旅行比现在对环球旅行更加担心"。[106] 最快的长途旅行方式是乘坐驿车或四轮公共马车,即使在碎石沥青路面上也无法超过每小时 10 公里至 12 公里,假设可以换马的话。

铁路的到来没有马上改变旅行的时间。线路需要多年才能贯通,因此在铁路尚未建成的路段,旅客们不得不从火车换到马车,就像维亚尔多夫妇在他们的第一次圣彼得堡之行中那样。同样地,1849 年 7 月,一位意大利外交官花了一周多才从热那亚(Genoa)抵达费拉拉(Ferrara),两地的直线距离只有 300 公里,尽管他乘坐了新开通的从佛罗伦萨到利沃诺(Livorno)的铁路。为了抵达佛罗伦萨,他不得不坐马车穿越亚平宁山,然后再换另一辆马车从比萨前往热那亚。[107]

不过,铁路旅行的速度被人们视作一场革命。最早的火车以每小时 30 公里至 50 公里的速度行驶,其中一些甚至高达每小时 80 公里,这让许多乘客既惊叹又害怕。[108] 1843 年之前,乔治·桑从巴黎乘邮车到她在诺昂的家需要两天,全程 280 公里;但通往奥尔良的铁路开通后,旅行时间缩短了一半。[109] 五年后的 1848 年,肖邦从伦敦乘火车到爱丁堡只花了 12 个小时,全程 650 公里,而仅仅十年前,在收费道路上乘坐最快的马车也要花费两天两夜。[110] 用邮车曾经需要几个星期才能穿越欧洲的信件现在几天就到了,而有了与铁路并行的电报,消息可以在几分钟内到达主要城市。全国日报是铁路的产物，首都的晚报第二天早上就能送到最偏远的城镇。地区性报纸则是电报的产物，电报能在几秒钟内传递主要的国内和国际重要消息，因此可以在当地报纸上报道它们。

在整个欧洲扩展的铁路还为欧洲音乐、文学和艺术的国际流动提供了动力。它们带来了一场文化市场的革命。

创意作品的市场至少从18世纪就已经存在了，当时公共领域以音乐会、报纸和期刊、私人美术馆和博物馆的形式发展起来，使艺术家、作家和音乐家能够不再像之前那样依赖有权有势的赞助人，而是可以把他们的作品卖给更广大的社会成员。[111] 但这个市场仍然相当小，而且是局域性的。在音乐和视觉艺术方面，它仍然由围绕着一群贵族鉴赏家、艺术学院或歌剧院组织起来的网络所构成；艺术家们仍然依赖这些个人关系来推销自己。这种情况在19世纪早期的几十年间没有多少改变。直到随着铁路、电报、全国性报刊、廉价的大规模印刷方法的到来，艺术才开始在一个更加不受个人左右的市场中发挥作用——在那里，生产者用可以在国际上复制和分销的形式出售他们的作品。

铁路的影响是变革性的。比如，在1841年到1860年之间，法国的图书出口量增加了一倍多，而且图书市场第一次成为真正的全球市场，到了1860年，有三分之一图书被销往欧洲之外，轮船使得把图书运输到加拿大法语区变得经济。[112] 在德语世界，莱比锡和柏林的出版商享受了类似的出口繁荣，这要归功于它们出色的铁路连接，在1845年至1855年期间，铁路使得图书的运输成本降低了75%。[113]

新的创意作品能够跨越国界的速度是惊人的。比如，1843年9月1日，巴黎罗亚尔宫剧院（Théâtre du Palais-Royal）首演了一部关于新开通的铁路的轻喜剧，题为《巴黎，奥尔良，鲁昂》。剧本发表在《剧院杂志》（*Magasin théâtral*）上，奥地利演员约翰·内斯特罗伊（Johann Nestroy）将其改编为《铁路婚姻，或维也纳、诺伊施塔特、布吕恩》，仅仅四个月后的1844年1月3日，该剧就在维也纳河畔剧院（Theater an der Wien）首演。[114]

铁路重新绘制了欧洲的文化地图。外省城镇被纳入国家首都的轨道。比如，对里尔来说，巴黎线路的开通意味着更多来自巴黎的巡演艺术家的光顾（意大利剧院于1856年在那里举办了一个乐季，1865年再次举办）。[115]能够与国际连通的城市凭借自身的优势成为重要的文化中心。通过与法国和德国的铁路连接，布鲁塞尔从一个讲佛拉芒语的布拉邦省小城转变为一个国际化的欧洲首都。1843年至1853年间，巴黎—布鲁塞尔线的开通带来了2万名外国移民，其中大部分是法国人。[116]法国人成为这座城市的文化精英，他们经营剧院和博物馆，为报刊写作，或者作为作家和艺术家在那里工作。由于其居于法语世界和德语世界之间的位置，布鲁塞尔成为德国艺术在法国的一个重要渠道（比如，瓦格纳的许多歌剧在进入法国之前都是先在比利时演出的）。

铁路为城市带来了新的外省民众。酒店和餐馆、商店和咖啡馆在铁路终点站附近如雨后春笋般涌现。这对娱乐业的影响是革命性的。从前，在马车旅行的时代，剧院依托单个城镇及其周边地区的人口，经理们依赖向包厢拥有者出售季票。为了娱乐这个地方的公众，他们需要随时向其展示新的作品。一部歌剧只上演一季——甚至更短——然后被丢弃和遗忘。很少有作品能保持它们的吸引力，持续时间大大超过一年，或者保证以后能重演，所以它们干脆消失了。比如，在斯卡拉，剧院存在的前40年里（从1778年到1826年）推出了298部不同的歌剧，但只有30部在第二季重演，第三季则只有8部。乔万尼·派塞洛（Giovanni Paisiello）的《塞维利亚的理发师》（1782年）是唯一一部上演过五季的歌剧。[117]随着铁路的到来，剧院发展出了一种新型市场。剧院观众从更广泛的地区来到城市，他们来自遥远的外省和外国，推高了对单场演出门票的需求。摆脱了对销售季票的依赖，经理们可以延长最成功作品的上演时间，或者让旧作品上演第二轮，这一来就开始出现类似稳定的剧目或音乐家作品的东西。

火车还使巡演剧团和音乐家们在外省为更广泛的观众表演成为可能。对于多年来一直坐马车和乘船巡演的保琳娜·维亚尔多来说，铁路开辟了令人兴奋的可能性。现在，她可以在德国或英国的乐季或表演间隙回到法国，那两个地方都有快速铁路连接。与此同时，铁路还让她有可能在外省巡演中赚钱。1841年9月，维亚尔多夫妇乘坐新开通的大西部铁路前往格罗斯特（Gloucester）参加"三合唱团音乐节"（Three Choir Festival），惊叹于"文明的巨马吞噬煤炭，喷出火焰"，这是路易对蒸汽机车的形容。

> 人们平静地坐在宽大的扶手椅上，没有晃动或震动，也没有颠簸和摇摆，透过窗户看着一幅动人的全景，视角每时每刻都在变化，不断出现新的景象。村庄和城镇、庄宅、农舍和农场散布在每一座山丘和山谷上——它们都飞驰而过。我们旅行的那天正好有阳光和雨水交替，这使我们能够观察事物所有方面的光和影。[118]

约翰·施特劳斯对于在英国坐火车旅行的可能性感到兴奋。1838年4月至7月间，他的乐团在30多个不同的英国城市举行了音乐会——在铁路建设落后的法国，这种旅行速度是不可能的。施特劳斯在英国之行结束时写给指挥家阿道夫·米勒（Adolf Müller）的信中表示："我发现自己几乎每天都在一个不同的城市，因为有好马和出色的道路，人们在这里可以极快地旅行。铁路对旅行者尤为有用，我经常使用这种交通方式，比如在利物浦、曼彻斯特和伯明翰等地。"[119]

早在铁路到来之前,音乐家们就被迫不断地旅行来谋生。且不说危险和不适,乘坐马车旅行的时间就大大损耗了他们的收益。柏辽兹经常抱怨用船和马车在坑坑洼洼的道路上运输沉重的盒装乐谱造成了"毁灭性的成本",声称这些费用抹去了他巡演的任何利润。但铁路的到来鼓励他从1842年到1843年冬天起开始了一系列雄心勃勃的德国之旅,当时柏林、马格德堡、布伦瑞克和汉诺威之间新开通的铁路将帮助他削减成本。在他引人入胜的回忆录中,柏辽兹回忆起在马格德堡的一次"不同寻常的成功",一位邮局职员在登记他的行李时,不敢相信他就是那位著名的作曲家:

> 毫无疑问,这位好人曾想象过,即使不是在火焰旋风中骑着鹰马到来,这位了不起的音乐家也一定至少会有一列豪华的行李车和一小群随行的奴仆;相反,这里有一个人,面前这人看起来和其他任何在火车车厢里同时被烟熏和冻坏的人一样,他亲自称量他的箱子,自己步行,自己用法语说话,德语只会说"是",显然是个冒名顶替者。[120]

罗西尼以害怕火车著称。不过,情况并不一直如此。1836年,在他的第一次铁路旅行中,即安特卫普和布鲁塞尔之间的新线路上,他对速度表示惊叹,告诉他的情妇奥兰普·佩里西耶(Olympe Pélissier),他没有感到害怕。但后来一定发生了什么事,也许是一次意外,因为从19世纪40年代起,他拒绝再次登上火车,到什么地方都坐马车。他的无法与时俱进具有象征意义。罗西尼的音乐扎根于铁路之前的世界。它们是小规模的,伴随着马和马车的轻微响声,旨在满足外省或宫廷剧院的经济情况,那里的观众不会远行。这位作曲家无法适应铁路时代的新情况,那时的剧院需要迎合更广大的资产阶级观众,他们要求规模更大的娱乐,拥有更大的管弦乐队和合唱队,更豪华的舞台设计和更壮观的效果——即巴黎歌剧院所青睐的五幕乐剧"大歌剧"(Grand Opera)。罗西尼做了尝试,但不知拿这种新的形式怎么办。《威廉·退尔》(1829 年)是他的第一次也是最后一次尝试,从此他完全放弃了写歌剧,选择了退休,在博洛尼亚定居。为了解释自己退休的决定,罗西尼后来写道,歌剧像任何类型的艺术一样,"与我们生活的时代密不可分",支撑他的艺术的"理想主义和情感"已经在"蒸汽"和"路障"的摩登时代被颠覆了。[121] 作为大歌剧的第一位伟大作曲家,梅耶贝尔对工业时代的接受并不是偶然的。他一直在铁路上旅行。他在火车上作曲。你可以在他的音乐中听到它们的脉动。梅耶贝尔曾是罗西尼的门徒。两人是朋友、同事和同时代人,但他们的音乐是两个完全不同的世界的声音。

铁路支撑了 19 世纪的乐观主义,即通过科学技术可以实现道德进步的信念。与照相术和机械科技一起,铁路帮助催生了对现实的现代理解,对"此时此刻",对一个由运动、不断变化组成,一切都是瞬间和短暂的世界的新意识。正如波德莱尔(Baudelaire)所说,"现代性是短暂的、转瞬即逝的、偶然的"。[122] 需要新的艺术形式来反映这一当代现实:一种理解现代城市居民所体验的世界的艺术;一种展示事物的真实面貌,而不是浪漫幻想的艺术。正如特奥多尔·冯塔纳(Theodor Fontane)在 1843 年所写的那样:"浪漫主义在这个地球上已经结束,铁路时代已经到来。"[123]

三

从 1842 年 6 月到 1843 年 10 月的超过 17 个月里,欧仁·苏(Eugène Sue)的《巴黎的秘密》在《辩论报》(*Le Journal des*

Débats）上发表。这部情节剧式作品以巴黎罪恶的地下世界为背景，讲述了主人公鲁道夫王子在那里冒险拯救穷人。小说非常受欢迎，以至于它的连载在几周内就为报纸增加了几千份的订阅量。它的读者数量要远远高于那些支付得起昂贵的 80 法郎订阅《辩论报》的人。据某些人的估算，在 1842 年到 1844 年之间，有 40 万到 80 万人读了这个故事。当时这部小说有 10 个译本，包括 6 个英译本，读者人数至少还要翻一番。数以万计的最贫穷的法国读者以 50 生丁的价格分期购买了这部小说。还有人在公共阅览室追踪每周的连载，那里能够以很低的费用阅读书籍和报刊，对《辩论报》的需求如此之大，以至于在许多阅览室中，对它的阅读有时间限制。文学评论家夏尔·圣伯夫（Charles Saint-Beuve）指出："在咖啡馆里，他们早上为了争夺《辩论报》而打架；他们给阅读苏故事集的时间开出 10 个苏。"成群结队的工人聚集在他们的车间里，听人朗读新一期的连载。他们写信给苏，对他描述穷人状况的段落进行了评论，并对情节发展提出建议。小说中的人物都是家喻户晓的人物。一位读者在给这位小说家写的信中表示："每个人都在谈论你的秘密。"

> 你的作品无处不在——在工人的长凳上，商人的柜台上，年轻女士的沙发上，女店员的桌子上，办公室职员和地方法官的书桌上。我敢肯定，在所有的巴黎人中，只有那些不识字的人才不知道你的作品。[124]

对于《辩论报》的中产阶级订阅者来说，这本小说对巴黎小巷的黑暗描述触及了他们对城市穷人的恐惧。《巴黎的秘密》将一部哥特式小说的恐怖情节转移到了城市的地下社会。不过，它也提供了通过富人的父权式干预实现社会和解的希望（在这点上，马克思强烈反对苏的政治观）。但这部小说对 1833 年《基佐教育法》

（Guizot Law）造就的新的读者阶层颇具吸引力，该法案要求每个市镇都要开设一所公立学校。很难说这部小说对新近识字的女店员或工人意味着什么，尽管从他们中的许多人写给作者的信判断，他们喜欢它令人激动的情节，故事的迂回曲折，以及像他们自己一样出身卑微的人物。

连载小说是装订成两三卷的标准小说形式的廉价替代品，后者对这些新读者来说太贵了。对于报纸而言，它代表了他们追求大众读者群的一种营销技巧。第一部在法国连载的小说是巴尔扎克的《老姑娘》，从1836年10月起每周在《新闻报》（La Presse）上发表——同一年，狄更斯的《匹克威克外传》以每月1先令的分期形式开始刊载。《新闻报》是埃米尔·德·吉拉尔丹（Emile de Girardin）的创意。吉拉尔丹是一名骑兵军官的儿子，在娶了作家德尔芬·盖（Delphine Gay）并投身出版业之前，他曾在巴黎证券交易所工作。吉拉尔丹属于新型的商业出版商，利用了在《基佐教育法》出台之后的十年中出现的对阅读材料的大量需求。他发现，如果更大的读者群能吸引更多的广告收入，订阅价格就能下降。《新闻报》于1836年7月创刊，年费仅为40法郎，到1845年其每日发行量增加了两倍，同期广告收入翻了一番。吉拉尔丹因其大胆颠覆报纸的收入来源而受到来自四面八方的抨击。广告出现在每一页上。连载小说（roman feuilleton）是该报的主要卖点。吉拉尔丹愿意付给作家丰厚的报酬。他很幸运地在苏的文学生涯的最低谷发现了此人，当时后者因其第一个故事得到了不好的评价而陷入了债务。吉拉尔丹为他的第一部成功作品按页付钱——《玛蒂尔德：一个年轻女性的回忆录》从1840年12月开始在《新闻报》上发表，随后在1842年又刊发了三部连载。[125]

当时，每一家主要报纸都在市场上寻找可以推动销量的连载故事。平版印刷技术的进步使他们能够以廉价的批量印刷刊发带有插图的故事，使其更受欢迎。编辑们争夺最好的作者。《辩论报》为苏的《巴黎的秘密》支付了 26,500 法郎，这对于一本小说来说是一笔巨款，但对发行量的推动意味着对他的下一部小说《流浪的犹太人》的出价更高。法国《立宪者报》(Le Constitutionnel)的编辑路易-德西雷·维隆（曾担任巴黎歌剧院经理）以惊人的 10 万法郎的价格买下了苏的家族传奇，认为自己可以通过增加订阅来赚回这笔钱。根据维隆的计算，《立宪者报》需要将 40 法郎的订阅费翻一番，但事实上，在报纸刊载这个故事期间，订阅人数从 3600 上升到 2.5 万，并且在接下来的几年里继续上升到 4 万，因为《流浪的犹太人》以廉价图书和戏剧改编的形式持续受到欢迎，为作为通俗小说源头的《立宪者报》带来了声望。[126]

许多成功作家靠连载小说致富。从《匹克威克外传》（1836—1837 年）到《荒凉山庄》（1852—1853 年），狄更斯以每月 1 先令的分期形式刊发他的畅销书，从 1854 年的《艰难时世》开始变成每周一期。巴尔扎克以工业生产的规模大量地写作连载小说。他一心想着赚钱，因为他一直处于负债累累的境地。1836 年至 1854 年间，他在各种报纸上发表了 20 多部小说（包括《邦斯舅舅》和《贝姨》）。仅 1847 年，他的小说就在三家不同的报纸上连载。在 1850 年之前，苏的大部分小说都是以连载形式出版的——几乎都刊登在《立宪者报》上。1842 年至 1843 年间，乔治·桑定期在《独立评论》上发表《康素爱萝》。路易·维亚尔多是该杂志的财务担保人，而桑的小说的出现帮助这个陷入困境的杂志维持运转，否则杂志可能会破产（这也是维亚尔多夫妇接受 1843 年圣彼得堡利润丰厚的合同的额外动力）。在接下来的四年里，桑以连载的形式写了七部小说——第一部是为《立宪者报》写的《让娜》（1844 年），尽管报酬丰厚，但她不喜欢每月的截稿期限，也不喜欢用同样的格式写作，她向维隆抱怨说，她觉得自己就像他的"专栏填充者"。[127]

没有人比大仲马填充了更多的专栏,他的长篇小说《三个火枪手》和《基督山伯爵》都以连载形式出版,前者于1844年3月至7月发表在《世纪报》上,后者于1844年至1846年发表在《辩论报》上。大仲马需要为奢侈的生活方式筹钱。他有许多情妇和至少四个孩子要供养。报纸按照行数给小说付费,这鼓励了作家通过增加人物和情节来拉长他们的故事。编辑们乐于接受这点,只要这能让人们继续购买报纸。《基督山伯爵》变得如此受欢迎,以至于大仲马写了139期,每行1.5法郎的价格让他赚了20万法郎。19世纪40年代中期,大仲马同时为不同的报纸写了几部小说。没有人能弄明白他是怎么找到时间写出这么多作品的。漫画家埃米尔·马塞兰(Emile Marcelin)描绘了大仲马坐在桌边,指间夹着四支钢笔,而一名侍者在给他喂汤。[128]

他靠很少的睡眠就能维持,会从早上一直写到深夜。他写得非常快,每天多达20大页,然后让秘书在他一气呵成的文字中添加标点符号。他非常依赖助手——其中最重要的是一位有抱负的年轻作家和历史学家奥古斯特·马凯(Auguste Macquet),此人在1838年遇到了大仲马。马凯帮助大仲马完成了他的主要小说,通常是根据大仲马的想法写出初稿,并经常加入他的历史研究,然后再由大仲马写出定稿。虽然马凯的薪水很高,但在出版商的坚持下,他的名字并没有出现在扉页上,因为出版商只对大仲马这个品牌感兴趣。但随着传言扩散,大仲马很快就被指责他名下的东西并不都是他写的。"每个人都读过大仲马,但没有人读过大仲马的所有作品,即使是大仲马本人也没有",有人风趣地评论道。有人不公平地声称,大仲马从雇用文人手中买下书稿,并将他的名字加在上面,利用自己的人气获利。一位名叫欧仁·德·米尔库尔(Eugène de Mirecourt)的批评家和忌妒的对手写了一本小册子《小说工厂:大仲马公司》,指责他经营着一家文学血汗工厂,在那里他雇用的写手被降格为"在混血监工的鞭子下工作的黑奴"——恶意地指涉了大仲马自己的祖先，因为他的祖母是海地一个法国种植园主的奴隶，她本人也是非洲裔。大仲马打赢了针对小册子作者的诽谤官司。[129]然而，批评者并没有消失。他们反对的与其说是大仲马故事的来源，不如说是它们带来的金钱收益。商业上成功的文学几乎自然而然会被视为低劣的文学。作家让自己降级为"文学商人"——就像萨克雷在一篇对《秘密》的批判性评论中指责苏所做的——令那些认为文学应该追求纯艺术理想的人感到憎恶。圣伯夫就是其中之一，他谴责"文学的工业化"，声称它将写作转变为商业，在商业中衡量文学成功的标准不是艺术，甚至不是荣誉，而是利润和知名度。他特别抨击苏制造没有文学价值的小说，以商人的身份赚钱。"钱，钱，钱，"圣伯夫哀叹道，"它已经成为今日文学的神经系统和神明，无论怎么强调都不过分。"[130]

小说的繁荣不仅是在报纸上。廉价图书的出版也发生了一场革命。

19世纪初，制作一本书仍然是一种手艺。主要的生产过程——造纸、铸造字模、排版、墨水和装订——都是手工完成的。精装书很贵。在英国，小说通常分成三卷出版——这种格式旨在使图书馆能够将每部分单独借出——每卷的成本在5先令到6先令之间。由于一个熟练工人的周平均收入不超过20先令，因此购买小说是一种奢侈。市场规模有限意味着出版商会规避风险。他们是小本经营，没有资本，无法投资于一本书的长期出版；由于没有有效的版权法，他们也不愿意这样做，因为任何成功的盗版翻印者很快就会蚕食他们的利润。相反，他们出版了小规模印量的版本，希望能通过快速周转获利，只有在该书流行的情况下才会翻印。即使这样做了，他们也更有可能提高价格，而不是以低廉的价格贩售更大规模印量。

沃尔特·司各特（Walter Scott）的出版商阿奇博尔德·康斯特布尔（Archibald Constable）凭借他的名气从他的每卷中入账10先令6便士（约合14法郎或11美元）。[131]

一直都有廉价的书。圣经、祈祷书、教义问答、歌谣集、年鉴和经典故事的流行节录本被小贩大量出售。19世纪30年代和40年代的革命带来的新内容是英国、法国和德国的出版商发展出了一种商业战略，通过增加印数来降低单位成本，使大众读者买得起新作品。在1828年到1853年之间，英国的图书价格平均下降了40%，但降幅最大的是新的大众读者市场的小说价格。小说从三本八开的精装本变成了单卷的布面或平装本，后者的印制成本更低，更容易销售。在英国，18先令的"三层甲板"小说被2先令或1先令6便士的书籍所取代。在法国，22法郎的三卷套装的八开本小说让位于口袋本的夏庞蒂埃丛书（Bibliothèque Charpentier）和其他由莱维（Lévy）或阿歇特（Hachette）等公司出版的系列，全部文本被包含在一卷中，价格仅为3.5法郎。在德国，科塔（J. G. A. Cotta）的出版社在其廉价的12卷口袋本席勒作品集（1837—1838年）中引入16开本，售出了10万册，这在当时的德国出版界是闻所未闻的数字。[132]

出版业的革命是由一系列发展推动的。对廉价书籍的普遍需求是19世纪中叶识字率增长的结果。在法国，成人读者的数量在19世纪30年代增加了21%，在接下来的十年里增加了18%，在19世纪50年代又增加了21%。[133] 更多的人有了闲钱可以花在书上。一个年收入约为200英镑（5000法郎）的中产英国家庭每年可以花一两英镑购买书和音乐。休闲的时间也增加了。燃气照明的引入使得晚上阅读或弹奏钢琴变得更加容易，让这些家庭娱乐活动成为中产阶级和"体面"家庭的主要休闲活动。

新技术使书籍生产变得更便宜：造纸越来越机械化，在19世纪的头几十年，成本降低了大约一半；手工皮革装订被机器装订的布面本所取代；蒸汽动力的印刷机使大规模印刷成为可能。机械化印刷的真正突破是旋转滚筒机，它是1843年发明的旋转式印刷机的基础，使用弯曲的铅板字模在涂墨的印版上来回移动。铅版印刷的最大优点是使用了纸质模具，它比活字更耐用，在需要重铸之前可以持续印刷数千次。模具可以储存起来用于重印，如果首印的销售情况良好，出版商就可以响应需求，不必重新排版。铅版印刷方便了人们重印连载小说的各期内容，将它们装订成册，这种出版形式在19世纪40年代盛行一时。

图书出版的繁荣令人震惊。该世纪中叶的几十年里出版的书籍如此之多，以至于有些人担心市场会被淹没。一位作家估计，如果将法国一年内出版的书籍首尾相接，将能够环绕世界。19世纪40年代至60年代，法国书目（Bibliographie de la France）注册的新书数量增加了81%。[134] 在英国，新书目的数量增加了2.5倍，而在德意志诸邦则是原来的四倍。在这三个国家，印数都急剧上升。最受欢迎的书籍销量比以前更多，其中一些"经典"达到了每年数十万的销售量，如沃尔特·司各特的作品集、歌德的《少年维特的烦恼》或拉封丹（La Fontaine）的寓言。[135]

随着行业的扩张，生产过程变得更加专业化，出版商作为一个新的角色出现在印刷商和书商的身旁，后两者之前曾分享着这一行业。出版商成了作者和公众之间的重要中介。他承担了购买手稿，编辑它们，将其交付给书商，并用营销技巧宣传它们的任务，目的是让他的书比竞争对手的更具优势。印刷商是工匠，书商是商人，而出版商则被认为是职业企业家。

在大众图书贸易中作为革命先锋的出版商大多是出版业的新手。他们是白手起家的人，几乎没有这个行业的家族背景。在某些情况下，他们对书籍也没有兴趣，只关心他们能赚到的钱。皮埃尔—弗朗索瓦·拉德沃（Pierre-François Ladvocat）是一位建筑师的儿子，因为娶了一位公共阅览室的所有者而进入图书行业。作为巴黎最成功的书商和出版商，拉德沃是巴尔扎克的小说《幻灭》中那个专制的出版商多里亚（Dauriat）的原型，形容自己是一个"文学投机者"。巴尔扎克、雨果、左拉和儒勒·凡尔纳（Jules Verne）的出版人皮埃尔—儒勒·埃策尔（Pierre-Jules Hetzel）出身于第一长矛骑兵团的马鞍师傅的家庭，曾在斯特拉斯堡（Strasbourg）学习法律，1837年辍学成为出版商。热尔韦·夏庞蒂埃（Gervais Charpentier）是推出了廉价大众版"夏庞蒂埃丛书"的先锋出版商，他的父亲是一名士兵，最初做过书商的书记员，和拉德沃合作过一段时间，然后在巴黎开了自己的书店和公共阅览室。路易·阿歇特（Louis Hachette）的父亲是一名药剂师，而他的母亲来自一个纺织品加工者家庭。在19世纪三四十年代改变欧洲图书贸易的人中，只有伯恩哈德·陶赫尼茨（Bernhard Tauchnitz）和米歇尔·莱维（Michel Lévy）有来自该行业的背景，前者来自莱比锡的一个出版商家庭，而莱维的父亲是个书贩子。

所有这些出版商成功的背后是他们发展出的新的营销手法。最重要的是"文库"——一系列小版式的廉价图书，有统一颜色的布料或纸质封面，标准价格，封面上有同样熟悉的品牌标记，使它们很容易被识别和收藏，作为一种商品来装点有文化的家宅。这个想法是由欧洲各地的出版商在19世纪40年代发展起来的。第一个这样做的是莱比锡出版商安东·菲利普·雷克拉姆（Anton Philipp Reclam），他的"供受过教育的读者消遣的廉价丛书"（Wohlfeile Unterhaltungsbibliothek für die gebildete Lesewelt）于1844年推出，很快出版了60册廉价书籍，但仅仅三年后就终止了。[136] 1847年，贝尔法斯特的西姆斯和麦金太尔公司（Simms and McIntyre）推出了再版小说的"客厅文库"（Parlour Library），采用独特的绿色封面,每册售价1先令。很快,托马斯·霍奇森(Thomas Hodgson)和劳特利奇(Routledge)就开始效仿,前者推出了他自己的"客厅文库",而从1849年起,劳特利奇推出了"铁路文库"(Railway Library),文库中的先令小说和冒险故事采用鲜艳的绿色或黄色封面("黄皮本"),以便能在书摊上引人注意。在法国,同样的想法是由夏庞蒂埃丛书发展起来的,从1838年起,他的小说都采用黄色布封。米歇尔·莱维丛书创立于1856年,每个类别和价格的书籍都有不同的颜色(绿色平装本售价1法郎;蓝色封面的精装本售价1法郎50生丁等),不过所有的书背面都有"M. L."字样。[137]

这些文库的出现是市场力量和技术如何在19世纪创造出标准文学作品正典的早期信号。出版商的部分初衷是让所有人都能读到经典作品。比如,1839年吉拉尔丹在推出他的"文学万神殿"(Panthéon littéraire)时宣称,他的目标是以任何家庭都能负担得起的价格出版"人类精神杰作的通行文库"。[138]大众市场的经济学迫使这些文库专注于已经被证明广受欢迎的书籍上。莱维解释说,"公众的"主要"兴趣是价格","这就是为什么我们决定只出版成功的作品,这样我们就可以卖出更多,降低价格"。这类商业驱动的正典的内容不仅是经典作品,即已故作家的全集,也包括当代作品,即"现代经典"或夏庞蒂埃所称的"持久作品"(oeuvres durables),出版商选择这些作品组成文库,认为它们能够经受住时间的考验,"进入文学史",就像夏庞蒂埃所说的。[139]

出版商开发出了精明的手法,通过目录、广告海报、期刊里的传单和通告进行营销,甚至出钱在报纸上刊登有利的评论和文章。有一两家发明了每本书附赠一张彩票的方法。夏庞蒂埃是最新潮的,开创了当今出版商的许多基本营销手法。他雇用代理商向书商预售书籍;使用批发商作为中间人;以额外的折扣向商店批量出售,条件是他们把他的书放在橱窗里或桌子上的显眼位置。他是第一个通过在巴黎火车站附近的仓库中布置大量库存来完善现代邮购或电报订购图书销售系统的出版商（有点像19世纪的亚马逊网站）。[140]

铁路是这些发展的关键。它们使出版商能够打入小城镇和农村地区，那里的读者只能接触到书贩子满车的宗教书籍、廉价的小册子和年鉴。19世纪初，上门兜售书籍在整个欧洲的乡下都是一项蓬勃发展的生意。仅法国就有3000名有执照的书贩，每人平均每天骑马和坐马车行进30公里，每年在农村和城镇总共销售约900万法郎的书籍和年鉴。铁路的到来使外省的书店能够迅速向读者提供来自巴黎的更便宜的大众版图书，把书贩挤出了市场，尽管一些书贩通过支线将自己的书卖给市场边缘的较小社群，从而幸存下来。从1851年到19世纪70年代末，法国的书店数量翻了一番多，达到5000多家，主要分布在巴黎周围的铁路网上，东北部位于里尔附近，南部位于里昂周围，那里的铁路是最先进的。[141]

通过铁路，出版商得以直接与他们的外省顾客建立了联系。他们派出销售代表，带着样书去激发外省书商的兴趣。米歇尔·莱维是第一个以这种方式使用铁路的人。1847年，他到法国各省巡游，向书商推销他的书。两年后，他进行了第二次巡游。在短短十周内，他乘火车去了沙特尔（Chartres）、图尔（Tours）、布卢瓦（Blois）、普瓦捷（Poitiers）、昂古莱姆（Angoulême）、波尔多（Bordeaux）、法国南部和罗讷河谷，然后进入瑞士。这些旅行在以前是难以想象的，通过它们，他对外省读者的文学品味有了更好的认识，这对他很有好处。[142]

* * *

铁路推动了廉价小说的繁荣。火车旅客是一个很大的市场，特别是对娱乐文学来说。坐火车旅行比在颠簸道路上坐马车更平稳，使乘客更容易读书。阅读是一种缓解长途旅行的无聊的很好的方式，同时可以避免与坐在对面的人持续的眼神接触所带来的尴尬（在大多数欧洲火车上，座位都被安排成面对面，就像在驿车上一样）。

短篇小说这种形式就是为此类旅程而设计的。它是随着19世纪铁路旅行的增长而发展起来的，这并非巧合。面向铁路读者的新型出版物开始出现：冒险故事和侦探故事（被称为便士恐怖小说）以及小说、幽默事件和逸事的杂烩被与旅游指南和旅行者信息混合在一起。卡洛·科罗迪（Carlo Collodi）是"匹诺曹"的创造者，他的第一部成功之作是《蒸汽中的浪漫》（1856年），这本喜剧故事集中还包含了对佛罗伦萨、比萨和利沃诺的指南，在佛罗伦萨—利沃诺沿线销售。[143] 许多欧洲最大的出版商——英国的朗文（Longman）和劳特利奇，柏林的阿尔贝特·霍夫曼（Albert Hofman），法国的阿歇特——推出了铁路文库，即为旅行包设计，采用标准口袋本大小的廉价大众版小说、故事、旅游书籍和指南。

每个车站都有借阅图书馆或书摊。铁路是图书业的理想分销网络；在车站销售图书的许可证实际上是丰厚利润的保证。在德国，车站书店和铁路本身一样古老。三条主线——柏林、汉堡和慕尼黑之间，法兰克福和巴塞尔之间，以及曼海姆（Mannheim）和科隆之间——在1848年之前就都有了书店。[144] 英国紧随其后。1848年，威廉·亨利·史密斯（William Henry Smith）赢得了伦敦和西北铁路公司的特许经营权，在尤斯顿车站开设了一个书摊。史密斯出身伦敦一个书商家庭，曾利用铁路将报纸送到外省城镇。作为一名虔诚的商人，通过承诺为旅行者提供比摊位的前任租户更健康的有裨益的文学，而不是像前任那样出售肮脏的文学作品，以及毯子、垫子、蜡烛和其他旅行中有用的物品，他赢得了尤斯顿的专营权。史密斯得到了为铁路旅客提供先令书籍和小册子的主要出版商的支持：西姆斯和麦金太尔、查普曼和霍尔（Chapman and Hall）的客厅文库，朗曼和劳特利奇的铁路文库，雷诺兹（G. W. M. Reynolds）和他创办的杂志《杂烩集》（Miscellany）——所有这些都可以在史密斯于1851年底在车站大厅设立的70个书摊中找到。

1851年的世博会把数百万铁路旅客带到了伦敦。其中之一是出版商阿歇特，与海德公园水晶宫的任何展品相比，史密斯在车站的书摊给他留下了更深刻的印象。阿歇特出生于1800年，在成为学校教科书和词典出版商之前——19世纪20年代中期，这个市场还非常落后——他在高等师范学校上了基佐*的课，并接受了律师培训。1833年，旨在扩大初等教育的《基佐教育法》颁布后，阿歇特迎来了扩大业务的理想时机：他的课本是受基佐的部门委托出版的。他还为小学出版了简单的阅读材料。单在1833年，他的字母书就印了百万册，且其入门读物在19世纪三四十年代几乎垄断了法国的学校。到了1851年，阿歇特已经从教育转向一般出版业。他希望增加自己的市场份额，而史密斯的车站书摊为他提供了那个机会。[58]

1852年，阿歇特从北方铁路公司赢得了他的第一个特许经营权。他承诺用100本书的文库填满他的铁路书摊，在接下来的几年里增加到500本。它们将以七个不同的系列出现，每个系列都有自己专属颜色的封面（红色的旅游指南，绿色的历史，某种奶油色的法国文学，粉红色的儿童书籍等），这些书都采用同样的口袋规格，每本只需2法郎，铁路旅客很容易负担得起。与北方铁路签订五年合同后，他很快又与其他铁路公司达成了类似的协议。到了1854年，法国有60个书摊上摆满了阿歇特的书，到了19世纪70年代，这个数字增加到500个，这位出版商建立了全国发行网络，垄断了法

---

* 弗朗索瓦·基佐（François Guizot，1787—1874），君主立宪派首领之一，1832—1837年担任法国教育大臣，于1833年6月提出建立法国国民教育制度的《基佐教育法》。——编注

国所有的主要线路。[145] 铁路使该公司从一家专门类型的出版商变成世界上最大的出版商之一。

四

1843年5月，长期受淋病困扰的罗西尼回到巴黎，向法国最著名的泌尿科医生让·西维阿尔（Jean Civiale）求医，后者让他接受观察三个月。逗留巴黎期间，罗西尼坐在阿里·舍费尔（1795—1858）位于沙普塔尔街（rue Chaptal）的工作室里，让这位画家给他绘制肖像。那将成为这位作曲家最著名的画像之一（他画过许多）。画像描绘了51岁时的罗西尼，当时他的国际声誉如日中天，悠闲自在地享受着他从歌剧作曲中长期退休后的生活。在巴黎的整个夏天，他都与一位艺术家的模特奥兰普·佩里西耶一起住在玛德莲广场（Place de la Madeleine）。

罗西尼是舍费尔工作室的常客。从19世纪30年代开始，他就一直光顾，当时那里是许多著名艺术家和知识分子的聚会场所：乔治·桑、肖邦、李斯特、欧内斯特·勒南和维亚尔多夫妇经常出现在那里。1812年，舍费尔出生于荷兰多德雷赫特（Dordrecht），后来到巴黎，在画家皮埃尔－纳西斯·介朗（Pierre-Narcisse Guérin）的工作室学习。凭借安格尔风格的肖像画，他很快就引起了法兰西学院的注意。奥尔良公爵成为他的赞助人，任命他为自己10个孩子的艺术导师，并让他在凡尔赛任职。[146]

舍费尔是维亚尔多夫妇的好友。他从19世纪20年代起就认识路易，当时他正教路易的弟弟莱昂·维亚尔多（Léon Viardot, 1805—1900）画画，后者是许多现在早就被遗忘，在巴黎过着拮据生活的画家之一。舍费尔外表粗暴，但他对朋友忠心耿耿，慷慨大方。他对保琳娜忠心耿耿。1840年，当路易把这位画家介绍给他的新娘时,他询问了这位画家的看法。"丑得可怕,"舍费尔回答说,"但如果我再见到她,我会疯狂地爱上她。"根据圣桑的说法,舍费尔在1841年左右绘制的保琳娜肖像(彩图1)"唯一真实地展示这个无与伦比的女人,并让人对她奇怪而强大的魅力有所领略"。[147]

沙普塔尔街位于通往蒙马特的"新雅典"地区的中心——当时是巴黎一处安静的所在,许多艺术家在那里有自己的工作室。德拉克洛瓦、奥拉斯·韦尔内(Horace Vernet)、保罗·德拉罗什(Paul Delaroche)、保罗·加瓦尔尼(Paul Gavarni)和雕塑家让-皮埃尔·当唐(Jean-Pierre Dantan)都是舍费尔的邻居。很快,艺术品经销商和印刷商阿道夫·古皮尔(Adolphe Goupil)和他的一家也将加入他们的行列,他们在沙普塔尔街的画廊成了艺术家们的会面场所,其中一些人还在楼上租用了工作室空间。舍费尔、韦尔内和德拉罗什是古皮尔业务的创始艺术家,他是欧洲最早的当代艺术交易商之一。

私人经销商从17世纪就开始出售"老大师"的作品。[148]但当代艺术的商业市场在19世纪40年代还是新鲜事物,当时像古皮尔画廊这样的私人画廊首次出现,成为在世艺术家和他们的买家在学院体制之外的活动空间。[149]在法国,学院体制指的是巴黎美术学院(École des beaux-arts),其年度沙龙是艺术家的作品被了解和出售的主要途径。沙龙的评审团只从学校的毕业生作品中挑选展品。这个体系基于流派的学术等级,其中历史绘画、神话和宗教作品占据最高的位置,而静物和风景画地位最低。创新作品几乎总是被拒绝。

舍费尔是众多对沙龙的学院规则感到失望的画家之一。公众的艺术品位正在改变,对风俗和风景画的需求正在上升,但评审团并未改变其选择标准。1846年后,舍费尔没有向沙龙提交任何作品。相反,他把自己的工作室变成了德拉克洛瓦、卢梭、柯罗(Corot)、杜普雷(Dupré)和其他风景画家的私人画廊,他们都曾在某个时候遭到沙龙的拒绝。他把他们组织成一个"自由艺术家"协会。第二年，他加入了一个更大的独立艺术家团体，包括泰奥多尔·卢梭、奥诺雷·杜米埃（Honoré Daumier）和雕塑家安托万－路易·巴里（Antoine-Louis Barye），后者建立了自己的"独立沙龙"来展览和销售他们的作品。[150]

有许多此类为艺术家创造公共空间来展示和销售他们作品的举措。1843年，在巴黎最早的百货商店之一博内努维勒百货（Bazar Bonne-Nouvelle）的顶层开设了一家画廊，在那里，遭到沙龙拒绝的艺术品可以被挂起来出售，换取一小笔租金或佣金。德拉克洛瓦在博内努维勒的画廊有三幅画，包括售出的《疯人院里的塔索》（1839年），以及没有售出的《处决马里诺·法列罗总督》（1825—1826年，现属华莱士收藏馆［Wallace Collection］）这幅出色的作品。德拉克洛瓦本人最引以为豪的就是受拜伦戏剧启发的这幅《处决》，但它因为无视历史绘画的所有学院法则而受到抨击。[151]

与此同时，私人经销商正在把自己定位为艺术家和他们的客户之间的中介。在艺术品贸易的早期，经销商和印刷品销售者，艺术家用品和文具的商人，古董和奢侈品的卖家之间几乎没有明显的区别。19世纪40年代，当时的古皮尔和维贝尔（Goupil & Vibert）公司将销售印刷品与在其画廊中展示艺术家的作品结合起来。伦敦交易商欧内斯特·甘巴特（Ernest Gambart）最初是古皮尔的代理，出售法国艺术的名人版画的印刷品，1845年，他在伯纳斯街（Berners Street）开办了自己的画廊。让－玛丽·杜朗－吕埃尔（［Jean-Marie Durand-Ruel］，印象派画家的经销商保罗·杜朗－吕埃尔［Paul Durand-Ruel］的父亲）最初是拉丁区的艺术家纸张和材料经销商，那里是贫困艺术学生的家园。1833年，他在巴黎罗亚尔宫附近建立了自己的美术画廊。1846年，为了更接近富有的客户，他在时尚的意大利人大道（Boulevard des Italiens）开设了一家新画廊，那里既有股票经纪人和歌剧观众,也有外国游客。

一系列新的艺术品买家正在出现,既有路易·维亚尔多这样的鉴赏家,又有像阿瓜多这样靠交易商和顾问的专业知识来指导自己购买的富有银行家和实业家。

作为阿瓜多在巴黎艺术市场的主要顾问,当维亚尔多从1845年开始购买艺术品时,他不仅对欧洲主要的公共画廊,而且对较小的私人收藏都有深入的了解。在市场上很容易买到"老大师"的作品,但购买它们涉及相对较高的风险,因为作品的来源往往不明,存在很多赝品。在那个时候,市场确实因为一系列丑闻而受到影响,其中之一是涉及整个伦敦的"卡纳莱托加工厂"(Canaletto manufactory)。维亚尔多预算有限。他一开始只有几百法郎。但他对欧洲绘画,特别是西班牙、法国和荷兰艺术的专业知识使他能够通过不断购买和转售来扩充和提升自己的画廊。多年来,他收集了近200幅绘画作品,其中大部分出自荷兰和西班牙的"老大师",还有17世纪的肖像画、风景画和风俗画,但他也购买了一些现代艺术作品——瑞典艺术家奥古斯特·哈格伯格(Augest Hagborg)和安托万·尚特勒伊(Antoine Chintreuil)的绘画作品,包括他的《开花的苹果树和染料木》(约1870年,现藏巴黎奥赛美术馆)。画廊在很多方面都是19世纪鉴赏家的典型收藏——并不太大,有少量后来会被博物馆收藏的公认杰作,但主要由雅克·斯泰拉(Jacques Stella)、戈瓦尔特·弗林克(Govaert Flinck)、萨洛蒙·凡·雷斯达尔(Salomon van Ruysdael)或菲利普·沃弗曼(Philips Wouwerman)等艺术家的一流作品组成,如果像维亚尔多这样的收藏家没有意识到其价值并购买了他们的作品,他们的名字可能会被遗忘。他从私人拍卖会和画廊,从收藏家那里,并且越来越多地从公开拍卖中购买;他的现代绘画来自沙龙,在19世纪60年代和70年代,他是那里的评审团成员。维亚尔多最成功的购买是几件被忽略的杰作，他没花多少钱就得到了，因为没有人意识到它们的价值：费迪南德·波尔（Ferdinand Bol）的《女人肖像》（1642年，现藏纽约大都会艺术博物馆）和伦勃朗的《被屠宰的牛》（1655年，现藏卢浮宫）。他的专业知识使他能够避开伪作，尽管他确实犯了一些错误。他曾经买过一幅署名伦勃朗的蓄须拉比的画，但后来认定这是伦勃朗的一个学生的作品，于是将这幅画塞到了他的藏品的最黑暗角落里。[152]

在其他艺术品买家中，特别是那些对"老大师"知识有限的新实业家，至少可以说，害怕在赝品上赔钱是转而投资现代艺术的强大动机。当代艺术市场的增长在英国最为强劲，工业革命造就了富有的制造业和商业阶层的艺术收藏家——约瑟夫·希普尚克斯（Joseph Sheepshanks）这样的人，他是利兹（Leeds）的一名纺织品制造商，在拿破仑战争期间通过供应军服面料发家；埃尔赫南·比克内尔（Elhanan Bicknell），一位抹香鲸油加工商，他在1863年以8万英镑的价格出售了他的艺术收藏品；约翰·奥尔纳特（John Allnutt）和约翰·罗斯金（John Ruskin）是葡萄酒商人，也都是威廉·透纳（Wiliam Turner）的收藏家；亨利·麦康奈尔（Henry McConnell），曼彻斯特的棉花加工商，他委托透纳绘制了《月光下的煤港》（1835年），那是画家为数不多的描绘工业场景的作品之一；伯明翰的一位钢笔制造商约瑟夫·吉洛特（Joseph Gillot）收藏了大量的英国风景画；伦敦的马车出租商罗伯特·弗农（Robert Vernon）把他花费15万英镑购买的现代英国艺术藏品留给了伦敦国家美术馆。[153]

收藏者对当代艺术的兴趣与日俱增有许多原因。在法国，贝里公爵（Duc de Berry）和奥尔良公爵树立了榜样，他们在1815年之后都将注意力从佛拉芒的"老大师"转向现代法国作品，视之为爱国之举。1818年，第一家当代艺术的公共美术馆卢森堡博物馆开业，助长了这一趋势。连收藏 19 世纪 20 年代艺术品的法国大银行家们——邦雅曼·德莱塞尔（Benjamin Delessert）、卡西米尔－皮埃尔·佩里埃、雅克·拉菲特（Jacques Lafitte）和伊萨克·佩雷尔（Isaac Péreire）——从在世的法国艺术家那里购买的作品占他们藏品的比例都越来越高。他们有很多理由这样做。这使他们能够充当赞助人，那是一个传统上由贵族扮演的声望很高的角色。也许最重要的是，当代艺术既便宜，又提供了比老画更好的投机利润前景。"我总是买一些现代的，因为它们更可靠，"佩雷尔告诉巴黎文化生活的著名记录者埃德蒙和儒勒·龚古尔兄弟（Edmond and Jules Goncourt），"而且它们的价格会一直上涨。"[154]

这是艺术作品开始扮演它今天的角色的时刻：作为一种金融投资。并不是所有的艺术家都喜欢这种变化。许多人认为市场运作正在破坏艺术的理想。1855 年，法国雕塑家和画家安托万·埃特克斯（Antoine Etex）抱怨说："在法国这里，不再有艺术收藏家。我们不能把这样的头衔授予那些只鼓励和购买那些只配用来装饰情妇闺房的小画作的股市投机者，甚至在购买这些画的同时，那些人已经在希望通过将它们转售给外国人来获利。"[155]

某些画家是赚钱的保证。亚历山大－加布里埃尔·德康（Alexandre-Gabriel Decamps，1803—1860）是一位自学成才的艺术家，此人一生都被学院排斥，但他非常重视细节的风俗画和东方场景的作品价格高昂。这些袖珍画宝石般的外观使它们成为资产阶级起居室的奢侈品。欧内斯特·梅索尼耶（Ernest Meissonier，1815—1891）的风俗画受到荷兰"老大师"描绘的室内场景启发，被欧洲最富有的银行家和商人收藏者热捧，他们对其精湛的技艺和投资潜力倍加推崇。梅索尼耶作品的价格飙升。比如，1841 年，佩里埃以 2000 法郎从沙龙买下《国际象棋游戏》，六年后以 5000 法郎的价格转售给了德勒塞尔，后者在 1869 年又以 2.7 万法郎的价格将其卖给了弗朗索瓦·奥腾盖尔（François Hottinguer）——这是列昂纳多或伦勃朗的作品享有的价格。梅索尼耶的画变成了金融资产，经常在商业交易中易手。对于那些痛惜艺术品商品化的人来说，它们成了"资产阶级庸俗性"的象征。波德莱尔对那些银行家的愚蠢感到厌恶，他们为一幅梅索尼耶的作品支付的价格是他的英雄德拉克洛瓦画作的 10 倍或 20 倍。[156]

主导这一新艺术品市场的商人、银行家和实业家都是购买艺术品的新手。他们没有对经典和神话的详细知识，也不熟悉"壮游"中的文化遗迹——所有这些都是贵族所拥有的和诠释学院艺术所必需的。他们想要自己能够欣赏和理解的画：从日常现代生活中看到的场景；叙事画和风景画；家族肖像；小到足以装饰他们的家，作为他们文化和地位象征的画。正如威尔基·柯林斯（Wilkie Collins）在 1845 年所写的：

> 各种商品的交易商和制造者……开始提出购买他们自己能够赞美和欣赏的画作的想法，而且艺术家仍然在世，可以保证其真实性。这些粗俗而又爽快的顾客……想要有趣的主题；多样性，逼真性；作品得货真价实，刚刚画完；他们没有建立了陈列室的祖先，无法以后者的感觉作为必要的参谋；当他们扬扬得意时，没有懂行的挑剔绅士和作者给他们泼冷水；除了他们自己的精明、兴趣和品位，没有什么可以引导他们——所以他们抛弃了"老大师"，集体走向了在世者。[157]

无论乐意与否，艺术家们都不得不调整他们的作品来适应对小幅（"小室"，cabinet）绘画日益增长的市场需求。较大的作品很难出售：正如古皮尔对他的艺术家强调的那样，它们在新的商业画廊中没有一席之地。舍费尔听从了他的建议。由于没有个人财富，只靠绘画的收入，他在职业生涯的早期总是缺钱。1835年左右，在与古皮尔签约后，舍费尔放弃了大型宗教画（大部分都仍未售出），转而专注于小幅肖像，这些肖像的原作和复制品卖得很好（他为罗西尼绘制的肖像的版画卖出了数千幅）。他还绘制了他的大幅画作的缩小版，后者更容易售出，因为它们更能被顾客负担得起。舍费尔作品的售价上涨了。到了19世纪40年代末，通过出售版画的许可权，他可以从一幅画中赚取多达5万法郎。他收入的最大份额来自肖像画和对他较大作品的小幅复制品。[158]

德拉克洛瓦也想缩小他的大型作品，或者让助手们操作，由他本人完成，然后以各种尺寸卖给交易商和私人买家（大约50厘米×80厘米的经典"沙发尺寸"的复制品售价最高）。[159]与舍费尔一样，德拉克洛瓦曾在介朗的工作室学习新古典主义，并作为替宫廷工作的艺术家开始自己的职业生涯。他在19世纪二三十年代赢得了路易·菲利普的重要委托，这得益于阿道夫·梯也尔（Adolphe Thiers）的大力支持，后者是他的作品最早的评论者之一，在七月王朝时曾两度担任首相。他的生计依赖于这些委托，因为他的作品很少被评论家和公众所理解或重视。然而，从19世纪40年代开始，德拉克洛瓦更多地依赖向古皮尔和杜朗－吕埃尔等鉴赏家和交易商卖画，他们在沙龙、拍卖会上或直接从他的工作室购买作品。他让自己的作品迎合这个新的市场，绘制了一些较小的画，采用动物画、东方场景和风景画等畅销题材。他接受了经销商和客户的要求，后者想要特定主题的画，甚至遵循他们关于他的画看上去应该如何的指示。比如在《浴女》（也称为《土耳其女子沐浴》，1854年）中，是客户决定了主题和人物的位置，甚至风格，旨在让画看上去像是他在给德拉克洛瓦的信中提到的其他画家的作品。[160]

在他职业生涯的后期阶段，德拉克洛瓦越来越多地参与到对他的作品的复制中，认识到印刷版画是重要的收入来源，也是向更广大受众推广他的绘画的有效途径。德拉克洛瓦对他通过这些举措而获得的小小声望感到高兴。他认为这是对他的作品迟来的认同。1853年，他在日记中写道："幸福总是来得太晚。就像我的画引发的这波小小潮流一样；客户们嘲笑了我那么久，现在他们将会让我发财。"[161]

一些评论家对艺术被装饰起居室的需求所主导的方式感到不舒服。作家兼照相师马克西姆·杜康（Maxime du Camp）在评价1857年的沙龙时抱怨说："适合小画框，便于挂在我们居住的小房间里的风俗画正在扼杀历史画作。"[162] 但此时，艺术家已经成为市场的臣民：无法逃避它的命令。拉斐尔前派画家约翰·埃弗雷特·米莱斯（John Everett Millais）哀叹对他想要绘制的雄心勃勃的大型油画没有需求这个事实。1857年，他谈到了出版商和印刷商托马斯·科姆（Thomas Combe）来访，他在七年前画过此人的肖像："他让我给他画一幅《异教徒》（109厘米×79厘米）*尺寸的画（**任何大于该尺寸的画都遭到反对**）。只有小室画受到鼓励。我永远不应该把一幅小画拿在手里十分钟，这是让我无所事事的巨大诱惑。"[163]

随着市场重新设定了艺术规则，作为"艺术品"和作为房间陈设一部分的画作之间就不再有任何明显的区别。后来的艺术家接受了他们的艺术的这一面，比如专门面向国内市场的印象派，他们根据赞助人的要求，为房间中的特定位置绘制饰板和图画。由于在先锋派艺术史上受到批评和关注，他们的作品在室内空间陈设中的功能经常被忽视。[164]

---

* 此处指1857年米莱斯的画作《逃生的异教徒，1559年》。——编注

五

1843年，德·居斯蒂纳侯爵（Marquis de Custine）发表了他的俄国游记。《1839年的俄国》可能比其他任何出版物更深刻地影响了19世纪欧洲人对俄国的态度。在出版后的几年内，这本有趣的游记至少推出了六版，在比利时还出现过几个盗版，还被翻译成德语、荷兰语和英语，以各种欧洲语言的小册子形式出现。

1839年，居斯蒂纳带着明确的目标前往俄国旅行，他要写一本通俗游记，让自己成为知名作家。他之前曾尝试过写小说、戏剧和情节剧，但没有取得多大成功，所以他认为，越来越受欢迎的旅行文学是他为自己赢得名声的最后一次机会。

《1839年的俄国》并不是他的第一次尝试。七月革命后，居斯蒂纳曾前往西班牙，为他的正统天主教原则寻求认可。让他印象最深刻的是西班牙南部的"东方"感觉，这个地区植根于摩尔人时代的文化中，让他更加普遍地思考了"欧洲文明"及其核心国家和边缘地区。在《斐迪南七世时代的西班牙》（1838年）一书的最后，居斯蒂纳对这些原则进行了反思，并产生了前往俄国（欧洲的另一个"东方"）旅行的想法，以便更好地看清那个国家：

> 我几乎走遍了欧洲的每个地方，在我所观察的世界这一地区的所有生活方式中，塞维利亚人的生活方式在我看来是最自然和最朴素的，最接近于一直以来我对社会之善的想法……我在欧洲其他民族中没能找到这种正直之心的痕迹。奥地利是繁荣而和平的，但我把这个王国的好运归功于它的统治者的才能，而不是人民的精神。我无法谈论俄国，因为我不了解，但我想更好地了解它；他们也是亚洲人，至少与那些血脉和西班牙人融为一体的民族相当。此外，我还将俄国与西班牙进行比较；两者都比任何

其他欧洲国家都更接近东方，它们构成了欧洲的两极。[165]

对西班牙和俄国——欧洲的两个"东方"边缘——之间的比较并不新鲜。1812年，正陷入对这两个国家的军事行动中的法国人比较了"北方的蛮族"（俄国人）和"南方的蛮族"（西班牙人）。到了19世纪40年代，这种比较已经司空见惯。比如，在瓦西里·博特金（Vasily Botkin）的《西班牙书简》（1847—1849年）中，这位俄国作家将摩尔人对西班牙文化的影响与蒙古人对俄国的影响进行了比较。1846年，路易·维亚尔多同样指出："东方从它的两极渗透到欧洲。难道不是阿拉伯人把它带到了西班牙，蒙古人把它带到了俄国吗？"[166]

侯爵在俄国的发现加强了他对欧洲自由和价值观的信仰。关于俄国的一切都让法国人充满了蔑视和恐惧：沙皇的专制；个人自由和人性尊严的缺乏；对真理的蔑视败坏了社会；贵族的奴性，他们只不过是奴隶；他们自命不凡的欧洲礼仪，只不过是文明的浅薄伪装，用以向西方隐藏他们的亚洲式野蛮。他坚称："我们永远不能忘记，我们是在亚洲的边界上。"至于与西班牙的比较，居斯蒂纳在最后提出了下面的著名警告：

> 总而言之，这两个国家是截然相反的，它们就像日与夜，火与冰，北与南。
>
> 想要体会其他欧洲国家所享有的自由，不管它们采用何种形式的统治，我们必须在那种无休止的孤独中，在那所没有闲逸的监狱里停留，那就是俄国……如果你的儿子对法国不满的话，试试我的药方：让他们去俄国。这是一次对每个外国人都有用的旅行；只要对那个国家详加考察，谁都会满足于生活在其他任何地方。[167]

居斯蒂纳的书取得成功的关键在于，它表达了当时欧洲广泛存在的对俄国的恐惧和偏见。在19世纪的头几十年，大量的书籍和文章树立了俄国是亚洲势力，具有侵略性和扩张主义的本性，对欧洲的自由和文明构成了"威胁"的看法。1830年至1831年，沙皇对波兰起义的残酷镇压强化了这种印象，迫使许多波兰贵族和知识分子流亡巴黎，他们在那里对西方对俄国的看法产生了重大影响，尤其是通过与居斯蒂纳这样的人接触。维亚尔多是一个罕见的例外，他在自己的《狩猎回忆录》（1846年）中选择不加入这拨恐俄合唱，而是对他在俄国的狩猎之旅做了正面描绘。做出这样的选择是因为他需要让通往俄国的大门为保琳娜敞开，就像当乔治·桑责备他批评居斯蒂纳的书时（暗示与被称作"欧洲宪兵"的尼古拉一世做交易有损他的共和主义信念），他向其所解释的那样。[168]

不过，《1839年的俄国》所做的不仅仅是煽动对俄恐惧症。通过关注俄国的亚洲"异域色彩"，它促使读者审视他们自己的"欧洲性"。

"欧洲"的概念一直是通过与"东方"世界的对比来定义的。在欧洲人的想象中，"东方"是原始、非理性、懒惰、腐朽和专制的——这种思想是欧洲人主宰殖民世界的基础。[169]"东方"不是地理范畴。它不仅位于中东、亚洲或北非，而且也在欧洲内部，位于其他文化的影响仍然很强的边缘地区。[170]

在《论法的精神》（1748年）中，孟德斯鸠将欧洲分为进步的北方和落后的南方，后者指西班牙和西西里，作为前穆斯林殖民地，它们从未完全欧洲化。孟德斯鸠认为文化是由气候和地理决定的，他把意大利南部盛行西洛哥风（Sirocco）的地方定义为欧洲的边缘。

在意大利，有一种叫作西洛哥风的南风，它在到达意大利之前穿越了非洲的沙漠。它主宰着那个国家，对所有的生灵施加了自己的力量，造成了一种普遍的滞重和迟钝；西洛哥风控制着所有意大利人的头脑，我不禁相信，我们看到的伦巴第北部居民与意大利其他地区居民之间的差异源于这样一个事实，即伦巴第受到亚平宁山的保护，使其免受西洛哥风的伤害。[171]

伏尔泰发展了孟德斯鸠的思想，增加了作为欧洲文明进步中心的西方首都（文学共和国）和半亚洲的东方之间的次要区别。德国哲学家黑格尔将利用这些区别来构建欧洲文明从其幼年时期的南欧、古希腊和罗马到以德国为中心的欧洲北部的历史进程图式（黑格尔的"历史的终结"）。到了19世纪中叶，出现了一幅截然不同的文化地图："欧洲"的核心位于欧洲大陆的西北部，即法国、低地国家和德意志诸邦，而从西班牙到黑海，它的边缘是一个内部的"东方"。法国东方学会副主席在1843年写道：

> 我们的东方包括地中海盆地中与沿岸的非洲和亚洲国家有关系的全部国家：希腊及其岛屿；土耳其及其吞并的领土，瓦拉几亚、摩尔达维亚；奥地利在亚得里亚海上的领地；英国的领地，马耳他和爱奥尼亚群岛；俄国欧洲部分的南部，它控制着黑海和亚速海。依赖于我们今天仍然称之为东方贸易的一切都属于此列……[172]

在19世纪最初的几十年里，对探索南欧和东欧的兴趣鼓励旅行作家重新思考"欧洲性"的概念。1809—1810年，在阿尔巴尼亚这个几乎不为人知的欧洲地区旅行期间，拜伦勋爵和他的朋友约翰·霍布豪斯（John Hobhouse）思考了阿尔巴尼亚人和土耳其人，或者俄国人和希腊人是否可以算作欧洲人。霍布豪斯认为土耳其人比希腊人更接近英国人，他把希腊人归类为东方人，而不是被像拜伦这样的爱希腊者理想化的古希腊文化的传人。拜伦则认为，阿尔巴尼亚人是一个半亚洲人的混血族群，但可以被欧洲化，当他穿着阿尔巴尼亚服装为那幅著名的肖像画摆好姿势时，他就是这样看待自己的。[173]

在西班牙的旅行者同样意识到他们在探索欧洲的边界。拿破仑战争之前，伊比利亚半岛是欧洲相对不为人知的一个部分。从19世纪20年代起，安达卢西亚被法国浪漫主义者"发现"了。当地的犹太人和摩尔人传统给他们留下了深刻的印象，他们将自己带有"东方"色彩和激情的异国神话投射到那里。在《西班牙之旅》（1843年）中——这部作品在整个19世纪都很受欢迎——戈蒂埃把吉卜赛人的生活场景、弗拉门戈舞和对阿尔汗布拉宫栩栩如生的描绘组合成了一幅"阿拉伯安达卢西亚"的图景。"西班牙与非洲毗邻，就像希腊与亚洲毗邻，"戈蒂埃表示，"不是欧洲专属的。东方的精神以各种形式渗透其中……在莫雷纳山脉以南，这个国家的性质完全改变了：仿佛我们突然从欧洲到了非洲。"[174]

西班牙的"异域色彩"是它吸引这位年轻法国人的地方之一。路易·维亚尔多对西班牙犹太人和摩尔人的文化痕迹着迷。他把安达卢西亚视作一个被历史与北非和近东的古代文明联系在一起的国家。这让他意识到欧洲不是封闭或自成一体的，而是一种发展中的文化，通过与外部世界的互动不断改变。东方不仅在欧洲之外，而且也是它的一部分。在《西班牙人书简》中，他想知道18世纪的东方主义者沃尔尼伯爵（Comte de Volney）是否需要"离开欧洲，跨过海洋，跟随阿拉伯游牧民穿越沙漠，去叙利亚的沙漠中寻找古代废墟的伟大训诫？因为他本可以在伊比利亚半岛找到这些痕迹"。[175]

维亚尔多在《论西班牙的阿拉伯人和摩尔人的历史》（1833年）中探索了摩尔人对欧洲文化的影响。他写了许多关于西班牙艺术和文学的文章，强调了这一遗产。他把《堂吉诃德》译成法语，译文充分表现了具有异域风情的细节和色彩，展现了一个栩栩如生的西班牙，对浪漫主义者发现西班牙文学至关重要（比如，《卡门》的作者普罗斯佩·梅里美［Prosper Mérimée］就读过它，对维亚尔多译文的热爱点燃了他对西班牙的兴趣）。维亚尔多翻译的塞万提斯的伟大作品成了畅销书：截至1852年，共售出2.7万册。译本多次再版，后来还被从法语译成其他欧洲语言。[176]

保琳娜吸引维亚尔多的地方之一无疑是她的西班牙血统。正如他曾经被西班牙的"异域色彩"所吸引，他又爱上了这样一个女人，用海涅的话来说，她"不会让人想起我们欧洲故乡的教养之美和温顺优雅，而是沙漠中的异域风光的野性光辉"。[177]

* * *

1843年9月，当维亚尔多夫妇前往圣彼得堡时，也许可以理解他们以为自己正在离开欧洲前往亚洲。对于欧洲旅行者来说，俄国几乎是一片未知的土地。圣彼得堡和莫斯科是唯一有人曾经访问过的地方，而且人数也不多。旅行条件极为艰苦。从巴黎到圣彼得堡至少需要跋涉16天。从柏林出发的最后一段旅程没有铁路——沙皇的帝国中唯一完工的铁路是从首都到他在皇村的行宫和附近的度假胜地巴甫洛夫斯克的短线。

在圣彼得堡，只有主干道铺设了供马车行驶的"木质路面"。除此之外，街道都没有铺设过。这些背街小巷春天泥泞，夏天闷热，阴沟臭气熏天，总是挤满了劳工和商贩，与20年后陀思妥耶夫斯基在《罪与罚》中的描述相比并无二致。距离维亚尔多夫妇的下榻处杰米多夫宫（Demidov Palace）所在的涅瓦大街优雅的新古典主义立面只有一步之遥，可以发现一个贫穷和肮脏的不同世界。

这个世界的读者群体极其有限。商店门面上张贴着图片，向不识字的人展示他们可以在店里买到什么。书店很少。1843年,在乌克兰最大的城市哈尔科夫(Kharkov)只有四家书店,据一份旅游指南说,"有三家按镑出售书籍的俄语[商店],还有一家法语商店,老板夸耀说,他的思想产品是按照其内在价值来定价的"。[178]不过,圣彼得堡和莫斯科的思想生活充满活力。书生气的知识分子小圈子几乎完全局限在这两个首都城市。19世纪40年代是思想热潮特别活跃的十年,斯拉夫派和西方派争论着俄国究竟应该成为欧洲的一部分还是遵循自己的本土传统,而一批杰出的作家也登上了欧洲的舞台(果戈理、涅克拉索夫、屠格涅夫和陀思妥耶夫斯基)。

在这些圈子里,人们对来自欧洲的任何新思想或书籍都如饥似渴,因为地理和审查制度切断了知识分子与欧洲的联系。进步的西方派——对他们来说,欧洲是解决俄国所有问题的出路——对乔治·桑的著作特别感兴趣。她的作品以某种方式逃过了审查员的注意,出现在了俄国的报刊上。俄国社会主义者亚历山大·赫尔岑(Alexander Herzen)表示,通过这些报刊,甚至连遥远的鄂木斯克(Omsk)和托博尔斯克(Tobolsk)也有她的读者,这两个西伯利亚城镇都有大批政治流亡者。[179]乔治·桑被奉为人类解放和民主的西方派理想的化身,是当时在俄国作品被翻译最多的外国作家,尽管她很快被狄更斯超越。她的作品的俄译本的数量与巴尔扎克、保罗·德·科克(Paul de Kock)、苏和大仲马的加起来一样多。"在这里,你是我们国家首屈一指的作家和诗人,"路易在1843年11月18日写给她的信中表示,"每个人手中都有你的书,你的肖像随处可见;他们不停地跟我们谈论你,祝贺我们有幸成为你的朋友。"[180]

到达圣彼得堡后,维亚尔多夫妇很快就加入了这些圈子。他们成了米哈乌·维尔霍斯基伯爵(Count Michał Wielhorski)家的常客,伯爵是一位业余作曲家,也是一个在宫廷任职的波兰家族的贵族后裔。他位于圣彼得堡的宫殿是非官方的欧洲文化部，那里举办的音乐晚会有俄国最有名的贵族和知识分子光顾，包括作曲家米哈伊尔·格林卡、诗人维亚泽姆斯基公爵（Prince Vyazemsky）、哲人和乐评家弗拉基米尔·奥多耶夫斯基公爵（Prince Vladimir Odoevsky）、画家卡尔·布留洛夫（Karl Bruillov）、乌克兰诗人塔拉斯·舍甫琴科（Taras Shevchenko）和作家尼古拉·果戈理。但将与维亚尔多夫妇结下最长久友谊的俄国朋友并不来自这些名流圈子。

1843年11月9日，路易遇到了一位贵族，此人高大英俊，留着长发和胡须，相比他魁伟的身材，嗓音却意外地尖细，他当天正在庆祝自己的25岁生日。圣彼得堡文学圈子的边缘人物科马罗夫少校（Major A. S. Komarov）在家中为此人举办了宴会，少校主动把这个法国人介绍给自己的一些猎友。这位年轻的贵族显然很想见见保琳娜，他看过她的每一场表演。他邀请路易第二天一起去打猎，几天后，在11月13日那天，他拜访了路易，希望保琳娜在家。他很走运。据保琳娜回忆，她的这位仰慕者在介绍中被称为一个"年轻的俄国地主，一个好猎手和一个糟糕的诗人"。[181]他的名字叫伊凡·屠格涅夫。

六

1843年4月，屠格涅夫发表了他的处女作，一首题为《帕拉莎》的长诗。当他遇到保琳娜的时候，又有四首带着他的签名"T. L."（屠格涅夫·卢托维诺夫）的诗歌出现在圣彼得堡的自由主义月刊《祖国记事》（Otechestvennve zapiski）上。该杂志的主编，非常有影响力的评论家维萨里昂·别林斯基（Vissarion Belinsky）在4月刊上发表了一篇对《帕拉莎》的评论，称赞它是1837年亚历山大·普

图 4　屠格涅夫的母亲瓦尔瓦拉·彼得罗夫娜·卢托维诺娃,达盖尔相片,1845 年左右

希金和 1841 年米哈伊尔·莱蒙托夫(Mikhail Lermontov)去世后一位俄国诗坛新星的作品。当屠格涅夫遇到保琳娜时,他显然被视作一位正在崛起的年轻作家,而不是引荐语中的"坏诗人",尽管在后来的岁月里,他在回顾自己早年的诗句时会感到"肉体上的厌恶"和尴尬。[182]

直到前一年,屠格涅夫的心中才刚刚产生了成为一名作家的想法。1843 年,他受聘为内务部农业经济处的公务员,主要任务是审查关于农奴制改革的各项建议。在那之前,他想成为一名哲学教授。直到沙皇冻结了在哲学院系的任何新任命后——这是一个有潜在煽动性的学科——他才开始转向写作。但在那个阶段,写作不过是爱好。屠格涅夫不需要靠它挣钱。他靠母亲瓦尔瓦拉·彼得罗夫娜·卢托维诺娃(Varvara Petrovna Lutovinova)给的补助生活,后者不赞成贵族将文学作为职业。

屠格涅夫的母亲是一个富有的地主,在库尔斯克(Kursk)、图拉(Tula)、奥廖尔(Orel)和塔姆波夫(Tambov)省有几处从她叔叔那里继承的庄园,拥有5000名农奴。1816年,她嫁给了谢尔盖·尼古拉耶维奇·屠格涅夫(Sergei Nikolaevich Turgenev),一位比她小7岁的英俊骑兵军官,后者在他的小庄园屠格涅沃(Turgenevo)拥有140名农奴。这家人的主宅位于斯帕斯科耶(Spasskoe),距离奥廖尔省的姆岑斯克(Mtsensk)不远,位于莫斯科以南350公里。他们的住所呈马蹄形,中央的大宅两侧伸出两个弯曲的侧翼,每边侧翼的末端是两层的木屋,有正式的花园和一个公园。庄园拥有自己的医院、警察站、农奴剧院和管弦乐队。瓦尔瓦拉·彼得罗夫娜是一个旧式的俄国地主,她严谨有序,小心翼翼地经营着自己的庄园,虽然不无善心,但通常对她的农奴表现得专制和残忍。有一次,她把两个家奴流放到西伯利亚,唯一的原因是他们没有摘下帽子,以恰当的方式向她鞠躬。1834年,喜欢拈花惹草的丈夫去世后,她成了寡妇,对儿子们的控制欲越来越强,向他们提出越来越高的要求。屠格涅夫回忆说:"我没有童年的快乐记忆。我害怕妈妈,她会无缘无故地惩罚我,把我当新兵一样对待。很少有哪天她不用棍子打我;如果我敢提出问题,她就会惩罚我,直截了当地表示:'你应该比我更清楚答案,自己想办法。'"母亲的残忍——特别是对于她的农奴——塑造了屠格涅夫的自由主义态度,他对农奴制的反感,以及他性格的温柔。在他的一生中,他都渴望得到女人的爱。对他来说，没有什么比女人的爱更重要了。据他最亲密的朋友、文学评论家帕维尔·安年科夫（Pavel Annenkov）说：

> （年轻的屠格涅夫）在他自己的眼中是个不快乐的人：他缺少女人的爱和依恋，他从青年时就开始寻求这些。他不无理由地反复提到，如果一群男人中没有善良聪明的女人，那就像是一辆车轮轴承没有润滑过的大车，令人无法忍受的单调而尖厉的声音会击碎耳膜……他痛苦地意识到自己无法征服和引导女人的心：他只会给她带来折磨。[183]

1838年，19岁的屠格涅夫前往柏林大学，他向母亲承诺，自己将在两年后归来，在莫斯科大学担任哲学教授。通过在中学以及在莫斯科和圣彼得堡大学的学习，他已经掌握了流利的德语。在柏林——他与卡尔·马克思同时求学——他接受了整个欧洲文化，广泛地阅读古典学、哲学和德语文学作品，与形形色色的德国知识分子见面，包括亚历山大·洪堡（Alexander Humboldt）和贝蒂娜·冯·阿尼姆（Bettina von Arnim）。在柏林的那些年对屠格涅夫的思想发展至关重要。歌德的诗歌（其中很多他都熟记在心）使他走上了文学之路。在思维方式、情感和性格上，屠格涅夫是一个欧洲的世界主义者，而不是俄国人或德国人。他在学生时代结交的朋友们的西方主义永久地影响了他，尤其是他尊敬的别林斯基。[184]屠格涅夫相信欧洲是思想进步以及美、个人自由和民主的源头。欧洲的文明是他的宗教。那里是他作为作家和人能够实现自我的唯一地方。但他通往那里的道路经过了德国，德国仍然是他的"第二故乡"，就像他自己后来所承认的。[185]

在普鲁士的首都，屠格涅夫与他的俄国同胞们过着波希米亚式的生活：未来的中世纪学者季莫菲·格拉诺夫斯基（Timofei

Granovsky)、未来的诗人尼古拉·斯坦科维奇（Nikolai Stankevich）和米哈伊尔·巴枯宁（Mikhail Bakunin），后者当时还没有表现出任何成为革命无政府主义者的迹象。他们在花钱上漫不经心，把钱都花在了定制服装、歌剧门票、餐馆、葡萄酒、赌博和妓女上，然后身无分文地一直等到他们从家人那里收到下一笔生活费。屠格涅夫的花费特别高：在德国的第一年里，他收到了2万纸卢布——那是他母亲每年给他的正常生活费的两倍。瓦尔瓦拉·彼得罗夫娜对儿子奢侈的生活方式越来越恼火，因为她雇来监视儿子的男仆向她报告了这点。她被屠格涅夫的俄国同伴吓坏了（她告诉他，巴枯宁是个"怪物"）。[186]瓦尔瓦拉试图收紧钱袋，当她得知儿子在轮盘赌上的损失以及每晚去剧院（她认为这只可能是去见女演员）时，她威胁完全停止付款。屠格涅夫挥霍无度的习惯对家族庄园造成了巨大的压力，他在柏林的那些年里，庄园遭遇了一连串歉收。母亲借此对屠格涅夫施加道义压力，要求其返回俄国，加入军队或文官部门，她认为这是唯一适合贵族的职业。

1841年春天，屠格涅夫果然回来了，他花光了钱。由于没有了生活费，他只能住在斯帕斯科耶或者与朋友住在一起，靠向他的弟弟尼古拉借钱维生，后者加入了炮兵团，仍然得到瓦尔瓦拉·彼得罗夫娜的资助。接下去的两年里，屠格涅夫继续着在大学谋求职位的梦想，先是在莫斯科，后来在圣彼得堡，但这是一场艰难的斗争。安年科夫表示，所有人都知道屠格涅夫身无分文，但他过于骄傲，拒绝承认这点。当时，他给赫尔岑的第一印象是："一个赫列斯塔科夫式的人［果戈理的《钦差大臣》中浮夸的反英雄］，受过教育，聪明、肤浅，有表现欲，无比地自命不凡。"在大彼得罗夫大剧院，身着精致的燕尾服和白色背心，戴着大礼帽，手执长柄眼镜和手杖的屠格涅夫的样子引人注目。但他没钱自己买票，只得在朋友的包厢里蹭个座。[187]

1843 年，屠格涅夫最终放弃了追求教职，顺从地接受了内务部公务员的职位。他的首要考虑是取悦母亲，确保自己的继承权。就像他本人所承认的，他在部里干得"很糟"，不但工作迟到，而且大多数时间不是埋头读小说，就是写诗。他的职责之一是处理对农民进行体罚的文书：在抄写它们以供执行时，他会把最严厉的判决（致命的笞刑）改轻（鞭打）。[188]

瓦尔瓦拉·彼得罗夫娜对他的不勤勉感到不安。她在写给他的信中表示：

> 我的儿子，你已经到了男人应该让自己对他人有用，并渴望加入社会的时代。自私的幻想、青年时不受限制的自由、身体和灵魂漂泊不定的时代已经过去了，我甚至可以说，你在这种懒惰和不负责任的状态中度过的时间太长了，只有疾病或过于年轻才能作为借口。

她强烈反对他成为作家，将这一职业等同于"抄写匠"，诘问道："谁会读俄语书呢？"不过，《帕拉莎》的出版让她的态度有所软化。在 5 月 28 日写给屠格涅夫的一封信中，她以敌对的立场开始，但随后无法掩饰自己的骄傲：

> 什么是诗？你可以像普希金一样，成为一个好诗人，但这对一个母亲来说什么用都没有。我的幸福在于你对我的爱，在于你的服从和尊重。我对诗歌一无所知，但我担心你会因为忌妒而受苦……普希金受到攻击，他们找他的毛病，认为他冷漠等。愿上帝保护你，使你不要因为读到对你的批评而痛苦。
>
> 一定要寄给我几本《帕拉莎》，告诉我出版商是谁，印了多少本，以及它的售价是多少，是否可以在莫斯科买到。[189]

从第一次与保琳娜相遇起,屠格涅夫就坠入了爱河。他尽其所能地乞求和借钱,以便能听到她的每一场演出。他如此夸张地为她鼓掌,以至于惹恼了所有身旁的观众。[190] 每天他都会拜访维亚尔多一家,与路易展开文学对话,主动提出帮助他写关于艾尔米塔什博物馆的书,或者在俄国打猎,尽管他真正的目的是见到保琳娜。他还毛遂自荐担任她的俄语老师。保琳娜并没有把屠格涅夫的仰慕太当回事。显然没有迹象表明她在那个时候回应了他的感情。这位年轻的作家甚至没有被邀请参加维亚尔多夫妇的招待会。

她有许多年轻的崇拜者。其中包括斯捷潘·格杰奥诺夫(Stepan Gedeonov),此人是圣彼得堡帝国剧院主管的儿子和音乐专家,他在舞台下面安排了一个私人房间,保琳娜每次演出后都会在那里休息,有四个年轻人向其大献殷勤,他们都是她的狂热粉丝:格杰奥诺夫、屠格涅夫、季诺维也夫(P.V. Zinoviev,屠格涅夫曾带着路易在他的庄园里打猎)和维尔霍斯基的儿子。有一次,这四个人给她带来了他们射杀的一头熊的皮。保琳娜把它做成了一块有金色爪子的地毯。表演结束后,她会躺在上面放松一下,而她的四个崇拜者则被允许分别坐在一只爪子上。爱八卦的人称他们为"四只爪子"。[191]

圣彼得堡的乐季以为期一周的狂欢节表演结束——大斋节开始时,所有剧院都关闭了。鲁比尼和他的歌手们带着在下一季回归的承诺离开。1844 年 3 月,就在他们即将离开的时候,克拉拉和罗伯特·舒曼前来举行了为期三周的巡回音乐会,他们是最新一批为了赚到大笔的钱而经历了漫长和不舒服的旅行前来圣彼得堡的音乐家。克拉拉在日记中写道,维亚尔多一家立刻以"最友好的方式"接待了他们。"保琳娜给我看了她漂亮的礼物——貂皮,土耳其披肩,还有许多加工过的钻石,来自宫里的一切,主要来自沙皇夫妇。"不久之后,在他们的第一场音乐会上,舒曼夫妇净赚 1000 卢布(约 4000 法郎)。民族主义评论家弗拉基米尔·斯塔索夫(Vladimir Stasov)回忆道:

"在那些日子里，俄国卢布的声音让德国人觉得悦耳。"[192]

1844年，维亚尔多夫妇回到圣彼得堡和莫斯科，参加秋天开始的第二个乐季。保琳娜的合同更优厚了：她的收入提高到6.5万纸卢布（7.5万法郎），并且她保证从慈善演出中再拿到1.5万纸卢布（1.7万法郎）。[193]该乐季的重头戏是贝里尼的《诺尔玛》，由保琳娜出演同名主角。对门票的需求如此之大，以至于两组套票的演出数量增加到了60场，而如果加上慈善演出，实际数量将达到76场。演出方不得不雇用一个更大的演唱剧团来应对这种压力。这是俄罗斯对意大利歌剧狂热的高峰。公众因为维亚尔多和她的竞争对手，另一位女歌星让娜·卡斯特朗（Jeanne Castellan）而分裂成敌对的两派。献花热达到了疯狂的程度。狂热的乐迷花钱雇人捧场，包括贫穷的屠格涅夫，他尽其所有，在剧院的顶层为保琳娜雇用了一群捧场人（"没有他们是不行的，必须让观众变得热情！"他向一个朋友解释说）。[194]

讽刺者变得分外兴奋。1845年3月，涅克拉索夫写道，"别去在意大剧院的大厅"。

> 无论走到哪里，你都会听到鲁比尼和维亚尔多的名字；在城里的每一个角落，你都会听到轮唱和颤音；总而言之，彼得堡已经变成了一个只演奏意大利主题的巨大风琴。
> 所有人都开始歌唱！
> 你沿着涅瓦大街步行——"投"洒一滴泪（U-na for-ti-ma lag-rima uu-na［原文如此］）在你身后隆隆响起；你朝一家咖啡店里张望——坦布利尼（Tamburini）的轮唱已经在楼梯上等你了；你顺道拜访了朋友的家人，即使是住在维堡那边的，他们也会立刻让女儿坐在钢琴前，强迫她尖叫着唱完《诺尔玛》或其他歌剧中的咏叹调。你拐进最小的巷子里，走了不到十步就会遇

到一个风琴演奏者,他远远地看到你,马上奏响了《海盗》(贝里尼的歌剧)的终曲,满心期待得到慷慨的赏赐。[195]

很难判断涅克拉索夫夸大了多少。通过乐谱的销售以及管弦乐团、乐队和街头音乐家的不断重复,最新的热门歌曲无疑不用多久就变得广为人知。

1845年3月,在第二个乐季结束时,保琳娜接见了一个商人代表团,就像她在写给乔治·桑的信中所说的那样,代表团的德国翻译"请求我接受淳朴的俄国农民的敬意,就像我接受俄国贵族的那样"。保琳娜曾收到圣彼得堡贵族送来的一束华丽的鲜花。由于这些卑微的商人没有被邀请联名献上这份礼物,他们送给她一只钻石手镯,资金完全来自他们自己微薄的捐款,"以便向我证明他们也在用耳朵听,用心在感受"。[196]

1845年春天,维亚尔多夫妇回到巴黎。屠格涅夫追随着他们。他无可救药地坠入爱河,愿意做任何事来接近保琳娜。以视力不佳为由,他辞去了内务部的职务,获得沙皇批准前往欧洲就医。屠格涅夫与维亚尔多夫妇在库尔塔维内尔度过了夏天,那是夫妇俩在巴黎东南部的布里平原上的城堡,他们用保琳娜在俄国挣的钱买下了这座城堡。夏天,屠格涅夫和保琳娜的关系变得更加亲密。他觉得她开始回应他的爱意了。* 虽然两人还没有接过吻,但有了建立更深

---

* 他不是保琳娜婚后第一个赢得她芳心的年轻男性。1844年夏天,保琳娜与乔治·桑的儿子莫里斯·桑坠入爱河,后者是个很有才华的画家,比她小两岁,在库尔塔维内尔与保琳娜共处过一周。保琳娜意识到这段感情没有可能,莫里斯离开后,她致信乔治·桑说:"我们对彼此承诺要勇敢……对此事我暂时不能说更多……我非常严肃地爱他……快给我回信——如果可能的话,用隐语 [以避免引起路易·维亚尔多的怀疑]。"(*Correspondance de George Sand*, vol. 6, p. 632)。在之前的一封信中(8月11日),乔治·桑用隐语建议保琳娜结束这段感情,即便路易不会去追究她:"虽然你的丈夫会让你做任何想做的事,你的妈妈 [乔治·桑本人] 还是建议你不要依从你友谊的灵感。"(George Sand, *Lettres retrouvées*, ed. Thierry Bodin [Paris, 2004],p. 55)。

刻的情感联系这一令人兴奋的可能。屠格涅夫回忆起这个夏天时觉得那是"我人生中最快乐的时光"。[197]

秋天，维亚尔多夫妇回到圣彼得堡参加第三个俄国乐季。屠格涅夫追随着他们。1844年，路易在《画报》(*L'Illustration*)上发表了对他们在俄国的狩猎聚会的描绘。俄国人读了他的文章，他成了那里的人真正感兴趣的对象。到处有人邀请他打猎。此时，他还担任着圣彼得堡的皇家剧院和那些俄国人试图招募的欧洲艺术家的中间人，包括梅耶贝尔和剧本作者欧仁·斯克里布（Eugene Scribe）。[198]

相反，保琳娜却没有之前那么受欢迎了。对意大利歌剧的狂热正在消退。剧院半空着。莫斯科的一些演出票房惨淡，不得不取消。一家文学刊物把这种降温解释成公众从梦中醒来："有人在我们睡着时歌唱和表演，一种未知的甜蜜感觉席卷了我们全身，我们感到兴奋，但我们醒来后却陷入了沉默和空虚。"[199]

乐季提前结束了，因为路易得了伤寒，而第一次陪伴父母旅行的小路易丝得了百日咳。一旦身体能够应付艰苦的陆上旅行，维亚尔多一家就坐着马车出发前往柏林。1846年3月，保琳娜要在那里履行她的下一份合同。这是在严寒和暴风雪中进行的可怕的三周旅程。路易致信屠格涅夫表示，最后"马车几乎散了架，我不认为它还能继续赶路"。[200]

也许三个乐季已经够了。市场不够大，无法再维持一年对意大利歌剧的兴趣。但这几个乐季将在俄国被长久铭记：许多年里，媒体将关注"我们的维亚尔多"的事业，发表对她的回忆。保琳娜本人回忆起她的俄国之行时心怀感激。[201]它们造就了她的事业。但现在，她必须寻找更大的舞台。

第二章

舞台上的革命

> 我对自己说:"七月革命是资产阶级的胜利:胜利的资产阶级想要出风头和享受娱乐。歌剧院将是他们的凡尔赛宫,他们将云集那里,占据被驱逐的宫廷和贵族的位置。"我认为,让歌剧院变得既宏伟又大众化的想法很有机会成功。
>
> 路易—德西雷·维隆,《一个巴黎资产阶级的回忆录》(1857年)

一

1846年4月底,维亚尔多一家踏上了从柏林返回库尔塔维内尔的漫长旅程。他们会在那里度过夏天,等待保琳娜决定她在即将到来的秋天会出现在哪里。屠格涅夫经常给保琳娜写信。他的书信是谈话式的,满是新闻和观察,语气风趣而轻松。他知道自己的信会被拿给路易看,在写信时牢记这一点,但从字里行间,她能够理解他的感情。在最热情的地方,屠格涅夫会从法语切换到路易完全不会说的德语。[1]

屠格涅夫渴望她在那个秋天回到俄国。"关于下个乐季，"他在5月写信给她说，"你自己会是最好的评判。我现在就确信你将做出好的决定，但我必须告诉你，假如你今年冬天不在这里（我仍然不愿接受这种结果，如果真是如此的话），很多人会感到悲伤。我还是那个我，而且将永远如此……无论如何，请行行好，把你的决定告诉我。再见了，祝你健康快乐……回来吧，你会发现这里的**一切都和你离开时一样**。"[2]

路易不愿意回到俄国。他无法忍受那里的寒冷气候，而且觉得自己的左翼观点同沙皇政府存在矛盾（他在《画报》杂志上发表的一篇关于莫斯科的文章在俄国遭到审查）。[3] 柏林显然是另一个选择。柏林歌剧院的音乐主管梅耶贝尔是保琳娜歌喉的狂热崇拜者，希望她在自己的下一部歌剧《先知》中担任主角，他从1838年以来一直致力于创作这部歌剧。1843年，当巴黎歌剧院的主管莱昂·皮莱拒绝了他让保琳娜担当女主角的要求后，梅耶贝尔搁置了这部歌剧。皮莱想让歌剧院的当家花旦罗西娜·斯托尔茨出任这个角色，后者也是他的情妇，但梅耶贝尔不想与她打交道。从那一刻起，正如音乐评论家爱德华·汉斯立克（Eduard Hanslick）打趣说，作曲家把他的歌剧"装在手提箱里，在柏林和巴黎之间来回穿梭，可能是为了确定先知们是否可以免关税旅行"。[4]

梅耶贝尔相信，歌剧的成功首先取决于主演歌手的声乐和戏剧技巧。他周游欧洲寻找最好的歌手。在保琳娜身上，他发现了一系列使她成为先知母亲菲黛斯这个角色的完美人选的声线和表演特质，他的歌剧的悲剧性力量都依赖于这个角色。他是为她写了那个角色。[5]

1845年，他说服保琳娜来到科布伦茨附近的新哥特式城堡——施托尔岑费尔斯（Stolzenfels），普鲁士国王腓特烈·威廉四世（Frederick William IV）在那里为维多利亚女王的来访举行了一场

第二章 舞台上的革命

盛大的音乐会,以祝贺重建工作的完成。第二年,他把保琳娜请到柏林,那里是"报纸国家"的主要首都,乔治·桑坚称她将在那里成就自己的事业。[6]在柏林,维亚尔多可以通过在梅耶贝尔的《胡格诺教徒》中扮演瓦伦蒂娜的角色——这是她第一次参演大歌剧——来提高她在巴黎歌剧院眼中的资历,她还没有在那里演出过。过去十年间她只唱意大利语曲目,现在需要倍加努力来学习用德语演唱,并为这个要求很高的角色准备好她的嗓音。"后天我将第一次……**用德语**演唱!!!!!"她在1847年1月22日给桑的信中写道:

> 你不会相信我的工作有多辛苦。首先,你必须去掉那些过于刺耳和难听,无法演唱的字眼。修改完歌词后,你必须从头再记一遍,然后让它适应你的舌头,然后是你的嗓音。这是一项可怕的劳动。他们说我的发音不差,考虑到我付出的努力,我相信这一点。[7]

保琳娜在《胡格诺教徒》中取得了成功。评论家们欣喜若狂。2月22日,路易告诉乔治·桑:"柏林公众对这位能够同样自信地演唱'各种语言的所有剧目'的歌手'热情高涨'。"[8]从3月起,保琳娜在另一部梅耶贝尔的大歌剧《恶魔罗伯》中饰演爱丽丝一角。由于对她的演唱的需求如此之大,演出被延长了两个月。在一个著名的夜晚,当另一位歌手在最后一刻生病时,保琳娜一人分饰两个女性角色,让所有人感到惊讶。

屠格涅夫只能从报纸上了解她的成功,每天都在搜寻这些消息。"我读了普鲁士报纸上所有关于你的文章,"11月,他从圣彼得堡写信给她说,"你取得了进步,我指的是像大师那样进步,像他们那样直到最后也永不停步。你现在已经掌握了**悲剧**元素,这是你之前唯一还没有完全掌握的元素。"[9] 屠格涅夫太激动,太痴迷于保琳娜,无法继续只做一个旁观的追随者。1847 年 1 月,他离开俄国到柏林与她会合,把母亲给他的最后一笔生活费花在了旅费上。在接下来的三个月里,他虔诚地观看了她的演出。后来成为他好友的画家路德维希·皮奇(Ludwig Pietsch)在柏林的一家啤酒馆里第一次见到了他。屠格涅夫"裹着一件皮大衣",他"令人印象深刻的形象"让人想起年轻时的沙皇彼得大帝,"尽管他和近代俄国的缔造者那半野蛮和放荡不羁的性格毫无共同之处。他巨大的头部和身体里藏着最杰出的思想和最温柔、最善良的性情"。[10]

屠格涅夫跟随维亚尔多夫妇来到德累斯顿(Dresden),保琳娜在 5 月份受聘参加了一系列的独唱会。那年秋天,他又和他们一起去了伦敦,在那里她签署了在考文特花园演唱两个月的合同,价值 1000 英镑(2.5 万法郎),这是她在俄国以外获得的最高报酬。*她正处于影响力的巅峰,几乎可以向任何一家歌剧院开出让她现身的条件。在考文特花园,她坚持不允许同时聘请她忌妒的对手格里西。只有巴黎歌剧院尚未被保琳娜征服。12 月 1 日,乔治·桑在写给她的信中表示:"为什么巴黎还没有人雇你? 我不明白。格里西正在垮台,你是世界上最伟大的歌手。"[11]

实际上,巴黎歌剧院当时正在向保琳娜打开大门。主管皮莱终于被赶走,因为表演糟糕被嘘下台后,他的情妇斯托尔茨也离开了。新主管内斯托尔·罗克普朗(Nestor Roqueplan)和亨利·迪蓬谢尔(Henri Duponchel)现在正在寻求一部卖座之作来偿还皮莱积

---

* 在 1855 年之前,她都维持着这一价位,直到考文特花园的商业经理弗雷德里克·贾伊(Frederick Gye)觉得"她的名字不再像之前那样有号召力",为她在考文特花园为期四个月的乐季开出了 1000 英镑(他在日记中写道,维亚尔多夫妇"对此嗤之以鼻")。经过长时间的谈判,他们商定乐季为期三个月,报酬是 1200 英镑(ROH,贾伊的日记,1855 年 3 月 13 日和 18 日)。

累的巨额债务。威尔第的歌剧《耶路撒冷》（改编自《伦巴第人》）于11月首演，但不算太成功，只有35场演出。因此，他们求助于梅耶贝尔，承诺从内务部获得特别资金，用以支付他的大歌剧的昂贵布景和技术效果所需的费用，并确保聘请保琳娜·维亚尔多，后者为参演一季的《先知》开价7.5万法郎。如果没有她，梅耶贝尔不会允许他们上演他让人期待已久的歌剧。[12]

只有梅耶贝尔有能力设定这样的条款。上演他的歌剧几乎可以保证获得丰厚的利润。他出生在柏林一个犹太银行家的家庭，但在祖父利伯曼·迈耶尔（Liebmann Meyer）去世后，他把名字从雅各布·贝尔（Jacob Beer）改为梅耶贝尔（1816年到1826年在意大利期间，他把自己的名字雅各布改成了贾科莫）。当时他正在以罗西尼的意大利风格作曲，后者是他的朋友和支持者。被任命为意大利剧院的音乐主管后，罗西尼鼓励梅耶贝尔跟随自己去巴黎。

巴黎是梅耶贝尔成功的关键。诚如一位19世纪的历史学家所说，这是一座真正的国际大都市，"真正伟大的欧洲和世界之都"，那里的外国居民比欧洲大陆上任何其他城市的都多。[13]梅耶贝尔的音乐完美地迎合了这种国际化的环境。它兼收并蓄地融合了德国的和弦、法国的节奏和管弦乐，以及意大利的美声唱法风格。评论家布拉兹·德·比里解释了梅耶贝尔的成功，认为那是因为他有能力将这些不同的元素融入一种独特的"法国体系"——德国体系和意大利体系的综合——这是在格鲁克和罗西尼领导下的巴黎歌剧的发展特点。他的折中主义风格在巴黎社交界听来非常自然。[14]

1823年，梅耶贝尔致信巴黎歌剧院说："你问，我会对为法国舞台作曲感兴趣吗？我向你保证，对我来说，为法国歌剧院写歌的荣幸比为所有意大利剧院写歌加起来还要多……除了巴黎，哪里还找得到像法国歌剧院那样的地方能为渴望写出真正戏剧音乐的作曲家提供的巨大资源呢？"[15]

那时的巴黎是歌剧世界的首都。在巴黎的成功有可能使一部歌剧在整个欧洲大陆的剧院获得成功。最伟大的舞台作曲家——罗西尼、梅耶贝尔、贝里尼、多尼采蒂、瓦格纳和威尔第——都热衷于在法国首都工作。法国对版权的先进保护是一个重要的吸引人的地方，1791年和1793年的法律赋予了艺术家对自己作品的终生财产权。在意大利或德国，作曲家通过写歌剧赚取一次性收入，而在巴黎，他不仅能从乐谱中，还能从歌剧的每一场演出中获得版税，前提是剧本是法语的。直到19世纪40年代，法国是唯一一个不仅在法律上承认，而且有效执行演出版税的欧洲国家——这项制度于1776年引入，1793年的法律将其强化。1834年，贝里尼赞美法国的法律说："如果你值1000，你就会得到1000，如果你值10万，你就会得到10万。"[16]

巴黎为梅耶贝尔提供了理想的法律环境，他是第一位完全掌控了歌剧制作中的创造性元素，并从中获利的作曲家。他颠覆了剧院经理、剧本作家和作曲家之间的旧有关系：以前，剧院经理会雇用作曲家为剧本创作音乐，而梅耶贝尔则雇用了一位剧本作家（通常是斯克里布）来为他的构思和乐谱写歌词。是梅耶贝尔独自缔造了作品。他给了剧本作家需要做出哪些修改的详细意见，后来，当斯克里布的耐心耗尽时，他会雇用第二，甚至第三个剧本作家来做出最后的修改。[17]罗西尼是一个为剧院经理工作的工匠，而梅耶贝尔则把自己变成了歌剧业务的老板，他雇用剧本作家作为工匠，为剧院和出版商定制作品。

巴黎歌剧院是梅耶贝尔的理想舞台。这是一家大型的娱乐机构，从获得国家授权开始，它就对"宏伟"抱有很高的期望。梅耶贝尔还能指望在哪里找到他制作大歌剧所需的"巨大资源"呢？

第二章　舞台上的革命

大歌剧是理查德·瓦格纳对歌剧舞台进行革命之前最宏大的音乐戏剧形式。严格说来，它指一种包括芭蕾的五幕歌剧，与带对话的喜歌剧不同，大歌剧没有对话。它的特色是大规模的世俗剧，舞台上的合唱，华丽的布景和服装，以及壮观的效果。这种模式最初在巴黎发展起来，很快传播到德国和意大利；19 世纪时，整个欧洲的作曲家都会效仿和改编它；但无论它变得多么全球化，大歌剧在本质上仍然是一种巴黎的现象。[18]

大歌剧的根源是由 1831 年的改革拉开帷幕的巴黎歌剧院的商业化。19 世纪 20 年代中期，尽管补贴不断增加，但剧院已经积累了巨额债务。它的特权地位成为自由派反对者攻击的目标，后者还要求更新其保守的曲目。公众已经厌倦了格鲁克和斯蓬蒂尼（Spontini）。他们希望歌剧主题能与当下相关，期待目睹像在林荫大道剧院街区所看见的壮观元素，那里借鉴了达盖尔（Daguerre）透景画的各种特效（旋转全景，光影变化和用景深营造的光学错觉）。1828 年，正是为了响应这些要求，剧院委托丹尼尔·奥柏（Daniel Auber）创作了五幕歌剧《波尔蒂契的哑女》，这是严格意义上的第一部大歌剧，改编自 17 世纪那不勒斯人民起义反对西班牙统治的故事。舞台设计夏尔·西塞里（Charles Ciceri）曾在林荫大道剧院街区与达盖尔合作，他创造了一系列视觉上令人惊叹的布景，营造了壮观的效果，在第五幕结束时用煤气灯表现维苏威火山的喷发时达到高潮。奥柏的歌剧被认为象征了反抗。合唱中对英勇人民的描绘鼓舞了革命者，特别是在比利时，1830 年 8 月 25 日，它在当地的演出成为反抗荷兰国王威廉的信号。[19]

1830 年巴黎的七月革命后，根据 1831 年 2 月的改革，歌剧院被移交给了它的第一位企业家主管维隆。维隆得到了阿瓜多的资助，自视为剧院中的资产阶级革命的领导者。后来，他在自己的《一个巴黎资产阶级的回忆录》（1857 年，以下简称《回忆录》）

中声称，接管巴黎歌剧院后，他的商业计划是把剧院变成资产阶级的凡尔赛宫："他们将云集那里，占据被驱逐的宫廷和贵族的位置。我认为，让歌剧院变得既宏伟又大众化的想法很有机会成功。"[20] 这在很大程度上是夸大其词。现在，资产阶级还没有取代歌剧院的贵族阶层，那里的观众仍然以旧精英为主，尽管越来越多的银行家、商人及其家人坐在最昂贵的座位上。[21] 但是维隆的话无疑可以被看作是宣告了一种意图。在不损害歌剧院荣光的情况下，他引入了一系列改革，使七月王朝的资产阶级阶层更容易进入勒佩勒蒂耶厅。他取消了上层看台较大的包厢（有六个座位），以增加小包厢（有四个座位）的数量。他还在舞台旁新开了两个包厢，装饰成当时正在巴黎兴起的绅士俱乐部的风格，在那里"可以实惠地买到奢华和愉悦"（他的意思是近距离观看芭蕾舞演员的"腿"）。* 他还增加了可以购买单场演出票的前排座位的排数，并将它们从长椅升级为适合女性的舒适的扶手椅，现在她们被允许进入这一区域。他延长了乐季，把它延长到了夏休，那个时候贵族们会离开巴黎前往乡间，让其他人更容易买到票（据回忆录作家唐瓦科说，勒佩勒蒂耶厅在夏天遭到了外省医生及其家人的"入侵"）。† 最后，他把演出推迟了一个小时，从晚上8点开始，让商界人士和专业人士有更充裕的时间在下班后去剧院。

上述想法完全无意降低剧院的档次。为了维持剧院的阔气形象，他在最小的细节上也不惜代价（即使是门票的制作也花了一大笔钱）。[22] 相反，他的目标是让剧院对新富起来的资产阶级更具吸

---

* 他的改革措施之一是允许常客进入舞蹈演员休息室，让他们可以看到芭蕾舞演员热身。在勒佩勒蒂耶厅，之前只有宫廷成员才能进入演员休息室。休息室的门由国王的军兵把守。德加的画《勒佩勒蒂耶街歌剧院的舞蹈演员休息室》(1872年)描绘了这种场景的偷窥意味。

† 让-路易·唐瓦科（Jean-Louis Tamvaco）整理、考证、批注和增补了路易·让蒂（Louis Gentil, 1782—1857）的回忆录《巴黎歌剧院的康康舞：一个服装师的日记，1836—1848》，里面记录了1836年至1848年巴黎歌剧院的幕后故事。——编注

引力，认为这将是一个不断增长的收入来源。评论家夏尔·德·布瓦涅（Charles de Boigne）写道："对音乐的品位，更确切地说，对歌剧的品位吸引了所有人。每个人都想要在巴黎歌剧院拥有包厢，有些人是每周一次，有些是两次，还有些是三次。希望显示自己地位的事务律师、辩护律师和股票经纪人会在两个晚上露面：星期一，'小日子'，和他们的妻子一起；星期五，'大日子'，和他们的情妇一起。"[23]

为了取悦市场，维隆意识到他必须提供新的曲目。这些观众想要的是娱乐、欢愉和忘掉白天的工作。他们想要自己可以理解、欣赏的音乐剧，不需要神话知识，或者求助于解释这一切的印刷歌词。在大歌剧中，他找到了向他们提供这些的媒介。

在《回忆录》中，维隆谈到了他认为大歌剧作为一项商业计划取得成功所需的主要因素：

> 一部五幕歌剧必须有非常戏剧性的剧情，表现出具有强烈历史趣味的最宏大的人类情感。不过，这种戏剧性的情节必须只用眼睛就能看懂，就像芭蕾舞中的动作；合唱队必须充满激情，在剧中扮演积极的角色。每一幕必须有不同的道具和服装，特别是布景……当你拥有一个能提供14种高度的大舞台，一支由80多名音乐家组成的管弦乐队，一个同样规模的合唱队……以及一个由60名机械师组成的团队来移动布景时，观众对你的期望和要求都会很高。[24]

宏伟、奢华和壮观——这一切共同造就了梅耶贝尔的《恶魔罗伯》的成功，这是维隆在巴黎推出的第一部作品，在1831年11月的首演中，勒佩勒蒂耶厅座无虚席，每晚赚得令人印象深刻的1万法郎。票房的胜利将巴黎歌剧院从破产中拯救了出来。[25]

之前也上演过大歌剧——《波尔蒂契的哑女》和《威廉·退尔》都属于此类——但《恶魔罗伯》是第一部符合维隆概括的所有元素的作品。这是一个真正引人注目的事件。罗西尼规模较小的三幕歌剧无法再与其巨大的规模和戏剧性力量，也无法与它的受欢迎程度相抗衡。根据李斯特的说法，是《恶魔罗伯》的成功最终说服了这位意大利人放弃写作歌剧。[26] 在首演后的三年内，从纽约到圣彼得堡，全世界共有10个国家的77家不同的剧团上演过它，赚的钱比之前其他任何一部歌剧都多。仅在巴黎歌剧院，它在最初的25年里就带来了400万法郎的收入；它是第一部成为其剧院固定剧目的歌剧，到1864年梅耶贝尔去世时，它已经演出了470场。[27] 比起任何其他作品，《恶魔罗伯》更有资格作为大歌剧的典范。

歌剧大致基于一个中世纪传说，恶魔罗伯是一位诺曼骑士，发现自己的父亲是撒旦。作品讲述了罗伯为了赢得心爱的伊莎贝尔公主而奋斗的故事。在一个接一个的场景中，一边是罗伯纯洁的愿望，一边是他的同伴贝尔特朗的影响（此人是撒旦的化身，真正目的是让罗伯把自己的灵魂出卖给魔鬼），罗伯在两者间左右摇摆。贝尔特朗失败了，他在午夜钟声敲响时被拉下地狱，而罗伯赢得了伊莎贝尔的芳心。

欧仁·斯克里布的剧本与《浮士德》存在相似之处，这在一定程度上解释了歌剧的吸引力。"浮士德热"在19世纪30年代初达到了鼎盛。歌德的故事在林荫大道剧院街区被多次上演，斯克里布（他曾经参与过轻喜剧的制作，了解需要什么来吸引观众）从中借鉴了歌剧中许多吸引人的场景、叙事技巧和人物。尽管这部歌剧以中世纪为背景，但斯克里布的罗伯是一个心理复杂的"现代"人物，正如海涅所说，"这个英雄不知道自己究竟想要什么，永远在与自己冲突"——简而言之，是"对那个时代道德不确定性的真实描绘"。资产阶级观众在这个人物身上能够看到自己。[28]

第二章 舞台上的革命

《恶魔罗伯》的大众吸引力很大程度上来自于它的历史剧情——这是大歌剧的一个决定性元素。在大歌剧中,个人陷入历史事件旋涡的故事取代了18世纪的正歌剧(opera seria)中的古典和神话题材。历史是浪漫主义想象的核心,特别是梅耶贝尔和斯克里布在他们的歌剧中呈现的哥特式和中世纪主题。国际上对沃尔特·司各特的热捧正体现了大众对这类主题的兴趣。他的历史小说的大众版译本在整个大陆热销。到处都有他的模仿者,从维克多·雨果到波兰的密茨凯维奇(Mickiewicz),前者的《巴黎圣母院》(1831年)借鉴了他的威弗利系列小说,后者把自己的作品比作"从沃尔特·司各特书中撕下来的几页"。司各特的小说被改编成了许多舞台版本,在19世纪有不下50部相关歌剧。[29]

不过,维隆认为,《恶魔罗伯》的主要吸引力在于舞台上营造的壮观场面——一场动作、光线和色彩的盛宴——以及服装、布景和技术效果的华丽。"修女的芭蕾"是视觉上的亮点:穿着白衣的鬼魂从坟墓中爬起来,在月光下性感地起舞——煤气灯和连在舞者紧身胸衣(芭蕾舞短裙的原型)上的面纱营造了更加阴森的效果。肖邦出现在歌剧首演当晚的观众中,他在写给来自华沙的朋友提图斯·沃伊切霍夫斯基(Tytus Woyciechowski)的信中描绘了作品的惊人冲击力:

> 我不知道剧院里是否曾经上演过如此的壮观景象,是否曾经达到过梅耶贝尔新的五幕歌剧《恶魔罗伯》中那样的华丽场面……它是新流派的杰作,剧中的魔鬼(巨大的合唱队)在会说话的小号声中歌唱,灵魂从坟墓中升起……以50人或60人为一组;剧院里采用了透景画效果,最后你可以看到在圣诞节或复活节,整个教堂的内部灯火通明,还有僧侣,以及长凳上的全部会众,还有监察人员——甚至还有风琴,舞台上的声音

迷人而令人惊叹，而且几乎淹没了管弦乐队；别的地方不可能上演这样的东西。梅耶贝尔让自己永垂不朽！"[30]

只有在好莱坞的无声电影中引入声音和色彩才能与这些效果的戏剧化创新相提并论。正如一位评论家所说："我们不必再忍受那些古老的宫殿被即将熄灭的阿尔甘油灯*的最后光芒所打扰，或者古老的遗迹和脆弱的柱子因为戴着卷发纸的维纳斯或穿着芭蕾舞鞋的丘比特的最轻微触摸而颤抖。"[31] 歌剧进入了工业时代。

* * *

《恶魔罗伯》的票房成功在很大程度上也要归功于宣传和营销，这是维隆在歌剧产业中擅长的方面。他与音乐出版商、记者和经纪人（往往也是记者或出版商）保持着密切的关系，利用日益壮大的音乐出版业来宣传他的作品。与莫里斯·施莱辛格（Maurice Schlesinger）的关系最为重要，此人是很有影响力的《巴黎音乐评论与新闻报》(Revue et Gazette musicale de Paris) 的编辑和所有者，拥有《恶魔罗伯》的出版权。

施莱辛格出生在柏林，19世纪20年代，年轻的他搬到了巴黎。他追随父亲阿道夫·施莱辛格的脚步——后者是《柏林综合音乐报》(Berliner allgemeine musikalische Zeitung) 的创办者——投身音乐出版业，主要购买德国作品。1834年，他创办了《巴黎音乐报》来宣传自己的买卖。不到一年，《巴黎音乐报》就收购了它的竞争对手《音乐评论》，改名为《巴黎音乐评论与新闻报》（以下简称

---

* 18世纪80年代由瑞士人埃梅·阿尔甘（Aimé Argand）发明，圆筒状的灯芯被夹在同心的两根金属管之间，使其内外两侧都能燃烧，提高了燃烧效率，亮度可达6—10坎德拉。——译注

《评论》)。他支付高额稿酬,请到了斯克里布、桑、大仲马和巴尔扎克等作家为其撰文。他们的名望帮助他将作曲家们吸引到自己的出版公司。年轻作曲家们接受了为自己的作品开出的低价,因为他们知道施莱辛格能帮助自己在巴黎成名。重视宣传的价值并非他商业才能的唯一表现。*施莱辛格很快适应了资本主义制度的新现实,在该制度下,出版是一个包含多种媒介的产业的一部分。他没有过分担心《评论》的亏损,认为这是推销那些他也出版其作品的作曲家的手段,比如梅耶贝尔。出版歌剧咏叹调的编曲比他从音乐期刊中获得的利润要大得多。这是今天所谓的"赔钱赚吆喝"的一个早期例子。施莱辛格抓住连载小说的新流行,在他的《评论》上委托创作了形形色色的故事来推销他出版的音乐作品,包括巴尔扎克的《冈巴拉》,小说主要围绕《恶魔罗伯》展开了一场冗长但大体上正面的对话(尽管对梅耶贝尔折中主义的风格和商业化行为做了习惯性的保留,这些将在以后困扰他)。[32]

施莱辛格的《评论》一边倒地支持自己的作曲家,攻击在另一家出版社出版作品的威尔第等对手。19 世纪时没有公正的音乐评论:主要的音乐期刊与出版商和音乐会的联系太过紧密,而且当时的评论家通常不是音乐家,[†]他们写乐评通常是为了推动刊物的利益。[33] 这类刊物中规模最大的要数《音乐广讯报》(*Allgemeine Musikalische Zeitung*),它是莱比锡音乐出版商布莱特科普夫与黑特尔公司(Breitkopf & Härtel)的内部杂志,很少对不在其目录中的作品发表正面评论。规模较小的期刊以唯利是图著称,只要付钱

---

* 他的许多特征将重现在的雅克·阿尔努这个人物身上,后者是福楼拜的《情感教育》中的一位出版商。福楼拜还是少年时就认识莫里斯·施莱辛格。15 岁那年,在诺曼底的海滨小城特鲁维尔度假时,福楼拜不可救药地爱上了这位出版商的情人,很快将成为他妻子的艾丽莎·施莱辛格。福楼拜与这对夫妇建立了友谊,这成为日后他的小说构思的基础。

† 柏辽兹、欧内斯特·赖耶尔(Ernest Reyer)、维克托尔·德·容希埃(Victorin de Joncière)和圣-桑是极少数为出版社撰写乐评的作曲家。

就会发表任何东西。博洛尼亚的《竖琴》(L'Arpa)杂志甚至在其刊头上印着"刊登文章必须预先付费"的说明。[34] 音乐期刊在很大程度上依赖于订阅,所以出版商和代理商会订阅它们,以确保对他们的客户进行吹捧(剧院经理亚历山德罗·拉纳里[Alessandro Lanari]表示,否则很难被提到名字)。贿赂记者以获得好评是一种常见的做法。评论家儒勒·雅南据说从一家首演中赚取了高达8000法郎。杂志《剧院信使》(Courier des Theatres)的编辑夏尔·莫里斯(Charles Maurice)把他的刊物当作一项保护业务来经营。莫里斯以批评性的评论和尖锐的贬斥闻名,他会从艺术家那里收到表达奉承的信,还有钱。[35] 即使是品格高尚的柏辽兹也不能免俗——他依赖给音乐刊物撰稿,很大一部分发表在施莱辛格的《评论》上——尽管对他来说,写好评的动机与其说是金钱收益,不如说是出于保护作为作曲家的自己的需要(或许还有赢得有权势者青睐的考虑)。柏辽兹想让巴黎歌剧院委托他排演自己的歌剧《本韦努托·切利尼》(1838年),因此不能对梅耶贝尔的《胡格诺教徒》做出差评,该剧两年前在歌剧院首演。[36] 他在乐评中发表的内容往往与他的真实想法相去甚远。他在《辩论报》上赞扬了弗罗芒塔尔·阿列维(Fromental Halévy)的歌剧《犹太女》(1835年),但在与朋友的谈话中却对其嗤之以鼻。

维隆在确保《恶魔罗伯》受到欢迎方面特别积极。他掏钱让媒体提及和评论这部作品,以培养对它的兴趣。在首演夜那天,他花了一大笔钱带批评家出去吃午饭,并向他们提供包厢和进入舞蹈演员休息室的许可。[37]

他还雇用了捧场人,认为这是"商业需要……排演计划的一部分,就像舞台上的一切"。歌剧院捧场人的组织者奥古斯特·勒瓦瑟尔(Auguste Levasseur)是巴黎所有最著名的歌手、演员和音乐家的亲密朋友,他们付钱让他为自己安排欢呼,淹没倒彩者的嘘声。

维隆给了他 100 张首演的门票，如果演出需要额外的帮助，还会给他后续场次的门票。勒瓦瑟尔会把这些票卖给他的捧场人。他们的工作经过精心策划。勒瓦瑟尔参加了彩排，与维隆讨论哪些地方最需要响亮的掌声。捧场人的位置至关重要：他们必须从四面八方包围观众，激励后者给出更多的掌声。身材高大，衣着鲜艳的勒瓦瑟尔在正厅前排进行协调。柏辽兹写道："我很少看到有谁的举止比他的更庄严。从不曾见过比他更聪明或更勇敢的荣耀给予者高坐在剧场正厅里。"维隆称勒瓦瑟尔为他的"成功主管"，解释说他的工作对于营造氛围至关重要。评论家戈蒂埃对此表示同意。他认为：

> 捧场人对观众和剧院管理者的影响一样大。虽然有时会包庇平庸之作，但他们也常常维护新的开拓性作品，左右了犹豫不决的观众，让忌妒者闭嘴。他们延缓了一部需要大量费用的作品的失败，避免了庞大生意的破产和上百个家庭的绝望。捧场人给演出带来活力，如果没有他们，演出将是枯燥而缺乏热情的。[38]

梅耶贝尔也是为新产品举行宣传活动的拥护者，特别是在最初的几场演出时，反响的冷淡可能意味着财务灾难。他讨好评论家，在首演之夜前邀请他们到昂贵的餐厅吃饭，赠票给他们，还经常借给他们不会归还的钱。* 据说他为了获得好评而贿赂记者，但几乎没有证据支持此说，对他的财富的怨恨和反犹偏见助长了这种谣言。梅耶贝尔有一种外来者的不安感。他对于任何对他作品的批评都很敏感。尽管取得了巨大的成功，但他总是对他的最新作品的接受情

---

* 有一笔钱借给了海因里希·伯恩斯坦（Heinrich Börnstein），帮助他在 1844 年和卡尔·马克思一起创办了《前进报》周刊。

况感到焦虑，并对其排演的每一个细节都神经质地大惊小怪。海涅在 19 世纪 30 年代写道："他缺乏胜利者的自信，表现出对公众舆论的恐惧，最轻微的负面评论都会吓到他。"[39]

梅耶贝尔在媒体管理方面是现代的。其他人则持更为保守的观点。威尔第写道："今天，与歌剧相伴的是什么队伍！？记者、艺术家、指挥家和音乐家等等，他们每个人都要为宣传的大楼添砖加瓦，以这种方式搭起一个简陋的小框架，而这对歌剧的价值没有任何好处。"[40] 不过，媒体不断增长的力量使得任何参与歌剧制作的人都很难忽视行业的这些方面。

* * *

《恶魔罗伯》的主要利润来源是以乐谱形式为国内市场出版的各种改编作品。虽然歌剧必须为歌剧院赚钱，但真正的收入来自它的衍生品。梅耶贝尔将从他的歌剧的这些简化作品中获得大笔财富。数以千计的此类作品被售出，他从每一本中都赚取了版税。法国的法律给予艺术家对自己作品的财产权，包括外国艺术家，如果他们的作品首先出现在法国以法语出版。

歌剧的商业成功与这些"零件"的出版之间存在着相互依赖的关系。《恶魔罗伯》的旋律以各种形式出版（用于人声与钢琴，钢琴二重奏，小提琴与钢琴，弦乐四重奏，管乐合奏，甚至是小型管弦乐队），而这些反过来又对歌剧的长期成功至关重要。当公众通过在家中演奏或在音乐会上聆听而对一段音乐非常熟悉了之后，他们更有可能去歌剧院观看演出。

这种联系并不新鲜。司汤达声称，《塞维利亚的理发师》的成功在很大程度上要归功于："它为我们的舞会管弦乐队提供了丰富的华尔兹曲调和四对舞曲！"他在 1824 年写道："经过 50 场或 60

第二章 舞台上的革命

场社交舞会,《理发师》突然听起来非常耳熟,然后造访鲁弗瓦剧院就成为一种真正的乐趣。"[41] 不过,从 19 世纪 30 年代开始,音乐出版业变得繁荣,而在家庭音乐创作日益普及的推动下,又加速了这一循环。平版印刷术的发明使印刷廉价的大众版乐谱成为可能。被刊印的歌剧咏叹调从剧院来到起居室、沙龙、舞厅、音乐厅和酒馆;它们被公园里的乐队和街头音乐家所演奏,直到每个人都能演唱;一旦人们熟悉了这些曲调,他们就会想知道它们是从哪里来的。因此,在歌剧制作和通过乐谱销售再现其音乐之间形成了一个良性循环,生意的任何一方都让另一方更加成功。这是音乐行业成为现代资本主义经济组成部分的时刻。

各种音乐水平的人都能找到面向自己的《恶魔罗伯》改编作品。李斯特和肖邦都根据歌剧的片段创作了炫技作品,但西吉斯蒙德·塔尔贝格(Sigismond Thalberg)、阿道夫·亚当(Adolphe Adam)和卡尔·车尔尼(Carl Czerny)的幻想曲和变奏曲很便于业余爱好者演奏。施莱辛格出版社大量销售着上述曲谱。1850 年,《巴黎音乐评论与新闻报》列出了源自《恶魔罗伯》的 30 多首钢琴作品,都可以从其出版部门购买,每首只需几个法郎。30 年后,用于军乐队、舞会管弦乐队、钢琴、人声和其他乐器的转写、变奏曲和其他改编已经超过 160 首。[42]

音乐出版商总是在寻找成功歌剧的可演奏改编曲——对于作曲家来说,这是一种轻松赚钱的方法。莫扎特和贝多芬都以为深受喜爱的歌剧曲调谱写简单的变奏曲挣钱来支付租金。维也纳作曲家约瑟夫·格利内克(Josef Gelinek,1758—1825)是一家"单人钢琴变奏曲批发工厂",出口销售遍及整个欧洲,积累了 4.2 万盾(11 万法郎)的财产。[43] 钢琴家兼作曲家亨利·赫尔兹(Henri Herz)根据歌剧旋律批量写出了 100 多首作品。车尔尼甚至更加勤奋。1848 年,他的英国出版商罗伯特·科克斯公司(Robert Cocks and

Co.）发布了迄今刊印的车尔尼作品的清单。在截至当时他发表的798首作品中，有304首基于大约87部歌剧的旋律。三年前，伦敦演唱会经理约翰·埃拉（John Ella）曾目睹了车尔尼是如何在他的维也纳工作室工作的：他有四张桌子，每张桌子上有一首正在创作的不同曲子，这样他就可以在其中一页上谱曲，然后转到下一页，等待之前手稿上的墨水变干。[44]

这个新行业的背后是19世纪头几十年间钢琴拥有量的巨大增长。在18世纪，钢琴是一种昂贵的新奇事物。它像羽管键琴一样结构脆弱，缺乏演奏大型作品的力度或音域和音量范围。但巴黎的塞巴斯蒂安·埃拉尔（Sebastian Érard）和英国的约翰·布罗德伍德（John Broadwood）等制造商的技术改进使钢琴更加坚固，更有力的动作和脚踏板能够产生更大的声音、持续更长的音符和更广泛的音域——这些改进使贝多芬能够创作出其成熟时期的钢琴作品。

到了19世纪第一个十年末，布罗德伍德已经能够以工厂规模大量制造钢琴，售价低至17先令。[45]在简·奥斯汀的《傲慢与偏见》（1813年）中，钢琴不仅出现在凯瑟琳·德·包尔夫人等上层地主乡绅的家中，也出现在班纳特和朗伯恩等其他不那么富有的人家里——在卢卡斯家和宾格利租住的宅子里，虽然在不太有钱的菲利普斯叔叔家里没有，打牌取代音乐，成为那里晚间娱乐的主要形式。[46]到了19世纪40年代，拥有钢琴在英国已经很普遍了：有200家公司生产钢琴，年产量为2.3万架，其中仅布罗德伍德一家就占了10%。英国在钢琴制造方面领先世界。[47]但法国和德国的钢琴制造商正在迎头赶上，特别是两位最负盛名的法国制造商埃拉尔和普莱耶尔，他们的出口业务受益于铁路的发展（与英国人不同，他们无须把自己的钢琴运过海）。法国制造商还从李斯特（为埃拉尔演奏）和塔尔贝格（为普莱耶尔演奏）等钢琴大师的欧洲推广巡演中获益，这些公司可以借此为自己的钢琴做广告，展示它们

第二章　舞台上的革命

在最优秀的人手中能做到什么（也许是名人代言的最早例子之一）。1845年，在巴黎这个人口约100万的城市，估计有6万架钢琴和10万人演奏它们。1847年，爱德华·菲蒂斯（Edouard Fétis）略带夸张地写道："没有谁家找不到钢琴，即使是最小的资产阶级。""这种乐器是家家户户的家具中必不可少的一部分，你甚至可以在门房的屋子里找到它。"海涅抱怨说："人们被音乐淹没，在巴黎几乎没有一所房子可以拯救你，就像大洪水前的方舟那样。"[48]

拥有钢琴在更东边的地区也很普遍。1840年，《华沙信使报》（Warsaw Courier）声称："几乎没有一所房子听不到敲击琴键的声音。我们的一楼、二楼和三楼都有钢琴。年轻女士在弹，母亲在弹，孩子们也在弹。"八年后，同一家报纸做了更加谨慎的估计，认为在华沙可能有5000架钢琴——在一个人口约为15万的城市里，每30个人就有一架——这已经足够可观了。华沙的大部分钢琴是从维也纳或莱比锡进口的。[49]

相反，在莫斯科和圣彼得堡，至少有十几家钢琴制造商受到进口限制性关税的保护。花800卢布（900法郎）可以买到一架莫斯科制造的三角钢琴，是进口布罗德伍德或普莱耶尔钢琴价格的四分之一，年收入在3000卢布至4000卢布（3500法郎至4600法郎）的地主乡绅和更富有的商人都可以负担得起。[50] 到了19世纪40年代，许多家庭中都有了立式钢琴。制造商将钢琴作为体面的象征进行营销，而随着年轻一代的俄国乡绅寻求披上西方文明的外衣，钢琴教师的需求量变得很大。

在屠格涅夫的小说《贵族之家》（1859年）中——背景设定在1842年的俄国外省——钢琴经常出现，用以描绘贵族矫揉造作的举止，就像下面的场景：从圣彼得堡被派往地方小城的官员潘申和来自俄国首都的一位退休少将的女儿瓦尔瓦拉·帕夫洛夫娜表演了罗西尼的《音乐晚会》（1835年）中的二重唱：

> 瓦尔瓦拉·帕夫洛夫娜在钢琴前坐了下来。潘申站在她身边。他们低声唱着二重唱,瓦尔瓦拉·帕夫洛夫娜几次纠正了他,然后他们高声唱了一遍,接着又重复了两遍。"看那皎洁的月……光",瓦尔瓦拉·帕夫洛夫娜的声音已经失去了清新感,但她会非常巧妙地运用它。潘申一开始有点胆怯,有点走调,但随后放松下来,虽然并非唱得无可指摘,但他不时耸耸肩膀,全身轻轻地晃动着,有时还抬起一只手来,像一个真正的歌唱家。瓦尔瓦拉·帕夫洛夫娜演奏了塔尔贝格的两三首曲子,并卖弄风情地"念"了一首法国小咏叹调。[51]

98 　　在整个欧洲,钢琴被认为是绅士风度的关键标志。演奏它被认为是年轻女子的"成就"之一,使她有资格成为新娘。[52] 19世纪的小说中充满了求爱的场景,浪漫的女主人公和她的年轻追求者表演二重奏——他们触到了对方的手,这是除了亲吻之外最亲密的举动。和竖琴一样,它也是最适合她们身体的乐器——木管乐器迫使她们噘起嘴,小提琴会让她们扭动身体,大提琴让她们张开双腿;而在钢琴前,她们可以双脚并拢坐着,保持仪态。与要求演奏者自己找到音符的木管乐器或弦乐器相比,钢琴被认为是相对"容易"的,适合女性学习,她们只需要有能力敲对音符即可。[53]我们无法衡量钢琴对女性生活的影响,但它显然带来了重要的文化和社会变化。女性曾经是沉默的家庭成员,顺从地在沙龙里做着针线活,而现在她们在为家中带来音乐方面扮演了核心角色。

　　钢琴弹起来很容易解释它的受欢迎。它的直立设计也很重要,通过将钢琴靠墙放置,它们可以被放进最小的起居室里。任何拥有钢琴的家庭现在都可以为自己提供娱乐。虽然歌剧或音乐会的门票太贵,中产家庭无法经常购买,但乐谱完全买得起,每周的钢琴课对于一个较为富裕的家庭来说也并不是负担不起的。

有一整个由二流作曲家组成的行业为这个市场大量生产钢琴专辑和改编作品。塔尔贝格、赫尔茨、弗朗茨·欣滕（Franz Hünten）、特克拉·巴达捷夫斯卡－巴拉诺夫斯卡（Tekla Bądarzewska-Baranowska）——他们和其他许多人凭借使钢琴广受欢迎的那种作品（多愁善感，悦耳，效果精彩，但不太难演奏）而闻名。最常见的乐谱形式之一是四手联弹改编曲。它取代了弦乐四重奏或三重奏，成为家庭音乐的主要形式。在留声机和收音机发明之前，没有其他媒介对歌剧、合唱和管弦乐剧目的传播如此重要。用四只手就可以重现大型作品的全部音响；对于单个弹奏者很难处理的地方，两个人就可以分担这些困难。四手联弹的音乐种类之多令人震惊：仅在德国，霍夫梅斯特出版社1844年的一份目录上就列出了近9000首不同的作品，其中有150首改编自贝多芬，包括他所有的交响乐、序曲、弥撒曲、协奏曲和室内乐，以及他的歌剧《费德里奥》。[54]

对最新的歌剧咏叹调的二重唱改编的需求如此之大，以至于出版商雇用了自己的内部编曲人员来尽快完成它们（1840年，施莱辛格向年轻的理查德·瓦格纳支付了1000法郎——当时他正在巴黎寻求成名——让他对多尼采蒂的歌剧《宠姬》进行一系列的改编，瓦格纳称之为"可耻的劳动"）。[55] 一些作曲家会亲自动手改编，或者聘请助手来完成这些工作，就像威尔第与埃马努埃莱·穆齐奥（Emanuele Muzio）所做的，他们在1846年开始改编的第一部作品是《麦克白》。正如出版商和作曲家都意识到的那样，迅速出版一部新歌剧的多种改编作品是宣传它的最有效方式，能够扩大对其动人曲调的了解范围，激发人们对演出的兴趣。是观众对歌剧曲调的熟悉吸引他们来到歌剧院。

* * *

19世纪中叶,乐谱行业改变了作曲家谋生的方式。

18世纪时,作曲家是雇主的仆人,后者往往掌握着他们音乐的所有权。1769年,当海顿为安东·埃斯特哈齐(Anton Esterházy)亲王工作时,他的合同规定,他有义务"按照亲王殿下的命令创作音乐,既不能把新作品交给任何人,也不允许复制它们,而是完全留待殿下专用"。他的作品在巴黎被盗版出版促使这一限制在1779年续签合同时被取消。这使得海顿得以与维也纳、德国、法国和英国的音乐出版商建立关系,当他在17世纪90年代抵达伦敦时,他的作品在这些地方已经广为人知。[56]

与此同时,正如我们所看到的,在歌剧界,作曲家能够从他们的音乐获得一次性费用。一旦将乐谱卖给了剧院或剧院经理,他们就再也拿不到更多的钱,即便乐谱被转卖或被改编。他们也不能在其他剧院上演他的作品时获得收入,除非他们是法国公民,那是19世纪40年代之前唯一在法律上承认表演权的国家。*

音乐出版的发展开辟了一个新的收入来源:作曲家可以对其作品的出版收取费用或版税。除了最商业化的作曲家之外,其他人都需要好几十年才能获得接近来自演出和教课的收入。直到19世纪50年代中期,年轻的勃拉姆斯(后来,他靠出版的作品过着舒适的生活)从一场钢琴独奏会获得的报酬比他的出版商布莱特科普夫与黑特尔公司为他的《四首叙事曲》(作品第10号)支付的还要多。[57]在那个世纪最初的几十年里,从出版中赚到的钱微不足道:市场太小,新出版的作品盗版太多。莫扎特从他出版的乐曲中赚取的收入

---

* 表演权通过1833年和1842年的《戏剧版权法案》(Daomatic Copyright Act)被引入英国,但对外国作曲家来说,这种权利的执行依赖他们的国家和英国签署的双边协议。

极少，却因为盗版而损失惨重，那主要是他的抄写员所为。他试图通过让他们在自己的公寓里工作来解决这个问题，在那里他可以监视他们。贝多芬更加有条不紊。他会通过亲自抄写作品的最后几页来保护自己。

贝多芬努力通过音乐来实现经济独立。作为一名自由职业的作曲家，他通过各种方式勉强度日：教课，音乐会，受托作曲，通过将作品献给富有的男人和女人来吸引捐助，以及向出版商出售乐谱。他是一个能干，有时也很机灵的商人，努力从出版商那里争取更高的费用。在生命的最后几年，当他欠的债越来越多时，他甚至在出版商之间进行两面派交易。为了应对国际盗版问题，他会将同一部作品卖给不同国家的几家出版商，并试图协调同时出版——在铁路和电报出现前，这是一项艰难的操作，但在没有版权法的情况下，这是最有效的策略。贝多芬从这些出版物中获得的收入并不多。买下第五号和第六号交响曲、作品第 69 号的大提琴奏鸣曲和作品第 70 号的两首钢琴三重奏时，布莱特科普夫与黑特尔公司只付给他 400 盾（1050 法郎），仅够他生活三个月。[58] 他收费最高的是简单的钢琴作品（钢琴小品）和改编作品（比如他为爱丁堡出版商乔治·汤姆森［George Thomson］改编的英国民歌）。但为这些盈利作品的费用进行谈判是有损身份的"烦人的事"。贝多芬渴望以一种更简单、更有尊严的方式来销售他的作品，一种能够带给他独立和保障的方式。在写给出版商弗里德里希·霍夫梅斯特（Friedrich Hofmeister）的信中，贝多芬表示："我觉得这样很烦人，因为我希望这种事能按照别的方式进行……世界上应该有一个**艺术市场**，艺术家只需要带来他的作品，需要多少钱就拿多少钱。但就目前而言，艺术家在某种程度上也必须是商人。"[59]

随着乐谱市场的发展，作曲家在与出版商打交道时变得更有商业头脑。除了版权法最先进的法国外，他们不能指望版税，但可以坚持要求更高的费用，以反映这些改编作品的收益。

温琴佐·贝里尼在这方面特别坚决。1801年他出生在西西里，凭借《海盗》（1827年）、《梦游女》和《诺尔玛》（均创作于1831年），年纪轻轻的他就享誉国际。用他的传记作者的话来说，他是个"有意识的现代艺术家"，认为自己应该按照作品的经济价值获得酬劳。[60] 在他于1835年去世前，他的一部歌剧能挣得1.6万法郎，是仅仅几年前罗西尼获得的5000法郎的最高报酬的三倍多。他为自己的金钱要求辩护，声称他花在一部歌剧上的时间相当于其他人花在三四部上的。当然，他无法像罗西尼那样重复利用之前的歌剧片段，因为他的作品是在国际上出版和传播的。由于没有有效的版权法，贝里尼还有理由抱怨说，他的作品的盗版出版物使其损失了许多钱。他的出版商乔瓦尼·里科尔迪（Giovanni Ricordi）抱怨道："整个意大利，整个德国，整个欧洲都充斥着《诺尔玛》。"最好的抄写员在剧院里听了几遍后就能复制出整个乐谱。贝里尼对自己家乡西西里的歌剧盗版作品感到非常恼火，那里在版权问题上是一个无法无天的王国，他好几次请求政府采取措施对付它们（这些上诉没有得到任何结果）。贝里尼可能想要找到一种更稳定的赚取版税的方法：如果找到了，他就会成为一个有钱人。但盗版让这变得不可能。对于自己的任何作品，他所能做的就是以他可以协商获得的最高的一次性报酬出售出版权。[61]

从1840年起，当最早的版权法在皮埃蒙特—撒丁王国，以及在奥地利统治的伦巴第和威内托开始实施后，意大利的作曲家就能够赚取版税了。版权的发展使歌剧乐谱成为一种资本形式，其收入源于舞台演出和出版各种面向家庭的改编作品。多尼采蒂比贝里尼年长四岁，蜚声国际则要更晚，他是第一个看到自己的出版权的潜力的人。1840年，在为他的歌剧《阿黛莉娅》的合同展开谈判时，多尼采蒂致信罗马阿波罗剧院的经理文琴佐·雅科瓦齐（Vincenzo

第二章 舞台上的革命

Jacovacci）表示：

> 至于乐谱的所有权，我不会向你主张全部的所有权，而只**是钢琴和人声简化版的**［多尼采蒂的强调］，这根本不会影响你上演它或者让别人在任何地方上演它的权利，如果你对此不满意，或者认为你会损失很多，我会让出我在意大利预期赚取的一半的价格——并亲自监督翻译——前提是我可以为自己保留在法国的所有权，在那里，即使你想要，你也无法使我把它卖给任何希望出版它的人。[62]

直到1861年统一之前，法律在意大利的效力一直很弱，作曲家们会依靠出版商来执行他们的版权和杜绝盗版——如果这样做有可能的话（在像两西西里王国这样的地方，那里的盗版出版商和剧院经理受到政府的积极保护）。版税制度让作曲家和他的出版商形成了天然的经济联盟。

威尔第是第一位从新的版权法中获得丰厚收入的意大利作曲家。他成功的关键是他与里科尔迪的关系，后者不仅是他的出版商，也是他的代理人和剧院经理，负责推广他的歌剧，收取版税，并动用一切力量保护他免受盗版的侵害——在意大利，这不是一件容易的事。1839年，当里科尔迪买下威尔第在斯卡拉剧院的首部歌剧《奥贝托》的版权时，他是阿尔卑斯山以南最重要的音乐出版商。他最初是米兰一家小剧院里地位低下的抄写员，像许多同行一样，他冒险涉足商业领域，自己制作了乐谱的盗版副本，将其出售给剧院和经理。当时并没有禁止这种交易的法律，那些年里数以百计的外省小剧场都依赖这种交易。

早在1808年，对乐谱的巨大需求就说服里科尔迪成立了出版公司。他还购买乐谱，建立了一个供剧院租赁的乐谱库，试图增加自己的市场份额。他的突破出现在1825年，当时他设法获得了对斯卡拉剧院庞大档案的独家权利。这让他可以出租乐谱，出售手写或印刷的副本，并从剧院的全部歌剧中出版任何数量的改编作品。他的生意就是以此为基础发展起来的。他获得了出版罗西尼歌剧改编作品的权利，这是音乐出版业第一次真正繁荣的对象，并从贝里尼等作曲家那里购买了新作品。

作为一个想要成名和致富的年轻人，威尔第被魅力十足的里科尔迪所吸引，因为后者不仅愿意成为他的出版商，而且答应管理他的事务。威尔第有很好的商业头脑，总能迫使对方接受苛刻的条件。但他不喜欢直接与剧院管理层打交道，担心自己得到的比应得的少。根据他与里科尔迪签署的《奥贝托》的合同，威尔第将从他对乐谱的权利中获得2000奥地利里拉（2290法郎），但没有版税。虽然这份合同为这位默默无闻的年轻作曲家提供了一个在斯卡拉剧院上演他的作品的机会，但威尔第认为这"不公平"，因为里科尔迪可以获得出版乐谱和改编作品的全部收入。1843年，当他的下一部主要歌剧《纳布科》问世时，威尔第将一半的版权给了里科尔迪的后辈和他最大的竞争对手弗朗切斯科·卢卡（Francesco Lucca），该策略旨在提高他在那位资深出版商面前的筹码。这是一步险棋——他可能完全失去里科尔迪——但奏效了。1843年11月，在《纳布科》取得成功后，里科尔迪出资9000奥地利里拉（10,300法郎）购买了《埃尔纳尼》的版权（比作曲家自己在前一年5月向威尼斯凤凰剧院开的价高出三分之一）。[63]

从那时开始，随着威尔第名气的提升，出版商们都在争相让他签字。里科尔迪支付的价格最高：1844年，他为《福斯卡利父子》支付9000里拉，1845年为《贞德》支付1.8万里拉，1846年12月为《麦克白》支付1.2万里拉（18,300法郎）。[64] 所有这些款项都是里科尔迪为拥有乐谱的所有权而一次性支付的款项。威尔第之前的作曲家就是这样获得报酬的。但从1847年的《耶路撒冷》开始，情况发生了根本性的变化。威尔第刚刚去过巴黎，歌剧在巴黎的勒佩勒蒂耶厅进行了首演。他对那里实行的版权制度留下了深刻的印象——这种制度保证了公平的报酬——要求里科尔迪按照这些条件付款。在《耶路撒冷》的合同中，里科尔迪降低了固定金额（降为8000里拉），但在前五年里每次租借乐谱时会支付500里拉（570法郎），此后每次支付200里拉。

这位出版商渴望获得对威尔第作品的垄断控制——正如他很快认识到的那样，歌剧行业可能是最可靠的利润保证。从1846年起，威尔第将另外三部歌剧（《阿提拉》、《强盗》和《海盗》）的版权卖给了卢卡，这使得里科尔迪大为恼怒。对于他的下一部作品《莱尼亚诺战役》（1849年在罗马首演），里科尔迪提出了一种新型合同，其中威尔第将获得金额较小的预付费用（4000法郎，而不是卢卡为《海盗》支付的2.4万法郎），但同意为未来十年在意大利的出版权支付1.2万法郎，并为在法国和英国的出版权再支付6000法郎。至关重要的是，该合同还保证威尔第在每一次乐谱的销售和租赁中获得30%至40%的版税，并从销售改编作品中获得类似的金额，无论那个国家是否与伦巴第有版权协议。这成了威尔第未来与米兰出版商签订合同时所用的模板，尽管从1857年和歌剧《西蒙·博卡涅格拉》开始，他的版税将增加10%。[65]

一旦获得了作品的版权，里科尔迪就把保护和推广它们作为自己的工作。这就是他吸引威尔第的地方。从他们的合作关系伊始，里科尔迪就一直在报纸上对盗版刊印《奥贝托》的乐谱提出警告。他利用自己的内部杂志《米兰音乐报》（*La gazzetta musicale di Milano*）宣传他的歌剧，为供家庭使用的简化版做广告，还将其作为副刊免费提供给报纸的订阅者。

里科尔迪很快开始出版改编作品。他知道可以从中赚到多少钱，也了解它们在为歌剧创造新市场的过程中所扮演的角色。一旦《奥贝托》的成功变得显而易见，他马上推出了剧中动人场景和咏叹调的各种钢琴独奏和二重奏、人声和钢琴、长笛和钢琴、小提琴和钢琴、大提琴和钢琴、双小提琴、人声混合版本。这些作品定价低廉，相当于几个法郎，从货架上飞入了整个欧洲大陆的家庭。随着接下去每一部威尔第歌剧的流行，改编作品的数量急剧增加：在里科尔迪目录中，改编自《奥贝托》的有70部,《纳布科》的有253部,《伦巴第人》的有267部——其中大多数都是在歌剧首演后的几个月内问世的。[66]

里科尔迪迫不及待地销售这些出版物。《伦巴第人》的钢琴—人声和钢琴独奏简化版本在1843年2月该剧首演后仅仅几天就出版了。对于《埃尔纳尼》，里科尔迪早在1844年3月首演之前几周就开始宣传改编作品。他写信给凤凰剧院，恳求尽快拿回完整的乐谱，好让他快点进行改编："任何延误都会对我造成极大的伤害，因为趁着剧院演出取得的成功结果，当人们还在兴头上的时候，音乐就会卖得很好。"对于《麦克白》，威尔第在谱写管弦乐谱时就雇用了穆齐奥来改写简化版。这一行进入了高速生产和交付的新阶段。1847年4月14日，就在该剧于佛罗伦萨的佩尔戈拉歌剧院（Teatro Della Pergola）首演后不久，穆齐奥写道："我忙于对《麦克白》的改编，几乎跟不上刻字工的步伐，里科尔迪忙得快疯了。"一周后，他写道："《麦克白》在米兰获得了热情的拥趸；所有的家庭都在演奏它，每架钢琴都传出它的曲调。"[67]

这些简化版本的盗版出现得也一样快。每当有威尔第新歌剧出现时，它们就会从那不勒斯涌出。管弦乐谱的盗版也是如此。里科尔迪竭尽所能地与其展开斗争，他通过写信给剧院经理，警告他们不要使用它们：它们既不准确，也不可靠。他会通过在当地媒体上刊登关于它们的"被窃"的公告来羞辱它们的出版商——这是他自

19世纪30年代初开始用以保护贝里尼作品而使用的策略。[68]他呼吁米兰的审查员保护他的版权。在《纳布科》取得成功后，当伦巴第的市场充斥着盗版出版商的简化版时，审查员办公室里堆满了里科尔迪的投诉。在这种或许可以理解的混乱中，米兰审查员认为，保障作者或出版商的财产权不在他们的权力范围之内。为了保护自己的版权，威尔第和里科尔迪需要更强大和更完善的国际法。

二

在柏林，保琳娜·维亚尔多遇到了她的老朋友克拉拉·舒曼。她们在1838年相识，当时保琳娜在克拉拉·维克（这位技艺精湛的钢琴家在1840年嫁给作曲家罗伯特·舒曼之前的闺名）的家乡莱比锡举办了一场演唱会。这两个年龄只相差三岁的女人建立了一段温暖的友谊，但随着保琳娜财富和名气的增长，这种友谊冷却了，因为克拉拉认同丈夫对音乐的严肃态度，认为她的朋友为了追求人气而牺牲了她的艺术原则。1843年，克拉拉在她的日记中写道，她对保琳娜在柏林的一场演唱会上选择炫技歌曲表示失望："遗憾的是，像保琳娜这样一个纯粹的音乐人——她肯定明白什么是真正的好音乐——却完全为观众牺牲了自己的品位，追随了所有普通意大利人的脚步。"[69]

1847年2月，克拉拉想让保琳娜在舒曼的清唱剧《天堂与仙子》中演唱。舒曼与原定饰演该角色的女主唱发生矛盾，于是让克拉拉请保琳娜帮忙，后者当时正来到柏林参演梅耶贝尔的《胡格诺教徒》。保琳娜谢绝了，说她原则上愿意帮忙，但没有时间学习新的角色。克拉拉过于敏感和多疑地认为，保琳娜的回绝是轻视她的丈夫。她在日记中指责保琳娜对他"亲切的德国音乐缺乏感情"。她觉得成功已经冲昏了保琳娜的头脑，使其只对钱感兴趣，把自己的灵魂"出卖给了梅耶贝尔",后者代表了新的音乐商业化,罗伯特在过去十年来一直在与之抗争。[70]

1834年,舒曼与克拉拉的父亲弗里德里希·维克(Friedrich Wieck)共同创立了《新音乐杂志》(Neue Zeitschrift für Musik)。这份莱比锡杂志的目的是重新唤起人们对过去的音乐的兴趣,特别是莫扎特和贝多芬的,并推广像柏辽兹和肖邦这样的当代作曲家,他们创作的"严肃音乐"是为艺术的崇高理想,而不是金钱。该杂志抨击了大歌剧的商业化以及与之相伴的钢琴改编行业,认为它们是在迎合最低级的品味。梅耶贝尔是主要的靶子——在舒曼的《狂欢节》(1834—1835年)中,他是被正义的"大卫联盟"(Davidsbündler)反对的"非利士人"的领袖。他的财富和声望显然令舒曼恼火,后者自己的戏剧作品都失败了。在一篇对《胡格诺教徒》的尖刻评论中,舒曼指责梅耶贝尔创作平庸和非原创的音乐,其唯一目的就是"使人浮躁或兴奋"。舒曼声称,那是"马戏团"的音乐。[71]

舒曼并不是唯一反对商业音乐的人。在英国、法国和德国,对歌剧、沙龙和炫技音乐的"非利士人"和"庸俗"趋势也有类似的反应;音乐杂志和评论家、音乐协会和机构也提出了类似的动议,旨在发展出一种追求"严肃音乐"的新型音乐会生活。这场运动的灵感来自浪漫主义的观念,认为和所有艺术一样,音乐应该让灵魂升华;艺术家是人类的精神领袖,是先知和理想主义者,而不是商人。根据这种观点,任何带有商业动机的音乐都不能被认为是艺术。致力于"严肃音乐"的期刊对营利音乐会用耳熟能详的歌剧组成的集锦进行"唯利是图的投机"、浅薄的沙龙音乐、炫技独奏者的华丽表演技巧都表达了道德主义的鄙视。屠格涅夫也来凑热闹,他在1846年发表在俄国报纸上的一篇批判评论中指责这些东西导致了圣彼得堡音乐的衰弱。[72]对炫技者的反感特别强烈。柏辽兹抱怨道:

第二章 舞台上的革命　　　　　　　　　　　　　　　　　　　125

图5　克拉拉与罗伯特·舒曼，1850年左右

"对他们来说，艺术就是金币和桂冠。"[73] 但这不仅仅是对唯利是图的自私之人的反应。炫技的独奏者可以自由地对乐曲加以润色，以便展示自己的技艺。但在重视"作品"本身的完整性的严肃音乐文化中，这是一种亵渎。在这种文化中，表演者的角色是尽可能忠实地演绎作曲家的意图。

到了19世纪40年代，随着更严肃的音乐会文化的发展，炫技音乐会开始式微。音乐会节目不再是十来首作品老掉牙的集锦——通常混合了歌剧音乐、炫技的器乐独奏、室内乐、序曲以及少量交响乐和协奏曲——而是越来越专注于表演数量较少的完整作品。集锦的衰落部分是出于财务原因：音乐会经理不得不向独奏者支付高额费用，在19世纪40年代的经济低迷时期，难以靠更高的门票价格来维持。此外，观众也对炫技集锦表现出了厌倦，想要一些更充实的东西来取代它们的位置。[74]

随着1813年爱乐协会的成立，在伦敦出现了一种新的趋势。该协会是由专业音乐家建立的，旨在帮助他们摆脱对贵族赞助人的依赖。它致力于推广严肃音乐，特别是莫扎特、海顿和贝多芬这神圣的三位一体。在阿盖尔音乐厅（Argyll Rooms）的套票音乐会上演出了完整的作品，观众是伦敦自由职业的文化精英。参加这样的音乐会是中产阶级对身份主张的一部分，让套票购买者与贵族一起成为高雅文化的守护者。贝多芬在协会的剧目中占据了主导地位。他的《第九号交响曲》是由协会委托创作的，为此协会支付了50英镑的费用，尽管在1824年乐谱到达伦敦之前，它曾在维也纳演出过几次。[75]

在巴黎，对贝多芬的崇拜在1828年成立的音乐学院演奏协会（Societé des Concerts du Conservatoire）中也同样强烈。协会由指挥家弗朗索瓦-安托万·阿伯内克（François-Antoine Habeneck）组建，由巴黎音乐学院的教授和他们的学生组成，其管弦乐队演奏的贝多芬交响曲比其他所有作曲家的总和还要多（1828年至1871年演奏的548首交响乐中的360首）。它的曲目主要是已故大师的管弦乐作品，这是保证赢得观众的最可靠方式。1847年，《音乐广讯报》的巴黎记者写道："经常光顾的观众是如此习惯于贝多芬、莫扎特和海顿，以至于他们对未知的曲目，尤其是新的曲目几乎总是冷漠的。"[76] 像伦敦爱乐协会一样，音乐学院演奏协会吸引了来自思想界的套票购买者，其中包括许多著名的文化人物，如巴尔扎克、雨果、德拉克洛瓦和阿尔弗雷·德·维尼（Alfred de Vigny）。

作为贝多芬的忠实追随者，柏辽兹以崇敬的口吻评论了音乐学院演奏协会举办的音乐会，称经常光顾这些音乐会的观众是唯一有能力欣赏伟大音乐的人群，将他们置于仅仅为了赶时髦而去巴黎歌剧院的那些资产阶级观众之上。[77]

莱比锡拥有建立在当地的音乐学院（是整个德国顶级的）、莱比锡歌剧院和布商大厦管弦乐团（Gewandhaus Orchestra）之上的繁荣的音乐文化。那里还有比欧洲任何其他城市都要多的音乐出版商。[78] 许多当地公民参加了歌唱俱乐部和巴赫协会，让该城圣多马教堂的那位著名的唱诗班指挥和音乐协会的会长（从1723年到1750年这位作曲家去世一直担任此职）的合唱音乐流传下来。19世纪时，从18世纪80年代开始举办音乐会的布商大厦是城中的严肃音乐生活的中心。门德尔松于1835年成为布商大厦管弦乐团的指挥，直到1847年去世，他建立了一套严肃的"历史"音乐的稳定曲目，专注于贝多芬和巴赫（他将后者的作品从相对默默无闻中拯救出来），并恢复了人们对舒伯特的兴趣。1839年，即舒伯特去世十年后，他首次演出了这位作曲家的《第九号交响曲》。已故大师的作品在剧目中所占的比例越来越大：1837年至1847年为48%，而1820年至1825年为23%，1781年至1785年仅为13%。[79]

音乐节在19世纪三四十年代严肃音乐文化的传播中发挥了重要的作用。它们随着铁路的到来而迅速发展，铁路让大批业余音乐家、歌唱俱乐部和合唱团可以赶来参加音乐节。19世纪40年代，德国的男声合唱运动有超过10万名业余歌手。他们大多参加了莱茵兰、斯图加特和巴伐利亚等地组织的歌唱俱乐部（Liedertafel），但在波希米亚和奥地利也能找到他们的身影，成立于1843年的维也纳男声合唱团（Männergesangsverein）与之类似。这些合唱团对公民和中产阶级的价值观感到自豪，成为德意志民族更广泛的文化目标的民主焦点。随着铁路的到来，下莱茵地区的音乐节成了它们的音乐会生活的高潮。自1817年以来，这些音乐节在亚琛、科隆、埃尔伯菲尔德（Elberfeld）和杜塞尔多夫之间轮流举行。19世纪40年代末，这四座城市都有铁路连接，吸引越来越多的大批音乐爱好者和表演者前来欣赏和参演以清唱剧、弥撒和康塔塔、交响乐为主的德国曲目。贝多芬、亨德尔和莫扎特总是这些音乐节上被表演最多的作曲家。[80]

与专业管弦乐队一样，室内音乐会同样在当时严肃音乐文化的发展中扮演了日益重要的角色。直到19世纪，还没有定期举行公开音乐会的专业弦乐四重奏。与交响乐或歌剧等公共表演形式不同，室内乐原本是为私人环境或沙龙中熟练的业余演奏者准备的。最早的专业弦乐四重奏直到19世纪才出现。由伊格纳兹·舒庞齐格（Ignaz Schuppanzigh）组建的四重奏是最重要的。1805年，它在维也纳的一家餐厅举办了一系列公开会员制的音乐会。两年后，舒庞齐格四重奏首次公开演出了贝多芬的"拉祖莫夫斯基"弦乐四重奏，这三首长作品将弦乐四重奏的体裁提升到新的水平，需要专业人士才能表演。随着室内乐的演奏变得越来越难，它从沙龙转移到了音乐厅。

19世纪40年代，欧洲各地都建立了室内乐协会。19世纪40年代初，伦敦的室内乐音乐会数量急剧增加，这主要得益于贝多芬四重奏协会和约翰·埃拉的音乐联盟的成立，后者定期举办伟大的德国作曲家们的室内乐作品音乐会。音乐联盟的音乐会以学术严谨为特征。埃拉是第一个为他的听众提供关于音乐的详细节目单的人。他鼓励对音乐采取纯粹主义的态度，敌视炫技音乐会、集锦和营利演出"唯利是图"的动机。这种敌意在19世纪一直与反犹主义走得很近。1845年音乐联盟的一个节目谴责了商业演唱会的"个人投机"，后者"对艺术毫无贡献"，只是"填满了店主和犹太投机者的口袋"。[81]

在巴黎，有几个协会致力于推动严肃室内乐作品的表演。它们大多由专业音乐家设立，比如小提琴家皮埃尔·巴约（Pierre

Baillot），他怀着与音乐学院演奏协会相同的理想。音乐出版商也参与进来。1838 年，施莱辛格的《巴黎音乐评论与新闻报》为其订阅者组织了一系列长期举办的音乐会，以宣传其所有者出版的室内乐作品。该刊物担心，由于钢琴作品和浪漫曲在沙龙中的流行，这些作品的表演不够多。[82]

钢琴音乐会也在改变。像李斯特和克拉拉·舒曼这样的钢琴家不再在商业音乐会上演奏炫技作品，而是转向"独奏音乐会"（recital，这个词由李斯特首创，用来形容 1840 年他在汉诺威广场音乐厅凭记忆演奏他的作品）。在这些独奏音乐会上，他们表演更严肃的作品清单上较长的曲子和完整的奏鸣曲。克拉拉·舒曼对钢琴曲目的影响比任何人都大。她演唱会的节目安排——通常以巴赫和贝多芬的历史（"古典"）作品开始，以肖邦或舒曼更浪漫的新作结束——成为现代独奏音乐会的模板。[83]

正是在那个时候，即 19 世纪中叶，"古典音乐"作为不同于"商业"或"流行"音乐的概念和范畴开始发展起来。18 世纪以来，"古典"一词曾被用于表示"老的音乐"；在 19 世纪的前几十年里，它有时被用来描述一般性的优秀品质。不过，从 19 世纪 30 年代起，它开始被与更具体的已故作曲家——尤其是贝多芬、莫扎特和海顿——的经典作品联系在一起，他们主导了 19 世纪三四十年代"严肃"音乐表演的正典。虽然这个术语适用于所有音乐，但它与室内乐作品联系最紧密，因为后者的特点是高要求和思想性。[84]

19 世纪早期，"古典"和"流行"音乐之间没有真正的区别。它们在集锦中被放在一起演奏。但到了那个世纪的中叶，两者之间出现了分裂，表现为舒曼对梅耶贝尔的敌意：一边是严肃的古典独奏会，表演整部作品的室内乐和管弦乐音乐会；另一边是商业"漫步音乐会"（promenade concerts），由维也纳的约翰·施特劳斯、巴黎的菲利普·米萨尔（Philippe Musard）、伦敦的奥古斯特·曼斯（August Manns）

或路易—安托万·朱利安（Louis-Antoine Jullien）等指挥兼剧院经理主导，其中混合了"流行"的管弦乐作品、舞曲、歌剧咏叹调和钢琴炫技作品，面向规模大得多的观众。曼斯在水晶宫（1854年搬到锡德纳姆［Sydenham］后）指挥的周六日场音乐会吸引了3万人参加，其中许多人特地坐火车从伦敦赶来。*

保琳娜不同寻常地同时为这两个市场演唱。克拉拉·舒曼关于她为音乐商业主义出卖自己的指责是错误和不公平的。虽然在流行音乐会上表演，但保琳娜也在面向鉴赏家的音乐会上演唱了严肃而高要求的曲目。比如在伦敦，她参加了皮卡迪利广场埃及厅的达德利美术馆（Dudley Gallery）的几场音乐会，与女高音歌手克拉拉·诺维洛（Clara Novello）和钢琴家查尔斯·哈雷联手推广贝多芬、舒伯特、门德尔松和舒曼的室内乐作品，当时这些作品很少被演奏，因为人们认为它们太前卫和太难了。保琳娜表演的舒伯特艺术歌曲在帮助提高它们的知名度方面特别重要。从职业生涯伊始，她就对重新发现"老"音乐非常感兴趣，恢复了蒙特威尔第、吕利、佩尔戈莱西、契玛罗萨、格鲁克和格劳恩†在音乐会曲目中的位置，并经常演唱当时没人听过的亨德尔歌剧中的咏叹调（整个19世纪没有完整的亨德尔歌剧演出）。[85]

---

* 1858年夏日的一天，维亚尔多夫妇就是其中之一，当时保琳娜正在伦敦演出。他们的随行人员包括亨利·乔利、著名小提琴家约瑟夫·约阿希姆（Joseph Joachim）、安东·鲁宾斯坦（Anton Rubinstein）、弗雷德里克·贾伊，以及刚刚在曼彻斯特成立霍莱交响乐团的查尔斯·哈雷（Charles Hallé，他刚刚组建了曼彻斯特哈雷管弦乐队）。在公园里举行了一次饮酒的奢华野餐后，他们匆匆参观了正在进行各种娱乐活动（杂耍和杂技等）的水晶宫，然后乘马车前往格林尼治吃晚饭和喝更多的酒，喝醉了的乔利在桌子底下睡着了（Louise Héritte-Viardot, Une famille de grands musiciens, p.146-148）。

† 分别指克劳迪奥·蒙特威尔第（Claudio Monteverdi, 1567—1643）、让-巴蒂斯特·吕利（Jean-Baptiste Lully, 1632—1687）、乔瓦尼·巴蒂斯塔·佩尔戈莱西（Giovanni Battista Pergolesi, 1710—1736）、多梅尼科·契玛罗萨（Domenico Cimarosa, 1749—1801）、克里斯托夫·格鲁克（1714—1787）和约翰·戈特利布·格劳恩（Johann Gottlieb Graun, 1702/1703—1771）。——编注

第二章　舞台上的革命

* * *

1842年，在他的第一次俄国之旅中，李斯特为沙皇举行了一场独奏会，后者迟到了，而且在这位伟大钢琴家演奏时讲话。李斯特停止了演奏。当沙皇问他为什么时，李斯特回答说："尼古拉说话时，音乐本身应该保持沉默。"[86]李斯特的讽刺可能让他失去了沙皇的一枚勋章，但为这位艺术家的尊严写下了重重的一笔。

19世纪40年代，在北欧的大部分地区（如果不包括俄国的话），观众在歌剧和音乐会表演时保持沉默。这与宫廷的习惯截然不同，在那里，音乐是社交、宴会和舞会的伴奏。传统上说，从歌剧院在意大利诞生起，它就是贵族的聚会地。观众在整个演出过程中走动和说话的情况并不少见，只有在演唱主要咏叹调的时候才会安静下来。法国人被意大利歌剧观众的喧闹吓坏了。柏辽兹在回忆录中描述了1832年他在米兰卡诺比亚诺剧院（Cannobiano Theatre）观看多尼采蒂的《爱的甘醇》演出时的场景：

> 我发现剧院里到处有人背对着舞台，用正常的音量说话。歌手们毫不畏惧，他们做着手势，以最严格的对抗精神扯着嗓子，至少从他们张大的嘴巴来看，我认为是这样；但观众的噪声是如此之大，除了低音鼓，听不到别的声音。包厢里有人赌博和吃晚饭，或者做别的事。[87]

1840年，在他们的蜜月期间，维亚尔多夫妇在米兰斯卡拉剧院观看了《梦游女》演出，观众不断地谈话、吃饭、起身、在剧院里走来走去、在每一首咏叹调后呼唤歌手，这惹恼了保琳娜，她发誓永远不会在意大利的舞台上表演。[88]她信守了誓言。

从19世纪30年代起，观众的行为开始改变。在阿尔卑斯山以北的大歌剧院,沉默逐渐成为常态。音乐会观众变得安静,因为从现在开始,主导他们的行为模式的不再是贵族成员,而是严肃的音乐爱好者,他们大多来自专业人员阶层。人们对这种变化提出了各种解释,有的认为是因为观众沉浸在大歌剧的视觉景观中,有的则认为那是因为新的资产阶级观众的匿名性和不安全感,对他们来说,沉默是体面和礼仪的同义词。[89] 毫无疑问,所有这些因素都起到了影响。但这种现象的核心是对音乐的新的严肃态度:它要求被倾听。

音乐会观众的沉默反映在公共音乐厅座位的布局中,与私人音乐会或沙龙中非正式的座位排列(留有走动的空间)不同,音乐厅中采用正式的一排排座位,任何走动都会引起噪声干扰。伦敦音乐联盟实行了严格的沉默规则,来自开明派专业人士的严肃音乐爱好者在那里占了大多数。联盟把"沉默是对音乐最大的敬意"(Il piu grand'omaggio alla musica, è nel silenzio)作为座右铭。从 1847 年开始,其演唱会的节目单上刊登了如下告示:"我们恳请无法看完整个演出的成员,利用作品每一乐章之间的停顿,**在不打扰艺术家和观众的情况下离开。**"[90]

莱比锡布商大厦音乐厅也强制要求沉默。舞台上方是来自塞涅卡(Seneca)的一句座右铭——"真正的快乐是严肃的事"(Res Severa est Verum Gaudium)——提醒听众音乐是一种坚忍沉思和安静内省的艺术。甚至连布商大厦的布局都似乎是为精神反思而设计的:它严格仿照圣多马教堂修建,座位与长长的过道墙平行,面向正厅,这样听众就像会众一样聚集在一起;管弦乐队在大厅的另一端,位于教堂里祭坛的位置。汉诺威广场音乐厅和音乐学院厅也有类似的布局,在音乐开始前,会通过调暗煤气灯让大厅变暗,让观众的注意力集中到管弦乐队身上,并鼓励他们进行内心的沉思。[91]

中世纪的城市中心以大教堂为标志,而 19 世纪的资产阶级大城市则为音乐厅、歌剧院、图书馆、艺术和科学博物馆所主导。与

第二章 舞台上的革命

图6　莱比锡布商大厦，版画，约1880年

贵族（由休闲定义）和劳动阶级（由体力劳动定义）相比，资产阶级通过将文化视作发展更崇高人格的自由和独立的行动领域的观念来主张自己的身份。他们特别推崇作为"天才"之代表和个人进取心之理想表现的艺术家，并从这些人身上寻找物质社会中的精神内涵。

　　资产阶级认同艺术家为实现职业自主和摆脱国家与贵族所做的斗争。作曲家和音乐家们齐心协力，努力摆脱匠人的卑微地位，被认可为专业人士。李斯特站在这场斗争的最前线。1835年，他写了一篇关于"艺术家的处境及其在社会中的地位"的文章，他在文中表示，在莫扎特的时代，音乐家被迫和仆人一起吃饭，这种情况没有多少改变。受圣西门主义者及其理想（音乐有助于道德进步，是艺术的社会形式）的影响，李斯特在最后发表了宣言，其中提议建立一个国际音乐家协会，发展合唱和音乐节，建立音乐学校，并出版"古今作曲家最重要作品的廉价版本"，他称之为"音乐的万神殿"。[92]

上述想法中的大多数在19世纪30年代和40年代的音乐界得到了广泛的认同，视其为提高作曲家物质和社会地位的基础。1844年，在发表于《巴黎音乐评论与新闻报》上的故事《欧弗尼亚》里，柏辽兹把它们纳入了他关于为音乐组织起来的整个社会的未来主义愿景之中。它们支持施莱辛格等出版商的活动，后者印刷廉价版的经典作品，不仅是为了商业利益，还为了"以任何有钢琴的家庭都可以收集贝多芬、韦伯、胡梅尔和莫谢莱斯（Moscheles）之杰作的价格"传播音乐正典。[93] 这些目标是音乐节以及外省小城的众多歌唱俱乐部和合唱团的驱动力。仅在德国，就有10万人参加这类俱乐部——19世纪40年代，为这些团体出版的从清唱剧到祝酒歌的"作品洪流"形成了一个庞大的市场。[94] 1843年，音乐家联盟成立，李斯特、柏辽兹、梅耶贝尔和施莱辛格以及十几名社会主义者组成了委员会。1848年，在提出激进的改革纲领时，联盟已经有了2688名成员。[95]

李斯特的想法也是不断壮大的贝多芬崇拜的核心。在去世几年后，贝多芬被誉为第一位在市场上获得独立的作曲家，还是"天籁艺术"的神圣创造者，就像1827年剧作家弗朗茨·格里尔帕策（Franz Grillparzer）在他的葬礼上对他所做的著名描述。1845年，在由李斯特组织的波恩贝多芬音乐节上，这种崇拜达到了顶峰。在济济一堂的欧洲政要面前，人们为这位伟大作曲家的纪念碑揭幕。在普鲁士国王位于附近的布吕尔（Brühl）城堡举行的音乐会上，保琳娜·维亚尔多是主要的亮点。柏辽兹回忆说，她"用她一贯精湛的技巧和诗意的表现力演唱了三首曲子……夏尔·德·贝里奥精致的卡瓦蒂纳（cavatina），格鲁克《俄耳甫斯与欧律狄刻》中的地狱场景，以及亨德尔的一首歌——最后一首是应维多利亚女王的要求,她知道维亚尔多夫人对那位老萨克森大师的诠释有多么出色"。肖邦对贝多芬音乐节的商品化感到震惊。有这么多的纪念品在出售,"正宗的贝多芬抽的雪茄,尽管他可能除了维也纳烟斗什么都不抽;还有大批贝多芬的旧写字台和旧书桌被出售,可怜的《田园交响曲》的作曲家一定曾大量购置家具"。[96]

三

1847年8月,维亚尔多一家从伦敦返回库尔塔维内尔,那是他们位于巴黎东南方的乡间别墅。屠格涅夫和他们同行,当他们离开前往德国,开始保琳娜的秋季旅行(德累斯顿、汉堡和柏林)时,他留在了库尔塔维内尔。没有薪水或母亲的生活费,他再也负担不起旅行了。屠格涅夫独自在城堡里住了两个月,写了《猎人笔记》中第一批故事的草稿,然后在10月底搬到巴黎,在意大利人大道附近租了一套小公寓。

屠格涅夫急于得到有关保琳娜的消息,他花了很多时间与她住在附近的母亲华金娜和加西亚家待在一起。他们把每天从她那里收到的信读给他听。屠格涅夫几乎成了这个家庭的一员,他每天都给保琳娜写信:

> 我不会再不和你打个招呼就让你离开德累斯顿,尽管我没多少消息要说……我们一切都很顺利。我们相处得很好,一起工作,经常见面,经常想念那些不在的人——我们每天晚上都在西班牙啤酒馆聚会,**说西班牙语**。在四个月里[那时保琳娜将从德国回来],我将只会说那种语言。我的老师对我的聪明赞不绝口。但那只是因为他不知道我学习的真正动机。[97]

尽管彼此分离，但保琳娜和屠格涅夫在情感上比以前更亲密了。他给她写信如此频繁——而她在繁忙的日程安排允许的情况下也尽可能地给他写信——以至于他们的通信呈现出两个习惯于每天分享消息的人之间的亲密对话的特点。他们无话不谈——两人在读什么，彼此的工作，最新的歌剧演出，还有他们生活中最小的细节。"啊！夫人，"屠格涅夫在1848年1月4日给保琳娜的信中写道，"长信是多么美好的东西啊！"

开始读它们是多么愉快啊！就像在夏天走进一条绿树成荫、凉爽宜人的林荫道。啊，这里真好，你自言自语地说，慢慢地走着，听着鸟儿的叽叽喳喳。你的歌喉比它们要美多了，夫人……

所以，欢迎来柏林。我知道你住在哪里，离勃兰登堡门不远。请原谅我提到你的公寓的某些细节，但为什么里面有某些房间只用英语命名——可能是因为英国人在语言上最谦虚——为什么它们会暴露在风雨和严寒中呢？请照顾好你自己，并调整好这点；这个流感和风湿病的季节比看起来更危险。[98]

屠格涅夫的信中没有任何见不得人的地方。可以把它们拿给路易看。但信中有一种欢快而轻浮的调子，只有恋爱中的人知道自己的感情得到回报时才会有。

在接下来的两年半里，屠格涅夫会花很多时间在库尔塔维内尔写作、阅读、散步、和狗一起打猎，大部分时间都是独自一人，而保琳娜则来来去去地巡回演出。他向到那里拜访他的俄国诗人阿法纳西·费特（Afanasy Fet）解释说，库尔塔维内尔是"我文学声誉的摇篮"。"当我无法在巴黎生活时，好心的主人允许我一个人在这里过冬，吃老管家为我做的鸡汤和煎蛋卷。同样是在这里，为了赚点钱，我写了大部分的《猎人笔记》。"[99]

第二章 舞台上的革命

1849年6月26日,正是在库尔塔维内尔,屠格涅夫在他的日记中提到他"第一次"和保琳娜"在一起"——这句难以捉摸的话可能意味着任何事情,但的确暗示他们身体上是亲密的。大约在这个时候,他信中的语言无疑明显变得肉麻。* 几周后,当保琳娜在伦敦时,他从库尔塔维内尔给她写信,第一次使用了表示亲密的"你"(tu),并再次用德语表达了他最热烈的情感(下文用粗体表示),以便不让路易·维亚尔多看明白:

> 昨天晚上异常安静柔和,空气似乎沐浴在牛奶中(神圣的戈尔贡,多么大胆的画面!),声音飘向远处的田野,仿佛它们注定永远不会消失。我正要打开大门,突然发现有个活物向我跑来,那是被放到草地上的小玛侬。她让我抚摸她,然后我们一起回家。**我无法告诉你,我一天中有多少次想你;回家路上,我如此高声地喊着你的名字,如此渴望地向你伸出双臂!你一定听到了!……亲爱的!最亲爱的!上帝与你同在,祝福你!直到明天……**维[亚尔多]怎么样了?他是不是对我住在这里很恼火?[100]

维亚尔多夫妇在一次拍卖会上以10万法郎买下了库尔塔维内尔,又花了3万法郎修复了它。库尔塔维内尔是一座17世纪初亨利四世统治时期的典型城堡。它用灰色的石头建成,四周是护城河,有一个宽敞的庭院,正式的花园,一个英国式公园,大树,果园,马厩和农场建筑,所有这些都坐落在肥沃的布里平原上,那里被认为是全法国最好的乡间猎场之一。房子的内部是现代化的,不过摆满了古董家具。宽敞的卫兵室被维亚尔多一家改造成了剧场,在那里开始了家庭戏剧表演的悠久传统。他们称它为"土豆剧场",因

---

* 1906年首次出版屠格涅夫致她的书信时,保琳娜删去了许多此类段落(*LI*, pp. xvl-xvii)。

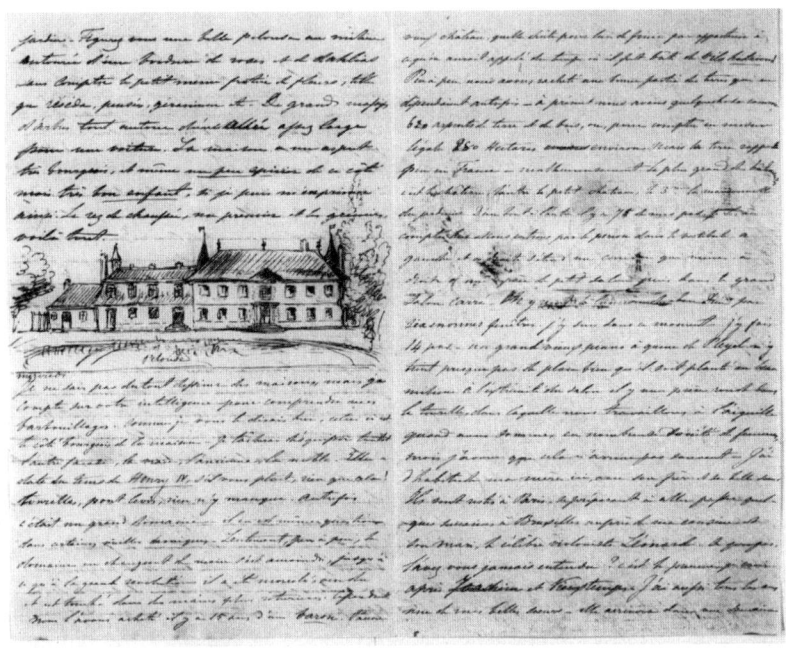

图7　保琳娜·维亚尔多在写给尤里乌斯·里茨的信中画的库尔塔维内尔城堡，1858年7月5日。1864年，维亚尔多夫妇卖掉了城堡，城堡后被拆毁

为门票是从菜园里挖出的一个土豆。[101]

　　由于附近没有铁路或重要的公路，从巴黎到那里需要辛苦跋涉五个小时——偏远的位置足以让屠格涅夫想起他的故乡奥廖尔省，以及那里的白杨树、柳树、池塘和树林，在他的文学想象中这里成了后者的替代品。具有讽刺意味的是，屠格涅夫的《猎人笔记》通常被认为是他最"俄国"的作品，却是在库尔塔维内尔写的。看着法国的乡村，他对自己祖国俄国的怀念之情变得如此强烈，以至于他可以看到故乡的乡村景观，并将其完美地描绘出来。《猎人笔记》也受到了乔治·桑的田园小说影响，1845年6月，桑在库尔塔维内尔遇到了屠格涅夫。他们可能讨论了对农村和农民生活的共同兴趣，因为他们都相信自己的文学使命是向读者表现农村穷人的苦难和他们的人格尊严。[102]

是乔治·桑提出了买一栋乡间别墅的想法。维亚尔多一家在桑位于贝里乡下的诺昂庄园度过了两个夏天。路易很喜欢在那里打猎，而保琳娜在肖邦、李斯特和德拉克洛瓦等朋友的陪伴下得以放松。诺昂是桑的祖母买下的，桑自己在那里长大。正如她在《我的人生故事》中描绘的那样，这是一所"朴实无华的房子"。在第一次拜访库尔塔维内尔之后，她嘲笑了在主人身上察觉到的"资产阶级的自命不凡"。他们用昂贵的家具填充了自己的城堡。"我们在这里的生活比你那里［诺昂］简单得多，"路易在他的回信中难以令人信服地坚称，"只有一名厨师和一名园丁为我们所有人服务［诺昂有10名雇员］，我们靠自己的奶牛产的牛奶、自己的鸡下的蛋和菜园里的蔬菜过得非常好……我们穿着沉重的鞋子出去摘李子，和遇到的牧羊人或农夫聊天。"[103]

* * *

在桑的艺术朋友圈子里有一种保琳娜从未真正认同的对待财富的态度。桑对库尔塔维内尔的评价反映了她对保琳娜产生了更多的不满，因为她越来越觉得后者在对艺术的态度上唯利是图。她第一次感觉到这一点是在1843年，当时保琳娜接受了沙皇大笔的金钱，在俄国这片暴政的土地上唱歌，至少在桑看来是这样的，特别是因为她与肖邦的亲密关系，后者是1831年俄国镇压波兰起义后自愿流亡的波兰人。1844年，当保琳娜从圣彼得堡返回后，桑邀请她去诺昂拜访自己和肖邦，在从库尔塔维内尔出发经过巴黎时捎上肖邦的姐姐路德维卡（Ludwika）。但保琳娜忙着布置自己的城堡，让路德维卡等了十天。桑气坏了。肖邦已经14年没有见到他的姐姐了，而路德维卡的护照只有几个星期就要到期。桑写信给保琳娜，指责她丧失了所有的礼貌。保琳娜的成功使她产生了自己是大人物的错觉。桑坚持认为，她痴迷于自己的名人身份与"珠宝和卢布"，仍然指责她和俄国打交道。

保琳娜无疑把总是争取最高的报酬作为原则。家族史让她明白，自己的职业生涯巅峰将只有短短几年，她必须充分利用它们。到了1855年，也就是达到顶峰仅仅十年后，她的报酬就已经下降了。这是当时的舞台女演员和歌手的典型职业模式；保琳娜在可能的情况下试图最大化自己的收入并不是什么不寻常的事。她认为自己是专业人士，期望得到很高的报酬，如果报价不够好，她就拒绝签合同。比如，1847年，她拒绝了音乐会经理路易·朱利安（Louis Jullien）让她在伦敦摄政公园的漫步音乐会上登场的合同。朱利安提出的报酬是40场演出，每晚100几尼——她有机会赚到4200英镑（10.6万法郎）——这几乎是任何其他歌手都会欣然接受的金额，但她觉得对方可以支付更多。[104]

有许多人认为这种行为是唯利是图的和庸俗的。1843年，当多尼采蒂拒绝她为在维也纳演唱《唐·帕斯夸莱》开出的2万法郎报价时，他肯定是这么认为的。他告诉路易，保琳娜应该等到自己被认可为欧洲顶级的歌手之后再要求这样的报酬。[105] 弗雷德里克·贾伊的日记显示，在试图聘请她参加1849—1850年的乐季时，他同样被她的要求激怒了。保琳娜想要每晚60英镑（1500法郎），而且所有费用都由剧院支付，而他最多只能支付每晚40英镑。剧院正处于严重的财政危机中；依靠主要表演者们组织了自己的剧团（他们称之为"艺术家共和国"）来分担制作成本，这才挽救了那个乐季。维亚尔多于1849年加入剧团，让《先知》得以上演。但她拒绝在下一季继续这样做，坚称"除非保证自己能拿到钱"，否则她根本不会来，并要求保证每场演出她至少能赚50英镑。谈判持续了几

第二章 舞台上的革命

个月，直到精疲力竭的贾伊对她的主要条件做了让步，承诺她将获得通常的报酬，即每月500英镑（12,600法郎）。[106]

很难说她在多大程度上真像传言中那么唯利是图——无论是源于斯托尔茨为阻止她在巴黎的发展而制造的恶意谣言，还是因为这次挫折让她变得那么咄咄逼人。如果她在职业生涯一开始就得到了应有的认可，她就不会如此。在巴黎歌剧院遭受的挫折让她的性格变得更加强硬。她被迫去国外舞台谋生，对一个20多岁的女性来说，她在实现自身潜力的决心方面显得不同寻常的坚韧、自信和有主见。保琳娜把她挣的钱视作自己身为艺术家的价值的象征。在一定程度上，这种获得认可的需要无疑是她如此坚决地最大化自己报酬的原因。她的信条很简单：高收入是对歌手的尊重。后来，她建议自己的一个学生说："永远不要白白地唱歌！"[107]

对桑来说，金钱并非尊敬的象征，而是一种获得独立和写作自由的手段。她对金钱的态度是她的波希米亚人身份的一部分。1831年，她离开了丈夫和孩子，作为一名作家在巴黎开始了新生活。她是数以千计的贫困学生一员，他们想要成为作家和艺术家，住在当时巴黎最便宜的拉丁区的阁楼里。法国人称他们为"波希米亚人"，因为他们衣衫褴褛，被和来自中欧或波希米亚的吉卜赛人联系在一起。学生们接受了这个标签，视其为不从世俗的标志。亨利·穆尔热（Henri Murger，1822—1861）很快拿它做起了文章，这位生活困苦的诗人开始撰写关于他贫穷的艺术家朋友们的故事。19世纪40年代中期，他的朋友中包括诗人波德莱尔、画家库尔贝和作家尚弗勒里（Champfleury）。这些故事发表在一本小杂志上，在1849年被改编成戏剧《波希米亚人的生活》，两年后被编撰成《波希米亚人的生活场景》一书，成为国际畅销书。它确立了"波希米亚人"的概念，把游客吸引到拉丁区。穆尔热很快离开那里，搬到了更昂贵的右岸街区。他是1828年到1832年加西亚家住的那所房子的门房的儿子。保琳娜从小就认识他，她回忆说，穆尔热对自己的出身感到羞耻。[108]

乔治·桑是波希米亚人的女王。她无数的风流韵事、穿着男装和抽雪茄都成为她的波希米亚名人身份的一部分，引发了对她的自传作品的兴趣。1847年，桑签署了《我的人生故事》的连载合同，这让她赚取了13万法郎的惊人预付款。[109] 桑并不反感利用自己的坏名声来增加销售。她把自己的生活变成了一件艺术品。但她挣的钱并没有让她唯利是图。金钱给予了她追求艺术的自由，使她成为一个独立的女性和职业作家，但她对金钱本身并不感兴趣。

与维亚尔多或保琳娜不同，肖邦没有理财头脑。在一个可以通过为国内市场提供钢琴音乐而发财的时代，他从出版的作品中赚到的钱并不多。1844年，他以每首300法郎的价格把他的《玛祖卡舞曲》(作品第56号) 和《夜曲》(作品第55号)* 在法国的出版权卖给了施莱辛格。布莱特科普夫和黑特尔公司为德国的出版权支付的费用更低。这样的收入不足以支撑他的挥霍——他购买奢华的家具，光顾昂贵的餐厅，穿着精心裁剪的衣服——也不允许他向同在巴黎流亡的穷困同胞赠送昂贵的礼物和借给他们钱。肖邦在给老同学多米尼克·杰瓦诺夫斯基（Dominik Dziewanowski）的信中写道："你以为我发了财吗？马车和白手套的价格更高，但少了它们，人就不会有好品位。"他依靠给巴黎的贵族妇女上钢琴课来补贴收入。肖邦还不遗余力地与出版商讨价还价，并遵循贝多芬的策略，努力安排他的作品在不同国家同时出版，以最大限度地减少盗版带来的损失。他很少满足于自己赚到的报酬，对出版商产生了强烈的不信任，指责他们欺骗了自己。对于施莱辛格和普莱耶尔（两人都是犹太人），他经常使用"犹太无赖"和他们的"犹太把戏"等反犹主义

---

* 原书误将《玛祖卡舞曲》和《夜曲》的作品编号对调，内文已更正。——编注

第二章 舞台上的革命

字眼来指责他们。[110]

真正的问题在于肖邦。他没有写出版商愿意为之支付高价的那种音乐——轻快而欢乐，听起来悦耳，业余爱好者弹起来也不难。他的作品是非传统的，具有即兴性、亲密性和内在性，尽管很受它的崇拜者圈子喜爱（仅在巴黎就有数千人），但销量不如塔尔贝格、莫扎特或舒伯特更流行的作品。施莱辛格和普莱耶尔付给他的钱比任何其他出版商都多。布莱特科普夫和黑特尔公司认为他的开价太高了。他们在巴黎的代理人海因里希·普罗布斯特（Heinrich Probst）建议放弃肖邦，因为他的音乐太悲观，卖不出去。[111]

肖邦不会牺牲自己的原则。他在给老朋友沃依切赫·格日马瓦（Wojciech Grzymała）的信中写道："资产阶级要求做一些惊人和机械的事，我做不到。"肖邦的工作速度不快。他是个完美主义者，经常拖延出版他最好的作品。有些作品直到他死后才出版，如他为路德维卡创作的C小调夜曲。敏感而害羞的肖邦"并不完全适合举办公开音乐会"，正如他向李斯特解释的那样，"人群让我感到恐惧，他们的呼吸让我窒息，好奇的表情让我动弹不得，未知的面孔让我说不出话"。只有在沙龙相对私密的环境中，他才感到舒服，经常在那里演奏来吸引学生和赞助人。最终，在1841年，桑说服他举办一场会员制的公开音乐会，肖邦非常紧张，根本不想宣传，所以她建议他可以在"一个没有灯光的空荡荡的大厅里用一架无声钢琴演奏"，就像她对保琳娜所说的那样。最后，音乐会门票销售一空，肖邦赚了6000法郎。但他不愿再举行一次。如果没有公开音乐会才能带来的拥趸，肖邦就没有希望销售更多的乐谱。[112]

肖邦曾邀请保琳娜在巴黎的会员音乐会上表演。桑向她解释说，"如果她在他的伴奏下为其歌唱"，他的神经会平静下来。[113] 保琳娜那次没有参演——4月26日，肖邦在坐满了他的贵族拥趸的普莱耶尔厅举办了独奏会——但与肖邦一起参加了1842年2月的第二场音乐会。肖邦是保琳娜歌喉的热情崇拜者，就像他曾经对马里布兰的声音所做的一样。他经常去看歌剧，特别喜欢贝里尼的音乐。在他的钢琴作品中，他试图模仿美声的演唱风格，包括其弹性速度元素和持续旋律——埃拉尔新发明的双擒纵装置使这种如歌的效果成为可能，让钢琴能够"歌唱"。肖邦认为保琳娜的声音是他想要在钢琴上再现的声音的理想之选。在诺昂，他会请她唱歌，为她演唱的从西班牙歌曲到莫扎特咏叹调的任何曲子伴奏。有时，在肖邦演奏自己的曲子时，她也会跟着唱，也许是在用自己的即兴演唱帮助他创作悠长悦耳的乐句。

保琳娜特别爱唱肖邦的《玛祖卡舞曲》。在19世纪40年代中期的某个时候，她在一份带有肖邦本人标记的手稿中把其中的六首改编成了人声和钢琴作品，表明他们在诺昂曾一起创作。*在那种志同道合的氛围中，肖邦这样做可能是为了好玩——也许也是为了鼓励保琳娜成为一名作曲家。在1848年，他恼怒地发现，她曾在伦敦演唱它们，却没有应有的感谢。5月12日，在考文特花园进行了改编作品的首演后，保琳娜将肖邦的名字从节目单上略去，因为很有影响力的评论家戴维森（James William Davidson）在自己的报纸《音乐世界》(The Musical World)上攻击她选择了改编如此"丑陋和做作"的玛祖卡。从此，当她表演这些曲目时，它们被称作"维亚尔多夫人的玛祖卡，维亚尔多夫人改编"。[114] 6月24日，肖邦写信给玛丽·德·罗齐埃尔（Marie de Rozières）说："在维亚尔多的节目中，不再有'肖邦的玛祖卡'这一曲目，而是只有'维亚尔多夫人改编的玛祖卡——似乎这样看起来更好。"

---

* 这些《玛祖卡舞曲》包括作品第50号之2，降A大调（改编成"16岁"）；作品第33号之2，D大调（改为"爱我"）；作品第6号之1，升F小调（改为"爱的哀诉"）；作品第7号之1，降B大调（改为"风情女郎"）；作品第68号之2，A小调（改为"小鸟"）；作品第24号之1，G小调（改为"分离"）。

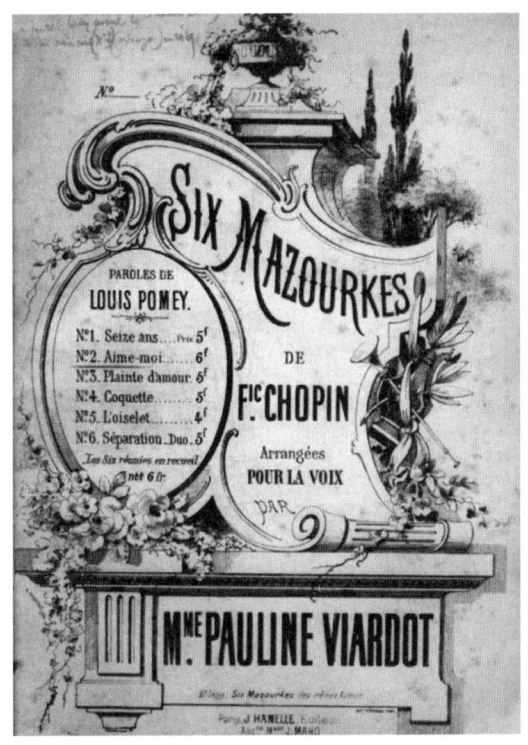

图 8 保琳娜·维亚尔多改编的肖邦的六首《玛祖卡舞曲》,路易·波梅填词,1866 年 E. Gérard & Cie 版

这对我来说都是一样的,但背后有些小家子气。她想要成功,害怕某份可能不喜欢我的报纸。那报纸上曾经写道,她唱了一首某个谁也不认识的"肖邦先生的歌",她应该唱点别的。[115]

1848 年以后,保琳娜经常在公开演唱会和私人独唱会上表演这六首玛祖卡,并不总是向肖邦致谢。19 世纪 60 年代,它们被单独和结集出版。这些作品显然很受欢迎,因为在 1885 年(由布莱特科普夫和黑特尔公司)和 1899 年(由华沙的戈伯特纳和沃尔夫[Gebethner and Wolff])都推出了新的版本和改编。[116]

屠格涅夫离开俄国的决定让他在经济上付出了沉重的代价。1847年，他从母亲那里得到了6000卢布的全额生活费；但第二年，母亲减少了金额，然后完全切断了生活费，使得屠格涅夫没有任何收入，只能通过写作或从出版商和朋友那里借钱。在巴黎，他几乎连意大利人大道上的小公寓的暖气都负担不起。他试图掩饰自己的贫穷，参加衣冠楚楚的沙龙，但要借钱才能坐马车回家。在他的朋友中，他因在付账之前离开餐馆而出名。据从1847年11月起经常在巴黎见到屠格涅夫的安年科夫说，屠格涅夫"是掩盖的大师，没有人意识到他有多穷。我们被他虚张声势的言语所迷惑，他讲述逸事时是如此引人注目，还被他在昂贵的冒险和享乐上的奢侈所蒙骗，他巧妙地从来不为这些东西买单"。[117]

他从写作中获得的收入非常微薄。但他一直期待从母亲那里继承一笔财富，这让他有信心继续表现得像个绅士，对朋友们做出慷慨的姿态。"他从未失去成为大地主的希望，"安年科夫回忆道，"尽管他很穷，但他曾经承诺一旦可能，他会给别林斯基100个农民的魂灵。"别林斯基把这份礼物当成了一个笑话，招呼妻子"过来感谢伊凡·谢尔盖耶维奇：他让我们成为地主"。[118]

作为俄国最有影响力的文学批评家，维萨里昂·别林斯基是屠格涅夫最大的支持者。别林斯基是一个卑微的乡村医生的儿子，他是《祖国纪事》杂志上的主要评论家，屠格涅夫的许多早期短篇小说就是在那里发表的（主编安德烈·克拉耶夫斯基 [Andrei Kraevsky] 还承诺发表其他几篇，并预付了稿费）。1847年，别林斯基参与了《现代人》(*Sovremennik*)的重启，该杂志由普希金创办，在他去世后走向衰落。随着杂志的重启，它注定将成为代表社会进步的西方主义者圈子的重要文学刊物，屠格涅夫在这个圈子里如鱼得水。1846年11月，屠格涅夫从圣彼得堡写信给保琳娜说："我们已经成功地在这里创建了一份新刊，它将在最有利的条件下从新的

第二章　舞台上的革命

一年开始推出。""我将成为它的供稿人之一。"[119]在该杂志的第一期上刊登了屠格涅夫的九首诗，他的一篇长篇剧评，以及《霍尔和卡里内奇》，后来成为《猎人笔记》中的第一个故事。《现代人》杂志的新任主编尼古拉·涅克拉索夫试图说服屠格涅夫还清欠克拉耶夫斯基的钱，为自己的杂志专门撰稿。屠格涅夫拒绝这一提议，履行了把自己承诺的故事交给《祖国纪事》发表的诺言，尽管他后来利用这一点乞求克拉耶夫斯基借给他更多的钱。*屠格涅夫意识到，有两本期刊竞争他的作品对他是有利的。

著名的斯拉夫主义者作家康斯坦丁·阿克萨科夫（Konstantin Aksakov）在1847年3月的《现代人》杂志上发表评论，对《霍尔和卡里内奇》大加赞扬。屠格涅夫开始声名鹊起。杂志在5月刊上又发表了他的另外四个短篇，以及一系列关于柏林、德累斯顿、伦敦和巴黎文化生活的文章和信件，这些都是他和维亚尔多夫妇在欧洲各地旅行时到过的城市。屠格涅夫是一位多产的连载作家。这是一种支付旅行费用的简单方法。最重要的是，在这些连载中，他谈到了歌剧。他有时用笔名掩盖对维亚尔多的一边倒支持，有时不用。他对保琳娜的竞争对手珍妮·林德（在伦敦听过她）和范妮·佩尔夏尼（Fanny Persiani，在巴黎）提出了严厉的批评。他还写了一篇关于威尔第崇拜的尖刻文章，因为他知道保琳娜从未在他的任何歌剧中演唱过。11月27日，屠格涅夫从柏林致信保琳娜说："昨天是威尔第的《伦巴第人》在大剧院的首演——在这里被称为《耶路撒冷》。威尔第先生创作了一些新的角色，非常令人讨厌。"[120]

---

* 1849年10月22日，他致信克拉耶夫斯基，声称自己"身无分文"，如果不能借到300卢布就会"饿死"，并承诺把一系列将要完成的作品投给《祖国纪事》。12月13日收到钱后，他致信感谢了主编，夸张地表示"这笔钱无疑避免了我饿死"。（*PSS*, vol. 1, pp. 333, 337）

四

1848年2月26日,屠格涅夫听到巴黎传来的消息时正在布鲁塞尔。当时是清晨,他正在酒店里睡觉,这时有人开始大喊:"法国变成共和国了!"巴黎市民进行了两天的街头示威,路易·菲利普被迫退位,在被任命为国民卫队支队长的阿里·舍费尔的帮助下逃到英国。临时政府宣布成立第二共和国。"没有我的革命!"屠格涅夫在他的笔记本上写道。不到半个小时,他就穿好衣服,去火车站登上开往法国首都的火车。[121]

他发现巴黎陷入了一片混乱。许多街道上,公共马车被掀翻,树木被砍倒,用来竖起路障。临时政府几乎没有提供领导。由诗人阿尔方斯·德·拉马丁(Alphonse de Lamartine)主导的临时政府呼吁国民大会举行新的选举,引入成年男性的普选,并承诺公民在国家工场中享有"工作权利",这些工场是为应对街头抗议背后的失业危机而设立的。

随着革命蔓延到其他国家的首都,人们变得越来越兴奋。铁路、电报和报纸迅速将巴黎的革命变成了一场欧洲革命,其他城市纷纷效仿,也发动了自己的起义。在巴黎的消息鼓舞下,3月中旬,维也纳和柏林、巴登、德累斯顿、莱比锡、巴拉丁伯爵领和其他德意志邦国爆发了人民起义。自由派大臣取代了旧的反动政府;进行了政治改革;5月1日,通过广泛的男性选举权选出了法兰克福的德意志国民大会。革命还蔓延到意大利北部和波兰,米兰人起来反抗奥地利人,威尼斯人在3月宣布成立共和国;而在波兰,3月20日在波兹南(Poznán)开始了反对普鲁士统治的起义。很快,来自柏林和巴黎的流亡波兰人也加入了这场运动,他们乘坐火车参加了一场民族独立运动,与有组织的民兵一起对抗普鲁士军队,如果沙皇决定干预的话,俄国人也会成为敌人。

第二章 舞台上的革命

随着 5 月和 6 月在巴黎发生的暴力冲突，春天的希望很快破灭了。工人们对被国民议会选出的温和派政府感到失望，他们走上街头，参加由路易·勃朗（Louis Blanc）和其他社会主义者组织的抗议活动，与忠于政府的国民卫队作战。屠格涅夫目睹了 5 月 15 日浩大的街头示威：工人们从协和广场游行到国民大会正在召开的波旁宫，强行进入会议厅宣读支持波兰的宣言，然后他们包围了市政厅，宣布成立由社会主义者组成的"起义政府"，直到他们最终被国民卫队驱散。屠格涅夫在写给保琳娜的一封信中解释道，最让他印象深刻的是"在任何时候都不可能说出人们的动机是什么；以我的名誉担保，我不知道他们想要什么、害怕什么，他们是否是革命者、反动派，或者仅仅是法律和秩序的朋友"。[122] 为了对抗社会主义起义的威胁，一个"秩序党"被组建起来，国家车间被关闭，这导致工人和国民卫队从 6 月 23 日开始进行了三天的战斗。工人遭到镇压，他们的领导人被捕，秩序党组建了新政府。

二月革命受到了艺术家和知识分子的热烈欢迎。来自欧洲各地的社会主义者纷纷赶到巴黎参与其中，其中包括赫尔岑，他于 1847 年随家人从俄国移民到意大利，一直待到七月王朝垮台。赫尔岑比屠格涅夫大六岁，后来改变了对屠格涅夫是个肤浅的社会主义者的最初印象，两人成了朋友，与别林斯基的共同友谊和致力于民主把他们团结在一起。屠格涅夫和维亚尔多夫妇对革命寄予厚望。路易是激进的共和派圈子的活跃成员，他们从一开始领导着革命。他在 1847 年 7 月开始的"宴会运动"中发挥了领导作用，这场政治改革运动引发了巴黎的二月革命。在 10 月的库洛米耶（Coulommiers）宴会上，他说了主祝酒词："为改革干杯！"他的话太具煽动性，无法发表。从 1848 年 2 月开始，他成为精力充沛的革命宣传员，不仅在法国，还在柏林的法语报纸上发表文章，在那里他的激进观点不太容易引起审查者的注意。[123] 在 4 月的国民大会选举中，他作为塞纳河和马恩河地区的候选人,向选民标榜自己"不是昨天的人",而是"今天的人"。[124] 由于在那里没有竞选成功,维亚尔多请求乔治·桑帮他找个议席——后者与新任内务部部长亚历山大·勒德吕-罗兰(Alexandre Ledru-Rollin)关系密切——但她的努力无果而终。

桑甚至比维亚尔多更左。她拥护一种以爱为基础的共产主义。在内务部出版的《共和国公报》(Bulletin de la République)中,她写了一系列"给人民的信",宣称共和国是"**全体**人民的政府,民主的组织,一切权利、一切利益、一切智慧和一切美德的共和国"!从4月中旬她的第16次公告开始,她进一步左倾,超越了勒德吕-罗兰对建立代议制共和国的呼吁,和路易·勃朗一起支持工人建立社会主义共和国的革命。[125]

保琳娜也被卷入了对共和国的期望。3月23日,桑说服勒德吕-罗兰委托保琳娜创作新版《马赛曲》(一首名为《年轻共和国》的康塔塔),这首歌将在勒佩勒蒂耶厅的晚会上演唱,庆祝巴黎歌剧院改名为共和国剧院(Théâtre de la République,从1789到1793年,法国喜歌剧院[Comédie-Francaise]就叫这个名字)。桑被安排负责就职典礼的安排,临时政府成员都将出席。她准备主张女性艺术家的权利,表明她们可以是与男性同等的艺术家。她想让保琳娜得到政府的赞美,被广泛视作共和国的象征。她还希望路易能被任命为巴黎歌剧院的新主管,以将其从危机中拯救出来。二月革命爆发时,巴黎歌剧院关闭了大门。它的管理层被暴徒吓坏了。新政府成立了一个委员会来支持歌剧院,认识到财务状况让它难以为继;但支持也意味着控制。激进派憎恨歌剧院的特权地位,希望对其开支进行监督。

3月23日,在勒德吕-罗兰主持的仪式上,剧院重新开幕,并在院子里种了一棵自由之树来表示对新共和国效忠。由于被指责管理不善,主管杜彭谢尔的位置岌岌可危,激进派要求解雇他。[126]

第二章　舞台上的革命

关于谁会接管的传言五花八门，但桑认为她可以确保让维亚尔多夫妇来执掌。3月末，她致信保琳娜说："我希望看到你成为女王，因为我知道你自己不是个糟糕的女王。你明白我的意思了吗？让路易考虑一下，但尽快回复。歌剧院将被关闭，由国家出钱进行更大规模的重组；梅耶贝尔有计划，但不会带头。勒德吕—罗兰正在寻找其他人。"[127]

3月31日，保琳娜完成了那首康塔塔（桑称其为"一部杰作"），但由于偏头痛，她无法演唱，因此由男高音居斯塔夫·罗热（Gustave Roger）代替，他将在《先知》中担任主角，由50名身着白色连衣裙和三色腰带的女孩组成的合唱队伴唱。[128]

保琳娜让路易成为巴黎歌剧院主管的计划无果而终。他拒绝让自己的名字成为考虑对象，表示如果保琳娜参演梅耶贝尔新剧的计划成真，那就会产生利益冲突。他再一次把妻子的职业生涯放在了自己的前面。在杜彭谢尔的领导下，歌剧院举步维艰。这位主管要求获得额外的资金，但没能如愿，只得又关了门。虽然歌剧院在5月重新开张，但演出经常被取消，因为人们害怕冒险上街，观众人数太少。六月起义迫使剧院再次关门。

巴黎夏天的混乱对艺术是毁灭性的。艺术市场崩溃了。巴黎的音乐会生活陷入停滞。肖邦去了伦敦。贵族们逃离了首都，肖邦的钢琴课收入枯竭了。他最忠诚的学生之一简·斯特林（Jane Stirling）邀请他来英国，并许诺为他找到有钱可赚的合同和学生。在伦敦，他还得到了保琳娜的哥哥曼纽埃尔·加西亚的帮助，后者逃离了巴黎，他在那里曾志愿加入国民卫队，被六月起义期间亲眼看见的暴力吓坏了（他一度看到乔治·桑站在路障顶上，她认出了他，大声喊道："这不是很棒吗，这不是很美妙吗！"）。[129] 保琳娜认为曼纽埃尔会讨厌英格兰，但那里成了他永久的家。这位著名的声乐老师成了皇家音乐学院的教授。

那年夏天，当保琳娜来到伦敦参加考文特花园的乐季时，她也拜访了肖邦。1847 年，肖邦与乔治·桑灾难性的决裂——这是几年来的怨恨、愤怒、骄傲和误解的结果——使他与保琳娜更近了一步。她同情他破碎的心和糟糕的健康——肺结核给他带来了可怕的痛苦。为了帮助这位可怜的作曲家，她在钢琴制造商亨利·布罗德伍德为他所组织，从 7 月 7 日肖邦在圣詹姆斯广场法尔茅斯勋爵（Lord Falmouth）的豪宅举行的独奏会开始的一些音乐会上演唱。保琳娜的演唱会报酬不是通常的 15 几尼，而是 10 几尼。[130]

回到巴黎后，保琳娜搬进了她在杜埃街购买的新房子，位于第九区绿树成荫的"新雅典"。维亚尔多一家选择住在那里是为了逃离人满为患的市中心，1848 年时那里霍乱肆虐，也因为他们的好朋友阿里·舍费尔在邻街上有一座别墅。他们的住所是一座三层楼的"漂亮小房子"，附带一个大温室，延伸进树木环绕的后花园，前面则是一个院子，有马厩和仆人宿舍。他们花了 7.5 万法郎买下了房子，又花了至少同样多的钱把温室改造成了路易的艺术收藏品陈列室，并加盖了第四层，保琳娜在那里拥有她的"大沙龙"，一个用淡绿色花卉图案的墙纸装饰的大房间，里面有一个宽敞的书房，她的普莱耶尔钢琴，以及由著名的管风琴制造者阿里斯蒂德·卡瓦耶－科尔为她制作的管风琴，她为此支付了 1 万法郎。阿里·舍费尔在一块椭圆形木板上画了幅保琳娜的肖像，把她描绘成头戴光晕的圣塞西莉亚，卡瓦耶－科尔将其镶到了乐器上。保琳娜在一封写给乔治·桑的信中为自己的铺张花费辩护：

> 这是我们需要的乐趣——而不是一辈子赚钱只是为了把它们存起来。就我而言，我会快速花掉所有可花的钱，但尽量不犯蠢。[路易]坚持认为我应该做个房产业主——这个建议很好，但于我无益——应该筑一个巢。我选择了最脆弱的树枝和风暴

第二章　舞台上的革命

最猛烈的时刻来筑巢。除了泥瓦匠,我们雇用了各种类型的工人,我们的钱源源不断地从他们手中流过。我向你保证,我的尼努娜(Ninounne),无论我在装修这座小房子的过程中享受了多少乐趣,在它完工之前,都只是一个梦——尼努娜,我确实不善于打理房产,普罗东先生可以对我感到满意。如果有一天所有的房产都要被毁掉,我会亲手点燃我房子的四个角落……[131]

桑反讽地回答说,她向保琳娜保证,她"今天做了一笔不错的买卖,因为房产的售价只有昨天的一半,而那些有钱的人可以把他们的资本翻一番。那些被迫出售的人真是可悲!这就是发生在我女儿身上的事。她的房子价值 20 万法郎,但正以 10 万法郎出售。如果你还有多余的钱,我建议你买下来"。[132]

* * *

歌剧院的财务危机继续恶化。7 月,它需要得到政府"特别贷款"的拯救,才有可能举办那年秋天的乐季。[133] 所有的希望都寄托在期待已久的梅耶贝尔的大歌剧《先知》的首演上。勒德吕—罗兰强调了这一点,他赞扬了梅耶贝尔及其即将推出的作品,相信这些作品"会吸引整个欧洲到巴黎来"。[134] 合同谈判拖了好几个月。歌剧院已经没钱购买梅耶贝尔要求的奢华布景和服装,也付不起维亚尔多演唱女主角所要求的高额报酬。但最终这些都达成了一致。梅耶贝尔在给路易的一封信中解释说,歌剧院需要维亚尔多夫人的"名气",而请到她的唯一方法是接受她的要求。[135] 政府提供了额外的补贴,使合同得以在 10 月份签署,当时梅耶贝尔和保琳娜都已经抵达巴黎,准备开始排演。

抵达巴黎之前,梅耶贝尔花了几个月的时间坐火车环游德国和奥地利，检查他的歌剧的排演。他喜欢在火车上作曲。《先知》的最后几首咏叹调就是这样写成的，然后在巴黎街头革命的喧嚣声中完成。《马赛曲》的进行曲节奏和音调不可避免地渗入了乐谱。[136]

他的歌剧的主题不能更具话题性了。作品讲述了先知"莱顿的约翰"的故事，约翰在1534年领导再洗礼派起义，反对兼任主教的明斯特公爵。再洗礼派革命者占领了威斯特法伦的小城明斯特，建立了一个神权城邦，他们坚守了一年，直到被主教的军队击败。早在首演之前很久，每个人就都意识到了剧情与欧洲革命形势的相似之处。"梅耶贝尔已经开始排演他的《先知》了，"柏辽兹写信给维尔霍斯基伯爵说，"他是一个勇敢的人，无论他的口才多好，在骚乱或政府更迭可能会让他受阻时，敢于推出这种规模的作品都是在冒险。"[137] 甚至在首演之前，就有了对这部危险歌剧的种种戏仿，包括一部在巴黎杂耍剧场（Théâtre du Vaudeville）上演的作品，其诙谐的标题利用了法语中"再洗礼派"（Anabaptiste）和"驴子"（âne）的相似之处：《浸信会的驴子，或社会主义的摇篮》（*L'âne à Baptiste, ou, Le berceau du socialisme*）。[138]

梅耶贝尔一直意识到他的歌剧中的政治危险。1836年，他在阅读剧本初稿时曾告诉斯克里布："宣扬伴随着权力毁灭的起义将带来很多麻烦。"[139] 他非常小心地避免让《先知》带有可能会导致其被禁的革命信号。[140] 斯克里布的剧本将再洗礼派起义归因于社会动机，但在梅耶贝尔使用的最终版本中，人民起义受到教条主义的先知操纵，是他导致了灾难。让（莱顿的约翰）被描绘成一个企图复仇的忌妒的情人，一个被天真追随者的奉承误导，以为自己是弥赛亚的宗教狂热分子。是他的母亲菲黛斯让他看到了自己的错误。[141] 通过让她成为该剧的道德之锚（可能是第一部以母亲为女主角的歌剧），梅耶贝尔确保了唯一可能得出的结论是不要相信假先知。

梅耶贝尔一直想让保琳娜演唱菲黛斯的角色。在排演期间，他修改了她的咏叹调来适应她的声音。随着首演的临近，他对这部歌剧的反响感到越来越紧张，这是他 13 年来的第一部作品。在勒佩勒蒂耶厅和梅耶贝尔位于黎塞留街的公寓里进行了 50 多次排演。他不断地修改乐谱，向叫来捧场人的组织者征求意见，并询问管弦乐队的音乐家们对令他担忧的乐段的看法。最重要的是，他依赖保琳娜的建议。保琳娜提出了一些改进建议，他都接受了。[142] 很少有歌手在歌剧创作中扮演如此重要的角色。根据参加排演的评论家亨利·乔利的说法，她对《先知》的最终版本的贡献几乎和梅耶贝尔的一样多。伊格纳兹·莫谢莱斯也表示赞同："她是指挥和舞台经理——总而言之是歌剧的灵魂，歌剧的成功至少有一半要归功于她。"梅耶贝尔对他的"船长"（他这样称呼她）的工作非常满意，以至于把让她演唱菲黛斯的角色作为在其他城市演出该剧的条件，而当他不在的情况下，他会让她负责排演，就像 1849 年在伦敦一样。[143]

在技术效果方面也有很多工作要做，该剧的成功将在很大程度上取决于这点。第三幕中会有一个炫目的日出场景，是通过从舞台后面将电光投射到屏幕上实现的。这是歌剧历史上第一次使用电光。它的效果如此惊人，以至于在戈蒂埃看来，它"不再是一幅画，而是现实本身"。[144] 第三幕还有穿着轮滑鞋表演的"滑冰芭蕾"，梅耶贝尔在一次街头表演中看到了这项在当时巴黎还鲜为人知的发明。这名滑冰者立即被歌剧院聘用，教合唱队如何滑旱冰。梅耶贝尔热衷于将新发明引入他的歌剧中。这让它们具有了一种现代性的光环，吸引了他以资产阶级为主的观众。在《先知》的第四幕中，他为一支由 24 件铜管乐器组成的舞台乐队作曲，其中包括 18 支萨克斯管，这是一种新乐器，其发明者阿道夫·萨克斯（Adolphe Saxe）于 1845 年在巴黎获得专利。

图9　梅耶贝尔的《先知》中的"溜冰芭蕾",手绘黏土模型的照片,19世纪60年代

随着首演夜的临近,兴奋之情变得高涨。人们等待这部歌剧已经有很多年了。报纸上充斥着对剧情与政局的比较(戈蒂埃表示,剧中对话"仿佛来自共产主义期刊上的文章")。前40场演出的票立刻销售一空。据《剧场信使报》(Les Messager des théâtres)报道,大厅前排门票转手可以卖到250法郎,包厢则是1200法郎。演出让剧院发了横财,《信贷报》(Le Credit)将其与"加州的所有黄金"相提并论。[145]

1849年4月16日,来自欧洲各地的政要出席了首演之夜。新近当选的总统路易-拿破仑坐在王室包厢里。来自国民大会的一个大型代表团也在场。屠格涅夫坐在前排。柏辽兹也是。身患肺结核的肖邦把自己从病床上拖到了剧院。海涅没能拿到票。德拉克洛瓦也没有。

这个晚上是保琳娜的胜利。据《戏剧杂志》(Journal des théâtres)报道，当最后一场轰动性的场景——让和菲黛斯跃入了吞没整个舞台的电光形成的巨大火焰中——落下帷幕时，出现了"喝彩声、欢呼声和踩脚声组成的经久不衰的'和散那'"。维亚尔多谢场十多次，这是她职业生涯中第一次在巴黎歌剧院演出，梅耶贝尔和评论家们特别称赞了她的表演。没有人比柏辽兹更有分量，他在《辩论报》上表示：

> （她）展示了一种在法国没有人相信她能够达到如此高度的才华。她所有的身姿、手势和表情，甚至她的服装，都经过了技艺深奥的研究。至于她的演唱的完美，她发声的极端技巧，她的音乐自信——这些是现在每个人都知道和认可的，即便是在巴黎。在古往今来的音乐史上，维亚尔多夫人是浮现在人们脑海中的最伟大艺术家之一。

那天深夜从剧院回家后，保琳娜给乔治·桑写了一张便条："胜利！**胜利，我亲爱的尼努娜！晚安！**"[146]

这部歌剧在商业上轰动一时。票房收入达到每晚1万法郎，足以将剧院从财务危机中拯救出来，直到7月的霍乱疫情迫使歌剧院在只进行了25场演出后就关门了。不过，该剧在秋季重新上演，并在同样高的收入水平上又持续了两年。[147]保琳娜在重新开演的第一天晚上"相当紧张"，屠格涅夫在11月6日写给乔利的信中表示，这要归咎于她的敌人散布的"荒谬的谣言"，他们"想要惩罚她参加了伦敦的一次共和派宴会"（她甚至被指帮助社会主义者躲过法国警察）；但是"诚实的人不会理睬这种针对无法自卫者的诽谤和侮辱"，保琳娜忠实的朋友继续说，"对她的反响好极了"。[148]

在巴黎首演后的三年里，《先知》已经在世界各地的 50 个城市上演——从纽约和新奥尔良到君士坦丁堡和圣彼得堡。保琳娜和歌剧一起巡演，从伦敦开始，萨克雷和狄更斯观看了 1849 年 7 月 24 日的首演，最后在维也纳和柏林结束。在库尔塔维内尔，屠格涅夫从报纸上读到了关于她的动态的报道。他不停地给她写信。在伦敦首演那天，他每个小时都关注着演出。"11 点钟，"那天晚上他写道，"第四幕刚刚结束，他们在呼唤你，我也在鼓掌：太棒了！太棒了！唱得好！午夜：我仍在全力以赴地鼓掌，向你的照片投掷了一束鲜花。一切都很美妙，不是吗？"[149]

乐谱的版权让梅耶贝尔获得了有史以来付给作曲家的最高金额——布兰都斯出版社（Brandus）为法国的版权支付了 1.9 万法郎，德拉菲尔德和比尔（Delafield and Beal）出版社为英国的版权支付了 1.7 万法郎，布莱特科普夫和黑特尔出版社为德国的版权支付了 8000 法郎：共计 4.4 万法郎。他从改编作品的出版中赚了更多的钱，很快就出现了用于每一种可以想到的乐器和乐器组合的活页乐谱——"二手和四手钢琴版，一把和两把小提琴版，双长笛版，甚至还有六孔竖笛版！"柏辽兹讥讽道——而且针对各种技术难度。[150]

评论家们看法不一。柏辽兹对《先知》不那么热情，尽管他对梅耶贝尔的音乐真正感兴趣，曾经对其表达过赞美。他认为剧中有好音乐，但在花腔女高音和其他旨在吸引低俗品味的音乐效果上走得太远。埃斯居迪埃（Escudier）兄弟则在《音乐法国》（*La France musicale*）杂志上表示，音乐显示了许多技艺，但旋律缺乏灵感。屠格涅夫同样表达了疑虑。他在《祖国纪事》上写道，他感受到了该剧的戏剧力量，认为管弦乐部分写得非同寻常，但音乐总体上杂乱，是一位已经过了巅峰的作曲家的作品。德拉克洛瓦讨厌该剧的一切。4月23日，他在自己的报纸上指出："《先知》是部糟糕的作品，是对艺术的真正贬低。"[151]

不过，没有人的批评比梅耶贝尔的昔日门徒理查德·瓦格纳的更加严厉。他后来声称，1850年2月第一次在巴黎歌剧院听到《先知》时，他"充满了愤怒和绝望"，尽管坐在前排中间的位置，他还是在演出中途起身离场，打扰了周围的所有人。[152]

1839年，年轻的瓦格纳来到巴黎，想要在欧洲的音乐之都作为一名歌剧作曲家赢得声望和财富。当时他正在创作《黎恩济》，这是一部遵循大歌剧传统的作品（甚至更长，达到五个小时），包括以古罗马为背景的芭蕾、舞台效果和大型合唱队。他希望《黎恩济》"能够凭借华丽的宏大场面超越之前的[大歌剧]典范"。为了寻找支持者，瓦格纳找到了保琳娜·维亚尔多，后者唱了他写的一些曲子，但没有承诺会公开演唱它们。不过，他真正寻求的是梅耶贝尔的庇护。前往巴黎的途中，瓦格纳在布洛涅与他见了面，为他演奏自己歌剧中的选段。梅耶贝尔称赞了瓦格纳的音乐，给巴黎歌剧院写了两封推荐信，但后者拒绝了《黎恩济》。在巴黎，失败对年轻作曲家来说很正常，然而瓦格纳认为这是对他的天才的轻视。他与这座城市反目成仇，声称商业化和贪财使其丧失了灵魂，而他为了他所谓的更崇高的"德意志"艺术形式拒绝金钱。不过，1841年时，他还是要感谢自己的庇护人梅耶贝尔，后者的支持信足以让德累斯顿接受上演《黎恩济》。[153]

评论家们指出了梅耶贝尔对瓦格纳的艺术影响（后来，汉斯·冯·彪罗[Hans von Bülow]开玩笑说，《黎恩济》是"梅耶贝尔最好的歌剧"）。李斯特相信，《黎恩济》和《胡格诺教徒》的谱子一定曾经被并排放在一起，因为梅耶贝尔歌剧中的页面意外地

进入了瓦格纳的歌剧。1843年,受到剽窃指控的刺激,并且仍因在巴黎的失败而痛苦不已的瓦格纳致信舒曼说:

> 我不知道"梅耶贝尔风格"表示什么,除了那是狡猾地吸引肤浅的大众……但如果真有什么实际的和一贯的东西可以被称作"梅耶贝尔风格"……那么我必须承认,如果我从那条溪流中汲取了什么,一定是大自然开了个大玩笑,远远闻到它的味道就令我作呕。[154]

从1842到1849年,在德累斯顿期间,瓦格纳继续得到梅耶贝尔的支持。瓦格纳向其写了卑躬屈膝的信,乞求他设法让《漂泊的荷兰人》(1843年)在巴黎歌剧院演出。只要梅耶贝尔还借给他钱,并在自己的住所为他举办宴会,他就仍然对其表示尊重。他写道:"当我想到那个对我来说意味着**一切,一切**的人时,我流下了感动的泪水。我的头脑和心不再由我支配;它们是您的财产,我的老师。"后来,当他借不到钱时,瓦格纳奴隶般的忠诚变成了对慷慨导师的憎恶。他致信李斯特表示:"他让我恶心极了。这个永远和蔼可亲的男人让我想起了我生命中那个混乱,甚至可以说是污浊的时期,当时他假装是我的保护者;那是找关系和说人情的时候,我们被我们的保护人愚弄了,我们心里不喜欢他。"[155]梅耶贝尔不知道瓦格纳对他的仇恨。

瓦格纳为他的恶毒憎恨披上了民族主义意识形态的外衣。在几年前的1837年,他谄媚地致信梅耶贝尔:"我看到您完成了德意志人的使命,以意大利乐派和法国乐派的优点为模板,让德意志天才的创造变得普世。"[156]但现在,他将自己的事业与一种更加排外的德意志民族主义联系在一起,对这种世界主义怀有敌意。在音乐界,舒曼在对梅耶贝尔的《胡格诺教徒》的批判中已经表达了这种民族

第二章 舞台上的革命

主义。一边是严肃的"德意志"音乐的精神品质，属于艺术领域的更高层次，另一边是意大利和法国音乐的轻浮，属于纯粹的娱乐产业（就像舒曼不屑地称《胡格诺教徒》为"马戏团"音乐），这种批判的意识形态力量便依托两者的反差。现在，瓦格纳决心把自己和梅耶贝尔变成对立的两极。他在1847年写信给汉斯立克*说：

> 如果要我准确地总结出哪些东西令我如此反感……今天的歌剧产业，我会把它们统统归在"梅耶贝尔"的名下。我在梅耶贝尔的音乐中看到了一种实现肤浅效果的出色技巧，这阻止了他的艺术达到崇高的成熟……它否认艺术的本质内在性，而是努力以各种可能的方式满足听众。[157]

1848年到1849年的德国革命令这种艺术民族主义愈演愈烈。在1849年的德累斯顿起义中，瓦格纳积极参与了巴枯宁的活动，他认为这些革命将让国家摆脱资产阶级的货币体系，特别是国际犹太人的统治。正是从那时起，反犹主义成为他的音乐哲学的一个组成部分，正如1850年他发表在《新音乐杂志》上的文章《音乐中的犹太性》中所阐述的那样，当时他刚刚厌恶地愤然离开了《先知》的演出现场。

瓦格纳的文章以化名发表（他向李斯特解释说，"这是为了防止问题被犹太人拖入纯粹的个人层面"），本质上是对门德尔松和梅耶贝尔的人身攻击。瓦格纳认为犹太人缺乏民族特征。他们"与他们所属的欧洲国家格格不入"。从这个前提出发，他对三年前刚刚去世的门德尔松发起了攻击，声称后者的音乐是没有真实感情和民

---

* 指奥地利音乐评论家爱德华·汉斯立克（1825—1904），他拥护古典主义音乐，反对瓦格纳、李斯特为首的"新德意志乐派"。——编注

族性的拼凑之作。这篇文章的高潮是对梅耶贝尔的含蓄攻击，虽然没有提到他的名字，但显然是以他为目标。瓦格纳将犹太人与金钱的统治和艺术上的商业化联系在一起，解释了这位"著名的歌剧作曲家"大获成功是因为作为"犹太人"，他愿意为了金钱利益去迎合最低级的品味。两年后，瓦格纳在他的《歌剧与戏剧》中明确了攻击对象。他将梅耶贝尔描述为"一个写音乐的犹太银行家"，他认为《先知》是一部肤浅、语无伦次的作品，力求营造效果来满足观众（"无缘无故的效果"，就像他对第三幕结束时的日出场景所做的著名描述中说的）。[158]

梅耶贝尔对攻击并不陌生。富有和成功为他招致了许多敌人。他以前甚至被朋友出卖过。1847年，当梅耶贝尔未能借钱给海涅时，后者写了一篇文章，指责他缺乏才华，是一个"巨大的自我主义者"，利用朋友来宣扬自己的声名。那已经够糟糕的了。但是作为一个犹太人被攻击是另一回事。这伤害了梅耶贝尔，他一直认为自己是德国人，但他的不安全感源于他的犹太人身份。在德国，身为一个富有和成功的犹太人让他很容易受到攻击，虽然他得到了普鲁士宫廷和其他德意志邦国首脑的支持。他默默地承受着瓦格纳的攻击，不为自己辩护，只在日记中暗示了自己的感受。他生病了，抱怨胃痛，这通常出现在他压力很大的时候，花了几个月的时间在温泉疗养。很难说他的病在多大程度上是由瓦格纳的背叛直接造成的。但梅耶贝尔因此而发生了改变。他很多年都没有再写过一部重要作品。他的最后一部大歌剧《非洲女郎》直到他去世前不久才完成。[159]

梅耶贝尔是19世纪歌剧世界的巨人。但在更长的时间里，他的声誉下降了；他的音乐成了低级趣味和庸俗，成了艺术从属于商业的代名词；在20世纪，他的作品失去了在歌剧剧目中的位置。瓦格纳主义的胜利导致这无法避免。

五

经过与肺结核的长期斗争，肖邦于1849年10月18日在巴黎去世。去世时，他的姐姐路德维卡与乔治·桑的女儿和他在一起，但桑本人不在。在最后的日子里，随着病情恶化，肖邦希望只有他最亲密的朋友来探望他。保琳娜见过他几次。但就像她在信中对桑所说的，她总是看到他临终时的床边围着一群人。"所有高贵的巴黎名媛都认为在他的房间里晕倒是一种义务，那里挤满了画素描的艺术家，一个制作达盖尔相片*的男人想把床移到离窗户近一点的地方，好让那个垂死的人被光照到。"[160]

10月30日，葬礼在玛德莲教堂举行。一大群人聚集在教堂前，教堂的柱廊立面为葬礼披上了黑纱。必须凭门票才能入场。大约有4000人被邀请。看到广场上挤满了马车和聚集在教堂入口处的客人，柏辽兹表示："整个巴黎的艺术圈和贵族都在那里。"在家人的要求下，梅耶贝尔与德拉克洛瓦、亚当·扎尔托里斯基王子（Prince Adam Czartoryski）和卡米耶·普莱耶尔（Camille Pleyel）一起成为了扶柩人。梅耶贝尔不太了解肖邦，但肖邦是他的崇拜者之一。屠格涅夫坐在前排的长椅上。他很早就到了，以便能占个好位置聆听保琳娜演唱莫扎特《安魂曲》中的女低音部分，这是肖邦对自己的葬礼提出的要求。一同献唱的还有女高音卡斯特兰、男低音路易吉·拉布拉凯（Luigi Lablache）和男高音亚力克西·杜邦（Alexis Dupont）。因为妇女被禁止在教堂里表演，肖邦最有权势的朋友们花了几天的时间恳求巴黎大主教做出特殊安排，允许维亚尔多和卡斯特兰在不现身的条件下演唱。她们在

---

* 指用达盖尔照相法（daguerrotype）冲洗的相片，是法国画家路易·达盖尔于1839年于发明的，利用水银蒸汽对曝光的银盐涂面进行显影的方法，因此又称为银版照相法。——编注

黑色的幕帘后面演唱了自己的部分。[161]

保琳娜要为在肖邦葬礼上的表演收钱。她坚持获得2000法郎的报酬，几乎是整个葬礼费用的一半。许多人会把这个要求归因于唯利是图。但保琳娜认为这是专业合约，就像其他任何一次那样，她总是表示歌手不应该免费演唱。无论如何，她挣到了钱。屠格涅夫是对此感到非常高兴的人之一。他在给乔利的信中写道："她的那部分唱得很棒，展现了那种宏大而朴素的教堂技法，她在这方面有秘诀。"

> 葬礼同样是非常美丽和感人的：与其说是仪式，不如说是对挚爱朋友的真诚告别。教堂里有很多女人，她们中的许多人在面纱背后哭泣。管弦乐队演奏了肖邦悲伤而哀怨的《进行曲》*；有一首用管风琴演奏的前奏曲，如果风琴演奏者在"人声"停顿的部分没有表演过度的话，可能会更感人……顺便说一句，我很喜欢你在《雅典娜神庙》上的文章；我认为很难做到更体谅或更公正了：这就是谈论死者的方式。[162]

---

* 指肖邦的《第二号钢琴奏鸣曲》第三乐章，一般称为《葬礼进行曲》。——编注

第三章

机械复制时代的艺术

> 在绘画和雕塑方面，尤其是法国，今天见多识广者的信条是这样的："我信仰自然，而且只信仰自然……我相信艺术是对自然的准确复制，而且不可能是别的……因此，能够带给我们与自然同样结果的工业将是绝对的艺术。"想要报复的上帝听到了这群人的祈祷。达盖尔是他的弥赛亚。
>
> 夏尔·波德莱尔，《1859 年的沙龙》

一

1850 年 1 月，一个名叫夏尔·古诺的人拜访了保琳娜·维亚尔多。他有一封来自指挥家弗朗索瓦·塞格尔（François Seghers）的介绍信，推荐他成为一名作曲家。事实上，他们九年前在罗马见过面，当时保琳娜和路易在度蜜月，而古诺是美第奇别墅的学生，刚刚获得罗马大奖。她演唱了韦伯的《自由射手》中的咏叹调，古诺做钢琴伴奏。保琳娜已经忘记了那次见面，但古诺没有。他认为

图 10　夏尔·古诺，1850 年左右

与保琳娜的关系能帮助他进军戏剧节，用他的话说，那是"唯一能让他成名的地方"。在此之前，他一直在为教堂作曲，努力建立自己的事业。[1]

保琳娜同意给拜访者半个小时的时间。但他的音乐给她留下了深刻的印象，两人一起度过了一整天，最后她承诺在他准备写的任何歌剧中担纲主角。她甚至把一年内让古诺的作品在巴黎歌剧院上演作为续约的条件之一。歌剧院的主管内斯托尔·罗克普朗非常渴望留住他的首席女歌手，欣然同意了她的任性要求。

保琳娜热衷于为舞台寻找新的人才。她已经厌倦了《先知》。2月16日，她在给乔治·桑的信中表示："我只唱了永恒的《先知》（我没有说'不朽'）。"古诺的音乐预示着法国歌剧的复兴，她对此感

第三章　机械复制时代的艺术

到兴奋。她在信中说：

> 我非常高兴，我们认识了一位年轻的作曲家，一旦他的音乐为人所知，他将成为伟人。他在十年前获得了罗马大奖，从那时起就独自在他的书房里工作，似乎没有意识到他的笔下写出的每个乐句都是天才的一笔。事实上，如果我们能在眼下看到音乐拥有值得赞美的伟大未来，而不必总是回顾过去而导致脖子僵硬，这对艺术来说是一种安慰……今年冬天他会有一部歌剧上演，如果我有空的话，这很有可能。除了他的天才之外，他还是一个非常杰出的人，生性高贵，高尚而朴素。[2]

保琳娜迷上了古诺。她写信给所有的朋友，宣扬自己对他的天才的看法。古诺将成为法国的莫扎特。他英俊、迷人、优雅而活泼，在音乐上与她的精神世界相连，这是路易和屠格涅夫都无法做到的。作曲家回报了她的感情。

在1850年的头几个月里，他们每天要花好几个小时在一起研究他对《萨福》的构思，这部基于希腊神话的歌剧是他为保琳娜和巴黎歌剧院所选择的。让古诺感到尴尬的是，他在一个女人的帮助下创作了自己的歌剧，保琳娜的参与淡化了他的角色。[3]屠格涅夫妒火中烧。他试图掩盖这一点，与保琳娜一起对这位有前途的作曲家表现出热情，并在与举止温和的路易的狩猎之旅中寻求慰藉，后者早就学会了不对妻子的崇拜者产生任何嫉妒。然而，虽然丈夫可以不嫉妒，屠格涅夫却不行。他遭受了极大的痛苦。据赫尔岑说，屠格涅夫开始酗酒，并光顾妓院。[4]

从他当时写的两部作品中可以感受到他的痛苦。在《多余人日记》中，故事的主人公丘尔卡图林嫉妒一位王子赢得了他心爱的丽扎的心，向其发起了一场决斗。屠格涅夫的戏剧《大学生》（后来改名为《村居一月》)甚至与保琳娜、路易、古诺和他自己的复杂故事更为相似。剧中的已婚女主人公娜塔莉亚·彼得罗夫娜爱上了儿子的家庭教师——大学生别里亚耶夫,拒绝了她热情的仰慕者里亚比宁(《村居一月》中改为拉基金。屠格涅夫后来承认拉基金就是他自己)。手稿页边空白处的一条批注暗示,屠格涅夫不确定,保琳娜在多大程度上要为她与古诺的风流韵事受到指责。当娜塔莉亚意识到自己对别里亚耶夫的爱时,屠格涅夫写道:"她自己并没有意识到她的感情有多强烈。"[5]

屠格涅夫的痛苦并没有随着保琳娜启程前往柏林而结束,《先知》在4月的上演拉开了那里的歌剧乐季的序幕。在她离开巴黎几天后,古诺的哥哥去世了,需要古诺抚养他的遗孀和他们在襁褓中的儿子。得知古诺的悲剧后,保琳娜让他带他们和他的母亲一起去库尔塔维内尔,在那里他可以不受干扰地创作《萨福》。为了给保琳娜帮忙,当维亚尔多一家动身前往德国时,屠格涅夫推迟了先前返回俄国的计划,和古诺等人一起前往,向他们提供精神上的支持。保琳娜写信给屠格涅夫,详细说明了古诺一家将住哪些房间。她几乎把他当作仆人一样对待。屠格涅夫尽其所能地表现得像是这位作曲家的朋友,尽管他嫉妒"古诺这个怪物",后者能够收到保琳娜更长的来信。[6]古诺和屠格涅夫一起在树林里散步。保琳娜在柏林有演出的那些晚上,他们会坐在一起,估摸着她的咏叹调可能的时间,在终曲时为她"缺席"鼓掌,甚至向这位不在场的歌手投掷一把白色丁香花,屠格涅夫在给保琳娜的信中还附上了一些花瓣。他甚至像受虐狂一样向她通报古诺的消息。[7]

到了5月初,屠格涅夫再也无法忍受。他绝望地写信给保琳娜,用相当正式的口吻告诉她,他必须回到俄国。他将于5月10日或12日离开库尔塔维内尔,途中经过柏林。屠格涅夫离开是出于嫉妒吗?他不会这么说。但他很沮丧,觉得失去了保琳娜的感觉是他悲伤的原因。我们不知道保琳娜的反应。她在给古诺的信中对屠格涅夫的离开表示遗憾，但没有给后者写信。屠格涅夫再次写信，坚称他必须离开，尽管他说这样做让他很伤心，之后他又补充了一些消息（偷猎者的活动，天气的变化，古诺在《萨福》上的进展），然后解释说，他不能继续带着这种"假装的欢乐"写作——也不能再用正常的外表掩饰自己的痛苦："我非常悲伤。"他终于承认。[8]

也许屠格涅夫是在等待保琳娜恳求他留下。他不能让自己在有可能转圜的情况下离开。5月12日，他去了巴黎，但两天后又返回，声称那里的一位俄国朋友告诉他，沙皇已下令逮捕反对派嫌疑分子，因此他最好等一段时间再回圣彼得堡。屠格涅夫在给保琳娜的信中写道，回到库尔塔维内尔时，他"就像一个男孩一样快乐"；因此他原谅了她在他不在的时候只寄给他一封"薄薄的短笺"，给古诺的却是"又大又厚又长，写得密密麻麻的信"。要是她能在库尔塔维内尔和他见面就好了，他们可以一起讨论他应该什么时候回俄国。也许她可以劝他不要走：

> 俄国可以再等等——那个巨大而阴沉的形象，一动不动，被阴云遮蔽，就像俄狄浦斯的狮身人面像。她以后会把我吞没的。我想我可以看到她那不会动的大眼睛正盯着我，用一种与她的石头眼睛相配的阴郁目光注视我。别担心，狮身人面像，我会回到你身边的，如果我不能解开你的谜语，你可以在空闲时吃掉我。让我安静一会儿吧！我会回到你的草原。[9]

屠格涅夫又在库尔塔维内尔待了五个星期。他对古诺很慷慨，在后者创作《萨福》时哄其开心，并写信给保琳娜，称赞了古诺的音乐，但认为这种音乐过于"忧郁"和"崇高"，无法在商业上取得人气。[10]

6月，保琳娜和路易返回库尔塔维内尔，然后动身前往伦敦，保琳娜将在考文特花园和一系列音乐会上演唱。但她丝毫不曾有劝阻屠格涅夫返回俄国的迹象。现在他急须回到那里。在俄国有传言称，他与法国共和派圈子的联系很快就会导致他被列入永久流亡的名单，这意味着他的作品不能在祖国出版。这不是他可以承担的风险，因为他仍然要依靠他的作品在俄国出版来获得微薄的收入。[11]

归根结底，钱是屠格涅夫决定回国的最重要因素。屠格涅夫从 1848 年起就被他母亲剥夺了生活费，靠写作勉强维持生计。在 1852 年他的《猎人笔记》获得成功之前，《现代人》杂志只付给他每个印张 50 纸卢布（约合 60 法郎）。*他经常沦落到向朋友借钱，或写信乞求他在俄国的出版商预支他承诺未来写给他们的戏剧和短篇小说的稿费。他迫切需要回到俄国，不仅是为了确保自己作为一名作家的未来，也是为了与母亲言归于好，这样她才会继续支付生活费，如果没有这笔钱，他就无法作为作家生存。他希望与母亲达成协议，让他可以在国外生活。

6 月 15 日，屠格涅夫与维亚尔多夫妇一起前往巴黎，在北站送他们上了前往伦敦的火车。虽然没有宣布自己的计划，但他把包和最喜欢的猎狗带到了巴黎，让保琳娜对他的意图产生了怀疑，他们的分手令人伤感。四天后，他写信给她，说他要回俄国。她回信表示遗憾，希望他会回来，但没有要求他改变主意。他还给古诺写了信。第二天，他收到了一封很长的回信——那是胜利者写给被征服者的——作曲家在信中表示，希望"我们都深爱着的优秀朋友"能

---

* 俄国的每个印张大约相当于 5000 字。它包含了最终出版物的多个页面，分割后装订成书。按照欧洲的标准，屠格涅夫的稿酬不高——约为每千字 12 法郎，1852 年后大约增加到每千字 18 法郎。1833 年，在写作生涯的类似阶段，巴尔扎克能从《巴黎评论》挣到每千字 30 法郎。(Honoré de Balzac, *Correspondance*, ed. Roger Pierrot, vol. 2 [Paris, 1962] , p. 280) .

够继续把他们团结在一起,并"以她的名义"要求让自己通过她了解屠格涅夫生活中的重要变化。在附言中,古诺还写道:"你的洗衣费是8法郎55生丁"。[12]

出发的前一天晚上,屠格涅夫又给维亚尔多夫妇写了一封信。他向保琳娜承认,回到俄国就像走进了沙漠。她必须保证记住他,并给他写信,告知她的生活中的每一个琐碎细节。当她坐在城堡外面院子里的白杨树旁时,她一定要想起他正身处生长着古老酸橙树的斯帕斯科耶,凝视着她在库尔塔维内尔的方向。他另附了一张给路易的便条,后者曾安慰屠格涅夫,预言说一旦回到俄国,并与母亲言归于好,他的良心就会释然:

> 我亲爱的好朋友,我不想在离开法国前不表达我对你的感情和尊重,或者说我对我们必须分开感到多么遗憾。我带着对你最亲切的回忆;我已经开始认识到你优秀和高尚的品格,当我说我永远不会感到真正的幸福,直到我再次能够踏上钟爱的布里平原,手里拿着枪,与你同在时,你必须相信我的话。我接受你的预言,会试着相信它。人的故乡有其权力,但真正的故乡不就是让人对它最有感情,让人的心灵最为舒适的地方吗?我爱库尔塔维内尔胜过世上的任何地方。[13]

6月29日,屠格涅夫乘坐轮船从斯德丁*出发前往圣彼得堡,然后坐马车前往莫斯科,沿着当时由大批农奴劳工大军修建的俄国第一条主要铁路线,他终于在7月5日抵达了他母亲在斯帕斯科耶的庄园。

他发现弟弟新婚不久,娶了一位名叫安娜·舒瓦特(Anna

---

* 斯德丁(Stettin)为什切青(Szczecin)的旧称。——编注

Shvart），曾经担任他母亲的有偿陪护的德国女子。专横的瓦尔瓦拉·彼得罗夫娜拒绝同意这桩婚姻，但由于她没有给儿子足够的生活费，他就在没有得到母亲同意的情况下与安娜结婚，现在两人独立生活。母亲不允许安娜进入她的视线。

屠格涅夫还在那里见到了女儿，由他母亲家中的雇员，一个名叫阿芙多吉亚（Avdotia）的裁缝所生的8岁女孩，他在国外时已经忘记了她。他在一封信中向保琳娜解释说："我当时还年轻，在乡下闲得无聊，对为我母亲工作的一个漂亮的女裁缝发生了兴趣。我在她耳边低语了几句——她到了我的房间——不久之后我就离开了。"[14] 回到斯帕斯科耶后不久，他看到这个孩子被马车夫逼着去提一桶沉重的水。他在母亲招待客人的时候向她抱怨。瓦尔瓦拉·彼得罗夫娜叫人把这个名叫佩拉捷娅（Pelageya）的小女孩带进客厅，请客人们说说她长得像谁。然后她对儿子说："为什么？这是你的女儿。"

出现怀孕征兆后，阿芙多吉亚被送到莫斯科，在瓦尔瓦拉·彼得罗夫娜在奥斯托任卡街（Ostozhenka Street）上租的房子里工作，后来被迫嫁给了一个商人。孩子被带回斯帕斯科耶，由家奴抚养。屠格涅夫大吃一惊。他感到内疚。在随后的四分之一个世纪里，直到阿芙多吉亚去世，他每个月都会寄去生活费。屠格涅夫对这个意外的女儿怀有责任感，但没有真正的爱或感情。在给保琳娜的信中，他建议把女儿送到修道院，或者带她一起去圣彼得堡，为她找一所寄宿学校。他没有想过自己把她养大。保琳娜提出给这个孩子一个家，让她和自己当时9岁的女儿一起接受教育。屠格涅夫兴奋地接受了这个提议。毫无疑问，他很高兴自己的女儿与保琳娜家能有联系（他把她改名为保琳奈特［Paulinette］）。屠格涅夫承诺每年提供1200法郎的收入，帮助支付养育她的费用。保琳奈特和一个保姆一起去了巴黎。这个可怜的女孩一句法语也不会说。当她离开斯帕斯科耶时,她父亲告诉她的唯一一件事就是把保琳娜当成"她的神来崇拜"。[15]

屠格涅夫修复与母亲关系的希望很快就破灭了。她拒绝为两个儿子提供任何形式的经济援助,除了在她愿意的时候给一小笔钱。"一边是失去尊严和独立,一边是贫穷,我被迫在两者之间做出选择,"屠格涅夫在8月1日给保琳娜的信中写道,"我的选择没有花太长时间——我已经离开了我母亲的家宅,放弃了我的遗产。亲爱的朋友们,当我告诉你们我别无选择的时候,你们会相信我的,对吗?"兄弟俩和安娜一起搬到了屠格涅沃,这是他们父亲的小庄园,距离斯帕斯科耶十几公里,屠格涅夫在一座造纸厂的废弃建筑里搭了房间。狩猎是他日常的慰藉。他在信中告诉保琳娜:"我将在这里花两个月的时间来安排自己的事,然后回到圣彼得堡,在那里靠工作和写作为生。"[16]

11月16日,瓦尔瓦拉·彼得罗夫娜去世。她已经病了好几天。屠格涅夫当时在圣彼得堡,尼古拉曾写信让他回来,但在铁路开通之前,途中要花六到七天,屠格涅夫抵达时已经太晚了。几天后,他在给保琳娜的信中写道:"我母亲去世了,没有[为她的农奴]做任何准备。"

> 可以说,她留下了一大批依靠她才免于流落街头的人。我们将不得不做她本应该做的事。她最后的日子真的很悲伤——愿上帝保佑我们免于类似的死亡。她唯一的愿望就是把自己变聋。在她去世的前夜,甚至在临终喉鸣的痛苦已经开始的时候,按照她的命令,隔壁房间里仍有一支管弦乐队在演奏波尔卡舞曲。[17]

她的死给屠格涅夫留下了大量的土地,但也带来了很多债务,以及对她的依附者们的责任。斯帕斯科耶有无数的依附者，受宠的仆人、医生，手头拮据的绅士邻居都期待瓦尔瓦拉·彼得罗夫娜的施舍——屠格涅夫的作品中充斥着这类人物。她直到最后都随心所欲，在遗嘱中增加了一份5万卢布的遗赠，送给她收养的一个农奴女孩，屠格涅夫不得不从一个因为农场管家们失职和监守自盗而濒临破产的庄园里筹到这笔钱。他需要几年时间才能计算出自己能够从她的遗产中赚多少钱，以及他损失了多少。仅在斯帕斯科耶，他的那座庄园拥有的土地和农奴就足够带来至少每年6000银卢布的收入，合2.4万法郎。即便扣去女儿的生活费，这笔钱也足够让他作为一个悠闲的绅士生活。他在圣彼得堡租的公寓每年花费450银卢布，1855年搬到那里时，他花了1000卢布雇了一个住家厨子，此人是首都最好的厨师之一。然而，他从来没有得到他应该从斯帕斯科耶获得的收入。由于全神贯注于文学，他对遗产的管理不感兴趣，把它交给了一些灾难性的管理者——首先是从别林斯基圈子里认识的作家丘特切夫（N. N. Tiutchev），导致他损失了数千卢布，接着是他的叔叔尼古拉·屠格涅夫，这个退休的骑兵军官让他损失了更多。屠格涅夫天真地相信别人，对金钱也不关心，多年来一直没有意识到自己的损失有多大。[18]

《萨福》于1851年4月在巴黎首演。结果喜忧参半，该剧只演出了六场，主要是因为保琳娜只能在前三个晚上演唱，之后观众数量急剧减少。乔治·桑原本计划在5月初去观看，到了那里却发现《萨福》已经被撤档了。[19]

古诺认为，《萨福》缺乏使大歌剧流行的戏剧元素。[20] 审查员的大笔一挥令其雪上加霜，为了迎合深受喜爱但日益专制的路易-拿破仑的利益，他们以不道德和煽动叛乱为由删掉了一些戏剧场景。[21]

在巴黎的首演之前，保琳娜曾说服考文特花园的经理弗雷德

第三章 机械复制时代的艺术

里克·贾伊将《萨福》列入她 1851 年乐季的合同中。她会担纲主角。[22] 保琳娜在 6 月初去了伦敦。几周后,古诺到那里与她会合。他们对歌剧做了一些改进,去掉了拖沓的场景,加入了芭蕾。他们对伦敦寄予厚望,《萨福》将于 8 月 9 日在那里迎来首场演出。5 月 1 日在海德公园开幕的"大展会"让英国人处于节日的欢乐情绪中,看起来该剧很有机会能吸引他们。但歌剧失败了,仅仅两场演出后就被撤档。伦敦的评论家们尖刻地指责贾伊上演这部"单调"的歌剧只是为了取悦维亚尔多。[23]

由于有如此多的游客来伦敦参观"大展会",那年夏天的私人音乐会季特别繁忙,保琳娜应接不暇。但她还是数次参观了水晶宫(约瑟夫·帕克斯顿 [Joseph Paxton] 设计的玻璃和钢铁结构的展厅),她在给母亲的一封信中表示,"各国之间创造性的相似之处和人类的纯粹创新能力"给她留下了深刻印象。[24]

"世界博览会"的想法可以追溯到雅各宾派,他们曾于 1789 年举办过一次展览,以庆祝法兰西共和国的工业成就。此后举办过许多次——1845 年在伯尔尼和马德里,1847 年在布鲁塞尔和波尔多,1848 年在圣彼得堡,1849 年在里斯本和巴黎。但"大展会"是此类展会中第一次真正国际化的,有 40 多个国家参加。这是最初的世博会,一个玻璃建筑中的"地球村"。

1849 年,阿尔伯特亲王在参观了巴黎的法国工业产品博览会后决定将展会国际化。作为皇家艺术、制造和商业促进协会的主席,亲王是万国工业博览会("大展会"的正式名称)的发起人,其主要组织者是皇家学会的成员亨利·科尔(Henry Cole),他组织过许多成功的工业艺术品展览。这个展会最初的设想是通过与其他国家的比较来提高英国的设计水准,但很快被自由贸易主义者所接管,他们将国际贸易的发展视为一种促进和平与进步的机制,更不用说有助于推动英国作为世界领先的制造者的利益。组织者没有强调自由贸易的论点，因为外国政府普遍反对它；相反，展会采用了国际主义的论调，即1843年之后随着国际铁路的开通而提出的各国团结的旧有理想。

阿尔伯特亲王宣称："我们生活在一个最神奇的过渡时期，它很快就会完成所有历史都指向的伟大目标——人类团结的实现。"他强调，"现代发明的成就"意味着"各国之间的距离"正在"逐渐消失"。国与国之间的文化交流的好处是这一论述的核心。英国博学家查尔斯·巴贝奇（Charles Babbage）写道："世博会的目的是促进和增加世界各国之间原材料和制成品的自由交流。"巴贝奇以发明机械计算机闻名，他的思想影响了展览的布局。"让其他所有国家都在知识、工业技能、品味和科学方面取得进步符合每个民族的利益。"[25]

对于自1849年以来一直在伦敦流亡的卡尔·马克思来说，这次展会"引人瞩目地证明，现代大型工业凭借其集中力量正在世界各地打破国家壁垒，使得生产、社会和民族性的地方特征变得日益模糊"。换句话说，它是资本主义网络和国际贸易增长所创造的全球化经济的象征。马克思还将这次展览视为消费的丰碑。它是大众"消费文化"的基础——就像今天对它的称呼——在这种文化中，商品被赋予了高于其使用价值的文化价值。在他看来，水晶宫——里面陈列着数以万计的展品，包括铁路机车和锅炉、电气设备和机器、望远镜和显微镜、廉价的钢琴、各种家具、鸟类标本、雨伞、铅笔、金银制品、瓷器和雕塑、版画和照片——是商品崇拜的展示窗。"通过这次展会，"马克思和恩格斯写道，"全世界的资产阶级在现代的罗马建立了它的万神殿，在那里，它怀着自满的骄傲展示了它为自己制造的神明。"[26]

作为景观、博物馆和集市，"大展会"模糊了艺术品、机械和商品之间的旧的区分。正如阿尔伯特亲王在1846年所说的那样，

第三章　机械复制时代的艺术

皇家协会的想法是"将高雅艺术与机械技能结合起来",而展览的重点是工业艺术品的生产过程(科尔称之为"艺术产品")。[27]画作被排除在水晶宫之外,*除非它们被认为展示了一种新的材料或技术,但在美术厅里有雕塑、陶瓷、马赛克和搪瓷作品,所有这些都作为技艺高超的工匠的珍贵作品展出。

这种策展原则所创造的叙事将艺术描绘成一种高价值的消费品。艺术品像商品一样被展示,与金银制品、钟表和家具一起陈列,就像在百货商店一样。†玻璃是这种展示的关键。1848年发明的铸板玻璃法使得生产更大的玻璃板成为可能,这些玻璃被用来建造水晶宫,百货商店的门面,以及巴黎拱廊街巨大的铁和玻璃的拱顶。[28]

"大展会"上的许多艺术品都是机械制造的——古老小雕像的铸造品和复制品、仿制的青铜器、名画的平版印刷品,这些是为在大众市场上销售而设计的。科尔说,虽然组织者决定展品不应带价格标签,但这是经过"多次调查和询问"后才做出的。许多人批评了这种做法,包括巴贝奇,他们认为价格"是每笔交易中最重要的因素",省略价格"和没有英雄的悲剧,或者没有鼻子的肖像一样荒唐"。由于博览会的主要目的是"促进商业和商品交换",巴贝奇建议"应该在展厅内允许销售"。维多利亚女王可能同意了。参观完展览后,她在日记中写道,她"想买下所有看到的东西!"[29]

---

* 曾有过设立绘画展厅的计划,但主要的展品提供者——法国人出于经济原因阻止了该计划:他们不想承担自己画作的运输成本(Patricia Mainardi, 'The Unbuilt Picture Gallery at the 1851 Great Exhibition,' *Journal of the Society of Architectural Historians*, Vol. 45, No. 3 [Sep., 1986], pp. 294-299)。

† 新的百货商店与这个展厅有着惊人的相似,比如巴黎的巴内努维勒百货和乐蓬马歇百货(Au Bon Marché)、利物浦的刘易斯百货(Lewis's)和伦敦的怀特利百货(Whiteley's)。它们的宏伟建筑(包括让光线进入庞大内部的玻璃和钢梁)旨在营造壮观的景象;它们的布局是为了引导顾客穿过所有的空间,就像人群被引导穿过展厅一样。

二

1852年，屠格涅夫出版了将会奠定他声望的《猎人笔记》。这本书由他之前发表过的故事组成，主要刊登在《现代人》杂志上，杂志主编涅克拉索夫从1847年起就想把它们编集成书，但直到三年后，在那些已经发表的故事获得成功之后，屠格涅夫才开始准备出版，并写了书中最后的几个故事。狩猎故事和小品是一种流行的体裁，特别是当它们兼具游记或社会评论功能的时候。路易·维亚尔多的《狩猎回忆录》（1846年）大获成功，阿歇特的铁路文库在1852年即将推出该书的第五版。屠格涅夫一定希望取得类似的成就。

屠格涅夫从一开始就在审查部门那里遇到了问题。在当时欧洲唯一尚未废除农奴制的国家俄国，任何旨在揭露农奴状况的作品必然会遇到麻烦。1848年的革命动乱之后，整个大陆的政府都对艺术，特别是戏剧在调动政治情感方面的力量保持警惕。这个问题在奥地利帝国尤为严重，受挫的民族情感是反革命势力在匈牙利、捷克和意大利北部等地留下的遗产。威尔第的歌剧《斯蒂费利奥》（1850年）被的里雅斯特的审查部门封杀，因为它的故事情节（一个新教牧师宽恕了他通奸的妻子）被奥地利当局视为对天主教道德的攻击。在威尼斯的凤凰剧院首演前，《弄臣》（1851年）遇到了类似的问题。根据维克多·雨果的戏剧《国王寻欢》改编的这部歌剧将法国国王描绘成一个不道德的花花公子，被奥地利审查部门认为是不可接受，尽管经过长时间的谈判，他们允许一个较为温和的版本上演，把故事转移到贡扎加家族统治时期的曼图亚公国，那个公国已经不复存在。

没有任何地方的审查部门比俄国的更加活跃。1848年，欧洲革命没有蔓延到俄国，但那里有一小群致力于民主的革命者和知识分子，沙皇和他惊慌失措的谋士们认为随时会出现麻烦。为了避免俄国受到西方思想的感染,沙皇于1848年成立布图尔林委员会（Buturlin Committee）,扩大了他的预防性审查权力。任何被认为稍有颠覆性的文学活动都会引起沙皇警察的注意。他们的镇压蛮不讲理。1849年,斯拉夫主义作家尤里·萨马林（Yury Samarin）因为一份**未出版**的手稿而被监禁,他在其中批评了他所生活的里加的贵族。同年,所谓的彼得拉舍夫斯基小组（Petrashevsky Circle）被俄国法院判处死刑,这是一群每周聚会一次,讨论政治理念的知识分子（包括作家陀思妥耶夫斯基）。陀思妥耶夫斯基的罪名是宣读了别林斯基在1847年写给果戈理的那封当时已经很有名但被查禁的信,这位评论家在信中攻击了神秘主义,并呼吁改革。在行刑前的最后一刻,21名"图谋造反者"得到了沙皇的赦免,他们的刑期被减为在西伯利亚服期限不一的苦役。

屠格涅夫已经与俄国的审查部门有了一些纠葛,后者在1849年至1851年间禁止《现代人》杂志发表他的一些短篇小说。但与1852年《猎人笔记》成书出版时引发的风暴相比,这些问题微不足道。屠格涅夫意识到圣彼得堡的审查制度在日益收紧,于是让他的朋友瓦西里·博特金把自己的手稿交给莫斯科一位相对自由的检查员利沃夫公爵（Prince V. V. Lvov）,后者同意向作者提供哪些内容需要删减的建议。在这些更改的基础上,利沃夫公爵于3月批准该书出版（被削减的地方包括给保琳娜的题献,她的名字被用星号取代了）。[30] 审查员无疑认为,刊印以前大部分发表过的故事没有什么问题。故事中没有一句话可以被解读为对沙皇体制或农奴制的公开攻击（尽管总体来看,整本书都充斥着对这两种制度的微妙谴责）。

4月28日,屠格涅夫被捕,表面上不是因为《猎人笔记》,而是因为3月25日他在《莫斯科新闻报》（Moskovskie Vedomosti）上发表的果戈理讣告。这位作家于2月去世,深深地震撼了屠格涅夫。"作为外国人,你很难理解这损失有多巨大,如此残酷,如此彻底，"他曾写信给保琳娜说，"即使是最具洞察力的外国批评家，比如梅里美，也只是在果戈理身上看到了一位英国式的幽默大师的影子……你必须是俄国人才能理解我们失去了什么。对我们来说，他不仅仅是一个作家——他为我们揭示了什么是俄国人。"[31] 就像19世纪中叶出现的每一位俄国作家一样，屠格涅夫认为自己是"果戈理的追随者"。1845年，别林斯基在一篇很有影响的文章中将他的短篇小说《外套》描绘成被评论家定义为"再现事实的全部真相"的一个"新文学流派"的奠基文本。"现实主义"这个词才刚刚开始被使用，但是作家应该展示社会的各个方面（包括它的粗俗和丑陋，就像别林斯基认为果戈理已经实现的那样）的思想成了俄国现实主义传统的基础（陀思妥耶夫斯基有句名言，整个俄国文学都"出自果戈理的《外套》下面"）。

屠格涅夫关于果戈理的文章中没有任何政治内容。他称果戈理为"伟人"，但俄国媒体对其去世普遍保持沉默，使他带着义愤之情写下了此文，他在写给博特金和斯拉夫主义评论家伊凡·阿克萨科夫（Ivan Aksakov）的信中表达了这种挫败感，这封信被沙皇的政治警察截获。他还以同样的口吻写信给路易·维亚尔多，路易随后在法国的共和派报纸《世纪报》上发表了一篇文章，表示从一位未具名的俄国消息人士那里获悉，果戈理在俄国受到了审查部门的迫害。巴黎的一名沙皇警察特工拿到了这篇文章，认为屠格涅夫是作者，将文章交给了沙皇，而后者已决心因为《猎人笔记》而惩罚屠格涅夫。尼古拉无视警察局长提出的只对屠格涅夫进行监视的建议，而是指责他"公然抗命"，下令将他监禁一个月，随后把他软禁在自己的庄园。用作他的牢房的房间里还存放着整个地区的警察档案，他有时间研究这些秘密文件。一天晚上，警察局长来拜访他，好奇地想见见这位著名的作家，喝了几杯香槟后，屠格涅夫提议："为罗伯斯庇尔干杯！"[32]

屠格涅夫从牢房里写信给维亚尔多夫妇，告诉他们自己的处境：他认为果戈理的文章只是逮捕他的借口，因为当局已经监视他"很长一段时间"了——他指的是他和他们曾经在法国与革命共和派共处的那段时间。*他似乎想要警告维亚尔多夫妇，因为正如他所担心的那样，在1851年12月2日路易－拿破仑发动政变后，他们就一直受到法国警方的监视。路易－拿破仑解散了国民议会，因为后者反对他进行宪法改革——该改革将允许他第二次担任四年任期的总统职位——以及建立独裁政权。屠格涅夫充满了忧郁和自怜："我的健康状况很好，但老得不像话了——我可以送你们一绺我的白发……我的人生完了，所有的快乐都消失了——我吃完了所有的白面包。"[33]

屠格涅夫认为，他的被捕会导致《猎人笔记》无法出版。教育部部长对利沃夫允许这本书过审进行了"严厉的斥责"。但要阻止这本书的出版为时已晚，该书于8月问世，在莫斯科和圣彼得堡很快就销售一空——很大程度上是因为该书作者的被捕让他成了名人。在教育部部长的要求下，沙皇的首席审查官审查了已经出版的书，认为它是有害的，因为既然屠格涅夫"众所周知是个富人"，他写这本书的动机一定是政治的——为了揭示"农民受到压迫，地主不道德和违法的行为，牧师对地主唯命是从，地方官员收受贿赂。总之，如果获得自由，农民会过得更好"。现在，沙皇下令查禁了该书，利沃夫被免职。[34]

---

* 屠格涅夫不知道，第三厅（政治警察）也编集了一份他与尼古拉·屠格涅夫的关系的报告，他的这位远亲是1825年反抗专制的十二月党人起义的主要领导人之一。起义时尼古拉正在国外，从此在巴黎流亡，屠格涅夫于1845年在那里见过他。（*Turgenevskii sbornik. Materialy k polnomu sobraniiu sochinenii i pisem I.S. Turgeneva*, 5 vols. [Moscow-Leningrad, 1964-9], vol. 3, p. 212）

1852年10月4日，伊凡·阿克萨科夫在给屠格涅夫的信中写道："我正在重读《猎人笔记》，我不明白利沃夫让它通过时在想什么。这本书是对地主阶级的一系列微妙攻击，一整排的炮火。"[35]《猎人笔记》取得了轰动。没有哪本书比它更能提高社会对农民苦难的认识。农民不再是单纯的"乡下人"，有着刻板的表情和特征，就像在浪漫主义文学中那样，而是第一次被描绘成有思想和有情感的复杂个体。通过对农奴制如何影响他们生活方式的简单观察，屠格涅夫比任何政治宣言都更有效地激起了读者的道德愤慨。《猎人笔记》的影响是巨大的。该书与《汤姆叔叔的小屋》同年出版，它在左右俄国人的反农奴制观点方面的影响与哈丽叶特·比彻·斯托（Harriet Beecher Stowe）的书对美国反奴隶制运动的影响一样大。人们普遍认为，将于1855年登基的沙皇亚历山大二世不仅读了该书，而且在1861年决定废除农奴制时受到了它的影响。屠格涅夫后来声称，他一生中最自豪的时刻是在解放令颁布后不久，从奥廖尔到莫斯科的火车上有两名农民走到他身边，用俄国人的方式向他鞠躬，"以全体人民的名义感谢他"。[36]

让《猎人笔记》的读者印象最深刻的是故事的视觉真实性。它们栩栩如生，经常被比作乡村生活的照片或达盖尔相片。屠格涅夫本人表示，他的故事"就像对我的所见所闻进行照相曝光"。[37] 作为作家，他无疑是现实主义派。他把"现实生活"当成自己写作的主题，总是根据真实的人塑造他的人物。他的目的是让读者通过充满感官细节的描述性文字直接与现实打交道——让他们的视线不受作者的干预或判断，无阻隔地在书页上看到现实。《猎人笔记》中的叙事者并未透露自己的任何信息，他只是（读者）通往书中生活的一扇窗。不过，屠格涅夫认为现实主义艺术永远不应该被等同于照片中的再现。他写道："艺术不只是达盖尔相片。"在他看来，把镜子对准现实应该永远只是小说家的出发点，他的任务不仅是复制自然，还要选择和展示他想要被看到的东西，然后让读者形成自己的判断。对现实的观察永远不应掩盖作者自己的想象或对隐藏真相——藏在人类行为和社会表面之下的动机和思想——的探求。就像他在给画家路德维希·皮奇的信中所说的，他的目的是"捕捉现实中的诗意"，他在《猎人笔记》中实现了这点，把诗歌与照片般的画面结合起来，很少有其他作家做到这点。读完法文译本后，乔治·桑写信给屠格涅夫："你是一个看到一切的现实主义者，一个从现实中创造美的诗人。"[38]

屠格涅夫在斯帕斯科耶过着平静的软禁生活。他一直遭到监视，甚至不能在没有警察跟踪的情况下在自己的土地上打猎。"我的一天是这样过的"，他在 1852 年 11 月写信给保琳娜说：

> 我 8 点起床。吃早餐和做别的事直到 9 点，然后我散步一个小时。从 10 点到下午 2 点。我会读书或者写信等等。2 点的时候我会吃点东西——或者出去散会儿步。然后我工作到 4 点半。5 点时会在家里和丘特切夫一家共进晚餐（我住在可以看到花园的厢房）。*我和他们一起待到 10 点。我们会打牌，或者我会朗读等等。我 10 点上床，看书到 11 点，然后马上入睡——每天都完全一样。正如你所见，日子并不快乐，但也不像你想象的那么糟糕。

最糟糕的是与欧洲，以及与传到莫斯科和圣彼得堡的那部分欧洲文化的隔绝。从伦敦或巴黎寄出的信要花 15 天才到达莫斯科，再过五六天才能到斯帕斯科耶。他不习惯这种缓慢的生活节奏，强

---

* 正房在 1839 年的火灾中被烧毁。

烈地感到与世隔绝。"所以我真的被困在草原中间了。"他在给保琳娜的信中写道：

> 离你不能更远了，远离任何消息——因为你很可能会想到，我们这里没有报刊。拿本地图册看看吧，在俄国地图上寻找从莫斯科到图拉和从图拉到奥廖尔的道路——如果在后两座城市之间你找到了一个叫作切尔恩（Chern'）的地方（紧接着你将看到另一座叫姆岑斯克［Mtsensk］的小城），那么你就会知道我离这座城市2里格（10俄里）。

屠格涅夫最想念的是音乐，他恳求保琳娜寄给他一份《萨福》咏叹调的改编曲谱，配有对他来说不太难演奏的"一点钢琴伴奏"。[39]

他想念的不仅是音乐，还有保琳娜。11月13日，也就是他们第一次见面九周年的日子，屠格涅夫给她写信说："我的心和灵魂都属于你，今天是这样，九年前如此，九年后也一样。你知道的。九年了！唉，等我有希望再见到你时将会是十年。"屠格涅夫担心为时已晚，无法重新燃起他们的罗曼史。他刚满34岁，她31岁。结束了对古诺的迷恋，保琳娜试图修复与路易的关系。1852年5月，她生下了第二个女儿克劳迪娅。屠格涅夫让一个农妇搬进了他在斯帕斯科耶的房子里。但他真正想要的是保琳娜的造访。

怀孕迫使她离开了巴黎的舞台一段时间。1851年秋的乐季，她没有出现在那里。随后,拿破仑在12月发动的政变推迟了她的回归。维亚尔多夫妇是不受帝国政权欢迎的人。特别是路易，他与共和派的关系广为人知，受到了警察的监视，他们跟踪他前往索邦图书馆，并提交了关于他与谁共进午餐的报告。遭到怀疑也给保琳娜蒙上了阴影。1852年的乐季，巴黎歌剧院没有发出邀请。谣言四起，说她已经退出了舞台。[40]

事实上，像以前一样，她转而在海外寻找机会。有传言说，她会重返圣彼得堡一个乐季。现在，趁着国际知名度正值巅峰，她可以在自己的嗓音开始衰退之前去俄国赚上一笔。维亚尔多夫妇与激进分子的关系是主要问题。保琳娜提议演唱的那些意大利剧目是意大利复兴运动的革命情感的焦点，因此俄国的民主派对其特别关注。沙皇不愿邀请保琳娜。但不可否认的是，人们普遍要求"我们的维亚尔多"（俄国人一直这样称呼她）回归。1852 年 12 月的最后一天，与帝国剧院的合同终于签署。[41]

1853 年 1 月，保琳娜抵达圣彼得堡。她演唱了她年轻时唱过的角色：《塞维利亚的理发师》中的罗西娜，罗西尼的《奥赛罗》中的苔丝狄蒙娜，《梦游女》中的阿米娜，然后在宫廷的私人演唱会上献唱。她收到了那么多珠宝，不得不将它们卖给圣彼得堡的一家珠宝商，把钱寄回她在巴黎的银行，以省去把它们带回法国的麻烦（和潜在风险）。[42] 3 月，她去了莫斯科，那里的歌剧院因为四旬斋而关闭，所以她举办了一系列的独唱会。令莫斯科人高兴的是，她主要唱了格林卡、亚历山大·达尔戈梅日斯基（Alexander Dargomyzhsky）和安东·鲁宾斯坦的俄国歌曲，甚至还戴上了莫斯科传统的盾形头饰（kokoshnik）。[43] 后来，保琳娜继续在欧洲的音乐厅演唱这些歌曲。19 世纪中叶，在让西方更好地了解和欣赏俄国音乐方面，她比任何人做得都多。[44]

屠格涅夫写信给圣彼得堡的保琳娜，恳求她在巡演中造访奥廖尔。他推荐由自己的一个地主邻居的农奴管弦乐队来举行一场音乐会表演。他向她保证："他们的演奏非常好，曲目很多，知道所有的经典曲目。"除非有她的丈夫陪同，否则保琳娜去斯帕斯科耶拜访屠格涅夫是不合适的：两人有染的谣言很快就会传开。路易不想去。也许是因为保琳娜和古诺的流言蜚语让他感到痛苦。毫无疑问，他也认为她去拜访沙皇的一个囚徒是不明智的，因为沙皇是她的主顾。路易用西班牙语写信给屠格涅夫——他认为警察看不懂这种语言——告诉他来奥廖尔有太多的风险。屠格涅夫礼貌地接受了他的决定，但感到失望和丢了面子。"我亲爱的朋友，"他在给路易的信中带着颇为讽刺的语气写道，"你与其他人特别不同的地方是你的睿智和常识。我们只有在上帝首肯时才能相遇，而不是在此之前。"[45]

当保琳娜来到莫斯科时，情况发生了变化。消息传来，路易生病了，已经返回法国。屠格涅夫沮丧得发狂。如果保琳娜不来看他，他决定去莫斯科见她。对他的服刑条件的轻微放宽促使他认为这是可能的。4月1日，经过几次为他的请愿（包括沙皇自己的儿子），屠格涅夫被正式解除了在斯帕斯科耶的软禁，获得允许在警察的监视下住在奥廖尔城里。但长途跋涉前往莫斯科将是严重的违规，如果被抓住，他会面临牢狱之灾。他准备冒这个险。4月3日，屠格涅夫持假护照出发，与朋友在莫斯科待了一周，并到保琳娜下榻的德累斯顿酒店见她，再于4月13日返回斯帕斯科耶。屠格涅夫在他后来写给保琳娜的信中提到了这次秘密约会，认为这说明"没有什么是不可能的"。[46] 在1862到1864年间所写的短篇小说《够了：一位去世艺术家的笔记残篇》中，他把这段经历变成了故事中的一个场景。这篇小说中，叙事者回忆了深夜在莫斯科与情人的相会，两人分别后，他在给她的信中谈到了此事："我离开了你，但即便在这里，在这遥远的流放中，我仍然充满了对你的思念，就像之前我处于你的掌控之中，我仍然能感到你的手放在我低垂的头上。"[47]

三

《猎人笔记》是屠格涅夫第一次取得经济上的成功。涅克拉索夫向莫斯科的一家书商出售了3000本书，几周内就被销售一空。

沙皇禁止出版这本书并没有阻止任何想要阅读它的人读到它，因为它很快就以法语和其他语言出版，在柏林还出现了翻印的盗版俄语本，毫无障碍地进入了俄国。技术变革和欧洲各国政府的意识形态多样性使得传统的审查制度变得不那么有效。

《猎人笔记》的成功让屠格涅夫成为欧洲舞台上的重要作家。这也意味着他可以提高自己的稿费，与出版商达成更有利的条件。如果在《猎人笔记》出版前，他每印张只能赚 50 卢布，现在他的要价可以提高到 75 卢布了，因为他知道如果涅克拉索夫不付钱，他可以找到另一个愿意付钱的编辑。这本书不足以让屠格涅夫变得富有或者在经济上有保障，即使加上他从自己的遗产中获得的收入。他仍然被迫写信给出版商，以未来的作品为抵押乞求他们出借款项。但他现在是一个可以靠自己的作品谋生的作家了。[48]

屠格涅夫是欧洲越来越多的靠文学收入生活的职业作家之一。长期以来，一直有靠写作谋生的兼职作家、卑微的雇佣文人和记者。在 18 世纪，伦敦的寒士街（Grub Street）到处都是这样的人。但在 19 世纪之前，很少有严肃文学的作家从市场销售中赚到很多钱。他们大多都是自给自足的绅士，或者是皇室或贵族赞助的受益者，通常担任闲职。他们获得了不多的报酬，如果真有的话。国际畅销书《少年维特的烦恼》（1774 年）只让歌德从他的莱比锡出版商那里获得了大约 1000 个塔勒（240 英镑）*。但这只是例外。在 19 世纪的头几十年里，大多数有作品出版的作家都有私人收入、赞助人的资助，或者担任让他们能够写作的职务。他们无须，甚至也不指望获得稿酬。

19 世纪初，作家从出版商那里获得稿酬成了普遍的做法。这通常是出版商为在一段时间内（不超过一年或两年）印刷一定数量的

---

* 当时还不存在法国法郎，但其含银量相当于 5500 法国里弗尔。

图书（通常在 1000 册到 2000 册之间）的一次性付款。一旦合同到期，作者就可以自由转到另一家出版商。有时，他们会被说服去分享出版商的利润——这是一种冒险的策略，因为出版商们以不诚实著称，不能指望他们给出准确的数字。正如巴尔扎克的《幻灭》（1837—1843 年）中的主人公吕西安·德·鲁邦普雷来到巴黎开始以写作为生时所发现的那样，稿酬水平并不高，他的一部沃尔特·司各特风格的中世纪传奇只拿到了 400 法郎。

这位苏格兰作家是欧洲第一个用笔发财的人——他的历史传奇小说是国际畅销书——即使他在 1825—1826 年的股市崩盘中失去了这些钱。1818 年时，司各特每年能从他的小说中获得 1 万英镑的惊人收入。在他进项最多的 1819 年，他出版了三部小说，包括《艾凡赫》和《拉美莫尔的新娘》，赚了 1.9 万英镑。

很少有作家能接近司各特的收入。巴尔扎克是其中之一，但他在作家生涯的前十年里面几乎没赚到什么钱。他的处女作《比拉格的女继承人》——与奥古斯特·勒普瓦特文（Auguste Lepoitevin）合著，1821 年出版时两人都用了笔名（巴尔扎克叫鲁纳勋爵［Lord R'Hoone］，是把他的名字奥诺雷［Honoré］的字母重新做了排列）——只获得了 400 法郎，与他笔下可怜的主人公吕西安相同。这两位朋友以 1300 法郎的价格出售了他们的下一本小说《让–路易，或找到的女儿》（1822 年），并同样平分了稿酬。巴尔扎克以笔名鲁纳独自发表的第一部小说《吕西尼昂的克洛蒂尔德》（1822 年）让他获得了 2000 法郎的稿酬，这是对他以笔名创作的作品的认可。但他用真名发表的第一部小说《朱安党人》（1829 年）只为他挣得了一半的钱，不足以清偿他在 1825 年到 1828 年间因为各种商业冒险失败而欠下的巨额债务（约 9 万法郎），包括出版社、印刷公司和字模厂。根据巴尔扎克本人的计算，他每天写作《朱安党人》只能获得 10 个法郎，一位熟练的工匠也能挣到那么多（他自称"贫穷的文字工人"）。为了还债，他不得不一生夜以继日地写小说（他数量庞大的书信主要都是有关他的商业事务的）。他的产出速度惊人，终于靠自己的写作赚得了丰厚的稿酬（1835年，他写出了突破性的小说《高老头》，赚得6.7万法郎），虽然他奢侈的生活方式意味着他永远无法还清债务。[49]

巴尔扎克是少见的能靠自己的写作生活的作家。大多数作家不得不通过其他工作来补充收入：记者、老师、公务员或图书管理员是该世纪上半叶法国和英国作家常见的日间工作。随着图书市场的发展，作家们要求获得更高的稿酬。市场结构对他们有利，因为出版商很多。在法国，1832年时，出版商与已出版小说作家的数量比例仅为2∶1（当年152名作家的作品由73家不同的出版商出版）。在这些条件下，畅销书作家处于很有利的位置，可以要求更高的费用或转投到其他出版商，以寻求更好的条件。维克多·雨果知道他的价值。他与出版商讨价还价。1832年，他的诗歌集《秋叶集》赚了6000法郎——这是1828年他的《颂诗和歌谣》所获稿酬的六倍。巴尔扎克以气势汹汹地与出版商讨价还价而臭名昭著，如果觉得自己受到了委屈或可以得到更好的价格，他会毫不犹豫地放弃一家出版商，转而与另一家进行交易。1844年，在他声名鼎盛的时期，他以9500法郎的价格将连载作品《莫黛斯特·米尼翁》卖给了《辩论报》；几个月后，他又以1.1万法郎的价格将经过修订和扩展的版本转售给了出版商赫伦诺夫斯基（Chlenowski）；第三个版本则卖给了夏尔·弗尔纳（Charles Furne），后者于1846年将其作为他的《人间喜剧》全本的一部分出版。根据一项计算，在1850年之前，这位法国作家在他的职业生涯中平均与13家不同的出版商合作过。[50]

19世纪中叶，随着更有效的版权法的出台，图书和音乐出版的状况都发生了变化。版权法最为有力地增加了作家从他们作品中获得的收入，为他们与出版商的关系奠定了更加稳定的基础。出版商和作家都对作为文学资本的版权感兴趣,共同对其加以利用。

他们的生意面临的最大威胁是盗版,即大规模翻印没有授权的版本。盗版业在19世纪三四十年代蓬勃发展,因为新的印刷技术使得盗版变得廉价和快速。印刷盗版书是一项国际买卖,在没有国际法的情况下终究无法控制。法国的边境线很长,空隙很多,特别容易受到攻击。在比利时、荷兰、卢森堡、瑞士和奥地利,有许多出版商的业务是廉价地翻印法语书籍并将它们运回法国。[51] 盗版的德语书籍由荷兰和奥地利人印刷,用于出口到德意志各邦(它们也相互盗版对方的书籍)。英语书籍被巴黎的加里尼亚尼(Galignani)出版社翻印,并通过英吉利海峡以低廉的价格倒卖。这些书被美国人以工业规模盗版,后者在被称为"猛犸象"的大版报纸上一次印刷过几本小说,在大西洋两岸都有大量销售。

比利时和美国是最大的盗版国家,因为它们使用两种最广泛的文学语言。在这两个国家,盗版都受到政府的保护,本国印刷商的利益被置于外国作家和出版商的利益之上。在新独立的比利时政府统治下,盗版出版商数量猛增。到了1838年,布鲁塞尔已经有229家盗版出版社,其他比利时城镇还有200家,其中许多拥有最先进的技术,能够以双列形式印刷紧凑的文本,使它们的版本非常便宜。在比利时印刷的每四本书中,就有三本是供出口的盗版书,其中大部分通过边境运往法国,但也有一些远至美国、巴西、墨西哥和古巴。国际市场被廉价的盗版淹没,以至于授权版本的出版商被迫降低价格与它们竞争,这意味着要增加印数以维持利润。比如,为了把比利时盗版的大仲马作品挤出市场,米歇尔·莱维出版了他的大众版全集,印量达2万册,每册售价仅为2个法国法郎,而不是通常的3.5个法国法郎。[52]

出版商和作家携手呼吁出台更有效的版权法来消灭这种盗版。他们提出了知识产权的新理念。在整个欧洲,要求更多保护的理由

第三章 机械复制时代的艺术

基于这样一种观点,即艺术品是艺术家的天才和性格的创造,这是浪漫主义所倡导的概念。一边是法国的"作者权"(droits d'auteur)哲学,一边是英国对版权的思考方式,两者之间存在着差异,前者被视作一种天然的权利,是不可剥夺和绝对的,而依据后者,作者、出版商和书商的经济利益需要与更广泛的自由贸易和让公众获得创造性作品的问题进行平衡。尽管英国在1710年就通过了第一部真正的版权法,在作品进入公有领域之前给予作者14年的保护,但制定更强有力的法律的要求必须克服一种普遍存在的看法,即版权是一种"垄断",使得书籍对普通人来说过于昂贵。

1837年,作家、法官和政治家托马斯·塔尔福德(Thomas Talfourd)在英国下院提出了一项《版权法案》,提议将版权的期限延长到作者生前加死后60年。这项法案遭到了书商行业的反对,他们认为版权会侵蚀自己的利润,包括历史学家托马斯·巴宾顿·麦考利(Thomas Babington Macaulay)在内的一些议员也反对这项法案,认为长期而言,这将是"为了奖赏作家而对读者征税"。超过3万人签署了反对该法案的请愿书。经过多次失败,该法案最终于1842年获得通过,但条款大大缩水(版权的保护期限为作者生前加死后7年)。[53] 包括华兹华斯和狄更斯在内,该法案的支持者主张版权的理由并非基于作者的天然权利,而是对其经济财产的保护——这一点对英国人很重要。狄更斯主要关注的是盗版出版商,他们出售他的作品的廉价翻印本,其中许多是从美国运来的。他在1842年的美国之行以谴责这种盗版著称,呼吁制定更强有力的法律来杜绝这种行为。

在法国,争取更多保护的运动由两个协会领导,两者都参与了为其成员收取版税:成立于1829年的作家和剧作家协会(Société des Auteur et Compositeur Dramatqiues)和1838年成立的文学家协会(Société des Gens de Lettres),后者的成员包括维克多·雨果、大仲马和路易·维亚尔多,巴尔扎克于当年晚些时候加入。[54] 巴尔扎克是个激烈的知识产权保护运动者(有一次,他在罗亚尔宫的一家书店橱窗里看到了自己一部小说的盗版,当即砸碎了书店的玻璃窗)。1834年,他发表了《致19世纪法国作家的信》,在信中主张作者对自己的作品享有精神权利,要求法律保护思想产品,就像保护商人的棉花包或其他劳动制造的有形物品。[55] 雨果在为版权辩护方面没有那么咄咄逼人,但影响更大,因为他被任命为贵族院议员。1846年,他在贵族院发表了第一次演讲,呼吁艺术作品与专利法下的发明应该受到同等的保护;他认为,保护时间越长越好,因为"对于试图创作伟大作品的伟大艺术家来说,时间是最重要的,长久性是法律对他们的思想和财产的尊重和保证"。[56]

1854年,拿破仑三世将版权延长到作者死后30年。当这种做法不能满足出版商和作家的要求时,他任命了一个委员会研究进一步延长期限。1863年,经过深思熟虑,委员会最终建议将作者的权利限制为50年,在此之后,他们的作品应该成为公共财产,他们的继承人不能再从出版的每册作品中收取版税。委员会的建议——大致基于雨果的"付费的公共领域"(domaine public payant)概念——成为1866年一项新法案的基础。

在德国,问题在于如何让凑在一起的独立邦国执行版权。尽管德意志邦联设想了一个统一的版权立法体系,但事实证明,无法在其43个成员——包括王国、公爵领、公国和自由市——施行这样的体系。萨克森和普鲁士分别在1831年和1837年通过了更强有力的法律,但都不能将自己的法律强加于对方或任何其他国家。两者之间的盗版行为很普遍。在德国统一之前,这些问题都不会得到妥善解决,那时普鲁士的法律将成为帝国的版权法,规定版权期限为作者有生之年再加上其死后30年,以保护作者家属的权利。在出版商和作家的压力下,普鲁士的法律在1856年得到加强,使那些

第三章　机械复制时代的艺术

在 1837 年法律颁布前去世的作家的家属受益。这意味着直到 1867 年这项法律延伸条款结束前，席勒（1759—1805）和歌德（1749—1832）等作家的作品可以为他们的继承人和出版商带来收入。席勒的出版商（斯图加特的科塔公司）向他的后代支付了近 30 万盾（约合 80 万法郎），以获得他的作品的出版权——这是席勒本人在其生前收到的版税的 12 倍。

俄国也进行了类似的改革，1857 年的一项法令将版权保护期从作者死后的 25 年延长到 50 年。通过第二任丈夫兰斯科伊中将（P. P. Lanskoi，他的堂叔是内务部部长）的政府关系的大力推动，普希金的遗孀在争取这一延期过程中扮演了关键的角色。普希金作品的版权本来将于 1862 年到期。[57]

和德国一样，在意大利，作家和他们的出版商面临的问题是如何在没有国家法律和机构的情况下执行他们的版权。在意大利统一之前，没有有效的手段来保护意大利某个邦国的文学财产不受半岛其他地区的盗版出版商的侵害。"米兰人翻印佛罗伦萨人的书；然后佛罗伦萨人加倍翻印米兰人的书——因为他们可以"，意大利散文作家尼科罗·托马塞奥（Niccolò Tommaseo）在 1839 年这样写道。"图书贸易正在成为懦夫仇杀的领域……用墨水作为武器战斗。"1840 年，在奥地利控制下的意大利北部各邦通过了一部全面的版权法，它规定书籍、音乐、戏剧和翻译作品的版权保护期为作者有生之年加上其死后 30 年。但两西西里王国不是这个协议的一部分，仍然是一个盗版国家。1840 年的法律也不保护在其通过之前已经出版的作品。[58]

由此带来的问题的一个很好的例子涉及亚历山德罗·曼佐尼（Alessandro Manzoni）的《约婚夫妇》，这是 19 世纪意大利小说中阅读量最高的作品。该书于 1825 年至 1827 年在米兰出版，许多出版商都翻印了它，但没有一家找过曼佐尼。到了 1839 年，已经有53个未经授权的意大利语版本,其他语言的版本有14个。在对1840年法案的商讨和巴黎一家出版商出价3万米兰里拉(3.4万法郎)购买该书新版插图本的鼓舞下,曼佐尼于1839年推出了自己的权威版本,插图由他的朋友、米兰木刻版画家弗朗切斯科·戈宁(Francesco Gonin)创作,他密切监督了后者的工作。曼佐尼修改了文本,更加坚定地以将成为文学意大利语标准形式的托斯卡纳方言为基础。曼佐尼投了一大笔钱在这个版本上,花费8万米兰里拉(9.2万法郎),希望插图和精良纸张的成本能防止它被盗版。该书印刷了1万套。它们卖得很慢。曼佐尼低估了出版商以平版印刷翻印插图的能力。那不勒斯的出版商加埃塔诺·诺比利(Gaetano Nobili)很快盗版了曼佐尼的新版,用平版印刷了戈宁的木版画。它的销量超过曼佐尼自己的版本许多倍。由于蒙受了巨大的经济损失,曼佐尼写信给那不勒斯的内务大臣,请求他将新的版权法提交给两西西里国王斐迪南二世,并赔偿他所损失的金钱。他的请求没有得到答复。[59]

曼佐尼事件尤其鼓励了米兰和佛罗伦萨的出版商和知识分子组织起来,向那不勒斯施压,要求其施行1840年的法令。里科尔迪深受对威尔第作品的盗版之苦,特别积极地呼吁各邦之间施行新的法律和约定。这些努力的一个结果是1846年的一项法案强化了在1840年法案的签字国执行版权的立法框架,但直到意大利的部分统一和1865年的国家版权法颁布后,那不勒斯才加入进来。[60]

受到更强有力的版权法的支持后,欧洲各地的作家在捍卫自己作品的经济利益和精神权利方面变得更加自信。更长的版权期限鼓励出版商与作者签订更长的合同。这促使他们有动力去保护作者的作品权利,不再像以前那样只保护某个版本,而是持续整个版权期限。他们会提供更高的稿费和版税,以尽可能长时间地留住成功的作家。

版税制度在19世纪50年代开始出现，在随后的几十年中逐渐取代了固定稿酬制度。夏庞蒂埃是它最坚定的先驱。他拒绝预付款或在交稿时付款，而是只向作者支付销售收入的一定百分比，这一数字通常相当于每售出一本书支付作者55生丁。起初，许多作家都感到担心——卖出的书可能不够多，比不上他们之前获得的固定稿酬——但夏庞蒂埃薄利多销的能力很快就让他们改变了想法。[61]

显然，最畅销的作家从版税中获得的收益最多。19世纪50年代，雨果与他的法国出版商皮埃尔-儒勒·埃策尔签订的合同能让他获得约20%的收入（是今天标准图书合同的两倍）。1865年，左拉的第一部小说《克劳德的忏悔》获得了10%的版税。但新制度有它的风险，许多不太商业化的作者更喜欢选择有保障的一次性付款。这两种制度共存了几十年，常常被一家出版社同时使用。波德莱尔与普莱-马拉西和德布鲁瓦斯（Poulet-Malassis and de Broise）最初签订的《恶之花》的合同约定支付给他的版税为每本25生丁，印刷1000册，每本定价2法郎；但对于第二版的1500册，他收取300法郎的固定费用。埃策尔为作者提供了固定稿酬或版税的选择。他还采用两者的组合：一笔在书出版时支付，另一笔是在他收回成本后支付的版税，比例按照销售额的不同而变化。1863年，儒勒·凡尔纳的第一本书《热气球上的五星期》首印2000册，让他获得了500法郎，之后每售出一本另获得25生丁。1865年，凡尔纳的下一本书《哈特拉斯船长历险记》让他得到了3000法郎，并对所有超过1万册的销量部分收取6%的版税（相当于每册12生丁）。[62]

最糟糕的选择是为一本后来成为畅销书的书收取固定稿酬。福楼拜的《包法利夫人》就遭遇了这样的不幸。1856年12月，当作品结束在《巴黎评论》上的连载后，福楼拜与米歇尔·莱维签订了为期五年的授权合同。崭露头角的出版商莱维付给他800法郎——对于一部印数6000册，每册售价1法郎的处女作来说，这是一个颇为正常的金额。几天后，福楼拜接到审查官员办公室的传唤，被指写了一部包含通奸的"淫秽"故事的小说，"冒犯了公共道德和宗教"——自从1852年2月，路易-拿破仑的独裁统治为了讨好天主教会（拿破仑在意识形态上的主要支持者）而通过了更严格的审查法之后，其他文学作品和刊物也受到了同样的起诉。1857年1月，福楼拜和他的出版商接受了对他们有伤风化的审判，被判无罪。福楼拜的法庭开支远远超过了他从这部小说中赚得的钱。在审判丑闻的推动下，这部小说在五年的合同期内售出了远不止3万册。1862年，自觉被骗了的福楼拜为自己的下一部小说《萨朗波》开价3万法郎，甚至坚持让莱维不先读一下就买下它。在与福楼拜律师数周的讨价还价后（当时没有文学经纪人），莱维同意支付2万法郎，一半预支，一半在交稿时支付，条件是与福楼拜签订一份期限更长的《包法利夫人》的续约合同。为了安抚福楼拜的自尊心，他提议散布消息，说他花了3万法郎买了《萨朗波》，并进城宣传，以加强这种印象。福楼拜接受了莱维的条件——这让包括龚古尔兄弟在内的许多他的朋友感到吃惊，因为他们曾听福楼拜说过，"真正的作家不应为金钱或知名度写书"。[63] 不过，当他在1869年完成自己的下一部小说《情感教育》时，版权期限已经被1866年的法案延长到了50年——所以福楼拜想要让莱维付更多的钱，对这部两卷本的小说仅仅让他获得1.6万法郎感到不满。最终，他在乔治·桑的干预下让稿酬增加到2万法郎，桑是这位出版商最珍视的作家之一——这是一场虽小但有象征意义的胜利。1870年5月1日，桑对福楼拜谈起这笔交易时说："你还能指望什么？犹太人永远是犹太人。本来还可能更糟呢。"[64]

英国作家在与出版商的谈判中也变得更加自信。1857年，乔治·艾略特*将她的处女作《亚当·比德》（1859年）卖给了出版商约翰·布莱克伍德（John Blackwood），期限四年，价格为800英镑（2万法郎）。在英国，这对一部不错的处女作来说是相当正常的价格。它成了畅销书。布莱克伍德承认自己获得了意想不到的利润，于是自愿支付400英镑作为奖励，乔治·艾略特用一张简短的便条对他表示感谢，她的语气惹恼了那位爱丁堡的出版商。该书刚一出版，人们就开始猜测乔治·艾略特是谁。各种各样的冒名顶替者都声称自己就是作者，其中一人的出版商试图通过宣传《亚当·比德》的"续作"来从中牟利。让艾略特感到失望的是，布莱克伍德未能通过在报纸上反驳这些说法来保护她的知识产权。她在与出版商就她的下一本书《弗洛斯河上的磨坊》（1860年）进行谈判时变得更为主动。她声称自己拥有现成的庞大读者群，要求布莱克伍德开出最高的报价。布莱克伍德为续作和这本书的版权出价3000英镑（7.5万法郎）。他希望保留这个笔名，因为公众对它的兴趣肯定会增加销售额。这类关注正是她最不想要的。意识到布莱克伍德将她的小说视为一种投机后，她同意只出售第一版的版权。她还与包括狄更斯在内的其他出版商进行了商谈，狄更斯想让她为自己的杂志《一年到头》（All the Year Round）供稿，允许她保留将其作为一本书出售的权利：现金充裕的伦敦出版商史密斯和埃尔德公司（Smith and Elder）出价4500英镑（约合11.4万法郎）。不过，此时她已经与布莱克伍德达成和解，后者为这本书支付了2000英镑，但无权将其连载化。[65]

促使作家在保护他们的版权时变得更加坚定的不仅是金钱；这样做也是为了保护他们自己的作品的完整性，以及他们的知识和经济财产。这就是法国人所说的"精神权利"（droit moral），这个术

---

* 乔治·艾略特（George Eliot）为英国小说家玛丽安·埃文斯（Mary Ann Evans，1819—1880）的笔名。她的小说《米德尔马契》（1871—1872年）被弗吉尼亚·伍尔夫（Virginia Woolf）誉为"少数为成年人写的英国小说之一"。——编注

语出现于19世纪40年代,用来定义艺术家控制其出版作品的形式和内容的权利。[66]

比如,福楼拜对《巴黎评论》提出对《包法利夫人》的文本进行删减和修改感到愤怒,这部小说于1856年被连载:"我不会去掉一个逗号,什么都不会,不会!"福楼拜以花时间打磨自己的文字著称:他经常花一整天写一句话。左拉形容他说:"每个音节都有自己的重要性,有自己的颜色,有自己的音乐。经过这么多的努力,完成的手稿对他来说自然具有相当重要的意义。这不是虚荣心,而是对他投入的工作的尊重,他还投入了自己的全部身心。"福楼拜在他能找到的最结实的厚纸上写作,以便为后人保留他的原文,包括所有的标点符号。他仔细检查校样,以确保印刷商没有遗漏一个字。在他看来,艺术家不应该允许不必要的删减或修改。他对屠格涅夫的态度感到震惊,两人在1863年2月的一次晚宴上相遇,波兰作家、翻译家和法国贵族院图书馆馆长夏尔·埃德蒙(Charles Edmond,真名是弗朗西斯科·莫里西·乔耶斯基[Franciszek Maurycy Chojecki])把这位俄国人介绍给了福楼拜的圈子。1864年,福楼拜致信埃德蒙,表达了他对为报纸或杂志写作的憎恶,因为"对修改的狂热最终导致它们所有的稿子都同样缺乏原创性"。

以《两个世界的评论》的风格为例。屠格涅夫最近告诉我,[主编]比洛(Buloz)让他从上一本小说中去掉了一些东西。仅仅因为这点,屠格涅夫在我心目中的地位就下降了。他本应该把他的稿子扔到比洛的脸上,然后扇几个耳光,吐些口水作为甜点……当你交稿时,如果你不是骗子,那就表明你对它很满意。你必须尽最大的努力,投入你整个的灵魂。一种个性不能被另一种个性所替代。书是一个复杂的有机体。任何删节,任何改变都会改变它的本质。[67]

随着欧洲各地的出版商和作家要求制定法律和条约来保护自己的作品在一个迅速国际化的图书市场上免遭外国出版商的盗版，国际版权的观念也开始流行起来。

莱比锡出版商伯恩哈德·陶赫尼茨可能是最早行动的。他会向英国作家（特别是狄更斯）提供一小笔固定费用，让他们授权他在德国（后来是法国）出版他们作品的英语版本。1841年，当陶赫尼茨开始这样做的时候，英国和德法两国之间都没有版权协议。从法律上讲，没有什么可以阻止他无偿出版自己的"英国作家文库"。但他认为，自愿收费是朝着发展国际版权的方向迈出的一步，那是他所相信的事业，甚至在德国或法国存在外国作家的版权之前，他就认为值得花钱把自己的版本作为"授权"或"版权"版本来营销。他很快被其他出版商所效仿，其中包括埃策尔，他们开始付钱给外国作者，从而可以在自己版本的封面上印上作者已经"授权"的标记。[68]通过赢得他们的好感，陶赫尼茨为自己在欧洲大陆出版英国作家的作品赢得了有利的位置。当英国与欧洲国家签署双边版权条约后（首先是1846年与普鲁士和萨克森，其次是1851年与法国），他买下了他们的许多作品的版权。

此类公约确立了国际版权的基本结构。法国人不出所料地走在了前列。他们受到国际盗版行为的影响最大。他们最大的出版商（阿歇特、莱维、夏庞蒂埃和爱德华·当图［Édouard Dentu］）通过自己遍及整个欧洲大陆的书商网络获得了不断增长的出口额，那里的文化精英们都读法语书。1852年3月28日，国民大会颁布了一项法案，将版权扩大到在法国出版的外国作品。这一单方面声明的目的是鼓励其他国家效仿法国，签署双边公约。当时，法国签署了一系列条约：1851年与葡萄牙和英国；1852年与汉诺威和布伦瑞克；1853年与托斯卡纳和西班牙；特别重要的是1854年与比利时，后者是欧洲法国图书市场的主要盗版国；1855年与荷兰；以及

1856年与萨克森和卢森堡。[69]

这些条约鼓励出版商拓展国际业务。比如，1852年后，莱维在讲法语的欧洲地区建立了广泛的书店网络，并与德国出版商和书商签订了贸易协议。阿歇特也在开发类似的网络，到那个十年结束时已经在莱比锡和伦敦开设了分支机构。德国出版商弗里德里希·布罗克豪斯（Friedrich Brockhaus）在伦敦、巴黎和维也纳都有店铺。年轻的比利时出版商阿尔贝·拉克洛瓦（Albert Lacroix）因为1862年出版维克多·雨果的《悲惨世界》而发了财，他用一部分利润在利沃诺和莱比锡设立分公司。[70]

作为一种国际法体系，这些双边条约的效力都不强。太多的盗版国家仍然处于双边公约的网络之外。在某一个国家消灭盗版将鼓励它在其他国家的发展（法国与比利时的条约大大推动了普鲁士的法国书籍盗版，后者与法国没有签署双边协议）。[71] 该体系依赖于各国执行条约的意愿，这使得它受制于国际关系的起落。保护水平有许多差异，公约所涵盖的内容也存在不确定性。比如，译作几乎没有得到保护：在大多数条约中，保护仅限于几年内；而在另一些条约中则根本没有（比如1855年法国和荷兰之间的公约）。对演出权没有清晰的界定，艺术家和剧院之间的冲突仍被留给法庭解决。

1856年10月，塞纳河民事法庭审理了威尔第对意大利剧院的联合主管塞萨尔·拉加尼（César Ragani）和托里比奥·卡尔扎多（Toribio Calzado）提起的控诉。这位作曲家声称他们的作品《茶花女》、《弄臣》和《游吟诗人》侵犯了他的版权，因为他在表达了对主要表演者的不满后撤回了对这些作品的授权。威尔第的律师以《拿破仑法典》和1852年3月28日的法案为依据提出控诉，认为虽然法律对表演权的保护仍不明确，但立法的精神暗示，表演权应该受到保护。剧院的律师则反驳说，戏剧的权利被故意排除在这部法案之外，因为政府想利用它向其他国家施压，要求它们与法国签署双边条约。威尔第的权利只能通过法国与最先上演这些作品的国家（《弄臣》和《茶花女》在威尼斯，《游吟诗人》在教皇国）之间的条约来保护。对于在意大利剧院的演出则没有这样的条约。这名律师还声称，威尔第撤回许可的真正原因与歌手的素质无关，而是因为巴黎歌剧院给了他更高的报价：为了自己的经济利益，他正在使用法律威胁停止合法的演出。法院判决威尔第败诉，命令他向意大利剧院支付 1000 法郎的损害赔偿金。[72]

由于存在像这样的漏洞和不确定性，出版商和艺术家们开始为一个全面的国际公约而奔走。里科尔迪和阿歇特是最活跃的。两者都有外国投资需要保护。1858 年，由于他们的奔走，比利时政府在布鲁塞尔组织了一次关于艺术和文学财产的大会。这是一个具有讽刺意味的地点，因为直到最近，这座城市一直是欧洲文学的盗版之都。来自十几个国家的 400 名代表，包括作家、出版商、律师、记者和政府官员出席了这次大会，目的是制定一项多边公约，保护所有创造性作品的版权，无论签字国之间的国界。大会没能直接产生结果。蒂托·里科尔迪（Tito Ricordi）于 1853 年接管了父亲的公司，他对大会未能就保护作为永久和可继承权利的知识产权的原则达成一致感到失望。[73] 尽管如此，大会是一个开始：它提出了在国际范围内保护知识产权之必要性的基本思想，而另几次大会（1861 年和 1877 年在安特卫普、1878 年在巴黎、1879 年在伦敦、1880 年在里斯本、1881 年在维也纳、1882 年在罗马）继续实现这一目标，最终促成了 1886 年的《伯尔尼公约》（Berne Convention），该公约是当今全球国际版权体系的奠基条约。

四

屠格涅夫的《猎人笔记》很快就出现了外文译本。1852 年，其中一些故事出现了最早的德译，两年后全部故事结集出版。该书大受欢迎，使屠格涅夫成为德国文坛上的重要人物。1855年，他的故事的第二卷在那里问世，但翻译不佳。屠格涅夫很恼火，虽然比不上对欧内斯特·夏里埃尔（Ernest Charrière）的法译本的怒火。该译本由阿歇特公司于1854年出版，没有提到屠格涅夫的名字，并使用了《一位俄国老爷的回忆录，或俄国外省的贵族和农民真实状况的图景》这样误导性的书名，暗示它是一部非虚构作品。该译本是对俄语原文的歪曲。除了译者的明显缺陷外，法国和俄国之间没有任何版权协议，使得夏里埃尔可以随心所欲地处理屠格涅夫的文本。屠格涅夫向谢尔盖·阿克萨科夫（Sergei Aksakov）抱怨道："夏里埃尔先生把我变成了鬼知道的什么东西。"

他整页整页地编造，编了一些东西，又把另一些东西丢弃，到了令人难以置信的程度。比如，在我写下"我奔逃"的地方，他如此翻译了这两个词："我惊恐而疯狂地在一条野外的小路上奔逃，仿佛身后跟着巫师操纵的一群蛇。"[74]

屠格涅夫急于维护自己的精神权利，他写信给法语报纸《圣彼得堡日报》（*Journal de St Petersburg*），警告读者不要买夏里埃尔的译本。后来，他授权俄语文学学者亨利·德拉沃（Henri Delaveau）翻译了另一个版本，用它恢复了在俄国被审查员删掉的段落，尽管当新译本在1857年问世的时候，夏里埃尔译本的第二版都已经在法国售罄，并很不幸地被用作1855年出版的英译本的底本，题为《俄国内地生活或一位运动员的经历》。由于没有国际版权，无法阻止它被作为屠格涅夫的作品之一出版。

克里米亚战争（1853—1856年）的爆发令法国和英国出现了对任何可能揭示其敌人俄国的内部状况的文学作品的巨大需求，这两个国家之所以如此广泛地阅读《猎人笔记》，主要是因为它的社会洞察。*在1854年8月的一篇文章《俄国生活相片》中，《弗雷泽杂志》（*Fraser's Magazine*）认为，把屠格涅夫的《猎人笔记》视作一份社会文件更有启迪意义，"因为他不以作家自居"，而是一个贵族：他并不追求"效果"，而是把他所描述的各种人物和场景给他留下的印象转移到纸上，像达盖尔相片一样生动。等到战争结束时，《猎人笔记》已经有了大量外文译本，包括瑞典语、匈牙利语和丹麦语，其中大多数都是从德语或法语转译过来的，不过也有一些译自俄语，如波兰语版和捷克语版。狄更斯的周刊杂志《家常话》（*Household Words*）上也刊登了四个故事，尽管是译自夏里埃尔的拙劣翻译。[75]

《猎人笔记》不仅确立了屠格涅夫作为重要国际作家的地位，还宣告俄国文学登上了欧洲的舞台。屠格涅夫是第一个在欧洲被广泛阅读的俄国作家。用安年科夫的话说，他的故事"掀开了帘幕的边缘，让人们可以窥见其背后［这个］……异族的秘密和他们的意识如何运作"。[76]在19世纪的前几十年里，欧洲人对俄国文学基本上一无所知。虽然有普希金和果戈理的作品被翻译，但译文都很拙劣和不准确，其中大多数是由俄国流亡者和业余爱好者完成的。很少有欧洲大学开设斯拉夫语系或俄语系，因此缺乏称职的译者来将俄国文学的丰富内容传达给欧洲读者。这种情况在19世纪40年代开始改变，出现了两位著名的亲俄派的俄语作品法译者，而法语是转译成其他欧洲语言的基础语言。第一位是雷恩大学外国文学教

---

* 屠格涅夫并非唯一以这种方式被欧洲人阅读的俄国作家。1854年，果戈理的《死魂灵》（1842年）有了一个题为《俄国家庭生活》（*Home Life in Russia*）的盗版英译本。出版商的前言里把这部小说描绘成纪实作品，目的是"揭示我们昔日的盟友和当前的敌人的家庭生活"，提供对"只有一个俄国人才能告诉我们的俄国社会的内部情况和关系的洞察"（*Home Life in Russia. By a Russian Noble. Revised by the Editor of 'Revelations of Siberia'*, 2 vols. London, 1854, pp. i-ii）。

授，著名的旅行作家格扎维埃·马米埃（Xavier Marmier），他于1842年去了俄国，遇到了屠格涅夫，在后者的帮助下开始学习俄语。19世纪50年代，马米埃推出了普希金、果戈理、莱蒙托夫和屠格涅夫的一系列准确可读的译本。第二位是作家普罗斯佩·梅里美，他从1848年开始学习俄语，主要是为了与他的堂弟亨利·梅里美（Henry Mérimée）竞争，后者在前一年因为出版了一本著名的游记《俄国的一年》而一举成名，这本书是根据他1839—1840年在俄国逗留期间的日记写成的。跟随俄国前宫廷侍女拉格勒内夫人（Madame Lagrené，本名瓦林卡·杜边斯卡娅［Varinka Dubenskaya］）学习一年后，普罗斯佩·梅里美在《两个世界的评论》发表了一个普希金《黑桃皇后》的成功法译本，随后还翻译了普希金其他的故事和诗歌（后来被译成别的语言）。他对普希金的诗《茨冈人》的一些译文被吸收进了他在1845年写的关于西班牙吉卜赛人生活的中篇小说《卡门》中。梅里美翻译的《黑桃皇后》英文版在1850年至1854年间多次重印。1857年，当他遇到屠格涅夫时（后者将成为他翻译俄国文学的主要合作者），梅里美已经在《两个世界的评论》上发表了一系列关于普希金、果戈理和屠格涅夫的文章。[77]

19世纪四五十年代，屠格涅夫在帮助欧洲人增进对俄国作家的了解方面发挥了至关重要的作用——在接下来的30年里，他的角色将扩大为俄国和西方国家之间的文化中间人。几乎可以肯定的是，他是1845年巴黎周刊《画报》上一篇关于俄国文学的很有影响力但未署名的文章的作者。这份出版物由路易·维亚尔多筹建，当时他正与屠格涅夫合作，将文章中提到的四位作家克雷洛夫（Krylov）、普希金、莱蒙托夫和果戈理的故事翻译成法语。与这篇文章同时刊登的还有即将出版的上述译本的广告。1845年，故事集以《俄国短篇小说》为题出版，路易·维亚尔多被列为译者，尽管

第三章 机械复制时代的艺术

他既不会说,也不会读俄语。在前言中,路易感谢了他的朋友,"一位著名的诗人和评论家"屠格涅夫的帮助,后者提供了基本的翻译,然后路易据此制作出更完善的法语版本。通过他们的众多人脉,维亚尔多夫妇让巴黎的文化精英对《俄国短篇小说》产生了很大的关注。比如,德拉克洛瓦就觉得,这些故事"非凡的现实感"令它们很有趣。[78]

巴黎是欧洲日益发展的翻译文化中心。它是欧洲大陆最国际化的城市,外国知识分子的数量比其他任何欧洲城市都要多,所以那里并不缺少译者。[79]巴黎拥有更多的外国书商,更多业务遍及欧洲的出版商,出版了更多的译本,以及更多具有国际视角的文学杂志。这些刊物中最重要的是《两个世界的评论》,专门刊登关于外国文学的文章(维亚尔多经常为其撰写关于西班牙的文章),目的往往是为了鼓励把它们译成法语。[80]

法语是欧洲的世界主义精英的语言。它主导了翻译行业。从法语翻译的书籍比从任何其他语言翻译的都多,尽管到了那个世纪中叶,英译和德译很快就迎头赶上了。法语是其他语言之间的交流媒介:一本从俄语翻译成英语的书很可能先从俄语译成法语,然后再从法语译成英语。英语书籍将通过法语进入其他语言。这解释了法国图书贸易在欧洲的主导地位。到处都有法语书出售。即使在德国图书市场的中心莱比锡,书商与巴黎的贸易联系也比与德语世界的其他任何城市都要多。不过,从那个世纪的中叶开始,法国在欧洲大陆图书贸易中的主导地位开始削弱。作为译介到新兴的斯拉夫语和斯堪的纳维亚语市场的渠道,德语变得更加重要。[81]

19世纪中叶,翻译作品在出版的小说中所占的份额越来越大。随着阅读人群的增长,对狄更斯的《匹克威克外传》或欧仁·苏的《巴黎的秘密》之类的通俗小说的需求也越来越大。在大多数国家,国内作家的能力无法满足日益增长的读者群的需求，所以不得不由外国作家填补缺口。即使是在欧洲占主导地位的文学生产者法国和英国，也发现它们的市场向越来越多的翻译作品敞开了大门。

对书籍出版的统计存在问题，而且不完整。欧洲任何国家都没有系统的数据库。最好的数据来自法国，在法国，翻译作品占图书总量的份额从1831年的约4%增加到1859年的12%。增长最快的是外国小说：翻译书籍的数量从19世纪40年代的每年不到10部增加到1854年后的每年50部。[82]书店里充斥着法语译本，特别是外国文学的普及本系列，比如热尔韦·夏庞蒂埃的"英国文库"（Bibliothèque anglaise），夏尔·拉于尔（Charles Lahure）的"最佳外国小说文库"（Bibliothèque des meilleurs romans étrangers），拉克洛瓦的"国际文库"（Librairie internationale），以及阿歇特的"外国文库"（Littérature étrangère，"铁路文库"的一部分），他们在19世纪五六十年代都在翻译上有过大笔投入。比如1856年，阿歇特买下了狄更斯所有的小说，推出了"授权译本"（这个事实有助于解释出版商对国际版权的支持）。[83]

英国在历史上曾经抵制阅读译本，因为它本国的文学语言很强大，而且在文化上与欧洲大陆相对隔绝。译成英语的外国作品仍然只占英国图书市场的一小部分——19世纪时约为图书出版总量的3%。但即使在这里，译本的绝对数量也在上升（那个世纪的头25年里每年仅有580部翻译作品，到19世纪中叶增加到2600多部），其中许多是普及版，如将巴尔扎克引介给英语读者的劳特利奇铁路文库。此外，所记录的英国译本的数字不包括对外国作品的盗版翻译和英语改编（剽窃），这些作品在廉价出版社和流行小说刊物中占据了大量页面，如狄更斯的《家常话》。[84]

法国和英国拥有自己强大的文学文化，与国内作家数量较少、更依赖翻译外国作品的国家相比，两国出版的翻译作品较少。比如，在奥地利，翻译占图书出版总量的比例从 1840 年的不到 5% 上升到 1854 年的 33%——1848 年后审查制度的放松鼓励了这一增长。[85] 西班牙的图书市场严重依赖法语翻译，在该世纪中叶，法译本几乎占西班牙图书总出版量的一半。法国文学在西班牙占主导地位，以至于 1862 年阿歇特买下了西班牙的大出版社安托万·梅辛（Antoine Mezin），以方便从法国进口它的书籍。[86]

在荷兰，翻译在日益增长的小说市场中显得更加重要。由于没有双边条约要求出版商支付外国作者的版税，* 对他们来说，出版一部成功的外国小说的译本要比购买荷兰语原创作品更加安全和有利可图。翻译的成本比一本新小说所需要的费用要低，特别是当各地的作家都开始主张他们的精神权利和经济权利的时候。在荷兰这样的小国，读者热衷于紧跟欧洲文化的发展，相比一本原创但未经考验的荷兰语作品，出版商从一本成功的著名外国小说中获利的机会更大。难怪 19 世纪荷兰的小说家少之又少：他们无法与外国作品的译本相抗衡。[87]

翻译书籍的这种国际流通的结果之一是欧洲乃至更广阔世界的文学主题、格式、风格和思想的日益趋同。作家们会模仿他们通过译本阅读的外国小说，尤其是法国和英国的作品——这两国的文

---

* 荷兰只和德国（从 1854 年起）、法国（1855 年）、比利时（1858 年）和西班牙（1862 年）签署了双边版权协议，但与其翻译文学的主要来源英国没有这样做。出版外国书籍译本的权利由国家图书贸易组织（Vereeniging ter Bevordering van de Belangen des Boekhandels, VBBB）管理，它对这些书进行登记，保护它们不受荷兰其他出版商的竞争影响。荷兰出版商会向外国出版商支付一小笔钱（通常为 20 英镑左右），获得想在荷兰出版译本的书籍的预读本（校样），从而抢在竞争者之前将其在 VBBB 进行登记。不会向作者或出版商支付其他款项（Sam Ricketson, *The Berne Convention for the Protection of Literary and Artistic Works: 1886-1986* [London, 1987], p. 38; Adriaan van der Weel, 'Nineteenth-Century Literary Translations from English in a Book Historical Context', in Martine de Clercq, Tom Toremans and Walter Verschueren [eds.], *Textual Mobility and Cultural Transmission* [Leuven, 2006], p. 33）。

学作品被翻译得最多。在西班牙、匈牙利或斯堪的纳维亚各国等欧洲"边缘地区"的新兴文学文化中，这些作品成了19世纪"欧洲"小说的标杆，那里的现代文学文化是通过吸收法国人或英国人的写作方式而诞生的。可以想见，这引起了对本国文学的民族特色（这是民族主义者反对那些年里发展起来的文学世界主义的基础）推崇备至的评论者的不安。他们担心模仿外国文学会削弱民族文学的独特性和原创性，最终导致所有文学千篇一律的国际文化。就像1846年一位有预见性的评论家圣-勒内·塔扬蒂耶（Saint-René Taillandier）在《两个世界的评论》上撰文所说的："在欧洲文学中，很快就无法存在不同的影响的痕迹、诗性的特质，或是个体民族土生土长的类型。我们几乎可以说外国文学已经不复存在，仿佛整个世界都被可悲的统一性所笼罩。"[88]

在19世纪的前几十年，沃尔特·司各特的小说被翻译成19种语言（主要通过法语），模仿者无处不在。19世纪四五十年代，狄更斯对欧洲现实主义小说的发展产生了类似的影响。他的作品在以下国家出版过译本：德国（1837年起）；俄国、法国、荷兰和丹麦（1838年）；波希米亚、意大利、波兰（1840年）；瑞典（1842年）；比利时、匈牙利、挪威（1843年）；奥地利、摩尔达维亚（1844年）；芬兰（1846年）；葡萄牙和西班牙（1847年）；希腊（1853年）；保加利亚（1859年）；甚至冰岛（1860年起）。这些译本很少有直接从英语翻译过来的。大多数是通过与它们自身有依赖关系的其他语言：如从法语到西班牙语和意大利语，从德语到斯堪的纳维亚语，从俄语到斯拉夫语。[89]

狄更斯的影响同样无处不在。他的小说在法国马上变得风靡，迫使许多评论家改变了他们对小说中可接受的内容的看法，他们起初认为他的题材过于庸俗和令人不适，称不上艺术。转折点是1856年伊波利特·泰纳（Hippolyte Taine）在《两个世界的评论》上发表的一篇有影响力的文章,这位评论家和历史学家在文中称赞了狄更斯的《大卫·科波菲尔》一书中所描绘的令人炫目的视觉现实主义:

> 在读者的记忆中,从未有过什么对象比他所描绘的那些更加清晰和栩栩如生。老房子、客厅、厨房、佩格蒂的船,特别是学校的操场,这些都是在生动、活力和准确性上无与伦比的内饰。狄更斯拥有他本国画家们的热情和耐心;他逐一计算他的细节,注意到老树干的各种色彩;看到破旧的木桶,发绿的破碎石板,潮湿墙壁上的裂缝;他分辨它们发出的奇怪气味;标记霉斑的大小,读了刻在门上的学者的名字,仔细琢磨字母的形状。[90]

在德国,像戈特弗里德·凯勒(Gottfried Keller)和威廉·拉布(Wilhelm Raabe)这样的新一代现实主义作家将狄更斯视为他们所推崇的现实主义写作的典范。他们想要摆脱歌德时代的浪漫理想主义,作为德意志民族主义者,他们想让自己的读者接触到社会的真实状况,尤其是中产阶级和下层阶级,以便缔造一种民族身份感。[91]

不过,没有什么地方比俄国受到狄更斯的影响更深。1849年,他的译者伊里纳赫·维金斯基(Irinarkh Vvedensky)写信给他说:"你的名字享有广泛的知名度,从涅瓦河畔到西伯利亚最偏远的地方,都有人津津乐道地读着你。"这个消息令狄更斯如此高兴,以至于在处境不佳时,他会威胁说要收拾行李前往西伯利亚。[92] 狄更斯的全部作品在以英语面世后不到一年就会被翻译成俄语,维金斯基的活泼风格使它们非常受欢迎。他的文学影响被和果戈理密切联系在一起,后者是狄更斯的追随者,与他一样将现实主义与戏剧性故事结合起来，启发了陀思妥耶夫斯基和萨尔特科夫—谢德林（Saltykov-Shchedrin）等后来的俄国作家，他们都是狄更斯的忠实读者。陀思妥耶夫斯基的《穷人》（1846年）被别林斯基誉为俄国第一部"社会小说"，它受到了狄更斯的影响，特别是通过描绘穷人试图维护自己的人格尊严和关心比自己更不幸的人来唤起共鸣的场景。陀思妥耶夫斯基的许多后期作品中都有借鉴狄更斯的明显印记，特别是《被侮辱与被损害的》（1861年）。

屠格涅夫也是狄更斯的粉丝。他阅读后者的英语原著，以及法语和俄语译本，认为他是欧洲顶尖的小说家。屠格涅夫拒绝将自己的现实主义风格与狄更斯的相提并论。他不像这位英国作家那样喜欢夸张的描绘、多愁善感或插科打诨。不过，和泰纳一样，屠格涅夫推崇其文字中的视觉现实主义，"他有能力将生动而鲜明的形象呈现到人们眼前"，正如亨利·詹姆斯后来在论及屠格涅夫对狄更斯的钦佩时所说的。[93]

在颇具影响力的杂志《现实主义》（*Le Réalisme*，1857年）的序言中，尚弗勒里将屠格涅夫和果戈理与狄更斯、萨克雷、夏洛蒂·勃朗特（Charlotte Brontë）和贝尔托德·奥尔巴赫（Berthold Auerbach）相提并论，视其为现实主义小说的主要代表人物，他们的追随者征服了文学界："在国外的任何地方，无论是英国、德国、瑞典、荷兰、比利时、美国、俄国和瑞士，我都能看到充满了这股神秘的现实潮流的讲故事人。"[94]值得注意的是，欧洲各地的作家们如何达成类似的理想，将他们的文学艺术视作对当代社会生活的真实和客观的反映。19世纪50年代见证了现实主义作家在整个欧洲大陆的出现：俄国的屠格涅夫，德国的奥尔巴赫和冯塔纳，法国的福楼拜，英国的艾略特和盖斯凯尔（Gaskell）。

我们该如何解释这种思想共识呢？在整个欧洲，作家们都在回应由制造业和铁路的发展所创造的新的社会现实，回应一种只关心此时此刻的现代性新概念（即波德莱尔所说的"短暂的、即逝的和偶然的"），回应照相术发明后看待世界的新方式。他们作品的受众是越来越多新近识字的城市读者——其中许多人来自匠人和工人阶级——他们想要与自己的日常生活相关的故事。小说是让读者接触这一当下现实的最佳媒介。诗歌被留在了浪漫主义的过去，尽管一些诗人也用它来表现当下的平常事，如伊丽莎白·巴雷特·布朗宁（Elizabeth Barrett Browning）在《奥罗拉·雷》（1856 年）中所写的：

> 不，如果这个有点发展过头的世界上
> 还有诗人的空间（我认为有），
> 他们唯一的工作就是表现时代，
> 他们的时代，而不是查理曼的——这个活生生悸动的时代，
> 它争执、欺骗、发狂、算计和渴望着，
> 在镜子和客厅之间，
> 它比罗兰和他的朗塞瓦尔骑士，
> 付出了更多的激情，更多英勇的热忱。[95]

对尚弗勒里来说，艺术家专注于当下的任务源于 1848 年后的新现实。他认为革命是时间的彻底断裂：旧的确定性消失了；历史的进程似乎比以往任何时候都更加由短暂的偶然性所主导。对艺术来说，人民起义暴露的社会问题使得接触普通人和揭露当下社会的真实情况变得更加重要。"直到 1848 年后，"这位评论家写道，"现实主义才成为众多以'主义'结尾的宗教之一，我们每天都可以看到它出现在墙上贴的广告里，它在俱乐部获得欢呼，在小神庙［画廊］里受到追随者的崇拜。"[96]

问题不仅是让社会把注意力集中到贫困劳动者的苦难。这很容易实现——狄更斯在《艰难时世》（1854年）或盖斯凯尔在《北方和南方》（1854—1855年）中都做到了。甚至可以通过像《悲惨世界》或《巴黎的秘密》这样的情节剧式的作品来实现。现实主义作家遇到的挑战是如何在刻画普通人时既不带感情色彩，又不将其简化为某种类型。这就是乔治·艾略特所面临的问题。她觉得狄更斯成功地描绘了"我们城镇居民的外在特征"，但不能"像对待他们的言语和举止那样真实地为我们呈现他们的心理特征——他们的人生观和情感"。这就是她在自己的第一部小说《亚当·比德》中致力于达到的目标。屠格涅夫对巴尔扎克和乔治·桑的感觉就像艾略特对狄更斯的一样。在《猎人笔记》中，他试图完全通过观察农民的行为来呈现他们的思想和情感，无须作者的介入，这样他们看起来就会像是独立的个体，其特征和动机将被认为是发自内心的。[97]

屠格涅夫对现实主义小说的态度深深影响了19世纪50年代出现的德国现实主义作家，包括特奥多尔·施托姆（Theodor Storm）、奥古斯特·维德特（August Viedert）、保罗·海泽（Paul Heyse）和特奥多尔·冯塔纳，后者在1853年写的《1848年以来我们的抒情诗和史诗》一文是对过去五年间在德国发表的文学创作的盘点，他主张现实主义作品应该允许主题自行产生意义，无须叙述者或作者为其代言。[98]这种非主观性——作家的声音完全从对日常现实的科学观察中消失——是小说艺术革命的基础。

翻译书籍的国际市场为这种思想共识提供了基础。每个人都在阅读其他人。屠格涅夫受到狄更斯和桑的影响；福楼拜受到巴尔扎克的影响；冯塔纳受到屠格涅夫和艾略特的影响；艾略特受到一系列作家的影响：歌德、巴尔扎克、狄更斯、桑和凯勒，1854年她在德国长期停留期间读了这些作家的作品。她也是德国社会历史学家威廉·海因里希·冯·里尔（Wilhelm Heinrich von Riehl）的崇拜者，

第三章　机械复制时代的艺术　　　　　　　　　　　　　　　　　213

后者的农民研究著作《土地与人》（1853年）影响了她对现实主义文学艺术的看法，正如她在关于冯·里尔的评论文章《德国生活的自然史》（1856年）中所阐述的。她写道："艺术是最接近生活的东西，放大和扩张了我们与超出个人命运范围的人类同胞的接触。"[99]她完美地表达了屠格涅夫在《猎人笔记》中的艺术信条。

五

在被软禁的第一年里，屠格涅夫经常写信给保琳娜，向她索要相片。关于她现身圣彼得堡的报道称，她看起来比七年前（她最后一次造访俄国首都）更年轻了。他对她解释说，这样的报道"使我更加渴望看到你的达盖尔相片，即使我知道它更接近于漫画而不是真实的模样，我的眼睛仍然能够分辨出你五官的变化"。几周后，保琳娜回复了他的第一次请求。最终收到的信里没有达盖尔相片，而是她为自己画的一幅漫画，标题是："供你在等相片时看！"[100]

屠格涅夫对这项新技术很感兴趣。它帮助他克服了流放期间的孤独。他在奥廖尔拍过一张相片，将其寄给了在俄国和国外的朋友们。俄国的一个外省小城有照相馆，这个事实证明了在当时，对照相的狂热在欧洲已经扩大到了何种程度。几乎在每一座欧洲城镇都能拍摄便宜的相片。

新的复制技术使照相变得可以负担。最重要的是，1851年发明的湿版工艺使得从一张底片上可以印出任意数量的照片。无论在质量上还是经济上，这都比达盖尔照相法大大提高了一步（后者是一种在玻璃下以抛光镀银铜板定影的复杂而昂贵的工艺）。三年后的1854年，法国发明家安德烈-阿道夫-欧仁·迪斯代里（André-Adolphe-Eugène Disdéri）发明了一种批量制作肖像照片的巧妙方法，他使用一台带有四个镜头和回转装置的相机在玻璃底片上多次曝光同一图像。这些"肖像名片"（cartes de visites）被从正片上切下来，贴在一张名片大小的卡片上。它们被证明大受欢迎，以至于迪斯代里能够将它们的价格降低到中产阶级轻松负担得起的水平。19世纪40年代，一张肖像照片的价格在10法郎到50法郎之间，而到了50年代后期，来自迪斯代里的一套12张照片只需20法郎，到了60年代更是只需2法郎。照相馆开始成倍增加。在巴黎，它的数量从19世纪50年代初的39家增加到19世纪末的200多家。伦敦也出现了类似的增长。19世纪60年代初，英国每年售出约4亿张相片。[101]

大规模复制引发了对名人照、家庭集体照和个人照的狂热。1859年，在谈到这种新技术的影响时，波德莱尔哀叹它怂恿了虚荣心："从那一刻起，我们这个可憎的社会急不可待地在金属板上凝视自己微不足道的形象，就像那喀索斯一样。这些新的太阳崇拜者陷入了一种疯狂，一种非同寻常的狂热。"[102]

照片将个人的自我置于与名人平等的地位——这是其吸引力的一部分。名人的照片在照相馆照相师出售的"肖像名片"中占了很大一部分，他们用这些照片进行宣传。迪斯代里发行了120张贴在卡片上的名人照片，并附有简短的传记文字，于1861年结集成一本豪华的相册出版，题为《当代人相册》。[103] 保琳娜·维亚尔多在迪斯代里的相册中位居第69号。她经常拍摄商业卡片和相册，有时以她自己的身份出现，有时穿着她的某个著名角色的服装。[104] 纳达尔（Nadar，加斯帕-费利克斯·杜尔纳雄 [Gaspard-Félix Tournachon] 的化名）也为她拍过照片，他把自己拍摄的引人瞩目的名人照片（巴尔扎克、德拉克洛瓦、波德莱尔、乔治·桑和柏辽兹等人的）贴在自己位于卡普辛大道（Boulevard des Capucines）的照相馆橱窗上。只须支付少许费用，公众也可以让纳达尔为他们拍照，将自己与这些名人联系起来。

知名贵族、军事英雄、国家元首和政治家的照片也被大量出售。拿破仑三世和维多利亚女王很快就认识到了这种新媒介的宣传力量，他们是第一批拍摄商业照片的欧洲国家元首。他们不以穿戴着皇冠、长袍和珠宝的君主形象示人，而是穿着中产阶级的普遍服饰——西装和硬布裙子、大礼帽和帽子，出现在家族合照和背景中。这些照片非常受欢迎，尤其是维多利亚女王和阿尔伯特亲王的，分别售出了数百万张，成为无数家庭的必备装饰品，并帮助巩固了英国王室的人气。[105]

在早期，照相通常被认为是记录手段，而非一种艺术。"大展会"期间，它被归入了科技类。但这种新技术对文学和视觉艺术产生了深远的影响。

小说家们发展出了一种更加视觉化的写作风格，他们的文字中充斥着图像和外观描绘的细节，并引入了光学效果，比如打开门窗，以帮助他们的描述变得视觉化。狄更斯的《荒凉山庄》（1853年）的著名开篇就是这种照相现实主义的一个好例子：[106]

> 到处是雾。雾笼罩着河的上游，在绿色的小岛和草地之间飘荡；雾笼罩着河的下游，在鳞次栉比的船只之间，在这个大（而脏）的都市河边的污秽之间滚动，滚得它自己也变脏了。雾笼罩着厄色克斯郡的沼泽，雾笼罩着肯德郡的高地。雾爬进煤船的厨房；雾躺在大船的帆桁上，徘徊在巨舫的桅樯绳索之间；雾低悬在大平底船和小木船的舷边。雾钻进了格林尼治区那些靠养老金过活、待在收容室火炉边呼哧呼哧喘气的老人的眼睛和喉咙里；雾钻进了在密室里生气的小商船船长下午抽的那一袋烟的烟管和烟斗里；雾残酷地折磨着他那在甲板上瑟缩发抖的小学徒的手指和脚趾。偶然从桥上走过的人们，从栏杆上窥视下面的雾天，四周一片迷雾，犹如乘着气球，飘浮在白茫茫的云端。（黄邦杰译文）[107]

189　　福楼拜沉迷于使他的文字视觉化的想法。他多次表示，他的目标是"使事物可见"（faire voir les choses），让真实的事物对读者来说变得有形。[108] 这就是为什么他强烈拒绝在他的书里加入任何插图的原因：让他的读者"看到"是他自己的工作。他的文字充满了视觉细节，用龚古尔兄弟的话来说，这些动作和情感的附属品"几乎与人物一样生动"。[109] 甚至爱玛·包法利也是以她细微的外貌特征呈现在我们眼前的——指甲的苍白、裸露的背部的汗珠、她用脚画出的细线等等。下面这个《情感教育》中的段落很好地展现了这种超视觉风格，小说的主人公弗雷德里克·莫罗在阿尔努的商店橱窗前停了下来，希望能看到阿尔努夫人：

> 高大透明的玻璃窗展示了小雕像、图画、版画、目录和各期的《工业艺术》（L'Art industrial），排列得非常巧妙；门上抄写了订阅的数量，中间装饰着出版商姓名的开头字母。靠墙可以看到几幅巨大的画，发出闪亮的光泽，两个箱子里装满了诱人的瓷器和青铜古玩；一段小楼梯将它们分开，顶端被一幅威尔顿绒帘隔开；一盏老萨克斯花灯、一块绿色地毯、一张镶嵌工艺的桌子使房间看起来更像客厅而不是商店。
>
> 弗雷德里克假装在仔细看画……[110]

　　正是这些细节的随机性营造了它们的"现实效果"。[111] 这就是19世纪50年代的现实主义与以前的文学写实手法的不同之处：过去的作家根据故事的象征意义或对叙事的重要性来选择和安排栩栩如生的细节；就像画家可能会通过对自然元素的安排来营造一种如画的效果，在福楼拜这样的现实主义者的文本中充满了偶然的细节，就像在照片中那样出现。挑战在于，当现实本身没有结构可循时，如何来刻画它。正如尚弗勒里所说：

第三章 机械复制时代的艺术

> 日常生活是由无关紧要的细小事实所组成的，就像树枝一样庞杂——这些细小的事实汇聚成了树杈，树杈又变成了树干。任何对话都充满了无意义的细节，再现它们不可能不让读者感到厌烦……故事需要有开始、中间和结束部分。但自然没有布局、协调和框架，没有开始和结束。这不是会让讲述最简短的故事也变得很困难吗？达盖尔相机不是让它变得更容易了吗？[112]

画家们也开始承担起再现"日常生活"之现实的任务。照相术的出现提高了视觉艺术中写实的门槛。照相术最受人推崇的地方——对未经修饰的现实的清晰反映，对精确时刻的记录，以及发自内心的"在场"感——被现代艺术的审美所吸收。照相术的影响挑战了关于再现的旧有理念。

评论者抨击说，照相术对审美以及想象力在艺术中的作用产生了有害影响。他们认为，绘画有沦为对现实的盲目再现的危险。"如果艺术只是对自然的模仿，"路易·维亚尔多写道，"最完美的绘画应该是制作精良的透景画，最完美的雕塑应该是蜡像。"[113]波德莱尔谴责了导致视觉艺术"达盖尔相片化"的商业压力：

> 现在，我们的公众特别不善于感受做梦或惊叹的快乐（这是其灵魂贫乏的标志），而是希望通过与艺术格格不入的方式来让自己感到惊奇，顺从的艺术家屈从了他们的艺术品位；他们试图通过拙劣的把戏来打动公众，使其惊讶和目瞪口呆……在绘画和雕塑方面，尤其是法国，今天见多识广者的信条是这样的："我信仰自然，而且只信仰自然……我相信艺术是对自然的准确复制，而且不可能是别的……因此，能够带给我们与自然同样结果的工业将是绝对的艺术。"想要报复的上帝听到了这群人的祈祷。达盖尔是他的弥赛亚。[114]

在照相术的影响下，艺术家们努力使他们的作品具有画面般的精确性，他们中的许多人以相机为辅助来实现更接近现实的效果。欧内斯特·梅索尼耶细节精致的风俗画的超级现实主义与达盖尔相片如此酷肖，以至于一些评论家指责他是根据照片图像作画的。一位评论家在1851年写道，虽然相机可以被用作艺术家工作室里的"秘密工具"，但危险之处在于，它的滥用可能"扼杀真正的艺术"，艺术依赖想象力，而不是照片式的精确。[115] 根据左拉的说法，公众对后者的迷恋解释了梅索尼耶的非凡成功：

> 他的作品的艺术价值与他的吸引力无关。事实上，公众完全只是对艺术家的手法感兴趣。他能够画出背心上的纽扣，手表上的饰物。他一览无余地描绘了如此之多的细节；正是这点引发了前所未闻的推崇。最棒的是，他画的4厘米高的人物可以用放大镜细细检查。这让人们兴奋……他是没有真正艺术品位的资产阶级的神。[116]

自16世纪以来，艺术家们就一直使用暗盒（camera obscura）作为绘画的辅助工具。但是照相术的发明帮助他们以更科学的方式捕捉明暗效果。它的影响在风景画中是最重要的。由于照相术在其诞生的最初几十年需要长时间的曝光，风景对于照相师来说是一个显而易见的主题，特别是对那些想要把这种新媒介发展成一种艺术形式的人来说。在枫丹白露森林里的巴比松（Barbizon）村，艺术照相和风景画家之间有着密切的关系。卡米耶·柯罗从19世纪20年代就开始光顾那里。1836年，被沙龙评审团拒绝的泰奥多尔·卢梭也加入了他们的行列。到了19世纪40年代，有一大批艺术家会在那里避暑，其中一些租了农舍，比如迪亚兹（Diaz），但大多数住在一家名为"加纳客栈"（Auberge Ganne）的旅店里，比如米勒（Millet）、特鲁瓦永（Troyon）、杜比尼（Daubigny）和库尔贝，让那里仿佛变成了艺术家的聚居地。19世纪50年代，卢梭和米勒开始常驻巴比松，用艺术评论家阿尔贝·德·拉·菲兹利埃（Albert de la Fizilière）的话来说，那里在1853年"诞生了一门新的绘画科学"。[117]

这门科学的关键是在大自然的怀抱中作画——在户外架设画架，描绘风景的真实模样：没有被浪漫主义理想化或装点的日常和非诗意的景象。户外露天作画是相对较新的事物。户外油画速写已经有了几个世纪的历史，18世纪后期在整个欧洲广为流传。但这种习作并不被认为是"完整"的作品，后者需要在工作室里完成。油彩的问题限制了在户外可以使用它们的时间。画家把颜料研磨成粉，然后将少量粉末与亚麻籽油混合来调制油彩，通常会把多余的油彩储存在动物膀胱中；但油彩变干太快，工作不久就要调制更多。

在世纪之交，随着风景画家皮埃尔—亨利·德·瓦朗谢纳（Pierre-Henri de Valenciennes）在自然环境中进行油画练习，并在他颇具影响力的论文《供艺术家使用的透视技法基础》（1799年）中倡导这种做法，人们对户外作画的态度开始发生变化。19世纪的几十年里，在自然环境中绘制的油画变得越来越多。画家可以通过在开阔的田野上作画来让色彩和光影变得更加自然。约翰·康斯太布尔（John Constable）是第一位做到这一点的伟大风景画家。从职业生涯的早期开始，他就进行了油画速写，并用这些速写在工作室里完成画作。1815年，他画了自己的第一幅完全在户外完成的油画《弗拉特福德磨坊旁的船坞》。英国的评论家们称赞这幅画的自然和写实，但批评了他们所认为的粗糙的处理方式：这幅画似乎并不"完整"。康斯太布尔没有得到他应有的认可：他生前只在英国卖出了20幅画。但他在法国很受欢迎，1824年的沙龙上展出了包括《干草车》在内的三幅画，他还获得了一枚金质奖章。后来，巴黎商人约翰·阿罗史密斯（John Arrowsmith）将它们卖给了法国买家。盖里科（Géricault）被《干草车》"惊呆了"。德拉克洛瓦深受其色彩的启发，他重新绘制了《希俄斯岛大屠杀》（1824年）的一部分，希望达到同样的效果。

巴比松派画家们深受康斯太布尔的影响。19世纪30年代，他们可能在巴黎的几场展览上看到过他的作品。美国发明家和业余画家约翰·兰德（John Rand）发明的管装颜料——1841年他在美国获得了"用于装颜料的可挤压式锡管"的专利——鼓励了他们对户外作画的兴趣。这种锡管由伦敦艺术用品制造商温莎和牛顿公司（Winsor & Newton）销售，优点是可以防止颜料干燥，从而使艺术家能够在户外完成画作。相比发明家的身份，兰德在经商方面就不那么在行了。这项发明不仅改变了绘画，而且后来被用于牙膏和其他霜膏，但他没有从中赚到多少钱。[118]

从工作室中获得解放后，巴比松派画家们来到森林和开阔的田野，直接在自然中进行创作，捕捉光与影的效果。他们会多次回到同一个地方，在不同的季节、一天中的不同时间和不同的天气条件下描绘那里。一群照相师（居斯塔夫·勒格雷［Gustave Le Gray］、莱昂德尔·格朗纪尧姆［Léandre Grandguillaume］、夏尔·马维尔［Charles Marville］、康斯坦·迪蒂耶［Constant Dutilleux］和阿达尔贝·屈弗利耶［Adalbert Cuvelier］）加入了他们的行列，在1859年的沙龙中，这些人拍摄的枫丹白露森林的景象是第一批被接受为艺术品的照片。他们中的大多数都尝试了蚀刻玻璃法（cliché-verre），这种印刷工艺要求艺术家将设计图案蚀刻在涂有胶棉的玻璃板上，然后将贴着感光纸的玻璃板在阳光下暴晒。米勒、柯罗、杜比尼和卢梭都对这种光和影的微妙对比着迷，他们都尝试过这种工艺，这反过来又影响了他们自己的绘画。尤其是柯罗，他在照片的光线效果中发现了一种新的视觉语汇：一改他在19世纪40年代的风景画中边缘清晰的建筑现实主义，他转向了更为柔和、色调更丰富的绘画风格，采用模糊的边缘处理和微妙的明暗效果。[119]

屠格涅夫觉得自己与巴比松派画家志趣相投。他曾对俄国银行家兼艺术品收藏家伊凡·茨维特科夫（Ivan Tsvetkov）说，如果可以重新开始自己的生活，他会选择成为一名风景画家，在大自然中工作，那里"有太多的美，艺术家永远不会缺少主题"。屠格涅夫是19世纪所有的俄国作家中最视觉化的（托尔斯泰认为他对自然的描绘是所有文学作品中最好的）。[120] 这段来自《猎人笔记》最后一个故事中的描绘（叙述者总结了狩猎的所有乐趣）在文字上最接近柯罗的风景画（当阿尔方斯·都德［Alphonse Daudet］表示，屠格涅夫的自然作品能够吸引所有的感官时——同时具有"气味、图像和声音"——他想到的可能就是这段话）：

夏天7月里的早晨！除了猎人之外，有谁曾经体会到黎明时候在灌木丛中散步的乐趣呢？你的脚印在白露沾湿的草上留下绿色的痕迹。你用手拨开濡湿的树枝，夜里蕴蓄着的一股暖气立刻向你袭来；空气中到处充满着苦艾的新鲜苦味，荞麦和三叶草的甘香，远处有一片茂密的橡树林，在阳光底下发出闪闪的红光，天气还凉爽，但是已经觉得炎热逼近了。过多的芬芳之气使得你头晕目眩。灌木丛没有尽头。只是远处某些地方有一片黄澄澄的成熟了的黑麦，一条条狭长的粉红色的荞麦田。这时候一辆马车轧轧地响出，一个农人缓步走来，把他的马预先牵到荫凉的地方去。你同他打个招呼，就走开了，你后面传来镰刀的响亮的铿锵声。太阳越升越高。草立刻干燥了。天气

炎热起来。过了一个钟头,又一个钟头,天边上黑暗起来,静止的空气中发散出火辣辣的热气。(丰子恺译文)[121]

是阿里·舍费尔把巴比松派画家介绍给了屠格涅夫,自19世纪30年代以来,舍费尔一直是卢梭的支持者。这位作家收藏了大批卢梭、柯罗、杜比尼和库尔贝的风景画,其中大部分是他通过19世纪五六十年代巴比松派的主要交易商保罗·杜朗-吕埃尔和阿尔弗雷德·桑西耶(Alfred Sensier)购买的,或者从1852年开业的巴黎大拍卖公司德鲁奥拍卖行(Hôtel Drouot)购买的。

巴比松派画家很快利用了由巴黎、伦敦、阿姆斯特丹甚至波士顿的商业交易商和拍卖行提供服务的新艺术品市场。19世纪50年代,他们通过曾在巴比松跟随米勒学习的美国画家威廉·莫里斯·亨特(William Morris Hunt)在波士顿卖出了很多画。[122]尽管生活在与世隔绝的农村,但巴比松派画家们都是目光敏锐的商人。他们的买家主要是来自中产阶级的富人——歌剧演唱家保罗·巴鲁瓦耶(Paul Barroilhet)和男装店店主保罗·科罗(Paul Collot)是他们最早的客户——这些人认同画家们,因为他们自己也同样身处贵族主导的学院艺术机构之外。在这些大主顾之下是一些较小的买家,他们想要用风景画装点客厅,能够负担得起这些画家早年索要的不高的价格。1850年,桑西耶组织了一场53件卢梭作品的拍卖会。平均每张画售价不到300法郎。[123]

铁路为巴比松派画家们创造了一个新的市场。1849年枫丹白露线开通后,周末从巴黎来的旅行者蜂拥而至。行程只须花费65分钟,使其成为理想的一日游选择,让人们可以离开城市,领略皇家宫殿的景点和森林的风光。从1850年开始,这条路线上开通了观光列车。在夏季,每天有8列火车——到1857年增加到12列,有13.5万人经过枫丹白露车站(包括屠格涅夫和托尔斯泰,他们一起进行了一日游）。巴比松的艺术家聚居地是吸引这些游客的景点之一。他们坐着一辆辆马车前来，其中许多人在加纳客栈吃午饭。1853年，一位枫丹白露的导游告诉他们，那里的"橱柜嵌板和墙面隔板上贴着底稿和草图，把这个不起眼的小客栈变成了博物馆，不只一个方面令人好奇"。艺术家们反对这种入侵。1852年，卢梭采取了非常措施，他以所有艺术家的名义向路易－拿破仑请愿，要求保护森林不受旅游业的影响。十年后，政府为艺术家们划定了一片受保护的森林和"保留地"。[124] 但他们的请愿有些讽刺，因为那时正是旅游业为他们带来了许多买家，使他们的作品更加出名。

在所有的巴比松派画家中，没有谁比库尔贝更熟悉市场的运作方式。他并非真正是他们中的一员，而是个独行侠。但他比其他任何人都更接近他们，并且经常作为现实主义绘画运动的公认领导者为他们代言。1819年，库尔贝出生于靠近瑞士边境的奥尔南（Ornans）的一个地主家庭，他从职业生涯开始就具备了商业头脑。"如果我在进行艺术创作，"他在1846年写给戈蒂埃的信中表示，"首先是要靠它谋生。"作为一名在巴黎的年轻艺术家，他的家书中充满了对不同种类艺术品价格波动的观察；他专注于风景画的决定是考虑到了什么能赚钱。

库尔贝是第一个以艺术家的身份在发展中的市场自谋出路的画家。在职业生涯的早期，他多年被沙龙拒绝，这让他对学院艺术机构充满怨恨，下定决心作为独立艺术家在商业领域取得成功。他孜孜不倦地追逐着个人赞助者和经销商。从报刊日益增长的力量中，他开始意识到宣传的价值——这是在没有赞助者或学院等机构支持的情况下，作为独立艺术家营销自己作品的唯一手段。在1850年写给评论家弗朗西斯·韦伊（Francis Wey）的一封信中，库尔贝阐述了他通过丑闻行为进行自我推销的信条：

是的，亲爱的朋友，即使在我们的文明社会，我也必须过野蛮人的生活。我必须摆脱它的统治。我会如此肆无忌惮，让每个人都有权告诉我最残酷的真相。你看，我做到了。不要以为我是一时兴起……这是一项严肃的责任，不仅要在艺术中树立自由和个性的榜样，而且要宣传我所从事的艺术。[125]

库尔贝寻求与记者交好。他确保自己总是能出现在报刊上。在转向风景画之前，他曾为了获得知名度而替蒲鲁东（Proudhon）和柏辽兹等名人绘制肖像。他对各个市场了如指掌，并根据它们的不同品味量身定做自己的作品。用他的传记作者的话来说："他夏天会去多维尔（Deauville）和特鲁维尔（Trouville）洗浴，意识到那里的上流社会女性与参观他的外省展览的资产阶级的品味不同，而德国与英国的收藏家青睐的风景场景类型不同。"他与经销商冗长的通信中充满了对这方面的观察。"对伦敦来说"，他建议道，"主题比技巧更重要"——"雪景"和其他"令人愉悦的主题"在那里总是很受欢迎——而在维也纳，人们要求"色彩鲜艳的严肃绘画"。[126]

这种迎合商业品味的做法与库尔贝在1848年至1855年间创作的重要大型作品形成了鲜明的对照，当时他自称是"现实主义者"。他在1850年沙龙中展示的三幅大型油画——《奥尔南的葬礼》（彩图8）、《赶集归来的弗拉热农民》和《采石工人》——完全是普通人的现实主义形象，视觉上相当于屠格涅夫在《猎人笔记》中对农民的文学描绘。他没有试图为艺术目的而将人物感伤化或者美化他们，就像人们对这类体裁所期待的那样。他在《奥尔南的葬礼》中所刻画的哀悼者——全都根据出席他叔祖父葬礼的真人描绘——看上去并不吸引人。批评者攻击他的对象丑陋，认为这不适合艺术。他们把他的艺术等同于照相。画家兼评论家埃蒂安—让·德雷科鲁兹（Etienne-Jean Delécluze）在谈到《奥尔南的葬礼》时表示："在这可能被误以为是印刷拙劣的达盖尔相片的画面中,有着仿佛人们在随机时刻观察自然时所看到的粗糙,而且被丝毫不变地再现。"[127]

库尔贝没有气馁,他在艺术机构之外活动,依靠新闻界朋友的宣传,他开始在外省组织自己的商业展览。在贝桑松(Besançon),只有250人买了50生丁的门票去看他的作品。在第戎,他的收费展览无人问津,仅仅几天后就被迫关闭。但是库尔贝并没有放弃靠自己的作品赚钱的想法。

1853年秋天,政府的美术主管尼乌维尔克伯爵(Comte de Nieuwerkerke)请他吃午饭,委托他为美术世博会绘制一幅画,这是皇帝为配合1855年在巴黎举行的工业产品博览会而策划的。这次世博会是法国对1851年的"大展会"的回应,与之不同的是,它是为了展示法国人擅长的绘画。库尔贝感到被尼乌维尔克的提议侮辱了,因为提议规定,他画的草图必须先提交审批。他告诉主管,作品的"唯一评委"是他自己,他是为了"思想自由"而作画。虽然他可能会提交展现了自己的艺术原则的《奥尔南的葬礼》,但他希望举办自己的展览,与政府的展开竞争。他对他的朋友和爱国者阿尔弗莱·布吕亚(Alfred Bruyas)解释说:"我这幅画能卖4万法郎,但从他们那里肯定得不到这个价钱。"[128]

库尔贝渴望以自己的方式得到艺术机构的认可,他挑战了遴选委员会,不是寄出1件,而是寄出了14件作品,其中包括《奥尔南的葬礼》和另一件大型作品《画室》,大小与一幅学院派历史画相同(他形容它是"我的工作室的道德和实体历史"),代表了他对沙龙的反叛(描绘了他在1848年失败的工人中间工作)。[129] 委员会接受了11件作品,但拒绝了剩下的3件,其中包括两幅大型画作。库尔贝因其最雄心勃勃的作品遭拒而被激怒,因此在美术宫举办的世博会入口处的对面,他自费建造了一座临时建筑,在那里组织了一场个人画展。他在巴黎各地用海报宣传自己的展览,他称之为"现

图 11　库尔贝的展览放在消防站与炼糖厂之间的临时建筑里,照片,1855 年

实主义展"(Du Réalisme)。他还出版了一份展览目录,陈述了他对现实主义艺术的看法,并制作和出售自己绘画的照片复制品(最早的艺术明信片)。入场须支付 1 法郎,与世博会的门票价格相同,后者在美术宫展出了 5000 件艺术品,包括德拉克洛瓦和安格尔画作的大型回顾展。[130]

5 月至 11 月间,有 500 万人参观了世博会。在六个月里,巴黎成了世界的中心。绝大部分人只对工业品世博会感兴趣。历史学家欧内斯特·勒南表示:"整个欧洲都按捺不住,要去看一眼那些商品。"[131] 尽管门票降价,还是仅有不到 50 万人参观了美术世博会。

只有很少的人去了库尔贝的展览。画家的朋友尚弗勒里表示,开幕当天,仅有的参观者是戈蒂埃、蒲鲁东以及"两位时尚的老妇人,她们傲慢而好奇,有点吃惊"。库尔贝损失了很多钱。但他成功地将自己包装为一名独立艺术家,第一个绘制、宣传和营销自己的作品的艺术家。他的个人画展标志着"先锋派"的诞生，后者立足市场，靠制造轰动和宣传手法来向机构发起攻击。这将给其他许多寻求靠自己的艺术生存的人带去灵感，包括马奈、莫奈、高更、罗丹、毕加索和此后的每一位画家。[132]

六

真正从艺术品中赚到的钱并非来自出售原作，而是来自面向大众市场的复制品。大规模复制的新技术——平版印刷和照相术——将艺术品变成了一种资本，成为其版权所有者、艺术家和出版商的长期收入来源。

古皮尔或甘巴特这样的大公司所复制的艺术品不仅能带来丰厚的收入，还给艺术家带来了国际声誉，因为这些公司在欧洲所有主要城市都建立了越来越大的画廊和商店网络。它们是19世纪中叶艺术品市场国际化的推动力。它们的印刷品销售为艺术家打开了国外市场。

它们还决定了艺术家创作的艺术品类型。古皮尔和甘巴特会告诉画家，什么样的作品才能成为好的印刷品，或者在他们的客户中卖得好；如果想在这个市场上生存，艺术家就会根据这些需求调整自己的作品。随着复制的必要性开始决定艺术生产的过程，艺术品的性质也发生了变化。正如瓦尔特·本雅明（Walter Benjamin）在其开创性的论文《机械复制时代的艺术》（1935年）中所说的那样："被复制的艺术品在越来越大的程度上是复制了为可复制性而设计的艺术品。"[133]

复制艺术和艺术本身一样古老。艺术家和他们的学生会复制他们的作品，使其更广泛地传播。铜版和蚀刻工艺从15世纪起就被用来制作"老大师"们的版画。到了18世纪，艺术版画成了一个蓬勃发展的产业。威廉·霍加斯（William Hogarth）等艺术家通过这种媒介赚了大把的钱，他们控制着整个制作过程，并亲自进行营销。但19世纪是艺术印刷品的繁荣时代。中产阶级日益增长的购买力催生了为家庭购置廉价复制品的无法满足的需求。在整个欧洲，资产阶级家庭的墙壁上挂满了镶框的版画，工业革命使大规模印制此类版画成为可能。19世纪印制的版画比前四个世纪的总和还要多。[134]

平版印刷术的发明推动了绘画印刷品的爆发，彻底改变了复制图像艺术品的过程。版画家被从将图像雕刻到铜板上的耗时劳动中解放出来，他们只须在印版石上绘制图像，这一过程要快得多，使得图像能够以比从前更便宜、更快捷的方式大量印刷。这项技术最早是17世纪90年代在德国南部发展起来的，但很快就被法国、英国和低地国家采用。19世纪30年代的技术进步使得大量印刷成为可能，特别是引进了比铜更耐用的钢制印版，这解释了那个年代带插图的书籍和期刊的兴起。

对版画的需求如此之高，以至于古皮尔和甘巴特等经销商愿意为购买当时最知名艺术家的画作的复制权支付巨额费用。比如，1860年，欧内斯特·甘巴特为《在神庙中发现救世主》的绘制和复制权向霍尔曼·亨特（Holman Hunt）支付了创纪录的5500几尼（5775英镑或14.4万法郎）。这幅画是特别适合家庭的艺术复制品的那种构图的一个好例子：画面上满是人物和活动，讲述了一个简单的基督教故事。亨特很清楚版权的商业价值：他知道，甘巴特根据他1853年创作的油画《世界之光》制作的版画销售情况不错；他的朋友威尔基·柯林斯和狄更斯也鼓励他坚持以最高价格出售。即便如此，甘巴特仍然注定会获利更多。在支付了大约3000英镑的刻版和印制费用后，他赚取了可观的83,475英镑（2,103,570法郎），这些收入来自在他的帕尔摩画廊看画的1先令门票（这幅画在那里展出了两年），在英国巡回展览上看画的较低费用，以及各种雕刻版画的销售。[135]

甘巴特的成功与他娴熟的营销技巧有关。他的帕尔摩尔画廊（Pall Mall Gallery）位于伦敦艺术世界的中心，为他的经销活动提供了高端的氛围，这对赢得富有投资者的信心是必需的。而在展览安排中保留皇家学院的气派，让他得以吸引更多付费参观的民众。甘巴特向想要进入这个后来被称为法国画廊的地方的观众收取1先令，与当时位于特拉法加广场拐角处的皇家学院的门票相同，目录则另外要价6便士。画廊里的画作是由皇家学院成员组成的"客座委员会"挑选出来的。在这种对艺术机构的模仿背后是巧妙的营销和定价策略。入场费既不会把中产阶级挡在他的画廊之外，又在一定程度上保持排他性，为他的版画销售业务声望的建立提供了基础。他同样善于利用宣传手段，曾在《艺术联盟》（Art-Union）杂志上为自己的展览做广告，这是维多利亚时代艺术界的一本阅读量很大，很有影响力的权威杂志。作为回报，杂志会对他的展览做出正面的评价。他还与记者培养了良好的关系，以便提高媒体对他的展览的兴趣，这些展览经常用有可能吸引大量观众的"轰动性画作"作为卖点，也就是用相片般的细节描绘有人群的全景图，比如威廉·弗里斯（William Frith）的《海边生活》（1854年）或《德比赛马日》（1858年）（《德比赛马日》第一次展出时，不得不用栏杆加以保护）。[136]

投资画作的复制权涉及采取一系列措施来保护和行使它们。古皮尔和甘巴特积极地捍卫着艺术品的版权。他们的生意依赖于保持复制品的"货真价实"。在高端市场，这可能意味着制作有艺术家签名的限量版印刷品；但在较为低端的市场，在纸上压印的公司商标可能是唯一的认证标志，因此存在出版业经常遇到的盗版风险。这两家公司都使用国内法律和双边协议来执行他们的版权。古皮尔在法国以外——纽约（1850年）、柏林（1855年）、伦敦（1857年）、海牙（1862年）和布鲁塞尔（1863年）——设立分支机构的主要原因之一是，通过在图片贸易的主要市场上加强其品牌影响力，以帮助巴黎办公室保护其海外版权。

欧洲最大的印刷品销售商古皮尔公司以作为舍费尔、德拉罗什和韦尔内的出版商而闻名，这三位艺术家是该公司的创始艺术家。然而，到了19世纪60年代，最受欢迎的皇家学院画家之一的让-莱昂·热罗姆（Jean-Léon Gérôme）对公司的重要性变得与这三位艺术家不相上下，他在1863年娶了古皮尔的女儿（这段婚姻的基础不仅是爱情，也是商业利益）。古皮尔买下这些艺术家的画作——常常在他们完成之前——主要是为了复制权。当他们的画已经有了买主时，他会购买从复制品、缩小版或现有的雕刻版画复制它们的权利，因为根据法国法律，如果画家在出售画作时没有保留复制权，这些东西就会被视为原创艺术作品。[137]比如，1842年，古皮尔刊印了路易·亨里克尔-杜邦（Louis Henriquel-Dupont）根据舍费尔的《宽慰者基督》（1837年）制作的雕刻版画，原作是19世纪欧洲最受欢迎的宗教画之一，奥尔良公爵从巴黎沙龙买下了它。它的版画被视作原创作品，这为古皮尔提供了法律漏洞，让他可以从这幅著名的原作中获利。在1848年的古皮尔公司目录中，它的版画有五个不同的版本：根据纸张的质量，最便宜的只有30法郎，收藏版为60法郎或80法郎，有艺术家签名的首版售价160法郎。[138]

和甘巴特一样，古皮尔也与他的艺术家们保持了密切联系，以确保他们完成的作品能被做成好的版画，符合他的客户的品位。舍费尔将他在版画市场上的巨大成功归功于他对诗歌人物的描绘，这是他1830年后的作品中受到古皮尔鼓励的一个方面。他的第一幅畅销版画《里米尼的弗朗西丝卡》（1835年）重新想象了《神曲》中叙述者但丁和维吉尔在地狱遇见弗朗西丝卡和她的情人保罗时的场景。同样成功的还有《但丁和贝阿特丽采》（1846年），画面中这

图12　古皮尔坐落在巴黎城外的印刷厂，版画

位天使般的缪斯仰望着天堂；以及《浮士德和玛格丽特在花园里》（1846年），舍费尔从歌德的《浮士德》中借鉴的许多场景之一。这些都是很受欢迎的题材，吸引了欧洲一些最好的刻工，它们的市场主要来自外省人，就像亨利·贝拉尔迪（Henri Béraldi）在他的伟大编年记《19世纪的刻工》（1885—1892年）中所说的："这些人想在自己的沙龙里拥有一幅展现情感与虔诚的画，亲眼看到它。"[139]

与集中在大城市的绘画市场相比，雕刻版画的市场在艺术品位上更加守旧和传统。最受欢迎的题材是圣经、文学经典或历史中的感伤场景。左拉在他那篇关于热罗姆的文章中写道："在外省，没有哪家沙龙的墙上不曾挂着《化装舞会结束时的决斗》（彩图10）或《路易十四》*的版画；在单身汉家里，你肯定会看到《法庭上的

---

*　画作全名为《路易十四与莫里哀》。——编注

芙丽涅》——这些都是男人间允许的有趣话题。更严肃的人会拥有《角斗士》或《恺撒之死》。热罗姆先生的作品能够迎合各种品味。"

对于热罗姆的画作，左拉最感到不满的是，它们看上去仿佛是专供"古皮尔公司的。热罗姆画一件作品以用来制作照片和版画复制品，并数以千计地出售"。[140]

照相术的发明也改变了艺术复制品行业。古皮尔从19世纪50年代中期开始涉足这行，但他第一次用照片进行大规模复制——德拉罗什的一系列作品——是在1858年。那一年，他还推出了自己的"照相画廊"（Galerie photographique）——一系列经过装裱的流行画作的照片复制品，用于装上画框放在家里。到了那个世纪末，该系列已经收录了1800多件不同的作品，每件都有用于明信片或相簿收藏的较小尺寸。艺术明信片和艺术书籍的时代已经开始。

七

1853年11月，屠格涅夫结束软禁，被允许在警方的监视下回到圣彼得堡，前提是他必须"完全承认"自己的罪行。沙皇同意以健康不佳为由释放他——将要折磨屠格涅夫余生的急性痛风开始出现征兆。屠格涅夫立即动身前往首都，先在临时住所落脚，然后搬到了阿尼奇科夫宫（Anichkov Palace）旁边的一套宽敞的公寓里，在那里雇用了一个仆人和一名厨师。

克里米亚战争让他离开俄国，去法国与维亚尔多一家团聚的想法破灭。冲突始于1853年夏天，当时俄国占领了多瑙河的摩尔达维亚和瓦拉几亚公国（名义上处于土耳其的宗主权之下，但实际上由俄国人控制）。占领的目的是迫使土耳其人屈服于沙皇对圣地的要求，那里的东正教徒为争取进入圣地的权利而与天主教徒发生了争执。俄国的侵略行为促使法国和英国派遣远征军保卫奥斯曼帝国，并通过摧毁克里米亚的塞瓦斯托波尔（Sevastopol）海军基地来惩罚俄国。1854年9月，法国和英国军队登陆俄国领土。他们在阿尔马河畔击退了俄国人，接下来的11个月里，他们包围了塞瓦斯托波尔，对其发起工业规模的炮击。这次入侵甚至激起了像屠格涅夫这样最亲西方的俄国人的爱国情绪，10月30日他给保琳娜写信说："我承认，我愿意付出我的右臂来阻止任何一个入侵者（对不起！）逃脱，如果此时此刻有什么事让我后悔的话，那就是没有从戎，因为那样的话，我可能已经为保卫我的国家洒下了鲜血。"他在信中告诉保琳娜，只要战争还在继续，他就不能专心于文学，他很乐意投笔从戎。[141]

有一位作家就是这样做的，托尔斯泰于1852年参军，那一年他刚刚引起文学界的注意，在《现代人》上发表了《童年》。这位年轻的伯爵对他在圣彼得堡和莫斯科作为贵族的轻浮生活方式感到不满，决定跟随他的哥哥尼古拉去高加索地区重新开始。1853年，他被调到多瑙河前线的俄国军队，第二年被派往克里米亚，在那里写下了他的《塞瓦斯托波尔故事》，这是一部现实主义的杰作，一半是虚构的，一半是来自那座被围困城市的报告文学，于1855年发表在《现代人》上。

那年秋天，当塞瓦斯托波尔陷落和俄国战败之后，托尔斯泰和屠格涅夫在圣彼得堡首次会面。屠格涅夫比他大十岁。诗人费特当时正在屠格涅夫的公寓里，见证了那次会面，他对托尔斯泰"自动反对所有被普遍接受的观点"感到吃惊。[142]在克里米亚与普通士兵并肩生活使托尔斯泰看到了农民的纯朴美德。这使他开始孜孜不倦地寻找一种作为俄国贵族可以过的道德的生活方式——一种没有农奴制的生活——屠格涅夫也有同样的愿望。随着尼古拉斯一世驾崩和他的儿子亚历山大二世于1855年3月登基，自由改革的希望越来越大。审查制度放松了。亚历山大告诉贵绅们准备好解放他们的农奴。军事上的失败使他相信，除非俄国废除农奴经济，按照欧洲的路线实现自身的现代化，否则它将无法与更先进的工业强国竞争。

随后的几年里，屠格涅夫与托尔斯泰多次见面。对农奴制的反对让两人走到一起。他们在俄国的庄园相距不远。托尔斯泰唯一的妹妹玛丽亚与她不忠的丈夫和三个孩子住在距离斯帕斯科耶仅仅几公里的地方。从1854年10月开始，屠格涅夫经常去造访她，两人发展出了短暂的恋情。1854年11月13日，屠格涅夫致信安年科夫表示："她是我见过的最有魅力的女人之一，可爱、聪慧而率真——我的眼睛都离不开她了。我在这把年纪（四天前我36岁了）几乎坠入爱河。"[143]他们的关系给屠格涅夫的《浮士德》（1856年）带来了灵感，这个书信体的故事讲述了一幕爱情悲剧，女主人公很像玛丽亚。1857年，婚姻不幸的玛丽亚离开了丈夫，可能希望与屠格涅夫建立关系，但此时他已经去了国外，等到1858年回国时，他已经对她不感兴趣了。

随着克里米亚战争的结束，屠格涅夫重返欧洲的道路敞开了。俄国的自由氛围并没有让他流连太久。1856年4月，在俄国和欧洲列强通过《巴黎和约》恢复和平不到一个月后，屠格涅夫告诉保琳娜，他正在申请出境签证。他需要一些高层的人脉才能拿到它。他在给保琳娜的信中写道："如果拿到了——顺便说一句，这还远远没有确定——我希望能在9月1日狩猎季节开始时到达库尔塔维内尔。"前往欧洲的俄国人如此之多，以至于在7月底之前，任何一艘轮船上都没有位置了。他在8月初买到一张票，那时他的护照已经办妥了。离开前夕，他给自己的密友和红颜知己朗贝尔伯爵夫人（Countess Lambert）写了一封信，后者很可能明白他信中的潜台词是关于保琳娜的：

> 被允许出国让我快乐,但同时我也不得不意识到,我最好还是不去。在我这个年纪,去国外生活意味着过吉卜赛人的生活,摒弃任何家庭生活的想法。但我能做什么呢!很明显,这就是我的命运。怎么说呢,性格软弱的人仰赖"命运",这让他们不必再需要行使自己的自由意志,不再需要为自己负责。无论如何,瓶子已经开了,所以酒一定要喝。

屠格涅夫暗示,他将在国外待上至少四年,这是他从俄国政府获得的护照设定的期限。[144]

他坐轮船前往斯德丁,于8月中旬抵达巴黎,然后从那里出发前往伦敦与维亚尔多夫妇团聚,后者自6月份以来一直在那里参加乐季演出。屠格涅夫已经三年半没有见到他们了。9月初,他和他们一起回到了库尔塔维内尔。他和保琳娜在那里恢复了关系,很快他们又变得亲密起来。屠格涅夫和他的女儿保琳奈特一起被接纳为家庭成员。保琳奈特当时14岁,是一个任性而不快乐的女孩,她只被允许说法语,与保琳娜和她的寄养家庭关系不好。他们的活动包括音乐之夜、业余戏剧表演和"肖像游戏"——参与者会画一幅虚构人物的漫画,然后每个人都写下他们对这个虚构人物生平的猜想。11月6日,屠格涅夫回到巴黎后不久给博特金写了一封信:"我们在库尔塔维内尔过的日子真是完美啊!每一天都像是礼物——到处洋溢着自然的、完全不依赖于我们自己的气氛。"博特金是为数不多的几个听屠格涅夫透露他与保琳娜关系的人之一。当他在同一封信中看到屠格涅夫表示"真的,我一直很高兴——也许是因为'田野里最后的花朵比繁茂的第一批花朵更甜美'"时,他很可能会明白屠格涅夫的意思。[145]*

---

* 引自1825年普希金的一首无题诗。

屠格涅夫在里沃利街租了一间公寓。但他所有的时间都是在杜埃街的维亚尔多家度过的，保琳娜敞开家门，每周四晚上固定举办音乐晚会，每周日下午还在"大沙龙"——二楼的大房间，里面有阿里斯蒂德·卡瓦耶—科尔刚刚在巴黎世博会上展出过的管风琴——举行规模较小和不那么正式的朋友音乐聚会。沙龙的镇室之宝是1855 年保琳娜从伦敦一家书商手中买下的莫扎特《唐璜》手稿。这份手写乐谱具有特殊的个人意义，因为保琳娜以演唱唐娜—安娜和泽琳娜两个角色而闻名，而且这部歌剧与她的家庭有着长期的联系。它的前主人奥古斯蒂娜·安德烈（Augustina André）从她的父亲、作曲家和音乐出版商约翰·安东·安德烈（Johann Anton André）那里继承了手稿，后者于 1800 年从康斯坦策·莫扎特手中购得。通过她的丈夫，奥古斯蒂娜曾向维也纳的帝国图书馆、柏林的皇家图书馆和大英博物馆兜售过它，但它们都因为缺乏资金而拒绝了。保琳娜以 180 英镑买下了它。她将手稿放在一个新哥特风格的特殊木盒里。盒子用黄铜装饰，盒子上有一个 M 形状的盾徽，盖子上有铭文。它看起来更像是圣人的遗物，而不是管弦乐的曲谱。盒子放在风琴旁的一张桌子上，把房间变成了一座神殿，一个奉献给莫扎特崇拜的地方，保琳娜是那里的高级女祭司。[146]

经常参加周四音乐晚会者的名单读起来就像 19 世纪下半叶巴黎艺术界的"名人录"：作曲家柏辽兹、年轻的圣—桑和讲究吃喝的罗西尼，后者在保琳娜小时候就认识她，至今仍对她满怀慈爱；画家德拉克洛瓦、柯罗、多雷（Doré）和舍费尔；奥日埃（Augier）、勒南和屠格涅夫等形形色色的作家；还有在巴黎流亡的 1848 年威尼斯共和派领袖达尼埃莱·曼宁（Daniele Manin）。对维亚尔多夫妇的大女儿路易丝来说——她当时十几岁，已经是一名合格的钢琴家——演唱会对她是一种"真正的折磨"，因为她必须在杰出的观众面前即兴为那些一流的独唱者伴奏。她回忆说："这显然是对想成为音乐家的人的一次很好的训练，但感觉就像是惩罚。"[147]

外国客人中有李斯特、安东·鲁宾斯坦、乔利、赫尔岑、巴枯宁和狄更斯。狄更斯曾于1849年在伦敦听过保琳娜演唱《先知》。虽然他们有共同的朋友，但在1850年、1851年和1855年2月的巴黎之行中，他并没有拜访维亚尔多夫妇。直到1855年秋，当狄更斯来巴黎参观世博会时，他们才终于见面。狄更斯要在巴黎待几个月。抵达几天后，舍费尔就拜访了他，说服他前往沙普塔尔街自己的工作室（维亚尔多夫妇的家就在拐角处），准备为他画像。长时间的静坐让狄更斯感到厌烦。当时他正处于巨大的工作压力中。他在给朋友约翰·福斯特（John Forster）的信中写道："一边想着《小杜丽》，一边坐着、坐着、坐着，我几乎无法表达这让我多么难受和不安。"这幅画画得不太好。舍费尔担心它更像是一位荷兰海军上将，而不是一位英国小说家，狄更斯虽然对结果感到满意，但一点儿也不认为它看起来像自己。狄更斯就是在舍费尔为他作画期间遇到保琳娜的。在舍费尔的工作室里，他为60位嘉宾朗读了《壁炉上的蟋蟀》。他的朗读让保琳娜潸然泪下——这个关于婚姻忠诚和背叛指控的故事一定引起了她的共鸣。第二天晚上，保琳娜为这位英国作家献唱，后者送给她连载版的《小杜丽》，以对她的"卓越天赋"给自己带来的"喜悦"表达感激之情。从那时起，狄更斯就成了杜埃街的常客。1856年1月，他在那里与舍费尔和乔治·桑共进了一次"非常好和特别随和的"晚餐，后者是从诺昂赶来的。狄更斯在写给福斯特的信中表示："维亚尔多一家在巴黎的新区有一所房子，仿佛他们上周刚刚搬进那里，下周就要离开了。但事实上，他们已经在那里住了八年。歌剧是你在世界上最不会与家庭联系在一起的东西。甚至连钢琴都没有打开。"狄更斯和桑的见面喜忧参半。桑对狄更斯感到厌烦和不以为然，因为他并不了解自己的小说，而狄更斯觉得桑是一个"外貌和举止都非常普通的女人"——换句话说,与他想象中的那个危险而不道德的自由思想家相去甚远。他告诉福斯特:"她胖乎乎的,是个发福的中年妇人,皮肤黝黑,眼圈发黑。她完全没有女才子的模样,除了会点小伎俩把你所有的观点变成和她的一样,我认为这是她从自己所生活的国家和在一个小圈子的主导下学到的。"[148]

维亚尔多的小圈子里少了的一个人是古诺。保琳娜在1852年与他闹翻了,当时他出人意料地宣布与巴黎音乐学院钢琴教授的女儿安娜·齐默尔曼(Anna Zimmermann)结婚。婚礼定于5月底举行,也就是保琳娜的第三个孩子玛丽安娜出生的时候,所以维亚尔多夫妇不可能出席。但保琳娜对她甚至没有被邀请而感到恼火。齐默尔曼家在短时间内取消了来自维亚尔多夫妇的几次邀请,而且毫无来由。保琳娜送给新娘一只贵重的手镯作为新婚礼物,但第二天被古诺退了回来,并附上一封简短的信,解释说他已经准备给他的妻子送一只手镯,所以不需要保琳娜的礼物。[149]事实上,古诺是在齐默尔曼家的坚持下拒绝了这份礼物,他们想要与维亚尔多夫妇保持距离:有传言说保琳娜和古诺之间有过恋情,他们收到了一封信,威胁要透露此事。深受保琳娜恩惠的古诺居然纵容这种侮辱,这尤其让路易恼火,他代表妻子写信给古诺,断绝了所有的关系。阿里·舍费尔介入,恳求古诺和他的新婚妻子把婚后的第一次社交拜访安排为去维亚尔多家,但当他没有这样做时,维亚尔多夫妇被激怒了。他们认为,古诺不愿采取必要的措施来捍卫保琳娜的名誉是一种侮辱。路易永远禁止他进入自己的家。保琳娜给乔治·桑写了几封长信,伤心地抱怨她受到了怎样的委屈。屠格涅夫抓住这个机会重新赢得了保琳娜的青睐。"他的所作所为令人厌恶,"他在8月写给保琳娜的信中说,"我和他之间的一切都结束了。我不想再想起他。"[150]

第四章

流动的欧洲

每天都有这样的卡片送到,来自因斯布鲁克、维罗纳、维琴察和帕多瓦,每张的开头都写道,"今天我们参观了当地的著名美术馆",如果不是美术馆就是竞技场或教堂,圣母玛利亚教堂或别的什么。

特奥多尔·冯塔纳,《艾菲·布里斯特》

一

屠格涅夫在 1857 年到 1861 年间不断旅行。他无法在某个地方长久停留。他的大部分旅行是为了寻找各种治疗疾病的方法,但也是为了缓解情感痛苦。1857 年 2 月,他抱怨膀胱疼痛,离开巴黎前往第戎,去找一位路易·维亚尔多推荐给他的医生。他在给圣彼得堡的安年科夫的信中写道:"我计划在这里待一周,然后返回我的痛苦之源(名叫巴黎)待三个星期,接着造访伦敦,最后回家。"[1]

马不停蹄的旅行使他返回俄国的时间推迟了 18 个月。屠格涅夫在伦敦短暂停留期间造访了赫尔岑（从 1852 年起在那里定居），然后去了柏林和德累斯顿，接着在莱茵河畔的辛齐希（Sinzig）泡温泉，赶到巴登－巴登去营救在赌场输了钱的托尔斯泰，并在布洛涅的海边和他一起待了三个星期，随后回到巴黎和库尔塔维内尔，在那里度过了 9 月。接下去的六个月里，他在意大利旅行，然后又花了三个月回到俄国，途经维也纳、布拉格、德累斯顿、巴黎、伦敦和巴黎。

屠格涅夫在巴黎感到不受欢迎和多余。这就是他不断旅行的原因。他在动身前往第戎之前写信给博特金说："我不会谈论自己——一个一文不值的人。我觉得自己就像是他们忘了清理的垃圾——我的情绪一直如此。也许当我离开巴黎时，情况会改变。"两个月后，他的情绪没有好转。屠格涅夫在给安年科夫的信中说，他正经历着一场"道德和肉体的危机"，他将"要么崩塌，要么修复！……我的意思是支撑起来，就像倒塌的棚子被木头支撑起来一样"。[2]

他抑郁的原因是他与保琳娜的关系突然破裂。在上一个秋天，当他刚刚从俄国返回时，两人的关系一直很密切。他们一起在库尔塔维内尔度过了"幸福"的一个月左右时间，就像屠格涅夫写给博特金的信中所说，他在那里"非常开心"，因为他感到自己和她很亲近。但后来，情况突然发生了变化。保琳娜变得疏远了，甚至冷淡。她很少给他回信。为了了解她的消息，他不得不写信给他的女儿，后者与保琳娜的关系也很差。[3] 这次关系破裂对屠格涅夫来说是一场灾难。他因此病倒了。由于无法写作，他毁掉了所有的笔记，并告诉他的朋友，他已经不再是一个作家了。当时他只有 39 岁。"屠格涅夫看起来很可怜，"托尔斯泰说，"我没想到他会有这样的爱情。"[4]

保琳娜态度的改变发生在 1856 年 11 月她怀上第四个孩子保罗时。有两种方式可以解释这种巧合。保琳娜习惯于在对她的男性爱慕者进行鼓励后突然中断与他们的关系。她对古诺这样做过，还将对柏辽兹也这样做。仿佛她喜欢与这些著名男性调情，得到他们的献媚，但当他们走得过近，威胁到她对婚姻的承诺时（她对自己婚姻的依赖超出这些爱慕者的想象），她就会被吓跑。也许是因为保琳娜在屠格涅夫觉得他与自己的关系前所未有的亲近时怀上了路易的孩子让屠格涅夫感到受伤。他甚至可能认为这是一种背叛。感到被拒绝的屠格涅夫前往国外旅行。他在给涅克拉索夫的信中写道："人不能这样生活，再也不能坐在别人的巢边上了。"12月20日，他在给托尔斯泰的一封信中承认："我太老了，不能再没有巢了，不能再不待在家里了。春天时我将回到俄国——尽管在离开这里时，我将不得不告别所谓幸福的最后梦想。"[5]

另一种解释是屠格涅夫是保罗的父亲，或者被怀疑如此，他的离去是为了保护维亚尔多夫妇不受当时正在兴起的谣言影响。也许保琳娜是故意藏起自己的爱慕，以便鼓励他离开。这无疑可以解释1859年1月保琳娜在写给她的密友尤里乌斯·里茨的一封信中说的有趣的话："如果不被允许变成火焰，爱情会要命。扑灭它是悲哀、致命而可怕的，是一种残酷的折磨。"[6]

有间接证据表明情况可能是这样的，尽管作为最有可能证实这一点的来源——屠格涅夫从1851年以来一直孜孜不倦地记着的日记——在保琳娜怀孕后不久就被作者销毁了，可能是因为其中包含了关于他们关系的不宜公开的证据。[7] 1857年7月，当保罗出生时，屠格涅夫给保琳娜写了一封欣喜若狂的信，比他在保琳娜的其他三个孩子出生时所写的信都要兴奋得多。保罗3岁时患上了严重的肺炎。保琳娜要求当时在德国的屠格涅夫立即来库尔塔维内尔照顾孩子，因为她需要履行之前在伦敦音乐会上演唱的合同。他放下一切就赶来了。尽管两人的关系已经变得冷淡，她还是向他求助，这一事实暗示她承认屠格涅夫和她的儿子有关系。屠格涅夫总是对保罗表现出强烈的父爱——以至于路易曾经抱怨说,他觉得自己作为父亲的地位被篡夺了。这个男孩学习拉小提琴,后来成了有名的独奏家。有传言说,他的斯特拉迪瓦里小提琴是屠格涅夫买的,而不是根据那位作家的遗嘱所继承的——它的价值远远超过屠格涅夫留给保琳娜女儿们的不多的钱。同样引人遐想的是,当路易在遗嘱中呼吁他的孩子们在他死后要尊重他们的母亲时,他奇怪地特别提到"甚至是我的儿子保罗"。[8]

保罗本人从未否认他是屠格涅夫儿子的传言。他经常讲述童年时发生的一件事,当时他因对屠格涅夫粗鲁而被母亲斥责。保罗被要求与母亲的朋友握手,但他抱怨屠格涅夫因为自己早先的一些小错而打了他耳光,除了他的父亲,他不会接受任何人的惩罚。他的评论引发了他母亲和屠格涅夫之间"意味深长的眼神交流",这让保罗感到奇怪。[9]

如果屠格涅夫是他的父亲,那么他在保琳娜怀孕时消失是有道理的。已经有了关于他与保琳娜关系的传言。让自己保持距离显然能把传言发展成可能毁掉她职业生涯的丑闻的风险降至最低。屠格涅夫的小说里充满了马不停蹄的流浪者,像他一样漫无目的地在欧洲旅行的漂泊的俄国人。《阿霞》中无名的主人公和叙述者,《贵族之家》中的拉夫列茨基,《春潮》中的萨宁——这些不幸的相思旅人是他在与保琳娜分离的岁月中的化身。像屠格涅夫一样,他们都没有巢。

屠格涅夫的创作远未结束,他在流浪期间写了三部小说,都是他最好的作品*,还有三部较短的作品,用他的传记作者的话说,这表明"他通过这种文学能量的大爆发让自己接受了现在他自认为是命中注定的个人痛苦"。《阿霞》的创作始于宁静的温泉小镇辛齐希

---

* 《贵族之家》(1859年)、《前夜》(1860年)和《父与子》(1862年)。

(而且显然以那里为背景)，屠格涅夫住在松林边的浴场里，就像他在给托尔斯泰的信中所说，他望着窗外"宽阔山谷里的麦田和果园，地平线上是莱茵河右岸参差不齐的山际线"。叙事者讲述了他无可救药地爱上了一个名叫阿霞的姑娘，但他还没来得及鼓起勇气向她求婚，姑娘就离开了那个莱茵兰的温泉疗养地，给他留下一封伤感的告别短信。这个故事反映了屠格涅夫的犹豫不决和对保琳娜的悔恨感。故事在罗马完成，屠格涅夫还在那里进行了《贵族之家》的创作，讲述了另一个爱情失意的悲伤故事。小说的主人公拉夫列茨基与屠格涅夫不无相似之处，发现妻子不忠后，他从巴黎返回了俄国的故乡。他爱上了丽莎，一个拥有强烈宗教情感的姑娘。在一份法语报纸上读到妻子去世的报道后，他希望娶丽莎为妻。不料那篇报道不实。被拉夫列茨基疏远的妻子现身，请求他的原谅，最后拿着拉夫列茨基给的一张巨额本票回到巴黎，而丽莎则进了修道院。可以把这部小说解读为表现了屠格涅夫因为与保琳娜的关系而产生的焦虑感：他曾经将自己的幸福维系在她身上（意味着回到巴黎），这是否让他失去了在祖国找到更稳定的爱情来源的机会呢？

　　正如他在写给彼得堡朋友的一封信中解释的那样，他推迟返回俄国和转而南下旅行的原因首先是"在我40岁去世之前在意大利，特别是在罗马过一个冬天这种诱人的想法"，其次是"希望我能在那里好好写作。在罗马，不工作是不可能的——而且常常很顺利"。[10] 从1857年春天起，去意大利旅行的想法就在屠格涅夫的头脑中牢牢扎根，他写信给莫斯科的博特金，建议他和自己一起从巴黎乘火车去伦敦度假，然后去莱茵河、瑞士和意大利旅行："你会在最好的时间到达最有趣的地方：5月的巴黎，6月的英国，7月的莱茵河和巴登-巴登，8月的瑞士"——当时他计划秋天去意大利。博特金是一位经验丰富的旅行者。他过早秃顶，父亲是俄国最大的茶叶商之一。博特金是一个富有的文青、艺术和音乐评论家、旅行作家,还算得上是西班牙艺术和意大利艺术的专家,所以从很多方面来说,他都是理想的旅伴。由于屠格涅夫的辛齐希和布洛涅之行,计划被推迟了,但在9月底,计划被定了下来。"我们要出发了!"博特金写道。

> 我会是一个安静而耐心的伴侣,只求你也要耐心。我很不适应在夜间旅行,无论坐马车还是火车。即使是从巴黎到马赛,我也更愿意在里昂停留一晚……从马赛我们必须设法到达尼斯(Nice),然后再沿着海岸去热那亚。对了!我忘记说我会尽我所能地避免海上旅行……我们只会坐船从热那亚去利沃诺。从佛罗伦萨出发,由陆路穿过一切有基督教艺术发展的地方。[11]

旅程开始时很轻松。巴黎—马赛铁路的最后一段已经于1856年开通,使乘客能够在短短17个小时内行进862公里。进入意大利则要慢得多。尼斯和热那亚之间的沿海公路是出了名的难走。从1857年开始,沿着海岸进行的利古里亚铁路建设工程使情况雪上加霜。但是旅途很美好。博特金在给费特(他拒绝了与他们一起旅行的邀请)的信中写道:"我从不同的方向进入过意大利,但都没有如此迷人的景色。淡蓝色的大海边有棕榈林、高大的夹竹桃和果木园。有些地方让你欣喜若狂。"在热那亚,他们因为丢失了一只行李箱而被耽搁了三天,于是带着旅行指南——约翰·穆雷(John Murray)的《意大利北部旅行者手册》(1854年)——参观了该市的宫殿,晚上还去看了歌剧。"热那亚是一座非常美丽的小城,"屠格涅夫在10月27日写信给保琳娜说,"但不管旅行指南上怎么说,那里的女人都令人厌恶……这里有一些宏伟的宫殿和一些肮脏的街道(顺便说一句,我在巴尔比宫[Balbi Palace]发现了维亚尔多的那幅里韦拉［Ribera］的原作）*；凡·戴克（Van Dyck）画的布里尼奥莱侯爵（Marquis de Brignole）骑在一匹大灰马上的肖像是个'奇迹'。"[12]

在罗马，他们住在英国酒店（Hotel d'Inghilterra），这是一座16世纪的贵族宅邸，最近被改建成了一家很受英国游客欢迎的酒店，部分原因是拜伦和约翰·济慈（John Keats）都曾在那里住过。博特金让屠格涅夫专心写作，但会与其共进晚餐，一起前往歌剧院，下国际象棋，或在西班牙台阶附近的希腊咖啡馆谈论艺术，一群俄国艺术家会在那里见面，包括当时正在绘制自己的伟大作品的亚历山大·伊凡诺夫（Alexander Ivanov），他已经为这幅《基督对百姓的显现》工作了20多年。在罗马的那段时间使屠格涅夫精神振奋。"罗马太棒了，"他写信给安年科夫说，"在任何其他城市，你都不会有这样的感觉：伟大、美丽和重要的人物总是近在咫尺，时刻围绕着你，你可以随时进入神明的世界。"屠格涅夫对朗贝尔伯爵夫人（他与保琳娜分离岁月里的红颜知己）坦言，这是一座"更容易独处的城市"——他在给乌克兰作家玛丽亚·马尔科维奇（Maria Markovich）的一封信中发展了这一观点，他写道："罗马是一座令人惊讶的城市，它可以取代任何东西——社交，幸福，甚至爱情。"[13]

意大利各地的旅行也带来了慰藉。在博特金的专业指导下，屠格涅夫游览了马达马别墅（Villa Madama）和潘菲里别墅（Villa Pamphili），风景如画的阿尔巴诺湖（Lake Albano），还有弗拉斯卡蒂（Frascati），可以从罗马经由一条新开通的铁路到达那里，这是意大利最早的铁路之一，将一日游的游客从罗马运送到这个美丽的

---

* 屠格涅夫弄错了。他一定是把巴尔比家族所有的里韦拉的《老哲学家》系列画作中的一幅与当时路易·维亚尔多拥有的《柏拉图》画像搞混了。怒气冲冲的维亚尔多回信说："我的画没有原作，因为它本身就是原作。"（Alexandre Zvigulsky [ed.], *Correspondance Ivan Tourguéniev Louis Viardot: Sous le sceau de la fraternité* [Paris, 2010], p. 182）

山顶小镇只需要半个小时。他们去了更远的那不勒斯和庞贝。与博特金分开后,屠格涅夫独自前往佛罗伦萨,在那里他以穆雷的旅行手册作为指南参观了该市艺术珍宝;然后他离开佛罗伦萨,前往维也纳就医,途中去了比萨、米兰和威尼斯看医生,最后返回俄国。3月28日,他写信给博特金,表示"佛罗伦萨太棒了",并继续引用穆雷指南上的建议:

> 顺便说一句,请注意在皮蒂宫的一幅拉斐尔的画,编号245,藏在"朱庇特的教育厅";这是他的圣母画的原型,特别是德累斯顿的那些。
> 祝身体健康,让我们在俄国再见,你的屠格涅夫。
> 又及:来佛罗伦萨时,给你自己买本穆雷指南。[14]

二

铁路使这种旅行成为可能。屠格涅夫在欧洲旅行时会尽可能多地使用它们。他甚至学会了在火车上写作。

1859年,回俄国不到一年后,他再次前往伦敦和巴黎,在返回圣彼得堡的途中,他短暂造访了维希(Vichy)和奥斯坦德这两个温泉度假胜地。第二年春天,他回到欧洲,从圣彼得堡乘火车到柏林、巴黎、慕尼黑和巴德索登(Bad Soden),在前往伦敦途中,他沿着莱茵河经过了科隆和亚琛,最后来到怀特岛(Isle of Wight)上的文特诺(Ventnor)。博特金和赫尔岑都向他推荐了怀特岛,那里是俄国人钟爱的海滨度假胜地。1860年8月,他在那里花了三周时间写了他的小说《父与子》的大纲。

这部献给别林斯基的篇幅不长的小说是现实主义形式和叙事技巧的杰作。它比屠格涅夫的任何其他作品都赢得了更多的国外读者,将俄国文学的地位提升到新的高度，与英国小说或法国小说并驾齐驱，并使屠格涅夫享誉国际。小说中最让人感兴趣的是其悲剧的主人公巴扎罗夫，他是最初的"虚无主义者"，拒绝一切不为人民的社会福祉服务的原则或制度。巴扎罗夫是一名医科学生，从圣彼得堡大学毕业后，他的朋友阿尔卡季带他住在自己父亲的庄园里。这个年轻人的革命观点（阿尔卡季对其有稍许认同）使他与阿尔卡季的父亲和叔叔发生了冲突，他们持有更加自由的观点。这两代人之间的对抗使这部小说成为19世纪60年代俄国政治讨论的中心，当时的学生和年轻的激进分子质疑沙皇制度，拒绝他们父辈（"40年代"的一代）的政治静默主义，并呼吁采取更多行动来改善农民的状况。巴扎罗夫刻薄、粗鲁、极富才智和自信，在许多方面是学生激进分子的典型例子，特别是那些非贵族背景的，这些人在那十年的革命运动中发挥了领导作用。但他不是某个类型可以概括的。经由阿尔卡季的介绍，他认识了一位名叫安娜·奥金佐娃的优雅寡妇，并爱上了她，但对自己的情感觉得不安，因为这有违他的原则。无论如何，他的感情没有得到冷漠而自私的安娜的回应。如果她爱他，巴扎罗夫的性格可能会软化；他可能会放弃对毁灭的愤怒激情。爱情的镇静效果在阿尔卡季身上得到了体现，后者与安娜的妹妹卡季娅订婚，标志着他不再迷恋巴扎罗夫和他的激进思想。离开朋友后，巴扎罗夫回到乡下卑微的父母身边，在那里成为一名医生，后来因为在对一名斑疹伤寒患者进行尸检时割伤自己而死于血液感染。

　　屠格涅夫在文特诺逗留期间第一次有了巴扎罗夫的构思。这个主人公的形象来自一位年轻的外省医生，屠格涅夫用字母"D"来称呼他，此人被认为是季米特里耶夫，是他在莫斯科和圣彼得堡之间的火车二等车厢里遇到的。屠格涅夫在他的《文学回忆录》（1869年）中描述说，他是"在文特诺海边洗澡"时开始构思这个人物的，与他所有的小说中的主人公一样，人物的原型是活生生的人，然后逐渐在其身上加入了合适的虚构元素。巴扎罗夫的背后是"一位给我留下了深刻印象的年轻外省医生（他在1860年前不久去世）。在那个非凡的人身上，我可以看到这一原则的体现，它当时几乎还没有生命，刚刚开始悸动，该原则后来被称为虚无主义"。[15]

文学史上一个奇怪的讽刺是，屠格涅夫最伟大的创作——19世纪俄国革命家的虚构化身——竟然诞生于优雅的海滨度假胜地文特诺。毫无疑问，怀特岛上的俄国人圈子对屠格涅夫构思出巴扎罗夫产生了影响。他们热烈地讨论着即将到来的农奴解放，以及这将使得在俄国发起社会改革来让农民摆脱贫困和无知变得有必要。他们的讨论在很大程度上会受到新一代俄国激进分子出现的影响——这些年轻作家们围绕在《现代人》周围，该杂志成了革命知识分子的喉舌，疏远了像屠格涅夫这样的自由派人士，虽然他曾经是该杂志的固定撰稿人。屠格涅夫产生了建立一个扫盲和初等教育传播协会的想法，并向这个俄国人圈子提交了一份计划草案供其讨论。根据在文特诺造访过屠格涅夫的安年科夫说，该计划"在屠格涅夫的小屋里举行的夜间会议上被详细审议和重新起草，经过多次争论、更正和增补，由这群人中选出的成员组成的委员会通过"。不过，他们后来没有采取任何实际措施来建立学校或招聘教师，让安年科夫觉得"这个计划只是为了展示该协会的必要性、有用性和爱国性"。[16]

屠格涅夫是来文特诺洗海水浴的。他一直希望在安年科夫和26岁的玛丽亚·马尔科维奇的陪伴下度假，后者曾承诺去那里找他。马尔科维奇没有来，而海边休息的其他乐趣也很快就被英国的天气破坏了，那里变得寒冷多雨，让洗海水浴变得不可能。8月18日，屠格涅夫在写给朗贝尔伯爵夫人的一封信中描绘了这幅凄凉的场景：

微微倾斜的宽阔黄褐色沙带形成了海滩，远远延伸到小镇的边界之外，上面没有任何建筑，也没有植被。涨潮时，寒冷的深绿色北方海浪直冲到样式统一的房子边上。当潮水退去时，在潮湿、坚硬、布满海藻的沙滩上，可以看到英国人出来散步的笔挺背影。[17]

由于天气恶劣，屠格涅夫只能待在他的小屋里，他坐在房间的写字台旁，开始写他的杰作。他没有别的事可做。

* * *

屠格涅夫是个经验丰富的铁路旅行者。在欧洲各地和前往俄国的旅行一定让他坐火车的经验比那个时代的其他任何作家都多。到了19世纪60年代，已经可以通过铁路前往几乎所有的欧洲大城市和许多小城镇。19世纪五六十年代的铁路建设速度惊人。在所有的地方，铁路都被视为经济增长、政治稳定和国家团结的关键。在德国，它们是统一的推动力，把所有的德意志邦国连接起来，建成的铁路线长度从1850年的5856公里增加到1869年的17,612公里。那些年在铁路上的花费占（政府和私人的）所有投资的四分之一。在法国，铁路的增长同样令人印象深刻——从2915公里增加到16,465公里。[18] 铁路向南延伸到马德里和罗马，北至哥本哈根和斯德哥尔摩，东至莫斯科和圣彼得堡，西至康沃尔和高威。

通过让出国旅行变得更加方便和负担得起，铁路鼓励人们比以前更多和更远地出行。英国人走在了前列。可以说是他们推动了欧洲旅游业的不断增长。从法国、莱茵兰、瑞士到意大利，沿途的每个大城市都拥有"英国酒店"或"伦敦酒店"（Hôtel d'Angleterre, Hôtel des Anglais, Hôtel de Londres, Hotel d'Inghilterra）之类名字的大酒店。龚古尔兄弟抱怨说，对法国人来说，在自己的国家旅行很困难，因为所有酒店的职员都只对为英国旅客服务感兴趣。[19]英国中产阶级是欧洲最富有的。由于远离欧洲大陆，他们比其他欧洲人更有旅行的需要。壮游一直由英国贵族主导。他们为作为一种社会改良方式的欧洲旅行确立了模板。

历史学家爱德华·吉本（Edward Gibbon）估计，在18世纪80年代英国人壮游的巅峰时期，每年都有多达4万名英国人——他们举家出行，带着孩子、家庭教师和仆人——在欧洲大陆旅行。富有的年轻人会直接前往意大利，以便完善他们的古典学知识，了解欧洲大陆的时尚，以及寻找艳遇的机会。在19世纪初的几十年里，参加壮游的人数稳步增加。旅行者更加多样化，许多人来自专业阶层，他们倾向于进行较小规模的旅行，或者在低地国家，或者沿着莱茵河逆流而上直到瑞士，轮船使得前往那里更加容易。但与19世纪五六十年代铁路旅行的突然繁荣相比，这一增长相形见绌。随着把伦敦和巴黎与英吉利海峡沿岸的各个港口连接起来的铁路建成，穿越英吉利海峡的有记录的次数从1850年的16.5万次增加到1860年的23.8万次和1869年的34.5万次。到了这个时期的最后，乘客可以在半天内从伦敦赶到巴黎。[20]

旅游业是铁路时代的产物。甚至"游客"这个词也是相对较新的，它在19世纪的头十年里就进入了法语和英语，但从19世纪40年代开始，随着铁路、旅客酒店、餐馆、纪念品商店、旅游指南等进入欧洲大陆，这个词变得广泛流行起来。[21]出国旅游曾经只是少数人的乐趣，而铁路使更多人有了这样做的可能。文化精英们对这场流动的革命持怀疑态度。"大陆旅行的巨大发展是过去十年的一大特点"，1873年的《爱丁堡评论》（Edinburgh Review）评价说：

在秋天，整个欧洲似乎都处于一种永恒的流动状态。每个小火车站都有一群人。新的酒店（就像卢塞恩的那样）是为接待500、600或700名客人而建的，那些最常光顾的酒店每天会把大约200名要求入住者拒之门外，因为它们没有房间。每一个地方都受到了冲击，无论多么难以到达。在巴伐利亚偏远的柯尼希湖，以前可能一个月里只有十几个外乡人能找对路，现在游客多到能坐满四艘船，而岸上等待的马车可以50辆一数。里吉岛山顶的草都秃了，散落着碎瓶子和《每日电讯报》的碎片。

与那些能负担得起几个月甚至几年旅行的老精英们不同，新的铁路游客将所有的旅行都集中在暑假的几周里。"所有人都在旅行"，冯塔纳在《现代旅行》（1873年）中写道：

> 就像过去人们以谈论天气为乐一样，现在他们在旅行中找到了乐趣。"今年夏天你去哪里了？"人们在10月到圣诞节之间说的都是这个。"明年夏天你要去哪里？"他们在圣诞节和复活节之间都这样说。许多人一年中有11个月在为第12个月［旅行时］做准备，仿佛登上了通往更高生活的阶梯。人们为这第12个月活着。[22]

游客们想要的是精简版的壮游。他们渴望很多东西：参观欧洲最著名的景点，具有文化价值和风景如画的地方；关注某个地方具有"真正"的民族性和独一无二的，在他们本国看不到的方面；带着自豪的心情回来，想着"他们看到的东西至少和他们的邻居一样多"——正如安东尼·特罗洛普（Anthony Trollope）在他的《旅行杂记》（1866年）中所说的那样。特罗洛普接着表示，"出国旅行的家庭"只有在回国后才能感受到"真正的乐趣"：

221　　　　激励他们去游历远方的精神并非追求时尚……我们听到下面这种说法的日子早就过去：

> 格里尔太太病得很重。
> 没有什么能让她好转，
> 除非她能看到杜伊勒里宫，
> 并步履蹒跚地参观卢浮宫。

对于我所描述的这样明智的人来说，更是肯定已经结束了。他们追求的不是时尚，那不是他们主要的乐趣。当一家之主开始旅行时，他知道自己不会开心，已经在希望旅程快点结束，让他可以回到自己的俱乐部。妈妈有点儿害怕，她的疑虑要超过愉快的期待。当爸爸生气的时候，她不会有多少快乐，而爸爸不舒服的时候经常会生气。旅店里的人常常很粗鲁，而且她害怕那里的床！女孩们面对的不是纯粹的满足感。她们知道摆在自己面前的是艰巨的工作，害怕说错法语对她们来说并不令人愉快。但必须这样做。没有去过佛罗伦萨、罗马、慕尼黑和德累斯顿，没有在莱茵河上自在遨游，没有骑马经过盖米山口（Gemmi），或者在泽马特（Zermatt）与阿尔卑斯山的登山者交谈，那就是落于人后。

"文化"是最大的吸引力。游客们观赏欧洲最伟大的艺术品，参观那里著名的历史名胜和建筑，试图通过出国旅行来陶冶自己；他们把文化当成可以在清单上勾选的购得物或商品，表示他们经历过了。国家美术馆和博物馆是游客计划行程的主要参照点。国际展会——如伦敦（1851年和1862年）、巴黎（1855年和1867年）和维也纳（1873年）的——同样吸引着外国参观者，尽管很难准确地

说出有多少。*

1857年，屠格涅夫参观了曼彻斯特的艺术珍宝展，这是同类展览中规模最大的一次，展出了1.6万件艺术品，包括许多古代大师的杰作。这个展览吸引了来自欧洲各地的130多万参观者来到这个北方工业城市，其中许多人像屠格涅夫一样，乘短途火车从伦敦赶来。在艺术评论家乔治·沙夫（George Scharf）的牵头下，曼彻斯特的工业精英组织了这次展览，以便使他们的城市在文化地图上与伦敦和巴黎平起平坐（他们参与了两地刚刚举办的国际展会）。屠格涅夫对展览上"许多奇妙的东西"感到兴奋，包括拉斐尔、伦勃朗和米开朗琪罗的作品，它们被按时间顺序排列，以展示艺术的发展——在当时，这是公共美术馆的一种相对较新的组织方式，由古斯塔夫·瓦根（Gustav Waagen，参与曼彻斯特展策划的艺术学者之一）在柏林的皇家博物馆首创，但尚未被运用到伦敦的国家美术馆。[23]

19世纪是公共美术馆和博物馆的黄金时代。皇家收藏品在对公众开放的宫殿里被展示——这一过程始于18世纪最后几十年——或者被转移到新开放的国家美术馆。欧洲旅游业的发展恰逢整个欧洲大陆纷纷设立国家收藏，这绝非巧合：伦敦的维多利亚和阿尔伯特博物馆（1852年）和国家肖像馆（1856年）；圣彼得堡的艾尔米塔什博物馆（1852年）；慕尼黑的新皮纳科泰克美术馆（1853年）；德累斯顿的历代大师画廊美术馆（1854年）；爱丁堡的苏格兰国家美术馆（1859年）；柏林的国家美术馆（1853年）；维也纳的艺术史博物馆（1891年开业，但在19世纪50年代就有了规划）。[24]

---

* 据估计，1851年的大展会共有600万人参观，其中大约10万人为外国参观者，大多来自法国。1867年的巴黎世博会期间，有超过20万人在当地旅馆登记，但无法估计在总共1100万到1500万参观者中，还有多少也是外国人（Angela Schwartz, '"Come to the Fair": Transgressing Boundaries in World's Fairs Tourism', in Eric Zuelov [ed.], *Touring Beyond the Nation: A Transnational Approach to European Tourism History* [Ashgate, 2011], pp. 79-102）。

作家故乡和文学地标也是主要的旅游景点。前往文学圣地的有组织的短途旅行在英国早期的旅游活动中占了很大一部分：奔宁山区的"勃朗特之乡"，华兹华斯的湖区，莎士比亚在斯特拉特福（Stratford）的出生地——19世纪四五十年代，铁路让游客能够前往上述地方。在欧洲大陆，卢梭、伏尔泰、彼得拉克、席勒和歌德等作家的故乡也是如此，歌德在法兰克福的故居于1863年被买下，并向公众开放。[25]

对于在欧洲大陆的英国游客来说，比起其他任何文学作品，拜伦的作品更能决定他们去哪里。前往莱茵河和意大利的旅行者受到他的诗歌的指引，这些诗歌告诉他们，身处他笔下描绘的那些地方应该感受些什么。穆雷的旅行指南为他们制定了行程，让他们尽可能多地造访拜伦提到的地方，确保一有机会就引用他的诗歌（约翰·穆雷也是他的出版商），甚至为旅行者推出了袖珍版的拜伦诗集。如果这位诗人喜欢过某一幅画或某栋建筑，指南中就会向读者指出。在那些旅行者被认为应该体验壮丽景色的地方，比如特尔尼瀑布（Terni Falls），穆雷的手册完全唯拜伦马首是瞻，只是添加了"可能有用的历史和其他事实"，作为对"拜伦勋爵的美丽段章"的补充。"在拜伦勋爵看来，无论是从上面还是下面看，这处瀑布都不逊于瑞士所有的瀑布和激流；相比之下，施陶巴赫（Staubach）、莱辛巴赫（Reichenbach）、皮瑟瓦什（Pisse Vache）、阿尔佩纳兹瀑布（Falls of Arpenaz）等等不过都是小溪。"

> 水的咆哮！——从陡峭的高处
> 维利诺河劈开了被波涛磨穿的山崖；
> 水的倾奔！像光一样快，
> 闪光的大团泡沫震撼着深渊；
> 水的地狱！它们在那里嚎叫嘶鸣，

第四章　流动的欧洲

> 在无尽的折磨中沸腾；它们
> 巨大痛苦的汗水从
> 火河中涌出，环绕守卫深渊四壁的
> 黑玉岩，被无情的恐惧包围。
>
> 《恰尔德·哈罗德游记》（1816年）

意大利的旅游业很快就意识到了这条穿越意大利的拜伦小径的商机。到处都是拜伦饭店和拜伦勋爵餐厅。在《意大利风光》（1846年）中，狄更斯讲述了在博洛尼亚的一段插曲，当时那里的"游客非常多"，一家客栈的服务员认出他是英国人*，一有机会就开始谈论"比仑勋爵"†：

> 他说，他对此人了如指掌。为了证明这一点，他把每一个可能的话题都与那人联系起来，从晚餐时的蒙特普尔恰诺葡萄酒到大床本身，前者产自那人拥有的庄园，后者是以那人的床为模板造的。当我离开旅店时，他在院子里最后鞠躬，向我保证，我要走的那条路是比仑勋爵最喜欢的骑行路线。[26]

穆雷的旅行指南对英国游客的去向，对他们认为"值得一看"的内容以及对他们如何看待这些东西的影响要超过其他一切。欧洲还有其他面向游客的袖珍本指南：比如卡尔·拜德克（Karl Baedeker）的，他效仿了穆雷的指南，但涉及更多高雅文化，他的

---

* 这并非英国人才有的特权。1831年过境意大利时，柏辽兹遇到了一位意大利水手，后者同样想要向其介绍拜伦，声称自己曾经遇到过他（*Mémoires de Hector Berlioz* [Paris, 1878], pp. 174-5）。

† 服务员有口音，把拜伦读成了Beeron。——译注

手册于1839年在德国推出第一版（从1861年开始被翻译成英语）；《若阿那指南》，由法国旅行作家和地理学家、路易·维亚尔多的表亲阿道夫·若阿那（Adolphe Joanne）于1841年推出，该书后来被阿歇特出版社更名为《蓝色指南》；以及为在欧洲的美国人准备的《挎包指南》（Satchel Guides），该系列从19世纪70年代开始由纽约的赫德和霍顿公司（Hurd and Houghton）出版。[27]但穆雷的指南是最成功的。它们成为所有现代旅行指南的典范，欧洲游客广泛使用的是它们，而非德国和法国的同类产品，屠格涅夫就是其中之一。

第一本穆雷指南《欧洲大陆旅行者手册》于1836年出版，头五年里售出了1万册，1871年时已经推出第17版。到了那个时候，从葡萄牙、西班牙到希腊、土耳其、俄国、波兰和芬兰，欧洲每个国家都有单独的穆雷指南，其中最成功的那些（如莱茵河、瑞士和意大利的）在19世纪50年代和60年代各售出了数万册。正如一位评论家在1855年所说的："自拿破仑以来，还没有哪个人的帝国如此宽广。"[28]

穆雷最重要的创新——也被拜德克和若阿那的指南所借鉴——在于他编排了行程。这使得他的指南比以前的手册更紧凑和更容易使用。比如，约翰·戈特弗里德·埃贝尔（Johann Gottfried Ebel）的瑞士旅游指南（壮游的重要部分）是沉重的两卷本，该书于1793年首先推出德文版，然后被翻译成英语、法语和其他语言。名胜地点是按字母顺序列出的，因此需要使用单独的地图。[29]相比之下，穆雷的书将这些地点编排成了方便的行程，因此不需要查阅地图。路线是根据主要景点之间的旅行便利和速度来选择的，从而将游客人流引导到主要的铁路、公路和航线沿线。就这样，欧洲的文化地图被重新绘制了。

对于不熟悉出国旅行的公众来说，新的旅游手册是必不可少的读物。它们的大多数读者都是第一次出国旅行，来到语言不通的外国探索。这些人依靠手册来告诉自己去哪里和看什么，帮助规划自己的路线，这样他们就可以尽可能多地看到东西，避免在仅有的几个空闲的星期里浪费几天的时间。他们不是过去那种可以用一年或更长时间来完成壮游的有闲阶级。正如拜德克在1852年写给穆雷的一封信中所说的那样：

> 游客人数每年都在增加。不仅有钱人一等天气转好就出发，下层阶级在这方面也不遑多让。学生和后一类人希望事先或多或少地知道他们的旅行要花多少，在酒店要付多少钱，还有小费等等。[30]

像拜德克和若阿那的指南一样，穆雷的指南专注于提供主要旅游景点的实用和描述性信息。穆雷告诉他的读者需要去看什么。正如他在1858年出版的《欧洲大陆旅行者手册》中所写的那样，他的指南的工作原则是"只对每个地方**应该看到的**东西进行实事求是的描述"，而不是因为"描述所有**可能**看到的东西"而导致读者晕头转向。这是为了吸引"聪明的英国旅行者"，正如一位历史学家所说，那意味着"列出可能的行程，避免太多年代细节，得加入当地关于古迹和其他遗址的逸事，采用简洁的写作风格，从司各特、拜伦或其他为某个地方写过精彩而优雅文字的文人那里引述精辟的语录"。[31]

为了帮助游客克服不安全感，指南向他们提供了公认的意见，让他们以正确的方式回应在旅行中遇到的文化名胜和器物。认真的游客会虔诚地听从旅游指南的建议，有时不吃不睡，以确保他们看了一切。1863年在瑞士旅行时，著名的《瑞士日志》的作者杰米玛·莫雷尔（Jemima Morrell）对她的旅伴感到恼火，因为他们停下来对一些精美的陶器啧啧称赞。她告诉他们不能浪费时间,"距离100码不到就是穆雷说的那值得特地从伦敦赶来欣赏的景色"。海涅抱怨说,他在意大利寸步难行,因为到处都是英国游客;每棵柠檬树旁都有英国女士在闻它的芳香;每家美术馆里都有至少60名左右的英国人,人人手里都拿着一本旅游指南,检查每一样东西是否都在应该在的地方。意大利的英国人让波兰哲学家和文学史学家米哈乌·维兹尼耶夫斯基(Michał Wiszniewski)感到可笑和吃惊,他们"拿着穆雷指南到处走,张着嘴在美术馆和神庙里穿行,相信从最愚蠢的导游那里听到的一切"。牛津大学奥里尔学院(Oriel College)的院士詹姆斯·布莱斯(James Bryce)在意大利的一座教堂里注视着一群同胞,认为这些游客的"观光没有任何目的,只是为了验证他们的穆雷指南。在一群跪着的朝拜者面前,他们以令人称道的毅力做到了这点"。[32]

通过引导游客走上同样的路线,穆雷指南在让国外旅行体验变得标准化方面的贡献无与伦比。游客希望能找到指南中提到的那些东西,它们变成了商品——游客通过观看它们而获得了"有文化价值的对象"。[33] 纪念品使游客能够把这些象征性的获得实体化。在意大利的旅游路线上,商店会出售博物馆雕塑的陶土复制品,仿制的穆拉诺玻璃花瓶,"老大师"作品的照片复制品,罗马神庙的模型,以及无数其他专门为旅游市场制作的纪念品。在狄更斯的《小杜丽》(1857年)中,特威肯纳姆的米格尔家堆满了这些东西:

> 有来自意大利中部的古董,由那个行业最好的现代工厂制造;有来自埃及的木乃伊碎片(也许还有伯明翰的);有来自威尼斯的贡多拉模型;有来自瑞士的村庄模型;有来自赫库兰尼姆和庞贝的嵌纹地砖碎片,就像是石化的小牛肉丁;有墓中的骨灰,维苏威火山喷出的岩浆;有西班牙的扇子,斯佩齐亚的

草帽，摩尔人的拖鞋；有托斯卡纳的发卡，卡拉拉的雕塑，特拉斯特维里尼的围巾，热那亚的天鹅绒和金银细丝饰品，那不勒斯的珊瑚，罗马的宝石浮雕，日内瓦的首饰，阿拉伯的灯笼，教皇一颗颗把玩过的念珠，以及数不胜数的各色木家具。[34]

旅行社在旅游线路的标准化方面也同样重要。许多公司对那个世纪中叶的欧洲大陆上的铁路旅行热潮做出了回应——组织挪威短途旅行的托马斯·贝内特（Thomas Bennet）；安排滑铁卢和瑞士旅行的亨利·盖兹（Henry Gaze）；以及德国的卡尔·施坦根（Carl Stangen）公司——但没有谁像托马斯·库克父子公司（Thomas Cook and Son）那样成功。库克是戒酒运动的倡导者，他从19世纪40年代初开始组织米德兰铁路一日游，作为工匠、技工和工人阶级的清醒娱乐。他的突破出现在1851年，当时他售出了16.5万张往返伦敦世博会的特别短程车票。1855年，他为巴黎世博会组织了第一次欧洲之旅，并亲自带队，从哈里奇（Harwich）到安特卫普、布鲁塞尔、滑铁卢、科隆，乘轮船沿着莱茵河逆流而上，前往海德堡、巴登－巴登和斯特拉斯堡，然后乘火车到巴黎和伦敦，为期两周的旅行售价10英镑。这些旅行都赔了钱，直到6年后的1861年，他才回到欧洲大陆，组织了到瑞士和意大利的旅行，它们将在许多年里成为他的主营业务。

库克认为，他的使命是为尽可能多的人提供独立旅行的便利。通过批量购买，他能够获得特价旅行线路或"旅程"的铁路票价折扣，他在1851年创办的自己公司的刊物《远足者》（The Excursionist）上为这些线路做了广告。到了19世纪60年代中期，该刊物的月销量达到5.8万册。1863年，一次为期三周的瑞士之旅的车票价格为9英镑，根据选择的不同，每人估计还要为酒店和食物另外支付6英镑，因为这两项服务都不是由该公司提供的，尽管库克确实做了一些推荐（从1868年开始，他在一些酒店引入了游客代金券制度，这成为现代度假套餐的雏形）。这样的价格不仅使中产阶级能够负担得起他的旅程，而且鉴于他们希望在短时间内看到最重要的东西，他的安排非常有吸引力。1865年，库克在谈到他的瑞士和意大利远足者时表示："有一个阶层——一个很大的阶层将会而且确实非常感激我们的安排。他们希望看到一些明确为他们选定的东西，以确保它的可实践性和安全性；如果能有某个可以信赖的人亲自在场，他们就会受到更多的鼓励。"女性被鼓励独自旅行，因为她们知道如果和库克在一起，这样做是"安全和适当的"；老处女、家庭教师和女老师都成为他的旅程中熟悉的身影。[35]

1865年，作为英国驻拉斯佩齐亚（La Spezia）的副领事生活在意大利的小说家查尔斯·利弗（Charles Lever）对"曲奇们"（Cookies）——人们经常这样称呼托马斯·库克的远足者——进行了抨击。"似乎有个雄心勃勃和肆无忌惮的人设计了一个项目，他收取固定的金额，带领大约四五十个不分年龄和性别的人从伦敦到那不勒斯，再把他们带回来"，利弗在《布莱克伍德杂志》（*Blackwood's Magazine*）上写道：

> 此事已经"开动了"——这个项目是成功的；在我写这篇文章的时候，意大利的城市里充斥着成群结队的这种生物，因为他们从不分开，你会看到他们40个一组涌入街道，他们的领队——时而在前面，时而在后面——像牧羊犬一样围着他们转，这个过程真是太像放牧了。我已经见过三群这种人了，以前从来没有见过这么粗鲁的东西——男人大多上了年纪，沉闷，面色忧郁，明显感到厌倦和疲倦——女人稍年轻些，旅行让她们不安而疲倦……我特意告诉你们，如果这种人潮涌入继续下去，

在国外生活几乎是不可能的，因为英国不仅让我们被淹没在各种粗鲁、低俗和可笑的东西中，而且这些人从他们出发的那一刻起，就认为他们对所有别的国家和当地居民享有理所当然的权利。他们为欧洲大陆付了钱，就像他们为克雷莫恩［Cremorne，切尔西的游乐园］付了钱一样，他们**要**让钱花得值。[36]

许多评论家对游客们"逛欧洲"表示恐惧，尽管没有人像利弗那样势利。艺术评论家约翰·罗斯金严厉谴责英国人花几周时间乘火车环游欧洲。他写道："以每小时100英里的速度移动位置不会让我们变得更加强大、快乐或聪明。世界上总是有人们看不到的东西，他们总是走得太慢，但即使走得快也不会看得更清楚。"1864年，他斥责曼彻斯特的一群实业家修建铁路，认为这些铁路正在通过旅游业摧毁欧洲：

> 你们在沙夫豪森瀑布（Schaffhausen Falls）上建了一座铁路桥。你们在［威廉·］退尔的礼拜堂旁挖穿了卢塞恩湖（Lucerne Lake）的崖壁；你们摧毁了克拉朗（Clarens）的日内瓦湖岸；没有哪一处宁静的英国山谷没有被你们的熊熊烈火吞噬，也没有哪一座被你们扩张的外国城市不曾染上新旅馆和香水店的可怕癞斑。[37]

游客的愚蠢也让冯塔纳感到震惊。在《现代旅行》中，他语带讥讽地写道，来自"小镇步枪俱乐部"的一群游客参观了莱因哈德斯布伦城堡（Reinhardsbrunn Castle），这里曾是哥达附近欧内斯特支的萨克森公爵们的治所。他们惊愕地得知，选帝侯恩斯特在25年的时间里杀死了50,157头猎物；他们在笔记本上写下了这个令人难忘的数字，并兴高采烈地期待着未来有空闲时间计算出每天猎杀了多少。[38]

屠格涅夫对他在意大利见到的游客同样嗤之以鼻。他嘲笑英国人说，他们"在某个城镇看到一个红发的女人，便在笔记本上写道，那地方的女性人口都是红发的"。他特别关注俄国游客，坚称他们十分之九都感到无聊，因为他们的旅游是肤浅的。他们只看到了城市的外部特征，收集了关于他们所见过的地方的事实，但没有与当地人或其文化互动。他们"从一个地方走到另一个地方，从不走出自己的圈子或小天地，被酒店、服务员、账单、铃、仆人、租来的马车、租来的驴子和他们的导游所包围"。他总结说，去旅行却"不走进外国人的生活和文化"是"不值得的"，因为如果"只是为了呼吸维多利亚酒店、王子酒店、柏林酒店等等的平庸房间里的平庸空气"，那么出国旅行是"没有意义的"。[39]

在这些对旅游业的批评背后隐藏着一种观念，即旅行是一种更高层次的海外体验。"旅行者"不同于庸俗的"游客"，自称对所访问的外国地方的生活和文化有更深的了解和欣赏。"游客"成群结队出游，从不融入当地人，也不会停留足够长的时间去尝试这样做，而"旅行者"喜欢认为自己是在探索一个国家"未被发现"的地方，以一种让精神变得丰富的方式去体验那里的"真实"和"正宗"的文化。[40]

旅行写作推动了这一理念。铁路建设的第一个高潮恰逢欧洲游记写作的黄金时代。19世纪50年代，旅游书籍的出版获得蓬勃的发展，而新的期刊也被证明非常受欢迎，如1860年在法国创办的《世界之旅》（*Tour du Monde*），鼓励了其他旅游杂志的出现。[41]许多重要的知名作家对这一体裁的流行做出了贡献，包括司汤达，他的《一个旅行者的回忆录》（1838年）描述了穿越法国、瑞士和意大利的旅行；冯塔纳的英国游记《伦敦一夏》（1854年）和五卷本的普鲁士游记《勃兰登堡边侯国漫游》（1862—1889年）；陀思妥耶夫斯基1862年的欧洲游记《冬天记的夏天印象》（1863年）中有对欧洲的批判性看法；福楼拜和杜康以他们1847年的布列塔尼之行为基础，写出了《穿过田野，穿过沙滩》（1881年），对法国农民的生活和民俗做了内容丰富的描绘。

罗斯金关于意大利艺术的著作激励了许多旅行者。与其他19世纪的文学作品相比，它们也许更好地体现了旅行是一种对当地的审美体验的观念，使其有别于旅游。罗斯金被铁路和穆雷导游所推崇的那种匆忙和肤浅的观光吓坏了，于是推出了自己的艺术和建筑书籍，旨在帮助认真的旅行者培养对某个地方的艺术和文化的鉴赏力。在《威尼斯之石》（1851—1853年，最初为三卷本，但为了"便于旅行者使用"被缩编）和后来的《佛罗伦萨的早晨》（1875年）中，罗斯金试图向旅行者提供实用的建议，告诉他们什么是真正值得一看的。他给出了关于最重要的建筑和艺术品的专业信息，指出何时观看最佳，并建议在每个建筑上花费多长时间，以及在它们之间休息多长时间以保持精力充沛。罗斯金的书成为意大利文化体验的重要指南。它们经常被拜德克和穆雷的手册所引用，并经常被旅行者用作对那些手册的补充。他的影响帮助改变了游客的文化版图，比如鼓励比以往更多的英国人去阿尔卑斯山和威尼斯旅游。尤其是《威尼斯之石》，它提高了人们对这座城市的艺术和建筑的鉴赏力，比其他任何作品更有力地将威尼斯从壮游中的一个破败的中转站变成一个重要的旅游目的地（它给普鲁斯特带去了灵感，《追忆似水年华》中的叙述者在对罗斯金的热情的支持下，和他的母亲一起造访了威尼斯）。[42]

被旅行者广泛使用的还有路易·维亚尔多编写的许多欧洲美术馆指南。在与保琳娜的旅行中，路易对欧洲大陆新开放的公共艺术藏品有了广泛的了解。陪同她进行欧洲巡演时，他会整天待在各大城市的博物馆里，记录那里所有的藏品，为欧洲媒体撰写关于藏品的文章。路易是第一个让这些新博物馆的藏品引起公众广泛关注的人。1852年至1855年间,他编写了五本博物馆指南,都由阿歇特在其袖珍旅行系列中出版,名为《艺术家和旅行者的指南与备忘》,包括对藏品的详细介绍。这个系列分为五卷,分别介绍法国博物馆、意大利博物馆、西班牙博物馆、德国博物馆、英国和比利时博物馆、荷兰和俄国博物馆。这些指南非常受欢迎。它们的几个法文版和多种语言的版本售出了数万册。也许只有戈蒂埃关于欧洲主要艺术收藏品的著作较其更为著名。[43]

路易的作品既有条理又专业,对欧洲主要艺术收藏品的重组产生了重要影响。他对应该如何展示绘画有着明确的观点。当时,新开放的公共美术馆在展示它们的绘画时还没有太多的逻辑或理由,从腰部高度到天花板的墙壁上挂满了形形色色的图片。路易的著作帮助建立了现代策展原则。他的指南将作品分为各国画派和艺术史上的各个时期——从19世纪中叶开始,大多数美术馆都采用了这种教学式方案。他不能忍受看到复制品和原作,或者平庸的作品和杰作混在一起,当画作的展示方式不当时,他会感到愤怒——小幅作品挂得太高,或者细节丰富的画被放在窗户附近,在反光之下看不清楚。他会纠正一些归属错误,包括伦敦国家美术馆的,那里混淆了苏巴朗和里韦拉的一些作品。他还指出了重要藏品中的空白(比如,卢浮宫根本没有俄国油画,也没有透纳、庚斯博罗[Gainsborough]、霍加斯或雷诺兹等英国画家的作品)。当觉得某位艺术家或整个画派被给予了太多空间时,他会指出这点。他毫不犹豫地发表个人的意见。作为艺术自由的积极捍卫者,他讨厌任何带有宫廷或官方艺术味道的东西。他的许多最严厉的话都是针对夏尔·勒布伦(Charles Le Brun)的,后者曾是路易十四最喜欢的宫廷画家,他认为此人的赫赫声望名不副实。他同样对非欧洲起源的艺术作品不屑一顾(他希望关闭卢浮宫的整个民族志学展厅,理由是那里只有一堆破烂）。不过，他会积极地为他认为被不公平地遗忘或忽视的画家们奔走（如维米尔和伦勃朗），并在19世纪中叶重新发现西班牙艺术的过程中发挥了重要作用。他帮助卢浮宫筹建了西班牙画厅（1838年向公众开放），并在19世纪40年代和50年代为普拉多（Prado）美术馆的皇家藏品重组提供了建议。[44]

铁路对游客穿越欧洲的旅行有何影响？他们去的地方和壮游时期一样吗？还是说不断扩大的铁路网络鼓励他们冒险离开通常的路线？

在铁路开通之前，来自欧洲北部的旅行者的壮游有一个明确而直接的目标：尽快到达意大利。对大多数旅行者来说，意大利半岛**意味着**文化。大多数英国游客会途经巴黎和里昂，然后要么翻越阿尔卑斯山，要么冒险选择颠簸的海路，从马赛或土伦到利沃诺或地中海沿岸的其他任何意大利港口。在回家时，他们也许会选择一条不同的路线，可能途经威尼斯和维也纳，或者取道莱茵河。但所有这些地方基本上都是往返意大利途中的短暂停留地。很少有游客偏离这些成熟的路线。18世纪末，途经德国前往意大利的游客人数不断增加——汉诺威、曼海姆、海德堡和德累斯顿成为壮游的次要目的地——但总体数量非常少。几乎没有人去西班牙、葡萄牙、斯堪的纳维亚、东欧、俄国或巴尔干半岛。路线的选择基本上是由文化偏好决定的。交通与此关系不大。在19世纪之前，交通系统几乎没有什么重要的变化——法国的驿道有了显著的改进，缩短了从巴黎到马赛的旅行时间，但除此之外，18世纪80年代时到意大利旅行花费的时间与100年前一样长。[45]

从19世纪20年代开始，选择发生了变化，轮船的引入改变了逆流而上的旅行，使得游客可以通过莱茵河和瑞士的湖泊前往意大利。沿着莱茵河的轮船旅行变得非常流行——到19世纪30年代中期，仅普鲁士—莱茵轮船公司每年就能吸引到100万名乘客——这不仅是去巴塞尔和到阿尔卑斯山对面的意大利的一条便捷路线，而且本身就是观光之旅。以前，壮游旅行者一直回避莱茵河路线。与法国相比，德国的道路非常糟糕，客栈让人不舒服，城市以臭气熏天和肮脏著称。1820年和1828年，诗人威廉·华兹华斯（William Wordsworth）在穿越德国的旅途中抱怨了所有这些不便之处。就连德意志的热烈崇拜者塞缪尔·泰勒·柯勒律治（Samuel Taylor Coleridge）也忍不住提到了科隆的肮脏和恶臭。[46] 沿莱茵河的轮船旅行解决了其中的一些问题。但它也迎合了由几种文化潮流推动的莱茵兰旅游业热。

对英国游客来说，莱茵河的吸引力在于它的自然美景，这条大河在崎岖的山脉和悬崖之间蜿蜒，那里有中世纪的城堡，哥特式教堂，以及他们从浪漫主义者的著作中了解到的古代神话和传说。玛丽·雪莱（Mary Shelley）的《弗兰肯斯坦》（1818年）就是这样一部作品。1814年，当时还叫玛丽·戈德温（Mary Godwin）的她与未来的丈夫珀西·比斯·雪莱（Percy Bysshe Shelley）从瑞士返回时选择沿莱茵河顺流而下。他们的钱快用完了，不得不走更便宜的莱茵河路线，而不是取道法国返回。她的小说中的主人公维克多·弗兰肯斯坦被美因茨和波恩之间那段"融合了所有美丽"的河道惊呆了，这里后来成为莱茵兰旅游业的中心：

> Mayence［美因茨的法语名字］下游的莱茵河道变得更加风景如画。河道骤坠，在不是很高但陡峭，而且形状优美的小山间蜿蜒。我们看到许多废墟城堡矗立在悬崖边上，四周都是茂密而人迹罕至的黑森林。事实上，莱茵河的这一部分呈现出一种丰富多彩的奇特景观。在某个地方，你可以看到崎岖的山丘，高耸的悬崖顶上是城堡的废墟，深色的莱茵河从下面奔流而过；

第四章　流动的欧洲

转过崖角，生机勃勃的葡萄园，郁郁葱葱的山坡和蜿蜒的河流，以及人口稠密的城镇便会突然占据你的视线。

不过，对英国的莱茵兰旅游业影响最大的还是拜伦在《恰尔德·哈罗德游记》中描绘波恩南部的德拉亨山（Drachenfels）的新哥特式城堡的著名诗节：

> 城堡矗立的德拉亨山崖头
> 怒视着宽阔曲折的莱茵河，
> 在种着葡萄的两岸之间，
> 河水挺起了魁伟的胸膛。
> 山上满是绽放花朵的树木，
> 田里即将收获粮食和美酒，
> 一座座城市散落于田地之间，
> 遥远的白墙在那里闪耀着光，
> 播撒下一派美景，若有你在，
> 我会感到双倍的喜悦。[47]

德国游客在这波旅行者人流中占的比例越来越大，对他们来说，莱茵河神话是他们的民族认同的重要文化来源。罗蕾莱少女的迷人歌声会引诱水手在她的"低吟之石"——圣戈尔斯豪森（St. Goarshausen）附近的河道右岸一座陡峭的板岩小山——下送命，这则传说给许多浪漫主义诗歌带去了灵感，其中大部分来自克莱门斯·布兰塔诺（Clemens Brentano）和他的妹妹贝蒂娜·冯·阿尼姆在《儿童的奇异号角》（1805—1808年）中编纂的民歌和诗歌。许多作曲家为海涅的《罗蕾莱少女》（1824年）配了乐，包括李斯特和弗里德里希·西尔歇（Friedrich Silcher），后者的版本进入了德国流行文化。作为旅行者的朝圣地，罗蕾莱岩及其传说为1840年至1890年间的20多部德国歌剧提供了灵感，其中许多包括尼伯龙根的神话，在浪漫主义的民族想象中，它被与罗蕾莱和莱茵兰交织在一起，最著名的当然是瓦格纳于1848年开始创作的《尼伯龙根的指环》，这是德国对莱茵河的爱国情感的高潮。仅仅在八年前，法国政府声称这条河的左岸是法国的东部边界。左岸在1795年曾被法国革命军征服，但在1815年的维也纳会议上还给了德国人，其中大部分属于普鲁士。法国的新主张在德国方面激起了强烈的民族主义情绪。人们根据莱茵兰法学家尼古拉斯·贝克尔（Nikolaus Becker）的流行诗作《德国的莱茵河》（1840年）创作了多首爱国游行歌曲，诗的开头写道：

> 他们不应拥有莱茵河，
> 自由的德国的莱茵河。虽然他们像贪婪的乌鸦，
> 嘶声呼喊着要它。只要它披着绿衣，
> 还在平静地流淌。只要回荡的桨声
> 还能拍打着它的波浪。

1841年，缪塞代表法国人做出了回应：

> 让它平静地流淌，你们"德国的莱茵"——
> 让我们的哥特大教堂
> 优雅地倒映在河面上；
> 但小心别让你们的满嘴酒气
> 把亡灵从可怕的安息中惊醒。[48]

轮船还增加了前往瑞士的湖泊和阿尔卑斯山的游客流量，和莱

茵河一样，浪漫主义者和他们对崇高的崇拜把这两个地方变成了热门目的地。以前，这些山被视为前往意大利途中需要克服的障碍。18世纪末，也就是卢梭的《新爱洛依丝》（1761年）出版后的几十年里，游客数量开始增加。这部小说的故事发生在日内瓦湖畔，它带来了源源不断的游客——其中最著名的是1816年夏天的雪莱和拜伦——他们希望找到小说中所描绘的美丽景点。同时还可以参观位于费尔内（Ferney）的伏尔泰城堡。从日内瓦出发很容易到达夏蒙尼（Chamonix）山谷，这很快将被确立为一条观赏最神圣自然美景的旅游路线。轮船让其他地区也敞开了大门：从巴塞尔乘轮船很容易到达沙夫豪森的莱茵瀑布（Rhine Falls），几代英国游客在那里惊叹于瀑布的原始之美；在伯尔尼高地（Bernese Oberland），图恩湖（Lake Thun）和布里恩茨湖（Lake Brienz）周围有满足英国游客需求的度假胜地；而在卢塞恩湖沿岸，人们会登上里吉山（Mount Rigi），欣赏阿尔卑斯山的全景。[49]

依托这些发展，铁路把比以往多得多的游客带到莱茵河和瑞士。它们把这些地方置于欧洲旅游业的中心，与意大利并驾齐驱。

铁路的影响是复杂的。维多利亚时代的旅行者仍然最为关心去意大利的壮游路线。但铁路给了他们更多可供选择的路线，允许他们在途中参观不同的城市，以及在一年中的不同时间出发（火车受冬季气候条件的影响比马车要小）。它们让旅行者能够计划他们的行程，在正确的时间到达最好的地方——狂欢节时的威尼斯，复活节时的罗马等等——就像屠格涅夫和博特金在1857年所做的那样。作为欧洲大陆的主要火车票供应商，托马斯·库克强化了英国旅游市场对意大利的偏爱，他的公司将核心业务集中在瑞士和意大利之旅上。该公司的目标是为尽可能多的公众安排旅行——这意味着专注于成熟的路线——而不是开拓新市场，组织前往欧洲不太熟悉的地方旅行。直到1867年，该公司才冒险进入奥地利，而斯堪的纳维亚半岛（从1875年起）、西班牙（1876年）和巴尔干半岛（1889年）的旅游服务开展得甚至更晚。

如果说铁路在开启欧洲大陆的新目的地方面扮演了什么角色，那么引导游客前往温泉和海滨城镇便是其中的一部分。德国的巴登－巴登、威斯巴登（Wiesbaden）和巴德埃姆斯（Bad Ems）等温泉小城因与铁路相连而成为繁忙的旅游目的地。作为贵族和皇室成员偶尔光顾的夏季水疗度假地，它们通过建造豪华酒店、餐厅、赌场、音乐厅和漫步公园吸引了来自欧洲各地的富有客户。比利时的奥斯坦德、奥地利的巴德伊舍尔（Bad Ischl）、法国的维希、艾克斯莱班（Aix-les-Bains）和普隆比埃尔（Plombières）也是如此，还有那些曾经因皇帝和国王而变得流行，但因铁路而民主化的海滨城镇：荷兰北海沿岸的施韦宁根（Scheveningen）；汉诺威沿岸的诺德尼（Norderney）；普鲁士波罗的海沿岸的赫林斯多夫（Heringsdorf）；诺曼底沿岸的特鲁维尔、多维尔和卡堡（Cabourg，由于成为普鲁斯特的《追忆似水年华》中巴尔贝克的原型而变得不朽）；法国南部的戛纳、尼斯和比亚里茨（Biarritz）；西班牙的圣塞瓦斯蒂安（San Sebastian）。另一些避暑胜地是由铁路创造的，从一开始就更加民主——比如游客多为犹太人的波希米亚温泉小镇卡尔斯巴德（Karlsbad）和马里恩巴德（Marienbad），它们的快速发展要归功于它们地处大陆铁路地图上的中心位置。[50]

不过，铁路带来的最大变化也许是在前往瑞士和意大利的首选路线上：在铁路出现之前，旅行者大多途经法国，因为那里的道路比德国的更好，而德国铁路的发展让游客转而经由莱茵兰向南。

从伦敦经荷兰、比利时、莱茵兰和德国到瑞士的路线是从19世纪50年代开始由铁路开辟的，这是欧洲大陆大众旅游的第一个十年。它很快被确立为从英国前往意大利的最常用路线。沿这条路线旅行，游客可以游览浪漫主义者推崇的莱茵兰景点，这些景点因

1845年维多利亚女王和阿尔伯特亲王在当地的游览而闻名；然后他们可以继续穿过巴伐利亚，在那里经常可以看到英国王室成员，或者更直接地去巴塞尔，在那里他们可以游览莱茵瀑布，越过阿尔卑斯山到达意大利。相比之下，法国到意大利的路线被用得较少，尽管50年代中期建成的巴黎—马赛线路与德国路线一样高效。

与壮游的时代相比，情况发生了逆转，当时法国路线一直是最受欢迎的。英国人的文化偏好与此有很大关系。从对拿破仑法国的战争中沿袭下来一种强烈的反法情绪。与此相对应的是维多利亚社会明显有支持德国的氛围，王室的德国背景，英国圣公会和不从国教运动的亲德倾向，以及新哥特式建筑风格的时尚——就像从伦敦的阿尔伯特纪念馆（1861年）、圣潘克拉斯车站（1868年）和新议会大厦（1840—1870年）——都助长了这种氛围。英国人普遍不信任信奉罗马天主教的法国人，但把德国人视为他们的盎格鲁—撒克逊兄弟。[51] 不过，德国文化在英国旅游地图上的崛起也必须用铁路让旅行变得更方便这个简单的事实来解释。

三

> 在旅行的过程中，我们很高兴看到偏见的藩篱被打破，有害的激情和不快的情绪被抑制，心智获得了发展，我们追求信息，渴望得到书籍和阅读它们，由于对人类同胞的生存环境和苦难有了更广泛的了解，我们仁慈的同情心被激发。

上面是托马斯·库克对国外旅行的有益影响的评价。铁路让欧洲变得开放，通过旅行开阔视野这种旧有的想法被赋予了新的意义。人们在谈论铁路如何通过清除障碍来结束仇恨和分裂。马克·吐温的《傻子出国记》（1869年）描绘了穿越欧洲前往圣地的铁路之旅，他在书中写道:"旅行是对偏见、偏执和狭隘的致命一击。"这种想法在 19 世纪文学中变得司空见惯。[52]

不过,铁路所做的不仅是克服思想的狭隘。身为"欧洲人"的意识本身就与国际旅行带来的开放态度息息相关。铁路使欧洲各地的人们能够以前所未有的方式将自己视为"欧洲人"——根据他们的历史和地理,有些人更像,有些人不那么像。但成为"欧洲"的一部分的想法与坐火车旅行到欧洲每一处的可能性密不可分。任何有车站的小城都可以认为自己处于横跨欧洲大陆的铁路网的中心。

1850 年,《泰晤士报》夸张地宣称:"30 年前,100 个乡下人中去过大都市的还不到一个。现在只有同样多的人不曾在那里待过一天。"[53] 而到了 1851 年底,已经有大约 600 万英国乡下的男人和女人来伦敦参观世博会,他们在会上可以看到来自世界各个角落的不同国家和 40 个殖民地出产的商品和手工制品。在展馆的周围,在各家为参观人群提供食物而开设的餐馆中,他们还可以品尝来自法国、德国和意大利的不同食物,甚至是印度咖喱。著名的厨师阿莱克西·索瓦耶(Alexis Soyer)开设了"万国会饮馆"(Symposium of All Nations),堪称美食世博会。1500 人可以在巨大的餐桌旁落座,看着来自不同国家的厨师在厨房里忙碌,包括一些来自中国的厨师。对展会的大部分参观者来说,这是他们第一次窥见异域的生活。

在 1855 年的巴黎世博会上,参观者看到的不仅是制造品,还有来自欧洲几乎每个国家的艺术品。这是如此规模的一批国际性的现代绘画藏品第一次集中在同一个空间里,来自这么多国家的在世艺术家们第一次有机会相会和比较他们的作品。戈蒂埃在他对展出艺术品的盘点中指出,在美术宫,公众"在四个小时内学到的东西比在 15 年的出国旅行里还要多"。戈蒂埃总结说,欧洲艺术家之间的这种接触将导致出现一种世界性的折中主义艺术风格,作为世界艺术之都的巴黎是其天然的中心。[54] 艺术评论家泰奥菲勒·托雷—

比尔热（Théophile Thoré-Bürger，最为人所知的是他重新发现了维米尔的画）认为，这种国际交流正在催生一个艺术的"欧洲派"。他在1855年写道："当各国具备本土性的各种艺术习惯于相互交流时，艺术的属性就会得到无法衡量的丰富，而各民族独有的天才也不会被改变。这样一来，就会形成一个欧洲派，代替那些造成艺术家大家庭仍然分裂的民族派；然后就会形成一个世所周知的普世派，人类的一切都被包含其中。"[55]

欧洲的文化精英对这种新出现的欧洲人的情感感受得最为强烈。对他们来说，这种情感是国际旅行、语言学习和对外国文化的开放组成的世界主义世界观的一部分，并不必然会削弱他们的民族身份。屠格涅夫就是这种世界主义的活生生的例子。他不断地旅行。在柏林、巴黎、巴登-巴登、伦敦或圣彼得堡都能适应生活的能力（他会住在所有这些地方）是他的欧洲人身份的关键。他生活的"欧洲"是一个国际文明，是以理性、进步和民主的启蒙理想为基础的文学共和国。当他宣称"我是欧洲人，我爱这面旗帜，我把信仰寄托在我从小就带着的那面旗帜上"时，他就是这样想的。在接触到果戈理之前，他的文学人格是歌德、莎士比亚和塞万提斯塑造的。他在斯帕斯科耶的图书馆藏有九种欧洲语言的书籍。虽然他认同自己是俄国人，有时在像是克里米亚战争的时候，也会是激烈的爱国者，但他反对一切形式的民族主义，拒绝相信任何国家的要求都应该先于人性的要求。长期离开出生国让他遭到同胞们的谴责，用安年科夫在1880年的回忆录中的话说，他们认为这是"缺乏民族信仰，是有钱人的世界主义，他愿意用自己的公民责任来换取外国生活的舒适和快乐"。安年科夫为屠格涅夫辩护说：

> 欧洲对他的生存不可或缺，这并非因为他灵魂中缺乏民族共鸣，也不是因为他对俄国生活方式的傲慢蔑视，而是因为智

识生活的力量在那里更加强大，吞没了肤浅的野心，相比直面俄国现实的时候，他在欧洲觉得自己更单纯，更能发挥所长，更能坚持自己的原则，也更不受微不足道的诱惑的影响。[56]

民族感情和世界主义之间的张力不仅塑造了屠格涅夫这样的欧洲人的身份，也塑造了欧洲政治。虽然可以认为19世纪是欧洲民族主义运动兴起的时代，但同时也有一股强烈的国际主义情绪的逆流，它植根于康德启蒙运动的世界政治共同体的理想，引发了人们对欧洲统一的乐观希望。拿破仑曾经表达过欧洲合众国的梦想，他通过莱茵联邦（1806年由法兰西帝国保护下的16个德意志邦国组成）和他的其他欧洲附属国几乎实现了这一梦想。根据他的仰慕者之一、历史学家埃曼纽尔·德·拉斯·卡塞斯（Emmanuel de Las Cases）的说法——此人追随战败后的拿破仑去了圣赫勒拿岛，并记录下了他的反思——这位前皇帝曾有意建立欧洲的法律体系和欧洲的货币。"欧洲将不多不少地成为同一个民族，对所有人来说，无论他们何时何地[在欧洲]旅行，都会发现自己身处同一个祖国。"[57]

在接下来的30年里，欧洲的革命者和民族解放运动从雅各宾派发展起来的欧洲统一思想中寻找灵感。国际友谊是他们对抗保守现状的最好手段。这种国际主义是1848年革命的一个重要方面。它最具影响力的声音属于意大利青年党领导人朱塞佩·马志尼（Giuseppe Mazzini），这是一场旨在创建意大利共和国的革命运动，其民主的民族主义给意大利、波兰和德国的类似社会带去了灵感。在马志尼主义者看来，民主国家的建立将加强国际友谊，催生推动和平的欧洲民主联盟。只要国际主义的道德力量足够强大，防止爱国情绪变得具有侵略性，民族情绪和世界主义就是相辅相成的。[58]

1849年8月，维克多·雨果在巴黎的一次和平会议上发展了这个想法。前一年的民主革命使他相信,欧洲各国的不同民族将组成一个国际共和国,他在不同的时间称这个共和国为"欧洲联合国"(les États-Unis d'Europe)、"欧洲共和国"(la République d'Europe)、"欧洲人民联盟"(les Peuples-Unis d'Europe)和"欧洲共同体"(la Communauté européene)。第二帝国的建立并没有改变他的观点,尽管这迫使他先后流亡到布鲁塞尔、泽西岛(Jersey)和根西岛(Guernsey)。他对克里米亚战争的屠杀感到震惊——当时欧洲的"铁路和轮船来回运送的不是作为人类友好交流的丰厚的自然礼物,而是士兵和制造破坏的机器"——他重申了自己的信念,认为"欧洲的兄弟情谊"是对抗民族主义及其战争倾向的解毒剂。但反讽的是,雨果对这种国际情谊的设想中把法国人置于主导地位。在他看来,凭借其共和主义价值观的国际影响力,法国注定要成为任何欧盟的领导人。在1867年世博会巴黎指南的介绍中,他期待着在20世纪的某一天,欧洲大陆将会有一个名为"欧罗巴",以巴黎为首都的"非凡国家"。[59] 巴黎也许没能在20世纪成为一个统一欧洲的首都,但它是雨果那代人生活的欧洲世界的中心——就像瓦尔特·本雅明所说,是"19世纪欧洲的首都"。[60]

四

在屠格涅夫的流浪岁月里,保琳娜自己也在欧洲四处漂泊。由于她的丈夫反对拿破仑三世,她几乎没有机会在巴黎歌剧院献演(1851年政变后,她在巴黎舞台上的唯一亮相是1855年在意大利剧院演出《游吟诗人》)。为了维持自己的歌剧演唱家生涯,她不得不展开巡回演出。1857年11月,当屠格涅夫正在意大利时,保琳娜从巴黎出发,在柏林、华沙和莱比锡进行了为期四个月的巡回演出,在那里她第一次遇到了指挥家尤里乌斯·里茨,后者在她与屠格涅夫分离的时间里成了她的知己。日程安排令人精疲力竭,波兰铁路的有待完善和歌手们的问题(他们只能用波兰语演唱,这意味着保琳娜必须重新排演他们的角色)让情况雪上加霜。[61]

在她的职业生涯中,保琳娜第一次在整个巡演过程中都没有路易的陪伴。11月21日,她兴奋地给屠格涅夫写了一封信,这是那些年来她仅有的几封来信中的一封:"你知道我要去哪里吗?去华沙!我一个人去!除了一个女仆。对于一个从未放开丈夫手臂的人来说,这不是很勇敢吗?"[62] 他们决定让路易留在家里照看孩子,这位当家花旦则独自去巡演:保罗只有6个月大,玛丽安娜(3岁)和克劳迪娅(5岁)还太小,不能同时离开父母。保琳娜每天都给路易写信。她的信类似于旅行日志。[63] 她非常想念自己的孩子,每天都给她的"小怪物"写信,告知她有多爱他们,并请路易"拥抱他们,直到你脸上发烧"。[64] 她告诉路易自己也很想他。但这并不完全真实。事实上,她觉得独自旅行是一种解脱,摆脱了丈夫的爱带来的负担,因为她无力回报。正如她在1859年3月向里茨透露的那样:

> 我会在你耳边低声地,非常非常低声地承认,今年冬天我独自进行的这些小旅行对我来说是非常有益的假期。一方面,它们让我感到心情平静,我的心因为要表达不能分享的爱而让我有些疲惫;另一方面,离别只会加强我对那个人的友谊、尊重和巨大的敬意,他如此高尚和忠诚,愿意献出生命来满足我哪怕最小的任性要求,如果真有的话。[65]

没有了路易在身边,保琳娜成了她自己的经纪人。对于当时的女性来说,这是不寻常的,因为根据《拿破仑法典》,女性没有丈夫或父亲的同意就不能签署合同。保琳娜从巴黎出发时没有任何合同保证,她安排了所有的旅行,与音乐厅和剧院的经理建立联系,展开合同谈判,亲自做出了所有决定,并写信告知路易她的进展情况。她对自己的管理能力丝毫没有怀疑。作为一名一辈子都在巡回演出的独立音乐家,她完全能够在没有男性引导的情况下独立行事。但她怀念丈夫的支持和鼓励,就像12月17日在华沙的一场《诺尔玛》演出之后,她写下了这样一封感人的信:

> 是的,我今晚对自己很高兴。亲爱的朋友,我相信你也会高兴的,你是我最好的评判者,你慈爱的严厉和可靠的品味对我来说是如此珍贵,我非常乐于取悦你。啊,我的好路易,我是多么怀念当我走上舞台的那一刹那,你那善意和鼓舞人心的握手。听到一个友善的声音表示鼓励,看到和蔼的眼睛也说着各种各样的美好的话——回到家后,又能从朋友和艺术家的心满意足那里得到一个满意的吻,这是多么美好啊。[66]

保琳娜所有巡演的指导原则都是尽可能多地赚钱。她选择的都是热门剧目(《诺尔玛》、《游吟诗人》和《塞维利亚的理发师》与她一起去了柏林和华沙),并添加了当地歌曲来取悦观众,就像在俄国时,她在《塞维利亚的理发师》第二幕的上课场景中插入了一首俄语咏叹调。又如在华沙,她将自己改编的六首肖邦的《玛祖卡舞曲》引入上课场景,为她赢得了热烈的掌声,然后她演唱了他的《欢乐曲》,引发了全场轰动。她决定推迟离开华沙是出于财务考虑。她原定于1858年1月16日离开,后来推迟了5天,因为就像她在1月15日向路易解释的那样:"整个波兰社会都在为我组织一场音乐会,保证预支我500卢布 [2000法郎]。"[67] 此时,她已经超额完成了从华沙带着5000卢布(约合2万法郎)返回巴黎的最初目标。自从1857年12月21日她写信给路易,表示她将在来年2月份归来时，她就一直确信这一点："我将超额完成自己的目标，我不会在乎所有那些2个苏的小演唱会，甚至是300法郎的演唱会，如果我乐意的话。"[68]

在职业生涯的这个阶段，当保琳娜的嗓音显示出明显的衰退迹象时，她需要在最终退休之前依靠这些巡演来让自己的收入最大化。从华沙回来六周后，保琳娜又出发去了德国，在柏林、魏玛、莱比锡和科隆表演，然后又赴伦敦参加1858年的乐季，在德鲁里巷参演了《梦游女》，接着开始了在英国外省为期两个月的巡演。巡演的高潮出现在伯明翰合唱节，这是一个供业余合唱团表演清唱剧的大众舞台，她在那里演唱了亨德尔的《弥赛亚》、门德尔松的《伊利亚》和海顿的《创世记》。[69]然后，她离开伦敦前往布达佩斯，从前的老师和老朋友李斯特在那里的国家歌剧院为她组织了一个乐季。匈牙利人并不友好。1858年11月18日，保琳娜在写给屠格涅夫的信中表示："我们没有走进过任何一个匈牙利家庭，也没有在我们的招待会上看到过一个匈牙利人。"但这次旅行在经济上是成功的，为保琳娜带来了大约5000法郎的收入。[70]

第二年春天，她随威勒特·比尔（Willert Beale）剧团一起去大英帝国巡回演出，这个剧团大约有30名演员。演出的日程非常繁重——她在30多个城镇进行了70场演出，其中包括布莱顿（Brighton）、伯明翰、伍尔弗汉普顿（Wolverhampton）、北安普敦（Northampton）、谢菲尔德（Sheffield）、利兹和利物浦，然后乘轮船穿越爱尔兰海前往都柏林。剧团经常通宵旅行，于第二天早上到达一个新城镇，在晚上演出之前利用白天的时间招募合唱团并与其一起排练。比尔在他的回忆录中对这次巡演进行了乐观的描述："剧团乘坐火车旅行，总是住在'第一流的酒店里'。正餐是在3点钟，然后是晚上的音乐会或歌剧演出，然后是晚餐"——他们总是喝最好的葡萄酒。根据比尔的说法，唯一的缺点是英国食物的单调乏味和糟糕的咖啡("不是法国的,甚至不是意大利的"),这让欧洲歌手们发疯。作为唯一能说流利英语的人,保琳娜经常被要求充当沟通者,这个角色让她感到筋疲力尽,就像她在1859年4月从都柏林写给里茨的信中所说的:

> 我经常要为我参演的歌剧充当舞台经理的角色,因为我是唯一一个英语说得很好的人,我要在所有的同事以及演员、机械师、合唱队员、龙套等等之间担任翻译。这比唱歌累得多——在舞台上工作四小时后,我已经累垮了。

在外省巡演对保琳娜来说有失身份。利用她过去的名气让她很恼火,特别是在英国,那里的艺术总是受制于名人文化。她在从伦敦写给里茨的信中表示:"当我觉得唱歌能给观众带来快乐时,我很高兴"。

> 但必须承认,这种相互的快乐在英国永远不会像在其他地方那样完全。比如,今晚的观众知道我是一位"著名歌手"——所以他们对我所做的一切报以同样热烈的掌声。如果我唱得不太好,他们的满意程度不会下降,如果我唱得更好,他们的满意程度也不会提高!正是这点挫伤了艺术家的热情。是的,毫无疑问,在艺术方面,英国人是出色的投机者。

这种恼怒或许可以解释她对英国地方观众的严厉评论。参加迈克尔·科斯塔(Michael Costa)在利兹市政厅举办的音乐会时(她认为当地的市政厅是"全欧洲最漂亮和最好的"),她觉得此人是个"好音乐家",但不得不"为了英国人的品位而屈尊降贵":

> 他知道,为了让某些东西进入英国观众的耳朵,必须说话

非常大声。他们吃什么都要加卡宴辣椒,无论在道德上还是实际意义上。这就是为什么当他的管弦乐队在水晶宫为清唱剧伴奏时,科斯塔不得不增加军乐队的乐器。结果,这些乐器和管风琴是人们在那个巨大的大厅里听到的唯一声音。如果是在德国,科斯塔将是一个平庸的人;而在英国,他是一个所有公众和音乐家都应该深表感激的人。[71]

事实上,1859年成了保琳娜事业的巅峰时期。那年初夏,巴黎抒情剧院(Théâtre Lyrique)的主管莱昂·卡瓦略(Léon Carvalho)找到她,问她是否愿意在格鲁克的《俄耳甫斯与欧律狄刻》(以下简称为《俄耳甫斯》)中演唱那个剧名角色。这是柏辽兹为舞台重新编排的一系列经典重演剧目之一。[72]卡瓦略在为妻子、女高音歌唱家卡罗琳·米奥兰(Caroline Miolan)举办的慈善音乐会上听到保琳娜的歌声,对其印象深刻。他大胆而乐于冒险,不是那种因为保琳娜丈夫的共和派政治倾向令她的名字沾染污点而被吓倒的经理:抒情剧院没有国家补贴,完全依赖门票销售。卡瓦略打赌她将依靠饰演俄耳甫斯而成功重返巴黎歌剧舞台——自1851年的《萨福》以来,她的缺席一直令人瞩目——他认为这个角色非常适合她的女低音声线。这个角色最初是为中音阉伶(1762年的意大利语版)或男高音(1774年格鲁克的法语改编版)所写的,需要嗓音具有非凡的音域和丰富的表现力,低音部分铿锵有力,高音部分轻快敏捷,同时舞台上还要配一个悲剧男演员——保琳娜无疑具有这些品质。被选中出演这个角色对她来说无疑是一件令人高兴的事,柏辽兹之前曾想过把这个角色交给她在巴黎歌剧院的老对手斯托尔茨。[73]

1859年的文化氛围是恢复荣光的好兆头。在法国,人们对希腊神话的兴趣达到了顶峰。弹奏竖琴的俄耳甫斯和他试图从冥府救回

第四章　流动的欧洲

图13　柏辽兹，1857年

死去的妻子欧律狄刻的故事广为人知，甚至被学生作为婚姻忠贞这一当代资产阶级美德的古老典范来学习。这解释了雅克·奥芬巴赫的喜歌剧《地狱中的俄耳甫斯》的巨大成功，这部作品是对格鲁克歌剧的戏谑和对资产阶级道德秩序的颠覆性讽刺（包括最后一场的"地狱之舞"和音乐厅"康康舞"），自从1858年10月21日在巴黎滑稽剧院（Bouffes-Parisiens）首演以来，该剧首轮就连续演出228场，后来成为巴黎舞台上几乎常演的固定剧目。

作为格鲁克的忠实拥趸，柏辽兹把这位作曲家与贝多芬相提并论，他急于通过将《俄耳甫斯》重新搬上舞台来对奥芬巴赫复仇。他重演该剧还有个人原因。通过讨好卡瓦略，他希望能在抒情剧院演出《特洛伊人》。他在1858年4月就完成了这部杰作，但未能说服巴黎歌剧院排演它。此外，他对保琳娜的热情与日俱增。两人早就是朋友。柏辽兹是杜埃街维亚尔多夫妇家周四沙龙的常客，他自己在加莱街的家与之相距只有几条街。他还鼓励保琳娜作曲，后者经常与这位作曲家讨论她的作品，她曾将自己创作的优美歌曲《在海上》（1850年）献给这位作曲家。19世纪50年代中期，她可以把柏辽兹算作她的四个"真正的朋友"之一（其他三个是屠格涅夫、桑和舍费尔）。柏辽兹被维亚尔多一家迷住了。在1859年1月给他妹妹的一封信中，他表示自己很高兴：

> 在我的邻居维亚尔多先生和夫人家用餐，这是迷人的一家人，在他们的陪伴下，我的呼吸更轻松。他们两个是那么聪明和善良，他们的孩子都那么优雅和有教养！此外，艺术之花使他们的房子充满了芬芳。他们喜欢我所喜欢的，推崇我在音乐和文学，以及在灵魂方面所推崇的。[74]

当年晚些时候，柏辽兹和保琳娜都出现在8月的巴登-巴登音乐节上，后者与管弦乐队一起演唱了《特洛伊人》中的一些段落。她如此擅长卡桑德拉和狄多的歌，以至于柏辽兹承认他的精神被"带上了天空"，宣称保琳娜将是这两个角色中的任何一个，甚至可能是两者的理想人选。9月，他和保琳娜在库尔塔维内尔待了两天，开始合作排演《俄耳甫斯》。柏辽兹病了，遭受剧烈的神经痛，他与歌手玛丽·雷西奥（Marie Recio）的婚姻关系困难重重，给他带来了情感上的折磨。保琳娜同情他，鼓励他向自己倾诉心声，就像她后来在写给里茨的信中所说的那样：

> 看到这个人遭受如此的心灵和肉体痛苦，精神上如此悲伤，如此感激我们给予他的友好接待，看到他被可怕的心灵折磨所撕

裂，如此激烈地试图隐藏这些痛苦……我想说，所有这些都令我心碎。我们一起走了很长一段路，他稍稍获得了一些安慰，变得平静下来。"我一生，"他对我说，"只是对我为自己所设下的理想的长久而热切的渴望。我的心渴望爱情，每当它发现了属于这个理想的某种独一无二的品质或某种优雅，它就会直接做出选择——唉，幻想的破灭很快就使我确信我在自欺欺人。我的生活就这样在继续，但我感觉它濒临消亡的那一刻，这个我不得不放弃，仿佛是狂热想象力的幻梦一样的理想却突然出现在我奄奄一息的心中！你怎么能希望我不会对它五体投地呢！请让我用最后剩下的几天来祝福你，感谢你向我证明我没有疯。"

保琳娜试图照顾他，但没有给他浪漫的希望。"总而言之，"她对里茨解释说，"你会明白，我陷入了一种非常痛苦的感觉，因为我的心里充满了善意，我（完全不自觉地）带给他的痛苦使我深感悲痛。每当他克服了这种激动情绪的狂热时（上帝保佑让这快点到来！），我希望能让他的灵魂恢复一些平静。"[75]

那年秋天回到巴黎时，随着他们在《俄耳甫斯》上的合作，两人的亲密关系也加深了。加莱街和杜埃街之间每天都有书信往来，有时一天两次。9月底，柏辽兹写道："我乐于建议你接受我所有的提议，我们将在6点对这一问题进行磋商。"

我不知道我可以被认为是个那么好的参谋，但我更不知道我是一个什么类型的顾问。我是私人参谋、皇家参谋、私密参谋、国家参谋还是城市参谋？我不是个私密参谋吗？是的，我随时乐于给出私密的建议，即使不是最容易遵循的，但却是最好的。你是哪一类的参谋？你是一名音乐参谋，上帝知道我多么高兴地接受了你的建议。[76]

保琳娜对乐谱的修改产生了很大的影响，特别是对声线的塑造和装饰。她还帮助将《特洛伊人》改编成人声和钢琴版本，事实证明，这项工作超出了钢琴家柏辽兹的要求。当时正在帮忙排练《俄耳甫斯》的圣–桑回忆说，保琳娜自愿承担了这项"不可能完成的任务"。"我亲眼看到维亚尔多夫人拿着钢笔，眼睛发着光，把《特洛伊人》的手稿放在钢琴上，正在改编［第二幕中的］'国王狩猎'。"[77]

* * *

《俄耳甫斯》于1859年11月18日首演。对于保琳娜来说，这是一次个人的胜利，尽管喉咙有恙影响了她的嗓音的质量和力量。乔利认为，"嗓音的不稳定，甚至偶尔的刺耳和无力被她极为巧妙地变成了好事"，更"甜美的声音"对那个男性剧名角色来说可能过于女性化了。"人们可能会怀疑，是否曾经有像维亚尔多夫人这样完美的俄耳甫斯演绎者登上过舞台，"这位伦敦评论家总结道，"她的不稳定和不漂亮非但没有削弱，反倒更好地表现了哀悼者脸上的悲伤和庄严。"[78] 乔治·桑欣喜若狂："她演的俄耳甫斯无疑是半个世纪以来我们看到的最纯粹、最完美的艺术表达——她用自己的方式诠释，**理解、着装、表演、模拟、歌唱、说话和一直哭泣**。"福楼拜认为，她演的俄耳甫斯是"我所知的最棒的表演之一"。[79]

保琳娜的成功既要归功于她的音乐才能，也要归功于她的戏剧技巧。她让人们相信她成了俄耳甫斯的化身，完美地表现了人物的情感发展，从在寻找欧律狄刻时的恐惧、疑惑和失望，到找到她时的狂喜。玛丽·达古尔在日记中写道："维亚尔多夫人的表演超出了我的所有预期。我从没见过任何东西……能与这种可塑性的美、自由和古韵相提并论。完全感觉不到那是精心策划和设计的，完全不会让人想起教室里的东西。她让我不断地想起最美丽的浮雕和希

第四章　流动的欧洲

腊花瓶。"[80]

她成功的部分原因是她和德拉克洛瓦一起做的设计。她详细研读了古典文本，试图重建这位古代英雄的衣着。[81] 桑、狄更斯、福楼拜和安格尔认为她的设计是天才之作。"夫人，您真漂亮！"安格尔写信给她说，"就像一位美丽的古代人物，您穿着希腊服装，它的高贵优雅和平实正是画家们在绘画中努力想要做到的。"——这种对演员身体的雕塑式构思启迪了许多艺术家（特别是居斯塔夫·莫罗［Gustave Moreau］和卡米耶·柯罗），让他们把俄耳甫斯作为自己作品的主题。[82] 11月21日，在对里茨描绘首演当晚的情况时，保琳娜提到了这套服装：

> 是的，我的朋友，《俄耳甫斯》是胜利和成功的，已经从它陷入的深度遗忘中重见天日。这确实是一次巨大的成功。你的朋友获得了欢呼，被狂热地要求返场。我的房子从星期六早上9点开始就没有空过。今天晚上，然后是周三，接着是周五，然后是每周三次，我都要表演，直到公众和我再也忍受不了为止。舞台布景非常精美，但并没有试图让音乐黯然失色。我的服装被认为非常漂亮——一件垂到膝盖的白色希腊短袍，一件阿波罗式的白色披风搭在两肩。飘逸的卷发，戴着桂冠。一条金链上挂着剑，剑鞘是红色的。腰间系着一条红色的绳子——白色的短筒靴，系着红色的鞋带。聪明的观众理解每一句话和每一个词，他们由巴黎所有的音乐家、业余爱好者、书呆子、秃头、无聊的人和年轻人等等组成。在中场休息的时候，人们在走廊里拥抱在一起，他们流泪、高兴地笑、跺着脚——总之，出现了一种我在巴黎从未见过的混乱和欢腾。俄耳甫斯这个角色很适合我，就好像是为我写的一样。[83]

251　　保琳娜的预言是正确的。她将一直扮演俄耳甫斯,直到观众"再也忍受不了"。到1859年底,她已经表演了20次;到1861年春天的乐季结束时,她已经表演了121次;三年间,她将演唱这个角色150次。对于当时的任何一部歌剧来说,这种盛况都是不寻常的。毫无疑问,这在一定程度上是因为那些来到抒情剧院的人误认为自己会看到当时还在巴黎滑稽剧院演出的奥芬巴赫的《地狱中的俄耳甫斯》,他们"惊讶地发现格鲁克的歌剧并不好笑"。[84]但即便如此,《俄耳甫斯》的持久力仅次于古诺的《浮士德》,该剧于1859年3月在抒情剧院首演,与《俄耳甫斯》隔天轮流演出,直到1862年。在1869年转场到巴黎歌剧院之前,《浮士德》一共演出了314场;到19世纪末,它在巴黎歌剧院演出了1000次。[85]这两部长盛不衰的作品是剧目变得稳定的最早迹象。这在很大程度上要归功于铁路,它从更广阔的地区引入了更多的观众,让最成功的作品得以上演更长的时间。

　　《俄耳甫斯》的名声传遍了整个欧洲大陆,重新燃起了人们对格鲁克音乐的兴趣。这部歌剧的改编作品和《俄耳甫斯》中的主要咏叹调的单行本都有署名保琳娜的版本出售。人们从欧洲各地赶到巴黎来听她演唱。1862年乐季首演的晚上,狄更斯专程从伦敦赶来看《俄耳甫斯》,亨利·乔利和年轻的亚瑟·沙利文(Arthur Sullivan)与他同行。歌剧中丧偶和复活的主题——这类主题在他的许多小说中扮演着如此重要的角色——感动了狄更斯。保琳娜的歌声也是如此。狄更斯和他的几位家人坐在正厅前排。屠格涅夫坐在不远处的包厢里,与路易·维亚尔多一起看着这位英国小说家,"他的双臂紧紧交叉在胸前,脸上满是泪水"。帷幕落下,狄更斯朝出口走去。在路上,他看到屠格涅夫和维亚尔多与卡瓦略在一起。狄更斯的脸上仍然明显有被泪水打湿的痕迹。卡瓦略拦下他,作为对保琳娜活生生的敬意。"夫人,我给您领来一个喷泉!"他叫道。

图 14 保琳娜·维亚尔多在《俄耳甫斯》中的扮相,迪斯代里拍摄,1859 年

第二天，狄更斯给她送来一封信：

亲爱的维亚尔多夫人，

我忍不住这样做。我**必须**感谢你昨晚精彩的表演。当维亚尔多先生偶然遇见我时，我正潸然泪下地对我的女儿和嫂子侃侃而谈第一幕。我来见你时心情也好不到哪里去。见过面后我就走了，变得更加悲伤。没有什么更精彩、更真实、更温情、更美丽、更深刻了！

永远忠于你的

查尔斯·狄更斯[86]

五

柏辽兹与保琳娜相恋了大约一年。1860年7月13日，他在给她的信中写道："如果我有作家的聪明才智，我就能清楚地描绘那众多让你卓尔不凡的心灵和精神品质，但正如你多次说过的那样，我是一个只会感觉的人。我希望现在能和你在一起，我会叫来所有你深爱的年轻人，恳求他们握住你的双手，把它们放在我的手中，让我默默地崇拜它们一会儿……多么宝贵啊！"[87]

在那之后，他们的通信中断了11个月。重新开始时，柏辽兹给保琳娜的信变得冷淡了一些。他不顾她为《特洛伊人》所做的一切，拒绝让她在定于1861年秋季的演出中扮演狄多或卡桑德拉的角色。1860年7月，听了她在抒情剧院演唱《费德里奥》中的列奥诺拉一角后——由卡瓦略制作，旨在利用《俄耳甫斯》的商业成功——柏辽兹认定她的嗓音正在衰退，这种想法无疑是对的；8月，当她在巴登为他演唱时，他的猜想得到了证实。但柏辽兹的冷淡还有更多的原因。

他对1861年头几个月的事态发展感到愤怒，当时保琳娜在巴黎音乐学院的一场音乐会上演唱了格鲁克的歌剧《阿尔切斯特》的一些选段，大受好评，巴黎歌剧院于是邀请她和柏辽兹排演这部作品。保琳娜要求他对乐谱做一些修改，让她更容易演唱，但柏辽兹拒绝了，指责她所做的改变只是为了帮助她"以后出售人声和钢琴改编曲，就像你对《俄耳甫斯》的咏叹调所做的"。柏辽兹被保琳娜唯利是图的态度激怒了，1861年3月31日，他对歌剧院的主管阿尔方斯·鲁瓦耶（Alphonse Royer）抱怨道：

> 就像对伟大戏剧诗人们的作品那样，对格鲁克的歌剧来说，绝对忠实的诠释也是必要的，通过增加音符和改变最后的华彩段来歪曲他的旋律和宣叙是毫无意义和令人反感的，就像在高乃依（Corneille）的诗句中增加单词和改变押韵一样。唯一能够接受忠告的艺术家是那些对自己的艺术有真正的道德态度，对大师有真诚敬意的……至于其他的艺术家，尽管他们可能会留意某些意见，但他们粗俗的歌唱家本能永远占据上风。

歌剧院成立了一个委员会来调查他的抱怨，支持了其中的一些，但裁定《阿尔切斯特》应该上演。柏辽兹最终被说服指挥排练。《阿尔切斯特》于1861年10月21日首演，并大获成功，但柏辽兹与保琳娜的关系被破坏了。[88]

有一件事最终使两人分道扬镳。1860年春天的某个时候，保琳娜在自己位于杜埃街的家中为瓦格纳举办了社交晚会，以向他的赞助人玛丽·卡莱尔吉斯伯爵夫人（Countess Marie Kalergis）表示敬意，后者是俄国前外交大臣卡尔·内塞尔罗德（Karl Nesselrode）的侄女，不久前向瓦格纳提供了1万法郎来帮他还债。正是在那个场合,《特里斯坦和伊索尔德》第二幕中的爱情二重唱首次被表演,瓦格纳和保琳娜出演声乐部分,钢琴家卡尔·克林德沃特(Karl Klindworth)为他们伴奏。听众只有卡莱尔吉斯伯爵夫人和柏辽兹,保琳娜邀请后者前来,试图改善他与瓦格纳的紧张关系。柏辽兹嫉妒瓦格纳的成功,以及他从卡莱尔吉斯伯爵夫人这样的人那里得到的赞助,这让他不必再像柏辽兹一样靠音乐评论和巡演为生。[89]柏辽兹认为,瓦格纳的歌剧《唐豪瑟》——3月由皇帝下令,委托巴黎歌剧院制作——阻碍了自己的杰作《特洛伊人》在那里上演。委托的缘起方式——拿破仑三世打赌输给了梅特涅公主,被迫同意她上演《唐豪瑟》的要求——让他多年来为《特洛伊人》所做的游说更加显得毫无意义。如果《唐豪瑟》成功了,《特里斯坦和伊索尔德》将会是下一部。因此,保琳娜对瓦格纳事业的支持注定会让柏辽兹气得发疯,他认为那是一种背叛可能是情有可原的。此前,她曾表示不喜欢瓦格纳的音乐。"真是太单调了!"她第一次听到《罗恩格林》(1850年)时曾这样表示。然而,现在她喜欢上了令评论界和音乐界产生了巨大分歧的新音乐。人们只能想象,当晚柏辽兹听她与自己最大的敌人表演爱情二重唱时作何感受。据瓦格纳说:"柏辽兹只是热情地表示,我的表演充满激情,这很可能与我的合作伙伴形成了强烈的反差,她大部分的表演都是低调的。"至于伯爵夫人,她"一直默不作声"。[90]

从情感上说,屠格涅夫在居无定所的流浪岁月中从未离开过保琳娜。不管他们相距多远——当他在欧洲旅行,或者长途跋涉回到俄国,或者她自己试图保持距离时——他仍然爱着她。1857年3月,他对安年科夫承认,她是自己唯一爱过的女人,当时他正处于与她分手的最痛苦时刻,决定逃往意大利。[91]

在旅行中,他有时会写信给她,信中没有了他以前表达的那种

第四章　流动的欧洲

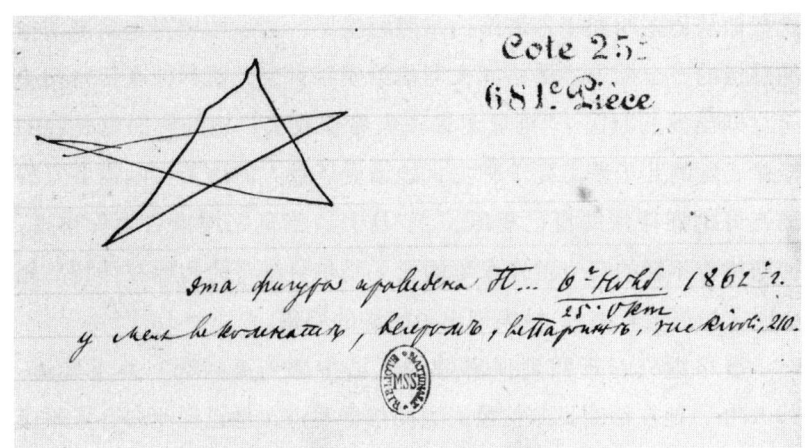

图 15　保琳娜·维亚尔多在屠格涅夫的笔记本上画的符号

热情，而是把自己的消息告诉她，为他的女儿做具体安排，并请求她给自己写信。她很少写信。1858 年 3 月，他从维也纳来到莱比锡的布商大厦听她演唱，尽管随后没有见她，而是在音乐会结束后直接返回维也纳。他知道，如果在公共场合被人看到他和没有丈夫陪同来到莱比锡的保琳娜在一起，会引发危险的谣言。

不过，他每年都会在库尔塔维内尔待上一段时间。保琳娜并不总是在那里。她通常在巡演。但在 1859 年夏天，他们确实在那里度过了两个月，这段时间标志着他们恢复了关系。屠格涅夫显然觉得很难与保琳娜和她的家人共处——路易和孩子们都在那里。"我的身体很好，但精神上很难过，"他写信给朗贝尔伯爵夫人说，"我周围都是正常的家庭生活。我来这里是为了什么？为什么？我真的应回头吗？你会理解我想说的话和我的态度。"[92]

"回头"当然意味着回到忠于保琳娜的昔日态度，像他过去一直做的那样谦逊和顺从。渐渐地，他赢回了她的好感。1860 年的夏天是转折点。相比之前的许多年，保琳娜写信更加频繁，也更温情。

她把他从德国叫到库尔塔维内尔照顾保罗，这是她想要重新赢回他的感情的一个标志。屠格涅夫写信给安年科夫，解释他在 7 月初决定立即出发的原因："维亚尔多夫人希望我去，她的意愿就是我的法律。她的儿子差点死于肺炎，她遭受了巨大的痛苦。她需要安静而友好的同伴帮助自己复原。"[93] 次月，当屠格涅夫告诉保琳娜，他期待着年轻的乌克兰作家玛丽亚·马尔科维奇能和他在怀特岛相会时（最终没有来），她表现出了嫉妒的迹象。

屠格涅夫对于回到保琳娜的生活中感到高兴吗？他不知道。1862 年，他在给朗贝尔伯爵夫人的信中写道，他已经明白，人不应该期待从生活中获得幸福。*对他来说，幸福的想法就像他本人年轻时的容貌一样遥远。他明白自己"错失了人生彩票的大奖"，他指的是他想要的那种与保琳娜的爱情，但他也认识到，他与她有过的一切将构成他余生幸福的基础。他的心情是听天由命（"幸福"这个词在俄语中的词根 schast'ye 表示接受自己的命运）。正是在这种精神状态下，他甘愿把自己忠于保琳娜的态度（就像他对朗贝尔伯爵夫人说的，他"需要为别人而活"）作为最接近于满足的东西。他建议她说："应该对大致的幸福感到大致的满意，世界上唯一确定无疑的事就是不幸。"[94]

保琳娜和屠格涅夫的关系在 1862 年秋天达到了新的高点。他们每天形影不离，独自待在屠格涅夫位于里沃利街的公寓里。有一次，她在他的笔记本上画了一个神智学符号，那是由两个三角形组

---

* 这是他终其一生的态度。1882 年，就在去世前一年，屠格涅夫写信给曾向他抱怨自己不幸福的俄国作家米哈伊尔·萨尔特科夫－谢德林说："让我用歌德去世前不久说的话来安慰你吧（尽管也算不上多大的安慰）。虽然他的人生充满了生命能够给予的所有快乐——他拥有荣耀的人生——女人们爱他——愚人们恨他——他的作品还被译成中文——整个欧洲都拜倒在他的脚下——拿破仑本人评价他说：'这是个大丈夫！'……但在 82 岁那年，他还表示，在自己漫长的整个人生中，他只有一刻钟感到过幸福！"（Turg., vol. 11, pp. 89–90）

成的五角星。屠格涅夫非常重视这幅画，因为他在旁边写道："这个图形是保［琳娜］于1862年11月6日/10月25日*晚上在我的房间里画的，地点是里沃利街210号。"同样的符号出现在屠格涅夫几份手稿的标题页上，暗示保琳娜是他的缪斯。[95]这个符号象征了保琳娜、路易和屠格涅夫之间的三角关系，保琳娜现在宣誓效忠这种关系。

---

* 19世纪时，俄历比公历晚12天，前者的10月25日即后者的11月6日。——译注

第五章
欧洲在玩乐

> 它有一个游手好闲之地的所有必备条件。这里似乎无事可做（除了玩乐），人们就这样玩乐。从来没有哪里像巴登这样混合了绿色、金色、阳光、鲜花、用餐、着装、调情和杂乱的无聊。
>
> 查尔斯·克拉克，《1867年的巴登—巴登》

一

1863年，维亚尔多夫妇离开法国，在黑森林边的德国热门温泉小城巴登—巴登安了家。1862年夏天，他们在巴登（当时对它的通称）待了四个月，当时保琳娜受聘在那里参演了一个乐季，他们玩得很开心，所以决定搬到那里去。快要离开前，他们在蒂尔加滕（Thiergarten）地区——位于巴登南郊树木繁茂的山坡上——买了一栋宽敞的大房子，从那里可以看到美丽的风景：草地对面，一座古老城堡的废墟矗立在城市上方。维亚尔多一家要求对房子进行大翻修，并建造一个陈列室兼音乐厅，然后回到巴黎过冬。5月初，当保琳娜最后一次演出《俄耳甫斯与欧律狄刻》后,他们返回了巴登。

屠格涅夫追随了他们,同行的还有当时20岁的保琳奈特和她的家庭教师。他在离维亚尔多别墅不远的利希腾塔尔（Lichtental）为他们三个人租了房间,虽然他的女儿不喜欢那里,也受不了维亚尔多夫妇,很快就回到了巴黎。她先是住在他们在里沃利街的老公寓里,租约到期后又搬到帕西（Passy）的一间较小的公寓。很难说保琳娜是否为把她逼走而感到内疚。1863年7月,她在日记中只是说保琳奈特是个"坏姑娘",她的主要错误是对她"可爱的父亲"不懂感恩。[1]

经过多年的分离,屠格涅夫和保琳娜在最近几个月里重聚了。他们的关系更加平静和稳定,更接近婚姻而不是恋情,搬到德国对他们来说是一个新的开始。屠格涅夫在抵达巴登后不久给他的朋友,诗人路易·波梅（Louis Pomey）写信说:"我们置身于天堂。乡村、天气和气氛都很舒适,我找到了一套舒适的小公寓,我打算在那里让你过一个舒适的夜晚。"[2]

此举主要是保琳娜的决定。在克拉拉·舒曼的女儿欧根妮（Eugenie）看来,她的歌喉已经失去了力量,多年来跨越非凡音域的演唱使其疲惫不堪,变得"不再美丽"。出演《特洛伊人》的一个主要角色遭拒后,保琳娜决定从巴黎歌剧院和欧洲其他主要剧团隐退,转而专注于教学和作曲,将她的舞台表演限制在外省的小剧院,在她看来,与法国相比,德国小剧院的标准更高。她在给里茨的信中写道:"在巴黎,我不可能做任何令人满意的事情,我应该把糟糕的音乐唱得漂亮些（我讨厌艺术中的漂亮）,并做一些有尊严的女人不应该做的事情。啊,最亲爱的朋友,你不知道现在这里的艺术和公共生活的各个领域是多么低俗。"[3]

德国音乐文化的严肃性吸引了维亚尔多一家,但把他们赶出法国的还有政治。对于坚定的共和派路易来说,此举源于对拿破仑三世的"巨大仇恨",屠格涅夫在给福楼拜的一封信中提到了这点。与同帝国威权主义握手言和的其他1848年的激进分子不同,路易仍然执着地反对帝国当局,后者对新闻和学术自由的镇压一直触忤着他的民主原则,直到19世纪60年代放松审查制度和引入自由主义改革。只要保琳娜有机会在巴黎的某个主要舞台上演唱,他就会留在首都和她在一起,并克制自己不写任何可能会让她的生活变得更加困难的东西。在《俄耳甫斯》取得成功后,她又在抒情剧院演出了两个乐季,甚至在巴黎歌剧院卷土重来,在《阿尔切斯特》、《游吟诗人》和《胡格诺教徒》中演唱,后者是在1861年8月为拿破仑三世和瑞典国王表演的。第二年,她参演的《宠姬》在巴黎歌剧院大获成功。[4]但随着保琳娜退出巴黎的舞台,路易对拿破仑的反对就驱使他们两人开始了自我流放。

至于屠格涅夫,他从来就不喜欢巴黎,尽管很难说这在多大程度上是由于他作为一个外国人的处境。1860年,他在给朋友费特的信中写道:"我无法告诉你我有多讨厌法国人,尤其是巴黎人。"他告诉托尔斯泰,法国人认为"一切不属于他们的东西都是野蛮和愚蠢的";他们的头脑里充斥着陈词滥调和成见。[5]他更喜欢德国。他在柏林上过学,能说一口流利的德语,感到德国文化对自己有着密切的亲和力。但他会跟着保琳娜去任何地方。他告诉朋友们,他的生活离不开维亚尔多一家,他们去哪里,他就去哪里——"世界上最无聊的两个城市"哥本哈根或斯德哥尔摩,甚至是澳大利亚。[6]

屠格涅夫愿意跟随他们去巴登还有另一个原因,那就是与俄国的最后决裂。1862年,他的小说《父与子》在他的祖国遭受了敌意。每个人都攻击这本书——左派认为屠格涅夫站在了父亲一边,他们在巴扎罗夫身上看到了对学生激进分子的可怕丑化;相反,右派认为他站在了儿子们一边,没有谴责小说中的激进主人公。屠格涅夫对这些攻击感到沮丧。他一度想过放弃写作。正如他在1869年向皮奇解释的那样，年轻俄国激进分子的尖刻让他特别不安，他们向他扔了"大量泥块和污物（而且还在继续扔）"。他们咒骂屠格涅夫是"犹大、傻瓜和蠢驴"，甚至还骂他是"警察密探"。此类攻击是1863年他决定在欧洲安家的背后动因。这就是为什么在接下来的20年里，他会留在那里——只有几次短暂地回到俄国。

对于他们三人来说，巴登都是一个很好的选择。它位于法国边境附近，1861年斯特拉斯堡附近的莱茵河大桥落成后，很方便坐火车前往巴黎；那里有活跃的文化和社交生活；在小城周围的美丽乡村有很好的狩猎场地。路易写道："实际上，这里拥有大自然的一切优点——肥沃而美丽的乡间土地，有维护很好的农场、山林、健康的空气和有益的温泉水、狩猎、钓鱼和各种娱乐活动——此外，它位于欧洲的中心，所有的主要道路都在这里汇聚，对于可能没有把它作为最终目的地，但愿意停留一段时间，享受当地提供的乐趣的游客来说，这里很容易到达。"[7] 作为欧洲最好的温泉疗养地之一，巴登以其医生、硫黄浴和有疗效的矿泉水而闻名，对于年过六旬、肝脏有问题的路易，以及深受痛风之苦的屠格涅夫来说，巴登是理想的居住地。那里有豪华酒店、景观公园和漫步道、赌场、歌剧院和音乐节，是欧洲最时尚的水疗胜地之一和贵族的游乐场，经常有国王和王后、重要政治家和大使前来造访。许多政界人士都在那里避暑，以至于这里被称为"欧洲的夏都"。1858年的一本法国旅游指南表示："如果有人想知道欧洲的首都在哪里，你必须回答：冬天在巴黎，夏天在巴登。"[8]

巴登是一个国际化的小城，它的面貌是世界主义的，态度是自由主义的——在许多方面，巴登都是欧洲文化的象征，直到普法战争和俾斯麦统一德国开启了的民族主义时代。

巴登是欧洲大陆的温泉和海滨度假胜地网络的一部分，它们成为国际公众夏天"旅游季"的焦点。它的冬季人口为 8000 人,其中四分之三是德国人,但在 4 月至 10 月的"旅游季",它将接待来自欧洲各地的 5 万名游客。人数最多的是法国人,他们乘坐轮船沿着莱茵河逆流而上,或者从巴黎出发,乘坐只需 10 个小时就能到达的火车。这座"夏季之都"有种德法交融的氛围。城里讲法语;当地的报纸《巴登报》(*Badenblätter*)用法语和德语刊印;所有的餐厅都供应法国菜。但俄国人也大量涌入,每年约有 5000 人。巴登大公的家族与罗曼诺夫家族有着密切的联系,这可以追溯到叶卡捷琳娜大帝在 1793 年安排她的孙子、未来的沙皇亚历山大一世和巴登的路易丝公主联姻。从那时起,巴登就成了俄国贵族在欧洲的主要目的地之一——他们在那里建造了宅邸,也是瓦西里·茹科夫斯基(Vasily Zhukovsky)和果戈理等作家的隐居地。[9]

这是一个纯粹为了娱乐而存在的小城。上午可以进行矿泉浴,但到了下午,散步的人会沿着利希腾塔勒大道(Lichtentaler Avenue)徜徉,这是一条绿树成荫的公园步道,人们会坐在桌子旁玩多米诺骨牌或国际象棋,与其他路人聊天打发时间。交谈是一项深受喜爱的活动——简单的社交乐趣是像巴登这样的水疗胜地的主要吸引力之一。谈话的艺术如此受到重视,以至于作为小城中心地标的赌场被设在"谈话厅"(Konversationshaus),所有的散步者都会聚集在赌场前的花园咖啡馆里吃点心,听乐队在舞台上不间断的演奏。这是屠格涅夫以巴登为背景的小说《烟》(1867 年)的开场场景,当时乐队演奏了"《茶花女》的集锦,然后是施特劳斯华尔兹,接着是《请告诉她》,这是乐队指挥改编的一首俄国浪漫曲"——最后一首作品是为了取悦人群中的众多俄国人。坐马车兜风和在树林里野餐、射击与钓鱼也是很受欢迎的活动。据一位英国游客估计,每隔一天的下午,在附近的伊弗茨海姆(Iffezheim,"欧洲大陆的古德伍德")就会有赛马,看台上坐着"王子、男爵、公爵和公爵夫人",比赛之间有"最好的音乐","一家出色的餐厅"供应"莱茵白葡萄酒、香槟、水果和各种餐点,它们对于让因为兴奋而精疲力竭的身体恢复活力必不可少"。晚上,最令人兴奋的活动是在巴登的赌场,但巴登剧院也有歌剧和音乐会(有时也会在关闭了赌博室的"谈话厅"中举行)。[10]

赌场是这些文化设施发展的关键。它的利润帮助支付了巴登的公园和步行道、大酒店、亭阁、剧院、音乐节、常驻乐队和管弦乐队的费用。19世纪30年代,来自法国的移民雅克·贝纳泽(Jacques Bénazet)发现了这里的商机。他效仿了巴尔巴亚,后者在20年前曾靠自己的赌博特许权资助了那不勒斯的歌剧院。1838年,在获得了巴登赌场的特许权后,贝纳泽投入巨资对其赌场进行了奢华的修缮。他把赌场变成了一个主要的国际旅游胜地,特别是对来自邻国法国的游客,七月王朝后赌博在那里被宣布为非法。1848年雅克·贝纳泽去世,特许权由他的儿子爱德华(Édouard)接管,爱德华是一位精明的商人和剧院经理,曾就读于巴黎音乐学院,在音乐界有良好的人脉。1855年,他在赌场内修建了新的房间,采用古典法式风格做了奢华的装潢,三年后又在伊弗茨海姆开设了赛马场。贝纳泽用他的赌博业利润聘请柏辽兹为他举办一年一度的音乐节,音乐节的预算足够大,足以吸引来自欧洲的顶级音乐家。他还出资兴建了歌剧院。巴登-巴登剧院于1862年竣工,同年8月,柏辽兹的歌剧《比阿特丽丝和本尼迪克》在那里首演。

柏辽兹于1853年第一次来到巴登参加系列音乐会,从1856年起一直是音乐节的中流砥柱。他喜欢这个被他称之为"天堂"的地方的自然美景,那里有"树林、山脉、溪流和芬芳的空气"。他在那里的社交圈子中如鱼得水,"讲法语的聪明人和有教养的人"。但最重要的是,他喜欢在那里赚钱,每年仅组织一场音乐会就能入账2000法郎。贝纳泽是柏辽兹的理想经理。柏辽兹在回忆录中写道,他的慷慨"远远超过了我最感激的欧洲王公们为我所做的任何事情"。最让他满意的是，贝纳泽只留下了他一个人。正如他在1859年所写的，

> [……]一切都是为了让主管的指挥方便；他不必忍受金钱上的斤斤计较，也不会遇到任何形式的障碍。贝纳泽先生坚信，最好的做法是让指挥完全自由地行动，他不会以任何方式进行干预，认为自己唯一的作用就是付钱。他说："做任何事情都要有王室气派，我会放手给你的。"三声欢呼！对音乐来说，这是实现崇高和美好的唯一途径。

对"谈话厅"的豪华装潢是不计成本的，柏辽兹表示，那里被"改造成了音乐厅，用灌木和鲜花装饰，灯火通明，挤满了欧洲最时尚的观众"。[11]最好的歌手和演奏家来到巴登参加音乐节——包括克拉拉·舒曼和安东·鲁宾斯坦，小提琴家亨利·维厄唐（Henri Vieuxtemps），以及从1859年到1864年每年都是明星嘉宾的保琳娜·维亚尔多。

* * *

维亚尔多别墅很快就成为这个音乐社群的中心。这是一座设计成瑞士小屋风格的三层房子，大到足以容纳维亚尔多全家的11口人，包括仆人。别墅有马厩和马车房，一间鸟舍，还有一个绿树成荫的花园，一直通往音乐厅和长长的巴西利卡形状的陈列室，路易把他收藏的"老大师"作品放在那里，保琳娜则在那里举办音乐晚会。那架精美的卡瓦耶–科尔管风琴被从他们在巴黎杜埃街的家中运来，安放在音乐厅里，两边是两台大钢琴。《唐璜》的乐谱也被带到了

图 16　屠格涅夫在巴登的别墅，花园视角，1986 年，尼古拉斯·泽库林（Nicholas Žekulin）拍摄。旁边的维亚尔多家的别墅很早之前就被拆除了

第五章 欧洲在玩乐

巴登，装在特制的盒子里，放在管风琴旁的一张桌子上，就像在杜埃街那样。

维亚尔多夫妇在这栋房子上花了一大笔钱。包括建造音乐厅在内的翻修费用几乎与 10.8 万法郎的购买价格相当。他们还必须添置家具，因为在巴黎的家已经连带家具租了出去。路易出售了一些铁路股票，还在 1863 年 4 月 1 日的德鲁奥拍卖行的拍卖会上卖掉了大约 50 幅他最好的画作，包括普桑（Poussin）、勃鲁盖尔（Bruegel）、凡·雷斯达尔、沃弗曼、范德尼尔（Van der Neer）的风景画，以及里韦拉、苏巴朗的作品，还有委拉斯开兹画的一幅玛丽亚·特蕾莎的幼年肖像（可能就是现在纽约大都会艺术博物馆收藏的那幅）。[12] 自 19 世纪 50 年代中期以来，由于保琳娜的收入下降，他一直在慢慢地出售藏画。1857 年，他卖掉了他的两幅伦勃朗画作中的《被屠宰的牛》（1655 年），只从卢浮宫获得了 5000 法郎，因为这幅画有破损。[13] 持续卖画仍然跟不上他们新房子不断上涨的开支。1864 年，维亚尔多夫妇将库尔塔维内尔挂牌出售，买家将这间旧乡间别墅拆除后用作重建材料。[14] 不过，一旦完工，巴登的房子很好地彰显了保琳娜在欧洲夏季之都的时尚世界中的财富与地位。这座豪宅主要由她赚来的钱建成的，是她成就的象征。

屠格涅夫也从他的作品中赚到了钱。他有足够的钱买一块地并盖一栋房子。1864 年，维亚尔多别墅旁的林地在主人去世后挂牌出售。屠格涅夫花 5 万法郎买下了它。他委托巴黎的一位建筑师造了一座路易十三风格的豪宅——一座融合了哥特式和文艺复兴元素的旧式法国城堡——受到第二帝国反对者们的青睐。他还要建造一个花园，里面有条"小河"穿过树林，通向一座音乐厅。*屠格涅夫对

---

* 屠格涅夫对自己的"小河"感到自豪（实际上只是条小溪），如果来访者不评论一下，他就会生气（Ostrovskaia, *Vospominaniia o Turgeneve*, p. 9）。

建筑计划很满意。住在离维亚尔多夫妇这么近的地方曾经是他的梦想。在多年居无定所的流浪之后，他现在觉得自己落地生根了，终于有了自己的"巢"。[15]

屠格涅夫的宏伟建筑计划标志着他成为欧洲舞台上的重要作家。但建造成本很快就超过了他的收入。他女儿的嫁妆进一步耗尽了他的财力。1865年2月，保琳奈特与加斯东·布吕埃尔（Gaston Bruère）结婚，后者是法国东部贝桑松附近的鲁日蒙（Rougemont）一家玻璃厂的老板，这对新婚夫妇住在工厂院子里的一栋附楼里。屠格涅夫答应在结婚时给她10万法郎的嫁妆，并在几年内再给她5万法郎。他还付给她每年2500法郎的生活费。为了购买巴登的房子，他被迫将1858年为了给她的嫁妆攒钱而购买的铁路股票变现。女儿指责他把自己的舒适放在首位。[16]

庄园土地的收入不足以支付他日益增加的开支。要不是在1861年农奴解放时对他的前农奴如此慷慨，他本可以从地产中赚得更多。在斯帕斯科耶，屠格涅夫留给他的农民的土地是解放法令规定的两倍，还把地免费给了他们，放弃了他根据法令有权收取的地价。这可能是人们对《猎人笔记》作者的期待，这部作品在反对农奴制方面贡献巨大，但他这样做仍然算是非常慷慨。屠格涅夫保留的各处庄园——6000公顷肥沃土地——每年的收入从未超过5000卢布（2万法郎），在荒年更是要少得多（他的兄弟尼古拉管理着自己的庄园，从同样数量的土地上赚取的收入是他的四倍）。他的叔叔对屠格涅夫的遗产管理得非常不善，用博特金的话说，他的叔叔是一个"年迈、拖拉和懒散的人"，年薪为2000卢布（8000法郎），但通过利用一切机会欺骗不在场的侄子，此人骗取了多得多的钱。屠格涅夫很天真。由于爱他的叔叔，他信任着叔叔。他自己对钱也很粗心，只要需求得到满足，他就不会对钱感兴趣。他花了15年时间才意识到叔叔管理不善的程度，计算出仅在一年内，他就损失了令人震

第五章 欧洲在玩乐

惊的 36,500 卢布（约合 14.6 万法郎）的现金、农具和牲畜。1867 年，他终于决定摆脱叔叔。为了这样做，他花了 8 万法郎——他叔叔声称屠格涅夫曾答应将在自己去世后支付叔叔这笔钱，坚持屠格涅夫现在付钱。[17] 新的经理就位了，他是一个年轻而精力充沛的当地商人，名叫基辛斯基（Kishinsky），事实证明此人甚至更不诚实。

屠格涅夫的写作收入只能部分弥补他在土地上的损失。19 世纪 60 年代，他的作品从俄国出版商那里获得了巨额预付款。1860 年，米哈伊尔·卡特科夫（Mikhail Katkov）付给他 4300 卢布（约合 17,200 法郎），让他在 1860 年的文学期刊《俄国导报》（*Russkiivestnik*）上发表《前夜》；还用 5000 卢布（约合 2 万法郎）购买他的小说《烟》的发表权。这一数额相当于每个印张 400 卢布（1600 法郎）——这是屠格涅夫十年前收入的五倍。俄国人是文学期刊的忠实读者，屠格涅夫从《俄国导报》获得的收入按欧洲的任何标准都是很高的。随着对资金需求的增长，他极力要求更高的稿酬。1863 年 2 月，他为《幽灵》向《俄国导报》索要每个印张 500 卢布的稿费。不过，他只能做到这一步，从出版商那里赚到的钱也就这么多了。其他俄国作家为这些期刊写长篇小说，并赚了很多钱，因为他们是按照印张计酬的。但屠格涅夫的小说都比较短。他根本不会写任何其他形式的东西。[18]

屠格涅夫从他结集成书的小说中赚的钱也并不多多少，它们在俄国的市场不如连载小说。屠格涅夫告诉龚古尔兄弟，一本书在俄国"收入很少，最多只有 4000 法郎"。[19] 他的作品全集卖得好些，其中有三个版本是 19 世纪 60 年代向俄国市场推出的。他从 1861 年的第一个版本中获得了 8000 卢布（3.2 万法郎）的预付款，并成功地为后来的版本争取了更高的稿酬。但他无法再通过自己的书获得其他的收入。他几乎没有从国外赚到一分钱。虽然他的许多作品已经被翻译成外语，但与俄国没有版权协议的国家的出版商并没有付钱给他。屠格涅夫诅咒这些盗版作品的"强盗出版商",不仅因为他们剥夺了他的收入,还因为他们经常翻译得如此糟糕,以致他的文学声誉受到了损害。[20] 在接下来的几年里,他将致力于为国际版权而奔走。但即使是在那些与俄国已有双边版权协议,而且理应实施的国家(比如法国),出版商支付国外作者的费用也很慢,甚至完全不付。

总体而言,屠格涅夫的年收入约为1万卢布(4万法郎),大约一半来自他的遗产,一半来自他的写作。这对任何一位绅士来说都是一笔可观的钱,对任何清高的作家来说更是几乎算得上一大笔钱,* 但还是不够支付他在巴登的房子的费用和他欠保琳奈特的款项。屠格涅夫一直债台高筑。他卖掉了小块土地,几乎总是因为管家的欺骗和无能而卖不出高价;他还抵押了自己的部分地产;并以交付手稿的承诺来向出版商借钱。从俄国来的钱要花很长时间,所以他被迫向朋友借钱来解决现金流问题。他越来越多地向维亚尔多夫妇借钱。但他仍然筹不到足够的钱来支付女儿的嫁妆;他甚至拖欠了保琳奈特的生活费。他的豪宅的建造工作放慢了脚步。付清叔叔的钱成了最后一根稻草,让他变得如此拮据,以至于被迫将他在巴登的房子卖给了路易·维亚尔多——损失了6万法郎。1868年4月,当房子最终完工时,屠格涅夫作为他朋友的付费租户搬进了那里。[21]

屠格涅夫和维亚尔多夫妇的日常生活快乐而有规律。"我对巴

---

* 可以和对戈蒂耶收入的估计进行比较,龚古尔兄弟在1868年写道:"在那些现代的寒酸文人中,我们亲爱的戈蒂耶算是最有钱的之一,他从图书馆长的职位上能得到6000法郎,从皇帝私人腰包中能获得大约3000法郎的年金,从《箴言报》和书的版税中能得到每年近2万法郎。今天,作家中还有谁如此富有?"(Goncourt, *Journal-Mémoires de la Vie Littéraire*, vol. 2, p.187.)

登的生活很满意,"屠格涅夫在1863年10月3日写信给博特金表示,"我以前从来没有感觉这么好过。我经常去打猎——工作很少。"他会在早上写作,午餐时休息一下,然后和维亚尔多一家一起度过一天剩下的时间,或者带着他的猎犬帕加索斯(Pegasus)去打猎,这条狗在巴登周围变得很出名,也深受喜爱。[22] 有源源不断的来访者寻求他的建议或帮助,或者只是想见见他。

路易过着平静的生活。已经年过六旬的他在巴登安顿下来,享受着安静的治学乐趣。他在这几年写了两本书:一本关于艺术的文集《西班牙与美术》(1866年);以及对他的无神论哲学的论述《一个不轻信者的辩护》(1867年,以下简称为《辩护》),这使他有别于屠格涅夫(对宗教漠不关心,而不是反对宗教)和保琳娜(思想自由,但从来不是无神论者)。现存的保琳娜唯一的表态来自1859年她写给尤里乌斯·里茨的一封信中:

> 我不能用任何公式概括我的信仰,但我坚信灵魂是不朽的,所有的爱总有一天会团结在一起——伟大的爱,无论它们的本质如何,只要它们使自己配得上伟大……不要嘲笑我,最亲爱的朋友;我对此并不比任何人了解得更多,最重要的是,我不能在一个如此困难,如此无法解释的问题上给出明确的想法。我所知道的只是:我们所有人心中都有一种神圣的火花,它不会熄灭,终将成为伟大之光的一部分。[23]

《辩护》的写作背景是欧洲范围内展开了关于基督神性的辩论,勒南的《耶稣传》(1863年)在法国的出版引发了这场辩论,这位哲学家在书中将耶稣描绘成一个凡人和历史人物,其神性地位是由追随者们创造的。勒南是路易·维亚尔多的朋友。1856年,他娶了阿里·舍费尔的侄女高奈莉·舍费尔(Cornélie Scheffer),这使他与维亚尔多圈子的关系更加密切。他用生动易懂的文字写成的《耶稣传》因引起争议而造成轰动（succès de scandale）。到1864年底，该书在法国卖出了16.8万册，很快就被翻译成了所有主要的欧洲语言。据文学评论家圣伯夫说，这本书的成功在于它吸引了他所谓的"庞大而不置可否的摇摆群体"——这是19世纪大多数人的宗教倾向，他们对《圣经》"既不相信也不否定"，但在继续追求世俗幸福的同时，却接受它是道德价值的来源。天主教徒抨击了这本书。一些教会领袖试图将其查禁。还有人谴责它的出现是帝国自由文化的腐朽不道德的标志，呼吁采取更严格的审查制度。[24]

维亚尔多的书在很大程度上是在为勒南辩护，后者的认同作为他文本的脚注出现。"我亲爱的朋友，"勒南在1867年4月17日给他的信中写道，"我读了你的《辩护》，它不应该叫这名字，因为智者没有什么好辩解的。它是对你自己的信仰的描述，不是为别人，而是为你自己所写，我觉得它准确而严谨。"和勒南一样，维亚尔多也认为基督的神性是人类的发明。他表示从最早的时代开始，人类就需要用神明的神话来解释宇宙，但现在科学回答了创世的问题。他坚持认为，达尔文的"自动创生"理论同样适用于宇宙：行星不是由上帝制造的，而是由恒星的热量形成的，后者也能摧毁它们。[25]

路易的无神论的核心是他对人类能动性的信仰。"指引我的不是上帝，而是我自己的自由，我的良知"，他总结道。这就是他的书真正要传达的讯息，与勒南的《耶稣传》一样，这本书既是对《圣经》的主张的检验，也是对自由的宣示——质疑和拒绝宗教正统性的自由。这是在教会和政府面前为言论自由所做的辩护。

路易每天大部分时间都待在自己的书房里，只有在和家人一起吃饭时，或者偶尔和屠格涅夫一起去打猎时才会露面。保琳娜是三个人中最忙的，在家中安排了各种活动。她天刚破晓就起床，会花上两个小时陪孩子们，教他们意大利语、音乐和绘画，然后去见她

第五章　欧洲在玩乐

的学生。[26]歌手们来自世界各地，在这位知名女高音的指导下学习歌唱，而她每堂课的收费是一小时20法郎。1863年，《古典唱法》的出版——得到巴黎音乐学院推荐成为标准教材——巩固了她作为老师的声望。[27]保琳娜的学生觉得她既严格又苛刻，但对于在他们身上花费时间非常慷慨，还向他们提供建议和给音乐节的熟人写信，帮助他们开启自己的生涯。从1863年5月开始跟着保琳娜上课的女高音阿格拉亚·奥尔格尼（Aglaja Orgeni）表示："她的性格里有某种轻骑兵的特点，自信、意志坚强、性格直率，有时甚至是生硬，没有任何多愁善感，但她有一颗善良的心。"[28]

下午，保琳娜会接待来访者、写信、练习或作曲。夜晚属于家人和朋友。他们沉浸在音乐创作、业余戏剧、恶作剧、猜字谜和肖像游戏中，就像在杜埃街和库尔塔维内尔的家里一样，只不过现在这样的娱乐活动每天晚上都可以举行，因为保琳娜不再会因为去剧院表演而缺席了。据严肃的克拉拉·舒曼说，维亚尔多一家几乎完全沉湎于追求快乐和轻浮。克拉拉在维亚尔多夫妇位于利希腾塔尔的宅邸附近买了一座小屋，在冬季巡演结束后，她会和七个孩子一起在那里过暑假。[29]

周日下午，保琳娜会在音乐厅举办一场音乐沙龙，邀请巴登社交界的上流人物参加。作为保琳娜的好朋友，奥古斯塔王后是这些音乐会的常客，经常和她的音盲丈夫，普鲁士国王威廉一世（后来成为德国皇帝）一起参加，尽管根据宫廷的指示，德国报纸在提到他们与维亚尔多夫妇（据信是共和派）的友谊时非常慎重。[30]荷兰王后、巴登大公及其夫人、俄国女大公叶莲娜·帕夫洛夫娜（Elena Pavlovna），甚至还有法国皇后欧热妮（Empress Eugénie）也都来聆听东道主与克拉拉·舒曼、约翰内斯·勃拉姆斯、尼古拉·鲁宾斯坦和安东·鲁宾斯坦等音乐家的表演。表演者中包括保琳娜的一些学生，他们因此积累了表演经验。克拉拉·舒曼认为这些音乐会表明保琳娜是个势利眼。1864年,在描绘第一次音乐会时,她向勃拉姆斯(为了亲近她,勃拉姆斯刚刚在利希腾塔尔的一家寄宿公寓度过了几个夏天中的第一个)抱怨说:

> 那天,维亚尔多夫人主持了她的艺术宫(她这样称呼那里)的启用庆典,她邀请了社交界上流人物(普鲁士王后等)参加第一次仪式,但她自然不想请我;后来她还举行了一次平民招待会,我被认为是有足够资格的。整件事做得不是太体面……[31]

克拉拉·舒曼不属于保琳娜活跃的高层圈子。她太穷,无法在巴登买房,觉得被这个社交圈子所排斥,变得愤恨和嫉妒。也有人用更加理想主义的眼光看待维亚尔多的沙龙。路德维希·皮奇就是其中之一,他相信那是一次勇敢的尝试,"旨在实现世界主义社会的概念,将来自不同民族的人们统一在艺术的理想周围"。[32]

德国作家阿德尔海德·冯·朔恩(Adelheid von Schorn)回忆了保琳娜举办的一场较不正式的音乐沙龙,"她的艺术圈子里的每个人都聚集在那里"。屠格涅夫是他们所有人的中心,他患有痛风,"躺在一张大扶手椅上,绑着绷带的腿伸在脚垫上……这位作家引人注目的白发形象是这群人的焦点"。[33]

搬到巴登使屠格涅夫成为维亚尔多家的一员——实际上是家庭的一员——这在之前是不可能的。在巴黎,他只能是个访客。人们议论他与保琳娜的关系,很少有人认为那是柏拉图式的。为了避免丑闻,保琳娜和屠格涅夫需要保持体面的表象——这很可能就是当她最后一次怀孕时,屠格涅夫为何要离开。但在巴登,人们的态度比在巴黎要宽松得多。尽管保琳娜出身舞台,但她得到了那里的最高层圈子的认可,没有像在巴黎的许多歌手那样遭受社交界冷落和侮辱。人们来巴登是为了消遣。可以看到大人物和他们的情妇一起

第五章 欧洲在玩乐

在那里。比如科拉·珀尔（Cora Pearl）这样的交际花，这位著名的英国美女是皇帝同父异母的兄弟夏尔·德·莫尔尼（Charles de Morny）的情妇，两人在巴登过着奢华的生活。在这个互不干扰的小城里，保琳娜和屠格涅夫更容易维持他们的非传统关系。关于他们的流言蜚语比在巴黎少了。唯一的尴尬迹象来自保琳娜的日记，如果真算尴尬的话。在1863年7月23日的一篇日记中，她提到自己和屠格涅夫都出席了巴登大公和夫人在老城堡举行的招待会。保琳娜注意到屠格涅夫看起来很紧张，在社交聚会上，"他总会有某种拘束感"（il y a toujours un certain gêne avec lui）——在生命的最后几年，当她为后人准备自己的文件时，这句话被她标记为要删除。[34]

现在，屠格涅夫和保琳娜可以更自由地生活在一起，几乎就像夫妻一样，与路易一起过着家庭生活。在巴登定居时，两人都是40多岁，屠格涅夫45岁，保琳娜42岁。在这个年龄，他们可能仍然期待着活跃的性生活。而据我们所知，已经63岁的路易更热衷于精神而非肉体的快乐。屠格涅夫没有试图向来访者掩饰他对保琳娜的感情，或者他们生活状况的性质。娜塔莉亚·奥斯特罗夫斯卡娅（Natalia Ostrovskaya）回忆了1863年造访屠格涅夫家时的情景。她被管家领进一间陈设简单的房间等待屠格涅夫，后者被维亚尔多夫人叫走了。奥斯特罗夫斯卡娅坐在写字台旁，环顾着房间：墙上有一幅肖像，挂在比书桌稍高些的地方，桌上有一张装框的照片和青铜半身像——所有这些都是保琳娜·维亚尔多的形象。[35]

保琳娜的孩子们并不都清楚屠格涅夫和他们母亲的真实关系，后者只在自己的日记中承认对他的感情。*最小的保罗在全家搬到

---

* 她的日记中又多次表达了当屠格涅夫在国外旅行时，她对他的担心和思念，特别是1864年和1868年他前往俄国期间。比如，见HL, MUS 264 (365)，保琳娜·维亚尔多的日志，1864年1月13日，1868年6月23日。

巴登时只有 6 岁，把他视为母亲的朋友。但最年长的露易丝已经 20 多岁，对他总是出现在自己家里深感憎恶。任性而又爱指责别人的她从小就觉得被妈妈忽视了，经常与其争执。抵达巴登后不久，路易丝与法国驻伯尔尼的外交官欧内斯特·埃里特（Ernest Héritte）结婚，然后与丈夫一起前往非洲南部的开普殖民地，埃里特在那里担任了新的职位。[36]

屠格涅夫特别喜欢保琳娜的二女儿克劳迪娅或"迪迪"，当时她刚满 10 岁。这是一个活泼的美女，和她的母亲长得惊人地相似，她对屠格涅夫深情款款，甚至会与他调情，屠格涅夫则向她表达了他从未对自己的女儿表现出的父爱。克劳迪娅有绘画天赋，会说几种语言，而保琳奈特只是个普通女孩。"我和我的女儿没有任何共同之处，"他在给朗贝尔伯爵夫人的信中写道，"她既不喜欢音乐和诗歌，也不喜欢大自然——甚至连狗都不喜欢——而这些都是我唯一喜欢的东西。"[37]

路易对屠格涅夫与他的孩子们的关系持宽仁的态度。他在家里一直扮演着低调的角色。但有几次，他痛苦地感到自己作为父亲和丈夫的角色被他的朋友篡夺了。1865 年 11 月，路易给保琳娜写了一封信，向她保证自己从未怀疑她做过任何问心有愧的事，但警告说，某些"表象"引起了流言蜚语。因此，谨慎一点是必要的。路易随后表达了自己的遗憾，但没有提到屠格涅夫的名字，表示他太多次感到本应自己扮演的角色被其他人占据了——比如在关于音乐的对话中，甚至是在与孩子们的关系方面。[38]

二

19 世纪 60 年代是大陆温泉胜地的全盛时期。仅仅在二十年前，欧洲最著名的矿泉疗养地——维希、普隆比埃尔、艾克斯莱班、巴德埃姆斯和达沃斯（Davos）——还只是贵族和欧洲皇室成员经常光顾的乡野鄙俗之地，暴饮暴食让他们更需要疗养。铁路让温泉浴场向那些因为富足而发胖的资产阶级和专业阶层打开了大门。他们的新财富推动了这些疗养胜地的豪华酒店、赌场、剧院、餐厅、高级妓院和其他娱乐设施的发展。与铁路相连是变得流行的最可靠保证：卡尔斯巴德和塞梅林等新兴的温泉小镇得益于它们位于主干线边，而像普隆比埃尔和维希这样的老牌疗养地则因为支线的到来而得救。到了19世纪70年代，铁路已经将欧洲的大型温泉中心连接成一个度假胜地网络，每个地方都有相同类型的娱乐文化。[39]

到处都是轻音乐。早上、中午和晚上，温泉管弦乐队在舞台和亭子里演奏；室内乐团体和乐队在音乐厅演奏；钢琴家和歌手在咖啡馆和餐馆表演。到哪里都逃不过。

小约翰·施特劳斯在温泉小镇无处不在。他的舞曲是社交界寻欢时的配乐。从19世纪20年代的维也纳开始，老约翰·施特劳斯就用他的华尔兹征服了欧洲。他的管弦乐队将该市最大的施佩尔（Sperl）舞厅挤得满满当当。因为华尔兹需要舞者之间有身体接触，它遭到了卫道士的攻击，但正是性危险（福楼拜的《包法利夫人》中的华尔兹场景中对其做了令人难忘的描绘）让这种舞蹈流行起来。施特劳斯家族都参与了这门音乐生意——约翰和他的妻子安娜，以及他们的三个儿子约翰、约瑟夫和爱德华。他们在19世纪30年代和40年代的巡演中将"华尔兹热"输出到德国、低地国家、法国和英国。1849年约翰·施特劳斯去世后，当时24岁的长子小约翰·施特劳斯接管了家族生意，使其国际声誉达到了新的高度。他的管弦乐队到处都受到欢迎——舞厅、赌场、咖啡馆和餐馆，还有维也纳的人民公园（Volksgarten）这样的游乐场。19世纪50年代，施特劳斯家族的公司拥有200名员工，包括乐谱抄写员、马车司机和簿记员。这是一家老于世故的公司，有巧妙的营销和宣传策略。比如，

图 17 约翰·施特劳斯和约翰内斯·勃拉姆斯在奥地利温泉小城巴德伊舍尔，1894 年

小施特劳斯——在 44 岁之前只创作华尔兹——会给自己的作品配上热门的名字和主题，或者增加一些噱头，帮助它们"迎合"总是热衷新奇的观众。新技术给他的许多曲调带来了灵感：《电报圆舞曲》（1858 年）模仿电报机的声音；而为工程学院学生舞会创作的《加速圆舞曲》（1860 年）则让华尔兹主题像火车一样加速。施特劳斯控制着家族生意的方方面面。比如，在与他的音乐出版商卡尔·哈斯林格（Carl Haslinger）闹翻后，他自己创办了一家出版公司。[40]

第五章　欧洲在玩乐

1853年，施特劳斯累倒了。他把生意交给兄弟们掌管，自己去了巴德加施泰因（Bad Gastein）的温泉疗养。在那里的时候，一位俄国商人找到了他，此人是皇村铁路公司的新任主管，给他提供一份来自圣彼得堡附近的避暑胜地巴甫洛夫斯克（Pavlovsk）的丰厚合同。该公司希望通过在"沃克索尔厅"为一日游旅客举办施特劳斯音乐会来增加客流量，该馆得名于伦敦的沃克索尔花园（Vauxhall Gardens），后者自17世纪起就是欧洲的公共娱乐空间，许多19世纪的温泉小城都以此为基础（比利时的斯帕有自己的Waux-hall，用以举办音乐会和舞会）。在巴甫洛夫斯克，"沃克索尔厅"既是火车站又是公园的入口（由此衍生出俄语中用来表示车站的vokzal一词）。音乐会在5月至9月期间的每晚举行，并持续了很多年。事实证明，它们非常受欢迎，为铁路带来了源源不断的生意。当开往圣彼得堡的最后一列火车鸣响汽笛时，施特劳斯会让音乐会突然停止，尽管有几次观众拒绝离开，要求乐队继续演奏。[41]

施特劳斯在欧洲四处巡演。他很好地利用铁路来周游德语区的温泉度假胜地，这是他的管弦乐队的一个重要市场。多年来，他都会参加巴登夏天的乐季，在那里他有一座豪华别墅。作为一个身不由己的赌徒，他频频出现在赌场，经常输得很惨，但并没有气馁。勃拉姆斯是施特劳斯音乐的狂热崇拜者。1862年，两人在巴登相遇，当地报纸《巴登新闻》的音乐评论人兼编辑理查德·波尔（Richard Pohl）介绍了他们认识。巴登吸引勃拉姆斯主要是因为那里有施特劳斯（还因为克拉拉·舒曼），前者在那里度过了几个夏天，在利希滕塔尔的一家寄宿公寓租了房间。晚上，他会步行前往温泉公园，去听施特劳斯的管弦乐队演奏。[42]他本人对舞曲的兴趣受到了施特劳斯的影响。《十六首华尔兹》（作品第39号）创作于1865年，《情歌华尔兹》（作品第52号）

创作于 1869 年 *，而《匈牙利舞曲》则写于 1869 年。

施特劳斯的影响无处不在。他的华尔兹是席卷欧洲的舞蹈热潮中的主要亮点。在巴黎，舞者们成群结队地涌向马比耶花园（Jardin Mabille），那里在 19 世纪 60 年代达到了人气的顶峰。这是游客结识妓女和观看康康舞者高踢腿的地方，当时的康康舞者不穿衬裙。[43] 舞曲也在土耳其花园（Jardin Turc）等场所占据主导地位，这是位于马莱区的一家咖啡馆，令人困惑地有一个中式风格装饰的音乐花园。在那里，时髦的年轻指挥家路易-安托万·朱利安（他戴着白手套，使用镶有珠宝的指挥棒）建立了演奏波尔卡和方阵舞曲的流行管弦音乐会的传统，并伴随着烟火、礼炮和灯光表演等等。这是一个非常吸引人的组合，很大程度上借鉴了他的朋友菲利普·穆萨尔。朱利安后来还将其输出到伦敦，作为他的漫步音乐会的基础——这是一些具有壮观视觉效果的活动，使用大型管弦乐队、军乐队和合唱团，在 19 世纪四五十年代吸引了数以千计的"先令公众"（中下层和工匠阶层）前往沃克索尔、克雷莫恩或萨里动物园（Surrey Zoological Gardens）等游乐公园和花园。

朱利安的音乐会是 19 世纪中叶的一场革命的一部分，即流行音乐产业的诞生。在整个欧洲，一批新的企业家——指挥家和作曲家——对娱乐音乐日益增长的需求做出了回应：巴黎和伦敦的朱利安和穆萨尔，维也纳的施特劳斯，柏林和慕尼黑的约瑟夫·贡格尔（Josef Gung'l），哥本哈根的汉斯-克里斯蒂安·伦拜（Hans-Christian Lumbye，"北方的施特劳斯"），卡尔斯巴德的约瑟夫·拉比茨基（Joseph Labitzky）。他们创作了大量的华尔兹、波尔卡和方阵舞曲[44]，到处都有轻音乐的商业演出。从 1861 年开始，儒

---

* 原文将《情歌华尔兹》的作品编号和创作年份误植为 Op.59 和 1868 年，内文已改正。勃拉姆斯的作品第 59 号是《八首艺术歌曲》，作于 1868 年。——编注

勒·帕德鲁（Jules Pasdeloup）的管弦乐队在冬季马戏场（Cirque d'Hiver）巨大的圆厅举办廉价的周日音乐会，把流行古典乐介绍给新的观众。从香颂到歌剧集锦，在咖啡馆音乐会上可以听到更加兼收并蓄的音乐。19世纪五六十年代，随着奥斯曼男爵（Baron Haussmann）开发的林荫大道吸引了人们在晚上寻求娱乐，这类音乐会变得流行起来。所有主要的林荫大道上都开设有咖啡馆。它们吸引着形形色色的人群，人群中既有戴着礼帽的绅士和他们穿着撑裙的夫人，也有外国游客和新的妓女群体。龚古尔兄弟在他们1864年的日记中写道，巴黎的妓女"现在置身煤气灯下，坐在林荫道咖啡馆的桌旁"。[45] 咖啡馆音乐会的主要吸引力来自允许观众吸烟和喝酒。那里没有入场费，但在音乐会之夜会提高价格，服务员还会绕着桌子向顾客施压，要求他们多点东西。歌手和音乐家将获得一笔表演版税（收入的5%至6%），由他们的工会——音乐演奏家、作曲家和编辑联合会（Syndicat des Auteur, Compositeur et Éditeur de Musique）监管和收取。大多数成员是街头音乐家，但也有一些是失业或干私活的歌剧和喜歌剧演员，因为能够吸引观众的明星可以赚取高额费用。[46]

没有哪位明星比特蕾莎（Thérésa）更大牌了——这是艾玛·瓦拉东（Emma Valladon, 1836—1913）在1863年左右使用的艺名，当时她离开圣殿大道（Boulevard du Temple）上的大众剧院和咖啡馆，开始在新开张的埃尔多拉多咖啡馆（Café Eldorado）演唱香颂，每月收入200法郎。不久，她被埃尔多拉多咖啡馆的竞争对手，阿尔卡萨尔咖啡馆（Café Alcazar）的老板阿尔塞纳·古贝尔（Arsène Goubert）挖走，后者每月付给她300法郎。很快，整个巴黎都来看她演出。1865年，在听过她在阿尔卡萨尔咖啡馆的演唱后，亨利·达博（Henri Dabot）写道："她是一个身材高大的女人，气质很好，极其自然，声音犀利，可以清晰地表达她演唱的歌词的意思。"

她的曲目并不下流，但她的一些幽默歌曲——最著名的是她的《对工兵来说什么都不神圣》*——充满通过肢体语言、表演和声音所表达的性暗示（德加在19世纪70年代的一系列绘画中描绘了她的表演）（彩图17）。[47]

直到1867年，法国法律一直禁止咖啡馆音乐会模仿剧院。它们不能有舞台，也不能让歌手扮成演员的样子，而且必须比剧院更早开演。但从1864年开始，当剧院摆脱了国家的控制后，针对咖啡馆音乐会的规定也放宽，允许它们变得更像剧院、歌舞剧院或音乐厅。龚古尔兄弟如此描绘了当时的埃尔多拉多咖啡馆：

> 巨大的环形看台，有两排涂成金色和用仿大理石装饰的包厢；耀眼的枝形吊灯；里面是咖啡馆，一片黑压压的男士礼帽；来自城郊的女人的帽子；士兵和戴帽子的孩子；有店员陪同的妓女的几顶帽子；包厢里有几条粉色的丝带；所有这些人清晰可见的呼吸，一团灰尘和烟气。
>
> 后面是一个有脚灯的舞台，台上有一个穿晚礼服的喜剧演员。他唱的小曲夹杂着农家庭院的喧闹声，动物发情的声音，以及癫痫般的手势——这是圣维图斯（Saint Vitus）的白痴舞蹈。观众激动得神魂颠倒。[48]

另一家著名的歌舞剧院"巴塔克朗"（Bataclan，1864年开业）最初是中国风格的咖啡馆音乐厅，1858年到1862年间由于法国在印度支那的战事而流行起来，但随着杂技演员和杂耍演员的加入，它逐渐从音乐厅变成了歌舞剧院。"女神游乐厅"（Folies Bergères，1869年开业）走了不同的路线。它收取入场费，就像在剧院一样，

---

* 这首香颂曲名为 "Rien n'est sacré pour un sapeur！"，创作于1864年，由路易·乌索（Louis Houssot）作词，奥古斯特·德维尔比绍（Auguste de Villebichot）作曲。——编注

第五章 欧洲在玩乐

但允许顾客在里面喝酒（于是有了马奈的《女神游乐厅的吧台》），并允许他们随时进出，就像在不设入场费的咖啡馆音乐会上一样。"女神游乐厅"的演出混合了滑稽轻歌剧、流行歌曲、舞女和杂技演员。虽然它主要面向资产阶级观众，但也让他们品味到了音乐厅的半上流社会风格。在19世纪70年代，这种受到广泛模仿，被称为"漫步剧"（théâtre promenoir）的混合娱乐形式标志着皮加勒周围的性产业的开始，那里距离维亚尔多夫妇在杜埃街的家只有几条街远。"女神游乐厅"的女招待也是妓女，她们会公开接近男人们，与他们讨价还价。[49]

商业音乐产业在英国同样发展迅速。伦敦音乐厅的发展方式类似于巴黎的歌舞剧院，尽管大多数音乐厅最初是作为沙龙酒吧或者酒吧后面的娱乐室，方便观众继续喝酒。只须支付较低的入场费或更高些的酒水价格，顾客就可以欣赏歌曲和喜剧，以及从吞剑到变装艺术家的形形色色的"特殊表演"。坎特伯雷音乐厅（Canterbury Hall，1852年）是第一家有700个座位的酒馆音乐厅，由其所有者查尔斯·莫顿（Charles Morton）从九柱戏场改建而成。它类似于围桌而坐的咖啡馆音乐厅，专门演奏轻歌剧和歌谣。这座音乐厅如此成功，以至于它在1856年被一个比原先大一倍的新厅所取代，包括气派的入口和通往上层酒吧的楼梯。受到成功的鼓舞，莫顿在牛津街一家被拆除的酒馆原址开设了牛津音乐厅（Oxford Music Hall），这是一个巨大的娱乐综合体，集音乐厅和酒馆于一体。1862年，亚瑟·芒比（Arthur Munby）造访了新开业的音乐厅后表示："光彩鲜亮的大厅和阳台被挤满了；人群中几乎没有落脚的地方，主要是男性；有商人、店员和其他，外表都不太优雅。"

从社会阶层上讲，观众比我在伊斯灵顿等地的类似音乐厅看到的要高得多。这种情况的一个结果是，在场的女人都是妓女，而不是体面的妻子和情人。因此，另一个结果是这些人的享乐没有任何健康或友好之处：他们喝着掺水的烈酒，忧郁地或淫邪地瞪着眼；他们受过一定的教育，由此带来的体面造成了对邻座毫无价值的恐惧，使他们保持沉默和自私。

在英国，这种严肃的兴奋被认为是一种乐趣，在19世纪60年代，全国市镇就有400个音乐厅。[50]

音乐出版商在娱乐业的发展中发挥了重要作用。19世纪60年代出现了速度更快的机械平版印刷机，开始能够同时印刷文字和音乐。这对乐谱行业来说是一个突破，使出版商能够数以万计甚至十万计地印刷廉价但高质量的古典作品，以及它们的流行歌曲和歌谣改编作品。大多数大出版商都组织或赞助音乐会来推销他们的乐谱。诺维洛（Novello）是最早的一批。受到1859年亨德尔音乐节成功的启发，他推出了一系列1先令门票的合唱和管弦乐音乐会，在这些音乐会上可以廉价购买他广受欢迎的乐谱和改编作品。查佩尔和克雷默（Chappell and Cramer）两位出版商共同出资在皮卡迪利兴建圣詹姆斯音乐厅（St James Concert Hall，1858年），在那里举行的"流行"音乐会上出售乐谱和乐器。布塞（Boosey）在圣詹姆斯音乐厅推出了歌谣音乐会。该公司意识到，自己最大的利润来自销售在音乐厅演唱的那种歌谣的活页乐谱，并开始将业务重点放在这些乐曲上。为了宣传自己的歌曲，布塞聘请了著名歌手参加这些演唱会。在歌谣演唱会巡演上可以赚到大量的钱，特别是女性演唱的，因为女声改编作品绝对是歌谣最大的市场。

其中最成功的歌手之一是美国人安托瓦内特·斯特林（Antoinette Sterling），19世纪60年代她在巴登跟随保琳娜·维亚尔多学习，在伦敦跟随她的哥哥曼纽埃尔·加西亚学习。斯特林选择了从她所演唱的作品的乐谱销售中收取版税，而不是像大多数其他歌手那样为她的演唱会出场收取固定费用，从而赚了一大笔钱。布塞是第一个鼓励版税制度的人，将其作为与歌手分担出版风险的一种方式，并让他们有兴趣通过在尽可能多的演唱会上表演来推广自己的音乐。斯特林从版税中赚取的收入一开始并不算多，但她在推销亚瑟·沙利文感伤而虔诚的歌谣《失去的和弦》（1877年）时大获成功，这首歌的曲谱在发行的最初25年里卖出了50万份。每销售一份谱子能让斯特林获得6便士（62生丁）的版税，仅凭这一首歌，她就赚了12,500英镑（31.5万法郎），或者说每年500英镑。[51]

三

搬到巴登使保琳娜有更多的时间作曲。19世纪30年代以来，她一直在写作歌曲和室内乐，但现在她开始转向其他形式，与屠格涅夫一起写轻歌剧，让她的学生在屠格涅夫家花园中建造的剧院里表演。从1859年开始，屠格涅夫一直在为轻歌剧《最后的巫师》撰写剧本。即使按照滑稽歌剧的标准，这部作品的剧情也很愚蠢。它讲述了一个曾经强大，但现在被剥夺了魔力的老巫师克拉卡米什的故事，他在森林里的出现让林中精灵们感到不安；他的女儿斯特拉和斯特利奥王子之间有一段罗曼史，在精灵女王的干预下两人终成眷属。这部充满幽默和讽刺意味的轻歌剧沿袭了维亚尔多剧院悠久的家庭娱乐传统——业余戏剧、字谜和恶搞——在那里，保琳娜和屠格涅夫沉迷于童趣（路易太过死板和严肃，不愿参加，通常会躲到他的书房里）。*

---

* 屠格涅夫是这些家庭聚会的生命和灵魂，当他没有受到痛风困扰时，他会用有趣的故事、愚蠢的舞蹈和模仿动物来逗乐所有人（在聚会上，他最喜欢用来逗乐餐桌上的孩子们的把戏是像鸡一样喝汤）。

图18　1867年9月20日,《最后的巫师》在屠格涅夫位于巴登的别墅首演。路德维希·皮奇绘制

1867年9月20日,《最后的巫师》在已完工但仍无人居住的屠格涅夫别墅首演,观众是邀请来的朋友们。马车道上的灯笼引导客人走向灯火通明的门厅,从那里进入沙龙,正如路德维希·皮奇所描绘的,"一块固定在墙上,上面露出夹竹桃枝的无花纹绿色帷幕"划定了舞台区域。在舞台周围,30位客人坐在椅子和扶手椅上,座位排列是非正式的,保琳娜已经在一架钢琴旁就位。当她演奏序曲时,帘幕拉开,露出了布景:"盆花和夹竹桃树代表着森林,角落里有窗户的纸板墙代表着[巫师的]被毁的小屋。"路易·波梅饰演克拉卡米什,而在10月有普鲁士国王出席的一场盛大演出中,巫师由屠格涅夫饰演。他向安年科夫解释说:"我需要马上澄清的是,我没有演唱,只是表演,而且不像想象的那么糟糕。客人们很喜欢克拉卡米什的念白,并将其理解为对拿破仑三世殿下的恶搞,这引起了威廉国王的捧腹大笑。"保琳娜的学生玛丽·阿塞尔曼(Marie

Hasselmans)担纲斯特拉的角色——这部轻歌剧的目的之一是让她的学生积累为观众表演的经验。但这部作品的明星是保琳娜最小的三个孩子——15岁的克劳迪娅饰演精灵女王,玛丽安娜(13岁)饰演主要的精灵,保罗(10岁)饰演克拉卡米什的仆人普雷兰潘潘。他们的参与使这部轻歌剧具有了家庭戏剧的非正式气氛,那正是它的魅力所在。作品的中心是保琳娜,她不仅是作曲家,还是钢琴管弦乐队、指挥和舞台经理。"我的母亲,"保罗回忆道,"负责钢琴伴奏,她监督一切,在幕间休息时还会跑到侧厅重新装上仙女翅膀或扎上别针。"

> 表演结束后,为表演者提供的晚餐通常是冷肉和土豆沙拉。晚餐是在我们家举行的,必须穿过整整两个花园;每个人都穿着戏服,在那些难忘的夜晚里,这种夜行并非最不优美的画面。[52]

维亚尔多和屠格涅夫还创作了其他轻歌剧——《太多女人》(屠格涅夫担任主演)、《食人魔》和《镜子》——都是1868—1869年在屠格涅夫家中花园的蒂尔加滕剧院上演的。但是没有一部比《最后的巫师》更成功,1869年4月8日在魏玛宫廷剧院举行公演之前,该剧已经演出了两季。公演那天是萨克森-魏玛-爱森纳赫大公夫人索菲公主的生日(魏玛有在宫廷剧院举行欢快的歌剧和戏剧表演来为大公夫妇庆生的传统)。[53]欧洲媒体注意到了它的成功。作为蒂尔加滕剧院演出的特邀嘉宾之一,《法国音乐报》(*La France musicale*)的记者塞克斯提乌斯·杜朗(Sextius Durand)告诉读者,这部轻歌剧"比你在巴黎剧院看到的那些值上一百倍"。屠格涅夫很高兴。他的出发点是对雅克·奥芬巴赫的钦佩,他看过很多遍后者的滑稽歌剧,欣赏它们的幽默和讽刺。自从1845年第一次去巴黎后,屠格涅夫就成为林荫大道剧院街区的忠实信徒。他经常出现在游艺场剧院（Variety Theatre）或圣马丁港剧院（Théâtre de la Porte Saint-Martin）。保琳娜和他一样对奥芬巴赫充满热情。从19世纪50年代起，她就开始光顾这位作曲家自己的巴黎滑稽剧院，多次是与屠格涅夫同行。路易没有与他们一起去。他不喜欢滑稽剧。所以这成了屠格涅夫可以接受的一个兴趣，因为他知道这可以让保琳娜和他缔结自己的艺术姻缘。"奥芬巴赫万岁！"他在巴黎游艺场剧院观看完《盖洛尔施泰因的大公夫人》后写信给保琳娜说，"维亚尔多会非常鄙视我，但我必须承认自己被逗乐了……幽默和高涨的情绪令人惊叹。"[54]

奥芬巴赫是巴德埃姆斯和巴登温泉浴场的常客，两地相距仅250公里。他衣着时髦，穿着黄色裤子和马甲，披着浅蓝色天鹅绒外套，戴着灰色的手套和帽子。他的大部分闲暇时间都在赌场度过，但至少来过维亚尔多的别墅两次，一次是去观看他喜欢的《最后的巫师》的表演。[55] 从1858年起，他因为风湿病而开始光顾巴德埃姆斯，但他非常喜欢那里，因为他的妻子和家人不在身边，可以自由地工作、去赌场和找情妇，以至于他在十个乐季中都光顾了那里（他曾经用自己特有的法德混合和奇特表述打趣说，如果不是因为他的三个爱好，即"雪茄，女人，然后再赌上几手"[le cigare, la femme, and dann noch un peu le jeu!]，他会像梅耶贝尔一样富有）。奥芬巴赫的轻歌剧是巴德埃姆斯夏日乐季的文化亮点，许多人完全是因为它们而去那里。1863年是一个收获丰厚的年份，他有十部轻歌剧在巴德埃姆斯上演，其中包括《小丽思和小弗里茨》，这部歌剧凭借其广受欢迎的歌曲《我是阿尔萨斯女人，我是阿尔萨斯男人》取得了商业上的巨大成功，人人都在演唱它。据说奥芬巴赫为了赢得一场赌局而在一周内完成了整部轻歌剧的创作。[56]

温泉小镇的国际化氛围吸引了奥芬巴赫。奥芬巴赫是一名来自

第五章　欧洲在玩乐　　325

图 19　雅克·奥芬巴赫，约 19 世纪 70 年代

科隆的犹太人，出生于 1819 年，也就是 19 世纪德国最后一次对犹太人展开大迫害的那年，后来在法国安家。他的作曲风格兼收并蓄，受到莫扎特和罗西尼、法国喜歌剧、康康和许多民族的舞曲影响。奥芬巴赫的职业生涯一直在试图躲避反犹主义带来的障碍。即使在他成功的时候，他也要面对反犹主义。他在漫画中被描绘成长了一个大鹰钩鼻子，以此来强调他的犹太人身份。许多评论家效仿瓦格纳，将他的"商业"音乐描述为"犹太人的"。[57] 龚古尔兄弟表示，记者欧内斯特·都德（Ernest Daudet）喜欢说奥芬巴赫是"最糟糕的犹太人"，因为他过着锦衣玉食的生活，却让妻子靠"从他口袋里掉下来的零钱"过活。[58]

年轻的雅各布（德国人这样称呼他）之所以被吸引到法国，是因为那里的犹太人享有更大的自由。奥芬巴赫在巴黎音乐学院接受训练，很快就凭借他的轻舞曲和幽默小品在巴黎的沙龙、舞场和轻喜剧院声名鹊起。但他真正想要的是为喜歌剧院写作，奥柏、亚当和多尼采蒂的作品都是在这个舞台上首演的。几年来，他一直在游说导演，但没有收到任何委托，所以他作为作曲家为法国喜歌剧院工作。1854 年，在经济极度拮据的情况下，他考虑过移民去美国。但后来他考虑"自己开办一家音乐剧院"：

> 我对自己说，喜歌剧院不再是喜歌剧的家园，真正快乐、欢快、诙谐的音乐——简而言之，有生命的音乐——的理念正逐渐被遗忘。为喜歌剧院写作的作曲家们写的是一些小型的大歌剧。我确信，年轻的音乐家们可以做些什么，他们和我一样，在抒情剧场的入口处无所事事地等待着。[59]

埃尔维（Hervé，弗洛里蒙·隆热 [Florimond Ronger] 的艺名）已经提供了先例。1854 年，他在圣殿大道开办了自己的剧院，在那里上演他的独幕轻喜歌剧（他统称这些为《协奏的疯狂》）。* 埃尔维委托奥芬巴赫创作了一部荒诞作品：《奥亚耶，岛屿女王》，讲述了一个低音提琴手（埃尔维饰演）因为遭遇海难而来到食人岛，最后以低音提琴为船逃脱食人族的故事。受到这一成功的鼓舞，奥芬巴赫租下了拉卡泽厅（Salle Lacaze），那是香榭丽舍大道上的一座废弃剧院，位于世博会入口处对面。1855 年 7 月 5 日剧院开始营业时，世博会才刚刚开幕。拉卡泽厅虽小，但配有奢华的天鹅绒椅子，在

---

* 严格的法国剧院许可法只允许埃尔维上演独幕剧，角色不得超过两个。他找到了各种巧妙的方法来绕过这些限制。比如在某部作品中，他让一具唱歌的尸体充当了一个角色。

光顾那里的资产阶级公众看来，这让它显得相当高贵。剧院的大部分资金来自《费加罗报》(*Le Figaro*)的主编伊波利特·德·维勒梅桑（Hippolyte de Villemessant），他在1854年接管了《费加罗报》，并于同年成为奥芬巴赫的朋友。他让这份报纸充满了生动的故事、逸事和八卦，吸引到的读者正是奥芬巴赫用他的滑稽歌剧所取悦的那批观众。维勒梅桑投资了剧院，并在《费加罗报》上进行了推广。[60]

在巴黎滑稽歌剧院的开幕演出上，奥芬巴赫指挥了他自己的四部滑稽歌剧，即一种独幕的讽刺闹剧。拉卡泽厅被挤得水泄不通。很大一部分观众是外国游客和世博会的参观者，他们想在晚上寻找消遣。但也有其他许多人来自郊区：他们可以乘坐新的郊区火车在巴黎度过一个晚上，加入林荫大道上的漫步者行列。

奥芬巴赫迎合了林荫大道的颠覆性幽默。他取笑浮夸、虚伪和虚假的圣洁——这些都是法兰西第二帝国经常受到抨击的地方。他不缺乏话题。在一个可以通过股票市场投机快速赚钱和快速亏损的社会里，讽刺的机会很多，奥芬巴赫利用了其中的大部分。他的许多情节都围绕着财富得而复失展开。它们展示了人们肆无忌惮地花钱，迷失在奢华和快乐中。这些人只为今天活着，因为他们知道，自己从投机中获得的东西明天可能就会消失，就像昨天得到它们一样容易。

奥芬巴赫本人在写下他的第一部标准长度的轻歌剧《地狱中的俄耳甫斯》（1858年）时正在躲避债权人的追讨。这部作品是对希腊神话的颠覆性模仿，用俄耳甫斯的故事展示了与人类一样无法摆脱欲望、嫉妒和阴谋的众神的糟糕行为。俄耳甫斯和欧律狄刻不再是不幸的恋人，而是一对唠叨不休的已婚夫妇。朱庇特在嫉妒的妻子面前与女孩们交欢。其他诸神也都效仿，当奥芬巴赫引入的"舆论"这个叙述者人物出场时（代表希腊歌队，符合"道德"的利益），他们都假装做出正确的行为。最后，朱庇特对"舆论"不屑一顾，众神在酒神狂欢中跳着"地狱疾舞"（康康舞）下到地狱。

剧情暗示，奥芬巴赫有意用《地狱中的俄耳甫斯》来讽刺拿破仑三世（朱庇特）和他的亲信（其他所有神明），不过首演当晚没有人注意到这点。虽然评价很好，但早期的门票销售令人失望。奥芬巴赫担心他只演80场就得收工了。但运气化身为评论家的皇帝儒勒·雅南降临，首演六周后，雅南在《辩论报》上对《地狱中的俄耳甫斯》发表了评论。他通常支持奥芬巴赫，但对这部作品略有微词。奥芬巴赫看到了激发争议的机会：他在《费加罗报》发表了一封写给雅南的挑衅性信件，在信中为自己的剧作辩护。雅南上钩了，长篇大论地抨击《地狱中的俄耳甫斯》亵渎了"神圣而辉煌的古代"，谴责它是"亵渎神明"。这正是奥芬巴赫重振他苦苦挣扎的作品所需要的。遭到学究气的雅南的谴责是最好的宣传。上座率立刻上升，巴黎滑稽剧院每晚都人满为患，收入增加到每月6万法郎。《地狱中的俄耳甫斯》没有在80场后收工，而是一直演了228场。从马贝尔花园到郊区的酒馆，甚至是街上的桶形风琴（barrel organ）演奏者，到处都在演奏剧中的舞曲。演出最终结束了，但在1860年4月，它再次在意大利剧院的晚会上演出。具有讽刺意味的是，拿破仑三世同意出席的唯一条件是表演《地狱中的俄耳甫斯》。那场演出让奥芬巴赫赚到了2.2万法郎，获得皇帝赠送的一尊杜伊勒里宫的青铜雕塑，还有一封来自皇帝陛下的感谢信，表示那是一个"难忘的夜晚"。[61]

《地狱中的俄耳甫斯》非常成功，在欧洲各地巡回演出，成为奥芬巴赫随后创作的所有50部轻歌剧的模板。金钱、性和战争一直是他戏仿的主题。在《美女海伦》（1864年）中——仅在巴黎就演出了700场——他在当代背景下重述了特洛伊的海伦与帕里斯私奔的故事。海伦被描绘成一个时髦的上流社会女性，因为百无聊赖

第五章 欧洲在玩乐

而与英俊的帕里斯私奔；她不在乎别人怎么想，也不在乎自己的行为会带来什么后果，只要她玩得开心就行了。当这对恋人在一起时，合唱队唱道：

> 我们要追求欢乐，
> 沉浸于美好时光，
> 我们享受着生命，
> 到三十或六十岁！
> 啦啦啦啦啦啦啦……[62]

在《巴黎的生活》中，他的讽刺对象转移到了现在，在某种意义上也转移到了观众本身，因为他取笑了巴黎的游客。轻歌剧从铁路北站（1864年刚刚完工）开始，讲述了一位瑞典男爵戈德马克和他的妻子的冒险故事，他们和其他来自世界各地的游客一样，来到这里品尝"快乐的巴梨（Paree）"的乐趣。男爵渴望和妓女一起喝香槟，男爵夫人则渴望见到城里的歌剧院和咖啡馆的明星歌手：

> 我希望，我，在首都
> 见到引发狂热的歌姬。
> 见到唱《唐·帕斯夸莱》的帕蒂，
> 以及唱《工兵》的特蕾莎！ *

合唱队一直在唱：

---

* "帕蒂"指的是在这出多尼采蒂创作的歌剧中，扮演女主角诺里娜的女高音阿德利娜·帕蒂（Adelina Patti，1843—1919）；"特蕾莎"指的是演唱歌曲《对工兵来说什么都不神圣》的歌手艾玛·瓦拉东，参见本书页317—318。——编注

> 那让人窒息的快乐,
> 这就是巴黎的生活![63]

到了1867年,当全世界都来到巴黎参加世界博览会时,奥芬巴赫的滑稽歌剧不仅成为巴黎吸引外国游客的主要卖点之一,也是这座城市对欧洲和其他地区最大的出口品之一。伦敦、布鲁塞尔、法兰克福、维也纳和布达佩斯——它们都被奥芬巴赫热所席卷。这位作曲家一直在到处巡演,交付曲谱,收取版税,帮助排演他的作品。1867年,《美女海伦》在从君士坦丁堡到圣彼得堡的整个欧洲大陆演出,还在美国、日本、印度支那和澳大利亚首演。全球娱乐的时代已经开始。

四

> 巴黎,拜伦酒店,
> 1867年6月15日星期六上午8时
> 亲爱的维亚尔多夫人,我们在5点准时到站;6点我被安排在一个几乎迈不开脚的房间里;7点钟我洗了个澡……因为必须承认,只有巴黎才能给你提供这样的舒适。[64]

屠格涅夫来巴黎是为了参加战神广场的国际博览会。他洗完澡后就动身前往那里。巨大的展厅是一个椭圆形的建筑群,由六个同心圆展厅组成,最外面的那个长约两公里,里面堆满了各种类型和大小的机器,噪声淹没了人群的喧嚣,发动机冒出的蒸汽翻腾着升上玻璃天花板。在展厅里走了几个小时后,屠格涅夫筋疲力尽了。"我的脚再也走不动了,"他对保琳娜说,"这些乱七八糟的东西把我弄得晕头转向:机器、家具、钻石、甜瓜大小的翡翠、各种颜色的窗帘、水晶、武器、宫殿、亭子、陶器、瓷器、马、狗、画、雕像、中国男人和女人、招牌、水柜（我进去了四次）等等。"[65]

屠格涅夫只对绘画真正感兴趣，第二天他又回到展馆看画。他对梅索尼耶的 14 幅画赞不绝口（"当然是目前世界上最好的画家"），现在我们可能会嘲笑这种想法（梅索尼耶已经过时了至少一百年），但蜂拥在这些画作面前的人群也都是那样想的。他还感到失望的是，他没有钱购买巴伐利亚画家卡尔·冯·皮洛蒂（Karl von Piloty）——另一位今天被认为糟糕透了的艺术家——的一幅"可爱的风景画"。[66] 他甚至没有参观爱德华·马奈的个展。马奈的 50 多幅画被陈列于其在阿尔马大道上建造的一个展馆里，位于国际博览会的一个入口的对面，就像库尔贝在 1855 年所做的那样。尽管屠格涅夫是年轻的埃米尔·左拉的朋友和文学盟友，而后者是马奈艺术的拥护者，但屠格涅夫对绘画的品味更为保守。

对拿破仑三世来说，世博会让他有机会向世界展示新翻修的首都的辉煌面貌。奥斯曼男爵获得了额外的资金，以确保他的主要建筑项目——由宏伟的林荫大道、火车站、整齐划一的公寓楼街区、广场、公园和花园、下水道系统和地下煤气灯管道组成的网络——为 4 月 1 日世博会的开幕做好准备。街道狭窄的旧巴黎大部分被拆除了；新的房地产开发用房价将劳动阶层赶出了原先生活的市中心。离开仅仅几年的人在返回后几乎认不出这座城市了。屠格涅夫是他们中的一员，他认为巴黎已经变得更大、更宏伟了，所以即使有数百万人参观国际博览会，巴黎也"感觉并不［比他记忆中的］更加拥挤"。[67]

19 世纪 60 年代，奥斯曼的巴黎成为其他首都翻修工程的典范：维也纳的环城大道、霍布雷希特（Hobrecht）的柏林重建计划、塞尔达（Cerdà）的巴塞罗那计划、林德哈根（Lindhagen）在斯德哥尔摩的计划、布达佩斯的"放射状道路"和林荫大道、布鲁塞尔的重新设计、伊斯梅尔帕夏（Ismail Pasha）主持下建造的开罗大道和公园——所有这些都或多或少地受到了法国首都的启发。[68]奥斯曼的巴黎向他们提供了一个城市应该是什么样子的概念。

奥斯曼经常强调，他正在建设的这座城市并不只属于巴黎人：它将是一个国际首都，平等地属于法兰西帝国的人民和外国游客，他们可以从欧洲大陆的每个角落乘火车到达它。奥斯曼在一场金融家宴会上说："巴黎是一个消费之都，一座巨大的工场，一个野心的竞技场，一个娱乐的聚集地。"[69]

巴黎作为娱乐市场的想法长期以来一直是其身份的一部分。但从19世纪60年代开始，它成了这座城市形象的中心，奥斯曼的工程在林荫大道上创造了专供享受的新的商业空间——餐厅、咖啡馆、商店和画廊、轻喜剧场和剧院。将巴黎作为娱乐之都来崇拜是其旅游业的宝贵宣传手段，受到巴黎人的推崇和推动。有书籍引导游客光顾这座城市的大酒店、百货商店和购物廊、剧院、赛马场，甚至夜总会和妓院；它们都向读者保证，这是世界上最令人愉悦的城市。正如阿尔弗雷·德尔沃（Alfred Delvau）在他的旅游指南《巴黎的快乐》中所写的那样，这本书恰好在1867年国际博览会之前出版：

> 人们可以对巴黎做出任何评价，但不能说它是一座乏味的城市。恰恰相反，它是一个快乐之都，比其他任何一个城市都要快乐；没有任何其他地方的人能以如此多样的方式享受自己，找不到娱乐的人，都是不知道如何寻找的人。

这是"游手好闲者"（flâneur）的巴黎——拥挤的林荫大道上游手好闲的闲逛者和无名的旁观者，用波德莱尔的话说，对他们来说,"在人群的中心,在短暂而无限的……运动的潮起潮落中安家是一种巨大的快乐"。[70] 坐在咖啡馆里看着过路人本身就是一种乐趣。

巴黎到处是为参加世博会开幕式的世界各国政要举行的晚会、舞会和招待会。旅馆人满为患,许多人像屠格涅夫一样,只能住在很小的房间。咖啡馆、餐馆、夜总会、妓院昼夜不停地营业,剧院也加倍提供演出,让游客乐在其中:轻喜剧场重新上演了新近最受欢迎的剧目《茶花女》;巴黎歌剧院首演了威尔第的《唐卡洛》;抒情剧院上演了古诺的《罗密欧与朱丽叶》。与此同时,奥芬巴赫的《盖洛尔施泰因的大公夫人》于4月12日在游艺场剧院举行了首演,由奥尔唐斯·施耐德(Hortense Schneider)担任主演。

在巴黎的第一个晚上,屠格涅夫和几个朋友一起观看了这部轻歌剧。他喜欢作品的活力和对战争的幽默讽刺。《盖洛尔施泰因的大公夫人》是世博会期间最吸引人的剧作,每晚门票收入超过5000法郎(截至11月30日首轮演出结束时,共计演出200场,赚得87万法郎)。[71] 作为对小心眼的王室的戏仿,这部轻歌剧在法国审查员那里遇到了麻烦,他们在歌词中看到了对俾斯麦、罗曼诺夫家族、西班牙王后伊莎贝拉的影射,尤其是还有对拿破仑三世和他的宫廷的讽刺描绘;但只要把剧情转移到相对遥远的18世纪,它就可以自由地演下去。参观巴黎世博会的所有王室元首都去看了这部滑稽歌剧。法国皇帝在4月24日观看了该剧,人们看到他"时而大笑,时而微笑,还把胡须末梢卷起来——这一直是他感到困惑时的标志"。沙皇亚历山大二世得知盖洛尔施泰因的宫廷是对叶卡捷琳娜大帝的戏仿,于是提前从德国发电报给在巴黎的大使,要求为他预留了一个座位,好让他亲自确证。不久之后,俾斯麦观看了这部轻歌剧,把它理解为对小心眼的德意志国王们的恶搞,觉得很有趣。"这就对了!完全就是这样的,"据说他这样表示,"我们正在摆脱盖洛尔施泰因们，很快就会一个都不剩了。我要感谢你们巴黎的艺术家向世界展示了他们是多么可笑。"[72]

奥芬巴赫的讽刺把最尖锐的锋芒指向军事将领们将国王推向不必要战争的愚蠢行为。这个讯息来得正是时候。法国和普鲁士之间的紧张局势正在不断升级。根据法国人的说法，1866年普鲁士对奥地利的军事胜利破坏了欧洲势力平衡的稳定，他们担心在普鲁士领导下的统一德国的崛起。1867年4月，22个曾经独立的邦国通过了北德意志邦联宪法，其中一些邦国在普鲁士战胜奥地利后被其吞并。普鲁士首相俾斯麦成为北德意志邦联首相。普鲁士国王来到巴黎（"没带军队"，正如梅里美在写给屠格涅夫的一封信中讽刺地指出的）表明战争的威胁暂时已经消退。但威胁并没有消失。4月，去圣彼得堡做了一次短途旅行的屠格涅夫致信保琳娜表示："如果战争爆发，那将是可怕的——没有人知道它将在哪里和如何结束。让我们希望我们不会在巴登听到炮声。"[73]

除了《盖洛尔施泰因的大公夫人》，巴黎世博会上最重大的文化事件还有施特劳斯的《蓝色多瑙河》（这首圆舞曲的德语名字意指"在美丽的蓝色多瑙河边"）的一炮走红。2月，这首华尔兹在维也纳狄安娜浴场厅（Dianabadsaal）首演时遭遇失败，只有一次返场。问题出在合唱队，施特劳斯在原始版本中加入了这个部分：歌中唱到多瑙河将保护奥地利人，这在他们被普鲁士人打败后过于刺耳了。但作品的旋律很好，施特劳斯被说服为巴黎的演出而把它改写成纯粹的管弦乐版本，弗朗茨·约瑟夫皇帝将在奥地利大使馆举办一场舞会。奥地利人感兴趣的是与法国人建立更密切的关系，以确保他们在德国南部各邦的影响力，阻止他们共同的敌人普鲁士的进逼。他们还很想在这场耀眼的国际舞会上通过宣传施特劳斯来恢复自己的民族自豪感。大使馆的舞厅和毗邻的花园里装饰着白色和金色的缎子；烛台上插满了红色、白色和蓝色的鲜花；在宏伟的接待厅里，一个巨大的瀑布从玫瑰花上倾泻而下。《蓝色多瑙河》引起了轰动。

参加了那场舞会的维勒梅桑认识到，通过促进法国和奥地利之间达成更紧密的关系，他有机会提高自己的政治影响力。在接下来的几周里，他在《费加罗报》上刊登了大量赞美施特劳斯的文章。他在编辑室为其举行了晚宴，屠格涅夫和福楼拜都被邀请参加，参加宴会的还有小仲马、戈蒂埃和画家雅姆·蒂索（James Tissot），后者在《费加罗报》上称赞施特劳斯的音乐是"一件精致的刺绣，充满了奕奕神采，释放出被压抑的笑声，不时地穿插着小咏叹调，单足旋转……施特劳斯！这个名字多么神奇！"维勒梅桑的宣传帮助将《蓝色多瑙河》变成了各家咖啡馆和舞场所演奏的热门曲调。施特劳斯的出版商收到了如此多的钢琴改编曲订单，以至于他的铜版很快就磨损了——它们每次只能印刷1万份。他制作了100块新的铜版，印刷了100万份——这是到那时为止印制量最大的钢琴乐谱——在世界各地销售。[74]

五

1867年10月3日，克拉拉·舒曼写信给勃拉姆斯说：

我有一个音乐小八卦要告诉你。

维亚尔多夫人创作了一些小轻歌剧，其中有两部她曾让自己的孩子和学生表演。每部我都听了三遍，总是感到同样的喜悦。多么有技巧，多么精致，多么优雅，多么幽默！它们太棒了。[75]

保琳娜去世时已经创作了数百号作品。它们从未进入音乐正典，但在她生前得到了高度评价。[76] 1850 年，她的朋友亨利·乔利回顾了她的《十首歌》，认为它们"比许多被当成好音乐的东西要好得多：它们在风格上是个人的——不一定是意大利的——不在严格意义上是德国的——也不完全是法国的。与其说它们的原创性在于它们的'旋律'，不如说在于它们的总体结构"。[77] 肖邦称赞了她的西班牙歌曲。像乔治·桑一样，他也对民间音乐很感兴趣，很喜欢保琳娜将它们改编成艺术歌曲的方式。李斯特认为她是第一位"天才女作曲家"。1859 年，他在《新音乐杂志》上写道：

> 她的作品蕴含着如此柔和细腻的情感，如此巧妙的和声技巧（这会令许多著名作曲家都羡慕），我们必须为维亚尔多夫人没有在她的作曲家的才华上投入更多的努力而感到遗憾，我们希望这些与肖邦的灵感如此接近的天才火花能够化为火焰。[78]

屠格涅夫鼓励保琳娜作曲。为了帮助她克服信心不足，他对她的音乐赞不绝口，并尽其所能加以推广。他还担任翻译，帮助保琳娜根据普希金、费特和屠格涅夫本人的俄语诗歌创作了一部 12 首歌曲的专辑，于 1864 年由奥古斯特·约翰森（August Johansen）在圣彼得堡出版。在接下来的几年里，约翰森又出版了五部保琳娜的俄语歌曲专辑，这些专辑都是在屠格涅夫的密切参与下出版的，屠格涅夫安排了有利的宣传，为后来将要出版的专辑支付费用，甚至让他的朋友们买下了未售出的存货，保琳娜从未发现这些。[79]

1865 年，保琳娜的老朋友尤里乌斯·里茨与她和路易一起住在巴登。在他们家，他听到保琳娜在唱俄语歌。回到德累斯顿后，里茨写信给保琳娜，建议她写一首钢琴奏鸣曲，并敦促她创作更大规模的作品，比如尝试写一首交响乐，他很乐意在德累斯顿的一场音乐会上来指挥它，他是那里的乐队主管。屠格涅夫对里茨的来信很

第五章 欧洲在玩乐

感高兴。正在斯帕斯科耶的庄园短途旅行的他写信给保琳娜，鼓励她说：

> 那应该会给你插上翅膀——它比我们这些外行人能对你说的重要得多——如果你没有完成你的奏鸣曲，如果我回来发现连一段可爱的慢板都没有完成——那么就有必要责备你了。我想，如果一种音乐构思的形式没有事先被确定，那么它就更容易获得广泛的发展……所以，去工作吧！作为一个最近几乎没有写过任何东西的人，我鼓励你。不！我向你保证，如果你开始写奏鸣曲，我将重新开始我的文学工作［他自从《父与子》以来就没有写过任何重要的东西］……一部奏鸣曲换一部小说。你觉得那合适吗？[80]

保琳娜果真写了一部奏鸣曲——共计三首的组曲——由小提琴和钢琴演奏，都留存了下来。不过，她从未写过交响乐或协奏曲。她也没有尝试过更大规模的歌剧形式，尽管多次有人向她提出这种可能性。《最后的巫师》在魏玛宫廷剧院获得成功后，魏玛大公邀请保琳娜写一部大歌剧，但一直没有完成。此外，她还有过根据乔治·桑的小说《魔沼》写一部标准长度的歌剧的计划。1859年，保琳娜从桑那里拿到了剧本。到1862年，她已经完成了计划的三幕中的两幕。但是后来工作停止了。最后，在一封日期为1869年6月7日的长信中，是路易而不是保琳娜向他们的朋友做了解释：

> 保琳娜从来不认为自己是一名作曲家，她写了相当数量的小曲子，总是根据她所面对的场景而创作……比如在她的轻歌剧中，人们会看到精灵戏弄巫师的合唱，一首雨之歌，一首让食人魔沉睡的催眠曲；保琳娜很容易找到符合这些人物特点的

音乐。但她算不上一个作曲家，她很大程度上无法从自己的内心和在没有特定场景的帮助下找到在各类主题上取得成功所必需的音乐构思。无论喜剧《魔沼》可能多么迷人，它只提供了两个这样的场景……其他场景属于作曲家必须从他［原文如此］自己内心汲取旋律构思与和声素材的范畴。保琳娜曾在不同的场合与时间尝试过这样做；她从来不满意自己所做的，撕毁了这些徒劳的努力。

路易建议把剧本交给"更专业的作曲家，比如比才"。[81]

无论这封信反映了保琳娜对自己音乐的判断，还是路易的个人观点，它都点出了许多让女性无法像男性那样创作大型作品和进入正典的障碍。

保琳娜没有在音乐学院接受过正式训练。她的母亲在她十几岁的时候曾把她送到安东·雷哈那里学习作曲，但她还没有学对位和配器就结束了课程，这些是创作更大规模音乐作品的基本技能。在大多数音乐学院，女性被排除在作曲课之外。即使她们被音乐学院录取，女性也是与男性分开上课的，大部分时间都是作为歌手或钢琴家接受训练，为她们成为表演者或教师的职业生涯做好准备。即便她们学了和声，水准也不如男性。比如在巴黎音乐学院，从1859年开始女性被允许参加为表演者而设的实用键盘与和声课程，但又过了20年，她们才开始接受作曲和声方面的指导。在此之前，全欧洲只有布鲁塞尔和莱比锡两所音乐学院为女性开设作曲课。[82]

愿意提供支持的家庭可以安排私人作曲课程，但这样的家庭非常罕见。有音乐天赋的女儿很可能会被鼓励弹钢琴或唱歌，以此作为一种成就，但很少有人得到作曲方面的支持，因为那被视为男性专属的职业。

年轻的范妮·门德尔松（Fanny Mendelssohn，1805—1847）

第五章　欧洲在玩乐

可能没有她的弟弟费利克斯（Felix）十几岁时那么有天赋，当时后者已经创作了其早期的杰作——《弦乐八重奏》和《仲夏夜之梦》序曲，但她也有早熟的才华，不过得到的鼓励不如弟弟那么多。他们的父亲亚伯拉罕只支付费利克斯接受音乐教育的费用。"音乐也许会成为他的职业，"他在范妮15岁时写信给她说，"而对你来说，音乐可以是也必须只是一种装饰品。"她嫁给了画家威廉·亨塞尔（Wilhelm Hensel），后者鼓励她作曲，还为她找来文本，让她谱成歌曲。费利克斯也表示支持。但他觉得女性首先应该是妻子和母亲，不认为她足够认真，足以踏入音乐出版这一需要全职工作的职业。正如他在1837年写给母亲的一封信中所说的那样：

> 从我对范妮的了解来看，我觉得她没有作曲的意愿和使命。作为一个女人，这对她的要求太高了。她要管理自己的家庭，在完成她的首要职责之前，她不应考虑公众和音乐界，甚至根本不应考虑音乐。出版只会干扰她的这些职责，我不能说我赞成这样做。[83]

面对上述障碍，范妮在出版她的第一部作品时觉得有必要隐瞒自己的身份*——她以费利克斯·门德尔松的名义出版了三首艺术歌曲（作品第8号）。† 也许，正如保琳娜所想的那样，她只是缺乏作为作曲家与弟弟竞争的自信。[84]

克拉拉·舒曼与丈夫罗伯特联合出版了她的第一本艺术歌曲作

---

* 直到1842年，她的作者身份才被透露，当时维多利亚女王在白金汉宫接见了费利克斯·门德尔松，表达了想要为他歌唱她最喜欢的门德尔松歌曲《意大利人》时，他承认那是范妮的作品。

† 1826—1827年，费利克斯与范妮安排将范妮的三首艺术歌曲以费利克斯的名义出版，收于费利克斯的作品第8号。1930年范妮的另外三首艺术歌曲又以费利克斯的名义出版，收于他的作品第9号。——编注

品集。作品集的编排方式使得评论家们无法分辨哪些歌曲是她的，哪些是她丈夫的。生活在天才丈夫的阴影下，克拉拉对自己的作曲能力没有多少信心。1839 年，也就是与罗伯特订婚两年后，她在日记中写道，她应该放弃对自己有作曲天赋的信念，尽管父亲曾鼓励过她（"女人一定不要想作曲——从来没有人能做得到"）。当时，她已经写了几首钢琴曲和一首钢琴协奏曲。对她以自己名字发表的作品的评价是礼貌但颐指气使的。他们总是指出她作为"女作曲家"的身份，通常会建议她专注于规模较小的音乐形式（钢琴和室内乐），因为女性没有能力创作大规模作品（交响乐和协奏曲）。就连罗伯特也同意这一观点。谈到她在 1846 年创作的《G 小调钢琴三重奏》（作品第 17 号），舒曼称赞了其中的一些段落，但补充说："当然，这仍然是女性的作品，总是缺乏力度，有时欠缺新意。"自己丈夫言不由衷的赞美让克拉拉深受打击，使她失去了全部信心。一年后，当罗伯特出版了他的第一部钢琴三重奏（作品第 63 号）时，她将自己的钢琴三重奏与他的进行了比较，认定自己相形见绌，觉得她的作品"听起来相当娘娘腔和多愁善感"（女性低人一等的地方）。从那时起，她在谈到自己的音乐时仿佛会为此感到羞愧；她几乎再也没写过什么。1856 年罗伯特去世，留下她照顾七个孩子，当时她忙于表演，甚至没有时间考虑作曲。保琳娜无疑也不鼓励她这么做，她警告克拉拉说，音乐创作赚不到多少钱，而且"如果只靠作曲的微薄收入，即使是最有才华的人也会饿死"。[85]

缺乏信心也阻碍了保琳娜的发展。据曾在巴登跟随保琳娜学习的歌手安娜·欧根妮·舍恩—勒内（Anna Eugenie Schoen-René）说，保琳娜"像犯了错一样"隐藏自己的作品。[86]她会唱一首自己创作的咏叹调，并让她的客人们以为那是一首新发现的莫扎特作品（她这样告诉他们）。直到 19 世纪 80 年代，她才想过要执行自己的版权，从她出版的作品中收取版税。[87]她的不安全感无疑解释了屠格涅夫为什么不遗余力地鼓励她。这还解释了她在试图创作一部标准规模的歌剧时遇到的问题，以及为什么她让路易来宣布她的"失败"。路易向他心中属意的剧作家乔治·桑解释说，保琳娜"有必要达到或接近达到她的杰出合作者的创意水平"，这让她"害怕和手足无措"。保琳娜觉得自己已经黔驴技穷。[88] 她更喜欢创作小规模的作品：歌曲和钢琴作品，小提琴奏鸣曲，以及她在巴登与屠格涅夫一起创作的沙龙轻歌剧。

沙龙音乐无疑是19世纪女性创作最多的音乐。这是一个"业余者"可以企及的创造性领域，不必接受创作大型作品所需的作曲技能的正式培训（就像女性艺术家被排除在男性接受人体和历史绘画指导的艺术学院之外，而是主要活跃在风景画和肖像画等"较低级"的绘画类型中一样）。在严肃的音乐评论家看来，"沙龙音乐"一词实际上等同于"女性音乐"——家庭音乐的一种"低级形式"。大多数由女性创作的沙龙音乐一直没有出版，它们的作者的名字早已被遗忘。19世纪40年代，洛伊萨·普热（Loïsa Puget）写了数百首浪漫曲，她在巴黎沙龙里演唱它们，赢得了巨大的好评。约瑟芬·马丁（Josephine Martin）把自己的许多钢琴作品与李斯特和塔尔贝格等人的一起演奏。但这些作品中只有一小部分发表了。

家庭音乐是一个很大的市场，一些女性设法打入了那里。夏洛特·巴纳德（Charlotte Barnard，化名为"克拉里贝尔"[Claribel]，1830—1869）是一位多产的赞美诗和歌谣作家，其作品非常受欢迎，占据了轻歌剧和音乐厅之间的商业空间。她最著名的歌曲《回到艾琳身边》变得如此出名，以至于在纽约的轻喜剧场中获得了爱尔兰民歌的地位，多愁善感的爱尔兰歌曲在那里很受欢迎。波兰钢琴家和作曲家特克拉·巴达捷夫斯卡-巴拉诺夫斯卡（1834—1861）也凭借《少女的祈祷》发了财，这首作品最初在华沙出版，后来作为施莱辛格的《巴黎音乐评论与新闻报》增刊重新发行。这首在内容上陈腐的钢琴曲拥有不难演奏的精彩效果，直到20世纪初仍然是畅销之作，后来成了鄙俗平庸的象征（"明天早上我就不必再听《少女的祈祷》了"，这是在安东·契诃夫的《三姐妹》最后一幕中，当它甜腻的旋律从客厅飘到花园里时，即将前往莫斯科的伊琳娜说的）。[89]

路易丝·法仑克（Louise Farrenc，1804—1875）和路易丝·贝尔坦（Louise Bertin，1805—1877）在克服阻碍女性创作更大规模的音乐方面贡献卓越——法仑克的管弦乐作品和贝尔坦的歌剧——但她们拥有很大的有利条件。两人都受到了家庭的鼓励：法仑克出生在一个著名艺术家的世家——杜蒙家族，她嫁给了一位由业余作曲家改行的音乐出版商，后者支持她的工作；而贝尔坦的父亲是有影响力的《辩论报》的编辑。法仑克和贝尔坦从小就接受作曲训练（法仑克师从雷哈，也就是保琳娜的老师；贝尔坦则跟随比利时评论家和作曲家弗朗索瓦-约瑟夫·费蒂斯［François-Joseph Fétis］学习）。法仑克的早期作品受到了舒曼这样的评论家的好评；她的第一首序曲得到了柏辽兹的赞扬。1842年，她在巴黎音乐学院被任命为全职钢琴教授，甚至赢得了与她的同事亨利·赫兹享有同等报酬的战斗。但她的管弦乐作品很少被演奏——法仑克去世三年后，费蒂斯对此解释说，女性在获得音乐会经理所需的认可，以证明音乐会的支出是合理的过程中面临着问题。如果没有经常性的演出，几乎不可能出版大型作品：

> 遗憾的是，法仑克夫人因为自己的天资和训练而自认为有责任创作的大型器乐作品需要这位作曲家付出巨大努力才能为自己赢得演奏的资源。另一个因素是观众，他们通常不是很有知识，衡量作品质量的唯一标准是作者的名字。如果作曲家不

为人所知,观众就会冷淡,而当有人向出版商(特别是法国的)提供差强人意的作品时,他们会捂上耳朵。[90]

六

从1863年开始,屠格涅夫不时短暂地从巴登造访巴黎,在那里保留了里沃利街的公寓。他会去看望女儿,购买和观看艺术品,并会见他在文学圈子里的朋友梅里美、福楼拜、圣伯夫和龚古尔兄弟,他们经常在塞纳河左岸的马尼餐厅(Magny's)共进晚餐和长谈。1863年2月28日,法国贵族院的波兰流亡作家、翻译家和图书馆馆长夏尔—埃德蒙·乔耶斯基将屠格涅夫介绍给了马尼的文学圈子。这位俄国作家是个才华横溢的健谈者,给龚古尔兄弟留下了深刻的印象,他们在日记中写道:

> 他是一个讨人喜欢的大个子,一个温和的白发巨人;他有着温和的林中或山间老巫师的外表;看起来就像德鲁伊祭司或《罗密欧与朱丽叶》中善良的老修士。他很英俊,但那是以一种奇怪的、可敬的方式表现出的威严的英俊,就像尼乌维尔克一样。不过,尼乌维尔克的眼睛是丝绸般的蓝色,而屠格涅夫的眼睛是天空般的蓝色。他和蔼的眼神与他浅吟低唱般的俄国口音(有点像孩子的哼哼)相得益彰。[91]

屠格涅夫就是在那次晚宴上第一次见到福楼拜的,两人后来成了长久的亲密朋友。屠格涅夫一下子就喜欢上了这位法国小说家,他读过福楼拜的作品,对它们的钦佩也许超过了当时任何其他作家。第二天,他寄来自己的两本书的译本,分别是《猎人笔记》和《罗亭》,并承诺会再寄来梅里美翻译的《父与子》和《初恋》,两者的法译

图20 居斯塔夫·福楼拜，1870年左右

本都于1863年问世。他还邀请福楼拜在里沃利街他的公寓里和保琳娜共进晚餐，保琳娜也很想见到他。福楼拜来不了，但写了一封热情的回信，对屠格涅夫的作品赞不绝口，表示它们让自己"很高兴"："我们在很久以前就认为你是大师。但我越是研究你，你的技艺就越让我吃惊。我钦佩你的作品有力而克制的特质，你的同情心延伸到最卑微的人类，并让风景栩栩如生。人们会看见，会梦想。"[92]不久之后，屠格涅夫启程前往巴登。他邀请福楼拜来做客，但这位法国人以避世著称，很少涉足鲁昂或巴黎以外的地方，所以没有接

第五章　欧洲在玩乐　　　　　　　　　　　　　　　　　　　　　　　　　　345

受邀请。但如果到巴黎的话，屠格涅夫会特意去看他。

　　屠格涅夫和福楼拜因为强烈的相互亲和力被吸引到一起。他们有着相似的艺术观，欣赏同样的作家，以相似的方式发挥自己的文学技能，致力于展示现实，而不是对其进行阐述。1863年3月，福楼拜写信给屠格涅夫说："我在你的作品中发现了多少我自己感受和体验过的东西啊！"两人的观点都很悲观：他们已经不再指望通过政治来为世上的问题找到理性的解决方案（这是两人从1848年的失败中吸取的教训），或者通过婚姻爱情找到幸福（这是贯穿两人作品的主题）。*他们都在工作中找到了慰藉，这是让他们走到一起的主要原因。两人的通信包含的不仅仅是相互的奉承。他们作为作家互相帮助。福楼拜特别要感谢屠格涅夫，因为屠格涅夫能用法语阅读他的作品（福楼拜不懂俄语）。1868年至1870年间，屠格涅夫多次前往克鲁瓦塞（Croisset）的福楼拜家中，帮助他解决小说《圣安东尼的诱惑》的问题。"多好的听众，多好的批评者！"福楼拜告诉乔治·桑：

> 他的评价既深刻又干脆，真令我吃惊。如果所有鼓捣书的人都能听到他的话，那该多棒啊！他什么都没放过。在一段100行文字的小节末尾，他能记住一个弱形容词；†他对《圣安东尼》的细节提出了两三个精妙的建议。[93]

　　在思想上被孤立的福楼拜越来越依赖屠格涅夫的友谊。"我想，你是我唯一可以交谈的人，"他写信给屠格涅夫说，"我再也看不到

---

* 福楼拜曾在写给一位朋友的信中说："你觉得，如果幸福的观念不存在，生活会变得更容易忍受吗？我们期待的是生活无法给予的东西。"（Flaubert, *Correspondance*, vol. 5, p. 419）。
† 指需要与指示代词一起使用的形容词。

任何对艺术或诗歌感兴趣的人了。"两人之间的联系感是相互的。屠格涅夫在1868年写信给福楼拜说：

> 从我第一次见到你（你知道，是在塞纳河对岸的一家客栈里），我就对你有了很大的好感——很少有人，尤其是法国人，能让我感到如此轻松自在，同时又如此兴奋。我觉得可以和你连续谈上几个星期，那样的话，我们就成了一对往同一方向挖洞的鼹鼠。[94]

屠格涅夫是为数不多的理解福楼拜后期作品价值的文学家之一。1869年，《情感教育》出版后在法国得到的评价不佳，为了给朋友打气，屠格涅夫寄来了德国报刊上更加正面的评价，其中大部分都是他自己安排的。"是的，人们确实曾经对你不公，但现在是时候振作起来，把一部杰作扔给你的读者"，他给福楼拜写了一封充满鼓励的信，提醒他不要忘记早先的《包法利夫人》和《萨朗波》所取得的成功。"别忘了，人们是根据你自己设定的标准来评判你的，你承载着你过去的重负。"[95]

屠格涅夫为争取让福楼拜的小说在俄国出版而奔走。他实际上充当了后者的文学代理人、宣传者和译者。19世纪60年代，俄国自由的改革氛围鼓励出版商翻译西欧的书籍。在尼古拉一世的高压统治期间，俄国读者对它们已经如饥似渴。1866年，自由派历史学教授米哈伊尔·斯塔西乌列维奇（Mikhail Stasiulevich）创办了《欧罗巴导报》(Vestnik Evropy)，以纪念俄国作家和历史学家尼古拉·卡拉姆津（Nikolai Karamzin）在1802年创办的同名文学期刊，该期刊曾经将最新的欧洲思想带给了俄国人。斯塔西乌列维奇的目标是在推出新的俄语作品的同时，也出版欧洲作品的俄语译本。他还发表了德国、法国、意大利和瑞士记者的政论和文论。由于来自国外的报道不受沙皇审查，这些文章成了在俄国宣传欧洲进步理念的有效渠道，杂志在俄国每月售出8000份，尽管考虑到传阅的情况，真实的读者人数可能要多上三到四倍。斯塔西乌列维奇坚持为翻译权付费，尽管他没有法律义务这样做，因为外国作品的版权在俄国不受保护，而且其他出版商经常出版盗版翻译。但他只为校样付钱，坚持要求首先在俄国出版，因为一旦一本书付梓，就没有什么可以保护他的投资。他向德国作家贝尔托德·奥尔巴赫解释说："你可以对每一页主张自己的权利，但这不会阻止俄国的任何人出版自己的译本，只要你的原作在书店出售。"1868年至1870年期间，奥尔巴赫的《莱茵河边的房子》（1869年在德国出版）在《欧罗巴导报》上连载。[96]

屠格涅夫很快成为这家圣彼得堡刊物和欧洲文坛之间的重要中间人。他积极参与了选择要翻译的作品（有时是基于它们对俄国社会态度的可能影响，而不是它们的文学价值）。是屠格涅夫组织翻译了《莱茵河边的房子》，并为其撰写序言，这部小说虽然相当枯燥，但俄国读者对它有道德上的兴趣，因为它是对奴隶制遗产所做的探索（小说的主人公索南坎普，本名叫班菲尔德，是一个来自路易斯安那州的退休奴隶主，有黑暗的过去）。作为斯塔西乌列维奇的代理人，屠格涅夫向俄国读者介绍了一些最重要的欧洲作家。福楼拜是其中最早的作家之一。通过屠格涅夫的努力，1870年1月的《欧罗巴导报》上发表了一篇关于《情感教育》的长篇文章，2月又对福楼拜的所有作品作了长篇评论。与此同时，屠格涅夫还着手翻译斯塔西乌列维奇出版的《圣安东尼的诱惑》。

除了将欧洲作家引入俄国，屠格涅夫还担任着俄国文学在欧洲的大使。他与译者合作，建议他的外国出版商翻译哪些书，并在法国和德国的期刊上撰文介绍俄国的最新作品（1868年，他宣布有一部名为《战争与和平》的杰作问世）。作为19世纪第一位在其他语言中获得大众吸引力的伟大俄国作家，屠格涅夫对欧洲的俄语作品翻译产生了重大影响——无论是在译者用来传达"俄国风情"的语言方面，还是在被认为适合西方读者的书籍类型方面。屠格涅夫的观点受到欧洲出版商的重视，他们急于开发这一新的文学人才库。他的法国出版商皮埃尔–儒勒·埃策尔尤其热衷于此，出版了托尔斯泰的《哥萨克人》(1863年)，阿列克谢·托尔斯泰（Aleksei Tolstoy）的《谢列勃朗内公爵》(1862年)，以及1859年屠格涅夫从乌克兰语翻译成俄语的玛丽亚·马尔科维奇的《民间故事》。这些译本大多出自梅里美之手，他和屠格涅夫一样致力于在法国推广俄国文学。两人都认为这既是克里米亚战争后弥合两国裂痕的一种方式，也是推动他们的世界主义理想，对抗欧洲民族主义抬头的一种手段。[97]

屠格涅夫在德国被认为是一位重要的作家，在某种程度上是因为他在19世纪60年代生活在那里（他甚至开始认为自己是德国人）。通过他的翻译作品和报纸上关于他的文章，他变得广为人知和大受欢迎——相比许多最著名的德国小说家，如拉布和凯勒，他也许更加出名。甚至连推崇屠格涅夫的特奥多尔·施托姆也发现自己处在他的阴影之下。[98] 评论家维克多·黑恩（Viktor Hehn）愤愤地谈到了德国的"屠格涅夫崇拜"。屠格涅夫利用自己的影响力让其他俄国作家的德译本得以出版，如果戈理、陀思妥耶夫斯基和托尔斯泰。他与德国出版商和翻译家关系良好，包括著名的抒情诗人兼旅行作家弗雷德里希·博登施泰特（Freidrich Bodenstedt），后者也是慕尼黑大学的斯拉夫语教授。屠格涅夫很高兴博登施泰特翻译了他的短篇小说《浮士德》（于1862年翻译），认为那是一个"文体大师"，并提出付钱让其翻译自己的其他作品，好让它们吸引出版商，在德国变得更知名。19世纪60年代，博登施泰特翻译的两大卷屠格涅夫作品集出版。《父与子》的德文译本分别于1865年和1868

1. 阿里·舍费尔绘制的《保琳娜·加西亚像》(布面油画,1840 年)。舍费尔认为她"丑得可怕,但如果我再见到她,我会疯狂地爱上她"

2. 脾气火爆的曼纽埃尔·加西亚饰演,版画(约 1821 年)

3. 担任意大利剧院主管期间的路易·维亚尔多(约 1839 年)

4. 玛丽亚·马里布兰在罗西尼的《奥赛罗》中饰演苔丝狄蒙娜(布面油画,1830 年)

5. 已知最早的伊凡·屠格涅夫的照片,拍摄于他与保琳娜·维亚尔多刚刚相识时。约瑟夫·魏宁格拍摄的达盖尔相片(圣彼得堡,1844 年)

6. 整个19世纪都没有上演过完整的亨德尔歌剧,但通过在独唱会上演唱其中的咏叹调,保琳娜让人们保持了对他的歌剧的兴趣。她的版本的《里纳尔多》中的《请让我哭泣》非常著名。1840年,她在伦敦演唱这首曲子后不久,当地就出版了改编版

7. 19世纪40年代,欧洲对贝多芬的崇拜达到顶峰。在约瑟夫·丹豪泽的《弗朗茨·李斯特在钢琴边幻想》(布面油画,1840年)中,乔治·桑(左二坐沙发者)和罗西尼(站在弹琴的李斯特身后)被描绘成置身于一群形形色色的艺术家中间,他们因为对那位德国作曲家的尊崇而聚到一起

8. 库尔贝的巨幅画作《奥尔南的葬礼》(布面油画,1849—1850年)因其对普通人粗糙的现实主义描绘而遭到评论家的抨击,这被认为与艺术相悖。库尔贝表示,这幅画"实际上是浪漫主义的葬礼"

9. 塞尚,《弹钢琴的少女——〈唐豪瑟〉序曲》(布面油画,1868年)。钢琴改变了女性在家中的地位

10. 热罗姆,《化装舞会结束时的决斗》(布面油画,1857年)是19世纪被复制和用来制作版画最多的作品之一

11. 杜比尼的《瓦尔蒙杜瓦山的月光》(1877年)。玻璃印版法的典范,这种手法由巴比松派画家和照相师最先使用,艺术家在涂有胶棉的玻璃板上蚀刻,然后将它贴上感光纸曝光。该手法的细腻效果对绘画产生了影响

12. 保琳娜·维亚尔多的达盖尔相片，1853年。屠格涅夫将其镶嵌在一个木盒里

13. 路易·维亚尔多（照片，1868年）。这是1855年到1890年间单独销售和合编成八卷本出版的一系列欧洲作家的明信片之一

14. 保琳娜·维亚尔多在巴黎的音乐沙龙（版画，1858年）。保琳娜坐在她的卡瓦耶-科尔管风琴边

15. 保琳娜与她的女儿克劳迪娅（左）和玛丽安娜（右）站在一起（照片，巴登-巴登，1870年）

16. 巴登-巴登的"谈话厅"（手工上色钢版画，1858年）

17. 德加,《犬之歌》(水粉和粉彩独幅纸面版画,1875—1877年),对19世纪六七十年代最著名的咖啡馆音乐会歌手之一的特蕾莎(艾玛·瓦拉东)演唱风格的出色描绘

18. 蒂索,《伦敦游客》(布面油画,1874 年)。衣冠楚楚的游客手持一本导游手册,站在他们接下去要参观的国家美术馆门口。两名担任导游的少年是"蓝衣男孩",即基督医学院的学生

19. 列宾画的屠格涅夫像（布面油画，1874年），由特列季亚科夫为其在莫斯科的俄国艺术博物馆委托绘制。维亚尔多夫妇不喜欢这幅画像，列宾被迫做了修改，导致他与屠格涅夫的关系恶化

20-21. 哈拉莫夫画的屠格涅夫像（左，布面油画，1875年）受到屠格涅夫与维亚尔多夫妇的偏爱，在后者位于杜埃街的陈列室里，他们将其与这位画家绘制的保琳娜和路易·维亚尔多（右，布面油画，1875年）的画像放在一起展示

22. 柯罗，《农妇捡柴》（布面油画，意大利，约1870—1872年）。屠格涅夫曾是几幅柯罗的风景画的拥有者。他喜欢它们营造的关于大自然真实事物的感官"印象"

23. 卢梭的《霜，在瓦尔蒙杜瓦的高山上》（布面油画，1845 年），1873 年以 6 万法郎出售，成为当时欧洲最昂贵的画作之一

24. 雷诺阿，《拉格勒努耶尔》（布面油画，1869 年）。莫奈和雷诺阿都画过位于布日瓦尔附近的这座拉格勒努耶尔河畔的饭馆，肯尼斯·克拉克表示，那里是"印象主义的诞生地"

25. 马奈画的左拉像（布面油画，1868年）。书桌上方的墙壁上挂着马奈的《奥林匹亚》（1863年）的复制品，桌上放着左拉关于马奈的小册子，它帮助宣传了这位艺术家的作品

26. 德加，《巴黎歌剧院的管弦乐队》（布面油画，1870年）。作曲家夏布里尔是印象派画家们的朋友和早期的资助者，画中他出现在包厢里，是唯一可见的观众

27. 雷诺阿，《乔治·夏庞蒂埃夫人和她的孩子们》（布面油画，1878年）。这位出版商和他的妻子玛格丽特是印象派画家们的关键支持者，通过自己的沙龙帮助他们获得肯定

28. 莫奈,《圣拉扎尔车站》(布面油画,1877 年),是莫奈在印象派第三次展览上展出的几幅关于这座车站的画作之一。左拉当场称赞它说:"你可以听到火车的隆隆声,冒出的烟在巨大的玻璃站顶下翻腾。我们的艺术家必须在这些车站找到诗,就像他们的祖先在森林和河流中找到诗。"

29. "盗版出版商——上演时间最长的国际闹剧",《普克》(Puck) 漫画插图,1886 年 2 月 24 日。来自欧洲和美国的作家(包括威尔基·柯林斯、丁尼生、勃朗宁、凡尔纳、都德、左拉、比昂松、弗赖塔格[Freitag]和马克·吐温)指责这位出版商没付钱就在国外翻印他们的作品,而出版商则坚称他得到法律的支持。1886 年 9 月,有 10 个国家缔结的《伯尔尼公约》是第一部有效的国际版权法

30. 布日瓦尔的维亚尔多别墅（拍摄于 1900 年左右）

31. 屠格涅夫在布日瓦尔的别墅"白蜡树之屋"（拍摄于 2018 年）

32. "白蜡树之屋"前门的彩色玻璃细部，描绘了屠格涅夫在俄国乡间狩猎的场景（拍摄于 2018 年）

33. 屠格涅夫佩戴的带保琳娜·维亚尔多肖像的吊坠,背面有他的姓名缩写。布日瓦尔屠格涅夫博物馆(拍摄于2018年)

34. 屠格涅夫在"白蜡树之屋"的卧室,他在1883年病逝于此(拍摄于2018年)

35. 克劳迪娅·维亚尔多在屠格涅夫死后不久画的铅笔画(1883年9月3日)

36. 老年的保琳娜·维亚尔多（拍摄于 1900 年左右）

年由威廉·沃尔夫松（Wilhelm Wolfsohn）和克莱尔·冯·格吕默（Claire von Glümer）翻译出版。1869年，拉脱维亚米塔乌（Mitau）的德语出版商埃里克·贝雷（Eric Behre）开始推出屠格涅夫的12卷本作品集。[99]

屠格涅夫没有从这些翻译中赚到任何钱。尽管法国和俄国之间有双边协议，也很难执行版权。一个作家所能希望的（而不是预期）至多只是一笔小额报酬，作为对外国出版商出版他们作品的善意表示。屠格涅夫经常警告他的俄国作家同行，不要指望他们的翻译作品会带来任何收入。1868年，当他的朋友米哈伊尔·阿夫季耶夫（Mikhail Avdeev）向他询问如何在法国为自己的新小说找到出版商时，屠格涅夫回答说：

> 在巴黎，从外文翻译的作品质量很差，而且人们不太愿意出版它们，因为回报不高。狄更斯是个例外——但他的小说就连一本也没有出过第二版，而像居斯塔夫·德罗兹（G［ustave］Droz）的《先生、夫人和宝贝》这样的小说已经刊印了20版。我的书被翻译过——但我个人从来没有收到过一分钱——译者的报酬不超过三四百法郎，这已经是一种巨大的恩典，他们并不总是能拿到钱。[100]

对屠格涅夫来说，在国外出名比钱更重要。尽管他抱怨印刷盗版作品的外国出版商让他损失了收入，但真正使他烦恼的是这些译本的质量很差，那是他无法控制的。他更感兴趣的是他的精神权利——保护他作品的完整性——而不是通过版权保护他的经济财产。艺术家争取精神权利的斗争——19世纪40年代由威尔第发起——在19世纪六七十年代被屠格涅夫等作家更加急切地推进，当时国际图书贸易的发展使得为作家在国外市场的声誉提供好的译本变得更加重要。屠格涅夫毫不犹豫地抱怨说，他的文章被盗版出版商翻译得乱七八糟。比如，1868年12月1日，他写信给《帕尔摩尔报》(Pall Mall Gazette)，抗议他们的译者毁了他的小说《烟》，这必然会损害他"在英国公众眼中的形象，对任何一个写作者来说，无论怎么重视他们的好评都不过分"。他要求那家伦敦报纸刊登他的抗议。两天后，整封信以"屠格涅夫先生和他的英国译者"为题发表。[101]

到了19世纪60年代末，屠格涅夫的所有作品都已被翻译成法语和德语（英国人译介外语作品比较慢）。他喜欢对俄国人开玩笑说，他的文学存货在欧洲比在俄国更值钱。

屠格涅夫和保琳娜还在让欧洲人更了解俄国音乐方面发挥了重要作用。作为他们在俄国音乐界最亲密的熟人，安东·鲁宾斯坦经常在夏天造访巴登，部分原因是为了拜访他强大的赞助人，在当地府邸设立宫廷的俄国大公夫人叶莲娜·帕夫洛夫娜，但主要是为了满足赌瘾。1863年，米利·巴拉基列夫（Mily Balakirev）致信同为俄国作曲家的策扎尔·居伊（César Cui），表示"他经常玩轮盘赌，挥霍了一切，甚至输掉了一些衣物，以至于第二天他不得不穿上旧礼服，不戴手套"。那年夏天，鲁宾斯坦几乎每天都来维亚尔多别墅。他帮助保琳娜创作俄语歌曲，还计划写一部根据屠格涅夫的小说《罗亭》改编的歌剧——直到曾经同意撰写剧本的屠格涅夫放弃了这项任务。次年1月，屠格涅夫在圣彼得堡再次见到了鲁宾斯坦。两人为保琳娜的歌曲做了宣传。屠格涅夫在音乐学院的新音乐厅"爱乐厅"（Philharmonia，1862年由鲁宾斯坦在大公夫人的支持下兴建）听了鲁宾斯坦的一场独奏会。屠格涅夫并不喜欢这位钢琴家的炫技演奏。"他的表演一如既往，"在音乐会结束后，他致信保琳娜说，"他一开始让你头晕目眩，最后让你感到无聊，或者至少让你筋疲力尽。"[102] 但他赞扬鲁宾斯坦为提高俄国音乐水准发起的运动。

1859年，鲁宾斯坦怀着这个目标成立了俄国音乐协会。协会举办以德国音乐为主的音乐会，并在米哈伊洛夫斯基宫（Mikhailovsky Palace）为有抱负的音乐家上课。米哈伊洛夫斯基宫是叶莲娜·帕夫洛夫娜的府邸，这位大公夫人是德意志人，致力于宣扬本民族的文化。在此基础上，音乐学院的想法已经成形。它被设想为一所以巴赫、海顿、莫扎特和贝多芬音乐中发展起来的作曲惯例为主导的欧洲音乐学校。它在学术上的德国取向受到了一群民族主义作曲家，即所谓的"五人团"（巴拉基列夫、居伊、穆索尔斯基、鲍罗丁和里姆斯基-科萨科夫）*的猛烈批评，他们都是年轻人和自学成才的业余人士，大多来自小贵族阶层，对柴可夫斯基（音乐学院的首批毕业生之一）等学院派作曲家与"外国"宫廷的联系深恶痛绝，认为自己是"更地道的俄国"音乐风格的先驱。鲁宾斯坦蔑视俄国作曲家的业余（他称格林卡为半吊子），他们反唇相讥，指责他高高在上，依仗他们所说的他的"欧洲音乐学院的高贵"诋毁俄国。他们与鲁宾斯坦的冲突中存在着强烈的个人敌意，甚至是反犹主义。他们称他为"图平斯坦"（Tupinstein，"迟钝"）、"杜宾斯坦"（Dubinstein，"笨蛋"）和格鲁宾斯坦（Grubinstein，"粗鲁"）。他们还抨击他的世界主义（在俄国民族主义的话语中是"犹太人无根性"的同义词），担心这会扼杀"正统的"俄罗斯风格。1862年，民族主义作曲家们建立了自由音乐学校，以对抗鲁宾斯坦的音乐学院，根据他们的英雄格林卡（他的音乐实际上深受意大利和德国的影响）建立

---

* 穆索尔斯基指莫杰斯特·穆索尔斯基（Modest Mussorgsky, 1839—1881），鲍罗丁指亚历山大·鲍罗丁（Alexander Borodin, 1833—1887），里姆斯基-科萨科夫则指尼古拉·里姆斯基-科萨科夫（Nikolai Rimsky-Korsakov, 1844—1908）。"五人团"（Mighty Five）是由这三人和巴拉基列夫、居伊组成的团体，致力于发扬俄国民族音乐，只表演自己和其他俄国作曲家的作品。——译注

的"纯俄罗斯"原则培养本土人才。用他们的拥护者、颇具影响力的评论家弗拉基米尔·斯塔索夫的话来说,是时候让欧洲化的圣彼得堡精英的"套裙和燕尾服"让位给外省的"俄国长袍"了。[103]

屠格涅夫同情他们打破学院传统的艺术愿望,但不同意他们对音乐学院的攻击,他认为音乐学院对俄国专业音乐家的教育至关重要。他批评了他认为是俄国艺术特点的业余性,尤其反感斯拉夫派将其包装成俄国人的"天才"和"自发性"的倾向。他认为,俄国的艺术家需要达到欧洲同行的水平和沉浸在欧洲文明中,只有这样才能超越欧洲文明的影响,在自己的艺术上打上民族特征的烙印:只像斯拉夫派说的那样从民间文化中汲取养分对他们是不够的。正如居伊在1864年所说的,屠格涅夫同样对民族主义者将格林卡描述为"比贝多芬之后的其他任何作曲家都伟大"的说法感到不满。屠格涅夫承认,格林卡是一位有才华的作曲家,但这种夸大的说法是危险的,助长了对俄国伟大程度的错觉,无助于它融入欧洲。屠格涅夫的观点通过他小说《烟》中的人物波图金得到了表达,此人宣称俄国没有伟大的艺术家,并无视了格林卡的例子:

> 您知道,例外只能证实规律,但即令是这种情况,我们也免不了要吹牛。就譬如说,格林卡的确是一个杰出的音乐家,然而无论是外在的或是内部的条件都妨碍他成为俄国歌剧的奠基人,这一点,任何人也不能争论。但是不,这怎么行!应当马上把他吹捧成为音乐界的大元帅,宫廷大臣,而对别的民族就使劲贬低。可以马上指着某一个'巨大的'本国的天才说,人家就没法跟他比。可是他的作品恰恰是对异国二流人物的模仿品——正是二流人物的;因为它较比易于模仿。(王金陵译文)[104]

1867年,屠格涅夫在圣彼得堡的一场音乐会上第一次听了穆索

第五章 欧洲在玩乐

尔斯基和巴拉基列夫的音乐。他最初持怀疑态度,告诉保琳娜说:

> 今天晚上,我去听了一场盛大的未来音乐会——俄国的——因为那里也有一场这种音乐会。*但它实在太可悲了,缺乏创意或原创性:简直就是德国正在发生的事情的拙劣翻版。让这种傲慢变本加厉的是,其中完全缺乏使我们与众不同的文明。从罗西尼、莫扎特到贝多芬,所有人都被扔进了同一个袋子里。好吧,这太可悲了。[105]

19世纪70年代,屠格涅夫开始接受"五人团"。弗拉基米尔·斯塔索夫把他介绍给了他们。此人是一位多产的作家,作品涉及俄罗斯艺术,还是圣彼得堡公共图书馆的馆长。屠格涅夫经常与斯塔索夫争论,后者对民族主义学派的教条式宣传与屠格涅夫的西方自由主义观点相冲突,但他尊重对方,因为斯塔索夫引起了西方对俄国文化的关注。屠格涅夫对"五人团"的音乐越来越熟悉,他承认了其原创性,并与保琳娜一起为将他们的作品纳入欧洲的表演曲目而奔走。他不同意他们的民族主义计划,或者艺术中的任何民族主义成分,但他钦佩他们的活力。

19世纪60年代,音乐民族主义开始深入人心的情况不仅限于俄国。类似的现象也出现在奥匈帝国。1859年,奥地利在战场上被法国击败,失去了大部分仅存的意大利领土,这促使政府放松了对治下其他民族的文化活动的控制,希望这能防止他们发展自己的独立运动。在这个新开放的文化空间里,捷克人尤为活跃。他们出版了波希米亚民歌集,建立了合唱团体,并为建造民族剧

---

* 指涉的是瓦格纳自我标榜的《未来的音乐》一文,1860年先以法文发表,1861年又推出德文版("Zukunftsmusik")。

院组织了捐款,在那里可以演出更多的捷克语戏剧和歌剧,而在国家剧院(Estates Theatre),官方批准的剧目由德语和其他外语作品所主导。

1862年,一座临时的民族剧院落成。六年后,在未来的新的民族剧院的奠基仪式上,有6万名来自外省的捐助者和游客乘坐专列赶来布拉格参加。临时剧院的启用促使捷克爱国者扬·哈拉赫伯爵(Count Jan Harrach)宣布举办一场民族歌剧比赛——参赛歌剧需要用捷克语演唱,并使用民族歌曲和舞蹈来营造一种"捷克"风味。最终的获胜者是贝德里赫·斯梅塔纳(Bedřich Smetana,1824—1884)的《波希米亚的勃兰登堡人》,讲述了这个民族在13世纪从日耳曼人的占领下获得解放的故事。与布拉格的大部分知识分子一样,斯梅塔纳接受的是德语教育:他用德语写日记和信件,1860年第一次改用捷克语时,他犯了很多错误。受到取消对捷克人文化表达限制的鼓舞,他从一个主要以李斯特风格的钢琴作品闻名的作曲家变成了捷克音乐的作曲家。他的喜剧歌剧《被出卖的新娘》(1866年)成为捷克歌剧剧目中被上演最频繁的一部。剧中具有民俗色彩的音乐和舞蹈、五光十色的服装和舞台设计使它远远不仅是一部歌剧:它成了流行娱乐,吸引着来自各个社会阶层的本民族观众,也是捷克人民族身份的文化象征。

《被出卖的新娘》的流行——不仅在布拉格,而且遍及欧洲——在很大程度上是因为它被认为是"正宗的"——人们异想天开地觉得,它的民俗色彩元素深深植根于波希米亚古老的农民文化。事实上,剧中的许多民歌既是波希米亚的,也是日耳曼的,大多数都相对较新,而像波尔卡或贝塞达这样的"捷克舞曲"(斯梅塔纳用它们赋予了《被出卖的新娘》民族特色)在欧洲很多地方都有表演。[106] 19世纪的民族主义依赖"发明的传统",即民族神话和对古老("正宗")文化传统的普遍信仰的统一力量,而这些传统事实上大多是新近创造的。[107]

在这方面,"匈牙利音乐"的发明与之相似。"匈牙利风格"是18世纪海顿等作曲家对吉卜赛音乐和土耳其音乐所做的风格化描绘。李斯特在他的《匈牙利狂想曲》(1846年到1885年间创作的19首钢琴作品)中发展了这种风格,勃拉姆斯在他的《匈牙利舞曲》中也是这样做的。两位作曲家都认识到,吉卜赛人是匈牙利民间音乐的主要载体。他们认为吉卜赛人的音阶(带有增二度)、曲调和节奏是匈牙利农民演唱的民歌的根本基础。"匈牙利风格"的艺术音乐形式风靡整个欧洲,被巴登等温泉度假胜地的乐队所演奏,充满异国情调的吉卜赛元素在那里受到国际主义听众的喜爱。李斯特从未学过匈牙利语。他出生于奥地利,用法语和德语说话和写作,他在使用这两种语言的国家度过一生中大部分的时光。但李斯特自认为是马扎尔人,他是匈牙利人的民族诉求的重要支持者,他们的政治领袖将古老的马扎尔部落视为匈牙利民族的基础。李斯特的"匈牙利"音乐被民族主义者、音乐评论家和作曲家所利用,他们否认其吉卜赛元素,声称它植根于马扎尔农民的民歌。这一被发明的传统基础将成为匈牙利音乐的基础。[108]

七

1867年夏天,陀思妥耶夫斯基来到巴登,孤注一掷地试图在赌盘上扭转自己的命运。负债累累而且遭到债主追讨的他与新婚妻子安娜·格里高利耶夫娜(Anna Grigorievna)离开了圣彼得堡。安娜之前曾受聘担任他的速记员,以便加快他的中篇小说《赌徒》(1866年)的创作速度,他匆忙地完成了这部小说,以便偿还赌债。安娜自己筹集了这次旅行的资金,希望在国外待几个月能帮助她的丈夫从经济焦虑的压力中恢复过来,这种焦虑已经开始让他生病。他的癫痫发作变得越来越频繁。

陀思妥耶夫斯基夫妇乘火车去了德累斯顿,但三周后陀思妥耶夫斯基就感到厌烦,他说服安娜让他独自去洪堡几天,在赌场碰碰运气。他在俄国的众多债权人中有两人对他提出了指控,因此他有借口认为自己的赌博热情(这是他想来欧洲的真正初衷)是正当的,因为他迫切需要还清债务,以避免回国后入狱的危险。在一场为期十天的疯狂赌博中,他输得很惨。安娜寄给他钱,他又输掉了。陀思妥耶夫斯基典当了他的手表,结果还是输了。他带着懊悔之情回到德累斯顿,为失去自控和毁掉了新婚妻子的一切而对自己恼火,但他仍然像所有的赌徒一样,相信自己能赢回一切。陀思妥耶夫斯基从卡特科夫那里获得了一笔借款,后者的《俄国导报》正在连载他成功的小说《罪与罚》。陀思妥耶夫斯基和安娜一起前往巴登,他说服安娜,他们在那里将有更多的时间在一起,可以让他避免因为匆忙下注而重复在洪堡的错误。到达巴登后,他们住在一家铁匠楼上的两个小房间里,那里从凌晨4点就开始了吵闹的工作。但他们租不起更好的房子了。陀思妥耶夫斯基立即开始赌博。安娜回忆说,接下来的五周是"某种噩梦,完全夺走了我丈夫的魂"。[109]

屠格涅夫在他的小说《烟》中描绘了陀思妥耶夫斯基进入的赌室:

> 挤在绿色牌桌周围的还是那些大家都熟悉的老面孔,他们的脸上还是那种既愚钝又贪婪,既像惊讶又似愠怒的神情,其实是赌博的狂热使每个人,连那些最有贵族气派的人也不免流露出的凶狠表情。那位胖胖的、衣着非常考究、来自唐波夫的地主,瞪大了眼睛,胸脯趴在赌桌上,并不理会受赌注者们的嘲笑,就在他们叫喊"停止下注!"的一刹那间,以不可思议

的痉挛般速度，伸出汗涔涔的手，把金路易撒到赌盘的死角。这样，他即使走运也失去了赢钱的任何可能。（徐振亚译文）[110]

陀思妥耶夫斯基并不走运。他在一周内把他们的钱都输光了，然后开始典当财产。他输到只剩最后一个塔勒，然后赢钱，接着又输了，然后回到当铺。他们欠了女房东的债。安娜写信给她的父母，向他们要钱。她典当了钻戒、红宝石胸针和耳环，这是陀思妥耶夫斯基送给她的结婚礼物，后者把这些东西也输掉了。他跪下来哭泣，为他给他们带来的耻辱乞求原谅——然后回到赌室。他的行为就像他的一部小说中的一个人物。

到达巴登几天后，陀思妥耶夫斯基夫妇遇到了作家伊凡·冈察洛夫（Ivan Goncharov），后者告诉他，屠格涅夫已经看见过他，但没有打招呼，因为"赌徒非常不喜欢被人搭话"。屠格涅夫是陀思妥耶夫斯基最不想见的人。在威斯巴登（《赌徒》的背景）输掉大笔钱后，他曾向前者借了50卢布（200法郎），但还没有还。现在他不得不去拜访屠格涅夫，以免给人留下他害怕被讨债的印象。[111]

陀思妥耶夫斯基和屠格涅夫相识已久，他们时晴时雨的关系可以追溯到19世纪40年代，当时他们一起出现在圣彼得堡的文学舞台上。19世纪60年代初，他们相处得相对较好。陀思妥耶夫斯基是为数不多的理解屠格涅夫备受争议的小说《父与子》的人之一。屠格涅夫心存感激，同意为陀思妥耶夫斯基的杂志《时代》（*Vremia*）写一个短篇（《幽灵》），当该杂志被沙皇政府关闭后，屠格涅夫又将其投给了接替它的《时世》（*Epokha*），于1864年发表。陀思妥耶夫斯基日益严重的金钱问题（1864年他哥哥的去世让情况雪上加霜，他要养活嫂子和侄子，并偿还哥哥的债务）让他对富裕的屠格涅夫感到不满，认为像屠格涅夫这样的贵族地主可以从容不迫地写作，而不是被迫匆忙赶工。

6月28日，陀思妥耶夫斯基前去拜访屠格涅夫。正如他对俄国诗人阿波隆·迈科夫（Apollon Maikov）所描述的那样："甚至在那之前，我个人就不喜欢他了。"他承认，拖欠债务的尴尬也有一定的影响，但"我也不喜欢他那种贵族般的可笑拥抱，他首先亲吻你，却给了你他的脸颊。将军一般的可怕神气"。两人的对话从评论界对屠格涅夫的《烟》的接受开始，但很快就变成了关于俄国和欧洲的争论，这是斯拉夫派和西方派之间由来已久的争论，也是这部小说的一个中心主题。根据同情斯拉夫派的陀思妥耶夫斯基的说法，屠格涅夫自称波图金这个人物表达了他的观点，那是一个极端的西方派，认为俄国对欧洲文明没有做出任何贡献。陀思妥耶夫斯基接着说，屠格涅夫"骇人听闻"地侮辱了俄国和俄国人，还"说我们应该在德国人面前匍匐而行"。当屠格涅夫说他在写一篇反对斯拉夫派的文章时，陀思妥耶夫斯基让他去买一架望远镜，因为俄国离巴登和巴黎很远："把你的望远镜对准俄国，仔细看看我们，否则真的很难看清我们。"这种讥讽的含义很明显：屠格涅夫选择生活在国外，与俄国失去了联系，这一点反映在了他的最后一部小说中。现在双方已经撕破了脸。陀思妥耶夫斯基失去了控制——当他抨击德意志民族是"小偷和骗子……比我们民族更恶劣、更不诚实"时，过去三个月来在德国所遭受的羞辱从他内心涌起。欧洲文明为他们做了什么？陀思妥耶夫斯基表示，这些话让屠格涅夫暴怒。"他脸色苍白（确实是那样：我一点也不夸张，一点也不！），对我说：'你这样说话冒犯了我**本人**。你应该知道，我已经在这里永久定居了，我认为自己是德国人，不是俄国人，我为此感到自豪！'"陀思妥耶夫斯基表示道歉，表示虽然他读过《烟》，但不知道对方会那样想。然后他告辞离开，发誓再也不去拜访屠格涅夫了。[112]

第二天早上10点，陀思妥耶夫斯基还在睡觉的时候，屠格涅夫去夫妇俩住的房子拜访，给女仆留了一张名片。陀思妥耶夫斯基曾告诉过屠格涅夫，他从来不会在11点以前起床，所以他认为这次来访意味着屠格涅夫并不想见他，而是作为绅士回访。8月13日，当陀思妥耶夫斯基夫妇启程前往瑞士时，两人在巴登火车站再次见面，但甚至没有相互鞠躬。

他们之间的不和并没有在巴登结束。陀思妥耶夫斯基写给迈科夫的信被转交给《俄国档案》(Russky Arkhiv)杂志，要求将其保存下来，但直到1890年才能发表。屠格涅夫从安年科夫处获悉此事，他写信给该杂志的编辑，否认他说了陀思妥耶夫斯基提到的那些关于俄国的话，并声称他永远不会把自己的"内心想法"透露给陀思妥耶夫斯基这样的人，认为那是"一个由于癫痫病发作和其他原因而无法完全控制自己理性能力的人"。[113]陀思妥耶夫斯基念念不忘他对屠格涅夫的仇恨，作为报复，他在《群魔》(他于1869年开始创作的一部作品）中用虚荣、自负、"政客般"的作家卡尔马津诺夫这个人物来讽刺屠格涅夫，此人的"尖利嗓音"给了他一种"天生贵族"的矫揉造作的神态。卡尔马津诺夫"轻蔑地嘲笑俄国"，说他将"永居国外"，因为那里的"气候更好，房子都是石头做的，一切都要坚固得多"，并声称"对我来说，在［1861年后的］这些改革期间，我心爱祖国的所有问题的重要性都远不如"在过去七年里他所生活的卡尔斯鲁厄（Karlsruhe）铺设一条新的水管。戏仿中最残酷的部分是卡尔马津诺夫向感到厌倦的外省观众朗读他的最新短篇：

> 您想，最为装腔作势又没有一点儿用处的废话几乎写了两个印张；况且这位先生在朗诵的时候还摆出一副高高在上、闷闷不乐的样子，仿佛他在开恩似的，这就使得我们的观众甚至感到是受了侮辱。至于题材……但是有谁弄得清楚这是什么题材？这是对某些印象、某些回忆的一种描述。不过它是什么样

的描述？又描述了一些什么？——不论我省那些饱学之士在整个前一半的朗诵中如何皱紧眉头，却一点也摸不着头脑，因此他们聆听后一半朗诵也就仅仅是出于礼貌了。诚然，关于爱情，关于这位天才对某个女人的爱情倒是说了很多，不过老实说，效果却有点不佳。在我看来，叙述自己的第一次接吻似乎同天才作家的矮胖身材不大相称。（南江译文）[114]

屠格涅夫深受打击。他觉得被陀思妥耶夫斯基出卖了，后者在《时世》发表他的《幽灵》（那个被戏仿的短篇）时还表示了赞美（他不知道陀思妥耶夫斯基在给哥哥写的信中说它"包含了很多垃圾：有一些肮脏、病态和陈旧的东西；印证了由于无能而**缺乏信仰**——简而言之，印证了屠格涅夫的为人和他的信念"）。屠格涅夫补充说，在诽谤他之前，陀思妥耶夫斯基本应当偿还几年前问他借的钱。[115]

处于这场长期争论中心的这部小说标志着屠格涅夫与他在俄国的评论家们的关系陷入了一个新的低谷。他创作《烟》已经有好几年了。与小说中的爱情故事和对巴登的俄国人的讽刺交织在一起的是对俄国在欧洲地位的讨论，对屠格涅夫来说，讨论源于俄国人对他之前的小说《父与子》的敌意。左翼学生圈的批评尤其让他愤怒，他们指责他的巴扎罗夫形象是对他们的丑化。

《烟》是屠格涅夫对激进分子的回答，特别是对那些像他的老朋友赫尔岑那样仍在流亡中的人，这些人相信民粹主义观点，认为本土农民公社的平等主义为俄国提供了一条不走欧洲资产阶级道路而成为社会主义民主国家的道路。屠格涅夫认为这是无稽之谈。他在1862年的俄国之行中看到的农民因贫困而疲惫不堪，无法成为民主改革的推动者。警方对那年圣彼得堡学生示威活动的镇压让他

第五章 欧洲在玩乐

相信,新的改革基本上没有让俄国有什么改变——或者有可能改变。正是这种悲观情绪影响了波图金的发言,使其声讨了俄国的落后和斯拉夫派的错觉,即认为俄国不会是欧洲的翻版。正如他对赫尔岑所说的:"我们俄国人在语言和本性上都属于欧洲大家庭,是'欧洲属'(genus Europeum),因此,根据不可改变的生理规律,我们必然要走同一条路。"[116]

1867年4月《烟》这部小说在《俄国导报》上发表后,在俄国遭到了全方位的抨击。它的发表正值在莫斯科主办泛斯拉夫大会,激起了俄国人的民族主义情绪之时,这一点对它不是好事。安年科夫表示,读者被一本"希望他们相信俄国贵族的一切,甚至俄国人生活的一切都可憎"的小说激怒了。评论家指责屠格涅夫抛弃了俄国——甚至憎恨它——并指责维亚尔多夫妇要对他的背叛负责。报纸刊登了外省读者的来信,声称这本书是"西方对俄国的攻击"。莫斯科精英的英国人俱乐部的成员们通过动议,给屠格涅夫写了一封信,永久禁止他加入自己的行列(他从未进入过他们昂贵的俱乐部)。在巴登,他受到了俄国社群的冷落。屠格涅夫在写给安年科夫的信中表示:"从评论和信件来看,我受到了我们伟大祖国从这头到那头的每一个人的诅咒。'我侮辱了我们的国家——我是个骗子和诽谤者——我一点也不了解俄国'。"但屠格涅夫满不在乎,他在另一封写给朋友的信中补充说,他对"被迫害的波图金"感到高兴,后者"只相信欧洲文明"。[117]

1864年,朗贝尔伯爵夫人写信给屠格涅夫,责备他不在俄国生活。她指责他作为一名俄国作家却不为他的人民服务,而是更喜欢西方的舒适和乐趣,这是抛弃了他的基督徒职责。屠格涅夫回答说,他不是基督徒,至少在她的意义上或者在这件事上不是,他为国家服务的唯一方式就是"作为一名作家,一名艺术家":

315　　作家没有必要持续生活在自己的国家，描绘那里的生活变化——至少没有必要一直这样做……谁知道呢，也许有一天我会想写一部对俄国没有什么特别意义的作品——给自己设定一个更广大的任务……我看不出有什么理由不在巴登定居。我这样做并不是贪图快乐（那是年轻人的事），而只是为了给自己编织一个小巢，在里面等待不可避免的结局到来。[118]

八

1868 年 11 月，维亚尔多一家搬到卡尔斯鲁厄过冬。巴登在一年中的这个时候是一个沉睡的小城，他们想去一个更大的地方，有克劳迪娅可以上的艺术学校。据保琳娜所说，巴登没有足够好的美术老师。[119] 向北乘火车一小时就能到达卡尔斯鲁厄，那里有 3 万居民，是巴登的四倍，市中心有公爵宫，一座宫廷剧院，一个美术馆和一大批文化协会，包括六个合唱团，一个爱乐协会，一个博物馆协会，一个文学协会和一个艺术俱乐部。三周后，屠格涅夫在那里加入了他们的行列，住在火车站旁边的一家旅馆里，距离维亚尔多夫妇在朗格街的宽敞公寓只有很短的步行路程。保琳娜开办了热闹的沙龙，城里的主要文化人物都参加了，其中包括美术馆馆长卡尔·莱辛（Karl Lessing）和在艺术学校任教的挪威风景画家汉斯·古德（Hans Gude）。

1 月 29 日，屠格涅夫组织了一批俄国人在卡尔斯鲁厄宫廷剧院观看瓦格纳的最新歌剧《纽伦堡的名歌手》。保琳娜也去了。她本打算在前一年 6 月去慕尼黑听《名歌手》的首演，但因病不能旅行。这部歌剧使她兴奋。2 月，她来到慕尼黑，再次听了这首作品，并在日记中表示越来越喜欢它了。[120] 她给瓦格纳写了一封信，对此赞不绝口，瓦格纳寄回一份乐谱，在上面亲笔写道："致女名歌手维亚尔多夫人。"*在慕尼黑国家剧院里,保琳娜如此专心致志地聆听音乐,以至于在演出期间,当隔壁包厢里的一些人开始说话时,她严厉地斥责了他们。作曲家获悉了此事,他带着一贯的傲慢写信给保琳娜说:"这带给我的快乐几乎就和《名歌手》带给你的一样多。"[121]

保琳娜抛弃了早先对瓦格纳音乐的保留,她在最近几年里成了一个坚定的"瓦格纳崇拜者"。她与这位作曲家保持着密切的关系,后者把他的侄女送到巴登向她学习演唱,并建议其他歌手也这样做,还经常要求保琳娜派她的学生参演他的歌剧。†1869年2月,保琳娜去看了她以前厌恶的歌剧《罗恩格林》的演出,她从魏玛给屠格涅夫写信说:"毫无疑问,是的,毫无疑问瓦格纳是唯一一位让我对其作品感兴趣的作曲家。啊,我可怜的朋友,我不会否认自己是个彻头彻尾的瓦格纳崇拜者!这是一种我无法抗拒的吸引力。"[122]

屠格涅夫对这种"未来音乐"的接受要较慢些。和路易一样,他的音乐品味本能是保守的。他对保琳娜开玩笑说,瓦格纳是音乐界的"呻吟派"创始人。在慕尼黑参加了《莱茵的黄金》的彩排后,他告诉一位俄国朋友说:"音乐和文字同样令人无法忍受,但你知道,在德国人中,有些人几乎把瓦格纳视作基督。"屠格涅夫对瓦格纳崇拜怀有敌意。他只喜欢瓦格纳一小部分的歌剧(比如,他为1863年在一场音乐会上听过的《女武神》着迷)。但保琳娜的音乐观点对他来说就是法律,他也试图接受关于瓦格纳的那些。"我感觉他的音乐可能很美,"他致信保琳娜说,"但不同于我以前喜

---

* 瓦格纳此处称呼保琳娜为"女名歌手"(der Meistersängerin),呼应其歌剧《纽伦堡的名歌手》(*Die Meistersinger von Nürnberg*)。——编注

† 19世纪60年代,伟大的瓦格纳歌剧演唱者玛丽安娜·勃兰特(Marianne Brandt,1842—1921)在巴登—巴登向维亚尔多学习演唱。1882年,当《帕西法尔》在拜罗伊特(Bayreuth)首演时,她与阿玛利娅·马特玛(Amalie Matema)和特蕾莎·马尔腾(Therese Malten)共同饰演了孔德丽的角色。

欢过，现在仍然喜欢的任何东西，所以我需要花些力气来改变我的立场。我一点也不像维亚尔多——我仍然能这样做——但需要花些力气。"[123]

具有讽刺意味的是，被保琳娜喜欢上的时候，瓦格纳正值他的最低谷——1861年3月，《唐豪瑟》在巴黎的首演遭遇惨败。保琳娜喜欢这部歌剧，但在赛马会年轻人的抗议下，这部歌剧遭到了嘘声。这些巴黎贵族习惯于在歌剧前用餐，赶在第二幕的芭蕾舞表演前到达剧院（他们中的许多人在芭蕾舞团有情妇），表演结束后通常立即离开。瓦格纳本来根本不想在《唐豪瑟》中安排芭蕾舞场景，但当歌剧院导演阿尔方斯·鲁瓦耶告诉他，舞蹈场景是强制性的时，瓦格纳同意加入一个场景（不像芭蕾舞的"维纳斯山狂欢"）。瓦格纳坚持认为，舞蹈唯一有意义的地方是第一幕的开头，他在那里插入了该场景，拒绝了鲁瓦耶为了迎合赛马会而将其推迟到第二幕的请求。为此，瓦格纳向他的奥地利赞助人梅特涅公主求助，是后者让拿破仑三世委托创作了这部歌剧。她为瓦格纳进行了干预。赛马会的成员被这一改变激怒了，这迫使他们从一开始就赶到剧场。他们认为这是作曲家和梅特涅公主的德国式傲慢行为。经过三个晚上的干扰抗议，瓦格纳停演了《唐豪瑟》。"嘘声针对的首先是那个人，完全不是作品"，保琳娜在给里茨的信中写道：

> 艺术家和观众事先就对瓦格纳如此厌恶，以至于他以一种令人反感的方式受到了不公正的对待。他们不想听他的音乐。如果他们听了，他们可能还是会发出嘘声！瓦格纳不会从这一教训中获益，但他总是可以吹嘘自己是阴谋团体的受害者。[124]

这是继1841年未能让《黎恩济》在巴黎歌剧院演出后，瓦格纳在那里遭遇的第二次挫折。这结束了他长期以来想要在欧洲最重要的歌剧舞台上成为主角的野心，使他将注意力转向德国。现在，他试图将他的"未来音乐"宣传为一种更高贵的艺术形式，其崇高的使命是表达德意志民族的精神，并将德意志文化从法国文明和其他外国影响中解放出来。瓦格纳在德累斯顿起义失败后流亡苏黎世，他在流亡期间写的《未来的艺术》（1849年）一文中使用了术语"总体艺术"（Gesamtkunstwerk）——一部音乐剧中艺术的统一体——来定义他的艺术原则，将他的作品与法国大歌剧区分开来，后者是炫技演唱、夸张效果和将娱乐伪装成艺术的"畸形怪物"。[125]

1862年，随着他在德累斯顿起义中扮演的角色被赦免，瓦格纳总算回到了德国，开始为自己的民族主义主张寻找一位富有的德国赞助人。1864年，他时来运转，年轻的巴伐利亚国王路德维希二世是瓦格纳音乐的狂热崇拜者，邀请他去慕尼黑。在那里，瓦格纳的所有债务都被他的皇家崇拜者还清了，《特里斯坦和伊索尔德》还在1865年6月举行了首演。由于瓦格纳有能力从路德维希那里获得大笔资金，再加上他与李斯特的女儿科西玛（当时是指挥家汉斯·冯·彪罗之妻）的丑闻在巴伐利亚宫廷引起了如此巨大的风波，他被迫离开慕尼黑。在路德维希的资助下，他在卢塞恩湖畔的特里布申（Tribschen）的一座别墅里完成了《纽伦堡的名歌手》的创作。

瓦格纳第一次构思这部歌剧是在温泉小镇马里恩巴德，他于1845年在那里度假泡温泉。他在格奥尔格·戈特弗里德·盖尔维努斯（Georg Gottfried Gervinus）的《德语诗歌史》（1835—1842年）中读到了关于名歌手们与汉斯·萨克斯（Hans Sachs，1494—1576）的故事，后者是诗人、作曲家、鞋匠和路德派改革家。瓦格纳写了一份散文体草稿，当时他设想的是一部喜歌剧，围绕着该市的名歌手（从事各种行业的诗人和音乐家）之间的歌唱比赛展开。但歌剧的主要部分是在19世纪60年代完成的，那时他的构思在两个重要的方面经历了转变：首先，瓦格纳在1854年读了叔本华的《作为意志和表象的世界》,部分受到这部作品否定意志的概念影响,汉斯·萨克斯的角色变得更加英勇和高贵;其次,现在歌剧被赋予了民族主义的意味,就像瓦格纳在《什么是德国人?》(1865年)和《德国的艺术与德国的政治》(1867年)两篇文章中所阐述的那样。最后,汉斯·萨克斯呼吁人民提防外国影响在德国造成的危险:

> 小心!邪恶的伎俩威胁着我们;如果有朝一日德意志人民和德意志王国在虚假的外国统治下衰败,很快就再没有君主会理解他的人民;他们会把外国的迷雾和外国的虚荣种在我们的德意志的土地上;除了在德国大师的荣耀中,哪里也找不到德国的和真实的东西。

慕尼黑首演后的一年内,《纽伦堡的名歌手》在德累斯顿、德绍(Dessau)、卡尔斯鲁厄、曼海姆、汉诺威和魏玛都进行了演出,1870年又在维也纳、哥尼斯堡(Königsberg)、柏林和莱比锡被搬上舞台。这部歌剧后来成为普法战争和德国统一中的德意志民族主义运动的焦点。

瓦格纳认为他的音乐剧是一种新的德国艺术的开始。他在1865年9月的日记中写道:"我是所有人中最德国的,我是德国的精神。"为了认识他们的民族身份,德国人必须在舞台上看到他们自己和他们的民族戏剧。瓦格纳让自己的歌剧充斥着德国神话、民间传说(有些是真实的,有些是挪用的)、风景和历史人物。通过他的宣传者,他将自己的音乐作为一种纯粹的"德国"艺术进行营销——在精神上比法国和意大利的商业歌剧艺术形式更加崇高。反讽的是,瓦格纳的运动利用了现代"文化产业"的所有方法——艺术宣言、自我推销和宣传、把先驱艺术家作为先知和名人来崇拜——把他的"未

第五章 欧洲在玩乐

来音乐"作为品牌来推销。[126]

这场运动的焦点是为瓦格纳的歌剧建造一座剧院。1848年，瓦格纳有了在德累斯顿和莱比锡建造"萨克森王国的德意志国家剧院"的计划——剧院由国家赞助，但不属于宫廷。从19世纪60年代开始，他更想做的是建造一座免费为人民演出德国音乐剧的剧院——这一想法与德国在19世纪初的几十年里兴起的音乐节很接近，但也借鉴了希腊人用剧场为共同体服务的理想。他设想在德国小城举办一个艺术节，1862年他在《尼伯龙根的指环》的歌词序言中说，艺术界"完全不受我们的永久剧院中流行的剧目体系的影响"，将建起"只用于艺术目的"的简单的圆形剧场。他在一定程度上受到了他在里加所看到的现代资产阶级剧院的影响，1837年至1839年期间他曾在那里担任音乐主管，这些剧院没有像欧洲贵族歌剧院那样的分层包厢，而是有一个宽阔的礼堂，每排座位依次明显抬高，不影响舞台的视线，还有一个凹坑把管弦乐队藏起来，演出期间灯光被调暗，让观众集中注意力。1864年，他带着路德维希的许诺前往慕尼黑，为他开始创作的《尼伯龙根的指环》建造这样一座剧院。设计了德累斯顿歌剧院的戈特弗里德·桑佩尔（Gottfried Semper）被带到慕尼黑，准备建造一座宏伟的圆形剧场来满足他的要求。但在被迫离开慕尼黑后，瓦格纳开始寻找一个较小的德国城市来建造自己的剧院。他选中的地方是拜罗伊特。正如瓦格纳解释的那样，他想要一个位于巴伐利亚境内的地方，以便得到路德维希的赞助。他也想要让这个地点大致位于德国中部，没有流行的温泉中心吸引错误类型的城市人群，当地也没有自己的商业剧院。[127]拜罗伊特成为他"新艺术"的朝圣地。

1870年1月28日，德语版《最后的巫师》的两场演出中的第一场在卡尔斯鲁厄宫廷剧院举行。这次演出是由卡尔斯鲁厄大公弗里德里希和大公夫人巴登的路易丝委托的，两人在巴登看过这部轻歌剧,并听说它在魏玛宫廷剧院大获成功。他们希望它能在卡尔斯鲁厄舞台上取得类似的成功。

当时69岁的卡尔斯鲁厄宫廷剧院主管爱德华·德弗里恩特(Eduard Devrient)正处于职业生涯的尾声,自从大约一年前来到该城后,保琳娜和屠格涅夫都不太重视他的能力,没有与他的剧团打太多交道。[128] 在音乐上保守的德弗里恩特是瓦格纳的敌人,众所周知,他反对大公坚持将瓦格纳的歌剧列入剧院剧目的要求。这些歌剧的制作成本昂贵,对他的歌手要求很高,而且经常不得不推迟首演日期。虽然《纽伦堡的名歌手》曾在卡尔斯鲁厄演出过(屠格涅夫于1869年1月在那里看过),但德弗里恩特认为这部作品是"一个充满纠结、自相矛盾的和令人厌烦的怪物,用令人瞠目的厚颜无耻来自我掩饰和把自己强加给这个愚蠢的世界。它的传播是一个时尚问题,就像假发髻或中国服饰一样,没有人认为它们很美,但每个人都会穿"。[129]

德弗里恩特和瓦格纳之间的敌意在1869年3月走向公开,当时瓦格纳发表了他1850年所写的臭名昭著的《音乐中的犹太性》一文的修订版,这一次用了真名。德弗里恩特谴责这篇文章是有毒的谎言,他发表了自己关于门德尔松的回忆文章作为反击。保琳娜也对重新发表的反犹主义文章感到反感。作为文章主要的攻击目标,她最大的恩人梅耶贝尔五年前刚刚在巴黎去世——他的遗体用火车从北站运到柏林,埋葬在犹太人墓地。在这两座城市,街道两边排列着长长的队伍,向这位作曲家致以最后的敬意。用法国政客埃米尔·奥利维耶(Émile Ollivier)的话来说,他为在德法两国之间建立"和谐的纽带"做出了巨大贡献。[130] 现在,相比以往任何时候,他的去世更加标志着他的生活和作品所代表的欧洲文化中的世界主义理念的消逝。保琳娜被瓦格纳的种族主义诽谤激怒了。虽然她是瓦格纳艺术的粉丝,但她厌恶他的政治主张,也不怎么喜欢他本人。

第五章　欧洲在玩乐

她写信给瓦格纳以示抗议，此事变得广为人知。瓦格纳回应说，对门德尔松和梅耶贝尔的同情让保琳娜自己也成了"犹太人"。[131]

《最后的巫师》受到卡尔斯鲁厄观众的冷遇，最后还出现了一些嘘声。根据德弗里恩特的说法，掌声"稀稀落落"，没有一个表演者被要求谢幕。屠格涅夫对失败泰然自若，他在给皮奇的一封信中坚称，这"远不是一场惨败"。但德国媒体却毫不留情。"演出彻底失败了，"莱比锡一家音乐周刊报道说，"巨大的期望完全没有得到满足。掌声从一开始就不响亮，后来逐渐减弱，最后发出了清晰可闻的嘘声。"1870年2月9日，在莱比锡颇具影响力的音乐报纸《音乐广讯报》上，一位匿名评论家严厉批评了担任女主角的保琳娜："除了沉默，没有什么适合这次演出，不仅是这位几十年前受到公正款待的艺术家现在给人的印象，还是整部作品的文字和音乐。"观众的反应令人不安。屠格涅夫在街上被一名德国军官搭讪，后者对传言中支付给维亚尔多和屠格涅夫的高额费用感到愤怒，表示这让他错过了当世最好的男高音。[132]

毫无疑问，这部轻歌剧是在一场精心策划的活动中遭到破坏的——2月23日，《音乐广讯报》的一篇文章证实了这一事实。报道称，在排练期间，"某些圈子"散布了关于这部轻歌剧的"黑暗谣言"，并安排了对演出的冷淡和嘘声。其他报纸上则有大量的暗示称，罪魁祸首是瓦格纳和他在卡尔斯鲁厄的民族主义支持者。他们将这部关于巫师和森林精灵的滑稽讽刺解读为对瓦格纳的歌剧《莱茵的黄金》的攻击，试图对维亚尔多和屠格涅夫进行报复。但民族主义是这一切的最根本原因。追随瓦格纳的德国民族主义者强烈反对以维亚尔多夫妇在巴登的存在为象征的世界主义。正如屠格涅夫在写给皮奇的信中所说的那样，在他们所遭遇的敌意背后的所有因素中，最重要的是对"外国人以及他们傲慢地"在德国土地上表演歌剧的"强烈鄙夷"。[133]

九

1870年2月，屠格涅夫和维亚尔多夫妇搬到了魏玛。在接下来的三个月里，他们住在俄国酒店。卡尔斯鲁厄的艺术学校让克劳迪娅感到失望，她现在在魏玛的大公艺术学校继续学习。阿里·舍费尔的老朋友比利时画家夏尔·维尔拉（Charles Verlat）也在那里，对她的作品很感兴趣。[134] 在李斯特的支持下——他担任过魏玛宫廷的乐队主管，经常造访那里——热爱音乐的大公邀请保琳娜在魏玛宫廷剧院重演她在《俄耳甫斯与欧律狄刻》和《先知》中的角色。她决定这将是她最后一次在公开舞台上露面。她还在魏玛地区的许多演唱会上献艺，包括3月3日在耶拿（Jena）举行的一场，在那里她首次表演了勃拉姆斯的《女低音狂想曲》。

5月，他们回到了巴登，屠格涅夫很快就从那里出发前往圣彼得堡（遇到了斯塔西乌列维奇），然后前往斯帕斯科耶，靠卖掉一大块地完成了"赚钱"任务，并写完他的新故事《草原上的李尔王》。[135] 7月12日，屠格涅夫开始从俄国返回巴登。在柏林停留期间，他发现自己在酒店餐厅里吃饭时"对面正好坐着毛奇将军（General Moltke，普鲁士总参谋长）"。[136] 那是7月15日的晚上。当天早些时候，德国军队已经开始动员，准备与法国开战。毛奇以战争计划仅限于与敌人的第一次相遇为止的观点闻名，他有很多问题需要考虑，但他沉着的外表、优雅的举止和显而易见的智慧让屠格涅夫觉得他似乎是权力的化身。

普法战争的直接导火索是"埃姆斯快报"（Ems Despatch），这是7月13日来自威廉国王秘书的一封电报，俾斯麦在向媒体公布它时进行了篡改。电报告诉他，上午在巴德埃姆斯的温泉公园散步时，国王会见了法国驻普鲁士大使贝内代蒂伯爵（Count Benedetti）。法国和普鲁士之间的关系因西班牙继承问题而变得紧张。当普鲁士霍亨索伦-齐格马林根领地的利奥波德亲王被授予西班牙王位时，法国提出了抗议，担心普鲁士实力的增长，也害怕德国和西班牙的联盟会对法国形成包围。7月2日，利奥波德已经撤回了他接受王位的决定，但法国现在希望普鲁士国王进一步保证霍亨索伦王朝的任何成员都不会成为西班牙的统治者。这就是贝内代蒂所寻求的保证，在温泉公园的漫步道上，他与威廉进行了一次事实上礼貌而友好的会面。在通过秘书发给俾斯麦的电报中，国王用坚决但带有外交口吻的措辞拒绝了这个请求。但俾斯麦急于挑起与法国的战争，认为这对于普鲁士接管德国南部各邦是必要的。首相以改写后的措辞发布了国王对贝内代蒂的回复，使其看起来像是冷酷的拒绝和对法国人的侮辱。新闻通讯社翻译成法语时犯的错误使情况变得更糟。第二天，也就是7月14日或巴士底日，法国发布了这份快报，激动的巴黎人大声疾呼，要求开战。7月19日，国王顺水推舟地宣战。

等到7月16日屠格涅夫离开柏林时，普鲁士军队已经行动起来，摧毁了跨越莱茵河的桥梁，切断了通信线路。就在通过民用铁路到该城旅行变得不可能之前，屠格涅夫赶到了巴登。几天后，勃拉姆斯没能从维也纳经由巴德维尔德巴德（Bad Wildbad）前来巴登，无法给克拉拉·舒曼带去慰藉，后者对传言中法国军队里"野蛮的土耳其"士兵感到恐惧。她在巴登写信给他说：

> 每个有房子的人（罗森海因夫妇、维亚尔多夫妇、瓜伊塔夫妇）都建议我安静地待在这里，因为如果不能把足够多的士兵安排在有人居住的房子里，他们就会打开关闭的房子并使用它们，然后一切都会被毁掉。所以我留了下来，尽管我仍然感到非常焦虑，因为没有人来保护我们。[137]

屠格涅夫和维亚尔多夫妇也留了下来。"巴登一片荒芜,"屠格涅夫在 7 月 27 日写给弟弟尼古拉的信中说,"但我会留在这里,即使被法国人攻破,我也会留下来——他们能对我做什么?"生活在一种不真实的气氛中继续着。屠格涅夫决定参加定于 8 月第一周在巴登举行的象棋锦标赛。他的象棋水平很高,是巴登俱乐部的成员,并被任命为锦标赛委员会的副主席。在远处法国人和普鲁士人的枪声中,比赛在谈话厅中开始了。屠格涅夫写道:"在这片和平而美丽的平原上,在半遮半掩的太阳的柔和光芒下,看到可耻的硝烟真有一种奇怪和悲伤的感觉。"[138]

战争开始时,屠格涅夫和维亚尔多夫妇都希望普鲁士取得胜利。他们在法国的朋友和大多数在俄国的朋友则站在法国一边。但他们把这场冲突视作反对法国帝国主义的自由之战,作为德国的居民,他们的朋友中有俾斯麦以及普鲁士国王和王后,对普鲁士有一定的忠诚感。他们的主要想法是,法国战败将导致拿破仑三世政权的终结。屠格涅夫写信给路德维希·弗里德兰德(Ludwig Friedländer)说:"我无须告诉你,我全心全意地站在德国一边。这真的是一场反对野蛮的文明战争——但不是像法国人认为的那样。如果公共道德、自由和独立想在欧洲拥有未来,就**必须**不惜一切代价击败拿破仑主义。"在他发表于俄国的《普法战争书简》中,屠格涅夫写道,必须给法国一个教训,"就像我们在塞瓦斯托波尔(克里米亚战争)得到的教训一样"。[139]

在战争初期,屠格涅夫和维亚尔多夫妇担心的是法国人的入侵,后者在斯特拉斯堡集结了军队,向东推进到巴登,希望奥匈帝国能加入他们的行列,占领德国南部各邦。保琳娜和她的女儿们在巴登为普鲁士士兵编织衣服和毯子,并在音乐会上唱歌,为他们提供娱乐。法国人始终没能突破防线。相反,普鲁士人迅速向梅兹(Metz)挺进,这是深入法国腹地的一个要塞,拿破仑三世在那里接管了新命名的莱茵河军的指挥权。很快，在更高效的普鲁士军队面前，莱茵河军被迫撤退。普鲁士人包围了斯特拉斯堡，用火车运来200门重炮，从8月23日开始对该城展开了长达一个月的轰炸。欧根妮回忆说，从巴登老城堡的高处，克拉拉·舒曼和她的孩子们可以看到斯特拉斯堡大教堂的尖顶，听到大炮的声音，"把我们的小屋都震得发抖"。[140] 9月2日，法国人在色丹（Sedan）被击败，拿破仑三世和他的军队被俘，国防政府和巴黎第三共和国成立。比才、福莱*和圣-桑报名参加国民卫队，继续与进攻首都的普鲁士军队作战。

屠格涅夫对普鲁士的胜利感到高兴。9月9日，他在给皮奇的信中说："维亚尔多一家都健康快乐。"

> 我们正在为伤员组织音乐会和朗诵会——我们就是这样度过自己的日子的。帝国的垮台让可怜的维亚尔多非常满意，但他的心仍然在流血——尽管他意识到这一切都是法国应得的惩罚。对我来说，我应该完全是一个德国人，因为法国的胜利将是自由的失败——但你们真的不需要摧毁斯特拉斯堡。这是愚蠢和不合时宜的。巴黎现在会发生什么？

从9月19日开始，普鲁士人对巴黎进行了长达四个月的围攻。他们在奥尔良、勒芒（Le Mans）、亚眠（Amiens）攻击法国人，夺取了鲁昂（福楼拜在克鲁瓦塞的家被侵略军征用，迫使作家与其年迈的母亲搬到鲁昂的一家旅馆）。战争的延长使屠格涅夫和维亚尔多夫妇开始反对普鲁士人。9月18日，屠格涅夫在写给一位俄国朋友的信中说："帝国的垮台带来了巨大的喜悦，但德国人陷入

---

* 加布里埃尔·福莱，（Gabriel Fauré，1845—1924），法国作曲家、管风琴家、钢琴家，圣-桑的学生。他以室内乐和声乐闻名，并致力于发展法国民族音乐，著名作品包括《安魂曲》《西西里舞曲》《帕凡舞曲》等。——编注

的气势汹汹的征服欲令人不安。"四周后,他写信给他的德国朋友、作家兼翻译家保罗·海泽:"你们满足于阿尔萨斯,还是对洛林也有意?我开始不理解也认不出我曾经爱过的德国人了。"[141] 他觉得德国人成了军事侵略者,打算摧毁屠格涅夫和维亚尔多夫妇寄予了全部希望的新共和国。

与此同时,在巴登,随着胜利让位于当地民众的凯旋主义,他们开始感受到德国民族主义的真正力量。"我们听不到来自斯特拉斯堡的炮声了,"屠格涅夫在10月9日写给威廉·拉尔斯顿(William Ralston)的信中说,"但我们明明白白地看到数以十万计的德国人前往斯特拉斯堡朝圣,见证他们新的征服。"德国国旗开始出现在巴登的建筑物上。克拉拉·舒曼也挂上了一面,希望德国实现统一。勃拉姆斯对普鲁士的胜利欣喜若狂。他是一位崇拜俾斯麦的德意志爱国者,为管弦乐队和合唱团创作了一首雷鸣般的《凯旋歌》来庆祝胜利。巴登举行了民族主义游行。极端分子试图通过让法国居民的生活变得困难来迫使他们离开。每天晚上,都会有一群人聚集在维亚尔多别墅的入口处,用鼓和号角发出名为"猫叫音乐"(Katzenmusik)的噪声。[142]

战争在莱茵河两岸激起了强烈的民族主义情绪。阿尔萨斯落入德国人之手让法国人切齿痛恨。德国人被从法国驱逐,法国人被从德国驱逐。普鲁士的胜利是欧洲历史的转折点。在政治上,它助长了日益加强的民族主义潮流,这股潮流反对同时在整个欧洲大陆发展的文化世界主义——最终导致这种欧洲文化在第一次世界大战中解体。更直接的影响是,德意志帝国的建立对像巴登这样受到法德两国欢迎的温泉小城的世界主义文化来说是一场灾难,它在1871年加入了帝国。这些地方不再受法国人青睐——他们转而去了本国的温泉度假地——失去了国际氛围,也随之失去了文化上的动人之处和重要性。

第五章　欧洲在玩乐

这对那些在它们的世界主义文化中功成名就的艺术家也是一场灾难。没有人比奥芬巴赫所受的影响更大，他遭到了来自两方面的民族主义者的攻击。在德国，他被指写了反德歌曲，因而犯有叛国罪，而在法国，他又被指责站在他的出生国一边。这两项指控都没有理由。虽然出生在德国，但奥芬巴赫选择了法国。他是法国公民。他不承认德国根据血统和出生地来认定他的国籍。为了澄清自己的立场，以及避免他在德国的亲属可能遭到攻击，他给维勒梅桑写了一封公开信，发表在《费加罗报》上：

> 某些德国记者散布诽谤，说我写了许多反对德国的歌曲。伴随着这些断言的是最可怕的侮辱。我在德国有家人和朋友，我仍然很珍视他们——正是为了他们，我恳请你发表这封信：我从14岁起就生活在法国；我收到过入籍通知书；我被封为荣誉骑士；我的一切都离不开法国，我相信自己配得上法国人的称号，这是我通过工作和荣誉赢得的，但我承认我仍然爱着我的故乡。[143]

9月，奥芬巴赫和他的家人从法国逃到西班牙北部的皇家海滨小城圣塞瓦斯蒂安。

与此同时，法国的反德情绪达到了沸点。"他们想让我们憎恨我们所爱的德国人，"9月8日，乔治·桑写信给路易说，"这是对欧洲文明的一次什么考验啊！"[144]民族主义情绪使维亚尔多一家的生活变得不可能。法国媒体抨击他们选择住在巴登，成为普鲁士国王和王后的朋友，以及在战争爆发时没有返回法国。他们收到了指控他们叛国的信。共和派的司法部部长阿道夫·克雷米厄（Adolphe Crémieux）写给路易的一封信让保琳娜非常愤怒，以至于她觉得有义务保护自己的丈夫，就像他曾不止一次为妻子遭受的

不正当攻击辩护。按照社交礼仪,她没有给部长,而是给他的妻子克雷米厄夫人写了信:

> 是不是因为我和普鲁士王后有着近三十年的友谊,我丈夫的爱国精神就受到了怀疑?这个人牺牲了自己的整个生涯来帮助我成为艺术家。出于对法国的爱,因为对帝国政府的仇恨,这个人与我一起来到我们心爱的国家的边境,在巴登公国流亡。对此您怎么看?是我们选择做德国人吗?哈,这真是个糟糕的笑话![145]

这场战争在经济上对保琳娜来说是一场灾难。巴登的音乐会生活已经终结,她还失去了回到家人身边的学生们。10月18日,当巴黎被围困时,她带着孩子们出发前往奥斯坦德,从那里乘船前往英国。与其他许多人一样,伦敦也是维亚尔多夫妇的避难所。曼纽埃尔自1848年以来一直住在那里,在音乐界有许多有影响力的熟人。保琳娜可以指望那座首都的学生、音乐会和活动。

路易暂时留在了巴登,前一周他病倒了,所以屠格涅夫陪着保琳娜和孩子们去了奥斯坦德。他们乘马车到曼海姆,然后搭轮船沿着莱茵河顺流而下到达科隆——铁路掌握在普鲁士军方手中,禁止平民乘客使用——然后乘火车前往安特卫普和奥斯坦德。维亚尔多一家从那里乘船前往多佛,见到了曼纽埃尔,后者把他们带到了在波特曼广场附近的西摩街临时住所。第二天,保琳娜去了联合银行——她在那里的一个账户里存有100英镑——把她从巴登挽回的钱存入这家银行:970法郎(38英镑)。这些钱足够他们生活几个月。[146]

屠格涅夫则立即从奥斯坦德沿远路返回巴登,照看她的路易,并监督他们房子的收拾工作。三周后,维亚尔多别墅被用木板封了起来。屠格涅夫的房子也关闭了——只是尽其可能,因为就像10

月28日他在写给安年科夫的信中所说的那样,被暴风雨吹倒的烟囱"直接砸穿了屋顶,几乎摧毁了整座建筑"。"当时建造它的时候,我告诉建筑师,一个法国无赖,我们这里的风太大了,这么高的烟囱可能会很危险。'先生'——他回答说——'这些烟囱和法国一样稳固'。"11月初,屠格涅夫准备和路易一起离开巴登。他在给安年科夫的信中写道:"我几天后就要离开,计划在伦敦待到新年。我会从伦敦把我的地址寄给您。维亚尔多家的其他成员都已经在伦敦了:战争毁了他们,维亚尔多夫人必须设法在英国谋生,那里是唯一还能找到这种商品的国家。"[147]

第六章

没有音乐的国度

> 英国人是唯一没有自己音乐的文明民族（除了音乐厅里的小调）。我指的是他们自己的音乐，因为在英国表演的外国音乐也许要超过其他任何国家。
>
> 奥斯卡·施密茨，1904 年

一

路易和屠格涅夫于 1870 年 11 月 13 日抵达伦敦。保琳娜和孩子们还住在西摩街的寄宿处，但等路易到达后，他们一起搬到了马里波恩的德文郡广场一栋漂亮的乔治时期风格的房子里。屠格涅夫在距离维亚尔多夫妇只有一步之遥的德文郡街租了几个房间，但受不了寒冷和潮湿，也受不了烧煤冒出的烟雾，很快就搬到了需要稍微走一段路的本廷克街，希望能住得更好。但他在那里也不舒服。屠格涅夫对女房东做的英国菜怨声载道。他在给 1869 年就移居伦敦的亨利·詹姆斯的信中写道："在这个国家，他们不会用土豆或

图 21 伦敦德文郡广场,维亚尔多一家的住处

鸡蛋做任何东西。"[1]

屠格涅夫很少待在本廷克街。他从早到晚都在维亚尔多家。那是一座五层楼高的房子,低层有宽敞的房间。根据 1871 年的人口普查,他们有一名家庭教师、一名厨师和两名同住的女佣。然而,与在巴黎和巴登的生活条件相比,他们认为这里算得上简陋——克拉拉·舒曼也持同样的观点,她在 2 月份拜访了他们在德文郡广场的住处后给勃拉姆斯写信说:

在这里,维亚尔多夫人的样子让我辛酸。前几天,我在一个最不舒服、最肮脏的住处看到了她,她向我描述了这里的学

第六章 没有音乐的国度

生多么糟糕。对这样一位艺术家来说,这是多大的侮辱,她被迫这么做是多么可悲……我在她家的时候,眼里含着泪水,但幸运的是,她没有意识到这一点,否则她会取笑我的。

当时 13 岁的保罗·维亚尔多在回忆录中回想起那座"阴暗的房子":"黄色的雾气,煤气灯中午也亮着,因为暗得像夜晚一样;寒冷潮湿,无声的进食过程中不时传来匆忙的脚步声和报贩宣布德国胜利的叫卖声。"[2]

维亚尔多一家在伦敦的生活条件很拮据。他们把大部分钱投入了巴登的别墅。他们没有试图出售那座房子,以期在战争结束后返回德国——这种可能性在他们居留伦敦期间变得越来越不受期待。与此同时,他们被迫维持收支平衡。路易又卖出了一些他的"老大师"作品,包括他的第二幅伦勃朗的《穿军装的老人》(1631 年),屠格涅夫在 1871 年 1 月为这幅画找到了买家:沙皇亚历山大二世的妹妹玛丽亚·尼古拉耶夫娜大公夫人(Grand Duchess Maria Nikolaevna)。[3]

伦敦物价昂贵。保罗的学费和用人的费用比在巴登时要高,保琳娜也不会放弃她习惯的那种奢华的待客方式。维亚尔多家的音乐晚会的传统在德文郡广场得到延续。他们为新的艺术朋友圈和政治家献上了非正式的室内乐独奏会、西班牙歌曲之夜和保琳娜著名的歌剧场景,还有几场《最后的巫师》表演,观众都是伦敦的社会名流,包括查尔斯·哈雷、亚瑟·沙利文、弗雷德里克·雷顿(Frederick Leighton)、安东尼·特罗洛普、罗伯特·勃朗宁(Robert Browning)、乔治·艾略特和她的丈夫乔治·刘易斯(George Lewes)*,理查德·蒙克顿·米尔尼斯(Richard Monckton Milnes,霍顿勋爵〔Lord

---

* 保琳娜·维亚尔多很可能是乔治·艾略特的戏剧诗《阿姆加特》(1870 年)中的当家花旦的原型。

Houghton]），时任首相威廉·格莱斯顿（William Gladstone）也至少光顾过一次。[4] 很快，他们的朋友圣—桑也加入了他们的行列，他于1871年4月逃离巴黎。夏尔·古诺是另一位常客，他在9月就来到伦敦。1852年，他因为拒绝了保琳娜的结婚礼物与维亚尔多夫妇闹翻，后来和解了。保琳娜在1864年与他恢复了联系，从那时起，他们就一直保持着友好的通信。[5] 现在，在伦敦，他们因为共同的不幸走到了一起。

维亚尔多一家靠保琳娜教学生的收入为生。她招徕学生不仅靠自己作为一名歌手和老师的名声，还靠她哥哥的关系，后者是欧洲最受欢迎的美声唱法老师之一。1854年，曼纽埃尔·加西亚发明了喉镜——一种用镜子观察喉部和声门的设备——这让他在科学界和音乐界都获得了世界性的认可。这种设备使他在声音训练中加入了科学知识。在他手下学习的明星有珍妮·林德（Jenny Lind）、朱莉娅·格里西、安托瓦内特·斯特林和男高音歌唱家尤里乌斯·施托克豪森（Julius Stockhausen）。当保琳娜到达伦敦时，他把自己的许多年轻学生介绍给她。保琳娜抱怨说，他们没有她在巴登的学生那么优秀，但人数很多，而且让她能够支付账单。[6]

为了增加收入，保琳娜会参加音乐会演出，尽管她之前就已经决定从舞台上退休，她还是会在外省剧院登台，因为她的嗓音现在被认为不适合伦敦的歌剧舞台。她随威勒特·比尔的歌剧团重新开始巡演，在前往德比郡（Derby）、北安普顿、曼彻斯特和纽卡斯尔（Newcastle）等地的路上花了整整几周的时间。当她不在时，屠格涅夫觉得她的离家给自己带来了一种"身体上的不适"，正如他在1870年12月5日所解释的那样，当时她在爱丁堡：

> 我仿佛呼吸困难，有一种隐秘的、挥之不去的焦虑，我无法逃避它，没有什么能分散我的注意力。当你在这里的时候，

第六章 没有音乐的国度

我有一种安静的喜悦——我感觉"像在家里"[英语]——其他什么我也不想要。啊，亲爱的朋友[德语]，我会珍惜和尊重过去27年来我美好而宝贵的过去。我们的情况将和彭斯的《乔·安特生，我的乔》一样——我们将一起下山。[7]*

他们已经开始下山的想法在数字上很难成立（屠格涅夫只有52岁，保琳娜49岁，而路易已经70岁了），但失去了巴登的幸福生活后，他们可能会有这样的感觉。

保琳娜的收入不足以维持他们的生活开支，即使算上出售路易的"老大师"的钱。维亚尔多夫妇依靠屠格涅夫提供经济帮助，就像他在之前一直依赖他们一样。他们忠实的朋友总是去斯特兰德的库茨银行安排转账给路易。在1871年初的俄国之行中，他甚至卖掉了一块土地，以筹集8万法郎的现金，购买铁路股票作为克劳迪

---

* 屠格涅夫指的是罗伯特·彭斯的《约翰·安特生，我的爱人》（1789年）一诗（他将原诗的"约翰[John]"写作"乔[Joe]"）：

约翰·安特生，我的爱人，
记得当年初相遇，
你的头发漆黑，
你的脸儿如玉；
如今呵，你的头发雪白，
你的脸儿起了皱。
祝福你那一片风霜的白头！
约翰·安特生，我的爱人。

约翰·安特生，我的爱人，
记得我俩比爬山，
多少青春的日子，
一起过得美满！
如今呵，到了下山的时候，
让我们搀扶着慢慢走，
到山脚双双躺下，还要并头！
约翰·安特生，我的爱人！（王佐良 译）

娅的嫁妆。正如他向保琳娜解释的那样，这份投资"足以提供5500法郎甚至6000法郎的年收入"。[8]

从俄国回来后，屠格涅夫搬进了博蒙特街的新住所，就在德文郡广场维亚尔多夫妇的新居后面。他正在重现他们在巴登的"三人家庭"的状态——互相毗邻而居，但又分门别户。住在单独的房子里主要是为了面子。他忍受着阴冷潮湿，很快就得了流感和痛风。5月6日，他在博蒙特街写信给福楼拜：

> 我在英国——不是为了来这里享乐——而是因为我那些几乎被战争摧毁了的朋友们来这里试图赚一点钱。英国人有一些优秀的品质，但他们都过着非常艰苦的生活，即便是其中最聪明的。这需要一些时间来适应——比如他们的气候。但我还能去哪里呢？[9]

伦敦有一个庞大的法国流亡者群体。他们分几波到来，首先是1793年后逃离革命恐怖的大批保皇党；然后是1848年，当时的总统拿破仑对社会主义者和激进的共和派进行了镇压。1851年12月，当拿破仑发动推翻第二共和国的政变之后，甚至更多的人陷入流亡，大约4000名拿破仑的政敌逃到了英国。维克多·雨果就是其中之一，他首先前往泽西岛，在那里因支持一家批评维多利亚女王的报纸而被驱逐，然后他与家人在根西岛定居，从1855年到1870年都生活在那里。他的大多数同胞在英国停留的时间不长，但在19世纪50年代中期，伦敦大约有1000名流亡者，主要集中在苏豪区和菲茨罗维亚区。莱斯特广场是伦敦法国人聚居区的国际中心，萨布洛尼埃酒店（Sablonière Hotel）是总部和新来者的接待中心。萨克雷称该地区为"黑暗的现代法国"。"这里有法式咖啡馆、台球房、餐厅、服务员、市场、贫穷的法国人和富有的法国人……"普法战争爆发后，第三波也是规模最大的一波移民潮到来了。19世纪70年代中期，估计有8000名法国人居住在伦敦。手头拮据的流亡者，包括许多艺术家，在苏豪区落脚；但更富裕的人害怕苏豪区的妓女们，搬到了菲茨罗维亚和马里波恩等时尚地区。[10]

英国完全是欧洲政治流亡者的避风港。没有法律阻止移民进入英国，无论他们的国籍或信仰如何，也没有任何法律手段阻止他们在英国落脚后继续进行政治活动。1848年的《外国人法案》（Alien Act）确实允许政府在法院承认个人对国家安全构成威胁的情况下将他们驱逐出境，但该法案于1850年失效，从未使用过一次。英国人的自由意识延伸到了保护革命者免受外国政府的伤害。马志尼、马克思和恩格斯、路易·勃朗、勒德吕-罗兰和赫尔岑都把伦敦作为他们的宣传基地。1858年，在意大利革命家费利切·奥尔西尼（Felice Orsini）试图暗杀拿破仑三世后，法国政府要求对奥尔西尼在英国的同伙采取措施，他向皇帝马车投掷的炸弹就是在英国制造的。巴麦尊（Palmerston）政府适时地提出了一项法案，将在英国境外密谋杀人的法律性质定为重罪。但该法案在下议院被否决，后者通过了对政府屈服于拿破仑要求的谴责投票，迫使巴麦尊辞职。[11]

英国强劲的经济也吸引了来自欧洲大陆的经济移民。大多数人在伦敦定居，他们的手艺在那里很受欢迎：法国的裁缝、珠宝商和工程师大多集中在苏豪区；德国的面包师、钟表匠和音乐家主要在菲茨罗维亚区；意大利的食品进口商、冰激凌制造商和桶形风琴演奏者则集中在克莱肯韦尔（Clerkenwell）的小意大利。[12]

没有人因为天气或食物而来英国。外国人对两者都有怨言。他们通过在欧洲大陆广为流传的恐英症的陈词滥调来看待这个国家：伦敦的忧郁迷雾，英国人性情的冷漠，物质主义，虚伪，"背信弃义的阿尔比恩"等等。[13]弗洛拉·特里斯坦（Flora Tristan）的《伦

敦漫步》(1840年)在普及这些刻板印象方面可能比其他任何一本书都做得更多,尤其是在法国人中:

> 在伦敦,你在空气中会呼吸到忧郁,它通过所有的毛孔进入你的身体。没有什么比这座城市在雾蒙蒙的日子里或在雨中和黑暗中的样子更阴郁了……它让你深感绝望……对一切都感到厌恶,并有一种无法抗拒的自杀欲望……在这样令人讨厌的日子里,英国人中了他们的气候的魔,变得粗暴。[14]

把英国的气候和英国人的性情联系起来是欧洲人的常见话题。法国反奴隶制活动家维克多·舍尔谢(Victor Schoelcher)认为,从任何意义上讲,英国都是"地球上最冷的国家"。19世纪50年代,冯塔纳曾在伦敦待了四年,他得出的结论是,好客在英国人心中已经"灭绝":"他们的国家是开放的,但房子是关闭的。"[15]

各个国家的来访者都注意到了英国上流社会的沉闷,尤其是俄国人,他们的贵族阶层以活泼和私下的不拘礼节著称。在抵达伦敦的第一天,屠格涅夫就被他的俄国朋友尼古拉·热姆丘日尼科夫(Nikolai Zhemchuzhnikov)带到帕尔摩尔的一家俱乐部吃午饭。屠格涅夫被过于僵硬的服务员激怒了,他们用不同的银盘依次端上每道菜。他忍不住拍打着桌子,用俄语咆哮道:"萝卜!南瓜!芜菁!荞麦粥!"——以此表达他的欢乐。热姆丘日尼科夫回忆说,服务员离开后,"他就开始取笑我,取笑英国人和英国"。[16]

屠格涅夫的朋友赫尔岑从1852年开始就生活在伦敦,他认识一个曾在维亚尔多夫妇的巴黎家中当仆人的英国人。这个英国人对他们的随意方式感到震惊,很快就离开了。在被问及是什么导致他不满时,英国人回答说:"他们不是那种懂礼仪的人:在晚餐桌上,和我说话的不仅是妻子,还有丈夫。"[17]

第六章 没有音乐的国度

英国人的怪癖是另一个常见话题。欧洲人将其解释为英国与欧洲大陆的隔绝。《若阿那指南》伦敦卷警告读者：

> 英国人长期无法与欧洲大陆民族接触，或者出于骄傲而认为后者是野蛮人，他们创造了自己独特的礼仪规范，像他们自己一样僵硬和生硬，他们的绝对僵化的法律被奴性地遵守……外国人应该知道并遵守这些规则，否则就会被认为不够绅士。[18]

维亚尔多夫妇已经习惯了英国人和他们的怪癖。他们从30年前就一直造访这个国家。路易认为英国人很古怪。在《狩猎回忆录》中，他把这个国家比作一所"巨大的修道院"，因为英国人非常严格地遵循着他们古怪的礼节。"如果外国人在街上跟人打招呼时没有脱下帽子，或者胆敢用刀子吃鱼，就会被认为没有教养"。他们曾受邀前往格罗斯特郡的一个很棒的庄园打猎，发现即使是在英国5月潮湿寒冷的天气里，穿着白色细棉布连衣裙参加晚宴的女人也会露出颤抖的手臂和脖子，"就像他们要去参加舞会一样"。保琳娜以为她们是因为她在场而打扮得如此荒唐，表示真没必要，但其中一个人回答说不是为她才穿的——她们每天晚上都穿成这样：如果她们的父亲独自在家，他会戴白色领带参加晚宴。[19]

即使在来到这个国家30年后，维亚尔多夫妇仍然难以认同英国人。像许多与他们属于同一社会阶层和秉持世界主义理念的欧洲人一样，他们认为英国人是沉闷、冷漠和自负的。他们缺乏音乐细胞，喜欢追逐时尚和名人，而且保琳娜还要不断奉承他们的"低俗品味"，这些都让她感到恼火。1850年，在演唱会后于白金汉宫与维多利亚女王一起参加的晚宴上，保琳娜向屠格涅夫抱怨说，英国皇室成员既不知道如何穿着得体，也不知道合适地谈论音乐：

女王穿得像一根鲁昂苹果糖棒（bâton de sucre de pomme de Rouen），用蓝色和银色紧紧地裹着身体，相当僵硬。穿了那么多衣服，她吃起东西来肯定不舒服。当她来到艺术家面前时，她不知道该说什么，而是对他们所有人都说了同一类话——比如她对我说："我非常钦佩你最近在《先知》中的表演——那一定很累——但很有趣，特别是教堂的场景。"然后她又走向别人。[20]

当然，法国人天生倾向于批评英国人，因为他们与生俱来就有一种对英国人的文化优越感，就像赫尔岑在《往事与随想》（1870年）中开玩笑说的：

> 法国人不能原谅英国人，首先，英国人不会说法语；其次，当他把查令十字街读成Sahran-Kro，或者把莱斯特广场读成Lesesstair-Skoar时，英国人听不懂他的话。此外，他的胃不能消化包含两大块肉和鱼的英式晚餐，只能应付五小份各式各样的杂碎、炸小鱼、烩串烤野味等等。还有，他永远不能听任餐馆星期天关门的"奴役"，让人们无聊地面对上帝的荣耀，尽管整个法国一周有七天都要无聊地面对波拿巴的荣耀。[21]

事实上，赫尔岑在这最后一点上站在法国人一边。"这里的生活就像奶酪里的蛆虫一样无聊"，他从伦敦给一位俄国朋友写的信中这样说。大多数欧洲人都同意他的观点。19世纪70年代初，埃德蒙多·德·阿米契斯（Edmondo de Amicis）第一次来到伦敦时写道："外国人觉得伦敦的夜晚非常令人沮丧。"

> 一种强烈的忧郁会降临到我身上。我已经习惯了巴黎林荫大道的华丽和拥挤的节日人群；相比之下，伦敦的街道似乎黑

暗而阴郁。我想念人头攒动的咖啡馆，富丽堂皇的商店，甚至蒙马特大道上奇特的魔术灯笼展，它们让我很容易忘记了看到巴黎随处可见的肆无忌惮和招摇过市的妓女时感到的愤慨。

对于1871年逃到伦敦的法国社会主义领袖儒勒·瓦莱斯（Jules Vallès）来说，新教的统治扼杀了伦敦生活中的所有欢乐。"通奸在这里是不可能的。宗教几乎是强制性的，而且非常令人反感。英国的神是丑陋的，没有同情心，而且已经陈旧褪色……天主教的狂热对妇女的贞洁构成了危险。因此，改革后的宗教不是让金发女郎会为之疯狂的东西。"[22] 主宰着英国周日的无所事事让路易·维亚尔多抓狂：

> 从加的斯到阿尔汉格尔斯克，周日在整个欧洲大陆都是休息和欢庆的日子；但在英国，那是无所事事的一天。它被从日历上抹去，从生活中除掉。周日是不存在的。你想像往常一样吃东西吗？你最好在前一天买好储备，因为那天没有东西卖。你想拜访朋友吗？所有的房子都关闭了，只有教堂在祈祷时开放。你想写信或者收信吗？邮政服务停了。多么愚蠢！多么虚伪！英国人反对在周五吃鱼或喜欢吃青蛙而不是烤牛肉的罗马天主教徒，但他们允许这种对周日的盲目崇拜，以致议会每周都会收到数千人签署的请愿书，傲慢地要求禁止所有铁路和轮船服务，认为这是对圣日的可憎亵渎。[23]

对路易和许多欧洲游客来说，英国人的新教文化与他们务实、平淡、冷漠和有商业头脑的性格有关。法国评论家和历史学家伊波利特·泰纳在《英格兰笔记》（1872年）中写道："英国人的大脑内部可以与穆雷指南相比，事实很多，但想法很少；大量准确而有用的信息、统计数据和数字，可靠而详细的地图，简短而枯燥的历史笔记，通过序言提供的有用的道德提示，但没有考虑一切的远见，也没有对好作品的兴趣。"[24]

英国人是一个商业民族，而不是艺术民族，这是欧洲人，特别是浪漫主义者的一种普遍看法。海涅厌恶英格兰，讨厌"万物的严肃性，巨大的统一性，机械的运动"——你可以派一位哲学家去伦敦，他写道，"但派个诗人去就是自讨苦吃"。1865年，克拉拉·舒曼在伦敦巡演时写信给勃拉姆斯说："在这里，所有的艺术兴趣，事实上是所有的理想主义都为'生意'做了牺牲。"[25] 不过，她还是19次造访英国。

肖邦同样认为英国人对金钱的感觉比对音乐更灵敏。1848年造访伦敦期间，他向在巴黎的朋友们讲述了他与一位英国社交圈的女士的典型对话：

女士：肖邦先生，您要多少钱？
肖邦：夫人，我的收费是20几尼。
女士：哦！我只想让您弹一首短曲。
肖邦：夫人，我的费用是一样的。
女士：那你会演奏很多曲子吗？
肖邦：如果您愿意，可以弹两个小时，夫人。
女士：那就这么定了。这20几尼要预付吗？
肖邦：不，夫人。事后再付。
女士：我确信这很合理。[26]

二

英国人同情1870年的法国流亡者。在普法战争中，他们大多站在法国一边。认为他们是失败者，正如克拉拉·舒曼在1871年2

月从伦敦给勃拉姆斯写的一封信中所解释的那样:

> 当我生活在这里的时候,我才意识到我对德国的依恋有多深。这一次,英国人的反德情绪使其更加强烈,他们表达了对弱小的一方,也就是对法国人的同情。起初,我以为这是英国人嫉妒德国人,后者刚刚证明了他们的伟大,但生活在这里的某些德国人向我保证,英国人是出于同情。[27]

为了帮助法国流亡者,英国人成立了一个全国伤病员援助协会(National Society for Aid to the Sick and Wounded),后来成为英国红十字会。音乐家们为伦敦的难民设立了市长官邸救济基金(Mansion House Relief Fund),其中包括作曲家威廉·斯特恩代尔·贝内特(William Sterndale Bennet)和亚瑟·沙利文,他们组织了一些慈善音乐会,包括与保琳娜一起在座无虚席的埃克塞特音乐厅举办的一场音乐会。

战争永久改变了英国对德国的态度。在此之前,维多利亚时代的人们认为德国人是最接近他们自己的欧洲国家:他们拥有共同的撒克逊血统,共同的新教宗教(至少在德国北部如此),以及在道德说教上具有共同的严肃性。他们还有一个与德国有联系的王室。所有这些联系造就了维多利亚时期强烈的亲德风气。1870年之后,观点发生了变化。德国对法国的胜利——后者在此之前是欧洲大陆上最强大的国家——引起了英国对德国军事侵略的恐惧。这一点在乔治·切斯尼(George Chesney)的畅销小说《多尔金之战》(1871年)中得到了表达,这是"入侵文学"体裁的开山之作,讲述了一个德语国家征服英国的故事,那个国家只被称为"敌人"。[28]

英国人不愿卷入欧洲政治。维多利亚女王的政府相信自己的自由贸易价值观将在整个欧洲传播,他们关心的是保持低税率,因此在欧洲大陆奉行一贯的不干预政策,当然除非大英帝国的利益受到威胁时,就像克里米亚战争那样,这是英国在这一时期参加的唯一一场欧洲战争。作为欧洲头号强国,英国在道义或宗教上有责任捍卫欧洲大陆的正义,这种想法很少得到公众或媒体的支持。[29]

当他们对外国事件感兴趣时——波兰人、意大利人和匈牙利人的民族解放运动在英国都得到了同情的倾听——那是因为他们认为那些涉及的国家是与压迫者和暴君作战的弱者,把自己的自由主义价值观投射到那些人身上。1864年访问英国时,加里波第(Garibaldi)被视为反教皇运动的英雄,具有英国绅士的所有美德,并被拿来与沃尔特·雷利爵士(Sir Walter Raleigh)和弗朗西斯·德雷克爵士(Sir Francis Drake)相提并论。意大利的统一——以1870年夺取罗马为胜利标志——被英国人视为他们自己的宪政原则对奥地利和教皇的威权主义的胜利。[30]

英国的与世隔绝不仅是政治上的。在文化上,英国人与大陆上的欧洲人同样保持着距离。他们结伴出游,手里拿着他们的穆雷指南,很少与当地居民互动,批评任何让他们觉得太"外国"(即与国内的组织方式不同)的东西。他们对欧洲语言一无所知,认为只要说英语时声音足够大和速度足够慢,商人、服务员、搬运工和其他所有他们必须打交道的人就都能听懂他们的话。

旅游指南鼓励英国游客对他们所访问的欧洲国家的当地人采取殖民者的态度。理查德·福特(Richard Ford)在其广受欢迎的《西班牙旅行者手册》(1855年)中建议说:"一般来说,坚定、安静、彬彬有礼、略显含蓄的态度是最有效的。每当履行职责时,都要让他们知道你是不可轻视的。很少有外国人能受得了英国人认真时的冷淡态度。"[31]没有一个欧洲国家可以免于批评,而欧洲生活中没有哪个地方比下水道和排水系统更容易受到这样的指责,公平地说,它们确实落后于英国在19世纪中叶所达到的标准。1846年,穆雷的瑞士指南提到了最近瑞士的道路、住宿和旅行总体条件的改善，但指出：

> 即使是在一流的客栈里，房子也缺乏适当的排水和通风，通道和楼梯也不卫生，臭气熏天。应该让房东注意到这对英国人来说是多么令人厌恶和无法忍受的事。没有任何借口。[32]

英国人坚信他们优于欧洲人，甚至优于所有的外国人。他们相信英国令世人羡慕，因为他们拥有历史悠久的自由和代议制传统，还施行法治。这是他们国家认同的核心。他们的信心植根于他们对大陆列强，特别是法国人的军事胜利，植根于大英帝国的征服，还植根于英国作为最早的工业社会的地位。由于地理上孤悬海外，英国人对自身的特殊性有着强烈的意识，这种特殊性不仅源于这个岛国长久以来没有被征服过，而且特别建立在他们的新教信仰之上，这让他们不同于"天主教的欧洲"，后者在此叙事神话中，被视为在道德上是落后的。[33]这种叙事得到了维多利亚时代伟大的辉格党历史学家们的鼓励，比如麦考利勋爵（Lord Macaulay）在他的《英国史》（1848—1861年）中将英国的历史描述为从大宪章到现代君主立宪制的进步历程——后者是社会和政治演变的最高形式。

欧洲旅行证实了英国人关于欧洲人道德落后的看法。亨利·梅休（Henry Mayhew）在《德国人的生活与礼仪》（1864年）中写道：

> 笔者一直觉得从英格兰向南旅行就像在时间上倒退——每走过十个纬度相当于在我们自己的历史上倒退大约一百年；因为在法国，我们看到社会处于那个世纪初我们国家的那种腐败和不舒适的状态，而在德国，我们发现那里的人在各种文明教养以及社会和家庭进步方面至少落后我们一个世纪；在西班

牙,居民完全过着中世纪的生活,活在同样的污秽和知识的黑暗之中,以及同样的贫穷和偏执之中,就像我们国家在宗教改革之前那样。在俄国,我们看到今天仍然存在类似诺曼人征服时的封建时代我们国家的那种隶农制和农奴制状态;而在中非,我们达到了自然的原始状态——文明标尺的原点——绝对的野蛮本身。[34]

三

1871年6月底,屠格涅夫与英国的俄语学者和自己的英语翻译威廉·拉尔斯顿一起去拜访桂冠诗人阿尔弗雷德·丁尼生(Alfred Tennyson)。他们在丁尼生的家里待了两天,那是一座模仿都铎时代风格的宅邸,位于萨塞克斯郡和萨里郡边界的布莱克当(Blackdown)。两位大作家散了很长一会儿步,下了一盘棋,并吃了顿饭,然后开始谈论文学。屠格涅夫不太喜欢丁尼生的诗——诗中关于大英帝国和进步的意味过于强烈——但他至少读过。他还能长篇大论地谈拜伦、雪莱、司各特、斯温伯恩(Swinburne)、狄更斯和艾略特,他读过所有这些人的作品原文。相比之下,丁尼生很不了解欧洲文学,令客人惊讶的是,他与欧洲大陆的同行也没有丝毫接触,尽管他在欧洲进行了大量旅行。丁尼生承认,他没有读过雨果、桑或缪塞的任何一部作品,尽管在屠格涅夫的推荐下,他后来读了乔治·桑近30年前写的两本书——《康素爱萝》和《小法黛特》。至于俄国作家,丁尼生没有读过任何一个人的作品,甚至包括屠格涅夫本人。[35]

丁尼生并非个例。屠格涅夫发现,英国作家普遍不熟悉当代欧洲文学。他在伦敦时认识的两个例外是托马斯·卡莱尔(Thomas Carlyle)和乔治·艾略特,前者精通法国和德国文学,后者曾在德国生活过，是一位杰出的翻译家，广泛阅读了包括歌德、巴尔扎克、凯勒和桑在内的重要的欧洲现代作家作品。

在文学上，英国是欧洲最与世隔绝的国家。英语的主导地位如此强大，它的文学如此丰富，覆盖范围如此之广，以至于读者对外国作品几乎没有兴趣。与其他欧洲国家相比，英国是外国文学的进口小国。它本国的图书贸易很兴旺，用英语出版的图书比欧洲大陆上任何其他语言出版的图书都多，所以它对外文文学的需求不大。随着图书贸易的增长，翻译成英语的书籍数量稳步增加。该世纪中叶时，每年有2600本外国图书被翻译成英文，而到了19世纪70年代，当外国经典小说的流行版本成为标准书店和铁路书店的常备品种时，每年出版的外国图书数量增加到近4000本。但总体而言，与其他欧洲市场的翻译数量相比，这在英语图书贸易中所占的份额很小。翻译作品仅占1870年出版的英文图书的2.88%，甚至低于1800年的3.78%，而在最大的图书进口国（斯堪的纳维亚半岛、德国、荷兰、西班牙和意大利），外国文学几乎占19世纪70年代图书总出版量的一半。就连法国——唯一一个文学语言的主导地位堪比英语的国家——对外国文学的胃口也变得更大：1870年，翻译作品约占法语图书出版的12%。[36]

虽说英国人读的外国文学不多，他们在进口欧洲的艺术、歌剧和音乐的规模上比欧洲大陆上任何其他国家都要大。在文化上，他们对欧洲人的依赖超过了他们愿意承认的程度。英国的财富使其能够从欧洲购买最好的艺术品，而不是自己生产。

1870年，英国是世界上最大的贸易国。伦敦码头比一座城市还大，每年有超过4万艘来自全球各地的船舶在那里卸货。对外贸易是这个国家财富的基础。英国的中产阶级比欧洲其他任何国家都要多，也更富有。自由职业的薪水远远高于欧洲大陆。根据泰纳在19世纪70年代初的记载，一名医生在巴黎就诊的费用为5法郎至10

法郎，但在伦敦为1几尼（约27法郎）；索邦大学的一名教授年薪为1.2万法郎，但牛津大学的一名教授的年薪高达3000英镑（7.5万法郎）；《两个世界的评论》给记者每页200法郎的稿酬，与之类似的英文出版物则能给到500法郎，而《泰晤士报》更是能为一篇文章提供最高100英镑（2500法郎）。泰纳没有提到年收入在20万英镑（500万法郎）左右的实业家和贵族，也没有提到在伦敦及其周边地区拥有大量住房，每年收入达数千英镑的富裕家庭。他总结说："要想多赚钱，就得多消费——这是定律。英国人不存钱，不考虑未来，充其量只会给自己的生命投保。他们和法国人正好相反，后者简朴而节约。"[37]

伦敦的财富从18世纪早期起就像磁石一样吸引着外国作曲家和音乐家，当时年轻的亨德尔开始在那里落脚。他们在伦敦的一个乐季赚到的钱要超过在欧洲大陆工作多年。亨德尔经历过起伏，但在大多数年份里，他的歌剧和清唱剧都赚取了可观的收入。18世纪60年代，莫扎特的父亲利奥波德赚到了"不少几尼"。海顿在18世纪90年代的两次造访中赚了一大笔钱，入账了大约1.5万盾（约合4万法郎），相当于埃斯特哈齐亲王给他的年薪的1多倍。[38]

1829年，门德尔松第一次造访伦敦时表示："在这里，他们像做生意一样追求音乐，计算、付钱和讨价还价。"这座城市提供了回报丰厚的机会。1847年，朱利安将柏辽兹带到伦敦，承诺支付巨额演出费用（他也曾试图招募保琳娜·维亚尔多，但没有成功）。朱利安在财务上失败了，柏辽兹没能拿到钱。但这位法国作曲家还是认为英国首都是音乐的摇钱树。他在1853年写道：

> 在法国乐季之后，每一位意大利、法国、比利时、德国、波希米亚、匈牙利、瑞典和英国歌手都在欢呼："伦敦乐季！伦敦乐季！"各国的演奏家在登上轮船时热情地重申着这一点，

第六章　没有音乐的国度

就像埃涅阿斯的士兵在登船时重复着："意大利！意大利！" [39]

外国出生的音乐家在维多利亚时代的英国音乐生活中发挥了至关重要的作用。无论英国人多么乐于标榜自己与欧洲人不同，他们在文化上还是依赖欧洲人。三位移民为这些岛屿在欧洲音乐地图上所做的贡献比19世纪的任何一位英国音乐家都要多。意大利出生的指挥家迈克尔·科斯塔（1808—1884）于1830年来到伦敦，在那里工作了50多年，他通过一系列改革提高了演奏水准，包括改变管弦乐队的布局，对音乐家进行严格的纪律约束，以及引入由唯一的指挥执棒的现代制度（而不是英国人用的旧制度，即控制权由第一小提琴首席、音乐主管和羽管键琴大师瓜分）。德国出生的指挥家奥古斯特·曼斯（1825—1907）曾在柏林为普鲁士军队担任乐队指挥，后来于1855年至1901年接管水晶宫音乐会。在此期间，他为英国的音乐会曲目引入了大量新作品，并推广了查尔斯·斯坦福（Charles Stanford）、爱德华·埃尔加（Edward Elgar）和亚瑟·沙利文等年轻英国作曲家的音乐。第三位重要的移民是查尔斯·哈雷（1819—1895），他在来到伦敦之前被称为卡尔·哈雷。哈雷出生于威斯特伐利亚的黑根，在巴黎以指挥家的身份为人所知。19世纪40年代，他出入于肖邦、李斯特、桑、保琳娜和路易·维亚尔多的圈子。1848年的革命让他来到伦敦，在那里他以音乐会钢琴家的身份演出，为音乐会曲目引入了许多新作品（他是第一位在英国演奏贝多芬全部奏鸣曲的钢琴家）。1853年，哈雷搬到曼彻斯特，在那里他成立了哈雷交响乐团，并在自由贸易大厅举办音乐会，把英国的管弦乐演奏水平提升到新的高度。

1847年6月，当威尔第带着他的歌剧《强盗》来到伦敦时，他对在那里可以赚取的巨额收入印象深刻。在意大利时，一部新歌剧只能赚 2 万法郎,而在这里可以赚到 8 万甚至 10 万法郎。威尔第在写给米兰的朋友的信中表示:"啊,如果我能在这里待几年,我会带走一大袋这种神圣的钱币。"[40] 伦敦的财富使其成为欧洲歌剧业最重要的城市之一。最好的歌手都去了那里,他们被比欧洲其他任何城市几乎都要高的薪酬所吸引。[41]

1847 年,伦敦拥有三个主要的歌剧院:女王陛下剧院(上演《强盗》的地方),以前被称为国王剧院;考文特花园的意大利皇家歌剧院;以及德鲁里巷的皇家剧院。也有一些较小的歌剧院,如兰心剧院(Lyceum),那里主要演出英语歌剧。伦敦稳固的中产阶级的庞大规模是这一活跃市场的基础:19 世纪 60 年代初,至少有 20 万年收入为 300 英镑或更高的家庭生活在离城市剧院很近的地方,伦敦地铁和新的郊区铁路的开通为歌剧业创造了更大的观众来源。

直到 19 世纪 60 年代,在欧洲大陆的大多数歌剧院,君主、国家或富有的赞助人还在补贴制作。与之不同,伦敦的歌剧院长期以来一直被迫作为私营企业自行运营,尽管它们都获得了国家的许可。1861 年至 1867 年间,来自套票和票房销售的进项占考文特花园年收入的 85%。[42] 两家主要歌剧院——女王陛下剧院和考文特花园剧院——之间的竞争加剧了这些商业压力,两者需要为顶级歌手展开争夺。詹姆斯·梅普尔森(James Mapleson)和弗雷德里克·贾伊分别是两家剧院的经理,他们都是精明的商人。他们选择的剧目完全是基于经济原因(制作成本和可能的票房利润),这意味着要选择在欧洲大陆上经受过考验和检验,受欢迎程度有保证的歌剧。因此,伦敦的歌剧剧目全部是外国作品。[43]

外国对伦敦音乐舞台的主宰使英国作曲家生活艰难。在 19 世纪 70 年代之前,没有一部英国歌剧在女王陛下剧院或考文特花园的主要乐季上演。有两次趁着淡季在考文特花园剧院上演英国民族歌剧的尝试——一次是 1858—1864 年的派恩-哈里森剧团(Pyne-

Harrison Company），另一次是 1864—1866 年的皇家英国歌剧团（Royal English Opera Company）——都以商业失败告终。这两家剧团演出的歌剧都没有进入正典。1863 年，文森特·华莱士（Vincent Wallace）的《沙漠之花》只上演了两周，迈克尔·巴尔夫（Michael Balfe）的《内维尔的布朗什》也同样失败了。[44]

对于英国作曲家来说，进入音乐会曲目也同样困难。新作品的委托太少，很少有管弦乐队能够为他们演奏，更知名的国外作曲家的作品又太多。英国的顶尖作曲家被排除在严肃音乐之外，只能专注于更加流行的形式，特别是音乐厅或家庭歌谣，从那里可以赚到很多钱。维多利亚时代最畅销的两首英国歌谣是为歌剧谱写的：迈克尔·巴尔夫的《波希米亚女孩》（1843 年）中的歌曲《我梦见我住在大理石厅》，以及文森特·华莱士的《玛丽塔娜》（1845 年）中的歌曲《最明亮的场景》。就连 19 世纪 70 年代里年轻的英国音乐家亚瑟·沙利文也无法以创作严肃音乐为生，转而写起了颂歌、客厅歌曲和奥芬巴赫风格的轻歌剧。他的第一部留存下来的作品《考克斯与博克斯》（1866 年）成为维多利亚时代的常见曲目，而像《拉塔普兰》这样朗朗上口的歌曲很方便业余爱好者演唱，销量达数万份。1871 年，他开始与剧作家威廉·吉尔伯特（William Gilbert）合作，上演了一部名为《忒斯皮斯，或诸神变老》的两幕滑稽剧，这是由欢乐剧院（Gaiety Theatre）委托制作的圣诞娱乐节目。评论家们注意到了它与《地狱中的俄耳甫斯》的相似之处，尽管我们很难做出更多的判断，因为谱子已经失传。[45]

英国人强烈地意识到他们在音乐上的低人一等。音乐报刊上经常讨论为什么没有任何值得一提的本土作曲家。外国人解释起来就没那么困难了。冯塔纳怀疑英国人是否有"聆听和谐的耳朵"，他们不仅容忍了那么多"平庸的音乐"，而且还主动地在酒馆和音乐厅里寻找它们。法国评论家亨利·穆兰（Henri Moulin）认为英国人在文学上有自己的优势,但他们是"欧洲唯一不懂音乐的民族——他们中没有诞生一个伟大的音乐家,既没有作曲家,也没有表演者"。[46]直到20世纪初埃尔加突然出现在国际音乐舞台上之前,这仍然是欧洲人对英国人的看法。最著名的论断来自伦敦的常客,德国作家奥斯卡·施密茨(Oscar Schmitz)的《没有音乐的国家》(1904年)一书。施密茨认为,在英国人的众多美德中——商业上的务实和常识、善良、幽默等等——唯一缺乏的就是音乐细胞。他写道:"英国人是唯一没有自己音乐的文明民族(除了音乐厅里的小调)。我指的是他们自己的音乐,因为在英国表演的外国音乐也许要超过其他任何国家。这不仅意味着他们的耳朵没有那么敏锐,而且他们的整个内心生活肯定更加贫乏。"[47]

同样的不平衡现象在美术界也很明显。与巴黎一样,伦敦也是国际艺术品市场的中心。伦敦各大画廊在欧洲各国的首都均派有经销商和买手。伦敦充斥着来自欧洲大陆的艺术品。根据伦敦海关的进口关税数字,英国进口的外国油画数量从19世纪40年代的平均每年11,585幅增加到19世纪70年代的每年5万多幅。进口热潮几乎完全归功于英国中产阶级日益增长的购买力(19世纪70年代进口画作的平均价值不到10英镑)。[48]对外国艺术的爱好越来越受到公共和商业画廊、国际展览、外国旅行、艺术期刊和拉斯金等有影响力的评论家的影响,焦点被集中在欧洲艺术上。

到了19世纪60年代,伦敦艺术市场的规模和财富吸引着越来越多的艺术家。詹姆斯·麦克尼尔·惠斯勒(James McNeill Whistler)于1859年移居伦敦。他致信画家亨利·方丹-拉图尔(Henri Fantin-Latour)表示:"你在这里一个月赚的钱(一个字都别说)比你在那里〔巴黎〕一年赚的还要多得多。"多年来,他一直试图说服方丹-拉图尔搬到英国。[49]方丹-拉图尔没有来,但

第六章　没有音乐的国度

四年后，惠斯勒说服了他的朋友阿尔方斯·勒格罗（Alphonse Legros）定居伦敦。19世纪50年代，作为一名年轻的艺术家，勒格罗在巴黎只取得过一些不大的成功，但他的蚀刻画和绘画在英国广受好评，获得了皇家学院的奖章。与一名英国女子结婚后，他在国家艺术培训学校（皇家艺术学院当时的名字）任教，1876年成为伦敦大学学院的斯莱德美术教授。

居斯塔夫·多雷在伦敦的画廊发了财。他早就以插图闻名，1867年他在伦敦举办的一次作品展大获成功，这促使他搬到那里，并于次年在邦德街开设了自己的画廊。他的大型宗教画在渴望新教教堂艺术的公众中找到了一个获利丰厚的市场。从1868年到1892年，250万参观者每人支付1先令就可以在多雷的画廊观看布道画。多雷的受欢迎程度为他赢得了一份巨额合同——价值每年1万英镑——为《伦敦：一次朝圣》（1872年）一书雕刻200个城市场景。这本书如此成功，帮助多雷从其他英国出版商那里也获得了委托，并成为《伦敦画报》（*Illustrated London News*）的固定撰稿人。

马奈也想在伦敦碰碰运气，多雷和他的朋友惠斯勒在那里的成功与他在巴黎的财富缩水形成了反差。1869年，马奈在造访伦敦后写信给方丹－拉图尔说："我相信在那里可以有所为。那个地方给人的感觉和那里的氛围我都喜欢，明年我会试着在那里展示我的作品。"马奈的计划被普法战争打乱了，他加入了国民卫队。[50]

这场战争把其他许多艺术家带到了伦敦。1871年6月，惠斯勒的另一位朋友雅姆·蒂索来到这里，他在1870年秋曾为保卫巴黎和抵抗普鲁士人而战。蒂索是一位在欧洲享有盛誉的富有艺术家，他在伦敦艺术品市场的许多人脉使他很快就在那里找到了买家。他在伦敦成功地度过了11年，大量创作英国上流社会喜欢的油画：衣着体面的贵妇肖像，在招待会上打着白色领带的绅士等等。龚古尔提到了一则传言，称他在伦敦的工作室里有一个"接待室，人们总能在那里找到冰镇香槟,供来访者享用,在他的工作室外面还有一个花园,一个穿着丝袜的仆人整天在那里刷洗和擦亮树叶"。[51]

1870年,热罗姆带着一类为英国市场量身定做,同样收益丰厚的画作来到这里。19世纪60年代,他极其精美的画作在帕尔摩尔的甘巴特法国画廊卖得很好。一到伦敦,热罗姆就创作了一系列带有说教意味的英国现实主义风格绘画,这为他在1870年和1871年的皇家学院展览上赢得了广泛的赞誉。

巴比松派画家杜比尼也来了伦敦,带着之前两次造访获得的盛名。在那里他结识了一大批艺术家,包括惠斯勒、勒格罗和雷顿。杜比尼在伦敦售出了大量画作,主要是通过杜朗—吕埃尔,后者在9月从巴黎带着他的大部分藏品逃到伦敦,在普鲁士人切断铁路线之前搭上了从这座被围困的城市出发的最后一班火车。杜朗—吕埃尔是巴比松派画家在巴黎最大的经销商。他父亲的画廊从19世纪40年代就开始经营这些作品。1865年接管画廊后,他几乎没有买过其他任何人的作品。在伦敦,杜朗—吕埃尔租下新邦德街的一家画廊——不幸地已被称为"德国画廊"——并组织了一场展览,展出他从巴黎带来的144件法国作品。由于在伦敦默默无闻,他成立了一个虚构的法国艺术家协会委员会(大多数人都不知道自己是这个协会的成员),用委员会的名字为他的画廊做广告。[52]

杜朗—吕埃尔为巴比松派画家打开了伦敦市场。不过,他推崇的印象派早期作品在英国没有取得任何进展。

普法战争开始时,莫奈正和他的妻子、他们年幼的儿子在诺曼底的海滨度假胜地特鲁维尔度蜜月。他们逃到了伦敦,在那里莫奈将《特鲁维尔的海滩》赠送给杜比尼为法国贫困农民组织的展览。这幅画得到了一直关注莫奈作品的杜朗—吕埃尔的赞美。他的另一幅特鲁维尔画作《特鲁维尔的港口》被杜朗—吕埃尔列入1870年

12月法国艺术家协会的第一届年度展览。在接下来的五年里,杜朗−吕埃尔将举办11场展览,他与法国画家建立了联系,并在伦敦发展起客户网络。通过莫奈,他结识了卡米耶·毕沙罗(Camille Pissaro),后者在普法战争爆发时与家人逃到了诺伍德(Norwood),当时那里是伦敦郊区的一个村庄,开始以印象派风格绘制户外场景。杜朗−吕埃尔在1871年3月的第二届展览中至少收入了毕沙罗的两幅诺伍德画作,从那时起他成为毕沙罗的主要交易商和推广者,购买了后者的大量作品。莫奈和毕沙罗在伦敦卖出的画都不多。英国人的品味太保守了——太受皇家学院传统的限制——无法欣赏这些描绘光线的前卫实验者。杜朗−吕埃尔后来声称,他在伦敦的一年里没有卖出印象派的任何一件作品。[53]

　　法国难民艺术家不太看得起他们的英国同行。杜比尼宣称:"现代英国绘画是多么糟糕啊!他们无疑需要我们的影响……他们画的水果或鲜花看起来像是玻璃或糖做的。风景画仿佛是用雪尼尔绳绒线织成的,或者似乎是用头发刷成的。人物像铁一样僵硬。"雕塑家儒勒·达卢(Jules Dalou)于1871年7月抵达伦敦,他抱怨说,英国公众不喜欢"不是画成经过消毒且气味像英国肥皂那样的"裸体作品。毕沙罗严厉批评英国艺术,这种态度很大程度上是因为他在英国的商业失败。1871年6月,他从伦敦写信给艺术评论家泰奥多尔·杜雷(Théodore Duret)说:"我的画不受欢迎。在这里,我们只会遭到鄙视和冷漠,甚至是粗鲁无礼;你会感受到同行们的嫉妒和最自私的蔑视——这里没有艺术:一切都是生意问题。"[54]

　　认为英国人不擅长艺术(就像他们在音乐上毫无希望一样)的想法在欧洲司空见惯。穆兰将其归因于英国画派只有一个世纪的历史(他将其追溯到雷诺兹和庚斯博罗)。他声称,英国艺术中既没有崇高感,也没有超验的神奇;暗淡的灰色天空显得压抑;英国贵族喜欢他们的马和猎狗的风俗画,这位评论家认为,这些画"展现

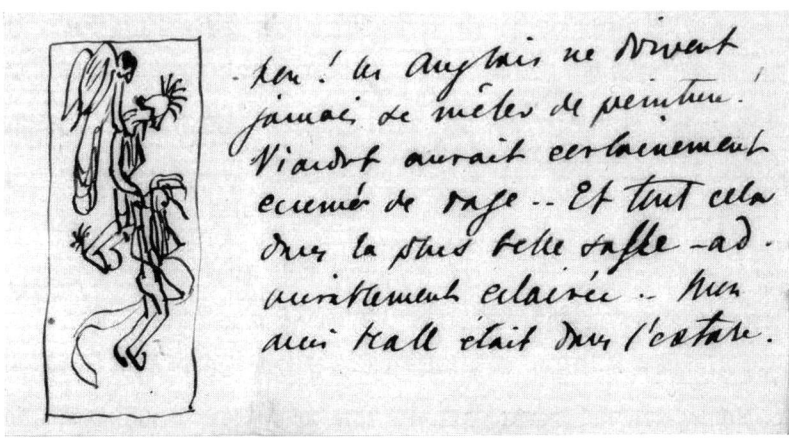

图 22 "英国人永远不应该插手绘画。"来自屠格涅夫给保琳娜·维亚尔多的一封信，上面有他根据格罗夫纳馆的一幅画中描绘的形象画的草图

了这个民族真正的实业天才"。[55]

路易·维亚尔多对英国艺术不屑一顾，特别是它的公共雕塑，他在伦敦度过的大部分时光都用来参观那里的收藏品。他嘲笑了"英国最著名的雕塑家"理查德·韦斯特马科特爵士（Sir Richard Westmacott）为大英博物馆的山墙创作的大理石雕像。维亚尔多认为，这些雕像本应代表"文明的进步"，但它们"缺乏和谐、优雅和威严"，更应该放在"伦敦码头、伍尔维奇海军武器库、格林尼治天文台或北方铁路的主入口处"。在《雕塑奇观》（1869 年著，1872 年译成英文）一书中，维亚尔多总结说，没有一件英国雕塑值得收录在他的书中：

> 无论是在任何公共或私人收藏中，还是在客厅里，我都没有见过任何一位本土雕塑家值得一提的作品。在公共花园、公园和广场上也是一样。我能够描绘一下威灵顿公爵的青铜骑马像吗？这尊雕像竖立在皮卡迪利大街他的宅邸前面，对

面是另一座怪诞的雕像，将这位杰出的政治家和战士描绘成徒步作战的阿喀琉斯，它是完全裸体的，是完全黑色的。这座骑马像……非常像是骑在巴兰（Balaam）的驴子上的潘趣（Punch）——至少伦敦幽默的《逗闹》(Charivari) 杂志上的漫画是这样描绘它的，这座雕像理所当然地属于那本杂志。[56]

屠格涅夫对格罗夫纳馆举办的当代英国画展同样不以为然——这是一个"可怕、骇人的房间！"正如他向保琳娜·维亚尔多描述的那样：

> 糟糕的色彩，幼稚的笔法；这些绅士们希望依靠表情，但追求深刻和诗意的表情只不过是模糊、愚蠢和病态的。有个打着裹腿的中世纪姑娘正在采摘藤蔓上的杏子［原文如此］——一切都在空中——（前面是斯巴达里斯小姐）*——这会让你笑——或者哭得像个婴儿！多荒谬的题材！比如，一幅两米长、半米宽的画：顶部是一位有着奇异翅膀的天使，她提着一名身穿盔甲的骑士——骑士又提着一个裹着丁香色薄纱的女人：这三个人物都在空中悬摆着［附有草图］。这幅画的标题是罗萨蒙达！！不！英国人永远不应该插手绘画。[57]

四

伦敦永远只是维亚尔多一家的临时避难所。一旦战争结束，可以安全返回欧洲大陆时，他们就会回到巴登或巴黎。

---

* 屠格涅夫指的是拉斐尔前派画家玛丽·斯巴达利·斯蒂尔曼（Marie Spartali Stillman, 1844—1927）。

1871年的头几个月里，普鲁士的围攻使巴黎濒临崩溃。人们生活在被每天的轰炸摧毁的建筑废墟里。食品存货岌岌可危。城中不得不引入配给制——每个公民每天400克面包，尽管很难说其中有多少是面包。巴黎人越来越习惯吃马肉。埃德蒙·德·龚古尔1月7日的日记中写道："关于土豆和奶酪这两种穷人阶层的主食而言，奶酪完全成了回忆，至于土豆，你必须有地位很高的朋友才能以每蒲式耳20法郎的价格买到。"[58]当局崩溃了。国民卫队的左翼领导人接管了权力，迫使梯也尔政府及其武装力量撤离首都，退到凡尔赛；巴黎的工人们发动了起义，这场城市革命旨在从奥斯曼的中产阶级手中夺回他们的城市；他们成立巴黎公社，开始提出革命诉求，包括工人对工作场所的控制。政府集结军队，从凡尔赛出发，向巴黎发起攻击。当军队接近这座城市时，公社成员设置了路障，并展开了一场针对"反革命分子"的恐怖运动。5月底，经过一周的巷战，政府军重新占领了首都。公社成员被草草审判和处决；超过4万人被俘虏，其中许多后来被军事法庭驱逐出境。

当时，维亚尔多一家仍在考虑返回巴登。屠格涅夫对这个计划很热心。2月时，他已经回去看过他们的房子，检查它们是否完好，并回忆起他们在那里度过的"幸福岁月"。[59]5月6日，他回到伦敦后给福楼拜写信说，他将在英国待到8月1日，然后回巴登。他会在巴黎稍作停留，前去看望福楼拜。"也许你会来巴登，在那里我们会像躲在洞穴里的鼹鼠一样生活一段时间，你可以和我们躲在一起。"[60]公社失败的消息没有使他们改变主意，尽管他们担心自己在杜埃街的房子的安全，那是一个受战斗影响的地区。7月29日，维亚尔多夫妇搬出了他们在德文郡的房子，和屠格涅夫一起前往布洛涅，在那里的海边待了几天。然后，他们继续前往巴登的旅程，而屠格涅夫则回到伦敦，处理他们在那里的所有事务。

当他们横渡英吉利海峡时，维亚尔多一家一定松了口气，因为

第六章　没有音乐的国度

他们要离开了，尽管他们对未来的风险感到紧张。保琳娜不太喜欢英国人。她觉得他们太土气、太冷漠和太僵硬——总而言之，太不像欧洲大陆人了。他们毕竟不是真正的欧洲人。路易在伦敦过得不开心。他不会说英语，而且身体不好，患有风湿病，英国的天气也没有好处。他担心钱，担心他们在巴登和巴黎的财产，这两个地方都受到了战争的影响，来自法国的消息让他感到沮丧。[61]

屠格涅夫只是稍微快乐一点。在英国度过的十个月里，他的工作进展非常小。他需要有安定感才能写作。唯一颇有进展的是他的中篇小说《春潮》，作品没能在英国完成——他对安年科夫抱怨说："我那该死的故事像根橡胶带一样被拉长了；鬼知道我什么时候能完成它！"[62]——而且看不到他在那里生活的任何痕迹。小说大致基于他本人年轻时在德国的经历，这个爱情故事充斥着对他之前在那个国家无忧无虑生活的怀旧。*不过，屠格涅夫在伦敦拥有活跃的社交生活，他结交了新的文学圈和艺术圈的朋友，甚至加入了雅典娜和加里克俱乐部。英国地主贵族的生活方式很对他的胃口——尤其是他们对乡村运动的热爱。8月，他在苏格兰皮特罗赫里（Pitlochry）享受了一次狩猎之旅。在那里，他是实业家恩斯特·本松（Ernst Benzon）在阿里恩庄园（Allean House）的客人，尽管他对诗人罗伯特·勃朗宁评价不高。勃朗宁和他的儿子也在那里，后者热衷于狩猎。"勃朗宁极其虚荣，一点也不好笑，"他告诉保琳娜，"他的儿子看上去是个非常好的孩子，鼻尖上长着一个红色的大疣子。"[63]

---

* 可以把这部中篇小说解读为描绘了屠格涅夫对纯真浪漫史的憧憬——他因为对保琳娜的效忠而放弃了这种可能。小说中的叙述者萨宁回忆说，30年前，在欧洲之行中，他与一位在法兰克福相遇的意大利姑娘订婚。为了给结婚筹钱，他去威斯巴登见了一位德国熟人的妻子，希望对方能买下他在俄国的庄园。萨宁被她的美貌和魅力所诱惑，跟着她去了巴黎，作为她的"奴隶"生活在那里，直到被其抛弃。

屠格涅夫也被英国人的自由主义所吸引。相比路易·维亚尔多，他的观点更接近他们的演化政治，而前者同情近乎社会主义的激进共和派。5月底，屠格涅夫和拉尔斯顿一起去了剑桥，住在三一学院。在学院大厅用过高桌晚宴（High Table）后，他们放弃了校长楼公共活动室的波尔图葡萄酒，转而去剑桥联盟听了一场学生辩论，当时学生们正在举行考试后的庆祝活动。辩论的主题是："在这间大厅里的人看来，巴黎公社是否值得同情和尊重。"辩题以102票对14票被否定，这促使屠格涅夫在他们离开时对拉尔斯顿说："现在我终于明白为什么你们英国人不怕革命了。"[64]

当屠格涅夫在苏格兰时，维亚尔多一家回到了巴登。他们发现自己的房子破烂不堪，许多窗户都被砸碎了——毫无疑问是德国民族主义者所为，这些人知道房主是法国人。战争和巴登大公国并入德意志帝国改变了温泉小城的面貌。战前的世界主义一去不复返了，取而代之的是更加统一的德国气氛。维亚尔多夫妇觉得自己不受欢迎，决定卖掉他们在巴登的家，返回巴黎，在那里新成立的共和国更符合他们的信仰。巴登贵族对他们的决定感到"愤怒"，声称他们"侮辱"了刚刚称帝的威廉和皇后奥古斯塔，他们是维亚尔多夫妇昔日在巴登的朋友和赞助人。

尽管屠格涅夫不喜欢巴黎，但他接受了他们返回法国的决定。"我很高兴，我认为回到杜埃街是个好主意"，他从爱丁堡写信给保琳娜说。8月12日，他在那里参加了沃尔特·司各特的百年诞辰庆典，并发表了演讲，尽管获得了媒体的喝彩和报道，但他还是觉得"没有人知道"他是谁，也没有人对他的主题"感兴趣"。"既然我们在讨论［杜埃街］的事，而你又有一些房间可以出租，为什么不把我安排在那里呢？我花的钱会比住旅馆少。我刚才想到了这个主意。考虑一下，让我们谈谈。"[65]

8月底，屠格涅夫在巴登与维亚尔多夫妇会合。他们花了一段时间才为房子找到买主。维亚尔多别墅最终以12.3万法郎的价格卖给了匈牙利领事莫里茨·卡罗（Moritz Karo）——这对维亚尔多夫妇花在它上面的钱来说是巨大的损失。屠格涅夫的房子（他已经卖给维亚尔多夫妇）被一位来自莫斯科的德国商人赫尔曼·亚琛巴赫（Hermann Achenbach）买下。路易和保琳娜于10月回到巴黎，搬回杜埃街的房子，为一家人入住做好准备——房子需要维修——而屠格涅夫则和他们的孩子留在巴登。在巴黎很难找到建筑工人——有这么多建筑在战斗中遭到破坏——直到11月底，工程才算大致完成，让屠格涅夫可以带着孩子与保琳娜和路易会合。在巴登的最后几周里，屠格涅夫监督着从他的房子里搬出所有的家具——这是他唯一真正喜欢的家。他在给安年科夫的信中说："我为失去自己的巢而感到难过，但我有游牧的鞑靼人的血统不是没有原因的*。我不喜欢安定的生活——我拥有的每座房子都像帐篷一样。"[66]

---

*　屠格涅夫家族的确是13世纪入侵俄国的鞑靼部落的后代。

第七章

没有国界的文化

> 他出于个人原因生活在巴黎,在欧洲为自己的国家服务。我们戏称他为俄国知识分子的大使。对于和写作、艺术或音乐有某种关联的俄国男人或女人来说,屠格涅夫都为他们出过面。
>
> 马克西姆·科瓦列夫斯基,《回忆屠格涅夫》(1908年)

一

维亚尔多夫妇于1871年10月末返回巴黎。他们对普鲁士的炮击以及梯也尔的军队与公社成员之间的战斗对这座城市造成的破坏感到震惊。在一直延伸到蒙马特的地区发生了持续的战斗,他们看到房屋上布满了弹孔,街道上仍然杂乱地堆满了残余的路障。梯也尔在附近圣乔治广场的宅邸被公社成员烧毁,只留下一个烧焦的空壳。他们自己在杜埃街的房子毫发无损,但在租给一个有很多孩子的家庭多年后破败不堪,这家人在围困期间离开了。屠格涅夫带着维亚尔多家的孩子们从巴登返回,发现房子处于"混乱状态",他在 11 月 24 日写信给安年科夫时表示，"这里到处都是装修、清洁、刮擦、搬动家具的工人，这些都不利于我的工作"。[1]

这个家逐渐恢复了十年前维亚尔多夫妇最后一次住在那里时的奢华和荣光。保琳娜的卡瓦耶-科尔管风琴被从巴登运回，重新安装在被路易作为陈列室的大沙龙里。尽管他出售了许多画作来支付在巴登的花销，但仍持有一些重要的画作，包括委拉斯开兹和里韦拉的几件作品。他们款待客人的一楼房间布置得很华丽，铺着东方地毯，挂着厚重的羊绒窗帘和帷幔，还有装满鲜花的大花瓶。根据作家耶尔玛·博耶森（Hjalmar Boyesen）的说法，那里有一种"东方的异国情调"。保琳娜在一楼的客厅教学生，她把自己的普莱耶尔三角钢琴放在那里。咖啡色的墙上挂着乔治·桑、古诺、圣-桑和屠格涅夫的肖像，还有保琳娜的姐姐，伟大的歌手马里布兰的全身像。[2]

最初，屠格涅夫在阁楼上有两个房间。这是他第一次和维亚尔多一家住在同一所房子里——从那时起，他与保琳娜和路易的关系开始或多或少地变得公开。1874 年，当他们的女儿克劳迪娅出嫁后，他得到了四个她在二楼腾出的小房间。屠格涅夫有一间书房，这是一间"狭小而不通风的房间"，有两扇小窗户，天花板对他的个子来说太低了；还有一张摆满了他的文稿的书桌，一个箱式凳，一个搁脚凳，墙上挂着油画。隔壁的图书室里有一架闺房钢琴，琴盖上覆盖着一层厚厚的灰尘，狭窄的走廊外有一间沙龙和一间卧室，前来造访屠格涅夫的法学家阿纳托利·科尼（Anatoly Koni）通过一扇敞开的门注意到，里面"一片混乱"，床没有铺好，窗帘从挂杆上掉了下来。经常造访屠格涅夫的俄国学生叶莲娜·雷普钱斯卡娅（Elena Repchanskaya）说，屠格涅夫在家里衣着邋遢：衣服上的纽扣也掉了几个。她认为这表明他生活悲惨，没有妻子照顾。露易丝则回忆说，尽管衣着邋遢，但他的"举止无可挑剔"，她从古龙水的气味中能够感觉到他在房子里。[3]

来访者们对这位伟大作家简陋的居住环境感到震惊,他就像房客一样住在老朋友的房子里。俄国人为他打抱不平。"这套公寓看起来像是寒酸的带家具的出租房——同样窄小的通道和走廊,同样的门、炉子和家具。配不上一位富有的贵族,"俄国记者兼回忆录作家彼得·波波里金(Petr Boborykin)认为,"还有哪个痛风患者会爬这么多级台阶走到楼上,忍受着每天早上十点钟起维亚尔多太太的学生们在楼下的客厅里发出的响亮刺耳的颤音和进行的视唱练耳呢?我无法想象他是怎么工作的。"*在波波里金看来,屠格涅夫住在"宿营地和临时住所"里似乎很悲惨,好像他是个"游牧民"。[4]

屠格涅夫只是在楼上住宿。他大部分时间都在楼下看书、和路易下棋、听保琳娜演奏音乐、和这家人一起吃饭,这是他们的日常生活的中心。在许多方面,他充当了维亚尔多孩子们的第二个父亲,特别是对克劳迪娅和她的妹妹玛丽安娜来说。屠格涅夫和维亚尔多夫妇不再像在巴登和伦敦那样保持分开居住的表象。他们没有采取任何行动来掩盖自己的关系,这成了恶意和误导性公开八卦的来源,其中一些还传到了警方那里,后者因为维亚尔多夫妇对左翼的同情和所谓的不道德行为而经常监视他们。政府当局相信,在他的"虚无主义宣言"《父与子》问世后,屠格涅夫作为一名"革命者"被"驱逐出俄国"。被指派检查他的信件并在巴黎各地跟踪他的密探们向警察局长报告说,他"被虚无主义者们认为是自己的领袖之一"。[5]他们还跟踪了路易·维亚尔多,怀疑他在索邦大学传播社会主义思想,实际上他只是去使用那里的图书馆。以下关于屠格涅夫和维亚尔多夫妇的报告是警方的典型情报:

---

* 屠格涅夫让人安装了一根传声管,好让他在工作室能听到演唱课。

维亚尔多夫人大部分时间都和屠格涅夫先生单独生活在杜埃街的房子里。维亚尔多先生与他的妻子关系冷淡,和他的儿子几乎常住在他们位于布日瓦尔(Bougival)的房子里。他只在节日来巴黎几天,主要是出于习惯,而不是和家人一起过节。他为什么允许屠格涅夫出现在自家的房子里仍然不得而知;尽管有传言说他的妻子和屠格涅夫是情侣,但维亚尔多先生仍然与他保持着最友好的关系;他们的邻居都不知道他们之间发生了什么,也没有其他东西可以作为判断这三个人之间关系性质的依据。[6]

这类谣言——甚至还有更加不堪的——一直困扰着维亚尔多夫妇,特别是对路易,他回到法国时是怀有政治抱负的。[7] 1874年10月,他以独立的激进派候选人身份参加了巴黎马德莱娜地区的市政选举。他的竞选活动受到恶意八卦的破坏——八卦流传得如此广泛,以至于就连无能的警察都发现了——他被说成是一个吃妻子软饭的"老皮条客"(macq),他的妻子是"妓女和同性恋",与她的学生发生了性关系。路易在选举中落败。第二年,他被邀请代表索邦参选,但他婉拒了提名,理由是年事已高(他75岁),尽管事实上他是因为害怕让保琳娜和自己再次暴露在这样的谣言中(1881年,他在81岁时再次参选,但没能成功)。[8]

当他们回到巴黎时,保琳娜50岁,屠格涅夫53岁。两人都还没有老到不能发生性关系,但似乎不太可能发生。屠格涅夫声称他阳痿,或者在他和维亚尔多夫妇回到巴黎后不久,他在福楼拜的寓所参加的一次漫长的酒宴上是这样对他的朋友们说的。近年来,他曾多次表示,他与保琳娜的关系变得更加轻松,因为他们对性的热情已经下降。须发皆白的屠格涅夫看起来比他的实际年龄大得多(当他和路易一起出现在公共场合时,陌生人经常以为他们是兄弟)。他患有严重的痛风和膀胱疼痛(可能是多年前感染的性病造成的)。

他不具备成为保琳娜热烈的情人的条件。他是她忠实的朋友、仰慕者、艺术上的灵魂伴侣、借款人、支持者和顾问、跑腿者,还是她孩子们的帮手——简而言之,根据他的朋友们的说法,他是她的"奴隶"。这些朋友中包括福楼拜,他对"有男人能低三下四到那种程度"感到惊讶。[9] 他称屠格涅夫为"软梨"(poire molle)——可能残忍地影射了屠格涅夫所宣称的阳痿——那成了这位俄国人在维亚尔多家的绰号。[10] 根据1875—1876年住在巴黎的亨利·詹姆斯的说法,屠格涅夫始终听从保琳娜的吩咐,甚至提前离开晚宴,以便在晚上9点半之前回家,在她睡觉前向她道晚安。[11]

詹姆斯认为屠格涅夫是一个"有什么心事让他闷闷不乐,但自己却没有意识到的人"。这是他的一些朋友的共同印象,其中包括福楼拜,尽管乔治·桑的观点略有不同。1872年10月,屠格涅夫与维亚尔多夫妇一起来诺昂与桑——现在是个深居简出的老人——共同住过一段时间,这让她与屠格涅夫建立了亲密的友谊。当桑在19世纪40年代于库尔塔维内尔见到屠格涅夫时,她还没有读过他的书,但现在她认识到他是一位"伟大的诗人"。在一起度过的三天里,桑因为他活泼的谈吐和孩子气般地热爱游戏而喜欢上了他。[12] 1873年4月,当屠格涅夫和福楼拜一同造访诺昂后,桑在信中对后者表示——福楼拜曾抱怨说,由于保琳娜管束得太紧,他无法经常见到这位俄国人——"不,那个巨人是违心的,我注意到了这一点。但他是那种从被主宰中找到幸福的人,总体上我可以理解这点。只要他有个好主人——他有。"[13]

这些年里,屠格涅夫本人经常抱怨感到孤独。"我有我爱的密友,这些人也爱我,"他对一位来访的俄国人说,"但对我来说宝贵和亲近的东西对他们而言不一定同样宝贵和亲近,让我感兴趣的东西也不一定都让他们感兴趣,我有很长一段时间感到孤立和孤独。"[14] 这是屠格涅夫为生活在保琳娜身边所付出的代价。他的热情奉献没有得到她的认同,所以他对她的爱减退了,或者更确切地说,随着时间的推移而改变了性质,变得更接近于一种深厚的友谊。正是由于这种孤独和老年的绝望,屠格涅夫在19世纪70年代爱上了一系列比他年轻得多的女性——都是俄国人。

维亚尔多一家恢复了举办沙龙的习惯。周四晚上,他们会在大沙龙举办一场音乐晚会,巴黎文化精英们将在那里会面。周日下午,他们将举行一场更加非正式的聚会,在那里,家人和朋友之间会展开游戏、戏剧、字谜、幽默歌曲和音乐创作等活动。圣-桑曾以芭蕾舞演员的形象出现在梅耶贝尔的大歌剧《恶魔罗伯》的一段讽刺哑剧中(描绘了罗伯遭受魔鬼的诱惑)。然后,所有的客人披着白色床单表演了著名的修女之舞,在平底锅上敲打着节拍,而保琳娜则演奏了这段芭蕾的钢琴改编曲。[15]

亨利·詹姆斯在给哥哥的信中描述了周四在维亚尔多夫人家举行的一场音乐晚会,他说:"她的眼睛生在头部两侧,上唇长得没完没了,对于这样的丑陋五官来说,她已经是个非常迷人的女人了,甚全可说很俊俏,或者至少在法国人看来非常美。"

> 她的音乐会是纯音乐性的,因此对我来说非常乏味,特别是因为她自己唱得很少。有一天晚上,我在一个令人窒息的房间里站了三个小时(从上午11点到下午2点),听着没完没了的小提琴,唯一的安慰是站在我旁边的居斯塔夫·多雷似乎和我一样无聊。但是当有维亚尔多太太演唱时,那就太棒了。[16]

屠格涅夫的外甥女卡罗琳·科蒙维尔(Caroline Commonville)回忆说:"维亚尔多夫人穿着一身朴素但优雅的黑色连衣裙,充满风度地在房间里走动,轮流向每一群客人致意,俯下身与某些人说

第七章 没有国界的文化

话……屠格涅夫独自站在门边,一直注视着她,当她从面前经过时,两人互相报以微笑。"[17]

这些周四的晚会是巴黎音乐界的一项重要活动。出席这些活动的有当时法国的主要作曲家,包括古诺、圣-桑、福莱、拉罗、比才(杜埃街的邻居)、马斯奈和弗兰克(19世纪70年代受雇为保罗·维亚尔多的音乐老师)。*他们的许多室内乐作品首先在维亚尔多家向一群有影响力的宾客表演,观众包括艺术赞助人、音乐会经理和剧院经理、政治家、作家和他们的出版商、评论家和他们的报纸的所有者。这些人大多也出现在每周一圣-桑在圣奥诺雷郊区他母亲家举行的音乐派对,以及每周五拉罗的派对上。就这样,他们开始形成个人关系的稳定网络,决定了19世纪70年代及之后巴黎艺术界的艺术品位并推动了它的发展。[18]

屠格涅夫和维亚尔多夫妇居于这个网络的中心。他们通过在音乐界、艺术界、新闻业和出版界的人脉来宣传年轻的作曲家、艺术家和作家,实际上扮演着后来将出现的现代意义上的经纪人角色。†作为具有国际影响力的人物,他们还充当了欧洲不同文化的中间人,将俄国的音乐、艺术和文学引介给法国、英国和德国,将西班牙的艺术和音乐引介给法国,将法国和德国的作家引介到俄国,等等。通过自己的国际关系,他们帮助推动了欧洲大陆的文化融合。

---

* 爱德华·拉罗(Édouard Lalo,1823—1892),西班牙血统的法国作曲家、小提琴家,以《西班牙交响曲》《D小调大提琴协奏曲》闻名。儒勒·马斯奈(Jules Massenet,1842—1912),法国作曲家,巴黎音乐学院教授,以其歌剧创作闻名,作品包括《泰伊思》《抹大拉的玛丽亚》《熙德》《曼侬》《维特》等。塞萨尔·弗兰克(César Franck,1822—1890),比利时裔法国作曲家、管风琴家、钢琴家,1872年起任巴黎音乐学院管风琴教授,著名作品有《D小调交响曲》《A大调小提琴奏鸣曲》等。——编注

† 至少从19世纪初开始就存在非正式意义上的经纪人,扮演着中间人的角色。但现代职业经纪人直到19世纪70年代才出现,首先是在英语世界。格拉斯哥人瓦特(A. P. Watt)可能是最早的,他的经纪人活动始于19世纪70年代末,当时他在伦敦开业,自我宣传是文学代理人,收取客户收入的10%作为佣金。

巴黎有很多俄国人。大多数是临时居民、无所事事的贵族旅行者和游客；但也有长期的移民，包括政治流亡者和革命者、学生、作家和艺术家。在这个社群里，屠格涅夫是一个重要的中间人。19世纪70年代中期，当时还是法兰西学院（Collège de France）的一名学生，后来成为社会学家的马克西姆·科瓦列夫斯基（Maksim Kovalevsky）回忆道："我们戏称他为俄国知识分子的大使。对于和写作、艺术或音乐有某种关联的俄国男人或女人来说，屠格涅夫都为他们出过面。"

他对维亚尔多夫人的俄国学生感兴趣，把俄国音乐家介绍给她，还担任了巴黎的俄国艺术家俱乐部的秘书，安排他们的作品展览，向巴黎媒体宣传他们的作品，给找他帮忙的人写介绍信，借钱给他认为需要的人，通常无须返还，他还亲自或通过熟人为外国［俄国］记者请愿，甚至冒着危及他与当局关系的风险，可能导致他无法返回俄国。[19]

俄国艺术家俱乐部（正式名称为巴黎俄国艺术家互助和赞助协会）由屠格涅夫和风景画家阿列克谢·博戈留博夫（Aleksei Bogoliubov）创立，后者因健康状况不佳而于1872年定居巴黎。每周二晚上，俱乐部在俄国犹太银行家兼慈善家金兹堡男爵（Baron Günzburg）位于蒂尔西街的宅邸聚会。俄国艺术家们会拍卖他们的艺术品，屠格涅夫则朗读（鼻子上架着眼镜）自己的作品来吸引侨民人群。屠格涅夫还在俄国阅览室（Russian Reading Room）中发挥了主导作用，这个阅览室是他与流亡的俄国革命家赫尔曼·洛帕金（German Lopatin）共同建立的，那里会举办音乐会和朗诵会，为巴黎的政治流亡者和学生筹集资金。屠格涅夫将他的很大一部分藏书捐给了阅览室，保琳娜举办过几场私人音乐会来为其筹集资金，通过演唱以俄语歌曲为主的曲目来取悦俄国观众。[20] 沙皇的秘密警察派出的特务密切监视着这些晚会。[21]

保琳娜的歌唱生涯实际上已经结束了。1870年，勃拉姆斯的《女低音狂想曲》在耶拿的首演是她最后一次重要的公开演出，尽管她在19世纪70年代也参加了几场私人演唱会，但当时她的声音已经失去了昔日的力度和强度。[22] 然而，她在音乐界的重要性仍在继续，现在是作为她所赏识的有才华的年轻音乐家和作曲家的老师和宣传者。1871年回到巴黎后，她被任命为音乐学院的歌唱教授，直到1875年她因为对同事僵化的教学方法感到失望而辞职。但她的教学手册《古典唱法》（1864年）一直被音乐学院沿用到20世纪，这是一本美声唱法的指南，附有对300首咏叹调和歌曲的注解。

维亚尔多家成了一群法国作曲家的非正式总部，他们都是法国国家音乐协会（Société Nationale de Musique）的成员，该协会于1871年2月对普鲁士战败后成立，旨在推动"严肃"的法国音乐，特别是室内乐，并将其从德国传统的统治中解放出来。[23] 作为该协会的联合创始人和主席，圣-桑是这些作曲家和保琳娜之间的中间人，后者此时已经是一个亲切的老朋友了（他把《参孙与达利拉》献给了保琳娜。1874年，在作曲家的钢琴伴奏下，保琳娜在演唱会上饰演了剧中的主角，尽管当三年后歌剧最终在魏玛首演时，她已经太老了，无法献唱）。[24]

1872年，是圣-桑第一个把福莱介绍给了维亚尔多夫妇。这位当时27岁的默默无闻的年轻作曲家曾在巴黎的尼德迈耶学院（École Niedermeyer）随圣-桑学习钢琴，那是巴黎一所严格的寄宿制宗教音乐学校，福莱从9岁起就就读于那里。他作为圣-桑最得意的弟子被介绍给维亚尔多夫妇。福莱成了杜埃街的常客。他天性害羞，但在温暖的家庭气氛中变得自信起来，并从鼓励他作曲的保琳娜的母性关怀中得到安慰。他把自己的两首歌（作品第4号和第 7 号）献给了保琳娜，把另两首（作品第 8 号和第 10 号）献给了玛丽安娜和克劳迪娅，还把一首小提琴奏鸣曲（作品第 13 号）献给了保罗·维亚尔多——这些作品都创作于这个时期。福莱爱上了比他小 8 岁的玛丽安娜，两人订了婚。[25] 但玛丽安娜后来解除了他们的婚约。她不可能像他希望的那样成为贤妻良母。不久之后，她嫁给了作曲家维克多-阿尔方斯·杜韦尔努瓦（Victor-Alphonse Duvernoy）。福莱花了很长时间才恢复过来。人们常说，他的安魂曲是为回应这段失去的爱情而写的。但在音乐上，与玛丽安娜的分手也许反倒是件好事，就像福莱本人后来承认的那样：保琳娜会让他走向歌剧和合唱作品（就像她对杜韦尔努瓦所做的那样），而福莱的强项是创作钢琴和室内乐作品。

在保琳娜鼓励的年轻作曲家中，马斯奈以歌剧和合唱作品闻名。1872 年，圣—桑把他介绍给保琳娜，后者邀请他在杜埃街共进晚餐，并要求听一些他的音乐。这位当时 30 岁的默默无闻的作曲家演奏了他的三声部清唱剧《抹大拉的玛丽亚》中的节选。保琳娜对作品印象深刻。清唱剧以勒南的《耶稣传》为基础，在音乐上是现代的，抛弃了赋格等古典传统，而是采用一种具有东方色彩的歌剧形式，完全再现了勒南的耶稣故事的戏剧性效果，耶稣没有被描绘成神，而是作为一个活生生的人。保琳娜亲自推动了这部作品的上演，并主动提出担纲女主角。1873 年 4 月，《抹大拉的玛丽亚》在巴黎由法国音乐协会组织的一场"民族"音乐会上首演，立即引起了轰动，开启了马斯奈的职业生涯，为他赢得了古诺、比才和柴可夫斯基的最高赞誉。那年夏天，柴可夫斯基在巴黎之行中观看了该剧。马斯奈后来写道，他的"整个职业生涯"都要归功于保琳娜·维亚尔多。[26]

对于这些年轻的法国作曲家来说，有机会听到西班牙音乐是维亚尔多沙龙最吸引人的地方之一。保琳娜在法国确立了自己作为西班牙歌曲主要倡导者之一的地位，在 19 世纪 30 年代她开始自己的职业生涯之前，西班牙音乐在这个国家鲜为人知。她将西班牙歌曲添加到她的演唱会曲目中，对它们进行研究、转录和出版，并使它们为包括柏辽兹和古诺在内的作曲家所知，他们对"异国情调的西班牙"音乐的兴趣与日俱增。[27] 法国音乐协会的年轻作曲家们经常在她的沙龙上听到她演唱这些歌曲，他们被西班牙音乐所吸引，不仅是因为其对大众的吸引力（19 世纪 60 年代，那个国家的舞蹈和民歌成了巴黎的喜歌剧、歌舞剧和咖啡厅音乐会的保留节目），[28] 也是因为他们在寻找一种与法国南部有联系的"真正"的民间传统，这种传统可以专门让法国人摆脱德国人的影响。当时，泛拉丁主义思想开始在法国产生巨大影响，部分原因是对泛日耳曼主义和泛斯拉夫主义兴起的反应。[29] 圣-桑、比才、马斯奈和拉罗的作品都采用了借鉴西班牙舞蹈和民歌的法式风格。

受他在维亚尔多家听到的西班牙音乐的启发，圣-桑创作了《不幸者》（1871 年），这是一首献给玛丽安娜和克劳迪娅的二重奏，配有西班牙语歌词，采用波莱罗舞曲的形式，这种舞曲当时在欧洲各国的首都广为人知。拉罗的《西班牙交响曲》（1875 年）与其说是一首交响曲，不如说是一首小提琴协奏曲，作品是为保琳娜音乐派对的常客、西班牙小提琴家和作曲家巴勃罗·萨拉萨特（Pablo Sarasate）所创作的，圣-桑早期为小提琴和管弦乐队创作的西班牙风格作品《序曲与轮旋随想曲》（1863 年）同样如此。

比才也被他从保琳娜那里了解到的西班牙音乐所吸引，特别是哈瓦涅拉舞曲（Habanera），这是一种带切分音 2/4 拍的舞曲，19 世纪时从古巴传入西班牙。巴斯克作曲家塞瓦斯蒂安·伊拉迪尔（Sebasián Iradier, 1809—1865）让哈瓦涅拉变得流行起来，他民间风格的哈瓦涅拉舞曲《鸽子》（1860 年）在西班牙世界的任何地方都有表演。从 19 世纪 50 年代以来，保琳娜一直在她的曲目中加入他的歌曲。她与伊拉迪尔通信，经常询问他的最新曲目，这样就可以把它们介绍到音乐厅。[30] 比才最早是通过保琳娜认识伊拉迪尔的。他的音乐库里有许多伊拉迪尔的乐谱。[31] 比才的歌剧《卡门》（1875 年）中著名的咏叹调《爱情是只叛逆的小鸟》借鉴了伊拉迪尔的《小管家》（1864 年），他误以为这是一首民歌（被提醒有剽窃之嫌后，比才在他乐谱的新版本中承认了借鉴伊拉迪尔）。哈瓦涅拉并非维亚尔多圈子对比才歌剧的唯一贡献。屠格涅夫曾指点这部歌剧的编剧卢多维克·阿莱维（Ludovic Halévy）和亨利·梅亚克（Henri Meilhac）关注梅里美的《卡门》（1845 年），并不顾他们最初的保留，说服他们这部中篇小说将成为一部优秀的歌剧。路易·维亚尔多曾为比才提供西班牙文学方面的建议，特别是纪廉·德·卡斯特罗（Guillén de Castro）于 17 世纪创作的戏剧《熙德的青年时代》（基于中世纪传奇《熙德》），比才把这个名字用到了他未完成的歌剧中。* 正是保琳娜让他熟悉了她父亲的西班牙歌剧。她有几十份加西亚未出版的乐谱。他的喜歌剧《伪装的仆人》（1804 年）中的一首安达卢西亚弗拉门戈歌曲《健康的身体，神圣的灵魂》为比才歌剧第四幕中著名的开场曲带去了灵感。这首歌的一个经过大量编辑的版本被发表在归于比才名下的专辑《西班牙的回响》（1872 年）中，不过，是保琳娜向他介绍了原作，并帮助他重现了其西班牙特色。[32]

比才的《卡门》是 19 世纪法国对西班牙安达卢西亚异域风情之崇拜的终极表现，这种崇拜始于 19 世纪 20 年代，当时路易·维亚尔多出版了他的第一本书《西班牙人书简》。书中包含了关于"西班牙风情"的所有刻板元素——吉卜赛人、走私者、斗牛士、弗拉门戈舞者、吉他手和响板——后来，它们被确立为法国戏剧艺术中的流行元素。林荫大道剧院街区里盛行西班牙主题的戏剧，西班牙

---

* 马斯奈将把部分歌词重新用于他的"西班牙"歌剧《熙德》（1885 年）。见 Hugh Macdonald's 'Bizet Catalogue'（http://digital.wustl.edu/bizet/works/Don_Rodrigue.html）。

舞蹈经常出现在法国的喜歌剧、歌舞剧和咖啡馆音乐会中,巴黎的沙龙里也有弗拉门戈舞者、歌手和吉他手的表演。19世纪70年代中期,法国对西班牙文化的兴趣达到了顶峰(在1878年的巴黎世博会上,西班牙展览馆的参观人数最多)。除了这些对异国情调的刻板印象之外,人们对关于西班牙的现实主义观点也越来越感兴趣,夏尔·达维利耶男爵(Baron Charles Davillier)在他的《西班牙》(1874年)一书中所描绘的西班牙之行大获成功便证明了这点,该书配有居斯塔夫·多雷的插图。作者解释说,他此行的目的是"让我们了解真实的西班牙,而不是喜歌剧和纪念品中的西班牙"。[33]

比才对西班牙文化的研究迎合了法国人对"真正"西班牙的新兴趣。不过,他在《卡门》中加入的西班牙音乐、主题、风格和色彩元素都是这位法国人为喜歌剧的体裁而量身定做的,人们在这类作品中期待看到关于西班牙的旧有的刻板印象。梅里美的中篇小说只有一部分被改编成剧本,这是一部更紧凑的悲剧,讲述了士兵堂·何塞的沦亡,为了脾气火爆的吉卜赛女郎卡门,他抛弃青梅竹马,放弃了自己的军人职责。后来,卡门被斗牛士埃斯卡米里奥所吸引,受到刺激的何塞杀死了她。

1875年3月3日,该剧在喜歌剧院首演。维亚尔多夫妇和屠格涅夫夫妇到场观看,观众中还有古诺、奥芬巴赫和马斯奈。起初,这部作品受到冷遇。剧中人物的"不道德"本性,歌剧对下层阶级的不体面的写实描绘,以及乐谱中被认为是"瓦格纳风格"的元素(当时法国的反德情绪仍然高涨)都让评论家们对这部作品感到愤慨。[34] 票房一片惨淡。最早的演出只坐了一半观众。据比才的朋友古诺说,他心烦意乱,甚至想到自杀。他一直在努力取得成功,认为最近的挫折对他职业生涯是致命的打击。他避居布日瓦尔,因为在寒冷的河水里游泳而生病,于6月3日死于心脏病发作,无疑是歌剧失败导致的压力所致。他年仅36岁。对作曲家的同情给他的歌剧带来了转机。票房开始改善。作品在秋天重新上演，获得了成功（作为当时的观众之一，柴可夫斯基宣称它"从任何意义上说都是一部杰作"）。1883年，《卡门》再次出现在巴黎的舞台上。与此同时，它在维也纳、布鲁塞尔、伦敦、都柏林、纽约和圣彼得堡取得了成功，在德国大受欢迎（俾斯麦看了27遍）。[35]

在西班牙，人们对它的反应很复杂。1887年，该剧的西班牙语版本在马德里的萨尔苏埃拉剧院（Teatro de la Zarzuela）首演，许多评论家批评它在兜售老掉牙的浪漫主义刻板印象——斗牛士、吉卜赛人、走私者等——将"东方的"西班牙描绘成一个原始而暴力的社会。他们认为，现代西班牙——通过大众传播和旅游，它与欧洲其他国家的联系变得日益紧密——值得外国人更好地了解。另一些人则对他们心目中的歌剧真实性感到高兴；他们称赞该剧的音乐和舞蹈，以及逼真的舞台表演和服装是对"真正"的西班牙的如实反映。事实上，《卡门》中的哈瓦涅拉将被改编成许多不同的版本，作为典型的"西班牙"作品在伊比利亚半岛流传。[36] 区分什么是"真正"民族的和什么是外国的或国际的已经不再可能，甚至不再有意义——现代世界有如此之多跨越国界的文化交流。

二

俄国音乐也开始在欧洲流行起来。屠格涅夫和保琳娜扮演了中间人的角色，将欧洲音乐界的人们与当时俄国涌现的新一代作曲家联系起来。

整个19世纪70年代，他一次次短暂造访俄国。铁路的发展使这成为可能。在之前的十年里，俄国的铁路建设迎来蓬勃发展——这一发展是受到该国在克里米亚战争中的失败的刺激，这场战争暴露了俄国在对抗工业大国时的军事弱点。同时也是由于俄国需要改

第七章 没有国界的文化 425

善其运输系统，以便向西方出口粮食，这是俄国为工业化筹集资金的主要手段。屠格涅夫大量投资新上市的俄国铁路股票。他本人在这些股票中还享有既得利益。1871年，一条从华沙经斯摩棱斯克（Smolensk）和维尔纽斯（Vilnius）的铁路线开通，大大缩短了他从巴黎前往自家庄园所需的时间。这使他无须途经莫斯科或圣彼得堡就可以前往奥廖尔。从巴黎到他的斯帕斯科耶庄园现在只需五天，而在19世纪50年代，这一旅程最长可达三周。[37]

在俄国之行中，他恢复了同斯塔索夫和"五人团"，以及同其他俄国作曲家的联系，比如民族主义评论家们所推崇的达尔戈梅日斯基。斯塔索夫曾告诉他，这个圈子经常聚在一起表演他们正在创作的作品。起初，五人团不愿让屠格涅夫加入他们的团体。虽然他们承认他的文学天才，但对他之前对待他们乐派的态度以及他对他们的主要竞争对手安东·鲁宾斯坦的支持感到疑虑。不过，斯塔索夫说服他们改变了主意，1874年5月，当屠格涅夫访问圣彼得堡时，他们在这位评论家的家中为他举办了一场私人音乐会。他们用四手联弹演奏了居伊未完成的歌剧《安吉洛》（1876年）的最后一幕和达尔戈梅日斯基的《石客记》（1872年），屠格涅夫喜欢前者，但不喜欢后者。在那次俄国之行中，屠格涅夫认识了穆索尔斯基。他在一次晚宴上遇到了后者，觉得穆索尔斯基非常有同情心（"他的鼻子完全呈红色，是个酒鬼，举止非常自然"），听其"唱了，或者说哼哼了他的歌剧（《鲍里斯·戈杜诺夫》）和他现在正在创作的另一部作品(《霍万斯基党人之叛乱》)中的选段,给我留下了深刻的印象,我觉得它们很有个性而且很有趣,我发誓,"他对保琳娜说,"前进,前进,俄国先生们！！"[38]

屠格涅夫对这些俄国作曲家的承诺感到兴奋，他买了一大堆乐谱寄给保琳娜，敦促她把它们交给她在巴黎音乐圈的熟人。在俄国以外，"五人团"才刚刚开始为人所知，部分原因是李斯特的活动，

369 他是他们的音乐的热心支持者，部分原因是沙特尔大教堂（Chartres Cathedral）的管风琴演奏家儒勒·德·布拉耶尔（Jules de Brayer）的支持，他抄录了他们的作品。引进的乐谱中有27份被送到了音乐学院——柴可夫斯基、里姆斯基-科萨科夫、居伊和穆索尔斯基的作品，包括后者的《鲍里斯·戈杜诺夫》，1874年1月才刚刚在圣彼得堡首演。1879年，克劳德·德彪西很可能在毕业时——他曾长期在音乐学院学习——就知道这些乐谱，当时他到了娜杰日达·冯·梅克（Nadezhda von Meck）的府上，担任她11个孩子的钢琴教师和她本人的音乐陪练。娜杰日达·冯·梅克是一位俄国铁路大亨的富有遗孀，也是柴可夫斯基的赞助人。德彪西与冯·梅克一起在俄国度过了下一年，因此对柴可夫斯基、里姆斯基-科萨科夫和鲍罗丁的音乐非常熟悉。[39]

让屠格涅夫最为兴奋的是年轻的柴可夫斯基，他在俄国之行期间特意寻找后者的音乐。他对《六首浪漫曲》（作品第6号，1869年）印象特别深刻，曾在1871年莫斯科的一场柴可夫斯基独家音乐会上听过这部作品。他派人把音乐送到伦敦的保琳娜那里，后者非常喜欢它们，特别是最后一首《只有孤独的心》，她立刻在德文郡广场的音乐派对上演奏了它们。[40] 后来在巴黎，她又将这些浪漫曲引入了音乐会的曲目，使它们变得流行起来。1874年夏天，当屠格涅夫再次来到俄国时，他向保琳娜寄去了柴可夫斯基的交响诗《罗密欧与朱丽叶》（1870年）的钢琴改编作品，保琳娜在公开的钢琴独奏会上演奏了这首曲子，在当时的巴黎，她主要以这些独奏会为人所知。

柴可夫斯基知道保琳娜是他的作品的推广者。他曾经与保琳娜以前的学生，比利时歌手德西雷·阿尔托（Désierée Artôt）订婚，但1869年，阿尔托与他分手。19世纪70年代，柴可夫斯基是巴黎的常客，但当时没有见过保琳娜。1876年底，他开始考虑次年3月在巴黎举办音乐会。他写信给当时在巴黎的俄国作曲家谢尔盖·塔尼耶夫（Sergei Taneyev）说："如果我通过屠格涅夫邀请维亚尔多参加我的音乐会，我会不会被当成疯子？毕竟她唱过我的歌，不是吗？如果这是个疯狂的想法，那就把附上的信扔掉吧。不过，如果你觉得可以的话，请到屠格涅夫那里把这封信交给他。"由于柴可夫斯基无法筹集到资金，音乐会没有举行。但那年春天，塔尼耶夫在保琳娜家参加了一场演唱会，在他的伴奏下，她演唱了《只有孤独的心》，用当晚一位客人的话来说，演唱具有"她特有的激情、表现力和无懈可击的吐字"。洛帕金在她的一次聚会上听过她唱这首歌，他回忆说："她是个老妇人。但当她唱到'我痛苦'时，我浑身都在颤抖。她投入了多少感情。她的眼睛，她苍白凹陷的脸颊！你真该看看观众的样子！"[41]

法国人在19世纪70年代接受了俄国文化。被普鲁士击败使得法国与俄国走得更近，视其为对抗德国的外交盟友。这种友好关系时断时续，一直持续到1894年的法俄同盟。法国对俄国经济进行了大量投资，特别是铁路，随着俄国向西方开放，西方对俄国的兴趣与日俱增。出现了俄国游记的写作热潮，包括戈蒂埃的畅销书《俄国之旅》。英国作家也爆发出同样的热情。刘易斯·卡罗尔（Lewis Carroll）去过莫斯科，在他的旅行日记中将那里描述为仙境（"你看到了扭曲的城市形象，仿佛在穿衣镜里"），这成为他的《爱丽丝漫游镜中世界》（1871年）的灵感来源。19世纪70年代，唐纳德·麦肯齐·华莱士（Donald Mackenzie Wallace）和阿纳托尔·勒鲁瓦－博利厄（Anatole Leroy-Beaulieu）这两位在俄国游历甚广的旅行家创作了可能是外国人写的该国最早的客观历史，两者的销量都很高。[42]总而言之，俄国不再被视作"亚洲的蛮邦"——作为不同于"欧洲文明"的东方"他者"——就像30年前在居斯蒂纳侯爵的时代那样。它开始被视作欧洲自身的一部分。

欧洲对俄国的兴趣随着那些年里的国际展会而提高——伦敦（1871年至1874年间每年一次）、维也纳（1873年）和巴黎（1878年）——俄国的艺术和工艺品在这些展会上吸引了最多的观众。在1878年的巴黎世博会上，尼古拉·鲁宾斯坦指挥的一系列俄国音乐会也吸引了很多人参加，曲目包括柴可夫斯基、格林卡、安东·鲁宾斯坦和达尔戈梅日斯基的作品，尽管没有"五人团"的音乐让许多人感到困惑和失望。巴黎媒体异口同声地做出了批判性的评价：他们认为这些音乐有趣但缺乏原创性，风格过于德国或意大利化。他们原本希望听到一些更具异国情调的，具有民族特色的"俄国"音乐。柴可夫斯基的《罗密欧与朱丽叶》也引起了类似的反响，在大众音乐会上遭到了嘘声。[43]

西方观众对欧洲大陆的"边缘"文化（俄国、西班牙、斯堪的纳维亚半岛、捷克地区和匈牙利等）的接受度越来越高，关键原因是他们对独特的民族风格的期待。他们希望俄国音乐听起来像"俄国的"，西班牙音乐听起来像"西班牙的"，匈牙利音乐听起来像"匈牙利的"（即使是勃拉姆斯作曲），而不是像德国、意大利甚至法国音乐那样（后者只需听起来不像德国音乐就行了）。他们希望这些国家的音乐听起来具有不同的异国情调，充满民间主题，带有吉卜赛和波希米亚舞曲的特色。这种期待鼓励这些地区推出"专供出口的民族风格"。反过来，民族主义者在他们的艺术和音乐中推广以民俗作为真实性基础的神话，不仅是为了他们自己的民族构建，也是为了证明他们的国家在欧洲其他民族中是独一无二的。这正是斯塔索夫和他的追随者的计划。居伊的《俄国音乐》（1880年）一书旨在增进欧洲人对他们的民族主义音乐的认识，它对公众对于俄国音乐应该是什么样子的期待产生了持久的影响。

屠格涅夫对俄国文化在西方被视作异国情调感到震惊。他希望俄国艺术家成为欧洲文明的一部分，认为他们的民族性表达应该服从于这一目标——即内化于他们的艺术中，而不是流于表面。这就是为什么他在普希金、托尔斯泰和柴可夫斯基身上看到了伟大的艺术：他们的俄国性并没有影响他们的欧洲性。

对于在欧洲宣传俄国艺术家的问题上，屠格涅夫同样反对斯塔索夫的观点。巴黎有许多俄国画家。较年轻的那些大多出身艺术学院，靠奖学金投入知名艺术家（如博纳［Bonnat］、热罗姆或勒费弗尔［Lefebvre］）的工作室学习，俄国流亡画家博戈留博夫被指派监督他们的工作。他们中的大多数人都受到了法国风俗画和风景画的影响，特别是巴比松派画家，尽管他们也接触了巴黎范围更广的欧洲绘画潮流：博戈留博夫引导他们了解了西班牙画家玛丽亚·福图尼（Marià Fortuny），以平衡法国人的影响。

屠格涅夫对年轻画家阿列克谢·哈拉莫夫（Alexei Kharlamov）印象深刻，后者是在巴黎的俄国学生中最西方化的，主要创作风俗画和肖像画。他对此人的赞美到了夸张的程度，将其比作伦勃朗（哈拉莫夫曾在艾尔米塔什学习过伦勃朗的技艺）。他委托哈拉莫夫为保琳娜、路易和他自己画像（彩图20和21），从技术角度来看确实非常好。这三幅画被一起挂在杜埃街的陈列室里，屠格涅夫特意邀请朋友们来赏鉴（就连维克多·雨果也收到邀请）。维亚尔多夫妇的肖像画在1875年的沙龙上以极好的位置展出（路易是评审团的成员），屠格涅夫的画像则在次年的沙龙上被挂在显眼的位置。左拉在年度回顾中特别提到了哈拉莫夫，尽管他认为此人为屠格涅夫画的肖像让他的朋友显出"一种冷酷而悲伤的表情"，"完全不是他平常的样子"。[44]

通过自己在巴黎的众多人脉，屠格涅夫在艺术品市场上推销哈拉莫夫的作品。古皮尔在他最奢华的画廊——位于巨大的、新开业的巴黎歌剧院(也被称为加尼耶宫[Palais Garnier])的对面——卖出了他的一些画作,还把很多画送到了他的伦敦分店。哈拉莫夫的朋友,对他深表羡慕的爱沙尼亚画家恩斯特·利普哈特(Ernst Liphart)表示,哈拉莫夫的"漂亮画作"被英国经销商抢购一空。利普哈特认为,屠格涅夫对成功的定义让哈拉莫夫堕落了。利普哈特听到屠格涅夫说:"当某个画商来到你的工作室,出高价买下你的一幅画,相信他可以立即将其转售给他心目中已经有了人选的某位收藏家,从而赚取巨额利润时,那就表示成功了。"如果这是真的,这与屠格涅夫早前的观点相去甚远;也许这反映了他作为商业出版世界中的一位作家的改变。"可怜的哈拉莫夫,"利普哈特写道,"他成了他的庇护者的这种理论的受害者。英国经销商鼓励他大量创作意大利风格的小尺寸绘画,对这种作品的狂热扼杀了那个为维亚尔多夫妇绘制肖像时显示出大好前途的哈拉莫夫。"[45]

屠格涅夫还在巴黎宣传其他俄国艺术家。他在报纸上为他们撰文,让他们接触经销商,并帮助他们为自己的作品找到买家。他安排将阿西普·库因德兹(Arkhip Kuindhzi)的四幅画作出售给了巴黎的奥地利交易商查尔斯·塞德尔迈耶尔(Charles Sedelmeyer)。1878年的巴黎世博会上展出了马克·安托科尔斯基(Marc Antokolsky)两件雕塑,这要得益于路易·维亚尔多的帮助,他在法国和比利时的报纸上称赞了它们。这两件作品获得一枚金牌,为安托科尔斯基赢得了许多国外的委托。[46]

他特别积极地为瓦西里·韦列夏金(Vasily Vereshchagin)宣传,在1876年的一次莫斯科之行中,他第一次看到了后者的大型战争画和中亚风景画。两年后,他造访了位于巴黎附近的迈松拉菲特(Maisons Laffitte)的艺术家工作室,被韦列夏金的原创性深深打动,想要为他写一本传记。屠格涅夫组织了韦列夏金的大型作品展,这是俄国艺术家在巴黎的第一次个展,他在报纸上刊登广告,撰写文章进行宣传,并邀请了30多位评论家在法国和国际报刊上做了评论,这些评论全都是极其正面的。展览取得了巨大的成功,有5万人造访和排队参观了沃尔内街的艺术俱乐部(Cercle artistique de la rue Volney)展出的超大画布,作品的冲击力来自其灿烂的光彩和用色,以及不同寻常的中亚草原场景。韦列夏金随后在维也纳也取得了类似的成功,在1881年秋季的短短三周内,估计有13万人参观了艺术馆(Kunstlerhaus)的展览,占该市成年人口的六分之一;第二年春天,在柏林,13.4万名付费参观者(以及其他许多免费参观者)观看了展览;1882年,汉堡、德累斯顿、布达佩斯和布鲁塞尔也举办了展览。[47]

屠格涅夫与画家伊利亚·列宾(Ilia Repin)就没有那么亲密了,因为后者与斯塔索夫关系密切。这位民族主义评论家将其视为巡回画派(Peredvizhniki)中最耀眼的明星。巡回画派是19世纪60年代初脱离艺术学院的一批画家,就像音乐界的"五人团"一样,他们致力于创作"俄国风格"的作品。屠格涅夫认识到列宾的才华,不赞成斯塔索夫鼓励其发展致力于民族主义和政治的艺术。他批评了列宾受莫斯科斯拉夫巴扎酒店的音乐厅委托创作的《斯拉夫作曲家》(1872年),因为他认为在一个场景中同时描绘死去和活着的作曲家是"虚假和不自然的"。他还指责列宾在给斯塔索夫的信中(这位评论家发表了这封信)自称"抛弃"了拉斐尔。[48]对于崇拜欧洲文明祭坛的屠格涅夫来说,这无异于表示抛弃了基督。

1873年,列宾作为接受美术学院奖学金的学者来到巴黎,在那里待了三年。接触到西方艺术后,他开始脱离俄国民族画派,转而以受印象派影响的方式绘画。1874年,当印象派举行第一次展览时,他正在创作自己最具印象派风格的作品之一——《巴黎咖啡馆》(1875年)。列宾受莫斯科纺织品制造商和艺术赞助人帕维尔·特列季亚科夫(Pavel Tretiakov)的委托,在巴黎为屠格涅夫画像(彩

图 19）。这幅作品原计划在特列季亚科夫准备在他的国家艺术博物馆中新开设的俄国名人厅展出。画像的绘制并不顺利——维亚尔多夫妇不喜欢它——列宾被迫做出改变，认为这会让画像变得更糟。屠格涅夫并不信服列宾作为肖像画家的才华，他转而求助于哈拉莫夫，并总是明确表示他更喜欢后者为他画的像。[49]

哈拉莫夫在沙龙中得到的显要位置让列宾恼火，后者的《巴黎咖啡馆》被悬挂得如此之高，以至于完全没有人注意（三周后，当他行使权利，要求将画作重新挂在较低的位置时，委员会反而将其放得更高）。他在给俄国画家伊凡·克拉姆斯科伊（Ivan Kramskoi）的信中写道："在这里，你需要庇护和人脉。"与哈拉莫夫不同的是，列宾发现他的画作在欧洲很难卖出去。他向斯塔索夫抱怨说："俄国人不买，法国人也不买。"屠格涅夫没有表示鼓励。他写信给斯塔索夫，告诉后者最好让列宾"回到你的羽翼之下，或者最好回到莫斯科。那是他来的地方，是他的天地"。列宾未能打入巴黎艺术市场——艺术世界的首都——让这位画家深感失望，他后来将自己的失败归咎于屠格涅夫讨厌俄国民族主义画派："我们都是带有社会色彩的理想主义者，而屠格涅夫毕竟是个美学家。"[50]他愤愤地承认了这位作家作为俄国艺术家和巴黎艺术机构之间的中间人的关键角色。

三

19 世纪 70 年代，屠格涅夫是一位热情的艺术品买家。他经常出现在巴黎的德鲁奥拍卖行，这家大拍卖行是一个艺术品和小摆设的交易所，拍卖者们很熟悉他高大优雅的身姿。他通常坐在前排长椅上，以便用他的长柄眼镜更好地看清画作。他还会从私人画廊购买，特别是从杜朗-吕埃尔的画廊，有时也从艺术家工作室直接购买。

Une salle de l'hôtel Drouot, un jour d'exposition. (Dessin de M. Daumier.)

图 23　德鲁奥拍卖行的展厅，版画，根据杜米埃的画制作，1862 年

福楼拜被屠格涅夫的"买画癖"逗乐了，1874年5月他向乔治·桑描述说："我们的朋友现在把所有的时间都花在拍卖室里。他是个充满激情的人：那对他来说更好了。"[51]

屠格涅夫进行这些收购时手头资金充裕。在1874年8月写给克劳迪娅的一封信中，他开玩笑说自己有弥达斯的金手指（"我被痛风和黄金压得喘不过气来"），并画了一幅自己被一袋袋钱压弯了腰的漫画。他的书卖得很好。新作品的连载版权为他带来了高额预付款。《欧罗巴导报》为他的小说《处女地》支付了9000卢布（约合3.6万法郎），使他成为俄国收入最高的小说家。他还从自己的八卷本作品集（1874—1850年在莫斯科出版了第三版）中赚取了丰厚的收入。[52]

屠格涅夫在购买艺术品时非常依赖路易·维亚尔多的专业知识。艺术品市场是一个充满风险的地方。即使在最负盛名的画廊里，也有许多伪作和张冠李戴的作品。屠格涅夫不止一次翻了车——比如，他从画商乌德拉（Oudrat）手中买了一幅冒充儒勒·杜普雷（Jules Dupré）的画，这幅画是乌德拉代表银行家阿方斯·德·罗斯柴尔德（Alfonse de Rothschild）出售的，但当画被曝光是赝品后，他不愿收回。[53]如果屠格涅夫中意一幅画，他会询问路易的看法。博戈留博夫表示，他在所有关于艺术的事务上完全听从路易的意见，没有自己的观点——列宾也持这一观点，认为维亚尔多是一位绘画方面的"伟大专家"，尽管他"只关心笔触的精湛程度"，会"把眼镜举在眼前"仔细检查微小的细节。对屠格涅夫判断力的这种评价并不完全公平。路易偏爱"老大师"们，特别是西班牙画派，他在这方面是权威，而屠格涅夫的收藏更加兼收并蓄，混合了新老作品，就像当时的许多业余收藏那样。散文家埃米尔·贝尔热拉（Émir Bergerat）将其形容为"理想诗人的收藏"，有一些好的作品，也有一些不太好的，"就像所有仓促凑成的藏品一样（高质量的藏品是一生的工作)……他随机收集画作,没有经济动机,只是为了享受周围美好而熟悉的东西带来的乐趣"。[54]

他的藏品的核心是法国风景画,包括许多最重要的巴比松派画家的作品。他有柯罗、卢梭、米勒、迪亚兹、杜普雷、杜比尼、库尔贝、布丹(Boudin)和尚特勒伊的风景画。然而,也许令人惊讶的是,他没有一件印象派的作品。巴比松派作品的收藏家转而购买印象派画家的情况并不少见,如果之前没有,迟早也会。这两个画派在杜朗-吕埃尔的画廊里并排展出。它们在艺术上非常接近,在风景艺术的手法上也很相似。在这个领域,屠格涅夫特别赞赏的柯罗是最接近印象派先驱的一位(直到1896年,画家亨利·马蒂斯[Henri Matisse]仍然认为柯罗是印象派)。屠格涅夫推崇这位画家提出的职责,即刻画他本人所说的"自然留下的印象",而不是像照相那样进行精确的复制。这正是他在自己的散文中对风景进行描绘时所致力于达到的。他曾经向自己的俄国朋友,诗人雅科夫·波隆斯基(Yakov Polonsky)解释说,柯罗的画可以被视作现实主义,如果不是近距离检验它们对现实一五一十的再现,而是从几米远的地方欣赏它们如何通过颜色、光线和阴影的效果重现真正置身于大自然中所获得的感官"印象"。[55]这就是印象派本质上想要达到的目标。

1874年,屠格涅夫与维亚尔多夫妇在巴黎郊外塞纳河畔的布日瓦尔村买了一所房子,这让他没有收藏印象派的画更加令人意外,因为雷诺阿(Renoir)、莫奈、西斯莱(Sisley)和摩里索(Morisot,维亚尔多夫妇的朋友)都住过那栋房子,还在那里画过夏日的河景。布日瓦尔是巴黎的一处郊区,当地的乡村正被城市中产阶级的避暑别墅占据;那里还是寻求逃避巴黎喧嚣的艺术家们的庇护所;周末会有一日游的游客乘坐火车入侵这里,享受河岸的乐趣——这里有野餐地、出租的小船、餐厅和咖啡馆。龚古尔兄弟描述了1862年6月一个星期天下午在布日瓦尔的河边散步的情景。草地上都是人,有画家、野餐者和"朗读《费加罗报》"的情侣们，但他们最终"找到了一个角落，那里没有风景画家坐在画架前，也没有留下一片甜瓜……"。[56]

塞纳河从布日瓦尔到阿让特伊（Argenteuil）的整个河段吸引着巴黎的户外画家。许多苦苦挣扎的印象派画家选择住在这些郊区，因为那里的租金更便宜，又很方便坐火车去巴黎。19世纪70年代初，莫奈住在阿让特伊，毕沙罗住在蓬图瓦兹（Pontoise），西斯莱和雷诺阿住在布日瓦尔附近的卢夫西恩—弗瓦森（Louveciennes-Voisins）。龚古尔兄弟将这条河称为"现代法国画派的风景画工作室"（肯尼斯·克拉克认为，印象派的发源地是布日瓦尔附近的拉格勒努耶尔［La Grenouillère］的河畔咖啡馆［彩图24］。1869年，莫奈和雷诺阿在这里描绘了有游泳者、划船者和穿着耀眼的白色连衣裙散步的妇女的河景，傍晚的温暖阳光以及树木和天空在塞纳河水中的波动倒影使整个场景变得柔和起来）。[57]

1873年，屠格涅夫和维亚尔多夫妇在布日瓦尔租了一栋避暑别墅，他们非常喜欢那里，决定自己买栋房子。第二年，他们选中的房子——19世纪30年代建造的一座典型的新古典房舍（休闲屋［pavillon de plaisance］）——坐落在一大片林地上，曾经是约瑟芬皇后的庄园的一部分，但现在属于一名医生。他们花了18万法郎买下了它，其中三分之二由屠格涅夫支付，另外花了1.5万法郎进行修缮。保琳娜不喜欢这座房子，认为它太"资产阶级"和"平庸"了，是一座"杂货商"的房子，没有任何"艺术情趣或品味"——她还说它太小了。但屠格涅夫喜欢它的乡村味道。他想着他可以和路易一起打猎，并计划在树林里建造一座小屋，可以在那里写作。他给房子取名为"白蜡树之屋"（Les Frênes），房子带点瑞士风格，但在性质上更接近俄国别墅，从简单的木制家具到绘有俄国乡村生活场景的彩绘玻璃门（彩图32），里面的一切都是为了让他想起自己的家。这里将是屠格涅夫写作的地方，也是他晚年感到最快乐的地方。他写道："布日瓦尔之于我，就像麦加之于穆斯林。"[58]

巴比松派画家的受欢迎程度反映在他们作品的高价上。杜朗－吕埃尔拥有他们的大部分画作，并知道如何提高其价值。1873年，桑西耶在给米勒的信中写道："勇敢的杜朗－吕埃尔不惧任何险阻，他断言你的画一定会达到梅索尼耶的价格。"米勒作品的价格后来的确超过了梅索尼耶。19世纪70年代初，他的画作经常能卖到2万法郎以上（《牧羊人看管羊群》在1872年以4万法郎的价格成交），使他成为那个时代最昂贵的画家之一，尽管卢梭的一些画的价格甚至更高——1873年，他的《霜，在瓦尔蒙杜瓦的高山上》卖出了6万法郎的高价（彩图23）。[59]

与此同时，印象派画家也在竭力推销他们的作品。许多艺术品收藏家不愿购买他们的作品，比如屠格涅夫。他们太前卫了，不像巴比松派画家那样是安全的投资。1874年春天，印象派画家在纳达尔位于卡普辛大道的照相工作室举办的第一次展览遭到了嘲笑。杜朗－吕埃尔回忆说："[媒体]如此强烈地煽动公众舆论反对这些危险的创新者，以至于参观们是带着嘲笑的坚定想法来到这里，甚至都懒得看一眼。"[60]第二年，他们的作品在德鲁奥拍卖行举行的一场拍卖会引起了极大的混乱，人们大声辱骂这些作品，以至于拍卖师夏尔·皮莱（Charles Pillet）不得不叫来警察保护画作。这些画作大多以微不足道的价格售出，很多不到100法郎。根据拍卖会的记录，有73件作品被拍卖，总成交价为11,496法郎，平均每幅画157法郎，其中许多作品被杜朗－吕埃尔以更高的价格回购，以维持它们的库存价值。1876年4月，在杜朗－吕埃尔画廊举行的第二次展览上，印象派画家再次遭到嘲笑。《费加罗报》的评论者写

图 24 "印象派画家可以通过演奏瓦格纳的音乐来让他们的展览效果翻倍",漫画,《逗闹》杂志,商(Cham,本名为阿梅代·德·诺埃[Amédée de Noé])绘制,1877 年

道:"杜朗-吕埃尔先生的画廊刚刚开始展示一批据说是画的东西。有五六个疯子选择展出他们的作品,其中一人是女性。有人在这些东西面前忍不住笑了起来。就我个人而言,我为他们感到难过。这些所谓的艺术家自称'不妥协派'(Intransigents),是印象派。"杜朗-吕埃尔因支持他们而受到艺术机构的斥责。他写道:"我被当作疯子和不守信用的人。我成功建立的信任一点点地消失了,我最好的客户开始质疑我。他们会说,'你是最早欣赏 1830 年画派[巴比松派画家]的人之一,现在怎么会称赞这些没有丝毫质量的画呢?'"[61]

第七章 没有国界的文化

印象派把他们的失败归结于公众无法认识到他们的价值。他们的前两次展览的风波成为关于他们未被承认为天才的神话的一部分（在20世纪，这一说法是他们的品牌的核心）。正如莫奈在1881年对杜朗-吕埃尔所说的那样："在巴黎，能够在没有沙龙认可的情况下喜欢一幅画的业余收藏家几乎还不到15位。而有8万人不会买任何不曾进入过沙龙的作品。"印象派面临的问题与他们的风景画无关，而在于他们对人物的描绘似乎冒犯了既定的美的概念（库尔贝也违反了这些艺术惯例）。人们的情感需要时间才能接受印象派的新美学原则。比如，亨利·詹姆斯在参观印象派画家的第二次展览时完全没有意识到他们试图实现的目标。他认为他们想要成为现实主义者，以粗疏的方式对待"朴实无华的现实"，他们都没有表现出"任何拥有一流才华的迹象"。他表示，它们的效果是"让我比以往任何时候都更好地思考那些宣扬美就是美、丑就是丑的古老规则，告诫我们注意满足感的复杂性"。但八年后，在《小说的艺术》一书中，詹姆斯开始接受他们的审美主张，说出了"从最广义的定义来看，小说是对生活的个人印象"这句名言。后来，他彻底改变了对印象派的看法。在他1905年的《新英格兰：秋天的印象》一文中，他赞扬了"神奇的"马奈、德加和莫奈，因为他们提供了"一种在没有任何警告的情况下，将一大块滑溜溜的糖塞入半清醒的人紧闭的嘴唇之间的瞬间效果"。[62]

品味不是自己发展起来的。它是由中间人塑造的——有影响力的赞助人、评论家、交易商和收藏家——他们带头购买和宣传机构和普通公众难以接受的新作品。这些中间人将在改变对印象派的态度方面起到决定性的作用。这种变化的最初迹象从1877年他们的第三次展览引发的批判性反应中可见一斑，但真正的转变直到接下来的十年中才开始，当时杜朗-吕埃尔为他们在美国找到了市场。

在这场艺术品位的转变中,评论家的角色至关重要。印象派最早的支持者之一是泰奥多尔·杜雷,他从1865年开始就是马奈的朋友和宣传者,从1873年开始购买毕沙罗和莫奈的作品。杜雷没有写过很多关于他们作品的文章,直到1878年才出版了一本名为《印象派画家》的小册子,但他花了很多时间说服朋友和熟人购买这些作品,其中包括作家和花花公子埃蒂安·鲍德里(Étienne Baudry),以及来自敖德萨一个银行家家庭的艺术评论家和收藏家夏尔·埃弗吕西(Charles Ephrussi),后者是普鲁斯特的《追忆似水年华》中斯万的原型之一。杜雷为西斯莱和毕沙罗提供咨询,告诉他们哪些题材会吸引买家,他们的画作可以要价多少,有时还会担任销售代理(后来他成了美国糖业大佬亨利·哈夫迈耶[Henry Havemeyer]及其妻子路易丝的买手和顾问,1929年路易丝去世后,他们收藏的大批印象派作品被遗赠给了大都会艺术博物馆)。[63]

就其影响力而言,左拉是19世纪70年代支持印象派的最重要的评论家。是左拉在70年代末争取到了屠格涅夫对他们的支持,尽管那时这位俄国作家已经不再购买艺术品。[64]早在1863年,左拉就宣传过马奈和他的艺术追随者,当时马奈的画作(包括臭名昭著的《草地上的午餐》),都被沙龙拒绝了,但在名噪一时,获得拿破仑三世首肯的所谓"被拒绝者的沙龙"(Salon des Refusés)中得以展出。左拉认为马奈和其他被拒绝的画家(其中包括库尔贝、毕沙罗、塞尚、惠斯勒和方丹-拉图尔)是真正的现代艺术的先驱,打破了"闺房画"的传统和学院的保守制度。他认为他们是他自己的现代文学运动的盟友。他对马奈的支持特别有力而响亮。"马奈将成为明天的大师之一,"1866年5月,他在《大事》(L'Évenement)上写道,"如果我有钱,我会买下他所有的画作,做一笔好生意。50年后,它们的价值将是今天价格的20倍,而某些现在价值4万法郎的画作到那时甚至卖不了400法郎。"1867年,这篇文章与对马奈的第二篇研究文章一起作为小册子再版，奠定了两人长期友谊的基础，当他们终于通过格尔布瓦咖啡馆（Café Guerbois）的艺术圈子见面时，这种友谊得到了巩固。左拉是被他的发小保罗·塞尚带到咖啡馆的。毕沙罗、莫奈、雷诺阿、德加、方丹－拉图尔和比利时画家阿尔弗雷德·史蒂文斯（Alfred Stevens）都是咖啡馆的常客，咖啡馆仿佛成了这些艺术家的总部，他们在那里讨好记者。[65] 从马奈绘制的那幅书桌边的左拉像可以看出他对这位著名作家的文章的感激之情。左拉身后的墙上挂着一幅马奈的《奥林匹亚》（1863年）的印刷品，桌子上清晰可见的是左拉所著关于马奈的小册子（彩图25）。

左拉在整个19世纪70年代都始终如一地拥护印象派。他辩护说，他们是肖像艺术中的现实主义者——他们在这一领域受到了嘲笑——使用的论点与屠格涅夫对柯罗风景画的看法相同。他在对第三届印象派画家展览的评论中写道："在20步外，我们看不清一个人脸上的鼻子或眼睛。想要再现看到的人脸，你不需要描绘皮肤上的皱纹，而只需画出他活生生的表情。"左拉赞美了所有参展的画家，对莫奈和他的七幅描绘圣拉扎尔车站的画作尤为热情（彩图28）："你可以听到火车的隆隆声，冒出的烟在巨大的玻璃站顶下翻腾。我们的艺术家必须在这些车站找到诗，就像他们的祖先在森林和河流中找到诗。"[66]

左拉最常见到印象派画家的地方是在他的出版商乔治·夏庞蒂埃（George Charpentier）的沙龙，后者是印象派的早期热心赞助人。周五晚上，他们在夏庞蒂埃家与作家、演员、记者和政治家摩肩接踵，偶尔还会遇到共和国的三位最高政治领导人莱昂·甘必大（Léon Gambetta）、儒勒·费里（Jules Ferry）和儒勒·格雷维（Jules Grévy）。1871年，当父亲热尔韦去世后，乔治接管了以标准袖珍书库——夏庞蒂埃书库闻名的家族生意，并马上使其转向现代作品，与左拉和福楼拜签约。他正是左拉一直在寻找的出版商——一个每月付给他500法郎，让他能够获得"做点大事"所需要的保障，正如他在1868年所说的那样（例如创作他的卢贡·马卡尔［Rougon MacQuart］系列小说，共计20部，三年后从《卢贡家族的命运》开始）。左拉的感激之情如此强烈，以致许多人认为他推崇印象派是为了讨好夏庞蒂埃。[67]

这位出版商于1875年在德鲁奥拍卖行购买了他的第一幅印象派作品——他花了180法郎购买雷诺阿的《渔夫撒网》。雷诺阿很快就成了格勒内尔街夏庞蒂埃家的常客，在那里绘制了著名的肖像画《乔治·夏庞蒂埃夫人和她的孩子们》（1878年，彩图27）。在《追忆似水年华》中，年轻时参加过他们的星期五沙龙的普鲁斯特表示，这幅画让他想起了"优雅的家庭和优美的服装的诗意"。[68]通过雷诺阿，夏庞蒂埃家开始从其他印象派画家那里购买作品，这些画家经常写信给他们，以未来出售画作为抵押借钱。1879年，乔治·夏庞蒂埃创办了《现代生活》（La Vie moderne）周刊来宣传他们的理念，并通过向他们约稿来提供资助。在妻子的怂恿下（印象派经常迎合她的艺术观念），他在意大利人大道附近的土子拱廊（Passage de Prince）——奥斯曼建造的拱廊之一——为他们开设了一家画廊。在1880年为马奈举办的第一次展览上，他向街上的路人免费分发目录，但没有卖出任何画作。[69]

夏庞蒂埃的沙龙在吸引其他顾客投资印象派画家方面起到了至关重要的作用。他们最早的收藏家中有许多都是他的沙龙的常客（比如杜雷和歌剧歌手让-巴蒂斯特·福尔［Jean-Baptiste Faure］），或是与这群人混在一起的更广大的巴黎精英的一部分。19世纪70年代，巴黎的印象派画作购买者的人数不超过50人。有些是艺术家的朋友，比如作曲家伊曼纽尔·夏布里尔（Emmanuel Chabrier），他是马奈和德加的亲密朋友，后者在《巴黎歌剧院的管弦乐队》中把他描绘成唯一可见的观众（1870年，彩图26）。其他人本身就是艺术家，特别是印象派画家居斯塔夫·卡耶波特（Gustave Caillebotte），他从父亲的军需品生意中继承了每年10万法郎的个人收入。他不仅买了很多印象派画家的画，还借钱给他们。不过，早期的买家大多是白手起家的人——制造商、金融家和专业人士，他们认同现代艺术（这些作品展示了他们生活的世界，特别是巴黎右岸）。他们购买的动机多种多样：用自己喜欢的画作装饰宅邸；购买艺术品用于投机；以及宣示自己是艺术的重要赞助人。他们的支持使得印象派的社会形象变得更具资产阶级色彩。

一家大型百货商店的老板欧内斯特·奥施代（Ernest Hoschedé）是这些早期印象派收藏者中的一员。他是莫奈的《印象·日出》最早的买家，印象派运动便得名于这幅作品。在杜朗-吕埃尔安排的一笔交易中，他支付了当时算得上高价的800法郎。另一位早期买家亨利·鲁亚尔（Henri Rouart）是工程师，还是印象派画家使用的金属管颜料的制造商。他是德加的老朋友，后者在1875年左右画了一幅他在自家工厂前的肖像。鲁亚尔是德鲁奥拍卖会的常客，最初购买巴比松派的画家，后来逐渐积累了大量的印象派作品。第三位收藏者维克多·肖凯（Victor Choquet）是财政部的一名公务员，年薪4000法郎，不过还能从父亲在里尔的纺织厂获得收入。肖凯是德鲁奥拍卖会上的大买家，在当时无人问津的情况下，他收藏了大量印象派画作，其中包括50多幅塞尚。他是莫奈、雷诺阿和塞尚的朋友，热情地为他们的作品辩护（据艺术评论家乔治·里维埃尔［Georges Rivières］说，在第三届展览上，他出借了很多画作，站在画廊里"与那些发笑的人搭讪，让他们为不友好的评论感到羞愧，用讽刺的话抨击他们"）。第四位收藏者保罗·加谢（Paul Gachet）是磨坊主的儿子，在可算是艺术家的聚居地——瓦兹河畔的奥维尔（Auvers sur Oise）行医，他经常在那里接待印象派画家,有时还会给他们治病(在毕沙罗的推荐下,文森特·凡·高在生命的最后几周向他寻求医疗建议)。加谢购买了他们的许多画作(他有30幅后印象派画家塞尚的画),并经常出现在他们的肖像画中。第五位则是更不同寻常的收藏者,欧仁·穆雷(Eugène Murer)是一名糕点师,在巴黎开了一家店。在那里,他通过加谢和画家阿尔芒·吉约曼(Armand Guillaumin)结识了印象派画家,后者是他儿时的朋友。穆雷买了100幅画,经常让印象派画家用作品抵偿欠他的钱,他以善于讨价还价出名,从来不想花超过200法郎买一幅画。[70]

在帮助印象派打入市场这点上,保罗·杜朗−吕埃尔比任何人都重要。如果没有他,他们很可能不会广为人知,现代艺术史也会截然不同。19世纪70年代初,杜朗−吕埃尔是唯一一个支持印象派的巴黎经销商。他认为他们的作品是对巴比松派画家的进一步发展,相信他可以在印象派画家身上使用同样的策略来复制他的成功经验。他的商业计划(后来成为现代交易商制度的普遍做法)的基本想法是购买大量艺术家的作品,通过推广来提高其价值。他是最早的新一代艺术品交易商之一,他们通过激发人们对未知的艺术品类型的兴趣来改变公众的品位,而不是采用更成熟的做法,即交易那些知名和热门的艺术品。

杜朗−吕埃尔批发购买了印象派的作品,他从银行家那里借钱,如果有必要的话,还会与其他经销商建立合作伙伴关系,如埃克托·布拉姆(Hector Brame),1865年之后,他与这位经销商几乎垄断了柯罗和卢梭的作品。作为他们作品的长期投资者,杜朗−吕埃尔既是印象派画家的赞助人,也是经销商。他在他们最需要的时候提供了借款和鼓励。有几次他濒临破产,因为他的画卖不出去。为了提高作品在市场上的价值,杜朗−吕埃尔采用了许多从证券交易所投资者那里学来的创新策略。他抬高了对自己的艺术家的出价,以增加对他们的预期价值（就像左拉的小说《金钱》中的投机者萨卡尔购买自己银行的股票来抬价）。就像他对巴比松派画家所做的那样，他创办了一份艺术评论来宣传印象派画家。他专门举办个人画展，这种做法从19世纪80年代开始变得更加普遍，因为其他经销商从他的成功中学到了这一招。他不像当时常见的那样把画挂得非常拥挤，而是给了每幅画很大的空间来强调它的重要性。他竭尽全力让他们的作品进入公共美术馆和博物馆，认为这是"对我们最好的宣传"。他还将他们的作品借给国际展览，并与代理商和经销商建立了联系，以发展海外销售。从19世纪70年代开始，艺术市场以前所未有的速度国际化，因为更便宜的照相复制品、电报和更快的邮政系统使新画作的信息更容易跨越国界传递。杜朗-吕埃尔是第一批与欧洲和美洲的代理商共同充分利用这些发展的经销商之一。正是在美国和俄国，印象派通过他找到了那个世纪最后20年里他们最大的市场。[71]

财务问题迫使屠格涅夫在1878年出售了他的艺术收藏品。他的金钱问题早在两年前就开始了。巴尔干危机导致1877年俄土战争爆发，拉低了卢布的价值，卢布兑换法郎变得更难。屠格涅夫向福楼拜抱怨道："我的财务已经完全瘫痪了。"与此同时，他的庄园的收益也在减少。管家基辛斯基对庄园的管理甚至比之前他的叔叔更不善——屠格涅夫花了九年时间才发现这一事实，最终在1876年8月解雇了他，当时他已经损失了13万法郎。"这是我财富的很大一部分，"屠格涅夫向福楼拜解释说，"我从手头充裕（我从来就不是'有钱人'）变成了勉强维持生计。"路易建议屠格涅夫让他的兄弟管理他的庄园，或者把它们卖掉，像所有资产阶级一样靠资本生活："不再有管家，不再有农场，不再耽搁，不再担心，也不再记账。"但是屠格涅夫不愿放弃他的祖产，转而出租了他的土地，由此获得一笔不太高的收入,每年 5000 卢布(汇率提高后,约合 2 万法郎)。如果不是因为他女儿保琳奈特的问题,这笔钱加上他的文学收入就足以满足他自己的需要了。她的丈夫是个糟透了的商人,开办的玻璃厂亏损惨重。他已经挥霍了屠格涅夫提供的资本,那笔钱原本被指定留给外孙乔治和外孙女让娜,就像法国法律允许的那样。屠格涅夫试图向弟弟借钱——尼古拉拒绝了——后来又以他持有的俄国铁路股份为抵押,从君兹贝格男爵那里借了1.5万法郎。但即便如此也不足以将他的女儿从破产中拯救出来。因此,他很不情愿地出售了自己的画。[72]

4月20日,拍卖在德鲁奥拍卖行举行。屠格涅夫因痛风卧病在床,所以他让安托科尔斯基代表自己前往,并试图抬高出价。拍卖目录详细介绍了46幅画作,其中大部分是巴比松派的风景画,还有十几幅年代更早的荷兰画作。这不是卖画的好时机。最近有几位巴比松派画家去世,随着他们的作品被整理,艺术市场上充斥着他们的作品,价格也相应地下降了。奥施代和福尔曾于年初在德鲁奥拍卖行出售自己的藏品,两人都遭受了巨大损失——福尔在没有达到保留价时撤回了大部分藏品,而由于破产而被迫出售的奥施代则以很低的价格卖掉了自己的藏品(117幅画作,包括5幅马奈、9幅毕沙罗、13幅西斯莱和16幅莫奈,售价仅为7万法郎)。莫奈的《印象·日出》被生活在巴黎的罗马尼亚人乔治·德·贝利奥(George de Bellio)以210法郎的价格购得,这是四年前奥施代为它支付的四分之一,而西斯莱的风景画《马利水渠》则被糕点师穆雷以区区21法郎收入囊中。[73]

屠格涅夫也遭遇了同样的灾难。拍卖的油画花了他5万法郎,现在只卖了3.7万法郎。其中11幅画被巴黎交易商儒勒·费拉尔(Jules Féral)买走,其余大部分由海外交易商购买。屠格涅夫将他的损失与法国在色丹战役中的失败相提并论。[74]

四

从伦敦回到巴黎后,屠格涅夫恢复了与马尼圈子的作家福楼拜、左拉、勒南和龚古尔的友谊,他们现在不再在马尼餐厅见面,而是转到勒布雷邦(Le Brébant)和其他餐厅。更年轻的作家阿尔方斯·都德和刚从大学毕业的吉·德·莫泊桑(Guy de Maupassant,从1873年开始)也加入了他们的行列,后者是福楼拜的门徒,福楼拜从他小时候就认识他的母亲。乔治·桑也会在重要的日子到来,称他们为"福楼拜学派"。[75]

朋友们每月一次在里什咖啡厅(Café Riche)聚会,参加他们所谓的"被嘘作家的晚餐",或称"五人晚餐",参加者仅限那些经历过文学惨败的人:福楼拜、左拉、龚古尔、屠格涅夫和都德。每周一次,也就是周日下午,更多的人会在福楼拜的公寓会面。公寓位于牟利罗街(Rue Murillo)一栋房子的顶层,有三个小房间,是俯瞰蒙索公园(Parc Monceau)的绝佳地点。从1875年开始,由于手头紧张,他不得不搬到更便宜的住处,住在几间简陋的阁楼房间里,位于圣奥诺雷郊区冷冷清清的那头,窗外是屋顶和烟囱。左拉回忆说,福楼拜"像个土耳其人",穿戴着短袍、红白相间的条纹裤子和无边圆帽,热情地迎接每一位客人,并把他们带到自己的客厅,不断地用自己做的小黏土烟斗抽烟(排列在架子上);"如果他真的喜欢你,甚至会给你一个"。谈话要持续好几个小时,涉及各个话题——性、爱情、死亡、妓院里的冒险——但总是会回到最新的书籍和文学的一般主题上来;谈话的语言常常很粗俗,而且"无论是人还是事都不能幸免"。[76]

作为《纽约论坛报》(New York Tribune)的专栏作家来到巴黎的亨利·詹姆斯有时会加入福楼拜的圈子,但他认为他们中没有人能与屠格涅夫相提并论。屠格涅夫是他的偶像,是詹姆斯认同的

388　欧洲世界主义的化身。*詹姆斯指责法国作家思想狭隘,对任何不是法国的东西都一无所知。屠格涅夫当然被认为是这群人中最国际化的。他经常向他的朋友们介绍外国文学,还即兴将歌德的作品翻译成法语,给他们留下了深刻的印象。[77]

福楼拜正处于低谷。他在19世纪70年代经常陷入抑郁。他最亲密的几个朋友在最近几年去世了,包括他儿时的朋友路易·布耶(Louis Bouilhet)和戈蒂埃。1872年10月,在戈蒂埃去世后,他写信给屠格涅夫说:"过去的三年里,我所有的朋友一个接一个地不停死去!现在世界上只有一个人可以和我交流,那就是你。所以你一定要保重自己,这样我就不会在失去了其他人之后再失去你了。"福楼拜的文学创作数量正在减少。《情感教育》失败后,他失去了信心;他在文学上总是追求完美,花了五年才完成了他的下一本小说《圣安东尼的诱惑》,他从19世纪40年代起就开始构思这本书,其第三个也是最后一个版本最终于1874年出版。这本书同样遭到恶评。福楼拜变得与世隔绝,整月都待在他位于克鲁瓦塞的乡间房子里,只有仆人埃米尔和他的灵缇朱里奥为伴,只有在与文学圈子的好朋友们见面时才会来巴黎。[78]他对当代社会,对铁路和商业的现代世界,对资产阶级及其"庸俗的"价值观,对公众的"愚蠢"和"地下冒出来的野蛮"充满厌恶——对这一切大声抱怨。正如他在给屠格涅夫的信中所写的那样:"我一直试图生活在象牙塔里;但屎的海洋正在冲击它的墙壁,足以把它推倒。"[79]

从19世纪70年代中期开始,福楼拜日益受到经济问题的困

---

*《欧洲人》(1878年)中的一个场景表达了与他类似的观点。格特鲁德询问了从欧洲回到波士顿后她第一次见到的远房表亲费利克斯。
"你是某种欧洲人了。"格特鲁德说。
"某种——是的;我认为如此。但谁能说是哪种?我不认为我们有时间解决这个问题。你知道有那样的人。他们说不清自己的国家、宗教和职业。"

扰，因为他的文学收入开始下降，还要用剩下的遗产来养活他的外甥女卡罗琳·科蒙维尔，后者是他唯一在世的近亲，她丈夫的锯木厂破产了。他们有可能不得不卖掉克鲁瓦塞的房子，那是他母亲留给卡罗琳的。"可怜的福楼拜，"屠格涅夫致信左拉，"命运太残酷了，打击了这个世界上最没有能力靠工作谋生的人。"[80]

福楼拜的朋友们试图为他在法兰西学院的马扎林图书馆安排一个职位，那里的图书馆长因病即将退休。有几个作家曾担任过这类职务。* 起初，骄傲的福楼拜不愿接受帮助，但屠格涅夫说服他接受这个职位，如果有人向他发出邀请的话。在夏庞蒂埃夫人的鼓励下——她曾与甘必大谈过此事，后者含糊地承诺说，他想为福楼拜"做些什么"——屠格涅夫多次试图游说这位伟大的共和派领袖，后者是国民议会主席，拥有任命权。[81] 当发现所有的门都关上后，他在朱丽叶特·亚当（Juliette Adam）的家中偶然遇到了甘必大，亚当是作家和《新评论》的创始主编，也是巴黎一家最重要的共和派沙龙的女主人。"我向她解释了这件事"，屠格涅夫在写给福楼拜的一封信中说：

> "但甘必大在这里——饭后他正在抽烟——我们会直接知道结果。"两分钟后她回来了："不可能，亲爱的先生！甘必大已经有了人选。"† 独裁者步履稳重地走来：部长和议员们簇拥着他，

---

* 儒勒·特鲁巴（Jules Troubat）曾是贡比涅宫的图书馆长，路易·乌尔巴赫（Louis Ulbach）在军火库图书馆，勒孔特·德·里尔（Leconte de Lisle）和安纳托尔·法郎士（Anatole France）受雇于贵族院图书馆。

† 福楼拜的老朋友弗雷德里克·鲍德里（Frédéric Baudry）获得了提名。鲍德里是马扎林图书馆的副馆长和一位杰出的学者，拥有政界人脉，他觊觎这个职位已经二十年了。《费加罗报》报道了此事的结果，让福楼拜觉得受到了羞辱。莫泊桑曾经拜访鲍德里，想要打听福楼拜发生了什么。根据莫泊桑的说法，屠格涅夫的错误在于，他没有试图弄清形势就向甘必大游说（Kerandoux [ed.], *Gustave Flaubert, Guy de Maupassant*, p. 167）。后来，福楼拜接受了鲍德里在马扎林图书馆为他设置的编外职位，但没有马上赴任。

我从没见过训练有素的狗像这样围绕着它们的主人起舞。他开始和其中的一个人说话。亚当夫人拉着我的手,带我去见他:但这位大人物谢绝了认识我的荣幸,他又说了一遍——声音大到我能听得见:"我不想要——已经说过了——这是不可能的。"

"来吧,我的好朋友",屠格涅夫安慰福楼拜说,"我们必须抛弃那一切,回去工作,文学工作,只有这配得上像你那样的人。"[82]

虽然屠格涅夫在法国帮不了福楼拜太多忙,但他花了很多力气来让福楼拜在国外变得更有名。他实际上充当了福楼拜的国际代理人,为其获得出版合同,监督翻译,将其作品发送给文学圈的熟人,并在俄国、德国和欧洲大陆的其他国家寻找友好的评论家为他的出版物撰文。*当福楼拜终于在1873年末完成《圣安东尼的诱惑》时,屠格涅夫不知疲倦地奔走,以确保该书被送到维也纳、慕尼黑、柏林、伦敦、斯特拉斯堡和圣彼得堡的出版商和评论家手中。斯特拉斯堡和圣彼得堡很快出现了德语和俄语译本,尽管后者被审查员大幅删减,他们认为这是对宗教的攻击(福楼拜向桑抱怨说,删减让他损失了2000法郎,因为他与《欧罗巴导报》的合同照例规定按印刷页数付款)。1874年5月25日,屠格涅夫告诉保琳娜,俄语译本是一场"可怕的失败"。"俄国公众并没有被他的安东尼所诱惑,"他在写给左拉的一封信中补充道,"不能让他知道这一事实。"相比之下,德译本在几个主要期刊上都得到了好评,它们都出自屠格涅

---

* 英国人对福楼拜的欣赏开始得较晚。直到1887年,卡尔·马克思的女儿,埃莉诺·马克思—阿维林(Eleanor Marx-Aveling)才推出了第一个《包法利夫人》的英译本,比该书在法国的首版晚了30年。这部小说对迂腐的维多利亚时代人来说太可耻了。1864年,玛丽·布拉顿(Mary Braddon)出版过一个更加温和的改编版《医生的妻子》(*The Doctor's Wife*)。

夫的朋友们之手，包括"德国的圣伯夫"尤利安·施密特*。就像福楼拜对夏庞蒂埃所说的，评论无疑都重复了屠格涅夫告诉他的话。福楼拜在给桑的信中写道："好心的屠格涅夫……从柏林送来了一篇关于《圣安东尼》的好评文章。让我高兴的不是这篇文章，而是他。我见过他很多次……而且越来越喜欢他了。"[83]

除了在国外推广福楼拜的作品，屠格涅夫还翻译了它们。他是一位多产的译者，既把法语作品译成俄语，还在路易·维亚尔多和梅里美的帮助下，将俄语作品译成法语，尽管很难说清他翻译了多少，因为只有一篇翻译作品被收录在他的作品集中，而且译者的名字很少出现在书籍扉页。《圣安东尼的诱惑》在俄国失败之后，屠格涅夫亲自动手将福楼拜的下一部作品翻译成俄语，《三故事》（1877年）由短篇小说《圣朱利安传奇》、《一颗简单的心》和《希罗底》组成。屠格涅夫的想法是赶在这些故事在法国出版之前先在《欧罗巴导报》上发表它们，让福楼拜从中赚取双倍的收入（《欧罗巴导报》的主编斯塔西乌列维奇只会为尚未以原文出版的翻译作品付费，因为一旦付梓，其他出版商就可以在俄国自由翻译和出版，外国作品在俄国不受版权保护）。屠格涅夫与斯塔西乌列维奇为福楼拜达成了一笔不错的交易，斯塔西乌列维奇同意为这三个故事支付750银卢布（约合3000法郎），条件是屠格涅夫承诺把下一部小说交给他发表。福楼拜同意了屠格涅夫的计划。1876年，这位俄国人在克鲁瓦塞与福楼拜一起花了三天时间讨论这部作品（在他来访之前，福楼拜两次从巴黎写信给他的外甥女，要求她检查床的长度，因为这位俄国人"身材魁梧"）。[84]

由于急需要钱，福楼拜迫不及待地希望翻译能快点完成，嫌屠

---

* 尤利安·施密特（Julian Schmidt, 1818—1886），德国记者、文化评论家、文学史学家，1848—1861年担任杂志《边境信使》（Grenzboten）联合主编，之后任《柏林综合报》（Berliner allgemeine Zeitung）总编辑。——编注

格涅夫（他把自己的稿费给了福楼拜）太慢了。屠格涅夫对翻译非常用心，他成功地用俄语再现了福楼拜风格的微妙之处，并将其视为自己最出色的文学成就之一（这是他在 1880 年版的《文集》中收录的译本）。但后来，斯塔西乌列维奇表示，他要等到屠格涅夫的小说《处女地》发表后才会刊发译文。1877 年 1 月，《处女地》开始在《欧罗巴导报》上连载。福楼拜的两个故事最终发表在当年 4 月和 5 月的《欧罗巴导报》上。斯塔西乌列维奇拒绝了《一颗简单的心》，认为一个老仆人全心全意照顾她的鹦鹉标本的故事没有其他两个"成功"；和屠格涅夫一样，他预见到她把鹦鹉误认为"圣灵的鸽子"的场景将带来麻烦，这可能会伤害宗教情感。"你完全可以想象审查员的怒吼！"屠格涅夫表示同意。[85]

左拉是屠格涅夫在俄国提携的另一位作家。在用法语出版之前，他的许多书就在《欧罗巴导报》上发表了译文——这种不寻常的安排使他在写作时免于受到巴黎评论家的影响，让他在 19 世纪 70 年代的"实验小说"中更加大胆。[86] 左拉的性格中有很多屠格涅夫不喜欢的地方。他认为左拉太自私，太急于求成，但还是认识到了后者的才华，当左拉刚在法国崭露头角时，他很乐意帮助其在俄国成名。[87]

1868 年，年仅 28 岁的左拉被介绍给了福楼拜的圈子，他不仅野心勃勃，而且在近乎无耻地通过媒体和宣传进行自我推销。1862 年，他从为阿歇特公司做广告代理干起，掌握了通过在报纸和地方期刊上刊登广告和文章来卖书的技巧，并利用他在图书界和新闻界的人脉开始了自己的作家生涯。1864 年，当拉克洛瓦买下他的第一本书《给尼侬的故事》时，出版商把由左拉负责宣传作为一个条件；500 册的印数（对于一个初出茅庐的作家来说不算坏）既是对他的文学才华的信任，也是对他通过久经考验的宣传方法销售这本书的能力的一张信任投票。1866年离开阿歇特后，左拉为《费加罗报》的文学副刊《大事》撰写图书版（主要是八卦），关于马奈的争议性画作的文章让他声名鹊起，他借机宣传了自己。加入马尼圈子时，他刚刚凭借阴暗精彩的惊悚凶杀小说《特蕾莎·拉甘》（1867年）取得了巨大的成功。夏庞蒂埃是他一直在寻找的出版商，后者在五年内付给他3万法郎，购买了10本小说，每月支付500法郎以换取他的版权，包括向外国出版商销售的权利。这笔交易相当不错，但不足以支付左拉的生活费，所以他不得不靠写新闻稿来补充收入，这意味着他无法按期每年交付两本小说。他的情况在1872年之后恶化，因为他的一篇关于失业危机的左翼论战文章导致巴黎的《海盗日报》（Le Corsaire）被查封，使得巴黎所有的报纸都避开左拉。当屠格涅夫伸出援手，为他争取到与斯塔西乌列维奇的合作时，左拉已经穷困潦倒，他不得不在跳蚤市场上卖掉他唯一的床垫。[88]

　　合同规定左拉每月为《欧罗巴导报》写一封"巴黎来函"，稿费是每印张15法郎。他一个月能赚400法郎到500法郎。他可以写任何他选择的主题，尽管他的许多文章都采用了屠格涅夫提议的主题，屠格涅夫对最能吸引俄国读者的主题有"很好的嗅觉"。从1875年4月关于大仲马入选法兰西学院的第一封信，到1880年关于巴黎艺术界的最后一封信，左拉总共写了64封主题广泛的信，既有对法国的神父和各地不同类型婚姻的轻松幽默的素描，又有1876年6月乔治·桑去世后一篇关于她的浪漫理想主义的有争议长文。乔治·桑的去世（1876年，她死于痛苦的肠梗阻）让福楼拜和屠格涅夫深感悲痛。后者当时在俄国，但福楼拜赶到诺昂参加了葬礼，天主教式的葬礼是在乡村教堂举行的。桑的女儿索朗日·克雷森热（Solange Clésinger）违背母亲的意愿，为她做了这样的安排，参加者都是要人和善人。维亚尔多夫妇拒绝前往，并非因为他们与老朋友有什么矛盾，而是因为路易是一个无神论者：作为一个拥有坚定不屈的信念的人，他认为考虑到桑的一生，为她举行基督教葬礼是虚伪的，不愿牵扯其中。

左拉生动的"巴黎来函"在俄国大受欢迎。民主派知识分子从中看到了他们自己的激进文学传统和社会批判的回响，这些可以追溯到别林斯基。"巴黎来函"的成功引起了其他编辑的注意，他们试图招募左拉。1876 年，在屠格涅夫的建议下，他拒绝了《祖国纪事》编辑萨尔特科夫－谢德林给出的邀请，即每年写四篇文章，每印张100 卢布（约合 380 法郎）；但他利用这一慷慨的报价，将《欧罗巴导报》的稿费提高了——尽管只是提高到他所拒绝的报价金额的五分之一。左拉证明了自己的忠诚，作为回报，他总是要求斯塔西乌列维奇退还他的来函手稿，以便可以转售，64 封信件中的47 封将重新出现在法国的杂志上。[89]

左拉的"巴黎来函"的大受欢迎反过来又使他的小说对斯塔西乌列维奇产生了商业吸引力，后者向他提供了一份与给福楼拜的非常相似的合同，这意味着需要买下分期的预交手稿，这样就可以在它们出现在法国之前完成翻译和在《欧罗巴导报》上连载。一切都取决于分期稿子的及时交付，因为如果交稿延误，书在法国率先付梓，那么其他俄国期刊就会迅速推出（错误百出的）译本，而且在法律上没有义务为版权支付一分钱。由于左拉的知名度，斯塔西乌维奇愿意承担风险，他乐于投资。左拉的书在法国热卖之前，他在俄国早已是畅销作家了。卢贡－马卡尔系列小说的第三部《巴黎之腹》仅在圣彼得堡就有六家不同的期刊翻译发表，1873 年该书在法国出版后的几个月内（在左拉与斯塔西乌列维奇达成协议前）还出现两个成书版本。19 世纪 70 年代，它的俄译本的销量比法语版的销量要高。从 1871 年到 1881 年，圣彼得堡的文学期刊总共发表了 51 个左拉小说的独立译本，使他成为在俄国被翻译得最多的外国作家。对于卢贡—马卡尔系列小说的第五部《穆雷教士的过失》，斯塔西乌列维奇同意以每印张30卢布（120法郎）的价格购买三期的预交手稿。这部小说有8万字，正好16个印张（左拉拥有把文章长度写得恰到好处的记者技巧），为作家赚取了480卢布（合1920法郎）。这些连载出现在1875年《欧罗巴导报》的前三期中，比该书在法国以任何形式出现早了几个月。第六部小说《欧仁·卢贡大人》（1876年）也达成了同样的协议，在法国出版之前以连载的形式刊登在《欧罗巴导报》上。[90]

卢贡—马卡尔系列的第七部《小酒店》（1877年）遭到了斯塔西乌列维奇的拒绝，因为它已经被卖给了《公共福祉》（Le Bien public）周刊*——左拉无法抗拒1万法郎的预付款——这意味着它将在《欧罗巴导报》有时间翻译之前出版。等它出现在《导报》上时，其他俄国期刊早已在刊登了。在屠格涅夫的建议下，左拉向斯塔西乌列维奇提供了小说的节选，赶在该书在法国出版之前就发表在《欧罗巴导报》上。《小酒店》在法国取得了巨大的成功——它的销量因其对巴黎工人阶级的酗酒、性和暴力的描述引发的丑闻而飙升——以至于左拉很快就发了财。他不再需要写新闻稿，也不再需要在俄国出版。他与斯塔西乌列维奇的关系变得紧张，因为后者错误地认为左拉作品的质量下降了。这位编辑不喜欢左拉在卢贡—马卡尔系列小说的第九部《娜娜》（1880年）中频繁使用脏话和露骨的性场面，尽管他发表了这部超级畅销书的简短摘录——在法国，它一年内印了50次，售出5.5万册——但考虑到沙皇的审查制度，在俄国出版该书存在太大的风险。[91]

当时，屠格涅夫也开始不再认同左拉标榜的自然主义，后

---

* 《公共福祉》后来停止了连载，因为有订阅者提出抱怨，左拉对工人阶级令人震惊的描绘让他们感到恼火。

者关于工人阶级状况的生动细节近乎"不雅"。"我翻阅了一下《小酒店》,"这个俄国人致信福楼拜说,"不太喜欢它（这话我只对你说）。书中不乏才华,但太滞涩,而且粗话太多。"在写给斯塔西乌列维奇的一封信中,屠格涅夫表示,有人统计了这部小说中出现的"'肏''尿''屎''屁股'等字眼——共计720次"。[92]

福楼拜则认为,这部小说在某些方面是"一流的",包含了许多"无可争辩的事实",但左拉为了自我推销和宣传而制造争议的做法过了头——这些做法与福楼拜格格不入,后者认为写作是一种艺术,而不是买卖。他无法忍受左拉每周在《公共福祉》上发表专栏,宣扬自己的自然主义的理念。作为一名独立作家,福楼拜与艺术中的任何运动都没有关系,并指责左拉将他的作品作为一种营销形式。据龚古尔说,有一天晚上,在勒布雷邦餐厅,当福楼拜抨击了他以记者的方式对自然主义进行宣传时,左拉用对福楼拜社会阶层的攻击回应道:

> 今天晚上,在赞扬了他的同行的天才同时,福楼拜抨击了序言、主张和自然主义的信仰,一言以蔽之,他抨击了左拉为了推销自己的书而采用的所有非常华而不实的伎俩。左拉的回答大致是这样的:"你,你有私人收入,可以不必做许多事。但我只能用自己的笔谋生;我不得不忍受新闻业的难堪,写各种各样可耻的东西;这给我留下了——我该怎么说呢?——对江湖骗术的某种喜好……我和你一样认为自然主义这个词很荒谬,但我会一遍又一遍地重复它,因为你必须给事物起新的名字,让公众认为它们是新的……你知道,我写的东西分成两部分。一方面是我的小说,我将会,也希望在这些小说上被评判;另一方面是我为《公共福祉》,为俄国和马赛写的文章,它们只是用来吹捧我的书的江湖骗术。"[93]

第七章 没有国界的文化　457

屠格涅夫还致力于让其他作家的作品在俄国出版。从1878年到1879年，他安排都德担任俄国日报《新时代》（Novoe Vremia）驻巴黎的记者。这份保守派报纸发表了都德的27篇文章、几个短篇，以及他的自传体小说《小东西》（1868年）的节选。小说的法语版问世不久后，屠格涅夫就在俄国外省的一家铁路书店发现了这本关于都德童年故事的作品（这是铁路推动图书贸易国际化的完美例证），从此一直向俄国的朋友们称赞它。屠格涅夫还安排儒勒·瓦莱斯从1878年开始担任俄国期刊《文字》（Slovo）驻伦敦记者，尽管正如他向左拉解释的，这位流亡的公社成员的名字不能出现在这份刊物上，那会"吓坏审查者"（1881年，沙皇政府关闭了这家民粹主义杂志）。除此之外，俄国人很喜欢瓦莱斯的文章，因为正如这位法国人所描述的那样，这些文章"敌视英国人，敌视他们的傲慢和粗鲁"。[94] 它们发表时正值俄国和英国因俄土战争而相互敌对。屠格涅夫密切关注着战争的进展。他对英国人不顾土耳其人屠杀奥斯曼帝国境内的保加利亚人，仍然支持土耳其感到愤怒，在《温莎的槌球游戏》这首讽刺诗中，他指责维多利亚女王要对杀戮负责。

作为《欧罗巴导报》的代理人，屠格涅夫通过它引介了莫泊桑、龚古尔、泰纳、奥尔巴赫和施托姆的作品。他为每位作家谈判合同，还常常监督他们作品的翻译。他充当了俄国译者工会的管理者，这些译者大多是收入微薄的学生，他认为他们的工作对于将欧洲文明带给俄国人的理想至关重要。当找不到人翻译他认为最重要的作品（海涅的诗集、马尔科维奇的短篇小说集、沃尔特·惠特曼［Walt Whitman］的诗歌）时，他就亲自翻译。[95]

作为西方最知名的俄国作家，屠格涅夫还承担了俄国的文学大使的工作。他为许多俄国作家进行了图书合同的谈判，不仅在法国，还在德国和英国。奥斯特罗夫斯基（Ostrovksy）、冈察洛夫、阿列克谢·托尔斯泰和萨尔特科夫—谢德林——这些人能够进入欧洲文学市场都要感谢屠格涅夫的斡旋。[96] 不过，他最重要的贡献是让欧洲读者注意到了托尔斯泰的小说《战争与和平》。

1861年，屠格涅夫与托尔斯泰闹翻了。性格的冲突是矛盾的核心。屠格涅夫比托尔斯泰年长10岁，自觉是后者的父辈，但由于太钦佩托尔斯泰了，也许还出于忌妒，他会给后者的文字挑错，让他的俄国后辈觉得很伤人（托尔斯泰后来写道，他认为屠格涅夫是在"嘲笑"他的作品，这让他"害怕和羞愧"）。两人不断争吵，然后和解，后来由于一场关于屠格涅夫女儿保琳奈特的激烈争论而彻底决裂。在这场争论中，托尔斯泰似乎嘲笑屠格涅夫对他的农奴采取颐指气使的态度，并用保琳奈特的私生女身份来侮辱他（然而托尔斯泰在自己的庄园里与女农奴们育有几个孩子）。[97]

在接下来的17年里，他们彼此都不说话。但屠格涅夫认识到了托尔斯泰在《战争与和平》中所取得的巨大成就，1868年，他在该作品发表一年后第一次读了它（在接下来的十年里，他读了六遍）。他在写给所有的欧洲朋友的信中都谈到了这部书，宣称它是19世纪最伟大的小说，并教促他们在自己的国家出版。由于篇幅巨大，屠格涅夫首先安排翻译了一部篇幅短得多的作品《两个轻骑兵》，于1875年在《时报》（*Le Temps*）上发表，并亲笔写了介绍，以激发人们对《战争与和平》的兴趣。这部中篇小说在法国人中没有引起什么兴趣，也没有人要求将《战争与和平》翻译成法语或其他任何语言（英国读者对《童年》与《青年》的翻译同样不以为然，使得屠格涅夫抱怨他们无法欣赏如此优秀的心理作品，仅仅认为托尔斯泰是"狄更斯的翻版"）。屠格涅夫想亲自翻译《战争与和平》，去掉所有他认为会让欧洲读者却步的哲学题外话，但由于他与托尔斯泰的关系如此冷淡，他放弃了这个想法。[98]

1878年4月，随着屠格涅夫在巴黎收到托尔斯泰的一封来信，一切都改变了。托尔斯泰还记得他们的友谊,不再对他的老朋友怀有敌意,并希望屠格涅夫也有同样的想法。他回忆起对方身上所有的优点,声称自己的"文坛声望"要归功于屠格涅夫,并提出"如果你能原谅我","我会尽己所能地奉上所有的友谊"。屠格涅夫回复说,他对"我们之间的误解已经成为过去"表示高兴,并表达了他对托尔斯泰的善意,"既是对一个我真诚挚爱的人,也是对一个作家,我比其他人更早欢迎他的起步,并总是对他的新作品最感兴趣"。[99] 两个月后,他一回到俄国,就立即去见了托尔斯泰。

第二年,《战争与和平》的法文译本在圣彼得堡出版。扉页上印有巴黎阿歇特出版社的标志,但没有写出译者伊莲娜·帕斯凯维奇公主(Princess Irène Paskévitch)的名字,只写着"一位俄国女子翻译"(Traduit par une russe)。屠格涅夫要求安年科夫寄给他10本——他很快会要求更多,最终寄出了500本——他把这些书送给了他在巴黎最有影响力的文学朋友、出版商和评论家,提醒他们这个译本并未忠于原文,因为有很多删减。他不确定这本书是否会吸引法国读者。他在给托尔斯泰的信中写道:"这本书的意义与法国人喜欢和在书中寻找的东西相去甚远,但真理终将是它自己的主人。即便没有辉煌的成功,我还是希望能取得坚实的胜利,哪怕不是一蹴而就的。"[100]

屠格涅夫的影响使这本书在通往那种胜利的道路上得到了至关重要的推动力。他一有机会就向在晚会、宴会、沙龙中遇到的人们谈起它,许多人都是通过他第一次听说这本书。记者谢苗诺夫(V. P. Semenov)回忆说:"在那之前,我们没有人听说过托尔斯泰,但屠格涅夫不谈别的。"在屠格涅夫的劝说下,勒南、泰纳、阿纳托尔·法郎士都成了托尔斯泰的粉丝。对屠格涅夫来说,最重要的是福楼拜的意见。"谢谢你让我读托尔斯泰的小说",福楼拜终于在1880年1月写道:

它是第一流的。多好的画家,多好的心理学家啊!前两[卷]都很棒,但第三卷完全写砸了。他在重复自己,大谈哲学!事实上,这个人、这个作者、这个俄国人变得可见,而在此之前,我们只看到了自然和人类。在我看来,他在某些地方似乎有一些莎士比亚的元素。我在读的时候发出了叫好声……而且这书很长!跟我讲讲这位作者的情况。这是他的第一本书吗?

屠格涅夫立刻回复说:

我亲爱的老朋友,

你无法想象你的信和你对托尔斯泰小说的评价给我带来的快乐。你的认可证实了我对他的看法。是的,他是个才华横溢的人,但你却指出了他的弱点:他还给自己建立了一套哲学体系,既神秘,又幼稚而自负,大大损害了他的第三卷……我不知道评论家会怎么说。(我还把《战争与和平》寄给了都德和左拉)。但对我来说,事情已经尘埃落定:福楼拜表了态(Flaubertus dixit)。其余的都不重要。[101]

五

19世纪70年代,屠格涅夫本人的作品被越来越频繁地翻译成其他欧洲语言。在过去的十年里,他在德国已经拥有了广泛的读者,部分原因是他生活在那里,被读者视为他们中间的一位重要作家。1869年至1883年间,他的作品集推出了12卷的德文版。在法国和英国,他的书以前只被翻译了一小部分,现在却出现了屠格涅夫的翻译热。在英国,到那个世纪末,除了康斯坦斯·加内特(Constance Garnett)翻译的15卷本小说集外,书籍或期刊上还将出现他的作

第七章 没有国界的文化

品的 60 多个译本。在法国,他也经历了类似的崛起。[102]

出版商以更快的速度翻译他的书,较短的作品通常在俄国出版后的几周内就会有译本问世。他的短篇小说《切尔托普哈诺夫的结局》首先发表在 1872 年 11 月刊的《欧罗巴导报》上,12 月 1 日的《两个世界的评论》上发表了法译本(题为《草原上的绅士》)。由于打击盗版译本的力度有限,屠格涅夫认为,将手稿预先交给他信任的外国出版商非常重要,这样他就可以监督翻译,以确保其质量。如果先出版"授权"的译本,未经授权的译本的市场将大大缩小,因为即使是盗版出版商也更倾向于盗取前者的译本,而不是付钱给新的译者。屠格涅夫的小说《处女地》(1877 年)就采用了这种策略,这部小说直接从他的手稿被译成了德语、法语、英语和意大利语,甚至还有瑞典语,并经过他亲自修改;这些译本的发表几乎与小说在俄国的出版同时。*当年,它就被翻译成了九种外语,包括波兰语、捷克语、塞尔维亚语和匈牙利语,另外还有克罗地亚语、罗马尼亚语和丹麦语的译本。[103]

屠格涅夫的作品在国外的销售增长是 19 世纪 70 年代以来欧洲翻译市场普遍扩张的一部分。推动这一趋势的主要因素是新读者数量的急剧增加,因为欧洲大多数国家都扩大了义务教育体系(英国于 1870 年通过了《教育法案》[Education Act],德国在 1871 年帝国建立后引入了关键法律,法国于 1881—1882 年颁布了《费里法案》[Ferry Laws])。大多数欧洲语言的图书都供不应求,特别是在荷兰和斯堪的纳维亚等识字率水平很高的小国,这些国家严重依赖翻译外国作品,即使是英国、法国和德国这样在文学文化中占据主导的国家也开始向更多的外国作品开放市场。

---

* 《处女地》发表在《欧罗巴导报》的 1 月和 2 月刊上,法译本从 1 月 24 日到 3 月 25 日发表在《时报》上,德译本从 2 月 1 日到 3 月 25 日发表在《圣彼得堡时报》上。

民族构建是翻译数量这拨增长背后的另一股力量。比如，在翻译的外国作品比其他任何欧洲国家都多的俄国，所有那些将欧洲视为进步和启蒙源泉的人——西方化的知识分子和自由派贵族——都认为传播西方文学是克服俄国的文化落后和为其社会注入民主价值观的一种手段。在其他地方，文学市场的开放帮助新的民族从帝国统治者的文化统治中解放出来。在哈布斯堡帝国，捷克人、克罗地亚人、匈牙利人和塞尔维亚人的新生文学文化极为欢迎从法语、英语或俄语翻译的作品，视其为摆脱德语及其文学统治的一种手段。统计数据显示，在那个世纪的最后几十年里，该帝国的斯拉夫人在翻译外国文学方面比该国的日耳曼人活跃得多。他们也越来越多地相互翻译彼此的文学作品——捷克人翻译匈牙利人和波兰人的，匈牙利人翻译捷克人的，克罗地亚人翻译塞尔维亚人的，等等——以此作为阅读德国文学之外的另一种选择。[104]

翻译市场开始以各种各样的文学形式起飞。对于"标准"和"铁路"书库，即劳特利奇、阿歇特、夏庞蒂埃和其他出版商在那个世纪中叶建立的袖珍大众版丛书来说，翻译作品是一个利润丰厚的补充。翻译对新成立的出版商也很有吸引力，因为它们既没有国内作者的存书目录，也没有投资版权的资本。翻译市场的很大一部分是通俗小说、侦探和犯罪故事、儿童文学和科幻小说，特别是儒勒·凡尔纳的"神奇旅行"，他是19世纪被翻译最多的作家，也是第一位真正的"国际畅销书作者"。到了19世纪末，《八十天环游世界》（1873年）真的环游了世界——以57种不同的语言。

文学期刊作为翻译的媒介变得越来越重要。19世纪70年代，随着新的出版技术、机械化和铁路网络降低了印刷和发行成本，整个欧洲的期刊数量开始急剧上升。作为译文的重要渠道，像《两个世界的评论》这样的老牌期刊销量大增；其他国家也出现了对这份"大评论"（grande revue）的效仿（例如，柏林的《德国广播》[*Deutsche Rundschau*]和马德里的《现代西班牙》[*España Moderna*]）。规模较小的文化评论（petites revues）也数量激增，作为初创者，它们非常依赖翻译，以此作为购买原创作品的廉价替代品，尽管这些期刊中有许多致力于世界主义的选题，翻译在其中发挥着至关重要的作用。比利时是一个很好的例子，在当地出版的新文学期刊从19世纪50年代的每年不到20种增加到90年代的每年60种。这些新期刊中有许多刊登了佛拉芒语、法语和德语（该国的三种主要语言）之间的翻译作品，目的是宣传所谓的"比利时精神"，《现代艺术》（*L'Art moderne*）杂志将其定义为拉丁情感和日耳曼情感相互交融的文化空间。[105]

这些评论成为文学和艺术团体关注的焦点，将它们与欧洲舞台上秉持相似哲学的期刊联系在一起。就这样，它们为自然主义、象征主义、印象主义等国际文化运动的发展提供了一个重要的网络。比如，《两个世界的评论》致力于社会进步文学，《现代西班牙》和《欧罗巴导报》同样如此，两者都以这份"大评论"为模板，自然增加了它们之间的翻译交流。《现代西班牙》经常发表左拉和都德的译文，特别是因为它的创始人，金融家和艺术赞助人何塞·拉萨洛·加尔迪亚诺（José Lázaro Galdiano）受到其导师，小说家埃米利亚·帕尔多·巴桑（Emilia Pardo Bazán）的指引，巴桑是左拉的自然主义运动在西班牙的先驱。通过左拉，她发现了俄国文学，首先是屠格涅夫，后来是陀思妥耶夫斯基和契诃夫，他们的作品译文经常出现在《现代西班牙》上。[106]

期刊是评论家在海外宣传作家的重要平台。屠格涅夫在西方的成功很大程度上要归功于有影响力的评论家的支持。在德国，他得到了作家尤利安·施密特的大力推崇。1870年，施密特发表了在俄国境外对屠格涅夫最早的生平描绘之一，将他形容为与狄更斯和席勒相提并论的人物。[107]他在德语国家的另一位重要推动者是弗里德里希·博登施泰特,两人于1863年在巴登第一次见面。博登施泰特不仅是屠格涅夫的译者,也是他的经纪人或中间人,选择最有可能吸引德国读者的作品进行翻译。作为作家和慕尼黑大学的斯拉夫语教授,博登施泰特本人的声誉保证了德国媒体会对屠格涅夫进行最广泛的评论报道。[108]

在法国,扮演这个角色的是19世纪60年代屠格涅夫的主要译者梅里美,以及诗人和政治家拉马丁,后者在19世纪60年代末写的多卷本的《家庭文学课程》中有屠格涅夫的条目,这实际上是法国出现的有关那位俄国作家最早的传记。在英语世界,屠格涅夫的成名要归功于他的翻译者威廉·拉尔斯顿的不懈努力,后者利用自己在伦敦文坛的广泛人脉,让《英国评论季刊》、《雅典娜神庙》和《当代评论》等重要期刊对屠格涅夫的作品进行了评论。也正是由于拉尔斯顿,屠格涅夫在1879年被牛津大学授予荣誉学位。[109]

与此同时,评论家威廉·迪恩·豪厄尔斯(William Dean Howells,《大西洋月刊》的主编)、托马斯·萨金特·佩里(Thomas Sergeant Perry,《大西洋月刊》和《民族周刊》的外国图书书评人)和亨利·詹姆斯(他在《北美评论》、《大西洋月刊》和《民族周刊》上撰写关于欧洲文学界的文章)在美国对屠格涅夫进行了宣传。屠格涅夫在美国早已为人所知。他的《猎人笔记》对农奴制进行了微妙的谴责,这对于一个奴隶制仍然是一个充满争议的问题的国家来说具有明显的意义。詹姆斯从少年时起就阅读屠格涅夫的作品,当时他的家人在欧洲旅行,屠格涅夫的小说成为他接受世界主义教育的重要组成部分。不过,正是在哈佛,当詹姆斯遇到了豪厄尔斯和佩里后,他在屠格涅夫的作品中看到了一种新的文学哲学。这三个人对欧洲大陆文学产生了浓厚的兴趣。他们阅读《两个世界的评论》,吸收了其中的文学审美。佩里尤其受到维也纳的《边境信使》(*Grenzboten*)杂志的联合主编尤利安·施密特的文章影响。

通过施密特，他们发现了像奥尔巴赫这样的德国乡村作家和挪威的比约恩森的故事，认为这些故事比狄更斯和特罗洛普的英国情节剧更具现实主义。他们还在施密特那里找到了将屠格涅夫誉为"在世最伟大的小说家"的依据——佩里的这一论断基于这位德国评论家的一篇文章，文章认为《猎人笔记》与《汤姆叔叔的小屋》相比更胜一筹，指出屠格涅夫冷静地呈现选定细节的做法要比比彻·斯托的"作者的热烈描写和多愁善感"更具感染力。在屠格涅夫身上，他们找到了一种新型的诗意现实主义的典范，并将其在美国推广。[110]

通过这样的国际网络，文学期刊在欧洲的文化一体化中发挥了至关重要的作用，使欧洲大陆边缘的作家更接近其主要的首都，使外省作家更接近都市中心。在让来自其他法语区国家（如比利时和瑞士）以及德国以外的德语文化（如奥地利、波希米亚和波罗的海地区）的作家被这些语言的主要文学市场更好地了解方面，这些期刊也发挥了重要作用。

19世纪80年代，俄语小说的法语翻译热潮以这种方式兴起。左拉和屠格涅夫已经做好了铺垫，但法国对俄国文学的兴趣的突然爆发主要是因为欧仁-梅尔希奥·德·沃盖（Eugène-Melchior de Vogüé）的畅销书《俄国小说》（1886年）的影响，该书在1883年左右以一系列关于俄国作家的文章的形式发表在《两个世界的评论》和《蓝色评论》（Revue bleu）上。沃盖在1875年至1882年间担任法国驻俄国大使，他在这个国家到处旅行，被那里的文化所吸引。多年来，他在《两个世界的评论》上撰写俄国主题的文章，并与屠格涅夫、陀思妥耶夫斯基和托尔斯泰相识，生动地刻画了这些人物。《俄国小说》的主要影响来自他认为俄国人可以复兴现实主义传统的想法，沃盖认为该传统在法国已经迷失了方向：俄国小说具有一个左拉或福楼拜的唯物现实主义所缺乏的精神方面。这一信息引起了公众的共鸣，他们已经开始厌倦自然主义，想要一些不同的新东西，这产生了立竿见影的影响。自六年前出版以来，《战争与和平》的法译本销量不到1000册，现在成为畅销书，在1886年至1889年间售出了2万册。同一时期，其他俄语小说的法译本数量也急剧上升。[111]

欧洲期刊上的支持者网络对三位伟大的斯堪的纳维亚剧作家亨里克·易卜生（Henrik Ibsen）、比昂斯滕·比昂松（Bjørnstjerne Bjørnson）和奥古斯特·斯特林堡（August Strindberg）的突破也同样重要。他们最重要的推动者是俄国驻瑞典外交官莫里斯·普罗佐伯爵（Count Maurice Prozor），此人是一位作家，还是把俄语和挪威语翻译成法语的译者。1882年，易卜生的《群鬼》在瑞典南部的赫尔辛堡国家剧院的首演给他留下了深刻的印象，他亲自翻译了这个剧本，并在新创立的巴黎杂志《独立评论》（此刊物成为自然主义者和象征主义者的论坛，不要与由乔治·桑和路易·维亚尔多创办，早已不复存在的同名期刊混淆）上发表了节选。那次发表让他与另一位外交官爱德华·罗德（Edouard Rod）有了接触，罗德是法国驻瑞士大使，也是易卜生的粉丝，曾在《时代》撰写过关于这位挪威剧作家的文章。在罗德的帮助下，普罗佐于1890年在巴黎排演了这部戏剧，依据他前一年在《独立评论》上发表的全译本。《群鬼》很快在欧洲大陆的各大剧院上演。它被从普罗佐的法译本翻译成多种语言。易卜生开始享誉国际。从此，他所有的戏剧都将与丹麦语同步推出译本，使它们能够同时在欧洲各国的首都进行首演。文学变得国际化了。[112]

翻译的加速并没有像人们预期的那样推动民族文化的多样性，而是恰恰相反：文学形式变得日益统一或标准化，"整个欧洲都在读同样的书"。[113]

第七章 没有国界的文化

评论员们早就看到了它的发生。1846年，法国评论家圣－勒内·塔扬蒂耶在《两个世界的评论》上哀叹了欧洲民族文化多样性的消失。他写道："我们几乎可以说外国文学已经不复存在，仿佛整个世界都被可悲的统一性所笼罩。"1853年，法国语文学家让－雅克·安培（Jean-Jacques Ampère）在《两个世界的评论》上撰文，以典型的法国人的方式对这种一致性的原因做了诊断。他认为，这最初是欧洲其他国家对法国的"奴性抄袭"。"起初，欧洲各国的文学是完全不同的，但通过模仿，它们变得相似。而今天，即便没有模仿，它们也都大同小异。"[114]

安培忽视了英国小说，后者在丹麦和荷兰，甚至在德国和法国都有模仿者。但从西班牙和意大利到匈牙利和波希米亚，法国的模板在南欧和中欧占据主导地位，那里的图书市场充斥着从法语翻译来的作品。本土作家模仿引进的成功作品。[115] 与民族主义神话所说的不同，这些国家的民族文化的发展并非源自本土，是通过借鉴外国。"西班牙"小说不是西班牙人的小说，"意大利"小说不是意大利人的小说，"匈牙利"小说不是匈牙利人的小说：它们都是对法国的模仿。

没有一位法国作家比左拉被模仿得更多。他拥有真正的全球文学影响力。根据社会条件的不同，左拉在每个国家的影响也不相同，但无论在哪里，他的小说都被视为进步和现代性的代表。在意大利，"左拉主义"被开明的进步主义者视为他们反对教会影响的主张的盟友，一直在宣传他的评论家之一菲利切·卡梅罗尼（Felice Cameroni）在1879年给左拉的信中略带夸张地说，那里有"成千上万的'明日左拉主义者'（zolistes de lendemain）"。乔瓦尼·韦尔加（Giovanni Verga）和路易吉·卡普阿纳（Luigi Capuana）都是西西里人，他们都有意识地模仿左拉，认为他的纪录片风格中是一种描绘穷人真实生活的现代方式。在西班牙，左拉的影响几乎等同于一场文化革命，激进的知识分子将他的运动视为推翻天主教社会的保守主义的一种方式。某团体创办了《萌芽》(*Germinal*)杂志，以左拉关于矿工罢工的那部杰作命名。他的社会现实主义风格被该国的许多主要作家所采用，包括贝尼托·佩雷斯·加尔多斯（Benito Pérez Galdós）和巴桑。[116]

左拉的作品对瑞典、挪威和丹麦的小规模和地方性的文学文化产生了强烈的影响。在评论家格奥尔格·布兰德斯（George Brandes）的推崇下——他在哥本哈根大学的演讲开启了斯堪的纳维亚文学的"现代突破"——左拉的作品在19世纪80年代被广为谈论。用斯特林堡的话来说，年轻作家们"崇拜左拉"，都试图像左拉一样写作。他认为自己就是其中之一。[117]

在荷兰，左拉对性的坦诚态度——这与荷兰社会压抑的加尔文主义截然不同——以及他将科学应用到自己的写作中的尝试启发了当时崭露头角的作家弗兰斯·内切尔（Frans Netscher）和洛德维克·范·戴塞尔（Lodewijk van Deyssel，笔名卡雷尔·泰姆［Karel Thijm］）。他们认为他的科学方法是现代文学服务于社会和进步的关键。在德国，左拉的小说是19世纪80年代所有外国作家中阅读量最大的，迎合了寻找新型现实主义文学的公众。这些书被德国工人阶级广泛阅读，他们在书中看到了自己生活的真实反映。[118]他们很快就会在德国本土的左拉风格模仿者那里看到这种社会小说。格哈特·豪普特曼（Gerhart Hauptmann）就是其中之一，他的第一部作品《铁路信号员提尔》(1888年)讲述了一个铁路信号员杀死妻子的故事，再也没有比这更具左拉风格的了。

英国是唯一一个几乎没有左拉追随者的欧洲国家，只有"爱尔兰的左拉"乔治·摩尔（George Moore）承认他的影响。原因并不难找到。英国有"自己的左拉"托马斯·哈代（Thomas Hardy），有以狄更斯和艾略特为代表的根深蒂固的现实主义传统，使其独立于欧洲大陆的影响。

六

1878年5月1日，随着世博会的开幕，巴黎再次成为世界的东道主，这是当时规模最大的同类展览。有1300万人付费参观，其中大约50万人来自国外（福楼拜抱怨说，这个城市的妓女会筋疲力尽）。世博会有两个巨大的馆址，主馆位于战神广场，通过耶拿桥与塞纳河对岸的特罗卡德罗宫相连，后者为了这场盛事特别被整修成半拜占庭半摩尔式的风格。[119]在展出的新发明中，参观者可以看到费利克斯·杜·唐普尔（Félix du Temple）的铝制飞行器、亚历山大·格雷厄姆－贝尔（Alexander Graham-Bell）的电话，以及托马斯·爱迪生的留声机，这是最早的能够记录和再现声音的机器。

这次展览是法国在1871年战败后复兴的象征。与1867年为法兰西帝国带来声望的上一届博览会不同，这次的展览被视为对法国人民与共和价值观的称颂——法国赠送给美国的自由女神像象征着这场胜利，6月30日，完工后的女神头像在特罗卡德罗宫的花园揭幕。

正门上方的浮雕显示法兰西在召唤世界各国。战神广场的万国大道两旁排列着的建筑几乎代表了欧洲每个国家的建筑风格，还有好几座属于亚洲、美洲和非洲的风格。左拉指出，公众"主要是为了找乐子"：他们想要"稀罕货、热带集市和咖啡馆，想要可以品尝特制的饮料和听新奇音乐的餐馆"。中国、日本和波斯的展品吸引了大批观众，俄国农民建造的没有一颗钉子的木屋也引起了人们的极大兴趣。左拉本人被挪威馆迷住了，他买下了那里，世博会结束后将其拆卸，在自己的梅当（Médan）宅邸的花园里重建了它，这座宅邸是他刚刚用《小酒店》赚来的钱买的。[120]

博览会开幕六周后，巴黎召开了国际作家大会，讨论制定一项保护文学版权的国际条约的提议。来自世界各国的 200 名作家出席了大会，选举维克多·雨果为礼节性会议的主席，屠格涅夫为工作会议的主席。大会的想法可以追溯到 1858 年的布鲁塞尔会议，那是起草国际版权法的第一次尝试。此后，安特卫普和曼彻斯特分别于 1861 年和 1866 年召开了第二次大会，但计划与 1867 年的世博会同时在巴黎召开会议的计划没有实现，因此法国作家协会的组委会决定召开另一次会议，认为这将把很多作家带到巴黎来。屠格涅夫帮助起草了特邀外国作家的名单。但外国代表团都不大，人数只有法国代表的一半。据俄国代表团团长彼得·波波里金说，这些人大多是为报刊写连载的作家，是旨在推动报纸销售的流行小说行业的工人。其中一个人不知道福楼拜是谁。龚古尔、左拉、莫泊桑和福楼拜都缺席了会议。[121]

6 月 11 日，在沙特莱剧院（Théâtre du Châtelet）举行的公开会议揭开了大会的帷幕。开幕的例行公事后，雨果发表了激昂的长篇演讲，赞扬文学是文明的立法者，将作家大会称作它的国际议会。他用有力而充满激情的声音演说，通过长时间的停顿来加强效果，让波波里金觉得他像是一位老演员。坐在前排的代表们怀着宗教的敬畏之情聆听着。对维克多·雨果的崇拜在法国达到了顶峰。这位作家——在拿破仑三世倒台后才结束流亡归来——被誉为共和国的道德良知。留着白发和长须的他扮演了国家圣人的角色。他会在克利希街的沙龙里接受朝拜，崇拜者会前来听取他对各种事情的意见，他的智慧之言稍后也会出现在报刊上。[122]

屠格涅夫并不太在乎雨果——他认为《悲惨世界》"从头到尾都是假的"——对雨果受到的普遍尊敬感到恼火。在像福楼拜和左拉这样的朋友中间，他会取笑雨果的浮夸（他发明了一个专门的词来形容这种浮夸："连珠炮弹"［hyperbombifocasse］）。[123] 他对 1875 年造访雨果沙龙时的故事津津乐道：

第七章　没有国界的文化

有一次我在他家时，我们正在谈论德国诗歌。维克多·雨果不喜欢人们在他面前讲话，他打断了我，开始对歌德进行描绘。

"他最好的作品，"他用奥林匹斯神明的语气说，"是《华伦斯坦》。"

"请原谅，亲爱的主人［屠格涅夫插嘴说］。《华伦斯坦》不是歌德写的。那是席勒的作品。"

"这不重要。我既没有读过歌德，也没有读过席勒，但我比那些熟读他们作品的人更了解他们。"

他还喜欢讲述有一次在雨果的家里，一群年轻的法国作家如何谈论把当地一条街道以雨果的名字命名的可能性。他们一致认为这条街太小了，不能给他带来荣誉，开始竞相提出更大的街道。最后，其中一人建议将整个巴黎改名为雨果。雨果想了想，然后对年轻人说："那会实现的，我亲爱的伙伴，会实现的！"[124]

屠格涅夫本人的讲话很简短。在五分钟内，他向大会概述了过去两百年来伟大的法国作家们是如何帮助俄国文学出现在欧洲舞台上的，不再把普希金、莱蒙托夫和果戈理称作法国人的门徒，而是称作他们的同事（这时有人大喊："屠格涅夫！加上屠格涅夫！"）。[125]

屠格涅夫是一位糟糕的公众演说者。他的声音太过尖细无力，不能震慑会场。作为在法国大东方共济会堂（Masonic Lodge of the Grand Orient of France）举行的工作会议的主席，他努力地保持对代表们的把控，但不得不经常需要法国小说家埃德蒙·阿布（Edmond About）的帮助，后者是大会真正的组织者。

法国人坚持他们长期以来的立场：作者的权利是一种自然财产，不受国界的限制。按照阿布的说法，大会的目的是"制定一项国际法，使外国作家在每个国家都享有与本国作家相同的优势——没有他的同意，不能转载和翻译他的作品，也不能在舞台上表演。"[126] 大多数外国代表团同意法国的意见，但一些严重依赖进口文学的较小国家希望有更大的翻译自由；因此人们决定将代表团分成民族小组，由各小组将建议提交大会进行表决（法国人将会胜出，因为大多数代表团是他们组成的）。斯拉夫组（俄国人、波兰人和捷克人）在杜埃街的维亚尔多家中会面。

屠格涅夫左右为难。俄国代表团坚决反对法国人的建议：他们希望保护俄语译者的生计，而且由于被翻译成外语的俄语作家比被翻译成俄语的外国作家少，他们看不到接受法国人建议的保护对俄国有什么好处。其他斯拉夫人也持类似的立场。不过，屠格涅夫本人是站在法国一边的。长期以来，他一直抱怨国外的"小偷出版商"和他们盗版的他的作品。这不仅仅是由于他们夺走了他的外国版税——他本可以通过国际保护获得这些版税，更因为这些盗版译本的质量非常糟糕，以致他担心在这些盗版出现的地方会损害他的文学名声。他多次写信给外国期刊，抱怨并警告他们的读者。最令他恼火的是那些谎称得到他的翻译授权的人。德国的一家盗版出版商买下了他的小说《前夜》的译文，附有一段编造的"作者"序言。更令人气愤的是 1877 年发生的一件事，最初发表在《欧罗巴导报》的《奇怪的故事》的法译本被译回俄文，改了题目后（《牧师之子》）在《新时代》上作为"屠格涅夫的原创故事"发表。新版本有许多错误，把整个故事的基调也丢失了。屠格涅夫向斯塔西乌列维奇抱怨了此事，请他和自己一起写信向《新时代》的主编阿列克谢·苏沃林（Aleksei Suvorin）投诉，尽管他承认，在俄国法律中没有国际版权法的情况下，他们无能为力："法律站在这些绅士一边，但正派的人不会利用这样的法律。"[127]

屠格涅夫坚信国际法的必要性：当印刷文本跨越国界时，仅凭正直的行为还不足以保护作者们的权利。1878 年 5 月，作为作

第七章　没有国界的文化

家大会的代表，瑞典裔的芬兰建筑师和作家雅克·阿伦贝里（Jac Ahrenberg）造访了在布日瓦尔的屠格涅夫，在那里记录了他对版权的坦率看法：

> 屠格涅夫说，他被瑞典出版商以可耻的方式剥削。在没有同他商量的情况下，他们翻译了他的作品，主要是德译和法译本。几天前，他在尼尔森先生的橱窗里亲眼看到了一本他的《春潮》，上面没有提到译者的名字，甚至没有任何瑞典出版商问过他这件事。不，有一位出版商问过，但问的方式让屠格涅夫甚至都没有回信。据说信的开头是这样的："作为出版商，尽管他在翻译方面有合法的权利按照自己的意愿去做……但他还是给了作者"——屠格涅夫称之为"小费"，大概是几百克朗。尼尔森对这种愤慨表示遗憾，他说瑞典的印数很小，如果必须付钱给作者，出版一本书将是不值得的，俄国人对瑞典作家也有同样的权利，尽管令人遗憾的是，瑞典也从来没有像屠格涅夫那样的作家。尼尔森表示，他没有参与这场"所有人对所有人的战争"。他只是个委托代理人，售卖别人给他的东西。对话持续了很长一段时间，最后"祸根"被挖了出来，那是屠格涅夫的俄国出版商的一封信，信中（肯定是错误地）声称屠格涅夫的作品在瑞典的印刷、销售和阅读比任何瑞典作家的都多，最后请求屠格涅夫在其崇高声誉的支持下采取措施遏制这种损害，为他的作品获得补偿，至少是为了他自己。整件事给我的印象是，虽然这位老人的索赔要求肯定是正当的，但他也同样需要钱。

411

屠格涅夫激动而带着义愤地谈到了这些被翻译成外语的作品。然而，他对这种"新的瓦兰金式的贸易和掠夺"的尖锐批评与其说是讽刺或反讽的，不如说是幽默的。他的评论让我印象深刻："如果不取消这种无偿翻译的权利，小国将在文学市场的竞争中遭到扼杀。对于出版商来说，免费选择一部杰作——我现在说的不是我自己的作品——总比从为数不多的几部可能足够好的国内原创作品中挑选要好得多。但是，对一个民族的精神生活而言，外国杰作不如档次较低的国产作品重要。结果，出版商变得越来越有钱，而作家却在消亡，民族文学因此遭受了沉重的打击。小国相比其他国家更加迫切需要保护自己不受外国的影响。最好是有几家穷出版商和规模虽小但能站住脚的文学作品。看看意大利和西班牙！它们的文学死了。为什么？在一部法国小说的最后一印尚未离开印刷机之前，它已经被这些国家的出版商拿去利用了。"[128]

屠格涅夫曾希望俄国代表团能"默默地接受法国的建议"，就像他在写给斯塔西乌列维奇的信中所说的那样。他看到的小国的危险同样适用于俄国，担心那里的年轻作家可能会因为外国译作的涌入而很难出版自己的作品。他还关心"俄国人不应该让法国人有理由指责我们不开明，不想要[国家之间的]平等权利——这一指控是完全有道理的"。在杜埃街举行的会议上，他设法说服斯拉夫小组，既然法国人会立即拒绝任何关于翻译自由的建议，他们应该提出一个有期限的版权保护的折中方案（根据作品类别，在二到五年之间）。[129]

这是他在大会上代表他们提出的建议。屠格涅夫强调，对于像俄国这样的年轻文学国家，特别是在那些有审查制度的国家，保持与外国文学和科学作品接触的自由是重要的：这是将欧洲文明传播到这些不那么幸运的社会的最可靠保证。他还以公平为理由主张纵容："我们俄国人还付不起为了从法语翻译而要给作者的钱。你们法国人不翻译我们的作品，实际上是无视我们，但是我们翻译了你们所有的最新作品。我们的译者是谁？是穷学生，对他们来说，这份工作是他们唯一的谋生手段。"这时，一位法国代表喊道："让他们只付给我两个苏吧！重要的是承认我的权利！"——这一观点得到了多数法国人的赞同。罗马尼亚、荷兰和葡萄牙等几个较小代表团支持屠格涅夫，他们声称在自己的国家不可能靠写作谋生，没有本土作家，那些来自较富裕国家的人应该把翻译他们的作品视作在这些市场打广告。屠格涅夫最后辩解说："这些译者不是强盗。他们在某种程度上是我国文明的先驱。你可以说，他们译介的东西是从你们那里拿走的。确实如此，但这是有先例的。如果彼得大帝不是一个杰出的强盗，我今天就不会在这里和你们讲话了。"现场响起了笑声和掌声。但在投票中，除20名代表外，其他人都否决了他的提案。[130]

大会通过了一系列由法国人提出的关于对作者权利的版权保护的提案，包括翻译和改编，在所有国家都是平等的。会议结束时举行了一场宴会，并发表了更多演讲，呼吁各国政府起草必要的国际法。屠格涅夫没有参加宴会，而是和维亚尔多夫妇一起去了疯狂的牧羊女酒吧。他厌倦了这次大会，称之为"喜剧"，会议发表了"一些笼统的言辞"，但没有取得任何实际意义上的成果。"我受够了，"他在给福楼拜的信中写道，"我要动身去卡尔斯巴德。"[131]

屠格涅夫允许他的名字被列入国际文学和艺术协会（ALAI）的荣誉委员会，该委员会在伦敦（1879年）、里斯本（1880年）和维也纳（1881年）组织了一系列会议，起草国际版权法提案。但屠格涅夫没有参加过这些活动。他认为自己在伦敦的角色将是"可悲的"，即使在他被宣布为名誉总统的维也纳，他也看不到自己在那里有任何意义：这位俄国人正在显示出退出所有国际版权协议的各种迹象。[132]

当屠格涅夫告诉福楼拜，大会"不会也不可能产生任何结果"时，他错了。通过的决议被写进了1883年伯尔尼国际文学和艺术协会大会的国际著作权公约草案中，1884年和1885年在同一城市举行的外交会议上由各国政府进行讨论，并于1886年9月9日被十个国家（法国、比利时、英国、德国、海地、意大利、利比里亚、西班牙、瑞士和突尼斯）正式通过，称为《伯尔尼保护文学和艺术作品公约》（是今天有172个缔约国的版权联盟的奠基文件）。大多数欧洲小国（以图书进口为主）仍然没有加入公约，尽管许多国家后来加入了公约：挪威（1896年），丹麦（1903年），瑞典（1904年），葡萄牙（1911年）和荷兰（1912年）。奥匈帝国因其非德语地区而被拒之门外，这些地区是外国译作的主要进口者，在帝国议会占据多数。俄国人也拒绝加入公约。但讽刺的是，他们反对法国提议的理由是，他们从其他欧洲语言翻译的作品比其他欧洲国家翻译的俄语作品更多，但他们不加入公约的决定在很大程度上扭转了这种不平衡。1886年以后，俄语书籍在欧洲的译本数量急剧和持续增加。部分原因是西方对俄国文学的兴趣增加，但主要是因为俄语书籍不受公约保护，因此翻译和出版比受国际版权保护的作品更便宜。

《伯尔尼公约》是19世纪国际法的杰出成就之一。它出现在国际主义的巅峰时期——当时欧洲所有的主要国家都成立了国际红十字会，社会主义者也通过第二国际组织起来，而国际妇女运动有了实质性的发展。国际法的效力日益增强，欧洲国家开始签署国际规范和公约：国际电信联盟（1865年）；度量衡系统联盟（1875年）；邮政总联盟（1874年）；制定标准时间的国际子午线大会（1884年）；以及协调欧洲大陆九个国家铁路公司的时刻表和技术要求的《铁路货物联运协定》（1890年）。[133]

《伯尔尼公约》还不足以根除国际盗版问题。公约以外的国家——特别是美国和俄国——继续为盗版出版商提供法律漏洞。*公约的措辞在某些领域（比如表演权）含糊不清，这导致了音乐或戏剧作品的创作者与音乐会或剧院经理之间的法律纠纷。但总体而言，公约是一项至关重要的立法，其指导原则至今仍然有效。它鼓励了音乐、文学和艺术出版商扩大国际业务，并使艺术家能够凭借自己的作品从世界各地获得收入。

---

* 1952年，美国在日内瓦加入了保护力度较弱的《世界版权公约》。直到1988年，它才加入了《伯尔尼公约》。苏联在1975年签署了《伯尔尼公约》，俄国在1995年重申将遵守公约。

第八章

死亡与正典

> 从来没有活着的伟人。是后世造就了他们。
>
> 福楼拜，1870 年

一

19世纪70年代末，屠格涅夫每年都会回到俄国，通常是为了处理他的庄园和买卖事宜，这些产业遭遇了一场接一场的灾难，变得岌岌可危。他的短暂停留很少引起俄国人的兴趣，他们已经开始把他视为一个流亡者，如果不是一个彻头彻尾的外国人的话。1877年，小说《处女地》出版时，他遭到了来自各方的俄国评论家的猛烈抨击，他们指责他失去了与俄国的联系，而俄国是这部小说的背景——小说讲述了一群民粹主义者的复杂故事，他们离开自己的贵族家庭，想要"简化"自己的生活，向农民传播社会主义。必须承认，与他之前的小说相比，书中的人物缺乏栩栩如生的特质；他们看上去就像承载着政治信息的典型——无论这些年轻的革命者作为人而言多么善良和诚实，他们的目标本身是错的，注定会失败。屠格涅夫接受了这一指控，他写信给弟弟尼古拉说："《处女地》无疑失败了。"

> 我开始觉得它的命运是理所当然的。我们不能暗示所有的刊物组成了某种反对我的联盟了，相反，必须承认我犯了错：我背负了超出自己力量的工作，不堪重负地倒下。事实上，不生活在俄国的人写不了那里。

因为他不会写任何其他地方，他谈到要完全放弃小说。[1]

但在1879年的头几个月里，在他因为弟弟尼古拉意外去世而返回俄国的时候，这一切都改变了。在遗嘱中，弟弟从他的庞大财产里留出了一小部分（约25万法郎）给手头拮据的哥哥。在莫斯科和圣彼得堡，在由著名的科学、教育和艺术代表组织的一系列向屠格涅夫致敬的宴会上，他受到了英雄般的欢迎。现在，他离开这个国家被视为他对独裁的抗议。学生们聚集在他的下榻处外，希望能看到这位白发巨人，他们现在称赞他是他们民主希望的化身。屠格涅夫回到了一个对改革充满期待的社会：要求制宪的压力越来越大，而尽管有革命者发动恐怖袭击，沙皇亚历山大二世还是同意制宪。

屠格涅夫明白为什么他受到如此狂热的欢迎。3月4日，他在莫斯科贵族会议厅为贫困学生举办的慈善音乐会上朗读了他的《猎人笔记》中的一个故事。音乐会变成了政治示威。第二天，他致信保琳娜说："想象一下，在这个巨大的大厅里有1000多名学生。"

> 当我走进那里时，响起了一片喧嚣，足以把整个建筑掀翻，人们高喊着："乌拉！"帽子在空中飞舞。然后有人献上两个巨

第八章 死亡与正典

大的花圈,一个年轻的学生代表在我耳边大声说了一段话——每句话都会引发又一阵喧哗;前排的大学校长吓得脸色苍白;我尽量不火上浇油,但回答时希望说的不是陈词滥调。读完故事后,我在一大群人的簇拥下离开了大厅。我从隔壁的房间里被叫出去二十次。女青年们试图抓住我的手亲吻!那是一个疯狂的场面。要不是宪兵上校以最有礼貌的方式把我护送出去和送上马车,我将还在那里。我很明白为何会出现这种狂热的情况:在总是被承诺和拖延的改革前夕,这些年轻人都像莱顿瓶一样充满了电,而我则充当了一台放电的机器。通过这样做,我的自由主义观点和我的任何作品一样重要。如果这些可怜的年轻人不示威,他们会爆炸的![2]

这样的示威活动不受俄国政府欢迎。警察密探向沙皇报告了作者的一举一动。反动派指责他煽动革命。不久,一位沙皇的朝臣找到屠格涅夫,说陛下很有兴趣知道他打算什么时候回到国外。屠格涅夫不想与沙皇发生冲突,危及他未来前往俄国的机会,也许还因为担心可能会被捕,于是收拾行囊,毫不拖延地离开了。在边境,沙皇的官员告诉他:"我们一直在等你。"[3]

虽然行程被缩短,但屠格涅夫对他的俄国之行感到高兴。他觉得自己已经与俄国青年和社会进步阶层和解了。时间缓和了他在19世纪60年代写的小说《父与子》和《烟》所引发的争议;新一代俄国人带着与他相近的自由主义观点长大;现在,他作为《猎人笔记》的作者被深切铭记,这部作品为结束农奴制做出了巨大的贡献。他第一次感觉到他在俄国可以找到家。保琳娜察觉到她最终可能会失去他。"我亲爱的屠格林",她在3月25日给他写信说:

我刚收到你附带照片的信。谢谢。我给你回信时确信你会在圣彼得堡幸福地安顿下来,你最近的成功可能会鼓励你扎根于那里。这很好,假如你将来在巴黎的时候不会患上"乡愁"。你打算抛弃我们吗?我担心你会厌倦巴黎,在这里你不会被狂热的崇拜者包围——在这里,你只会拥有同一批老人,他们一天比一天老,用一种更安静的喜悦看着你……上帝啊,在这里再次见到你将是多么幸福啊。我担心你没有力气让自己从在你身边潜行和蹦跳的年轻人中挣脱出来! [4]

保琳娜真正害怕的一个潜行的年轻人是玛丽亚·萨维娜(Maria Savina),屠格涅夫在那年3月遇到了这位女演员,她在圣彼得堡的亚历山德里娜剧院(Alexandrine Theatre)上演的屠格涅夫长期被忽视的戏剧《村居一月》中有激动人心的表演。年轻漂亮的萨维娜是俄国舞台上最令人兴奋的天才。屠格涅夫立刻爱上了她,经常与她见面。回到巴黎后,他给她写了几封充满激情的信,表白了对她的爱。这些信件表达了一位老人对年轻女子(他61岁,她25岁)的性渴望,但没有任何内容暗示他们是情侣。

毫无疑问,他的迷恋源于他与日俱增的孤独感,无论是作为一名流亡的俄国人,还是作为一名老单身汉。在开始与萨维娜的关系之前,他还与其他年轻女子有过交往,她们都是俄国人,当他感到被保琳娜孤立或忽视时,他从她们的感情中找到了慰藉。从1873年开始,他曾长时间与一位俄国将军的年轻遗孀尤莉娅·弗拉夫斯凯亚(Julia Vrevskaia)男爵夫人调情,直到1877年俄土战争爆发,她志愿到前线当护士后才中断了这段关系。1878年1月,她在一家军队医院死于斑疹伤寒。

愚蠢的老人无法征服年轻女子是喜剧的素材。但屠格涅夫对年轻女子的爱情的渴望带有一种悲情。也许那是在怀念他的青春,怀念年轻时的浪漫可能,他为保琳娜牺牲了这种可能性。随着两人年

第八章　死亡与正典

龄的增长,他对保琳娜的热情已经减弱,形式上发生了变化,成为一种亲密的友谊,其中包含了他的情感存在。他没有能力打破这种关系。他依赖保琳娜,尽管他知道他对她的热情只会换来她"默默的快乐"。他在感情上需要她,尽管(也许正是因为)她给他带来折磨。

根据听过其吐露心事的法学家阿纳托利·科尼的说法,屠格涅夫不适合结婚:他可能会对挚爱他的妻子(或者可能会对婚姻生活的日常琐事)感到厌倦。"要想让他长久地爱和习惯于爱,他需要的是那种会让他痛苦、怀疑、动摇、暗自忌妒和沮丧的人——简而言之,会折磨他的人。"[5] 保琳娜就是这个折磨者。他像奴隶一样效忠于她。

科尼回忆起 1879 年秋天与屠格涅夫的一次谈话,当时这位 35 岁的法学家在巴黎拜访了屠格涅夫。屠格涅夫建议他结婚。屠格涅夫解释说,无法想象"老年是多么孤独和令人厌倦,当你不得不紧紧靠在陌生人的巢边,像受到恩赐一样接受善意,就像老狗没有被赶走是因为人们已经习惯并同情它"。根据萨维娜的说法,屠格涅夫对他为与保琳娜的非正式婚姻所做的牺牲深感失望,甚至怨恨。他在一首诗中表达了自己的感受,诗写在一本"绿色皮革封面的大簿子"上,锁在斯帕斯科耶的办公桌抽屉里,他曾用因为情绪激动而颤抖的声音读给她听。这首诗没有流传下来,它讲述了"对一个女人过度的爱的故事,作家为这个女人奉献了一生,她却不会带一朵小花到作家的坟上,也不会掉一滴眼泪"。当萨维娜问他准备怎么处理这首诗时,屠格涅夫回答说,他会烧掉它,以防止在他死后被发表:"这可能会伤害她。"[6]

1880 年 2 月,屠格涅夫返回俄国。他想恢复和萨维娜的关系。从 2 月到 7 月,在俄国度过的五个月里,他经常与她见面,这是他近二十年来在俄国停留时间最长的一次。两人有过短暂的相聚,在剧院的更衣室里偷偷幽会，还交换了调情的便条。在一次著名的约会中，他甚至去了离斯帕斯科耶庄园20公里的姆岑斯克火车站，这样他就可以和她一起坐在她的车厢里，前往一小时车程外的奥廖尔。从他下火车后在旅馆过夜时写给她的信上看，他们似乎接吻了（"即使活到一百岁，我也永远不会忘记那些吻……"）。但她拒绝了他的进一步求爱，导致屠格涅夫疏远了她，他无疑意识到自己犯蠢了（如果门闩必须一直插着，你最好不要写信给我，但我会吻你的手，你的脚，以及你允许我吻的一切——甚至是你不允许的）。[7] 降温是暂时的。他的迷恋又开始了。第二年夏天，萨维娜和他在斯帕斯科耶度过了五天——保琳娜从未去过这个地方——尽管那时她即将嫁给另一个人。

屠格涅夫长期停留在俄国的原因之一是他参加了一个普希金节，节日的高潮是6月6日在莫斯科为这位俄国诗人的纪念碑揭幕。自19世纪40年代以来，人们一直在推广为普希金树立公共雕像的想法，当时别林斯基在他关于普希金的一系列文章的最后期待为这位俄国的"古典"诗人竖立纪念碑，以示对其的认可。从19世纪60年代开始，随着普希金在皇村中学的老同学们和专事文学纪念的俄国文学爱好者协会（OLRS）先后接管了推广行动，要求树立普希金雕像的呼吁开始具有了民族象征意义。莫斯科或圣彼得堡没有文学或艺术英雄的公共纪念碑：只有政治家、军人与沙皇分享这一荣誉。普希金纪念碑的揭幕被许多人视为俄国的新开始，标志着它作为一个欧洲意义上的国家，作为一个独立于政府，与歌德的德国或莎士比亚的英国相提并论的社会重生的时刻。它的揭幕正值自由主义改革之际，也被视为政府与社会关系的转折点，是通过文学价值观让国家重新团结起来的机会。[8]

屠格涅夫在艺术节的筹备工作中发挥了主导作用。作为俄国文学爱好者协会的无任所大使，他帮助主要的展览购买了普希金纪念

第八章　死亡与正典

品，给世界各地的作家写信邀请他们参加（来的人不多，但雨果、丁尼生和奥尔巴赫发来了贺电），并接受了斯塔西乌列维奇的委托，"为人民"写了一本关于普希金的小册子，在纪念碑揭幕当天在莫斯科的公共阅览室大声朗读并免费分发。这本小册子太高深了。屠格涅夫向斯塔西乌列维奇承认："我不知道如何为普通人写作，他们反正也不读普希金，只知道为少数有文化的人写作。"就在庆祝活动开始之前，当听说托尔斯泰不会出席时，他还前往其在亚斯纳亚波利亚纳（Yasnaya Polyana）的庄园，最后一次尝试让其改变主意。托尔斯泰不愿听从屠格涅夫的观点。他已经打算宣布放弃文学，与农民一起过一种更朴素的基督徒生活。他拒绝参与表彰像普希金这样道德放荡人的"喜剧"，普希金的诗歌对农民来说毫无意义。[9]

大批人群于1880年6月6日聚集在莫斯科，见证亚历山大·奥佩库辛（Alexander Opekushin）塑造的雕像揭幕。在街头小贩那里可以买到普希金的各种纪念品：肖像、黏土胸像和雕像、廉价版本的诗集、歌曲专辑和他的诗歌的音乐改编作品。随着梅耶贝尔《先知》（普希金写过一首与这部歌剧同名的诗）中的《加冕进行曲》的管弦乐声响起，来自俄国各地的代表团依次走近纪念碑，向其敬献花圈。人们举行了宴会、公开朗诵会和仪式性会议，还有政要致了颂词。

公众热切期待屠格涅夫在俄国文学爱好者协会的开幕式上的演讲，他们渴望听到他对这位伟大民族诗人的看法。作为西方派哲学的著名倡导者，他极大地冒犯了斯拉夫派和民族主义者，大大贬低了俄国的文化成就。屠格涅夫的颂词让他的听众感到失望。虽然他承认普希金是第一位也是最优秀的民族诗人，但并没有将他与欧洲最伟大的诗人莎士比亚、歌德和荷马相提并论，这些诗人拥有更高的普世品质。这是一个有分寸和细致入微的论点，向普希金在俄国文学的诞生中所做的巨大飞跃表达了敬意，但无法满足高昂的民族主义情绪，后者要求将普希金提升到更高的世界性地位。

第二天，即6月8日，在俄国文学爱好者协会的闭幕式上，陀思妥耶夫斯基抢占了风头，用他激情昂扬的赞歌满足了这一要求。这场演讲是陀思妥耶夫斯基确立国家先知之名的起点。他称赞普希金是一位具有世界历史意义的天才，甚至比莎士比亚、塞万提斯或席勒更伟大，因为他拥有体现全人类精神的"俄罗斯"特质："最伟大的欧洲诗人也永远不可能如此有力地在自己身上体现外国的，甚至是邻国的天才……比如，即使是莎士比亚笔下的意大利人也几乎都是英国人。在世界上所有的诗人中，只有普希金有能力让自己完全认同另一个民族。"在其演讲的弥赛亚式高潮部分，陀思妥耶夫斯基声称，普希金的普世精神揭示了俄国的命运，即把欧洲的各个民族团结成基督教的兄弟。"大厅里的人陷入了极度的狂热，"陀思妥耶夫斯基告诉他的妻子，"当我结束演讲时，我无法向你描述那种咆哮，那种狂喜的呼号……半个小时后，他们把我叫了回来，挥舞着手帕……'先知！先知！'他们在人群中喊道。屠格涅夫——我在演讲中为他说了好话——冲上前来，泪流满面地拥抱我。"[10] 在屠格涅夫本人对斯塔西乌列维奇的描述中，陀思妥耶夫斯基的演讲"从头到尾都是假的，但极好地满足了俄国人的自尊"。

二

在斯帕斯科耶准备他的普希金节演讲时，屠格涅夫收到了福楼拜去世这一令人震惊的消息。5月23日，他在给左拉的信中写道："我以一种最残忍的方式受到了打击，读了《呼声报》[*Golos*，一家彼得堡日报]上的讣告。我无须告诉你我有多么悲痛：福楼拜是我在这个世界上最爱的人。逝去的不仅是一位伟大的天才，也是一种罕有的精神，是我们所有人的核心。"几天后，莫泊桑在一封长信中透露了福楼拜去世的细节，他在5月8日收到了福楼拜侄女的电报，

第八章　死亡与正典

告诉他福楼拜因为癫痫发作晕倒了，请他尽快赶来。但当莫泊桑乘火车从巴黎赶到鲁昂时，福楼拜已经死了。[11]

三天后，葬礼在克鲁瓦塞举行。在教区教堂举行了敷衍了事的弥撒之后，哀悼者跟随福楼拜的棺材来到了几公里外的鲁昂纪念公墓。让左拉感到震惊的是，来自巴黎的文人寥寥无几（除了他自己，只有龚古尔、都德、莫泊桑、泰奥多尔·德·邦维尔［Théodore de Banville］、于斯曼斯［Huysmans］和其他几个人，但没有雨果或小仲马），特别是来自鲁昂的人数很少，哀悼者总共不超过100人。左拉写道："令人费解和不可原谅的是，鲁昂，整个鲁昂都没有人为它最著名的孩子的遗体送行。你可以说鲁昂人都是商人，不把文学当回事。但这座大城市肯定有教师、律师、医生，有读书的人群，他们至少听说过《包法利夫人》。"[12] 葬礼本身简直就像直接来自那部杰作。掘墓人准备的墓穴对福楼拜的棺材来说太短了，这位作家身高将近6英尺（1.81米）。下葬时，棺材在某个角度被卡住了，在告别仪式中一直保持头下脚上的状态。

从俄国回来后，屠格涅夫组建了一个作家委员会，为鲁昂的福楼拜纪念碑筹集资金。龚古尔、都德、莫泊桑和左拉，以及福楼拜的老朋友，《鲁昂记者报》（La Nouvelliste de Rouen）的主编夏尔·拉皮埃尔（Charles Lapierre）都加入了这个委员会，但维克多·雨果过于骄傲，不愿与批评他作品的左拉同属一个委员会。在雕塑家亨利·查普（Henri Chapu）索要的1.2万法郎中，五年来只从公众那里筹到了9000法郎，他们不得不从自己的口袋里掏出剩下的钱。最终，这座纪念碑于1890年11月23日揭幕。天气很糟糕。在游乐场乐队呜呜的演奏声中，龚古尔、左拉、莫泊桑和一小群巴黎政要，只能在帐篷里躲避着风雨，观看了雕像的揭幕仪式——又是一幕像直接来自《包法利夫人》的场景。[13] 龚古尔致了主悼词：

现在他去世了,可怜的福楼拜开始获得了天才的地位,这配得上我们对他的回忆。但你们知道吗,当他活着的时候,评论家们甚至不愿意承认他有才华?他所有的杰作为他赚了多少钱?拒绝、侮辱、道德折磨。从巴尔扎克到福楼拜,评论家们对作家犯下的所有错误和不公可以写成厚厚一本书。我记得有位政治记者写过一篇文章,认为福楼拜的文字是拿破仑三世统治的耻辱,另一篇发表在文学期刊上的文章则指责他**以癫痫式的风格**写作——现在你们明白这个绰号对他来说有多恶毒了吧……

在一个金钱将文学和艺术变成买卖的时代,福楼拜是老一辈艺术家中最后一批从不为金钱所驱使,为了抵挡它的诱惑甚至不惜牺牲自己的财富,只写符合他艺术品位的书,这些书在他生前带来的回报寥寥无几,但为他赢得了死后的荣耀。[14]

福楼拜还需要等待很长的时间才能得到他应得的认可。直到1921年他的百年诞辰时,法国政府才承认了他的重要性,在卢森堡花园为他的纪念碑揭幕。而在19世纪80年代,另一些作家死后就已获得了大规模的国家和公民葬礼。

1881年1月,陀思妥耶夫斯基死于肺出血。如果普希金节的演讲是他作为国家先知的起点,那么他的葬礼就是国家崇拜的开始。这是迄今为止俄国作家最接近国葬待遇的一次,由教会和政府负责葬礼的安排,并派出了代表。大批人群参加了穿越圣彼得堡的游行。从陀思妥耶夫斯基在库兹涅奇尼巷(Kuznechny Lane)的家到亚历山大·涅夫斯基修道院,街道两旁站满了离开课堂、泪流满面的学生们。67个代表团的代表手持花圈走在灵柩后面。15个不同的合唱团在沿途的不同地点演唱。当队列接近目的地时,修道院的大门

第八章　死亡与正典

打开了，僧侣们列队向死者致敬——这是一个通常只为沙皇下葬准备的仪式。[15]

斯塔索夫写道："俄国以前从未有过这样的事情。"仅仅几十年前，普希金的葬礼还不对公众开放，他的遗体被警察从圣彼得堡运走，以防人群聚集。但现在，国家声称陀思妥耶夫斯基是自己的人。沙皇命令财政部每年向陀思妥耶夫斯基的遗孀发放2000卢布（约合8000法郎）的终身养老金，这是俄国首次发放这样的养老金，并为陀思妥耶夫斯基的孩子保留了在青年侍从团和斯莫尔尼宫的职位，尽管都没有被接受。人们设立了一个公共基金，用于出版陀思妥耶夫斯基作品的第一个全集，为给这位作家建立纪念碑又设立了一个。屠格涅夫捐了50卢布（200法郎），一笔不大的金额。他没有忘记陀思妥耶夫斯基的未偿债务和多年来对他的残酷挑衅。[16]

1885年6月1日，维克多·雨果的葬礼规模甚至更大。这是法国首都有史以来规模最大的国家活动之一。从得知他快要去世的那一刻起，大批人群就聚集在了雨果位于埃罗大道（Avenue d'Eylau）的房子外。年轻的罗曼·罗兰是众多逃学的学生中的一员，他们加入了雨果迷的行列，其中许多是工人，等待着阳台上的公告。自从1881年这位作家的生日庆祝活动以来，雨果的崇拜者们聚集在他家门外的街道上等待他的出现就已经成为一种传统。雨果拖了五天时间才去世。他完美地扮演了浪漫主义死亡的角色，确保要向床边的家人和朋友发出声明（"我准备好了！""是死人在跟你说话！""如果死亡必将到来，欢迎！"等等），他知道这些话会被登上报纸。国际媒体每天都会发布有关他病情的最新消息。[17]

雨果去世时，政府已决定为他举行国葬，并入葬先贤祠。雨果曾要求被葬在穷人的棺材里。即使在死后，他也意识到有必要把自己塑造成代表人民、与人民站在一起之人的形象。接受吊唁时，雨果的简朴棺材被置于一个刻有他名字首字母缩写的巨大灵柩台上，

图25　1885年6月1日的葬礼前,雨果接受吊唁,他的棺材被放在巴黎凯旋门下的一个巨大的灵柩台下

放在凯旋门下,凯旋门披上了黑色的悼纱,周围环绕着十几个燃烧的火炬,并用电灯照明。莫里斯·巴莱斯(Maurice Barrès)将这一戏剧性的布景比作罗马皇帝的葬礼安排。尼采认为这是一场"品味低劣的狂欢"。葬礼前一天晚上,庞大的人群聚集在凯旋门,排列在香榭丽舍大道上,为更好地观看前往先贤祠的葬礼队伍占好位置。小贩们出售廉价的纪念品——临终场景的照片、雨果的剪影、歌单、他的诗歌小册子和作品人物的木制模型——让这个地区开始变得像一个巨大的游乐场。到了早上,游行路线上已经聚集了200万人,比巴黎的总人口还要多,也许稍后还会有100万人加入进来。政府担心葬礼可能会变成工人起义,于是让更多的警察和士兵走上街头。最密集的人群聚集在通往先贤祠的苏弗洛街(rue Soufflot)。在带柱廊的入口处,19个代表团的代表致了悼词,并在雨果的遗体

第八章 死亡与正典

被下葬之前依次将花圈放在台阶上。[18]

雨果入葬先贤祠是纪念民族"伟人"的世俗传统的象征性胜利。这一传统在1791年由革命者开创,当时的国民大会下令在圣热内维埃夫教堂建造先贤祠。先贤祠被指定为公民墓地,名字模仿了其罗马模板。笛卡尔、伏尔泰、卢梭的遗体被迁葬到先贤祠的墓穴。19世纪,这座建筑成为教会和国家之间的战场。在波旁王朝复辟时期,它被归还给教会;伏尔泰和卢梭的"异教徒遗骸"被从墓穴中移走,藏在门廊下一扇没有标记的门后面。七月革命后,先贤祠被恢复,其中的"异教徒"再次迁出,但没有新的尸骨被埋在那里。路易·菲利普在建筑上增加了山墙,上面刻着"致伟人,祖国感激你们",描绘了法兰西向本国的男性名人颁发桂冠的画面(第一个入葬的女性是玛丽·居里[Marie Curie],一直要等到1995年)。拿破仑三世将这座建筑修复为教堂,成为朝圣的地点。直到1885年,它一直是一个宗教圣所,雨果是自1829年先贤祠的建筑师雅克-热尔曼·苏弗洛(Jacques-Germain Soufflot,1713—1780)安葬于墓室以来第一个入葬的人。雨果的死为共和派政府接管这座建筑,并将其重新改建为先贤祠提供了动力,那样这位思想自由的诗人就可以被埋葬在一个完全世俗的地方。

雨果是被埋在先贤祠的众多作家中的第一个。后来,左拉(1908年葬入同一墓穴)和大仲马(2002年)也加入了他的行列。从1878年至1940年,在第三共和国接受国葬的80人中,有四分之一是艺术界的重要人物。雨果的逝世标示着共和国的世俗价值作为民族团结的力量被真正确立的时刻。1877年10月,共和派在选举中的胜利终结了保守派希望复辟君主制的希望。现在,温和的共和主义可以把自己的思想基础——建立在大革命的启蒙理想之上——变成国家的意识形态。对艺术家和哲学家的崇拜代表了这场选战的一个重要组成部分。这种崇拜始于1878年伏尔泰和卢梭逝世百年的庆祝活动。路易·维亚尔多是两人的庆祝活动的组委会成员。[19] 所有的主要城镇都为这两位公民领袖举办了宴会，人们为他们的雕像揭幕，推出了他们作品的纪念版和小册子。5月30日，为了庆祝伏尔泰逝世百年，欢乐剧院（Théâtre de la Gaieté）举办了纪念典礼（反讽的是，活动是由梅尼埃[Menier]巧克力公司组织的）。雨果发表了一篇传奇性的演说，被报刊广泛刊发，并作为小册子发行。在演说中，他表示那位伟大的作家和哲学家象征了他对进步、革命和民主的信仰。为了确立大革命与卢梭之间的象征性联系，纪念其逝世百年的主要活动——有6000人参加了在巴黎美国马戏团（Cirque Américain）举办的盛大典礼——不仅在7月2日卢梭去世当天，也在12天后的7月14日举行，后者是攻占巴士底狱的纪念日，从此每年都会庆祝这个日子（1880年成为国庆节）。[20]

对雨果的官方崇拜加强了本国的伟大作家与大革命思想原则之间的这种联系。在对他的各种悼念文章中，雨果被描绘成19世纪这些原则的主要捍卫者，当时它们遭受了各种考验。雨果入葬先贤祠被宣称为共和国世俗理想的胜利，对抗了神职人员和君主主义者的旧"道德秩序"。但这个理想备受争议，天主教会抨击了"崇拜人而不是神"的"异教徒"崇拜。

为了巩固这一胜利，美术部于1889年（即大革命百年）为先贤祠启动了一个大型的纪念雕塑计划，埃菲尔铁塔在巴黎世博会上的启用也是百年纪念的一部分。先贤祠委员会的核心作品是一座革命者的群体雕塑，其中一个形象代表了国民大会，但也有奠定大革命思想基础的伟大哲学家（笛卡尔、伏尔泰和卢梭），以及发动大革命的政治家的个人雕塑（例如米拉波[Mirabeau]），还计划为雨果塑像，他在19世纪体现了大革命的共和价值观。奥古斯特·罗丹获得了为雨果塑像的委托。这位雕塑家选择描绘流亡中的诗人，

第八章　死亡与正典　　　　　　　　　　　　　　　　　　　　　493

图 26　奥古斯特·罗丹和他的雨果塑像，罗亚尔宫的花园，1902 年

他与悲剧缪斯一起坐在根西岛的岩石上，正陷入沉思，一只手放在头上，另一只手伸向大海，表示对拿破仑三世独裁的反抗。这个项目被美术部否决，于是在罗亚尔宫的花园里另找了一个地点放置罗丹的铜像，于是罗丹又设计了两个替代方案——维克多·雨果的坐像（其石膏像在 1897 年的沙龙中展出）以及为先贤祠设计的立像（始终没有完成）。[21]

　　雨果的名字无处不在。死亡把他提升到了国家圣人的地位。在该国的每一家书店和公共图书馆都能找到他作品的大众版本。学生们被要求背诵他的诗歌；教科书讲述了他流亡和反抗第二帝国的故事，将其作为对共和国原则的道德指导。人们为建立维克多·雨果博物馆提出了多种多样的动议。第 16 区的区长向巴黎政府请愿——雨果曾居住在该区的埃罗大道——要求将他的房子作为"圣地"加以保护，许多人也写信提出同样的要求。1889年，一群商人租下雨果的故居，以"雨果故居和博物馆的全国和世界朝圣之旅"的名义做起了生意，主要是为了吸引世博会的参观者。[22] 这所房子没有得到巴黎市的保护，后来也没有被用作博物馆（今天它位于一家出售内衣的精品店上方）*。但在1881年雨果的生日那天，埃罗大道被以他的名字重新命名。

在19世纪中叶以前，由公共机构或国家来纪念文艺界的人物是很少见的。欧洲城市的街道和广场上充斥着君主和军人英雄的纪念碑，但本国文化英雄的雕像却寥寥无几。直到19世纪60年代，各国才开始更加重视对本国文化英雄的纪念。

在整个欧洲，艺术家的纪念活动稳步增加：席勒百年纪念（1859年）、莎士比亚300周年纪念（1864年）、但丁诞辰600周年纪念（1865年）、沃尔特·司各特百年庆祝（1871年，屠格涅夫在活动上发表了讲话）、彼得拉克逝世500周年纪念（1874年）、伏尔泰和卢梭百年纪念（1878年）、爱尔兰诗人托马斯·摩尔百年纪念（1878年）、16世纪伟大的葡萄牙诗人路易斯·德·卡蒙斯（Luís de Camões）诞辰300周年纪念（1880年）。作家、艺术家和作曲家的纪念碑出现的频率越来越高，几乎与为政治家和士兵建造的数量持平，而在那个世纪上半叶，后两者的数量要远远超过它们。1800年至1840年间，欧洲各国为君主、政治家和军人英雄树立了75座纪念碑——是它们揭幕的文化、科学和哲学界名人纪念碑（23座）的三倍多。在那个世纪的最后40年里，当公共塑像的热潮达到顶峰时，数字变得更加均衡：有权势者的有512座，思想家、科学家和艺术

---

* 后来，在维克多·雨果位于孚日广场的故居开设了雨果博物馆，他在1832年到1848年间住在那里。

第八章　死亡与正典

家有 401 座。[23]

街道和广场、图书馆、大厅和剧院都以文化和科学领域的名人命名。他们的故居挂上了纪念牌匾。伦敦的蓝色牌匾计划是世界上最古老的，第一块揭幕的牌匾放置在拜伦在霍利斯街的出生地（该建筑后来被拆除）。故居博物馆成为前往文学和艺术圣地朝圣的热门旅游的一部分。到了 1900 年，每年有超过 3 万名游客乘火车前往莎士比亚在斯特拉特福的出生地。火车时刻表与 1879 年开业的莎士比亚纪念剧院的演出开始和结束的时间一致，这样伦敦人就可以在返回首都之前进行一日游和观看午场表演。[24] 铁路还推动了越来越多的游客前往那些因为与创意"天才"有联系而被神圣化了的目的地（"勃朗特之乡"、华兹华斯的湖区、与卢梭联系在一起的日内瓦湖岸、作为歌德和席勒的熔炉的魏玛等等）。这些纪念碑和遗址在它们文化意义上既是民族主义的，也是欧洲的：这些人物带来的民族自豪感很大程度上是基于他们的"普世主义"理念——他们是本国献给其他国家和世界的"礼物"。

故居博物馆是这一崇拜的焦点。1847 年开放的席勒故居博物馆是最早的一批之一。1869 年，屠格涅夫在访问魏玛时对它进行了"义不容辞的朝圣"，表示席勒去世时所住的房间太小了（"任何有钱的工匠现在都会拒绝住在里面"）。他对歌德的故居仍然关闭感到失望。[25] 诗人的孙子执拗地拒绝出售它。不过，等到 1885 年他去世后，这所房子被萨克森–魏玛公国接管，并向公众开放。到了那时，各地都在兴建作家故居博物馆——鲁昂附近的皮埃尔·高乃依博物馆（Musée Pierre Corneille）、佛罗伦萨的但丁故居、马德里的塞万提斯故居——到第一次世界大战爆发时，还将有更多的博物馆开放。

为什么当时对文艺界人物的纪念活动会有如此明显的增长呢？从 18 世纪以来，对艺术天才的浪漫主义崇拜就一直是欧洲文化的一部分。但在 19 世纪的最后几十年，它成为艺术营销的一部分，在当时的文化中，成功的作家、艺术家和音乐家被视为名人，他们的传记在媒体上接受考察，以期解释他们的创造力。这种对艺术家私生活和个性的关注很容易就转移到了过去的正典人物身上。伟大艺术家、作家和作曲家的传记成倍增加，到那个世纪末已经成为最大的文学体裁之一。

国家和民族运动也为了自己的目的而利用这些天才。歌德是"德国"的天才，但丁是"意大利"的诗人——他们的创造力被解读为对民族特性的表达，他们的诗歌是民族语言的基础。这是一个欧洲各地开展民族构建和民族主义运动的时代。新的民族开始诞生（意大利、罗马尼亚、德国），或者试图把自己从多民族帝国（匈牙利、捷克地区、塞尔维亚、克罗地亚、波兰、乌克兰、爱尔兰等）中解放出来。所有的欧洲国家越来越依赖文化——尤其是民族文学的广泛传播——来统一社会。

大众传播的发展使得这种对文化的利用成为可能：与铁路或平版印刷术之前所能想象的相比，作家、艺术家和作曲家被更广大的公众所知；他们是民族英雄和名人。雨果死后，整个法国都停止了工作。1901年1月27日威尔第去世时，商店和剧院关门以示全国哀悼。三天后，据说这是意大利历史上规模最大的一次，30万哀悼者在清晨的严寒中于米兰街头列队目送送葬队伍。据说在沿途的某些地方，人群自发地齐声唱起了威尔第的《纳布科》中的《飞吧，思想》，后者俨然成了意大利的非正式国歌。[26]

对威尔第的崇拜是新的意大利国家促进民族认同的核心。虽然《纳布科》首演于1842年，但直到意大利统一后，这首希伯来奴隶的著名合唱——为失去家园而哀叹，对同样处于外族统治下的意大利人具有象征意义——才获得了民族意义和人气。从19世纪60年代开始，意大利政府将复兴运动作为一种民众起义和民族重生的理念加以推广。威尔第的歌剧受到推崇，特别是那些以爱国为主

第八章　死亡与正典　　　　　　　　　　　　　　　　　　　497

图27　威尔第的葬礼，米兰，1901年1月30日

题的，如《纳布科》、《伦巴第人》和《埃尔纳尼》，这些歌剧可以被用来培养民族意识。威尔第的音乐被作为民族团结的灵感和表达推广——身为"复兴运动的吟游诗人"的他成了意大利民族神话的一部分。[27]

　　对重要艺术家的公开纪念活动在欧洲国家的民族构建计划中发挥了至关重要的作用。1865年，意大利在维托里奥·埃马努埃莱二世国王的新首都佛罗伦萨举行了但丁诞辰六百周年纪念。这被宣传为庆贺该国的"国家诗人"，他的《神曲》（1320年）不是用拉丁文，而是用托斯卡纳方言写的，被标榜为意大利漫长的文化统一的开始。在德国，席勒的百年诞辰是自由民族主义情感发展的重要时刻。93个德国城镇和德国以外的20多个城镇庆祝了这一节日。席勒雕像在魏玛（1857年）、耶拿和马尔巴赫（1859年）、曼海姆和美因茨（1862年）、汉诺威和慕尼黑（1863年）、法兰克福（1864年和

1880年)、汉堡(1864年)、内卡河畔的马尔巴赫(1867年)、柏林(1871年)、维也纳(1876年)、路德维希堡(1883年)和威斯巴登(1905年)、纽伦堡(1909年)、哥尼斯堡(1910年)、斯图加特(1913年)和德累斯顿(1914年)揭幕。[28]

在比利时,1883年亨德里克·康西安斯(Hendrik Conscience)的去世催生了对这位广受欢迎和多产的佛拉芒语作家的全面崇拜,他被誉为"教会了本民族阅读的人",就像他的家乡安特卫普精心制作的纪念碑上所铭刻的。对于长期被比利时法语文化主导的佛拉芒语人口来说,康西安斯是民族自豪感的源泉。他享受了两场国葬,一场在布鲁塞尔,另一场在安特卫普。在许多佛拉芒城镇,人们为康西安斯的雕像揭幕,以他的名字命名街道和广场。[29]

在其他受外族统治的国家,纪念"民族诗人"能够把民族解放运动团结在一起。在斯洛文尼亚,1889年卢布尔雅那(Ljubljana)沃德尼克广场上的纪念碑揭幕使得对"第一位斯洛文尼亚诗人"瓦伦丁·沃德尼克(Valentin Vodnik,1758—1819)的民族主义崇拜达到了顶峰。在匈牙利,民族主义运动在纪念革命和爱国诗人裴多菲·山陀尔(Petöfi Sándor,1823—1849)的长期活动中团结一致,最终于1882年在布达佩斯成功地竖起了一座纪念碑。在俄国的统治下的波兰,"民族诗人"亚当·密茨凯维奇(Adam Mickiewicz,1798—1855)的雕像直到他的百年诞辰庆典期间才树立起来。

19世纪80年代是公开庆祝文艺界民族英雄的高潮,值得国家纪念的伟大作品和艺术家的"正典"(canon)概念也是在这个时候在欧洲各地的社会中扎根的。

"正典"一词还没有以这种世俗的方式被使用过。它只用于表示教会批准圣徒和圣经文本。不过,现代意义上的正典概念——被社会价值体系奉为圭臬的一份稳定的经典作品书单——从19世纪中叶才开始得到表达。多年来，这个概念都是用"世界文学"（Weltliteratur）这一术语来表述的。歌德在1827年首次使用"世界文学"来描述文学作品在欧洲的国际流通，包括非欧洲的作品，而不是指一套固定的作品集。民族之间的文化交流将丰富它们的文学，推动它们之间产生一种混合交融——那就是他所说的"世界文学"。歌德是通过对当时现实的观察产生这个想法的。国际贸易的增长给他留下了深刻的印象，他看到全球物质产品和文学这两个市场的发展之间有相似之处：前者将会催生后者。受歌德的影响，马克思和恩格斯在《共产党宣言》（1848年）中得出了相同的结论。他们认为，资本主义市场的全球化给每个国家的精神创造和物质产品的"生产和消费带来了世界性的特征"。

> 过去那种地方的和民族的自给自足和闭关自守状态，被各民族的各方面的互相往来和各方面的互相依赖所代替了。物质的生产是如此，精神的生产也是如此。各民族的精神产品成了公共的财产。民族的片面性和局限性日益成为不可能，于是由许多种民族的和地方的文学形成了一种世界的文学。[30]

此时，世界文学的概念已经开始被广泛用于欧洲和世界各地的文学杰作。此类作品的书单开始出现。1849年，奥古斯特·孔德（Auguste Comte）出版了他的《实证主义者年历》，这本年历包含了来自所有历史时代和国家的558名"伟人"，他提议用其替代圣人年历。两年后，在《实证主义问答》中，他汇编了150本书的书单，认为这些书应该构成所有受过教育的公民的基本阅读课程。这份书单在整个北欧都很有影响力，特别是在英国，它被译成英语，并催生了其他书单，包括1886年由工人学院（Working-Men's College）的院长约翰·卢伯克（John Lubbock）编制的一份。他的世界百佳图书目录（包括若干阿拉伯语、汉语、波斯语、梵语和其他语言的图书）在媒体上广为流传。这份书目对致力于自我提高的工人阶级的阅读文化产生了巨大的影响，为"经典作品"创造了新的大众市场。

当时，为世界上最伟大的书籍编制一份公认目录的想法在欧洲大陆得到了更广泛的支持。1878年，国际作家大会曾对此进行过讨论。波兰作家瓦茨瓦夫·席曼诺夫斯基（Waclaw Szymanowski）曾为此而奔走，希望能为像他祖国这样的文学小国赢得认可，在书单上占有一席之地。屠格涅夫也被这个想法所吸引。这符合他的欧洲世界主义，以及他通过翻译和国与国之间的交流来让文化更加丰富多彩的信念。那是他毕生追随的歌德式世界文学理想。他的大部分翻译工作和作为文化中介的活动都是为了帮助创造世界文学，至少也是欧洲文学。他想要推动建立一个国际文学作品库，将欧洲各族团结在其周围。通过促进不同民族之间的相互理解，文学可以在创造欧洲文化认同方面发挥作用。

屠格涅夫在他生命的最后几年时常考虑建立一个经典作品文库，不仅是俄国的，也是欧洲的。1879年访问圣彼得堡时，他宣布想要组织一批俄国艺术家为面向最广大读者的一系列俄国经典出版物绘制插图。他援引了最近在德国出版的插图版歌德和席勒作品作为模板。1880年11月，他招募莫泊桑参加自己长期计划的一个文学项目，并希望将其推广到欧洲所有的主要国家。他想让莫泊桑这样做：

> 在《高卢人报》[*Gaulois*，一家巴黎报纸]上撰写一系列关于欧洲伟大作家的文章——这是一个我强烈支持的项目，为了它，我将全力向你提供指导和建议。比如，对于俄国，可以从普希金或果戈理写起；英国是狄更斯；德国是歌德，一旦你掌握了诀窍，就可以继续写较小民族的神。我相信你会做得很出色的。[31]

第八章　死亡与正典

在接下来的六个月里，莫泊桑沉浸在对"欧洲作家陈列馆"的研究中，就像他向屠格涅夫所勾勒的，但这个项目终成泡影。他在《高卢人报》上发表的所有作品都是对几位重要作家的简介，当时他们大多已经去世。[32]

三

除了国家的纪念活动和最佳书籍名单的发表，在19世纪的最后几十年，经济力量也在推动欧洲正典的形成。人员、金钱和商品的跨国流动，印刷和照相复制、大众传播和运输的新技术，以及更有效的国际著作权法的建立，在这些因素的共同作用下，19世纪80年代的整个欧洲大陆产生了相对稳定的音乐、歌剧、芭蕾舞、戏剧、艺术和文学的"经典"作品。

这批正典首先是在音乐会曲目中发展起来的，早在19世纪40年代，舒曼、柏辽兹以及其他评论家和作曲家所倡导的严肃音乐运动就确立了室内乐和管弦乐经典曲目，由贝多芬、海顿和莫扎特这三位最受尊敬的已故大师主导。这是一个新动向。1800年时，音乐会的曲目主要是在世作曲家的作品——占据了维也纳、莱比锡、巴黎和伦敦的音乐厅演奏的作品的80%；但到了1870年，在这四个城市，曲目中同样比例的作品来自已故作曲家的音乐。[33]音乐厅变成了博物馆，没完没了地重复着同一批耳熟能详的音乐。对于年轻的甚至在世的作曲家来说，让自己的作品被演奏变得越来越困难，特别是如果他们的作品是高难度或实验性的，或者需要大型管弦乐队和合唱团的话——李斯特和柏辽兹都表达了这一担忧，他们都在这方面受到了影响。一位音乐评论家如此描述1863年的一次巴黎之行：

在这里很少听到较新[比贝多芬更晚]的作品，甚至门德尔松也是直到几年前才被音乐学院的音乐会节目所接受。舒曼和舒伯特是鲜为人知的器乐作曲家……在专门为了向公众展示在世作曲家的作品而主办的音乐会上，人们已经做了一些谨慎的尝试。但这些尝试没有得到真正的同情，公众相当满意现状，不愿做出妥协，宁愿每年都欣赏大同小异的名家作品；对音乐家而言，这太方便了，以至于他们不觉得有必要挑战这一例行安排。[34]

方便性和熟练性当然是这种愈演愈烈的音乐保守主义的很大一部分原因。但这种保守并非源于对新音乐的普遍排斥（这种态度直到20世纪才出现）。相反，它是音乐厅经济学造成的结果。知名作品的制作成本较低——交响乐团和独奏家需要排练的次数较少；最老的乐谱也没有版权。它们还提供了更好的满座保证，这是完全正当的理由，因为它们很受欢迎。随着城市规模的扩大，以及郊区铁路的发展让更多的人可以进入城区，人们建造了更大的音乐厅，使得未经考验的音乐变得更有风险，进一步加强了经典作品的主导地位：音乐会经理可以通过为更多的观众提供熟悉的曲目来轻松赢利，这些观众大多来自中下层和工匠阶层，他们刚开始接触严肃音乐，主要对著名作品感兴趣。

铁路在开放市场方面再次发挥了作用，因为它提供了范围更广大的音乐会巡演。独奏家和管弦乐队可以将经典作品介绍给外省观众，或者通过演奏熟悉的作品来支付自己环游世界的费用。1885—1886年，安东·鲁宾斯坦在欧洲巡回演出，他从圣彼得堡和莫斯科出发，前往维也纳、柏林、莱比锡、布拉格、德累斯顿、巴黎、布鲁塞尔、乌得勒支、伦敦、利物浦和曼彻斯特，在一百多场音乐会上表演（"历史性的独奏会"），目标是涵盖钢琴正典作品的发展。在同一个十年里，音乐经纪人、剧院经理和出版商阿尔贝特·古特

第八章 死亡与正典

曼（Albert Gutman）将整个管弦乐队带到了维也纳。该市首屈一指的音乐评论家爱德华·汉斯立克惊叹道："巡回管弦乐队演奏的不是舞曲，而是交响乐曲目中最伟大的作品，这是为我们的铁路时代保留的新事物。"他的话帮助古特曼在爱乐大厅的演出座无虚席。[35]

出版是经典实现大众传播的关键因素。19世纪70年代，平版印刷的技术进步使得音乐出版商能够以负担得起的价格大量印刷标准作品的乐谱。彼得斯版（Edition Peters）的古典音乐文库于1867年在莱比锡设立，这在德国出版史上是重要的"经典之年"，根据普鲁士议会早先的立法，逝世30年以上的作家的作品不再享有版权保护。市场上充斥着莫扎特、海顿、舒伯特和贝多芬作品的廉价大众版，他们都在1837年之前去世。彼得斯版是这类项目中最成功的，尽管它与布莱特科普夫和黑特尔公司的人民版（Volksausgabe）系列（同样可以追溯到1867年这一"经典之年"）以及较早设立的诺维洛廉价经典和八开本版有着激烈的竞争关系。[36] 在每个拥有钢琴的家庭都能找到彼得斯版的独特封面（绿色代表不受版权保护的已故作曲家的作品，粉色代表有版权的较新作品）。马克斯·亚伯拉罕（Max Abraham）非常认真地对待这样一个想法，即应当让每个人都很容易接触到古典作品，他从1880年开始担任彼得斯公司的主管。用他自己的话说，他认为自己的"神圣职责是确保伟大大师们的作品以一种方便可读的风格出现"。他聘请了专业编辑来制作标准作品的最终版本，确保一旦它们的版权到期和进入公有领域，就准备好出版它们。1894年，亚伯拉罕去世后，彼得斯音乐文库被留给了莱比锡城。[37]

* * *

歌剧剧目异常稳定的背后也有经济学。1860年至1885年间，在18世纪创作的数以百计的歌剧中，一小部分最赚钱的主宰了欧洲音乐剧院的剧目。同一时期，新歌剧的制作有所下降，因为节目越来越把重点放在经过验证的热门剧目上。比如，在伦敦的考文特花园，所有作品首次上演的剧目比例从19世纪50年代的23%下降到1861年至1878年间的仅8%。女王剧院也出现了类似的衰退，正如《泰晤士报》的音乐评论家詹姆斯·戴维森在1861年描述的那样，富有商业头脑的经理詹姆斯·梅普尔森被迫与考文特花园竞争，推出最受欢迎的作品——"无法回避的《游吟诗人》、总是受欢迎的《卢克蕾齐亚·博尔吉亚》、广受欢迎的《玛尔塔》、庄严的《诺尔玛》、壮观的《胡格诺教徒》和无与伦比的《唐璜》。"[38]

同样的事情也发生在整个欧洲大陆。19世纪60年代，米兰的斯卡拉剧院每年只创作一到两部新作品，而不是19世纪二三十年代通常的五到六部。在那不勒斯的圣卡洛剧院，首演作品从19世纪20年代的每年六部下降到19世纪70年代的仅有一部。在马德里的皇家剧院，这一数字从19世纪50年代初的每年八部下降到19世纪70年代的仅仅一到两部。维也纳歌剧院的情况也是如此，在19世纪三四十年代，那里每年有八部作品首演，但到了19世纪70年代只有两部。[39]

在巴黎的意大利剧院可以最为清楚地看到标准剧目的出现，19世纪70年代，那里的新剧数量下降到每年不到一部。不同歌剧的种类也大大缩小了——从19世纪最初十年里的72部减少到70年代整个十年的仅仅28部。歌剧在剧目中保留的时间往往变得更长。在19世纪10年代制作的剧目中，只有10%在19世纪40年代仍是剧院活跃剧目的一部分；但在19世纪最初十年里演出的剧目中，有三分之二保留了30多年。剧院的剧目主要由意大利歌剧中的"老黄牛们"主宰：罗西尼的《塞维利亚的理发师》，贝里尼的《诺尔玛》和《梦游女》，多尼采蒂的《拉美莫尔的露琪亚》，威尔第的《弄臣》、

第八章　死亡与正典

《茶花女》、《游吟诗人》和《阿依达》。[40]

　　一个歌剧的标准剧目正在世界各地出现。到了 19 世纪的最后四分之一，巴黎的游客所能选择的剧目可能与他或她在伦敦、米兰、那不勒斯、马德里、柏林、维也纳或圣彼得堡——在这点上甚至包括布宜诺斯艾利斯或纽约——所找到的别无二致。剧目已经被固定了下来。除了少数例外，如现在被遗忘已久的梅耶贝尔的杰作，19 世纪最后几十年里欧洲各地上演的歌剧仍然是今日的核心剧目。[41]

　　市场规律是这一发展的关键。由于无法再依赖国家或王室补贴，欧洲的大歌剧院不得不依靠门票销售，这对它们的管理者来说是一个不可靠的收入来源。伦敦的剧院在这方面走在了前面。它们从来没有真正获得过巨额补贴，比起欧洲大陆的剧院，它们更习惯于作为商业企业运营，而前者的国家拨款直到 19 世纪五六十年代才被终止或削减。在意大利，由于哈布斯堡王朝和波旁王朝的财富和实力的下降，补贴在 1861 年之前就被削减。但直到意大利统一后，从国家预算中拨款支持歌剧院的想法才被认为与该国议会的自由贸易理念不相容，使得议会在 1867 年完全废除了补贴。剧院可能会继续得到市政府的补贴，但这些款项数额很小，而且不可靠，导致那些曾经得到富裕宫廷支持的剧院陷入了危机，比如那不勒斯、摩德纳和帕尔马的剧院。[42]

　　在法国，除了对巴黎的国家剧院，1864 年的改革取消了所有的国家补贴：歌剧院、喜歌剧院和抒情剧院。是否补贴当地剧院的决定被留给了各个市镇。这项改革给许多地方剧院带来了一段动荡和金融危机，它们现在被迫与更多的商业娱乐形式竞争，如轻歌剧和咖啡馆音乐会。在这个竞争激烈的环境中，让它们冒上演未经考验的歌剧的风险是没有意义的。虽然许可证要求它们每年推出一定数量的新作品，但它们找到了绕过规则的方法。比如在抒情剧院，每年都会有两部新歌剧上演，卡瓦略利用许可证中的一个漏洞，用久负盛名的古老作品的法语翻译来充数。[43]

与此同时，不断上涨的歌剧演出成本（特别是大歌剧）阻碍了对新的和有风险的作品的委托。随着国际上对歌手服务的需求增加，他们的价格也变得越来越高。有了轮船和铁路，大明星们就有可能进行大范围的巡演（伟大的女高音歌唱家阿德利娜·帕蒂有她自己的火车专列），所以歌剧经理不得不支付更多的钱来留住他们。[44] 尤其是意大利歌手，国外对他们的需求量很大，特别是美国，他们在那里的收入要高得多。19世纪60年代，英国的剧院经理沃尔特·梅纳德（Walter Maynard）感叹道："最好的意大利歌手在他们的祖国却很少被听到或看到。只要有能力这样做，他们就会到其他国家去寻找财富，在那里他们会得到更高的报酬。"[45] 一旦巨资掌握了话语权，意大利歌剧的发源地反而在全球市场中降了级，这是其自身的国际成功造成的一个反讽结果。

歌剧剧目中新作品数量的下降还有另一个原因：供应正在减少。正如贾伊在考文特花园1867年乐季的计划书中所指出的，购买新作品对歌剧院的主管来说变得越来越困难，因为在19世纪三四十年代负责扩大剧目的作曲家——罗西尼、多尼采蒂、贝里尼、奥柏、梅耶贝尔和威尔第——要么去世了，要么不再创作，要么创作的歌剧数量减少了。[46] 版权保护的发展是这种下滑的一个重要原因。一旦能够靠版税谋生，作曲家们就可以直接减少工作量，不必再像他们从每部歌剧中获得一次性费用时那样了。威尔第就是最好的例证，他可以说是第一位通过版税发财的作曲家，他早就宣布要把自己从每年被迫创作歌剧的"苦役"岁月中解放出来。随着1860年后意大利引入了新的版权法，他的机会到来了。1839年至1859年间，威尔第创作了24部歌剧；但在1860年至1893年间，他只写了5部。

支撑这些商业压力的是有能力观看歌剧的公众人数不断增长，

这使得剧院可以通过上演流行歌剧获得的门票收入生存。主要的歌剧城市的人口在1860年至1900年间迅速增长：伦敦从250万人增长到680万人，巴黎从180万人增长到330万人，米兰从25万人增长到50万人。铁路让这些城市向来自外省和郊区的一日游和周末游客打开了大门，使剧院能够通过吸引更大范围内的观众来更长时间地上演最成功的歌剧。人们可以建造更大的剧院，在正厅安排更多的公开座位，那里可以购买单场演出的门票，而不像容量有限的私人包厢是被人买下，或租赁整个乐季的。门票可以预订和邮寄，中介机构开始运作，向大酒店提供大批购买的折扣。

梅普尔森是第一位让他的节目迎合这批更广大英国观众的歌剧院经理。从1862年开始，他将女王陛下剧院的乐季延长到夏天开始之后很久，而传统上伦敦的精英们会在夏天前往乡间，剧院也会关闭。他还降低价格以吸引中产阶级，推出日场表演以便郊区公众可以乘坐晚上的火车回家，提前夜场表演的时间，并不再要求身着礼服。他的目标之一是吸引1862年来伦敦参观世博会的"无数外国和乡下游客"。不过，此举带来的收益如此丰厚，以至于他扩大了这一做法。从1863年开始，梅普尔森用更便宜的公共座位取代了一排私人包厢，在当地报纸上为演出做广告，并开始通过邮寄和电报销售门票。郊区公众的音乐品味显然是保守的：他们会坐火车到歌剧院听熟悉的经典，而不是一部未知的作品。

出于上述原因，欧洲各地的剧院变得更加谨慎，越来越依赖广受欢迎的剧目来从门票销售中获利。歌剧剧目变得标准化，以至于它实际上形成了"正典"，尽管批评家和历史学家直到20世纪才会用这样的术语来定义它。"正典"歌剧——《唐璜》《塞维利亚的理发师》《恶魔罗伯》《拉美莫尔的露琪亚》《诺尔玛》《弄臣》《茶花女》《浮士德》——本身成了一种惯例——它是欧洲文明的象征，欧洲内外的每一家国家歌剧院都把它作为自身的欧洲性的标志。

音乐出版商对歌剧剧目产生了巨大的影响。大型出版商能够决定哪些作品被上演，并为如何排演它们设定标准。作为歌剧乐谱的所有者，出版商能够控制把它们租借给歌剧院的条件。对于米兰的两大出版商里科尔迪或爱德华多·桑佐尼奥（Edoardo Sonzogno）来说，租借能够赚钱的曲目常常取决于剧院承诺不在同一乐季上演竞争对手公司出版的歌剧——这种做法是可能的，因为如此之多的剧院依赖于一部"热门"作品来实现收支平衡。它们这样做的目标是提高自己的市场份额。比如，里科尔迪几乎垄断了19世纪80年代在斯卡拉剧院上演的歌剧（四分之一的歌剧出自作曲家威尔第之手，由里科尔迪出版）。里科尔迪的垄断直到19世纪90年代才被打破，当时桑佐尼奥凭借马斯奈的《熙德》和马斯卡尼的《乡村骑士》在斯卡拉剧院取得了成功。[47]

在租借乐谱的合同中，出版商可以对歌剧的排演设定严格的条件（主要角色的歌手选择、管弦乐队的规模、舞台、服装、道具和布景设计，甚至对歌手手势和表情的详细说明）。这些通常是作曲家要求的条款，作为他保护作品完整性的精神权利的一部分。它们经常被详细记录在舞台手册中，意大利语称为 disposizioni sceniche，法语称为 livret de la mise-en-scène。出版商对这些条件的执行，在确定歌剧作品的正典形式的过程中起到了至关重要的作用。在此之前，尤其是在19世纪初的几十年里，一部歌剧可以用剧院选择的任何方式被篡改：为了达到流行的效果，可以删掉整个场景或插入其他歌曲；像年轻的维亚尔多或马里布兰这样的歌手会在唱歌时美化自己的声线，有时甚至即兴创作。一个极端的篡改例子是在1834年，巴黎歌剧院将莫扎特的《唐璜》改编成五幕大歌剧上演，包括第一幕中的芭蕾（伴奏混合了莫扎特所有最著名作品中的曲调），以及安娜小姐葬礼最后的舞蹈（她在自杀前被安排爱上了唐璜）。[48] 接下来的50年里，不那么夸张的改编仍然很常见。

直到出版商强制执行作曲家的精神权利时，这种不当行为才被制止，歌剧作品的标准版本才在剧目中得以确立。

出版商能够在国际上控制作品的排演。这当然是威尔第的期望，他不断提醒里科尔迪，后者的职责是确保他的歌剧在世界各地被忠实地翻译和排演，就像他在乐谱、剧本和舞台手册中明确规定的那样。里科尔迪的所有合同中都有一项条款，从法律上要求租借或购买他的乐谱的剧院务必准确无误和忠于作曲家的意愿，并在他们出于各种原因未能做到时处以巨额罚款。[49] 出版商通过代理机构网络强制执行这些精神权利，后者负责分发乐谱、收取版税、检查排演进度，并采取措施制止未经许可的排演，如有必要会诉诸法律手段。这家米兰的出版公司在那不勒斯、罗马和伦敦（从19世纪70年代中期起），巴勒莫（Palermo）和巴黎（从1888年起），莱比锡（从1901年起）和纽约（从1911年起）都设有办事处。[50] 有了跨大西洋的电报，米兰的里科尔迪可以很方便地监督他的全球帝国的运营。

米兰是遍及欧洲和走向世界的歌剧产业的中心。里科尔迪和斯卡拉的存在是这座城市的国际影响力的关键。剧院经纪人和经理们从四面八方来到米兰，洽谈表演权、购买乐谱和雇佣歌手，大批歌手和最好的歌唱老师、舞蹈家和设计师一起被吸引到那里，因为米兰是一个重要的招聘市场。1890年，有4500名歌手生活在米兰（城市总人口约40万）。只有一小部分人在欧洲的大歌剧院找到了工作。其他许多人组成了剧团，乘坐铁路前往欧洲的小城市巡演，而另一些人则乘坐轮船横渡大西洋，在北美和南美巡回演出，到19世纪70年代，那里所有的主要国家的首都都有了歌剧院。甚至还有来自米兰的意大利歌手在印度、新西兰和澳大利亚巡回演出。[51]

自罗西尼时代以来，即当曼纽埃尔·加西亚和他的家人离开欧洲前往纽约和墨西哥时，歌剧歌手就一直在世界各地巡回演出。在那些日子里，巡演剧团仅仅由几个歌手组成。他们会带上能装进几

图28　里科尔迪出版社在伦敦的店铺，1900年左右

个箱子的东西，包括服装和道具，在设置了简单的临时布景的礼堂或剧院里表演，到达后从城里雇一个管弦乐队，或者用键盘乐器演奏所有的部分。随着铁路和轮船的出现，巡演歌剧的性质发生了彻底的变化。整个剧团现在都可以参加巡演，不仅是主唱，还有管弦乐队和合唱队，并带上所有的布景，就像作曲家和他的出版商在制作手册中所规定的那样。通过这种方式，铁路推动了标准剧目的传播，因此当歌剧在莱切（Lecce）、格拉茨或巴登等外省小城上演时，它们看起来与米兰、维也纳或柏林舞台上的如出一辙：布景、装饰和效果、道具和服装都是一样的。

安吉洛·诺伊曼（Angelo Neumann）的国际巡演公司"理查德·瓦格纳剧院"（Richard Wagner Theatre）是第一个充分利用铁

第八章　死亡与正典

路的剧团。19世纪80年代，它对瓦格纳正典在整个欧洲的传播发挥了重要作用。诺伊曼曾经是个歌手，参演过瓦格纳亲自排演的《唐豪瑟》和《罗恩格林》。1882年，他在管理莱比锡歌剧院期间组建了自己的巡演剧团。利用了1876年第一届拜罗伊特音乐节的财务失败，诺伊曼从瓦格纳手中购买了《尼伯龙根的指环》的表演权、服装和道具，并包下了5节车厢的专列，带着布景、完整的管弦乐队和歌手们（其中有许多拜罗伊特音乐节的主要艺术家）进行了几次夏季巡演。这位剧院经理把《尼伯龙根的指环》带到了伦敦、俄国、奥地利和意大利。1883年，他在威尼斯的凤凰剧院完成了这部歌剧在意大利的首演。诺伊曼从1885年开始担任布拉格的日耳曼剧院（German Theatre）的主管，把那里变成了一个瓦格纳作品的要塞，这尤其要得益于一位名叫古斯塔夫·马勒（Gustav Mahler）的出色的年轻指挥。这位"未来音乐"的热情门徒从同一年开始担任剧院的首席指挥，在短暂的任期内执棒了瓦格纳的几部歌剧。1883年，瓦格纳在去世前不情愿地承认，犹太人诺伊曼在提高他在欧洲的声望方面比其他任何人做的都多。

在歌剧界，就像在其他文化领域一样，铁路加强了城市之间的国际网络。这些城市之间的联系在创建标准剧目方面有时比民族国家更为重要。歌剧乐谱、排演风格、歌手和指挥家沿着铁路从米兰到巴勒莫和开罗，从柏林经莱比锡、德累斯顿和维也纳到布拉格和布达佩斯，从布拉格到卢布尔雅那、萨格勒布（Zagreb）、伦贝格（Lemberg）和基辅，从圣彼得堡到敖德萨和第比利斯。通过这些音乐沟通和交流的网络，超越国界的欧洲歌剧风格得以发展起来。[52]

歌剧院在设计上变得更加相似。到处都采用了基本的建筑元素——带有门廊的柱厅入口，通向敞廊和礼堂的宏大门厅和弧形楼梯，古典-巴洛克风格和富丽堂皇的总体效果——作为欧洲性的标志。维也纳建筑师费迪南德·费尔纳（Ferdinand Fellner）

和赫尔曼·赫尔默（Hermann Helmer）于1881年至1913年间在哈布斯堡帝国和德语地区建造了大约40个具有上述相同元素的剧院。他们的剧院的地理分布可以用来展现德国文化在欧洲的传播。

规模和安全性是关键标准。19世纪70年代，煤气灯造成了一系列毁灭性的剧院火灾，以1881年最为严重。那一年，尼斯的市立剧院（Théâtre Municipal）因为煤气爆炸而被烧毁，而维也纳环形剧院（Ringstrasse Theatre）的火灾造成450名观众被烧死。整个欧洲都引入了更严格的安全规定。剧院被重建，木制舞台被铁制的所取代，并安装了隔火帘，增设更多的出口，采用电灯和电力设备（伦敦的萨沃伊剧院［Savoy Theatre］是多伊利·卡特歌剧团［D'Oyly Carte Opera Company］的所在地，在1881年开业时是第一家完全用电灯照明的剧院）。欧洲城市日益增长的财富和公民自豪感催生了建造最大规模剧院的需求。它们被认为象征了城市作为"欧洲"首都的地位。有时，效果会显得浮夸。格拉茨国家剧院（Graz State Theatre，1899年落成）由建筑作品无处不在的费尔纳和赫尔默建造，是按照国家剧院而不是市立剧院的规模设计的（1800个座位对于这座城市有限的人口来说太多了）。[53]巴勒莫的马西莫剧院（Teatro Massimo，1897年落成）是意大利最大的歌剧院，也是整个欧洲第三大的歌剧院，它有力地宣告了西西里出现在欧洲的舞台上。

歌剧是第一种真正全球化的欧洲文化媒介。19世纪的歌剧作品被巡演剧团、殖民统治者和歌剧爱好者（从作为奥芬巴赫粉丝的埃及人赫迪夫，到北美和南美的意大利侨民）传递到全球的每一个角落。威尔第的歌剧《游吟诗人》可以说是正典中第一部真正走向全球的歌剧。从1853年在罗马首演后的三年内，它已在60个城市演出，包括君士坦丁堡、亚历山大、里约热内卢、波多黎各、布宜诺斯艾利斯、蒙得维的亚、哈瓦那和纽约；1860年，它去了墨西哥、秘鲁、智利、委内瑞拉、哥伦比亚、危地马拉、加拿大和澳大利亚；

到1870年，它已在印度、中国、荷属东印度、菲律宾和南部非洲的开普敦殖民地演出过。威尔第为自己能享誉世界感到高兴。"即使你去印度，或者去非洲的深处，你都可以听到《游吟诗人》。"他在1862年对一位朋友吹嘘说。[54]

欧洲风格的歌剧院在世界各地开业——从阿尔及尔到开罗，其中一座是为了纪念1869年苏伊士运河的开通而建造的，威尔第的《阿依达》在那里首演；从加尔各答（英国人从1867年开始就在那里拥有一座歌剧院）到上海、香港和河内（法国人从1901年起在那里仿照加尼耶宫建造了一座剧院）。即使在亚马孙雨林中，在巴西的马瑙斯（Manaus），也有一座歌剧院，那是欧洲文明的一个遥远前哨，用来自托斯卡纳的大理石、格拉斯哥的钢材和巴黎的铸铁建造，所有这些都是由巴西的橡胶大亨们在1884年到1896年间购买的。据说剧院是为了吸引世界上最著名的男高音歌唱家恩里科·卡鲁索来到马瑙斯而建造的。1897年，为了庆贺剧院开业，卡鲁索演唱了阿米尔卡雷·蓬基耶利（Amilcare Ponchielli）的《歌女焦孔达》（1876年）中的恩佐一角，该剧由里科尔迪出版，于斯卡拉剧院首演。亚马孙剧院（Teatro Amazonas）（维尔纳·赫尔佐格［Werner Herzog］的电影《菲茨卡拉多》[*Fitzcarraldo*] 的起点）的故事正是歌剧的全球影响力的绝妙象征。

四

另一类相似的艺术正典也开始在整个欧洲传播。路易·维亚尔多在其中扮演了一个虽小但重要的角色。

他在阿歇特公司出版的博物馆指南广受欢迎，成了标准作品，被数以千计的欧洲伟大艺术收藏品的参观者所使用，并在19世纪最后的几十年里多次再版。在铁路时代，他对最重要的艺术作品的判断经常被穆雷、拜德克和若阿那的指南所引用，这些手册将越来越多的游客引导到各大美术馆。19世纪时，博物馆通常不记录观众人数，但从我们现有的零星数据来看，到了那个世纪末，参观博物馆和美术馆显然已经成为一种大众活动，每年都有数十万人参观卢浮宫、伦敦国家美术馆、荷兰国家博物馆和德累斯顿的历代大师画廊美术馆等最热门的馆藏。根据荷兰国家博物馆的最可靠数字，随着国家馆藏从阿姆斯特丹的特里普宅邸（Trippenhuis）迁入新馆，每年的参观者人数从19世纪70年代后半期的平均3.7万人增加到了1885至1889年之间的平均42.7万人。[55]

指南的成功促使维亚尔多推出更多的书，《绘画奇观》（1869年）和《雕塑奇观》被翻译成英语和德语，提供了从古希腊和罗马到意大利文艺复兴时期各个欧洲国家伟大艺术品的历史概要，包括西班牙、德国、佛兰德斯、法国和英国的画派。这些书被多次再版，在定义欧洲艺术品的经典并使其广为人知方面，它们可能比以往的任何艺术史作品做得更多。1877年，《绘画奇观》的第二个英文增订版以"全部画派简史"为题出版，采用伍德伯里版翻印，这是一种新近发明的机械技术（由英国照相师沃尔特·伍德伯里［Walter Woodbury］于1864年申请专利），用于印刷色调质量比之前高得多的相片。[56]

维亚尔多指南的组织原则——将艺术品按时间顺序划分为不同的民族画派——也被博物馆所采纳。19世纪早期，公共美术馆以一种混乱的方式展示它们的画作——诸如华多的作品旁边是丁托列托的——毫无指导原则。*但从那个世纪中叶开始，类似维亚尔多博物馆指南中提出的教学思想越来越多地反映在此类美术馆的布展

---

* 让·安托万·华多（Jean-Antoine Watteau，1684—1721）为法国洛可可时期的画家，丁托列托（Tintoretto，1518—1594）则是意大利文艺复兴晚期"威尼斯画派"的代表人物。——编注

上,那里的房间被按照从古代到现代的历史顺序排列,以展示艺术史。1849年,伟大的艺术鉴赏家戈蒂埃在卢浮宫注意到了这种转变的开始。他写道:"现在,在博物馆漫步就是一次完整的艺术史课程。长墙是一堂课,沿着它的每一步都会教些新的东西:你可以看到意大利、佛兰德斯和荷兰等伟大画派的诞生、发展和成熟,它们慢慢地被法国画派取代,后者是当今唯一活跃的画派。"[57]

插图书籍和博物馆指南在当时对艺术正典的定义和传播中发挥了至关重要的作用。19世纪60年代,随着伍德伯里版、珂罗版、照相凹版和照相平版等照相制版工艺的引入,它们开始出现在大众市场上。与19世纪初的奢侈版本相比,这些工艺通过印刷艺术品的雕版大大降低了在艺术书籍中进行图片翻印的成本。在黑白照相的时代,用照片再现一幅画的最好方法不是直接拍摄作品本身,因为油画的颜色会造成画面模糊,而是拍摄作品的雕版。版画照相册在19世纪70年代卖得很好,特别是帮助丢勒(Dürer)和伦勃朗的作品达到了它以前从未享受过的正典地位。[58]

"老大师"的照相复制品以各种各样的商业格式出现——从贴在硬纸板上并配上画框、用于在墙上展示的大型印刷品,到明信片、"名片",以及用于收藏在相册中的小照片。古皮尔和甘巴特等画商让这些伟大艺术品的照片能够满足各种预算。到了那个世纪末,古皮尔于1858年推出的"照相画廊"提供了1802幅绘画的复制品,每幅画都有三个版本。这些伟大艺术品的照片以订阅的形式被大量出售。俄国艺术家亚历山大·伯努瓦(Alexander Benois)回忆起19世纪70年代他的童年时说,"每年两三次",新一辑的拉斐尔会被送到他位于圣彼得堡的家中,全家人"如饥似渴地翻阅"。[59]

从19世纪70年代起,艺术期刊开始附上照片插图。它们很快就找到了大众市场。例如月刊《图画画廊》(*The Picture Gallery*, 1872—1880年),据说"英格兰北部的工匠阶层非常喜欢它,以至于它一送到一两个主要的制造业城市就会遭到疯抢"。[60]

在法国，最受欢迎的此类出版物是由画廊老板兼艺术家卢多维克·巴舍（Ludovic Baschet）在巴黎出版的双周刊《当代画廊》（*Galerie contemporaine*，1876—1886年）。它将文学名人的照片和简短传记与在沙龙展出的艺术品的伍德伯里版复制品结合在一起。沙龙展览在1876年吸引了50万参观者，它的受欢迎程度让巴舍看到了廉价复制沙龙作品的商业潜力。这些照相复制品由古皮尔公司印刷，被豪华地贴在纸板上，可以从杂志上拆下来，用于收藏和配上画框。读者们被鼓励在家中设立自己的私人艺术品画廊。我们不清楚《当代画廊》的准确发行量，但其低廉的价格（每期1.5法郎），以及用伍德伯里版可以翻印多达5万次的事实表明，它的销量高达数万册。受到该杂志的成功鼓舞，巴舍推出了一个更廉价的周刊版本，《所有人的博物馆：当代艺术画册》（*Musée pour tous: Album de l'art contemporain*，1877—1879年），其中通常包括四幅当代作品的印刷复制品，并在对开页附有关于艺术家的简短文字。他还出版了价格更高的书籍，其中有该国最重要的艺术作品的照相复制品——比如那些在巴黎世博会上展出的作品，或者在卢森堡博物馆中永久展出的绘画，后者是该国的当代艺术收藏。通过在他的杂志上给它们做广告，巴舍的目的是鼓励《当代画廊》的读者升级到购买这些奢侈版本，它们能够向读者提供各大博物馆正在形成的艺术正典的汇编。[61]

1880年，巴舍创办了自己的出版社，名为"卢多维克·巴舍艺术书店"（Librairie d'art Ludovic Baschet），专门致力于出版有经典艺术作品照片插图的艺术书籍。后来，他又转向为艺术博物馆、美术馆和一年一度的沙龙——它们的受欢迎程度不断提高——制作插图指南和目录。他是首批开拓这一新市场（我们今天所知的出售艺术书籍和明信片的博物馆商店经济的起源）的出版商之一。他明白，博物馆参观者不仅渴望看到一件杰作，用瓦尔特·本雅明后来的话来说，他们还想"得到"它，"通过与之相似"的照片复制品来实际拥有它。大规模复制将艺术品转变为了消费品或日用品。

艺术品的复制开始影响到艺术正典。在博物馆看过一幅画后，人们更有可能购买它的复制品作为纪念，而如果他们通过复制品知道了一件艺术品，他们也更有可能去博物馆看原作。博物馆的布局越来越多地反映了这种关系：最著名的作品被放在主要位置，它们的复制品在入口处或博物馆商店出售。通过选择进行复制的艺术品和引导读者走进博物馆，像巴舍这样的出版商帮助塑造了艺术正典。

当屠格涅夫宣布他的俄国经典插图本文库的想法时，他知道这将意味着在拥挤的廉价图书市场上争夺最广大的读者。五年前，也就是1874年，斯塔西乌列维奇推出了由经典作品组成的"俄国文库"，其中包括普希金、莱蒙托夫、果戈理、屠格涅夫和托尔斯泰的著作，每册定价75戈比，无论篇幅或制作成本如何。这意味着该系列对于俄国工匠和工人阶级中刚刚识字的大众来说是负担得起的。该系列的第一卷是普希金的短篇小说集，出版了1万册（获得的所有收益都被捐给了1874年歉收的萨马拉乡村，用于饥荒救济）。五年后，屠格涅夫造访圣彼得堡时，出版商苏沃林推出了他的"廉价书库"，包括袖珍版的俄国和外国经典著作，每本售价只有40戈比，他通过自己的书店网络进行销售，印数多达10万册。[62]

在整个欧洲，出版商在可供收藏的文库和丛书中推出了经典文学作品的大众版本。这些广受欢迎的版本价格低廉，成为千家万户的标配，在19世纪末有效地建立了欧洲文学正典。

这是一个竞争激烈的市场。为了压低价格，出版商被迫专注于版权到期的经典作品的重印，因为他们知道这些作品很受欢迎。这种模式是由19世纪50年代的铁路文库以及劳特利奇、阿歇特、夏庞蒂埃和莱维的廉价大众版设定的。1856年,在推出1法郎小说系列时,莱维解释了他的"米歇尔·莱维文库"的商业模式。这位出版商宣称:"公众最感兴趣的是价格,这就是为什么我们决定只出版成功的作品,以便卖得更多和降低价格。"[63]从19世纪60年代开始,众多出版计划把尽可能廉价地提供经典文学作品作为目标。最激烈的竞争发生在英国,在世纪之交,五大系列(卡塞尔[Cassell]的国家文库[National Library]、钱多斯经典[Chandos Classics]、劳特利奇的世界文库[World Library]、海涅曼[Heinemann]的国际文库[International Library]和约瑟夫·登特(Joseph Dent)的人人文库[Everyman Library])为争夺6便士的平装本经典图书市场展开了竞争。

上述举措并非完全是出于商业利益。比如,1863年,巴黎的一群印刷商成立了一个非营利性的合作团体,推出名为"国家文库"(Bibliothèque Nationale)的一系列精选的经典小说,在第一次世界大战之前广泛销售。每本书的封底都印着这个文库的理想主义目标,那就是把"最伟大的文学作品带到最普通的家庭"。文库编辑的选书标准是"无可争议的文学品质"和"塑造公民思想"的能力——既有莫里哀(Molière)或孟德斯鸠的经典作品,也有越来越多的现代作家,如夏多布里昂(Chateaubriand)、米什莱和拉马丁的作品。[64]

天主教会在国际图书贸易的发展中也扮演了关键的角色,它的主要目标并非盈利,而是通过教区图书馆、宗教学校和机构、教会支持的书店传播有道德教化意义的文学作品,特别是向年轻人。法国和德国最主要的天主教出版商出版了一系列得到教会认可的大众版图书,并把它们翻译再出口到奥地利、克罗地亚、西班牙和其他出版业竞争不那么激烈的天主教社群。[65]

在德国,最成功的世俗经典文学丛书是安东·雷克拉姆于1867

第八章　死亡与正典

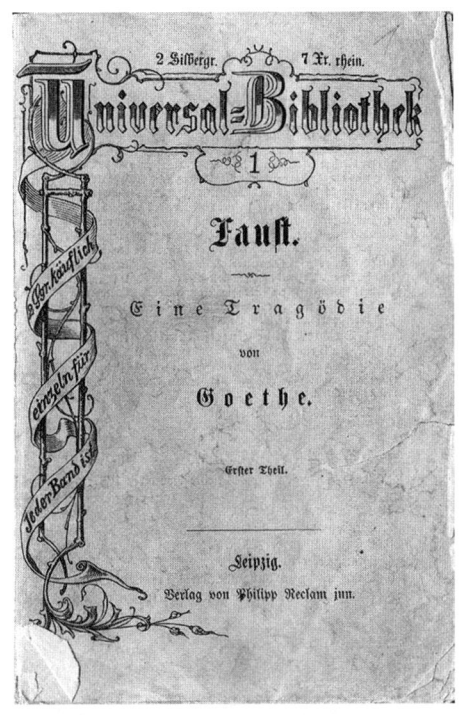

图29　雷克拉姆版的歌德《浮士德》，1867年

年推出的万有文库（Universal Bibliothek），其黄色封面的"人民经典"至今仍很受欢迎。雷克拉姆来自莱比锡的一个书商家庭，在19世纪40年代争取德国统一的自由运动中很活跃。以大众负担得起的价格出版有教益的作品是他们政治理想的重要组成部分。雷克拉姆的第一套大型丛书"供受过教育的读者消遣的廉价丛书"在1844年至1847年间出版了60卷。十年后，该公司推出了12卷莎士比亚戏剧的德译本。不过,德国经典著作出版的转折点出现在1867年，也就是所谓的"经典之年"，在这一年里，去世超过30年的作家的作品不再受版权保护。席勒、歌德和莱辛等作家的杰作成为公共财产。市场上很快就充斥着这些德国名著的流行版本。但很快，万有

文库就确立了自己的主导地位。

通过节约成本，雷克拉姆能够将他的书价降到每本只有20芬尼。他缩小了开本，用更小的字体在更薄和更便宜的纸上印刷。他将文库作为整体，而不是宣传其中的单本书，并向购买整套丛书和在商店醒目位置展示的书商提供折扣，从而节省了营销费用。铅版印刷也很重要。这种印刷术可以进行多次快速重印，让雷克拉姆可以用安全的印数进行市场测试，如果需求高再进行加印，从而减少了浪费。比如，作为该丛书的第一部作品，歌德的《浮士德》于1867年11月分成两卷出版，首印5000册。四周内就卖完了。12月加印了同样的数量，随后在1868年2月又加印了1万册。万有文库非常成功，在19世纪70年代，每年新增80种图书，在接下来的十年里上升到每年140种。到1896年，也就是雷克拉姆去世的那一年，这套丛书已经有3470本书了。没有其他出版商在使文学正典变得如此普及的方面，以及在实现图书出版和营销的现代化方面做得更多。到第一次世界大战时，万有文库每年在1000多个火车站、医院、学校、公园和广场的自动售卖机（类似于现在的饮料和小吃售货机）上售出150万册。[66]

在哈布斯堡王朝统治的地区，以及意大利和西班牙等识字水平低于英国、法国或德国的国家，经典著作的流行版本对于扩大读者群非常重要，特别是在年轻人中间。在布达佩斯，"世界小说文库"和"大师插图文库"在19世纪80年代出版了数十部标准作品。在布拉格，"兹拉塔文库"在1892年至1911年期间推出了57部经典作品的译本，其中包括狄更斯、马克·吐温、吉卜林、福楼拜和巴尔扎克的小说。1881年，马德里的"世界文库"有70多部作品，其中一半是译本。儿童读物非常畅销。在西班牙和意大利等国，识字人口很年轻，那里的许多出版商都靠儿童文库赚钱。最受欢迎的译本是经典著作，如《鲁滨孙漂流记》、《最后的莫希干人》、《地心

第八章　死亡与正典

图30　万有文库的仓库，1930年

游记》和《八十天环游世界》。[67]

整个欧洲的识字率都在快速上升。这是19世纪最后几十年间廉价图书出版热潮的根本性基础。在意大利，识字人口比率在1861年至1901年间从25%增长到50%，这主要是1877年开始实行的免费和义务初等教育的结果，尽管南北之间仍然存在很大的差距（1901年，有82%的皮埃蒙特人识字，但卡拉布里亚的识字率只有21%）。在西班牙，识字率从1857年的20%上升到1913年的46%，其中巴塞罗那和马德里的增长率最高。在英国、法国和德国，到19世纪80年代，超过五分之四的人口被认为识字。在年轻人中，随着实行了免费和普遍的初等教育，这一比率甚至更高。[68]

学校对文学作品正典的确立起到了关键作用。应该让孩子们阅读一系列经典书籍的想法被欧洲各地的教师团体、教育家和政府所采纳。人们普遍认为,阅读民族文学的代表作能给学生灌输爱国价值观,鼓励他们以自己的语言和英雄为荣。人们精心编选文学选集来推广这些原则。在德国,学校用书受到国家的监管,一份强制性的德语诗歌清单被发放给出版商,要求他们将这些诗歌收录在选集中(歌德、席勒、莱辛和乌兰特[Uhland]位居榜首),让学生们背诵。在19世纪90年代至20世纪的头十年期间,出现在这些学校选集中的作家名单非常稳定,少有变动。只有在第一次世界大战之前的几年中,才有一两位较近期的作家(如施托姆和冯塔纳)被允许进入名单。[69]

在法国,《费里法案》确立了国家对学校课程的控制。学校被要求教授一系列经典作品,它们出现在所有政府批准的学校手册和选集中。1882年,这份名单上大约有100名作家,但只有30名出现在文学课上,高中毕业考试的考纲中只有13名。英国也越来越重视教授孩子们英语文学经典。这些作品的学生版随同选集一起出现,比如在学校几乎无处不在的《英语文学概况入门》(The First Sketch of English Literature)。尽管英国政府没有像法国人一样做那么多干预,但政府教育委员会颁布的《蒙代拉规范》(Mundella Code)要求学校督学听所有学生逐一朗读儿童经典作品,如丹尼尔·笛福的《鲁滨孙漂流记》(1719年),以及查尔斯和玛丽·兰姆的《莎士比亚故事》(1807年)。[70]

公共图书馆的发展在传播正典方面同样重要,特别是在较小的城镇和农村定居点,那里的图书馆更有可能只收藏经典:藏书越少,正典越多。[71] 19世纪80年代是整个欧洲公共图书馆运动发展的转折点。在19世纪中叶,欧洲国家对图书馆兴趣寥寥。为公共阅览室和图书馆筹集资金的工作被留给了慈善机构,它们的数量增长缓慢,而且是零星的。即使在英国,虽然1850年的《公共图书馆法案》

(Public Libraries Act)允许市政当局为图书馆收取 1 便士的地方税，但在该法案实施的头 20 年里，也只有少数几个市镇建立了图书馆。小学义务教育的引入改变了人们的态度：一旦明确新一代的下层阶级将会识字，政府和公共机构就会更多地参与图书馆的建立，主要是出于影响人们的阅读考虑。

英国人先行一步。1870 年的《教育法案》通过后——这是迈向小学义务教育的第一个立法步骤——公共图书馆运动在当地政府、公共机构和慈善家的支持下发展起来，比如安德鲁·卡内基（Andrew Carnegie），他捐赠了该国许多规模较小的图书馆。1870 年至 1890 年间，英国免费图书馆的数量几乎增加到原先的八倍（从 52 个增加到 408 个），19 世纪 80 年代的增长大部分是各郡的小图书馆，到第一次世界大战前夕，62% 的人口生活在有图书馆的地区。[72]

在法国，公共图书馆的数量在 1874 年至 1902 年间增加了三倍（从 773 家增加到 2991 家）。增幅最大的是全国大部分人口居住的中小城镇。像菲尔米尼（Firminy，有 1.7 万名居民），纪埃河岸（Rive-de-Gier，1.5 万人）和保纳（Beaune，1.2 万人）这样的地方在 1885 年之后有了第一个免费的公共图书馆，尽管藏书都没有超过 1500 本。[73] 大部分倡议来自慈善组织，如 1861 年由印刷商让-巴普蒂斯特·吉拉尔（Jean-Baptiste Girard）创立的"教育之友图书馆"，吉拉尔宣布了相当有希望实现的目标，即通过为劳动阶级开设图书馆来让他们摆脱对卡巴莱的依赖。

公共图书馆运动在欧洲其他地区发展得较慢。但从 19 世纪 80 年代开始，随着公共团体更加积极地推动图书馆的开放，它在各地都加快了步伐。在德国，大众教育促进协会开设了大约 200 家农村图书馆；在特兰西瓦尼亚，文化协会在德语城镇组建了 100 家图书馆；在荷兰，有大众图书馆协会；在意大利，大众图书馆促进协会在 1867 年至 1893 年间开设了 540 家公共图书馆。社会主义运动同样非常积极地推动工人图书馆的发展，特别是在德国，在1914年之前，社会民主党在德国建立了一个由1147家工人图书馆（Arbeiterbibliotheken）组成的庞大网络，总藏书达833,857本。[74]

公共图书馆关心的是确保他们的读者能有"好"书。它们大多由慈善团体组建，相信健康的阅读是大众启蒙的一种手段。许多团体出版了推荐书目来指导图书馆员。例如，富兰克林协会（Société Franklin）是"教育之友图书馆"的亲密盟友，每年都要发布一份有助于道德提升的文学作品目录，认为它们应该成为所有公共图书馆的核心藏书。19世纪60年代的目录是严肃的经典作品：高乃依、莫里哀、拉辛、塞万提斯、莎士比亚和席勒，但没有当代小说家，甚至连雨果和巴尔扎克也没有。到了1883年，目录变得更加宽松，包括了司各特、狄更斯、巴尔扎克、雨果、桑、大小仲马和果戈理等的"现代经典"。在其他图书馆协会的目录中也可以看到类似的变化：吉伦特俱乐部图书馆（Bibliothèque du Cercle Girondin）和教育联盟（Ligue de l'enseignement）的1892年目录中首次收录了司汤达、雨果、福楼拜、左拉、莫泊桑的作品。[75]公共图书馆显然不得不考虑市场，选择既经典又受欢迎的书籍。它们认识到19世纪的正典已经形成。

五

1879年，屠格涅夫回到俄国，为自己的作品集谈判一份新的合同。莫斯科的萨拉耶夫（Salaev）公司之前已经出版了三个版本——1865年的五卷本，1868—1871年的八卷本，以及1874—1875年的九卷本。它们为屠格涅夫带来了一笔不错的收入，每年约6000卢布（2.4万法郎），足以弥补他在庄园的损失，并帮助他自己和维亚尔多夫妇过上舒适的生活。作为一名作家，屠格涅夫在俄国获得了

第八章　死亡与正典

正典地位，他的作品全集拥有巨大和不断增长的市场。屠格涅夫返回俄国是因为他的弟弟突然去世，这让他更加认真地考虑安排自己事务的必要。与萨拉耶夫的合同将在印好的第三版作品集售罄时到期。他急于与萨拉耶夫或其他出版商谈判一个新版本，以便在他自己去世后为保琳娜和自己的女儿带来长期收入。

他向萨拉耶夫提出的合同表明，他在文学事务中已经变得多么商业化。屠格涅夫向莫斯科出版商提出了他的条款，他表现得就像一个现代代理人，利用其他出版商的报价来索取更高的预付款（以未来的版税作为担保）。他要求版税达到销售价的25%（根据纸张质量，九卷本的版税在15卢布至18卢布之间）。* 从5500册的首印中，他将获得2万至2.3万卢布（8万至9.2万法郎）的收入，三分之一在签署合同时支付，其余的两年后支付。他的合同中排除了屠格涅夫收入最高的作品《猎人笔记》的任何权利。第二年，他单独出版了这部作品的一个流行版本，尽管他的作品集的前几版中包括了它。[76]

屠格涅夫对萨拉耶夫并不满意。他的作品集的第三版有太多的错误。1882年5月13日，他写信给老朋友安年科夫，任命他为自己的文学遗嘱执行人，并指示其找一家愿意预先支付一大笔钱购买他的版权的出版商。[77]

屠格涅夫需要钱来养活自己的女儿和她的两个年幼的孩子，他们现在依靠他生活。保琳奈特逃离了丈夫加斯东，后者在鲁日蒙的工厂破产，开始酗酒，并威胁要杀了她。2月25日，屠格涅夫从巴黎给安年科夫写信说，"我每天都期待着她带着孩子到这里来。我需要把她藏起来，直到我能安排他们完成离婚和财产分割——所以我再次需要获得现金。我已经卖掉了我心爱的卢梭［的画］，我还将卖掉我的马，我的马车，等等"。保琳奈特两周后才到。她害怕

---

* 比今天大多数作家挣的版税要高。

被加斯东追踪，因为根据法律，加斯东可以带走孩子。为了他们的安全，屠格涅夫让他们和一名监护人一起去了瑞士的索洛图恩（Solothurn），出钱让他们住在王冠酒店（Hotel La Couronne），并每月寄去生活费，但保琳奈特抱怨说，这笔钱不够花。[78]

屠格涅夫主要考虑的——也是他需要协商一大笔预付款的真正原因——是在去世后给保琳娜留下一笔遗产。他当时64岁。几年来他的身体一直不好。痛风、风湿性疼痛、膀胱、胃和肝脏的问题——这些病痛让他在19世纪70年代衰老得很快。1882年春，大约在他任命安年科夫为自己的文学遗嘱执行人的时候，他的病情变得更加严重。他的背部、胸部和肩部出现了持续的疼痛（这是未被查出的脊柱癌的症状，最终将要了他的命），痛风变得如此痛苦，没有拐杖他几乎站不起来。由于连续几天卧床，他产生了幻觉。有时，发烧的他会在半疯狂的状态下说话，也许是因为他服用了吗啡来减轻疼痛。屠格涅夫确信自己快要死了，在5月15日对遗嘱进行了修改：他把在法国的所有财产和文学收入留给了维亚尔多夫妇，只规定他的手稿和信件必须给安年科夫。[79]

屠格涅夫的遗嘱是他在俄国的朋友和仰慕者对保琳娜如此敌视的主要原因之一。俄国人对他们的伟大作家生活在国外感到不满，并指责她是屠格涅夫背井离乡的原因。谣言四起，说她阻止屠格涅夫回来，说屠格涅夫是她的囚犯。一些俄国人去布日瓦尔或巴黎拜访屠格涅夫，结果被保琳娜拒之门外，因为他病得太重了，无法接待他们。这些人的描述让这种恶意的八卦愈演愈烈。甚至一些确实见过他的人也决心相信他受到了维亚尔多夫妇的虐待（捷尼舍娃公爵夫人［Princess Tenisheva］谈到1882年春她在布日瓦尔拜访屠格涅夫时写道："看到这位伟人死在异国他乡，死在对他的苦难漠不关心的外国人中间，这让人感到痛苦和愤怒。"）[80]传说保琳娜想要杀了他，或者宣布他疯了，这样她就可以得到他的遗产。

第八章　死亡与正典

屠格涅夫没有按照计划在1882年夏天造访俄国,这被认为是他违背自己意愿留在法国的又一个证据。

屠格涅夫对无法最后一次看到自己的庄园感到失望,他给斯帕斯科耶的农民们写了一封告别信,成为对其自由绅士阶层的仁慈家长式作风的证明:

> 我听到传言说,一段时间以来,你们村里喝的伏特加少了很多;我对此非常高兴,希望你们继续戒酒:醉酒会毁了农民。但我很遗憾地听说你们的孩子不能定期上学。请记住,今天的文盲比盲人或无臂的人更糟糕。和往年一样,我要给你们一英亩的林地。我相信你们不会破坏我的房子或公园,或者总而言之,不会破坏我的庄园,我相信你们会照看好它的。现在,斯帕斯科耶的农民们,让我向你们所有人告别,祝你们万事如意。你们从前的地主。

屠格涅夫情绪忧伤低落,开始记录他的病情和治疗情况。他称之为"我的死亡清单"。医生们无法确定他的病是什么。巴黎著名的外科医生和神经科医生让—马丁·夏尔科(Jean-Martin Charcot)诊断出一种由痛风引起的心脏病:狭心症。他认为自己无能为力,只是建议长时间卧床,并用帕克兰机(Paquelin machine,用于电击治疗)进行电灼治疗。另一位医生保罗·塞贡(Paul Segond)建议试试乡下的空气,并鼓励病人佩戴普尔维马赫链(Pulvermacher chain)——一种由伏打电池驱动的铜锌腰带,杂志和报纸广告大肆宣传它能通过电疗帮助缓解风湿痛。*除了普尔维马赫链,屠格涅

---

* 在《包法利夫人》的结尾,热衷于关注新发现的药剂师奥迈先生戴上了化学电疗链,当他脱下衣服,露出法兰绒背心下"金光闪闪的螺旋形链条"时,奥迈夫人大吃一惊。

夫还使用了鲍恩沙伊特生命唤醒器（Baunscheidts Lebenswecker），这是一位专治神经紊乱的德国专家发明的，用泵式装置向病痛部位打入针头，据说能够缓解风湿痛。7月，著名的瑞士医生弗朗索瓦－西吉斯蒙·雅库（François-Sigismond Jaccoud）前来诊视了屠格涅夫，让他严格控制牛奶摄入，但屠格涅夫对此置之不理，直到一个月后，著名的俄国医生贝滕森（L. G. Bertenson）在巴黎造访他时也肯定了这个方子。这些庸医疗法都没有起到多大作用。只有吗啡能够缓解癌症的疼痛。

1883年1月，屠格涅夫接受手术，切除了下腹部的一个肿块，这个肿块被7名医生误诊为神经瘤，需要紧急切除。为了避免同样被他们误诊的心脏虚弱的风险，他们在没有全身麻醉剂的情况下进行了手术。屠格涅夫的腹部被用乙醚冷冻，然后用刀切开，取出了一个核桃大小的囊肿。"手术过程中，"屠格涅夫后来在写给都德的信中说，"我想了想我们的晚餐，想着如何准确地为你描绘金属划破我的肉体时的感觉——就像刀子切开香蕉一样。"手术对屠格涅夫的病情没有任何改善。甚至不清楚肿瘤是否是恶性的。伤口花了几个星期才痊愈。他的疼痛变得更严重了。他开始依赖吗啡，开始使用过量，经常出现偏执妄想和自杀的念头，这可能是药物过量的影响。在一次半夜的发作中，他要求给自己毒药，指责那些与他关系最亲密的人密谋杀害他，并说听到他的尖叫声后赶到他房间的保琳娜是一个比麦克白夫人还坏的怪物。也许在他狂热的状态下，他认为自己看到她出现在威尔第歌剧的梦游场景中，这是她最著名的角色之一。

4月20日左右，屠格涅夫在暂时的清醒状态下要求被转移到布日瓦尔。他想死在自己的别墅里。4月28日，他身体状况良好，可以旅行了。他让人用担架把自己从二楼的房间抬出来，在一楼的楼梯口受到了路易的欢迎，后者最近因中风而偏瘫，坐在轮椅上出来

第八章 死亡与正典

道别。两个男人拥抱在一起。[81]

一周后,也就是5月5日,路易死于第二次中风,[82]享年82岁。5月21日,保琳娜在给小叔子莱昂·维亚尔多的信中写道:"他临终时是圣人般的。他感觉到死亡的临近,并表示欢迎,就像对周围他所爱的人微笑一样。他死时没有痛苦,得到家人和朋友的爱戴,受到每个人的尊敬。"路易被埋葬在蒙马特公墓。没有举行宗教仪式,因为路易坚持他的无神论信仰,巴黎媒体也几乎没有发表讣告。这位共和派活动家、编辑、歌剧院主管、西班牙学者、评论家、作家和文学翻译家、艺术专家和收藏家——也许是最接近19世纪"文艺复兴人"的一位——已经被遗忘了。

路易的去世使屠格涅夫更加坚定了为保琳娜和维亚尔多的孩子们争取遗产的决心。他对安年科夫试图通过谈判一次性出售他的版权的努力越来越不耐烦。他渴望获得一份在他去世后出版他的作品集的合同,希望通过这版作品集获得6万卢布(24万法郎)的预付款——足以让保琳娜有经济保障。屠格涅夫肯定计算过,对她来说,一次性支付——无论是在经济上还是法律上——比从版税中获得的收入更多。由于对安年科夫感到失望,屠格涅夫将这项任务转交给了他在圣彼得堡的秘书亚历山大·托波罗夫(Alexander Toporov),萨维娜形容他"就像是屠格涅夫面前的长明灯"。7月,斯塔西乌列维奇拜访了屠格涅夫,惊讶地注意到后者对待这个问题是多么认真,因为他知道屠格涅夫总是以漫不经心的无所谓和天真态度对待自己的作品权利。1883年8月,托波罗夫终于在俄国首都与出版商格拉祖诺夫(I. I. Glazunov)达成了一项协议。屠格涅夫的版权以8万卢布(32万法郎)的价格被全部卖给了格拉祖诺夫——根据作家1882年的计算,这笔钱相当于他11年的文学收入。屠格涅夫很高兴。他在最后一封信(他的苏联版作品集里的6175封信中的第6173封)中感谢了格拉祖诺夫,表示能找到一家出版商来确保他的文学遗产让他如释重负。

到了这个阶段,屠格涅夫已经虚弱得连笔都拿不住了。他的大部分信件都是口述给保琳娜或维亚尔多家的管家路易丝·阿诺尔(Louise Arnholt)的,她们在最后几周照顾了他。但是有几天,他感觉很好,可以从临终的床上爬起来,稍微到外面走走,甚至亲笔写几行字。在其中的一天,也就是7月11日,他用铅笔给托尔斯泰写信,告诉后者自己快要死了,他很高兴能与其生活在同一时代,并"向你提出我最后的请求。我的朋友,回到文学活动中去吧。毕竟,这是你的天赋所在,其他一切都来源于此。啊,如果我能相信我的请求对你有一定的影响,我会多么高兴"。[83]

屠格涅夫的文学活动只剩下最后一个短篇故事《结局》,那是他在死前两周完成的。这个故事在他的脑海中酝酿已久,但他太虚弱了,无法亲自写下来,所以他寻求保琳娜的帮助。她建议,如果他有耐心的话,用俄语口述这个故事,她能够写这种语言。但屠格涅夫担心,如果用俄语的话,他会对每一个短语进行斟酌,让它的形式更加优美,为每个单词寻找更好的表达方式。他太虚弱了,这项工作会让人精疲力竭,而且他需要更快地记录自己的想法。在屠格涅夫的建议下,故事被用他们都懂的各种语言口述——法语、德语、西班牙语、英语和意大利语,中间夹杂着一些俄语——然后由保琳娜翻译成法语,供屠格涅夫审阅。[84] 它的创作恰如其分地象征了他们一生都致力于推动的世界主义文化。

在最后的日日夜夜里,保琳娜和她的女儿玛丽安娜和克劳迪娅一直守在屠格涅夫的床边。就连保罗和露易丝也来到布日瓦尔帮忙。前来告别的俄国访客络绎不绝——包括博戈留博夫、梅谢尔斯基公爵和韦列夏金,他们发现屠格涅夫看起来像一个幽灵,面色苍白,形容枯槁,眼睛凹陷进一张几乎认不出来的脸里。

9月3日,星期一,他的生命走到了终点。维亚尔多一家围在屠格涅夫的床边。他的女儿不在那里。她没能从瑞士及时赶到。直到他去世的那天早上，她才接到电报，提醒她屠格涅夫可能"随时"死去。注射吗啡止痛后，屠格涅夫开始用各种语言交谈，法语、德语、英语，但主要是俄语。他说，现在是"像俄国沙皇一样告别"的时候了。他神志不清地不断重复沙皇阿列克谢的名字，然后仿佛是在试图纠正自己，说了"二世"，他可能是在努力说出农奴的解放者亚历山大二世的名字。保琳娜弯下腰亲吻那个垂死的人。他认出了她，变得兴奋起来，说："这是女沙皇中的女沙皇，她做了多少好事啊！"然后，他开始用俄语毫无意义地呢喃，想象自己是一个垂死的农民，正向家人告别。据在场的梅谢尔斯基说，他用俄语说的最后一句话是："再见了，我的亲人们，你们头发都白了！"然后他陷入了昏迷。第二天下午2点，他死了。[85]

尸体被洗净和套上干净的亚麻衣服后，照相师和艺术家就被找来为死者的遗容拍照，准备向报纸发布。下午5点，照相师莫雷尔从巴黎的"匿名照相"工作室赶来。他从不同的角度拍摄了几幅遗像，它们很快就被制成明信片在巴黎和圣彼得堡流通出售。雕塑家皮埃尔－尼古拉斯·屠格涅夫（Pierre-Nicolas Tourgueneff）是这位作家的远亲，他制作了头部的死亡面具，并为其不写字的左手做了一个模型（死者的右手手指在痛苦中变得过于扭曲，无法塑模）。保琳娜和克劳迪娅都画下了屠格涅夫的脸部素描。在去世的那一刻，他的脸因疼痛而扭曲，然后逐渐放松下来，显出更加平静的表情。据斯塔西乌列维奇说，"他生前从未看起来这么漂亮和伟大。"一旦痛苦的样子消失，他的脸就呈现出"一位深刻思想家"的英雄形象，有了"不同寻常的力量，这在他活着的时候并不明显，因为他脸上以和蔼为主，而且随时准备微笑"。斯塔西乌列维奇对克劳迪娅的一幅素描印象深刻，它捕捉到了这种表情，他恳求她允许将其在俄国刊印，作为来自屠格涅夫在法国所爱的人们的礼物。[86]

屠格涅夫的死让保琳娜悲痛欲绝。在短短几个月内，她就失去了生命中的两个男人。9月8日，她写信给皮奇说："啊，我的朋友，对于一颗心来说，这痛苦太多了，太多了。我不明白为什么我的心没有碎掉。"同一天，她在给作曲家安布鲁瓦兹·托马（Ambroise Thomas）的信中写道："我失去了我最亲爱的朋友。我们恐惧地等待着即将到来的结局，但同时我们也将其视为一种解脱，因为病人的痛苦无法忍受……他的死亡与我深爱的丈夫相似，因此我经历了双重痛苦。"[87]

9月7日，丧礼在达吕街（rue Daru）的俄国东正教教堂举行。放置在祭坛前的棺材上覆盖着花圈，周围环绕着枝叶。被烛光点亮的教堂里挤满了人。悼念者中有许多法国文化界的头面人物——勒南、圣-桑、都德、马斯奈、阿布、龚古尔——以及各个社会阶层的俄国人，从身着全宫廷礼服、胸前挂着缎带和星章的奥尔洛夫公爵，到贫穷的俄国学生和艺术家，据在教堂里安排了密探的法国警方说，"他们中有许多人都是虚无主义者和革命者"。龚古尔注意到，丧礼"从巴黎的各处房子里引出了一个扁脸巨人的小世界，他们留着像上帝那样的胡子"。[88]

屠格涅夫明确表示希望被安葬在俄国。在去世前一周，他告诉梅谢尔斯基和斯塔西乌列维奇，他的理想是在他的"导师"普希金的脚下安息，后者的墓位于普斯科夫（Pskov）附近的圣山拉伏拉修道院的墓地里，但由于觉得不配得到这一荣誉，他想葬在圣彼得堡的沃尔科夫墓地，靠近他的朋友别林斯基。[89]这是一个令人惊讶的选择。别林斯基推崇屠格涅夫的早期作品，并影响了后者对文学的现实主义态度，但屠格涅夫并不是他最好或最亲密的朋友，有时会为了对保琳娜的痴迷而牺牲他们的友谊。1847年，别林斯基在巴黎因为肺结核而来日无多时，屠格涅夫违背了帮助他返回俄国的承诺，甚至没有离开库尔塔维内尔的维亚尔多夫妇，前往并不遥远的巴黎向他告别。也许是对自己对待别林斯基的方式深感懊悔，直到别林斯基去世时，屠格涅夫没有再见过他。但这似乎不太可能是他在 30 多年后决定埋葬在这位定义了俄国文学现实主义原则的著名评论家身边的原因。毕竟，普希金是他的第一选择。通过要求埋葬在别林斯基身边，他肯定是在考虑自己在俄国文学万神殿中的位置。

斯塔西乌列维奇被安排负责屠格涅夫的葬礼。障碍层出不穷：遗体需要通行证才能离开法国，在获得许可方面拖延了很长时间；与圣彼得堡市杜马的沟通旷日持久，他们无法决定是否要为一名据称同情左翼分子的人支付葬礼费用，争议源于在俄国发表了对流亡革命家彼得·拉夫罗夫（Pyotr Lavrov）的采访，他告诉一家巴黎报纸，屠格涅夫资助过他的《前进报》（Vpered）*；屠格涅夫的遗体回俄国时本来会佩戴普希金的戒指，但捐赠者帕维尔·茹科夫斯基（Pavel Zhukovsky）突然改变了主意，决定自己保留这枚戒指，这使得保琳娜不得不委婉地说服他履行承诺。甚至在沃尔科夫墓地为屠格涅夫的墓选址都有问题，别林斯基墓旁的地方都已经被占了。沙皇当局提议挖出别林斯基的遗骸，将其与屠格涅夫的遗体一起重新埋葬在一个新的地点，但别林斯基的遗孀表示反对，因此在找到替代方案之前浪费了更多的时间。在此期间，屠格涅夫的遗体一直被存放在俄国教堂的地下室里。[90]

保琳娜决定不送屠格涅夫的遗体回俄国。她的女儿克劳迪娅和丈夫乔治替她前往。在写给斯塔西乌列维奇的一封信中，保琳娜以未说明的"生意问题"为由解释了她的决定，表示这些问题迫使她留在巴黎："否则我会和我的孩子们再次去看看亲爱的俄国，带回

---

* 城市杜马投票决定为葬礼支付 3000 卢布，但市长提出反对，对这个问题的争论占据了随后十年里的大部分时间。

我最好朋友的珍贵遗骸,我们都在哀悼这位伟人。"也许她是接受了屠格涅夫本人对她的建议,几年前,屠格涅夫的《散文诗》的其中一首《当我不复存在》(1878年12月)是这样开头的:

> 当我不复存在,当我曾经的一切都化为尘土——啊,你,我唯一的朋友,你,我如此深切和温柔地爱着的你,一定会比我活得长的你——不要去我的墓……在那里没有你可以做的。[91]

另一方面,鉴于保琳娜未能陪着屠格涅夫的遗体返回俄国,可以看出屠格涅夫在给萨维娜朗读的那首诗中表达的失望不无道理——这首诗讲述了对一个女人的伟大爱情的故事,这个女人"却不会带一朵小花到作家的坟上,也不会掉一滴眼泪"。

10月3日,他返回俄国的旅程从北站开始。屠格涅夫将乘坐客运列车进行他最后一次穿越欧洲的旅行。他的灵柩拥有自己的车厢。地上散落着鲜花,内壁覆盖着黑纱,上面挂着许多花环。灵柩上铺着一条白色的饰带,上面印着他在布日瓦尔建造的别墅名"白蜡树之屋"的金色字样。灵柩的顶端有一个"维亚尔多家族"送来的巨大绿色花环。在车厢旁的站台上搭建了一个临时的礼拜堂,保琳娜组织的告别仪式有400名宾客参加,包括勒南、左拉、都德、儒勒·西蒙(Jules Simon)、屠格涅夫的出版商皮埃尔—儒勒·埃策尔,以及维亚尔多一家。据奥博伦斯基公爵(Prince Obolensky,他是在场的俄国人之一)说,一个合唱团演奏了俄国的声乐,给在场的人,特别是法国人留下了深刻的印象。由勒南带头向屠格涅夫致了悼词,向作为一个人和作家,作为他的国家的道德良知,也作为一个欧洲公民的屠格涅夫致敬。当一切都说完和做完后,哀悼者们退下,将与灵柩同行的斯塔西乌列维奇登上了头等车厢,火车出发了。[92]

在穿越欧洲的旅程中,每一站都有人群前来向屠格涅夫致敬。

第八章 死亡与正典

在他当年来到欧洲的第一站柏林，大批乘客自发地聚集在灵柩车厢的周围，在棺材启程前往维尔纽斯和圣彼得堡之前，一名牧师似乎对灵柩做了祝福。这列德国火车的终点是与俄国接壤的小镇韦日博洛沃（Verzhbolovo），于10月6日凌晨抵达那里。大批人群冒着风雨整夜在车站等候，迎接这位作家回到俄国的土地。当地教士进行了感恩祈祷，十几个代表团敬献了花圈，其中包括一个来自沙皇海关官员。当局担心屠格涅夫的灵柩专列可能会在途经俄国时引发抗议。1881年，革命者暗杀了亚历山大二世，这让他们对任何公开集会都保持警惕。警方的打压是新任沙皇亚历山大三世的命令，后者坚持，向屠格涅夫致敬应该被视为反政府行迹——这一想法受到了他的反动顾问们的怂恿，这些人利用拉夫罗夫的爆料来强化政权的反自由政策。在韦日博洛沃和圣彼得堡之间的每个车站，他们都会拦停火车进行检查（天知道他们期待发现什么），并安排警卫陪同灵柩直到下一站。在火车驶向首都的过程中，站长、地方长官和内政部之间疯狂地来回发电报。沙皇禁止俄国媒体公布火车将在哪里停靠，或将于何时到达的细节。[93]

尽管如此，人群还是到来了。在科夫诺（Kovno），他们在站厅等了一整夜，被警察限制在那里。但当火车在清晨到达时，他们冲破警戒线，向灵柩车厢跑去。花圈被放进了车厢，教士们举行了仪式。在维尔纽斯，当列车进站时，站台上已经挤满了人——许多人手持花圈和屠格涅夫的肖像。在迪纳堡（Dinaburg），屠格涅夫的灵柩车厢旁聚集了如此之多的哀悼者，以至于斯塔西乌列维奇开始担心有人会被推到火车下面的铁轨上。代表团带来了来自城里各个阶层的花圈——来自女子高中、音乐协会、地方自治组织的董事会、消防员和图书管理员。10月9日凌晨2点，火车在倾盆大雨中到达普斯科夫，那里聚集了一大群人，由该市领导人组成的代表团率领。在教士领头的丧礼上，他们将"来自普斯科夫人民"的花圈放到灵柩旁。斯塔西乌列维奇在给妻子的一封信中写道:"屠格涅夫的遗体在其他地方都不曾受到过如此热情的致敬,如果你想想我们到达的时间,恶劣的天气,以及从城里到车站的距离[超过两公里]。"七个小时后,在加特契纳(Gatchina),城里的所有人似乎都出现在早晨的阳光下。站台上挤满了密集的人群。在灵柩列车停下来的地方,一个由学童、教堂唱诗班和一些教士组成的代表团在那里等候,教士们试图趁着在火车继续前往圣彼得堡之前的短暂时间内爬上车厢进行礼拜。他们没有成功。[94]

在圣彼得堡,火车于上午10点20分准时到达华沙车站,当局更好地控制了哀悼示威活动。公众被从月台上清除了出去。只有一个由教士和葬礼委员会官员组成的小代表团被允许迎接火车。在庄严的弥撒之后,棺木被抬出车站,放在铺着白色和金色布料的灵车上。棺材上满是花圈,上面放着屠格涅夫的肖像和一个银十字架。游行随后开始。灵车后面跟着来自文学、戏剧、艺术、学术、专业人士、民族、公民和许多其他团体的178个代表团,每个代表团都拿着有相应题词的花圈,许多代表团还捧着这位已故作家的肖像。在他们身后,一长列的教士和僧侣走在游行队伍的最后。从圣彼得堡到沃尔科夫公墓的游行用了三个小时才完成。尽管有大量警察在场,但沿途仍有大量人群(约40万人)列在街道两旁。克劳迪娅走在灵车后面。当天晚些时候,她写信给保琳娜说:

乔治和三位可敬的老绅士走在灵车的四角。我被安排在灵车的正后方,四个年轻人抬着"白蜡树之屋"的大花圈,然后是文学团体、各界代表、委员会成员,这些持票的人被允许进入教堂,然后是形形色色的人组成的队尾。骑警和全副武装的哥萨克骑兵与游行队伍一同前行。从车站到教堂,阳台上,窗台边,甚至是每座房子的屋顶上,街边的人多得数不清;数

第八章　死亡与正典　　　　　　　　　　　　　　　　　　　　537

十万俄国人在遗体经过时低下头，在身上画十字。这真是太壮观了。

在沃尔科夫公墓，被允许参加葬礼的人数受到严格限制。这个地方到处都是警察。但仪式以应有的庄重和威严进行着。人们为葬礼写了诗歌，在教堂里朗诵。屠格涅夫的老朋友——作家季米特里·格里戈洛维奇（Dimitry Grigorovich）和大学校长发表了讲话。然后，就像保琳娜在克劳迪娅的信中读到的那样，在墓边：

　　灵柩被轻轻地放在墓穴底部的花坛上。在它的周围站着众多的代表团，带着各自的供品，一个学生合唱团开始歌唱，然后教士们前来做最后的祈祷，说了三段简短的悼词。有人指给我们看一群来自斯帕斯科耶的农民，他们是来向自己的解放者做最后告别的。[95]

后记

"我的余生将没有幸福,"保琳娜在屠格涅夫去世后写给路德维希·皮奇的信中这样说,"我会沉浸在回忆的苦涩喜悦中。"据路易丝说,母亲陷入了绝望的状态,她用父亲的去世来解释这一点,没有提到母亲失去的另一位亲人。保琳娜试图跳窗自杀。几个星期以来,孩子们一直监视着她,并给窗户上了锁。她说自己的人生现在已经结束了(她时年62岁),剩下的不过是一篇后记。[1]

保琳娜又活了27年。她过着充实而忙碌的生活。1884年,她卖掉杜埃街的房子,搬进了圣日耳曼大道243号,位于国民大会附近的一套公寓,里面摆满了她一生收集的古董家具和装饰品。*这套

---

* 1890年1月28日至29日,大部分收藏在德鲁奥拍卖行被拍卖——也许表明保琳娜手头拮据,或者她决定不在这些东西带给她的记忆中生活。拍卖目录包括:一个路易十四时代的沙发和四把套着蓝色丝绒的象牙椅子;一张路易十四时代的大理石台面木桌;路易十四风格的支座;路易十四风格的烛台;路易十六风格的桌子、扶手椅和沙发;路易八世风格的沙发;路易八世风格的镜子;蓝色丝绒的厚重窗帘;中国风格的卧室家具;东方地毯;比利时挂毯;威尼斯玻璃器皿;德尔夫特花瓶;一张英国台球桌;描绘狩猎场景的青铜塑像;青铜和木头半身像;彩色玻璃窗户;保琳娜制作的木头和玻璃屏风;一台普莱耶尔立式钢琴和一台埃拉尔大钢琴;1000瓶19世纪70年代的美酒(BMO, LA-VIARDOT PAULINE-5)。

图 31　保琳娜·维亚尔多在她位于巴黎圣日耳曼街边的房子的阳台上，1900 年左右

顶层公寓明亮宽敞，可以看到协和广场对面香榭丽舍大道的美景。

保琳娜的演唱岁月早已结束，但她继续作曲，主要是为了自己消遣和娱乐朋友们，尽管有一些作品被公开表演，特别是音乐剧《耶稣之梦》（1892 年）。[2] 她还继续教书，直到生命的最后。在她教过的数百名学生中，有以诠释瓦格纳角色而闻名的伟大女高音玛丽安娜·勃兰特；有法国女高音让娜·热维尔—里亚什（Jeanne

Gerville-Riache，1882—1915），在其短暂但辉煌的职业生涯中，她在德彪西的《佩里亚斯与梅丽桑德》（1902年）的首演中扮演了热内维埃夫一角；有匈牙利女高音阿格拉亚·奥尔格尼（1841—1926），她漫长的生涯中主要参演意大利歌剧，此后成为德累斯顿皇家音乐学院一位著名的老师；还有女高音歌唱家玛格丽特·西姆斯（Margarethe Siems，1879—1952），她是维亚尔多和奥尔格尼的学生，最出名的表演是在理查德·施特劳斯的三部歌剧的首演中三次担任主角：《厄勒克特拉》（1909年）中的克吕索忒米斯、《玫瑰骑士》（1911年）中的马夏林和《阿里阿德涅在纳克索斯岛》（1912年）中的泽比内塔。

保琳娜的公寓是巴黎活跃的音乐生活的中心。她保持了周四晚上举办音乐会的传统，她的学生会在晚上表演。马斯奈、圣-桑、福莱、弗兰克、夏布里尔和德利勃（Delibes）是那里的常客。1886年，圣-桑安排他的朋友们为李斯特举办了一场《动物狂欢节》的私人音乐会，当时只剩下几个月生命的李斯特罕见地出现在保琳娜的家中。第二年，一位来自挪威的访客爱德华·格里格（Edvard Grieg）演奏了他的钢琴协奏曲的改编曲。那是这首曲子第一次在法国演出。

柴可夫斯基也来拜访过。从19世纪70年代起，他就意识到保琳娜可以扮演他的作品在法国的推广者角色，但直到1886年夏天在巴黎逗留时，他才最终决定去拜访她。6月12日，他与大提琴家阿纳托利·布兰杜科夫（Anatoly Brandukov）一起出现。他们在路上遇上了暴雨，浑身湿透，但正如柴可夫斯基在日记中所写的那样，"这种状况让我们更容易熟络"。他被"小妈妈"（mamasha）维亚尔多迷住了，就像他在写给弟弟的一封信中所描绘的："在她家度过的三小时里，我肯定吻了她的手十多次。"他告诉弟媳，保琳娜是个"非常神奇和有趣的女人"。"尽管她已经70岁了，但看上去像是个40岁的女人。她精力充沛，对什么都感兴趣，无所不知，而且非常亲切",他热情地表示。看到《唐璜》的手稿让柴可夫斯基很兴奋,保琳娜把它放在客厅桌子上的展示盒里(1892年,她把乐谱捐赠给了巴黎音乐学院)。柴可夫斯基在日记中写道:"我看到莫扎特亲手写的《唐璜》管弦乐谱!!!!!!!!!"这位作曲家被保琳娜关于屠格涅夫的谈话迷住了,后者是他一直热爱但从未谋面的作家。当被他的赞助人娜杰日达·冯·梅克问及保琳娜是否还记得屠格涅夫时,柴可夫斯基回答说:"我可以向您保证,她不仅记得他,而且我们几乎一直都在谈论他,她详细地告诉我,他们是如何一起写下《胜利爱情之歌》[的故事] 的。"不久之后,柴可夫斯基读了这个故事,根据它写了一部声乐作品的草稿,尽管他从未完成这项工作。[3]

从俄国来的访客络绎不绝。他们想要关于屠格涅夫的信息,打听他的财产,想要进行关于他私生活的采访。对他们来说,保琳娜只是"他们的"作家的"情妇"。俄国人对保琳娜怀有敌意,尽管她为在欧洲推广俄国音乐付出了相当大的努力(屠格涅夫去世很久之后,她仍在继续这样做),而且慷慨地决定将他的一些财产——包括曾属于普希金的 个箱子和戒指,以及哈拉莫夫画的屠格涅夫像——归还给俄国。[4] 他们指责她夺走了俄国的伟大作家,通过她的恶意影响将他留在欧洲,使其被腐化。即使曾经是她朋友的在巴黎的俄国人也与维亚尔多反目。洛帕金就是其中之一,他曾和屠格涅夫一起建立了俄语阅览室,并多次到过保琳娜家,参加她为给他们筹集资金而举办的音乐会。"对俄国人来说,"洛帕金后来声称,"屠格涅夫在遇到她之前和之后的作品有明显的不同。之前的包含了人民——之后的没有。她夺走了他身上的俄国性。"[5]

博戈留博夫是为数不多的为保琳娜辩护的俄国人之一。谈到屠格涅夫的去世时,他提醒同胞们,在屠格涅夫病重的最后几个月里,坐在作家床边的是她,而不是他们。他还警告说,他们没有资格评判:

"屠格涅夫和维亚尔多过的不是普通人的生活。他们因自己的精神特质而走到一起……用与我们无关的方式。"不出所料,保琳娜也激动地为自己辩护。她告诉博戈留博夫:

> 屠格涅夫的所谓朋友们凭什么指责他和我的关系?每个人生来都是自由的,只要不造成伤害,任何人都不能评判他们的行为。我们的感情和行为是基于我们自己接受的规则,不为大众理解,甚至也不被许多人认为是体面和聪明的——我们太了解对方了,不在乎别人怎么说,因为那些真正了解和爱我们的人都知道是什么规则把我们维系在一起。[6]

对保琳娜的这种怨恨部分是基于认为她是屠格涅夫的财产和文学遗产的唯一继承人,从而夺走了俄国应有的东西。这个想法可以追溯到作家最后一次患病时,当时他修改了遗嘱,将自己在法国的财产和他的文学收入都留给了保琳娜。据俄国流传的报道称,维亚尔多迫使他改变了遗嘱,将其扣留在法国,这样就可以进一步向他施压,要求他出售在斯帕斯科耶的土地,把卖地的钱也留给她。随着屠格涅夫的老朋友抱怨他去世时没有给他们留下任何东西——作家波隆斯基为此大惊小怪,宣称屠格涅夫深爱他的妻子,但在遗嘱中却遗忘了她——这个谣言进一步流传开来。

事实上,当时的情况非常混乱。屠格涅夫从来不擅长打理金钱或操作事务,留下了一个烂摊子。把文学权利留给保琳娜的修正条款因他与格拉祖诺夫的交易而变得无效,因为他已经将版权出售给了那位出版商,期限为50年。除了这一矛盾,屠格涅夫在去世前一年还将他的文学遗产完全交由安年科夫掌握。此外还有不同的遗嘱,一份是法语的,一份是俄语的,对他的文学财产有不同的说法(屠格涅夫在订立第二份遗嘱时忘了销毁第一份)。对他的地产的处置也同样混乱。其中一份遗嘱似乎将他在俄国的庄园遗赠给了他的女儿保琳奈特。虽然她在1882年逃离了暴力的丈夫，但现在她回到了加斯东身边，由后者作为代表向法国法院提起诉求。但保琳娜也主张斯帕斯科耶属于自己。她保留了一份1864年的法律文件，显示屠格涅夫仍欠她3万卢布（12万法郎）——这是他当年从维亚尔多夫妇那里借的钱，用于购买在巴登的土地和支付女儿的嫁妆。这笔债务以他在斯帕斯科耶的财产作为抵押，那笔财产在屠格涅夫去世时价值约16.5万卢布。无法想象屠格涅夫没有偿还这笔债务（1868年他将房子卖给维亚尔多夫妇时，这笔债务显然已被抵消）。因此，保留这张欠条——在屠格涅夫偿还3万卢布时本应作废——表明他希望保琳娜留下它，以保护她对斯帕斯科耶的权利，或者至少是其中的一部分。

根据俄国法律，屠格涅夫无权将他的土地留给维亚尔多：像斯帕斯科耶这样的祖产不受遗嘱的约束，如果有法律承认的家族成员继承，就不能赠送。除了加斯东代表保琳奈特提出的诉求外（被俄国法院驳回），屠格涅夫的两个远房表亲克莱奥帕特拉·苏霍蒂娜（Kleopatra Sukhotina）和奥尔加·加拉霍娃（Olga Galakhova）也提起了诉讼，她们都来自奥廖尔，从未见过这位作家（屠格涅夫甚至都不知道她们的存在）。经过多年的法律诉争（大部分是通过俄国驻巴黎领事馆进行的），此事最终在1887年得到解决，奥廖尔地区法院将斯帕斯科耶判给苏霍蒂娜和加拉霍娃，但命令她们偿还屠格涅夫欠维亚尔多的债务，后者接受了46,020卢布（约合18.4万法郎）的金额，包含利息，同意放弃她根据1864年的借条提出的主张。屠格涅夫给保琳娜的四个孩子每人留下了一份慷慨的礼物（保罗得到了斯特拉迪瓦里小提琴），但他自己的女儿和外孙们没有从他的遗嘱中得到任何东西。[7]

1883年9月30日,《柏林日报》(*Berliner Tageblatt*)发布了屠格涅夫的讣告。文学评论家布鲁诺·施托伊本(Bruno Steuben)写道:"20年来,我们德国人越来越习惯于将屠格涅夫视为自己的一员。在其他任何国家,他的作品都没有像在我国那样被如此频繁地翻译,如此热切地阅读,受到如此热烈的赞赏。"不过,在接下来的30年里,屠格涅夫作为作家的国际地位缓慢下降。1914年,托马斯·曼(Thomas Mann)抱怨说,这位俄国小说家被不公平地忽视了太长时间。他本人非常推崇屠格涅夫的作品,一生中读过很多遍。1949年,他表示如果自己被放逐到荒岛上,《父与子》将是他要带去的六本书之一。[8]

屠格涅夫受欢迎程度的下降在很大程度上是由于其他俄国作家的兴起,比如陀思妥耶夫斯基和托尔斯泰,他们的作品在1886年之后推出了越来越多的译本。那一年,沃盖关于俄国文学的畅销书《俄国小说》的出版,很快出现了多种语言译本,在欧洲和美国掀起了某种"俄国热潮"。作为回应,出版商推出了各种译本,因为俄国作家仍然不受《伯尔尼国际版权公约》的保护,所以出版成本很低。在19世纪80年代初的法国,平均每年出版两本左右的俄语小说译本,但在1888年达到顶峰,飙升至每年25本。在美国,仅1889年就推出了托尔斯泰作品的27个不同的版本。[9]

在此之前,屠格涅夫一直是西方绝对最知名的俄国作家。他优雅的散文风格确定了之前的"俄国性"标准。发现陀思妥耶夫斯基和托尔斯泰——他们似乎比欧洲化的屠格涅夫更加"俄国"——改变了西方对俄国文学的期望。现在,西方读者希望俄国作家大致上是原始的和崇尚精神的,受到关于人类存在的宏大思想的激励,具备带有异国情调的原创性,写得更长——总而言之,与欧洲的其他文学都不相同。这种态度的转变可能是突然的。1887年10月7日,龚古尔在日记中谈到他已故的朋友时表示:

屠格涅夫——这毋庸置疑——是一位杰出的谈话者,但作为一名作家,他被高估了——是的,他是一位出色的风景画家,可以无与伦比地描绘在树林中狩猎,但作为人性的画家,他很普通,缺乏宏大的视野。实际上,在他的作品中没有他的国家的原始粗糙,没有老莫斯科和哥萨克人的粗糙,我觉得在他的书中,他自己的同胞看起来就像是出自一位在路易十四的宫廷里度过一生的俄国人之手。[10]

尽管他的读者人数在下降,屠格涅夫仍然对欧洲和美国的作家产生了重大影响,也许要超过其他任何俄国人,只有契诃夫可能是个例外。屠格涅夫对托马斯·曼、吉·德·莫泊桑、约翰·高尔斯华绥(John Goldsworthy)、托马斯·哈代、乔治·摩尔等作家施加了微妙的魔力,特别是亨利·詹姆斯,他一生都在读屠格涅夫的作品,敬爱他的为人,认同他对文学和生活的基本态度。詹姆斯在《小说之家》中写道:"在某种程度上,我可以称屠格涅夫为小说家中的小说家,他的艺术影响力极其宝贵,而且无法磨灭。"[11]

紧随俄国人的"入侵"(人们对俄语小说译本洪流的称呼),斯堪的纳维亚人也接踵而来(易卜生、比昂松和斯特林堡),19世纪90年代,他们的戏剧在欧洲各地的剧院上演。这是文学的世界主义在欧洲大陆上的最高峰。

越来越多的文学作品被翻译成英语、法语和德语这三种占主导地位的文学语言。波兰语、意大利语、西班牙语的书籍和俄语、斯堪的纳维亚诸语言的译本一起打入了欧洲市场,期刊上的译文越来越多,在20世纪初出现了惊人的蓬勃态势。

外国书籍的涌入在许多国家引发了抗议,有人担心这会破坏本国文学的特质。长期以来,认为民族性具有最高文学价值的评论家们一直表达着这样的担忧。早在1846年,圣-勒内·塔扬蒂耶就在《两个世界的评论》上警告说,越来越多的外国翻译作品有可能导致不同国家的文学作品出现趋同。随着图书贸易的国际化,捍卫个体文学语言和传统的民族主义者的力量越来越强。在整个欧洲,从19世纪70年代开始,他们越来越多地对从19世纪头几十年开始定义欧洲文化的世界主义提出反对。这种反应助长了政治民族主义在欧洲大陆上的发展,导致第一次世界大战的爆发。

反世界主义在法国特别声势浩大,德雷福斯丑闻表明法国天主教当权者中的反犹主义愈演愈烈*。1901年,天主教传统主义者,律师和作家亨利·波尔多(Henry Bordeaux)在《通信报》(Le Corespondant)上写道:"我们真的被入侵了,而且是同时来自各个方面。如果我们不保持警惕,法国文学很快就将不复存在。"[12]在整个欧洲大陆都可以找到类似的反应。各国对国际潮流的开放大多伴随着艺术和政治中的反动性民族主义。

这个问题在文学中最为尖锐,文学是民族语言和思想的载体。那里是传统的捍卫者们反对世界前卫潮流的阵地。在视觉艺术中——到了那个世纪末,印象派美学已经被整个欧洲的民族传统所吸收——更强烈的倾向是认为,这种国际风格的出现是积极的发展。正如安德烈·阿莱(André Hallays)在1895年所说,历史上第一次出现了真正的欧洲艺术风格:

> 不只是作家汇聚成了欧洲派;艺术家们甚至比他们更快地推动世界主义的前进。现在,根据民族画派来区分画家几乎是

---

* 1894年,一位犹太裔的上尉军官阿尔弗雷·德雷福斯(Alfred Dreyfus)被诬陷犯有间谍案,他被判处终生监禁,在魔鬼岛关押。直到1899年,他才被带回法国重新受审,因为出现了新的证据——有的证明他是清白的,另一些文件是军方为诬陷他而伪造的。法庭判决德雷福斯有罪,判处他十年监禁,但他被赦免了。

不可能的了。几个月前,在参观慕尼黑的画廊时,我惊讶地发现,画家们的游牧精神,他们的艺术形成的偶然性,以及他们对同样的美学(通常是文学的)的遵从,这些都让人很难分辨他们是从哪里来的。他们的风格是如此杂乱和含混,以至于即使是见多识广的艺术评论家在给这些画归类时也总是犹豫不决,而且经常出错:有意大利人用英国人的方式绘画;斯堪的纳维亚人可能被认为是意大利南方人。[13]

正是在那个时候,"欧洲文化"的概念——作为整个欧洲大陆艺术风格和作品的综合体,以及建立在共同价值观和思想基础上的一种身份——开始出现在话语中。在此之前,这个术语本身很少被使用。在19世纪的前四分之三时间里,人们很少谈到"欧洲文化"。他们最常谈到的是"欧洲文明",这是一个从启蒙运动中继承下来的以欧洲为中心的术语,指的是西方的理性、自由、古典艺术遗产和科学,被认为是作为人类进步基础的普世价值。这是一种欧洲的意识形态,但本身并非独特的欧洲文化身份的标志。无论从哪里来,你都可以信仰它。

欧洲作为一个文化空间的观念——由"欧洲人"共享,并将他们团结在一起——最早出现在19世纪的头几十年里。圣西门认为,欧洲具有由其世俗精神所决定的"教化使命",在这种精神中,艺术将取代宗教、种族或国家,将欧洲大陆的各个民族统一起来。[14]歌德认为,通过民族间的文化沟通和交流的增长,将形成一种混合类型的欧洲文化。但直到那个世纪的最后四分之一,这些想法才让位于一种独特的欧洲情感或文化身份的概念:一种对欧洲公民共有的"欧洲性"的意识,无论他们的国籍。

尼采是这一观念的先驱。在《人性的,太人性的》(1878年)中,他提出了这样的观点,即国际"贸易和工业"将削弱欧洲的各个民族，有朝一日会消灭它们，"图书和文字的流通"将带来"共同的崇高文化"。尼采认为，由于"这种不断的杂交"，将会出现一个"混合种族"，那就是"欧洲人"。作为民族主义的敌人，尼采称民族主义为"世纪之疴"，他提出了"好欧洲人"的理想作为药方，即没有故国的欧洲公民。在他看来，欧洲人已经在形成了：

> 无论现在让欧洲人与众不同的东西是叫"文明""人性化"抑或"进步"；无论我们是否能简单地称之为欧洲的**民主**运动，不必暗示任何褒贬：在这些用语所表明的所有道德和政治前景的背后，一个伟大的生理过程正在发生，并积聚了越来越大的推动力——所有欧洲人的同化过程，他们日益远离依赖气候和阶级的种族所诞生的条件，日益独立于任何**特定的**环境，这些环境在许多个世纪提出同样的要求，希望由此将自己铭刻在灵魂和身体上——即一种本质上超越民族和游牧类型的人正在缓慢地出现，从生理上说，他们的典型特点是拥有最出色的适应技巧和能力。**成为欧洲人**这一过程的节奏可以被……仍在肆虐的"民族感情"的风暴和压力所延迟……该过程可能会导致出现其天真的宣传者和鼓吹者——即"现代思想"的使徒——最无法预期的结果［强调部分为原文所加］。[15]

艺术在不断变化的欧洲文化身份的概念中扮演了核心角色。与宗教或政治信仰相比，它们更加被视为将整个欧洲大陆的人民团结起来的力量。比如，丹麦评论家格奥尔格·布兰德斯认为，随着运输、通讯和印刷的进步，以及翻译的增长，欧洲各国的文学作品具有了"现代欧洲的情感"。[16] 该过程不一定意味着民族性的丧失。但它确实要求各国更加开放，认识到一切民族文化都是不断地进行跨越国界的对话，以及将不同的艺术传统吸收进更大的欧洲世界中的结果。

法国诗人保罗·瓦莱里（Paul Valéry）在1919年的《心灵的危机》一文中反思了第一次世界大战前夕的这种欧洲文化的本质：

> 在那个时代的书中——不是最平庸的一本——我们应该可以毫不费力地找到俄国芭蕾舞剧的影响，一丝帕斯卡尔的忧郁，无数龚古尔式的印象，一些尼采的痕迹，一些兰波（Rimbaud）的影子，由于对画家们的熟悉而产生的某些效果，有时还会有科学出版物的语气……再加上一点难以评定、无法定义的英国风味！

瓦莱里认为这种复杂的融合是"现代的特征"，他指的既是时代，也是一种"生活方式"。他坚持认为，欧洲在1914年达到了这种"现代主义"的顶峰，就在"欧洲文化的幻觉"在佛兰德斯和波兰的战场上破灭之前。[17]

矛盾的是，正是在这一幻想破灭后的战后岁月里，一种有条理的欧洲义化认同的理想才真正成为现实。对于欧洲的知识分子来说，这场战争是灾难，瓦解了欧洲各国之间建立起来的紧密交织的联系，可能摧毁其文化霸主地位。奥斯瓦尔德·斯宾格勒（Oswald Spengler）的《西方的没落》（1918年）只是众多预言欧洲文明将要消亡的书籍中的一本。为了扭转它的衰弱，"欧洲计划"（当时提出的）需要一种关于欧洲的理念来维护其在世界上的特殊性质和地位。人们越来越强调欧洲的崇高文化是这种身份的源头。在对世纪末的国际主义的怀旧向往的鼓舞下，自由派思想家们重塑了欧洲及其文化，瓦莱里称之为一种建立在各民族之间"理解和交流的愿望"基础上的"共同遗产"，社会学家格奥尔格·齐美尔（Georg Simmel）称之为一种"精神统一"，奥地利的犹太作家斯蒂芬·茨威格在《昨日的世界》（1942年）中称之为一个"超越民族的人性世界"。茨威格的作品充满了对19世纪欧洲的确定性的怀旧渴望，尤其是因为那是在作家自杀前夕完成的，此时他对"欧洲文化的幻觉"再次破灭。

1909年12月19日，圣-桑在写给保琳娜·维亚尔多的信中说：

> 你的一生中见证了多少改变，铁路、轮船、电讯、煤气灯、电报和电灯——你目睹了它们的诞生；现在有了能自动行驶的汽车、会说话的电报和飞机——艺术领域也发生了多少变化！你在罗西尼、贝里尼和其他人的巅峰时代出道；在梅耶贝尔的辉煌统治之后，你看到了——透过什么样的迷雾？——理查德·瓦格纳的艺术是如何兴起的……现在又是理查德·施特劳斯艺术的兴起，世界末日的先兆：它是音乐中的反基督者。当厄勒克特拉*认出她的哥哥俄瑞斯特斯时，同时听到了三种调性！这种技法已经经过洗礼，被命名为支声复调（heterophony）。没必要用一个新词：杂音（cacophony）就够了。[18]

保琳娜并不完全认同圣-桑对现代音乐运动的怀疑。她一向乐于接受新的艺术形式。但正如他所暗示的那样，她是一个牢牢扎根于19世纪辉煌成就的人物。在她漫长生命的最后几年里，人们肯定是这样看待她的。她接待了许多来访者——学者、作家、作曲家和音乐家——他们问她关于她认识的所有人的问题。她能告诉他们关于罗西尼、古诺、柏辽兹、李斯特或梅耶贝尔，关于桑或德拉克洛瓦的什么呢，他们现在都早已去世了？肖邦的钢琴演奏听起来怎么样？作为朋友，她准备谈谈关于屠格涅夫的哪些东西呢？她有能

---

* 圣-桑指的是歌剧《厄勒克特拉》，1909年在德累斯顿首演。

图 32　巴黎世博会入口，1900 年

让他们看看的信吗？对他们来说，她对于友谊、情感和爱情的记忆已经成为音乐、艺术和文学史的文献材料。

对保琳娜的艺术没有证据留存。我们永远不知道她的歌声是什么样的。留声机发明得太晚，无法录下她的歌声。伟大的男低音费奥多尔·夏里亚宾（Feodor Chaliapin）最早的录音来自1901年；男高音欧内斯特·卡鲁索（Ernest Caruso）在1902年录制了他的第一张唱片。也许我们能找到的最接近保琳娜演唱风格的是她以前的学生玛丽安娜·勃兰特在1905年录制的充满杂音的唱片，勃兰特当时63岁，她年轻时的嗓音曾让屠格涅夫想起了维亚尔多。她在百代滚筒留声机上录制的三首歌——舒曼的《春之夜》,《卢克蕾齐亚·博尔吉亚》中的饮酒歌，以及《先知》中菲黛斯的咏叹调《啊，我的儿子》——都曾被保琳娜演唱过许多次。[19]

后记

留声机是1900年巴黎世博会上展出的众多新发明之一，一同展出的还有有声电影和留声电话机（第一台磁性录音机）。从保琳娜公寓的窗户可以看到协和广场上的正门，那是一个三拱圆顶，顶部有一个张开双臂的巨型女性形象，代表张开双臂的巴黎。这届博览会是巴黎在19世纪最后一次盛大的展会，意在总结过去一百年的成就，同时迎来20世纪的开端。现代性是展会的关键主题。为了这次盛会，巴黎开通了第一条地铁。自动人行道以不同的速度载着游客去到会场各处。人们带着便携式相机前来。在作为主展厅，采用新艺术风格的大皇宫内陈列着现代艺术作品——1件高更的、3件塞尚的、8件毕沙罗的、12件马奈的、14件莫奈的——还有大卫、德拉克洛瓦、安格尔和梅索尼耶的作品，代表了19世纪法国绘画的辉煌。罗丹在世博会场地外不远处有自己的展馆，但与他之前的库尔贝或马奈不同的是，他得到了巴黎市政府的资助，后者为他的雕塑展提供了资金。

保琳娜的职业生涯跨越了音乐行业的一个关键时期。廉价的批量印刷使得音乐正典可以通过乐谱传播。人们来到音乐会或歌剧院时对作品已经有了详细的了解，那是他们自己通过演奏获得的，无论是改编曲还是原作。随着唱片音乐的到来，熟悉的经典名作变得更加广为人知，买不起钢琴的人也能欣赏它们。但那些去听公开音乐会的人不太可能去阅读音乐，不太可能从乐谱中去了解这些曲子，也不太可能以一种让19世纪时聆听现场音乐的经历显得如此宝贵和热情的方式来理解它们。

在她生命的最后几年里，保琳娜越来越少地走出她的公寓，由以前的学生玛蒂尔德·德·诺盖拉（Mathilde de Nogueiras）照顾。她直到生命的最后都在活跃着，作曲，教学生，通过写信给她在音乐界的许多熟人来帮助他们开始歌唱生涯，尽管从她别扭的字迹来看，拿笔肯定给她带来了痛苦。[20] 她的手指、手和手臂患有严重的风湿性疼痛；她几乎失明，双眼都有白内障，听力也变得很差。1907年，她在日记中透露说："我开始害怕出门了。"

> 我不敢过马路。我对身体已经失去了信心。如果有人问我一个问题，我要花很长时间才会回答，仿佛我想对它先进行过滤一样；他们经常会重复这个问题，以为我没有听懂。这让我很困扰。我对许多事情都变得不感兴趣。我很少发表意见，似乎不值得为此费心。一般来说，我很少说话，特别是和家人，我不知道为什么。我常常认为他们只是出于尊重才听的，对我说的话不屑一顾。[21]

让她感兴趣的一件事是那年谢尔盖·佳吉列夫（Sergei Diaghilev）和他的俄国乐季来到巴黎。佳吉列夫想把俄国的艺术带到欧洲，这正中保琳娜的下怀。在过去的60年里，她一直在推广俄国音乐。第一个乐季演出了柴可夫斯基、里姆斯基—科萨科夫、格林卡、鲍罗廷、斯克里亚宾、穆索尔斯基和拉赫马尼诺夫的音乐；1908年5月19日，在巴黎歌剧院，夏里亚宾在《鲍里斯·戈杜诺夫》中扮演了戈杜诺夫的角色，引起了轰动，这是穆索尔斯基的杰作首次在俄国以外的地方演出。次年，俄罗斯芭蕾舞团在沙特莱剧院上演了尼古拉·切尔普宁（Nikolai Tcherepnin）的《阿尔米达的别墅》，随后是伊戈尔·斯特拉文斯基（Igor Stravinsky）的《火鸟》（1910年）、《彼得鲁什卡》（1911年）和《春之祭》（1913年）。这是俄国开始在欧洲国际文化中占据一席之地的时刻，也是俄国芭蕾舞的影响成为定义了第一次世界大战之前一切欧洲艺术作品的复杂融合的一部分的时刻。尽管斯特拉文斯基的芭蕾中的俄国民间故事叙事、异国情调的舞台布景和服装都是为吸引法国人而设计的，但它们实际上是欧洲元素的综合体，音乐既来自德彪西、拉威尔和福莱，也来自俄国民歌和推崇它们的民族主义乐派。法国人认为这些芭蕾舞剧是真正的"俄国的",俄国人则认为它们听起来像是法国的。[22]

佳吉列夫与保琳娜关系密切。19世纪70年代,他的父亲和继母在巴黎造访屠格涅夫时遇到过她,而他的姑姑,歌剧演员亚历山德拉·帕纳耶娃—卡尔采娃(Alexandra Panaeva-Kartseva)曾在屠格涅夫的建议下跟随保琳娜学习。1906年,当佳吉列夫来到巴黎举办俄国现代艺术展时,他很想与保琳娜会面。保琳娜认识柴可夫斯基,而柴可夫斯基是佳吉列夫的偶像,她还在这座城市的文化精英中有很好的人脉,他需要他们支持自己的俄国乐季。但会面没有发生。[23] 佳吉列夫很快就沉浸在梅拉妮·德·普尔塔莱夫人(Madame Melanie de Pourtalès)、格雷夫勒伯爵夫人(Countess Greffulhe)和米西亚·塞尔(Misia Sert)的时尚沙龙里,她们为他的俄国乐季和俄罗斯芭蕾舞团提供了资助。有了这些支持,这位雄心勃勃的剧院经理就不必再去拜访像保琳娜这样的老太太了。不过,他与俄罗斯芭蕾舞团在巴黎取得的一切成就实现了她一生所代表的文化理想。

保琳娜于1910年5月18日去世。凌晨3点,她在扶手椅上睡着了,再也没有醒来。据和她在一起的路易丝说,保琳娜临终时用手做了一个动作,似乎在和脑袋里的人说话。她只说了"诺尔玛"这个词——那是她最著名的角色之一的名字。两天后,葬礼在巴黎的圣克洛蒂尔德大教堂举行。圣—桑做了主悼词。在圣—桑演奏的卡瓦耶—科尔管风琴(那座教堂以此闻名)的伴奏下,一位女高音演唱了福莱的《慈悲的耶稣》。[24] 这是一场宗教丧礼,根据罗马天主教会的仪式进行,这一事实会震惊保琳娜的丈夫,一个顽固的无神论者。不过,他们的墓碑上——他们并排躺在蒙马特的墓地里——没有任何基督教的标志。

附录
音乐、戏剧、文字、绘画作品列表

* 以下列表先以创作者姓氏拼音顺序排列，其下音乐、戏剧作品除特别标注，再按首演年份排列，文字作品按出版年份排序，绘画作品则按创作年份排列。

音乐、戏剧作品

A

阿列维，弗罗芒塔尔（Fromental Halévy，1799—1862）
犹太女：La Juive（1835 年）

埃尔维（Hervé，1825—1892），本名：弗洛里蒙·隆热（Florimond Ronger）
协奏的疯狂：Folies concertantes（1854—1856 年），约 50 部独幕轻喜歌剧的合称，其中包含《阿尔萨斯的珍珠》（La perle de l'Alsace）、《充满激情的作曲家》（Un compositeur toqué）、《瓦代在卡巴莱》（Vadé au cabaret）等剧

奥柏，丹尼尔（Daniel Auber，1782—1871）
波尔蒂契的哑女：La Muette de Portici（1828 年）

奥芬巴赫，雅克（Jacques Offenbach，1819—1880）
地狱中的俄耳甫斯：Orphée aux Enfers（1858 年）

小丽思和小弗里茨：Lischen et Fritzchen（1863年）；其中的歌曲《我是阿尔萨斯女人，我是阿尔萨斯男人》（"Je suis Alacienne, Je suis Alacien"）极受欢迎

美女海伦：La belle Hélène（1864年）

盖洛尔施泰因的大公夫人：La Grande-Duchesse de Gérolstein（1867年）

奥亚耶，岛屿女王：Oyayaye, ou La Reine des îles（1855年）

巴黎的生活：La Vie parisienne（1866年）

B

巴达捷夫斯卡－巴拉诺夫斯卡，特克拉（Tekla Bądarzewska-Baranowska, 1834—1861）

少女的祈祷：Modlitwa dziewicical（1856年）

巴尔夫，迈克尔（Michael Balfe, 1808—1870）

波希米亚女孩：The Bohemian Girl（1843年）；其中的歌曲《我梦见我住在大理石厅》（"I Dreamt I Dwelt in Marble Halls"）极受欢迎

内维尔的布朗什：Blanche de Nevers（1863年）

巴纳德，夏洛特（Charlotte Barnard, 1830—1869），化名：克拉里贝尔（Claribel）

回到艾琳身边：Come Back to Erin（1868年）

巴亚尔，让－弗朗索瓦（Jean-François Bayard, 1796—1853）、夏尔·瓦兰（Charles Varin, 1798—1869）

巴黎，奥尔良，鲁昂：Paris, Orléans et Rouen（1843年）

贝多芬，路德维希·凡（Ludwig van Beethoven, 1770—1827）

费德里奥：Fidelio（1805年）

"拉祖莫夫斯基" 弦乐四重奏（作品第59号）：String Quartets No. 7 "Razumovsky", Op. 59（1806年）

第三号大提琴奏鸣曲（作品第69号）：Cello Sonata No. 3 in A major, Op. 69（1807年）

第五号钢琴三重奏（作品第70号之1）：Piano Trio in D major, Op. 70,

附录　音乐、戏剧、文字、绘画作品列表

No.1（1808年）

第六号钢琴三重奏（作品第70号之2）：Piano Trio in E-flat major, Op. 70, No. 2（1808年）

第五号交响曲"命运"：Symphony No. 5 in C minor, Op. 67 "Fate"（1808年）

第六号交响曲"田园"：Symphony No. 6 in F major, Op. 68 "Pastoral"（1808年）

第九号交响曲"合唱"：Symphony No. 9 in D minor, Op. 125 "Choral"（1824年）

贝里尼，温琴佐（Vincenzo Bellini, 1801—1835）

海盗：Il Pirata（1827年）

梦游女：La Sonnambula（1831年）

诺尔玛：Norma（1831年）

比才，乔治（Georges Bizet, 1838—1875）

西班牙的回响：Échos d'Espagne（1872年）

卡门：Carmen（1875年），其中有著名的咏叹调《爱情是只叛逆的小鸟》（"L'amour est un oiseau rebelle"）

勃拉姆斯，约翰内斯（Johannes Brahms, 1806—1872）

四首叙事曲（作品第10号）：Ballades (4) for piano, Op. 10（1854年创作）

十六首华尔兹（作品第39号）：16 Waltzes, Op. 39（1865年创作，1866年出版）

八首艺术歌曲（作品第59号）：8 Songs (Lieder und Gesänge), Op. 59（1868年）

情歌华尔兹（作品第52号，共18首）：Liebeslieder Waltzes, Op. 52（1868—1869年创作）

女低音狂想曲：Alto Rhapsody（1869年）

匈牙利舞曲：Ungarische Tänze（1869年）

胜利之歌：Triumphlied（1871年）

柏辽兹，埃克托尔（Hector Berlioz, 1803—1869）

本韦努托·切利尼：Benvenuto Cellini（1838年）

凯旋与葬礼大交响曲：Grande symphonie funèbre et triomphale（1840年）

铁路之歌：Le Chant des chemins de fer（1846年）

特洛伊人：Les Troyens（1856—1858 年创作，1863 年首演）

比阿特丽丝和本尼迪克：Béatrice et Bénédict（1862 年）

C

柴可夫斯基，彼得·伊里奇（Pyotr Ilyich Tchaikovsky, 1840—1893）

六首浪漫曲（作品第 6 号）：Six Romances, Op. 6（1870 年）

罗密欧与朱丽叶：Romeo and Juliet（Ромео и Джульетта, 1870 年）

D

达尔戈梅日斯基，亚历山大（Alexander Dargomyzhsky, 1813—1869）

石客记：The Stone Guest（1872 年）

德彪西，阿希尔－克劳德（Achille-Claude Debussy, 1862—1918）

佩里亚斯与梅丽桑德：Pelléas et Mélisande（1902 年）

多尼采蒂，加埃塔诺（Gaetano Donizetti, 1797—1848）

阿拉霍在格拉纳塔：Alahor in Granata（1826 年）

凯尼尔沃斯城堡的伊丽莎白：Elisabetta al castello di Kenilworth（1829 年）

爱的甘醇：L'elisir d'amore（1832 年）

卢克蕾齐亚·博尔吉亚：Lucrezia Borgia（1833 年）

拉美莫尔的露琪亚：Lucia di Lammermoor（1835 年）

宠姬：La favorite（1840 年）

阿黛莉娅：Adelia（1841 年）

唐·帕斯夸莱：Don Pasquale（1843 年）

F

法仑克，路易丝（Louise Farrenc, 1804—1875）

E 小调序曲（作品第 23 号）：Overture in E minor, Op. 23（1834 年）

福莱，加布里埃尔（Gabriel Fauré, 1845—1924）

两首歌（作品第 4 号）：Deux mélodies, Op. 4（1870—1872 年创作）

三首歌（作品第 7 号）：Trois mélodies, Op. 7（1870—1877 年创作）

三首歌（作品第 8 号）：Trois mélodies, Op. 8（1871—1875 年创作）

附录　音乐、戏剧、文字、绘画作品列表

二重唱（作品第 10 号）：Deux duos pour 2 sopranos, Op. 10（1873 年创作）
第一号 A 大调小提琴奏鸣曲（作品第 13 号）：Violin Sonata No. 1 in A major, Op. 13（1877 年）
安魂曲（作品第 48 号）：Requiem, Op. 48（1888 年）；其中第四乐章为《慈悲的耶稣》(*Pi Jesu*)
帕凡舞曲（作品第 50 号）：Pavane, Op. 50（1888 年）
西西里舞曲（作品第 78 号）：Sicilienne, Op. 78（1893 年创作）

弗兰克，塞萨尔（César Franck, 1822—1890）
A 大调小提琴奏鸣曲：Violin Sonata in A major（1886 年）
D 小调交响曲：Symphony in D minor（1888 年）

弗洛托，弗里德里希·冯（Friedrich von Flotow, 1812—1883）
玛尔塔：Martha（1847 年）

G

格林卡，米哈伊尔（Mikhail Glinka, 1804—1857）
为沙皇献身：A Life for the Tsar（Жизнь за царя，1836 年）
鲁斯兰与柳德米拉：Ruslan and Lyudmila（Руслан и Людмила，1842 年）

格鲁克，克里斯托夫（Christoph Gluck, 1714—1787）
俄耳甫斯与欧律狄刻：Orphée et Eurydice（1762 年）
阿尔切斯特：Alceste（1767 年）

古诺，夏尔（Charles Gounod, 1818—1893）
萨福：Sapho（1851 年）
浮士德：Faust（1859 年）
罗密欧与朱丽叶：Roméo et Juliette（1867 年）

H

海顿，约瑟夫（Joseph Haydn, 1732—1809）
创世纪：Die Schöpfung（1799 年）

亨德尔，格奥尔格·弗里德里希（George Friedrich Handel, 1685—1759）
里纳尔多：Rinaldo（1711 年），其中《请让我哭泣》（"Lascio ch'io pianga"）一曲很著名
弥赛亚：Messiah（1742 年）

华莱士，文森特（Vincent Wallace, 1812—1865）
玛丽塔娜：Maritana（1845 年）；其中的歌曲《最明亮的场景》（"Scenes That Are Brightest"）极受欢迎
沙漠之花：The Desert Flower（1863 年）

J

加西亚，曼纽埃尔（Manuel Garcia, 1775—1832）
伪装的仆人：El Criado Fingido（1804 年）

居伊，策扎尔（César Cui, 1835—1918）
安吉洛：Angelo（1876 年，未完成）

K

卡斯特罗，纪廉·德（Guillén de Castro, 1569—1631）
熙德的青年时代：Las mocedades del Cid（约于 1605—1615 年创作）

L

拉罗，爱德华（Édouard Lalo, 1823—1892）
西班牙交响曲：Symphonie espagnole（1875 年）
D 小调大提琴协奏曲：Cello Concerto in D minor（1877 年）

李斯特，弗朗茨（Franz Liszt, 1811—1886）
罗蕾莱少女：Die Lorelei（1841 年创作）
恶魔罗伯的回忆：Réminiscences de "Robert le diable"（1841 年）
匈牙利狂想曲：Hungarian Rhapsodies（Ungarische Rhapsodien, 1846—1885 年创作）

罗西尼,焦阿基诺(Gioachino Rossini,1792—1868)
坦克雷迪:Tancredi(1813年)
塞维利亚的理发师:Il barbiere di Siviglia(1816年)
奥赛罗:Otello(1816年)
灰姑娘:La Cenerentola(1817年)
赛密拉米德:Semiramide(1823年)
奥利伯爵:Le comte Ory(1828年)
威廉·退尔:Guillaume Tell(1829年)
音乐晚会:Soirées musicales(1835年)

M

马斯卡尼,皮埃特罗(Pietro Mascagni,1863—1945)
乡村骑士:Cavalleria rusticana(1890年)

马斯奈,儒勒(Jules Massenet,1842—1912)
抹大拉的玛丽亚:Marie-Magdeleine(1873年)
熙德:El Cid(1885年)

梅耶贝尔,贾科莫(Giacomo Meyerbeer,1791—1864)
恶魔罗伯:Robert le diable(1831年)
胡格诺教徒:Les Huguenots(1836年)
先知:Le Prophète(1849年),其中第二幕有咏叹调《啊,我的儿子》("Ah mon fils"),第四幕有《加冕进行曲》("Coronation March")
非洲女郎:L'Africaine(1865年)

门德尔松,范妮(Fanny Mendelssohn,1805—1847)
三首歌曲以费利克斯·门德尔松之名发表,收于费利克斯的作品第8号《十二首颂歌》(Zwölf Gesänge,前六首于1826年首次出版,1827年出版全部12首歌曲)。
　　思乡之情(作品第8号之2):Das Heimweh(1826年)
　　意大利(作品第8号之3):Italien(1826年)
　　苏莱卡和哈特姆(作品第8号之12):Suleika und Hatem(1827年)
三首歌曲以费利克斯·门德尔松之名发表,收于费利克斯的作品第9号《十二

首情歌》(*Zwölf Lieder*, 1830 年首次出版):
渴望(作品第 9 号之 7): Sehnsucht(1830 年)
失去(作品第 9 号之 10): Verlust(1830 年)
修女(作品第 9 号之 12): Die Nonne(1830 年)

门德尔松,费利克斯(Felix Mendelssohn, 1809—1847)
弦乐八重奏: String Octet in E-flat major(1825 年)
仲夏夜之梦: A Midsummer Night's Dream(1843 年)
伊利亚: Elijah(1846 年)

莫扎特,沃尔夫冈·阿玛多伊斯(Wolfgang Amadeus Mozart, 1756—1791)
唐璜/唐·乔万尼: Don Giovanni(1787 年)
安魂曲: Requiem(1791 年)

穆索尔斯基,莫杰斯特(Modest Mussorgsky, 1839—1881)
鲍里斯·戈杜诺夫: Boris Godunov(Борис Годунов, 1874 年)
霍万斯基党人之叛乱: Khovanshchina(Хованщина, 1886 年)

N
内斯特罗伊,约翰(Johann Nestroy, 1801—1862)
铁路婚姻,或维也纳、诺伊施塔特、布吕恩: Eisenbahnheirathen oder Wien, Neustadt, Brünn(1844 年)

P
派塞洛,乔万尼(Giovanni Paisiello, 1740—1816)
塞维利亚的理发师: Il barbiere di Siviglia(1782 年)

蓬基耶利,阿米尔卡雷(Amilcare Ponchielli, 1834—1886)
歌女焦孔达: La Gioconda(1876 年)

Q

切尔普宁,尼古拉(Nikolai Tcherepnin, 1873—1945)
阿尔米达的别墅:Le Pavillon d'Armide(1909年)

S

沙利文,亚瑟(Arthur Sullivan, 1842—1900)
考克斯与博克斯:Cox and Box(1866年);其中的歌曲《拉塔普兰》
  ("Rataplan")极受欢迎
忒斯皮斯,或诸神变老:Thespis, or The Gods Grown Old(1871年,由
  威廉·吉尔伯特撰写剧本)
失去的和弦:"The Lost Chord"(1877年),歌词由阿德莱德·A. 普罗克特
  (Adelaide A. Procter)填写

圣-桑,卡米尔(Camille Saint-Saëns, 1835—1921)
序曲与轮旋随想曲:Introduction and Rondo Capriccioso(1863年)
不幸者:El desdichado(1871年)
参孙与达利拉:Samson and Delilah(1877年)
动物狂欢节:Le carnaval des animaux(1886年)

施特劳斯,理查德(Richard Strauss, 1864—1949)
厄勒克特拉:Elektra(1909年)
玫瑰骑士:Der Rosenkavalier(1911年)
阿里阿德涅在纳克索斯岛:Ariadne auf Naxos(1912年)

施特劳斯,小约翰(Johann Strauss Jr., 1825—1899)
电报圆舞曲:Telegraphische Depeschen(1858年)
加速圆舞曲:Accelerationen(1860年)
蓝色多瑙河:An der schönen blauen Donau/ The Blue Danube(1867年)

舒伯特,弗朗茨(Franz Schubert, 1797—1828)
第九号交响曲"伟大":Symphony No. 9 in C major, D 944 "Great"(1824—
  1828年创作)

舒曼，克拉拉（Clara Schumann, 1819—1896）
G 小调钢琴三重奏（作品第 17 号）：Piano Trio in G minor, Op. 17（1846 年）

舒曼，罗伯特（Robert Schumann, 1810—1856）
狂欢节：Carnaval（1834—1835 年创作）
春之夜：Frühlingsnacht（1842 年，收于作品第 39 号《连篇歌集》[Liederkreis]）
天堂与仙子：Das Paradies und die Peri（1843 年）
D 小调钢琴三重奏（作品第 63 号）：Piano Trio No. 1 in D minor, Op.63（1847 年）

斯梅塔纳，贝德日赫（Bedřich Smetana, 1824—1884）
波希米亚的勃兰登堡人：Braniboři v Čechách（1866 年）
被出卖的新娘：Prodaná nevěsta（1866 年）

斯特拉文斯基，伊戈尔（Igor Stravinsky, 1882—1971）
火鸟：The Firebird（L'Oiseau de feu, 1910 年）
彼得鲁什卡：Petrushka（Pétrouchka, 1911 年）
春之祭：The Rite of Spring（Le Sacre du printemps, 1913 年）

索洛古布，弗拉基米尔（Vladimir Sollogub, 1813—1882）
花：Bukety（1845 年）

V

瓦拉东，艾玛［特蕾莎］（Emma Valladon [Thérésa], 1836—1913）
对工兵来说什么都不神圣：Rien n'est sacré pour un sapeur!（1864 年）

W

瓦格纳，理查德（Richard Wagner, 1813—1883）
黎恩济：Rienzi（1842 年）
漂泊的荷兰人：Der fliegende Holländer（1843 年）
唐豪瑟：Tannhäuser（1845 年）
尼伯龙根的指环：Der Ring des Nibelungen（1848—1874 年创作）

莱茵的黄金：Das Rheingold（1869 年）

女武神：Die Walküre（1870 年）

罗恩格林：Lohengrin（1850 年）

特里斯坦和伊索尔德：Tristan und Isolde（1865 年）

纽伦堡的名歌手：Die Meistersinger von Nürnberg（1868 年）

帕西法尔：Parsifal（1882 年）

韦伯，卡尔·马里亚·冯（Carl Maria von Weber, 1786—1826）

自由射手：Der Freischütz（1821 年）

威尔第，朱塞佩（Giuseppe Verdi, 1813—1901）

奥贝托：Oberto（1839 年）

纳布科：Nabucco（1842 年），其中的《飞吧，思想》（"Va pensiero"）如同意大利的非正式国歌

埃尔纳尼：Ernani（1843 年售出版权，1844 年首演）

福斯卡利父子：I due Foscari（1844 年）

贞德：Giovanna d'Arco（1845 年）

阿提拉：Attila（1846 年）

强盗：I masnadieri（1846 年售出版权，1847 年首演）

麦克白：Macbeth（1846 年售出版权，1847 年首演）

耶路撒冷：Jérusalem（意大利文：Gerusalemme，1847 年），改编自威尔第 1843 年的歌剧《伦巴第人》（I Lombardi alla Prima Crociata）

海盗：Il corsaro（1846 年售出版权，1848 年首演）

莱尼亚诺战役：La battaglia di Legnano（1849 年）

斯蒂费利奥：Stiffelio（1850 年）

弄臣：Rigoletto（1851 年）

游吟诗人：Il trovatore（1853 年）

茶花女：La traviata（1853 年）

西蒙·博卡涅格拉：Simon Boccanegra（1857 年）

唐卡洛：Don Carlos（1867 年）

阿依达：Aida（1871 年）

维亚尔多，保琳娜（Pauline Viardot，1821—1910）

12 首肖邦玛祖卡之 1"十六岁"：Seize ans（改编自肖邦《降 A 大调玛祖卡舞曲，作品第 50 号之 2》，1848 年）

12 首肖邦玛祖卡之 2"爱我"：Aime-moi（改编自肖邦《D 大调玛祖卡舞曲，作品第 33 号之 2》，1848 年）

12 首肖邦玛祖卡之 3"爱的哀诉"：Plainte d'amour（改编自肖邦《升 F 小调玛祖卡舞曲，作品第 6 号之 1》，1848 年）

12 首肖邦玛祖卡之 4"风情女郎"：Conquette（改编自肖邦《降 B 大调玛祖卡舞曲，作品第 7 号之 1》，1848 年）

12 首肖邦玛祖卡之 5"小鸟"：L'Oiselet（改编自肖邦《A 小调玛祖卡舞曲，作品第 68 号之 2》，1848 年）

12 首肖邦玛祖卡之 6"分离"：Séparation（改编自肖邦《G 小调玛祖卡舞曲，作品第 24 号之 1》，1848 年）

年轻共和国：La jeune République, VWV 1215（1848 年）

在海上：En Mer（1850 年）

最后的巫师：Le Dernier Sorcier（1867 年，由屠格涅夫撰写剧本）

食人魔：L'ogre（1868 年，由屠格涅夫撰写剧本）

太多女人：Trops de Femmes（1868 年，由屠格涅夫撰写剧本）

镜子：Le miroir（1869 年，由屠格涅夫撰写剧本）

钢琴与小提琴奏鸣曲：Sonatine pour piano et violon（1874 年）

耶稣之梦：Le Rêve de Jésus（1892 年）

X

西尔歇，弗里德里希（Friedrich Silcher，1789—1860）

罗蕾莱少女：Die Lorelei（1837 年）

肖邦，弗里德里克（Frédéric Chopin，1810—1849）

欢乐曲：Hulanka（1830 年）

升 F 小调玛祖卡舞曲，作品第 6 号之 1：Mazurka in F-sharp minor, Op. 6, No. 1（1830—1832 年）

降 B 大调玛祖卡舞曲，作品第 7 号之 1：Mazurka in B-flat major, Op. 7, No. 1（1830—1832 年）

G 小调玛祖卡舞曲，作品第 24 号之 1：Mazurka in G minor, Op. 24, No. 1

附录　音乐、戏剧、文字、绘画作品列表　　　　　　　　　　　　　569

（1835 年）
D 大调玛祖卡舞曲，作品第 33 号之 2：Mazurka in D major, Op. 33, No. 2
（1838 年）
第二号钢琴奏鸣曲，作品第 35 号：Piano Sonata No. 2 in B♭ minor, Op. 35（1839 年），其中第三乐章被称为《葬礼进行曲》(*Funeral March*，此乐章于 1837 年完成）
降 A 大调玛祖卡舞曲，作品第 50 号之 2：Mazurka in A-flat major, Op. 50, No. 2（1842 年）
三首玛祖卡舞曲，作品第 56 号：Mazurkas (3) for piano, Op. 56（1844 年）
两首夜曲，作品第 55 号：Nocturnes (2) for piano, Op. 55（1844 年）
A 小调玛祖卡舞曲，作品第 68 号之 2：Mazurka in A minor, Op. posth. 68, No. 2（遗作，1855 年出版）

伊拉迪尔，塞瓦斯蒂安（Sebasián Iradier，1809—1865）
鸽子：La Paloma（1860 年）
小管家：El Arreglito（1864 年）

文字作品

A

埃贝尔，约翰·戈特弗里德（Johann Gottfried Ebel，1764—1830）
在瑞士以最有用和最愉快的方式旅行的指南：Anleitung, auf die nützlichste und genussvollste Art in der Schweitz zu reisen（1793 年）

艾略特，乔治（George Eliot，1819—1880）
德国生活的自然史："The Natural History of German Life"（1856 年）
亚当·比德：Adam Bede（1857 年售出版权，1859 年出版）
弗洛斯河上的磨坊：The Mill on the Floss（1860 年）
阿姆加特：Armgart（1870 年）

奥尔巴赫，贝尔托德（Berthold Auerbach，1812—1882）
莱茵河边的房子：Das Landhaus am Rhein（1869 年）

奥斯汀，简（Jane Austen，1775—1817）
傲慢与偏见：Pride and Prejudice（1813年）

B

巴尔扎克，奥诺雷·德（Honoré de Balzac，1799—1850）
比拉格的女继承人：L'Héritière de Birague（以笔名发表，合著，1821年）
让-路易，或找到的女儿：Jean-Louis, ou La Fille trouvée（以笔名发表，合著，1822年）
吕西尼昂的克洛蒂尔德：Clotilde de Lusignan（以笔名发表，1822年）
朱安党人：Les Chouans（1829年）
致19世纪法国作家的信：Lettre adressée aux écrivains français du XIXe siècle（1834年）
高老头：Le Père Goriot（1835年）
老姑娘：La Vieille Fille（1836年）
冈巴拉：Gambara（1837年）
幻灭：Illusions perdues（分成三部分，分别于1837年、1839年、1843年出版）
莫黛斯特·米尼翁：Modeste Mignon（1844年）
贝姨：La Cousine Bette（1846年）
邦斯舅舅：Le Cousin Pons（1847年）
人间喜剧：La Comédie humaine（作品合集）

拜伦勋爵（Lord Byron，1788—1824）
恰尔德·哈罗德游记：Childe Harold's Pilgrimage（1816年）
威尼斯总督马里诺·法列罗：Marino Faliero, Doge of Venice（1821年）

贝克尔，尼古拉斯（Nikolaus Becker，1809—1845）
德国的莱茵河：Der deutsche Rhein（1840年）

贝拉尔迪，亨利（Henri Béraldi，1849—1931）
19世纪的刻工：Les graveurs du XIXe siècle（共12卷，1885—1892年）

本雅明，瓦尔特（Walter Benjamin，1892—1940）
机械复制时代的艺术："Das Kunstwerk im Zeitalter seiner technischen

Reproduzierbarkeit"（1935 年）

波德莱尔，夏尔（Charles Baudelaire，1821—1867）
恶之花：Les Fleurs du mal（1857 年）
1859 年的沙龙：Salon de 1859（1859 年）

柏辽兹，埃克托尔（Hector Berlioz，1803—1869）
欧弗尼亚：Euphonia（1844 年）

博特金，瓦西里（Vasily Botkin，1812—1869）
西班牙书简：Letters From Spain（1847—1849 年）

布兰塔诺，克莱门斯（Clemens Brentano）、**贝蒂娜·冯·阿尼姆**（Bettina von Arnim）
儿童的奇异号角：Das Knaben Wunderhorn（1805 年出版第一卷，1808 年出版第二、三卷）

布朗宁，伊丽莎白·巴雷特（Elizabeth Barrett Browning，1806—1861）
奥罗拉·雷：Aurorao Leigh（1856 年）

C

茨威格，斯蒂芬（Stefan Zweig，1881—1942）
昨日的世界：Die Welt von Gestern: Erinnerungen eines Europäers（1942 年）

D

达维利耶，夏尔（Charles Davillier，1823—1883）
西班牙：L'Espagne（1874 年）

大仲马（Alexandre Dumas, père，1802—1870）
三个火枪手：Les Trois Mousquetaires（1844 年）
基督山伯爵：Le Comte de Monte-Cristo（1846 年）

但丁（Dante Alighieri, c. 1265—1321）
神曲：Divina Commedia（1320 年）

德尔沃，阿尔弗雷（Alfred Delvau, 1825—1867）
巴黎的快乐：Les Plaisirs de Paris（1867 年）

德罗兹，居斯塔夫（Gustave Droz, 1832—1895）
先生、夫人和宝贝：Monsieur, Madame et Bébé（1866 年）

笛福，丹尼尔（Daniel Defoe, 1660—1731）
鲁滨孙漂流记：Robinson Crusoe（1719 年）

狄更斯，查尔斯（Charles Dickens, 1812—1870）
匹克威克外传：The Pickwick Papers（1837 年）
壁炉上的蟋蟀：The Cricket on the Hearth（1845 年）
意大利风光：Pictures from Italy（1846 年）
大卫·科波菲尔：David Copperfield（1850 年）
荒凉山庄：Bleak House（1853 年）
艰难时世：Hard Times（1857 年）
小杜丽：Little Dorrit（1857 年）

都德，欧内斯特（Ernest Daudet, 1837—1921）
小东西：Le Petit Chose（1868 年）

杜雷，泰奥多尔（Théodore Duret, 1838—1927）
印象派画家：Les Peintres Impressionnistes（1878 年）

F

凡尔纳，儒勒（Jules Verne, 1828—1905）
热气球上的五星期：Cinq semaines en balon（1863 年）
地心游记：Voyage au centre de la Terre（1864 年）
哈特拉斯船长历险记：Voyages et aventures du capitaine Hatteras（1865 年）
八十天环游世界：Le Tour du monde en quatre-vingts jours（1873 年）

冯·里尔，威廉·海因里希（Wilhelm Heinrich von Riehl，1823—1897）
土地与人：Land und Leute（1853 年）

冯塔纳，特奥多尔（Theodor Fontane，1819—1898）
1848 年以来我们的抒情诗和史诗：Unsere lyrische und epische Poesie seit 1848（1853 年）
伦敦一夏：Ein Sommer in London（1854 年）
勃兰登堡边侯国漫游：Wanderungen durch die Mark Brandenburg（共 5 卷，1862—1889）
现代旅行：喋喋不休的人："Modernes Reisen: Eine Plauderi"（1873 年）
艾菲·布里斯特：Effi Briest（1894 年）

福楼拜，居斯塔夫（Gustave Flaubert，1821—1880）
包法利夫人：Madame Bovary（1857 年）
萨朗波：Salammbô（1862 年）
情感教育：L'Éducation sentimentale（1869 年）
圣安东尼的诱惑：La Tentation de Saint Antoine（1874 年）
三故事：Trois contes（1877 年）；由《圣朱利安传奇》(La légende de Saint-Julien l'hospitalier)、《一颗简单的心》(Un cœur simple)、《希罗底》(Hérodiasr) 三篇组成（1880 年）
穿过田野，穿过沙漠：Par les champs et par les grèves（1881 年，与马克西姆·杜康 [Maxime Du Camp] 合著）

福特，理查德（Richard Ford，1796—1858）
西班牙旅行者手册：A Handbook for Travellers in Spain（首印于 1845 年，1855 年发行第三版）

G

盖尔维努斯，格奥尔格·戈特弗里德（Georg Gottfried Gervinus，1805—1871）
德语诗歌史：Geschichte der Deutschen Dichtung（共 8 卷，1835—1842 年）

盖斯凯尔，伊丽莎白（Elizabeth Gaskell，1810—1865）
北方和南方：North and South（1855 年）

歌德，约翰·沃尔夫冈·冯（Johann Wolfgang von Goethe，1749—1832）
少年维特的烦恼：Die Leiden des jungen Werthers（1774 年）
浮士德：Faust（1808 年、1832 年）

戈蒂埃，泰奥菲尔（Théophile Gautier，1811—1872）
西班牙之旅：Voyage en Espagne（1843 年）
俄国之旅：Voyage en Russie（1867 年）

果戈理，尼古拉（Nikolai Gogol，1809—1852）
钦差大臣：The Government Inspector（Ревизор，1836 年）
外套：The Overcoat（Шинель，1842 年）
死魂灵：Dead Souls（Мёртвые души，1842 年）

H
海涅，海因里希（Heinrich Heine，1797—1856）
罗蕾莱少女：Die Lorelei（1824 年）

豪普特曼，格哈特（Gerhart Hauptmann，1862—1946）
铁路信号员提尔：Bahnwärter Thiel（1888 年）

赫尔岑，亚历山大（Alexander Herzen，1812—1870）
往事与随想：My Past and Thoughts（Былое и думы，1870 年）

华莱士，唐纳德·麦肯齐（Donald Mackenzie Wallace，1841—1919）
俄国：Russia（1877 年）

J
吉尔伯特，威廉·施文克（William Schwenck Gilbert，1836—1911）
忒斯皮斯，或诸神变老：Thespis, or The Gods Grown Old（1871 年首演，
　　滑稽剧剧本）

附录　音乐、戏剧、文字、绘画作品列表

杰罗尔德，威廉·布兰查德（William Blanchard Jerrold，1826—1884）
伦敦：一次朝圣：London: A Pilgrimage（1872年，杰罗尔德撰写文字，插图由居斯塔夫·多雷绘制）

居斯蒂纳侯爵，阿斯托尔夫-路易-莱诺尔（Astolphe-Louis-Lénor, Marquis de Custine，1790—1857）
斐迪南七世时代的西班牙：L'Espagne sous Ferdinand VII（1838年）
1839年的俄国：La Russie en 1839（1843年）

居伊，策扎尔（César Cui，1835—1918），
俄国音乐：La musique en Russie（1880年）

K

卡罗尔，刘易斯（Lewis Carroll，1832—1898）
爱丽丝漫游镜中世界：Through the Looking Glass（1871年）

卡斯特罗，纪廉·德（Guillén de Castro，1569—1631）
熙德的青年时代：Las mocedades del Cid（剧本，约1605—1615年）

克拉克，查尔斯（Charles Clark，1815—1870）
1867年的巴登-巴登："Baden-Baden in 1867"（1867年）

科罗迪，卡洛（Carlo Collodi，1826—1890）
蒸汽中的浪漫：Un romanzo in vapore（1856年）

科瓦列夫斯基，马克西姆（Maksim Kovalevsky，1851—1916）
回忆屠格涅夫："Memories of Turgenev"（Vospominaniia ob I. S. Turgeneve，1908年）

库珀，詹姆斯·费尼莫尔（James Fenimore Cooper，1789—1851）
最后的莫希干人：The Last of the Mohicans（1826年）

L

拉封丹，让·德（La Fontaine, Jean de, 1621—1695）
寓言：Fables（1668 年）

拉马丁，阿尔方斯·德（Alphonse de Lamartine, 1790—1869）
家庭文学课程：Cours familier de littérature（1856 年）

兰姆，查尔斯、兰姆，玛丽（Charles Lamb, 1775—1834；Mary Lamb, 1764—1847）
莎士比亚故事集：Tales from Shakespeare（1807 年）

勒鲁瓦-博利厄，阿纳托尔（Anatole Leroy-Beaulieu, 1842—1912）
沙皇帝国与俄国人：L'Empire des tsars et les Russes（1890 年）

勒南，欧内斯特（Ernest Renan, 1823—1892）
耶稣传：Vie de Jésus（1863 年）

李斯特，弗里德里希（Friedrich List, 1789—1846）
政治经济学的国民体系：Das nationale System der politischen Ökonomie（1841 年）

罗斯金，约翰（John Ruskin, 1819—1900）
威尼斯之石：The Stones of Venice（共 3 卷，1851—1853 年）
佛罗伦萨的早晨：Mornings in Florence（1875 年）

卢梭，让-雅克（Jean-Jacques Rousseau, 1712—1778）
新爱洛依丝：La Nouvelle Héloise（1761 年）

M

马克·吐温（Mark Twain, 1835—1910）
傻子出国记：The Innocents Abroad（1869 年）

附录　音乐、戏剧、文字、绘画作品列表　　577

马克思，卡尔（Karl Marx, 1818—1883）
共产党宣言：Manifest der Kommunistischen Partei（与弗里德里希·恩格斯合著，1848年）
政治经济学批判大纲：Grundrisse（全名：Grundrisse der Kritik der Politischen Ökonomie，1857—1858年创作）

马尔科维奇，玛丽亚（Maria Markovich, 1833/1834—1907）
民间故事：Folk Tales（narodnyc rasskazy，1858年）

麦考利，托马斯·巴宾顿（Thomas Babington Macaulay, 1800—1859）
英国史：History of England（1848—1861年）

曼佐尼，亚历山德罗（Alessandro Manzoni, 1785—1873）
约婚夫妇：I Promessi Sposi（1825—1827年）

梅里美，亨利（Henri Mérimée, 1878—1926）
俄国的一年：Une année en Russie（1847年）

梅里美，普罗斯佩（Prosper Mérimée, 1803—1870）
卡门：Carmen（1845年）

梅休，亨利（Henry Mayhew, 1812—1887）
德国人的生活与礼仪：German Life and Manners（1864年）

孟德斯鸠，查理·路易（Charles-Louis de Secondat, Baron de Montesquieu, 1689—1755）
论法的精神：De l'esprit des lois（1748年）

米尔库尔，欧仁·德（Eugène de Mirecourt, 1812—1880）
小说工厂：大仲马公司：Fabrique de romans: maison Alexandre Dumas et compagnie（1845年）

缪塞，阿尔弗雷德·德（Alfred de Musset，1810—1857）
一个世纪之子的忏悔：La Confession d'un enfant du siècle（1835年）
德国的莱茵河："Le Rhin allemand"（1841年）

莫雷尔，杰米玛（Jemima Morrell，1832—1909）
瑞士日志：Swiss Journal（1863年）.

穆尔热，亨利（Henri Murger，1822—1861）
波希米亚人的生活：La Vie de la bohème（1849年，与泰奥多尔·巴里埃
　　［Théodore Barrière］合写的剧本）
波希米亚人的生活场景：Scènes de la vie de bohème（1851年）

穆雷，约翰（John Murray，1898—1975）
欧洲大陆旅行者手册：A Handbook for Travellers on the Continent（1836年；
　　1871年第17版）
意大利北部旅行者手册：Handbook for Travellers in Northern Italy（1854年）

N

尼采，弗里德里希（Friedrich Nietzsche，1844—1900）
人性的，太人性的：Menschliches, Allzumenschliches（1878年）

P

彭斯，罗伯特（Robert Burns，1759—1796）
约翰·安特生，我的爱人：John Anderson, My Jo（1789年）

普鲁斯特，马塞尔（Marcel Proust，1871—1922）
追忆逝水年华：À la recherche du temps perdu（共7卷，1913—1927年）

普希金，亚历山大（Alexander Pushkin，1799—1837）
鲁斯兰与柳德米拉：Ruslan and Lyudmila（Русла́н и Людми́ла，1820年）
叶甫盖尼·奥涅金：Eugene Onegin（Евгеній Онѣгинъ，1825—1832年间连载，
　　1833年出版完整版）
黑桃皇后：The Queen of Spades（Пиковая дама，1834年）

附录　音乐、戏剧、文字、绘画作品列表

茨冈人：The Gypsies（Цыганы，1824 年）

Q
契诃夫，安东（Anton Chekhov，1860—1904）
三姐妹：Three Sisters（Три сестры，1901 年）

切斯尼，乔治（George Chesney，1830—1895）
多尔金之战：The Battle of Dorking（1871 年）

R
让蒂，路易（Louis Gentil，1782—1857）
巴黎歌剧院的康康舞：一个服装师的日记，1836—1848：Les cancans de l'Opéra. Le journal d'une habilleuse 1836-1848（由让-路易·唐瓦科［Jean-Louis Tamvaco］整理、批注和增补）

若阿那，阿道夫（Adolphe Joanne，1813—1881）
若阿那指南：Guides Joannes（1841 年），1919 年更名为《蓝色指南》(Guides bleus)

S
塞万提斯，米格尔·德（Miguel de Cervantes，1547—1616）
堂吉诃德：Don Quixote（1605 年、1615 年）

桑，乔治（George Sand，1804—1876）
康素爱萝：Consuelo（1842 年）
鲁道尔施塔特伯爵夫人：La Comtesse de Rudolstadt（1843 年）
让娜：Jeanne（1844 年）
魔沼：La Mare au diable（1846 年）
小法黛特：La Petite Fadette（1849 年）
我的人生故事：Histoire de ma vie（1855 年）

施密茨，奥斯卡（Oscar Schmitz，1818—1931）
没有音乐的国家：Das Land Ohne Musik（1904 年）

叔本华，阿图尔（Arthur Schopenhauer，1788—1860）
作为意志和表象的世界：Die Welt als Wille und Vorstellung（1818 年）

斯宾格勒，奥斯瓦尔德（Oswald Spengler，1880—1936）
西方的没落：Der Untergang des Abendlandes（1918 年）

司各特，沃尔特（Walter Scott，1771—1832）
艾凡赫：Ivanhoe（1819 年）
拉美莫尔的新娘：The Bride of Lammermoor（1819 年）

司汤达（Stendhal），原名马利－亨利·贝尔（Marie-Henri Beyle，1783—1842）
罗西尼传：Vie de Rossini（1823 年）
一个旅行者的回忆录：Mémoires d'un touriste（1838 年）

斯托，哈丽叶特·比彻（Harriet Beecher Stowe，1811—1896）
汤姆叔叔的小屋：Uncle Tom's Cabin（1852 年）

苏，欧仁（Eugène Sue，1804—1857）
玛蒂尔德—一个年轻女性的回忆录：Mathilde: mémoires d'une jeune femme（1841 年）
巴黎的秘密：Les Mystères de Paris（1843 年）
流浪的犹太人：Le Juif errant（1844 年）

T
泰纳，伊波利特（Hippolyte Taine，1828—1893）
英格兰笔记：Notes on England（1872 年）

特里斯坦，弗洛拉（Flora Tristan，1803—1844）
伦敦漫步：Promenades dans Londres（1840 年）

特罗洛普，安东尼（Anthony Trollope，1815—1882）
旅行杂记：Travelling Sketches（1866 年）

附录　音乐、戏剧、文字、绘画作品列表

屠格涅夫，伊凡（Ivan Turgenev，1818—1883）

帕拉莎：Parasha（Параша，1843年）

多余人日记：The Diary of a Superfluous Man（Дневник лишнего человека，1850年）

猎人笔记：Sketches from a Hunter's Album（Записки охотника，1852年），其中第一篇小说为《霍尔和卡里内奇》（Khor and Kalinych）

浮士德：Faust（Фауст，1856年）

阿霞：Asya（Ася，1857年）

罗亭：Rudin（Рудин，1857年）

贵族之家：Home of the Gentry（Дворянское гнездо，1859年）

前夜：On the Eve（Накануне，1860年）

初恋：First Love（Первая любовь，1860年）

父与子：Fathers and Sons（Отцы и дети，1862年）

幽灵：Phantoms (Prizraki，1863年）

够了：一位去世艺术家的笔记残篇：Enough - A Fragment from the Note-Book of a Dead Artist（1864年）

烟：Smoke（Дым，1867年）

最后的巫师：Le dernier sorcier（1867年首演，轻歌剧剧本）

食人魔：L'ogre（1868年首演，轻歌剧剧本）

太多女人：Trops de Femmes（1868年首演，轻歌剧剧本）

镜子：Le miroir（1869年首演，轻歌剧剧本）

文学回忆录：Literary Reminiscences（Литературные воспоминания，1869年）

奇怪的故事："A Strange Story"（Странная история，1869年），1877年曾改名为《牧师之子》（"A Priest's Son"）

草原上的李尔王：King Lear of the Steppes（Степной король Лир，1870年）

普法战争书简：Letters from the Franco-Prussian War（Письма о франко-прусской войне，1870年）

春潮：Spring Torrents（Вешние воды，1872年）

村居一月：A Month in the Country（Месяц в деревне，1872年），原名《大学生》（The Student / Студент，1850年）

切尔托普哈诺夫的结局：The End of Chertopkhanov（1872年）

温莎的槌球游戏："A Game of Croquet at Windsor"（Kwket v Vindzore，1876年）

处女地：Virgin Soil（Новь，1877 年）
胜利爱情之歌：The Song of Triumphant Love（Песнь торжествующей любви，1881 年）
结局：Un Fin（1883 年）
散文诗：Poems in Prose（1883 年创作），其中一首《当我不复存在》（"When I am No More/ Kogda menya ne budet"写于 1878 年）

托尔斯泰，阿列克谢（Aleksei Tolstoy，1817—1875）
谢列勃朗内公爵：Prince Serebrenni（Князь Серебряный，1862 年）

托尔斯泰，列夫（Lev Tolstoy，1828—1910）
童年：Childhood（Детство，1852 年）
少年：Boyhood（Отрочество，1854 年）
塞瓦斯托波尔故事：Sevastopol Sketches（Севастопольские рассказы，1855 年）
青年：Youth（Юность，1856 年）
哥萨克人：The Cossacks（Казаки，1856 年）
两个轻骑兵：The Two Hussars（Два гусара，1856 年）
战争与和平：War and Peace（Война и мир，1867 年在《俄国导报》上连载完结，1869 年集结成书出版）

托雷—比尔热，泰奥菲勒（Théophile Thoré-Bürge，1807—1869）
19 世纪的艺术趋势："Des tendances de l'art au xix siecle"（1855 年）

陀思妥耶夫斯基，费奥多尔（Fyodor Dostoevsky，1821—1881）
穷人：Poor Folk（Бедные люди，1846 年）
被侮辱与被损害的：Humiliated and Insulted（Униженные и оскорблённые，1861 年）
冬天记的夏天印象：Winter Notes on Summer Impressions（Зимние заметки о летних впечатлениях，1863 年）
罪与罚：Crime and Punishment（Преступление и наказание，1866 年）
赌徒：The Gambler（Игрокъ，1866 年）
群魔：The Devils（Бесы，1872 年）

W

瓦格纳，理查德（Richard Wagner, 1813—1883）
未来的艺术："Das Kunstwerk der Zukunft"（1849 年）
音乐中的犹太性："Das Judenthum in der Musik"（1850 年）
歌剧与戏剧：Oper und Drama（1851 年）
未来的音乐："La musique de l'avenir"（1860 年）
什么是德国人？："Was ist Deutsch?"（1865 年）
德国的艺术与德国的政治："Deutsche Kunst und deutsche Politik"（1867 年）

瓦莱里，保罗（Paul Valéry, 1871—1945）
心灵的危机：La Crise de l'Esprit（1919 年）

瓦朗谢纳，皮埃尔－亨利·德（Pierre-Henri de Valenciennes, 1750—1819）
供艺术家使用的透视技法基础："Éléments de perspective pratique à l'usage des artistes"（1799 年）

维隆，路易–德西雷（Louis-Désiré Véron, 1798—1867）
一个巴黎资产阶级的回忆录：Mémoires d'un Bourgeois de Paris（1857 年）

维亚尔多，保琳娜（Pauline Viardot, 1821—1910）
古典唱法：L'École classique du chant（1863 年）

维亚尔多，路易（Louis Viardot, 1800—1883）
西班牙人书简：Lettres d'un Espagnol（1826 年）
论西班牙的阿拉伯人和摩尔人的历史：L'Essai sur l'histoire des Arabes et des Mores d'Espagne（1833 年）
阿瓜多画廊：Galerie Aguado（1839 年）
狩猎回忆录：Souvenirs de chasse（1846 年）
莫斯科克里姆林宫的复活节之夜："Une nuit de Pâques au Kremlin de Moscou"（1846 年）
艺术家和旅行者的指南与备忘：Guide et memento de l'artiste et du voyageur（1852—1855 年）

西班牙与美术：Espagne et les beaux-arts（1866 年）
一个不轻信者的辩护：Apologoe d'un incrédule（1867 年）
绘画奇观：Les merveilles de la peinture（1869 年）
雕塑奇观：Les merveilles de la sculpture（1869 年）
* 译作：堂吉诃德：L'ingénieux hidalgo Don Quichotte de la Manche（1836 年）
　　俄国短篇小说：Nouvelles russes（1845 年）

沃盖，欧仁-梅尔希奥·德（Eugène-Melchior de Vogüé, 1848—1910）
俄国小说：Le Roman russe（1886 年）

X

席勒，弗里德里希·冯（Friedrich von Schiller, 1759—1805）
华伦斯坦：Wallenstein（1800 年）

雪莱，玛丽（Mary Shelley, 1797—1851）
弗兰肯斯坦：Frankenstein（1818 年）

Y

易卜生，亨里克（Henrik Ibsen, 1828—1906）
群鬼：Gengangere（1881 年创作，1882 年被搬上舞台）

雨果，维克多（Victor Hugo, 1802—1885）
颂诗和歌谣：Odes et ballades（1828 年）
巴黎圣母院：Notre-Dame de Paris（1831 年）
国王寻欢：Le Roi s'amuse（1832 年）
秋叶集：Feuilles d'automne（1831 年）
悲惨世界：Les Misérables（1862 年）

Z

詹姆斯，亨利（Henry James, 1843—1916）
欧洲人：The Europeans（1878 年）
小说的艺术："The Art of Fiction"（1884 年）

小说之家：The House of Fiction（1884 年）
新英格兰：秋天的印象："New England: An Autumn Impression"（1905 年）

左拉，埃米尔（Émile Zola, 1840—1902）
克劳德的忏悔：La Confession de Claude（1865 年）
大事：L'Évenement（1866 年）
特蕾莎·拉甘：Thérèse Raquin（1867 年）
卢贡家族的命运：La Fortune des Rougons（1871 年）
巴黎之腹：Le Ventre de Paris（1873 年）
给尼侬的故事：Nouveaux Contes à Ninon（1864 年售出版权，1874 年出版）
穆雷教士的过失：La Faute de l'Abbé Mouret（1875 年）
欧仁·卢贡大人：Son Excellence Eugène Rougon（1876 年）
小酒店：L'Assommoir（1877 年）
娜娜：Nana（1880 年）
文学中的金钱："L'Argent dans la littérature"（1880 年）
萌芽：Germinal（1885 年）
金钱：L'Argent（1891 年）
我们的画家在战神广场上："Nos peintres au Champ de Mars"（1867 年）

绘画与摄影作品

B
波尔，费迪南德（Ferdinand Bol, 1616—1680）
女人肖像：Portrait of a Woman（1642 年）

D
丹豪泽，约瑟夫（Josef Danhauser, 1805—1845）
弗朗茨·李斯特在钢琴边幻想：Franz Liszt, am Flügel phantasierend（1840 年）

德加，埃德加（Edgar Degas, 1834—1917）
巴黎歌剧院的管弦乐队：L'Orchestre de l'Opéra（1870 年）
勒佩勒蒂耶街歌剧院的舞蹈演员休息室：Le Foyer de la danse à l'Opera de

la rue Le Peletier（1872 年）

犬之歌：La Chanson du chien（1875—1877 年）

德凯纳，亨利（Henri Decaisne，1799—1852）

扮演苔丝狄蒙娜的玛丽亚·马里布兰：Madame Malibran as Desdemona（1830 年）

德拉克洛瓦，欧仁（Eugène Delacroix，1798—1863）

希俄斯岛大屠杀：The Massacre at Chios（1824 年）

处决马里诺·法列罗总督：The Execution of the Doge Marino Faliero（1825—1826 年）

疯人院里的塔索：Tasso in the Madhouse（1839 年）

浴女／土耳其女子沐浴：Bathers / Turkish Women Bathing（1854 年）

迪斯代里，安德烈－阿道夫－欧仁（André-Adolphe-Eugène Disdéri，1819—1889）

当代人相册：Galerie des contemporains（1861 年）

蒂索，雅姆（James Tissot，1836—1902）

伦敦游客：London Visitors（1874 年）

杜比尼，夏尔－弗朗索瓦（Charles-François Daubigny，1817—1878）

瓦尔蒙杜瓦山的月光：Clair de lune à Valmondois（1877 年）

多雷，居斯塔夫（Gustave Doré，1832—1883）

伦敦：一次朝圣：London: A Pilgrimage（1872 年，多雷绘制插图，文字由英国记者威廉·布兰查德·杰罗尔德撰写）

F

凡·戴克，安东尼（Anthony van Dyck，1599—1641）

马背上的安东·朱利奥·布里尼奥莱－萨莱：Anton Giulio Brignole-Sale on Horseback（1627 年）

弗里斯，威廉（William Frith，1819—1909）
海边生活：Life at the Seaside（1854年）
德比赛马日：Derby Days（1858年）

H
哈拉莫夫，阿列克谢（Alexei Kharlamov，1840—1925）
伊凡·屠格涅夫像：Portrait of Ivan Turgenev（1875年）
路易·维亚尔多像：Portrait of Louis Viardot（1875年）

亨特，威廉·霍尔曼（William Holman Hunt，1827—1910）
世界之光：The Light of the World（1853年）
在神庙中发现救世主：The Finding of the Saviour in the Temple（1860年）

K
柯罗，卡米耶（Camille Corot，1796—1875）
农妇捡柴：Peasant Woman Collecting Wood（1870—1872年）

康斯太布尔，约翰（John Constable，1776—1837）
弗拉特福德磨坊旁的船坞：Boat-Building Near Flatford Mill（1815年）
干草车：The Hay Wain（1821年）

库尔贝，居斯塔夫（Gustave Courbet，1819—1877）
采石工人：Les Casseurs de pierres / The Stonebreakers（1849年）
奥尔南的葬礼：Un enterrement à Ornans / A Burial at Ornans（1849—1850年）
赶集归来的弗拉热农民：The Peasants of Flagey Returning from the Fair（1850年）
画室：L'Atelier du peintre（1855年）

L
雷诺阿，奥古斯特（Auguste Renoir，1841—1919）
渔夫撒网：Le Pêcheur à la ligne（1874年）
乔治·夏庞蒂埃夫人和她的孩子们：Madame Charpentier et ses enfants（1878年）

里韦拉,胡塞佩·德(Jusepe de Ribera,1591—1652)
柏拉图:Plato(1637年)

列宾,伊利亚(Ilia Repin,1844—1930)
斯拉夫作曲家:Slavic Composers(1872年)
伊凡·屠格涅夫像:Portrait of Ivan Turgenev(1874年)
巴黎咖啡馆:A Parisian Café(1875年)

卢梭,泰奥多尔(Théodore Rousseau,1812—1867)
霜,在瓦尔蒙杜瓦的高山上:Le Givre, hauteurs de Valmondois(1845年)

伦勃朗,全名:伦勃朗·凡·赖恩(Rembrandt van Rijn,1606—1669)
穿军装的老人:An Old Man in Military Costume(1631年)
被屠宰的牛:Slaughtered Ox(1655年)

M

马奈,爱德华(Édouard Manet,1832—1883)
草地上的午餐:Le Déjeuner sur l'herbe(1863年)
奥林匹亚:Olympia(1863年)
埃米尔·左拉像:Portrait d'Émile Zola(1868年)
女神游乐厅的吧台:Un bar aux Folies Bergère(1882年)

梅索尼耶,欧内斯特(Ernest Meissonier,1815—1891)
国际象棋游戏:La partie d'échecs(1841年)

米莱斯,约翰·埃弗雷特(John Everett Millais,1829—1896)
逃生的异教徒,1559年:The Escape of a Heretic, 1559(1857年)

米勒,让·弗朗索瓦(Jean-François Millet,1814—1875)
牧羊人看管羊群:Shepherd Tending His Flock(19世纪60年代初期)
牧羊女与羊群:Shepherdess with her Flock(1864年)

莫奈,克劳德(Claude Monet,1840—1926)
特鲁维尔的海滩:La Plage de Trouville(1870年)
特鲁维尔的港口:Le port de Trouville(1870年)
印象·日出:Impression, Soleil levant(1872年)
圣拉扎尔车站:Gare Saint-Lazare(1877年)

R
热罗姆,让-莱昂(Jean-Léon Gérôme,1824—1904)
化装舞会结束时的决斗:Suite d'un bal masqué(1857年)
法庭上的芙丽涅:L'Alméeat Phryné devant un tribunal(1861年)
路易十四与莫里哀:Louis XIV and Molière(1862年)
恺撒之死:La Mort de César(1867年)
角斗士(画作):Pollice Verso(1872年;画名的字面意义是"拇指朝下",
　　这是古罗马向宣告失败的角斗士死亡的手势,中文译名多用"角斗士")
角斗士(青铜雕塑):Les Gladiateurs(1878年,以画作《角斗士》为原型)

S
塞尚,保罗(Paul Cézanne,1839—1906)
弹钢琴的少女——《唐豪瑟》序曲:Jeune fille au piano—Ouverture du
　　Tannhäuser(1868年)

尚特勒伊,安托万(Antoine Chintreuil,1814—1873)
开花的苹果树和染料木:Pommiers et genêts en fleurs(约1870年)

舍费尔,阿里(Ary Scheffer,1795—1858)
里米尼的弗朗西丝卡:Francesca da Rimini(1835年)
宽慰者基督:Christus Consolator(1837年)
保琳娜·加西亚像:Portrait de Pauline Viardot(1840年)
但丁和贝阿特丽采:Dante and Béatrice(1846年)
浮士德和玛格丽特在花园里:Faust and Marguerite in the Garden(1846年)

T

透纳，威廉（William Turner，1775—1851）

月光下的煤港：Keelmen Heaving in Coals by Moonlight（1835 年）

X

西斯莱，阿尔弗雷德（Alfred Sisley，1839—1899）

马利水渠：L'Aqueduc de Marly（1874 年）

Y

伊凡诺夫，亚历山大（Alexander Ivanov，1806—1858）

基督对百姓的显现：The Appearance of Christ Before the People（1837—1857 年）

注释

档案缩写

ANF：巴黎国家档案，Archives Nationales, Paris
APP：巴黎警察局档案，Archive de la Préfecture de Police, Paris
ASR：米兰历史档案，Archivo Storico Ricordi, Milan
BL：伦敦大英博物馆手稿部，British Library Manuscripts Division, London
BMD：巴黎玛格丽特·杜朗图书馆，Bibliothèque Marguerite Durand, Paris
BMO：巴黎歌剧院图书馆—博物馆，Bibliothèque-Musée de l'Opéra（BNF），Paris
BNF：巴黎法国国家博物馆，Bibliothèque Nationale de France, Paris
DR：巴黎杜朗—吕埃尔档案，Durand-Ruel Archive, Paris
FM：剑桥菲茨威廉博物馆手稿部，Fitzwilliam Museum, Department of Manuscripts, Cambridge
GARF：俄罗斯联邦国家档案，State Archive of the Russian Federation
GK：卡尔斯鲁厄地区档案，Generallandesarchiv Karlsruhe, Karlsruhe
HL：哈佛霍顿图书馆，Houghton Library, Harvard
IRL：圣彼得堡俄罗斯文学研究所（普希金之家），Institute of Russian Literature（Pushkin House），St Petersburg
JMA：爱丁堡约翰·穆雷档案，John Murray Archive, Edinburgh
NYPL：纽约公共图书馆手稿部，New York Public Library, Manuscripts Division, New York
OR：圣彼得堡俄罗斯国家图书馆手稿部，Manuscript Division, Russian National Library, St Petersburg

RGALI：莫斯科俄罗斯国家文学和艺术档案，Russian State Archive of Literature and Art, Moscow
ROH：伦敦皇家歌剧院档案，Royal Opera House Archives, London
SBB：巴登—巴登城市档案，Stadtarchiv Baden-Baden, Baden-Baden
SHM：莫斯科国家历史博物馆，State Historical Museum, Moscow
SP：圣彼得堡公共图书馆档案部，St Petersburg Public Library, Manuscripts Division, St Petersburg
TCA：彼得伯勒托马斯·库克档案，Thomas Cook Archive, Peterborough
TCL：剑桥三一学院图书馆，Trinity College Library, Cambridge
TMS-L：奥廖尔斯帕斯科耶—卢托文诺沃伊凡·屠格涅夫国家纪念馆和自然保护区，State Memorial and Nature Museum-reserve of Ivan Turgenev, Spasskoe-Lutovinovo, Orel

已出版的一手文献缩写

Cahiers：*Cahiers Ivan Tourguéniev, Pauline Viardot, Maria Malibran*

GJ：Jules and Edmond Goncourt, *Journal-Mémoires de la Vie Littéraire. Texte intégrale* établi et annoté par Robert Ricatte, 3 vols. (Monaco, 1956)

IPA：*Iz parizhskogo arkhiva I. S. Turgeneva*, 2 vols. *Literarturnoe nasledstvo*, vol. 73 (Moscow, 1964)

LI：*Lettres inédites de Tourguénev à Pauline Viardot et à sa famille*, ed. Henri Granjard and Alexandre Zviguilsky (Lausanne, 1972)

NCI：Ivan Tourguénev, *Nouvelle correspondance inédite*, ed. A. Zviguilsky, 2 vols. (Paris, 1971–2)

NPG：N. P. Generalova (ed.), *I. S. Turgenev: Novye issledovaniia i materialy*, 4 vols. (Moscow–St Petersburg, 2009–11)

PSS：I. S. Turgenev, *Polnoe sobranie sochinenii i pisem: v tridtsati tomakh: Pis'ma v vosemnadtsati tomakh, Pis'ma*, 16 vols. (Moscow, 1982–2014)

Soch：I. S. Turgenev, *Polnoe sobranie sochinenii i pisem v tridtsati tomakh. Sochineniia v dvenadtsati tomakh* (Moscow, 1978–86)

TMS：Thérèse Marix-Spire (ed.), *Lettres inédites de George Sand et de Pauline Viardot, 1839–1849* (Paris, 1959)

Turg.：I. S. Turgenev, *Polnoe sobranie sochinenii i pisem v dvadtsati vos'mi tomakh. Pis'ma v trinadtsati tomakh* (Moscow, 1961–8)

Vosp.：*I. S. Turgenev v vospominaniiakh sovremennikov. Perepiska I. S. Turgeneva s Polinoi Viardo i ee sem'ei* (Moscow, 1988)

Zvig.：Alexandre Zviguilsky, *Correspondance Ivan Tourguéniev–Louis Viardot: Sous le sceau de la fraternité* (Paris, 2010)

导言

1. *Rapport fait à la commission sur le tracé des embranchements dirigés du chemin de fer de Paris à Lille* (Paris, 1844), p. 7.
2. *Le Messager du Nord*, 17 June 1846.
3. *L'Écho du Nord*, 18 June 1846.
4. Guy Gosselin, *La Symphonie dans la cité: Lille au XIXe siècle* (Paris, 2011), pp. 165–6.
5. Berlioz, *Correspondance générale*, eds. Pierre Citron, Frédéric Robert and Hugh Macdonald, 8 vols. (Paris, 1972–2003), vol. 3, no. 1045.
6. *Le National*, 15 June 1846, p. 2.
7. 关于国际文化转移，法语和德语中有非常成熟的书目，但英语中没有。比如：Michel Espagne and Michael Werner (eds.), *Transferts: Les Relations interculturelles dans l'espace Franco-Allemand (XVIIIe–XIXe siècles)* (Paris, 1988); Frédéric Barbier (ed.), *Est–ouest: Transferts et réceptions dans le monde du livre en Europe (XVIIe–XXe siècles)* (Leipzig, 2005); Béatrice Joyeux-Prunel, *Nul n'est prophète en son pays? L'internationalisation de la peinture des avant-gardes parisiennes, 1855–1914* (Paris, 2009); Philipp Ther and Peter Sachel (eds.), *Wie europäisch ist die Oper? Die Geschichte des Musiktheaters als Zugang zu einer kulturellen Topographie Europas* (Vienna, 2009); Christophe Charle, 'Comparaisons et transferts en histoire culturelle de l'Europe: Quelques réflexions à propos de recherches récentes', *Les Cahiers Irice*, no. 5, 2010/11, pp. 51–73; Sylvain Briens, *Paris: Laboratoire de la littérature scandinave moderne, 1880–1905* (Paris, 2010); Sven Müller et al., *Oper im Wandel der Gesellschaft: Kulturtransfers und Netzwerke des Musiktheaters im modernen Europa* (Vienna, 2010).
8. Kenneth Clark, *Civilisation: A Personal View* (London, 1969), p. 160.
9. Edmund Burke, 'First Letter on a Regicide Peace' (1796), *Writings and Speeches*, ed. Paul Langford, 9 vols. (Oxford, 1981–2000), vol. 9, pp. 242–3.

第一章　1843年的欧洲

1. *Severnaia pchela*, no. 244, 30 Oct. 1843, no. 248, 4 Nov. 1843, no. 268, 27 Nov. 1843.
2. *Lettres et papiers du Chancelier Comte de Nesselrode, 1760–1856*, 11 vols. (Paris, 1908–12), vol. 8, p. 220; Heinrich Heine, *Lutèce: Lettres sur la vie politique, artistique et sociale de la France* (Paris, 1855), p. 412.
3. *Camille Saint-Saëns on Music and Musicians*, ed. R. Nicholls (Oxford, 2008), p. 167.
4. Gerd Nauhaus (ed.), *The Marriage Diaries of Robert and Clara Schumann*, trans. Peter Ostwald (Boston, Mass., 1993), p. 200.
5. *Severnaia pchela*, no. 247, 3 Nov. 1843.
6. HL, MUS 264 (365), Pauline Viardot Journal, memoir dated 1887.
7. HL, MUS 264 (365), Pauline Viardot Journal, memoir dated 1887.

8. Julie Buckler, *The Literary Lorgnette: Attending Opera in Imperial Russia* (Stanford, 2000), pp. 42–4.
9. Rutger Helmers, ' "It just reeks of italianism" : Traces of Italian Opera in "A Life for the Tsar" ', *Music & Letters*, vol. 91, no. 3, Aug. 2010, p. 387.
10. Alexander Pushkin, *Eugene Onegin: A Novel in Verse*, trans. James Falen (Oxford, 2009), p. 226.
11. BNF, NA Fr. 162778, Papiers Viardot, vol. 7, Varia, f. 1, 'Engagement de Pauline Viardot avec le théâtre de St Petersbourg'（保琳娜·维亚尔多与圣彼得堡剧院的合同）.
12. Richard Taruskin, 'Ital'yanshchina', in *Defining Russia Musically: Historical and Hermeneutical Essays* (Princeton, 1997), pp. 196–8; Buckler, *Literary Lorgnette*, p. 60.
13. Carlotta Sorba, 'Teatro d'opera e società nell'Italia ottocentesca', in *Bollettino del diciannovesimo secolo*, vol. 4, no. 5, 1996, p. 38.
14. Jutta Toelle, 'Opera as Business? From Impresari to the Publishing Industry', *Journal of Modern Italian Studies*, vol. 17, no. 4, 2012, pp. 448–59.
15. Stendhal, *Life of Rossini*, trans. Richard N. Coe (New York, 1957), p. 1.
16. Bruno Cagli and Sergio Ragni (eds.), *Gioachino Rossini: Lettere e documenti*, 3 vols. (Pesaro, 1992–2000), vol. 1, pp. 65–86. See also Philip Eisenbeiss, *Bel Canto Bully: The Life and Times of the Legendary Opera Impresario Domenico Barbaja* (London, 2013), pp. 51–2.
17. Alan Kendall, *Gioacchino Rossini: The Reluctant Hero* (London, 1992), p. 123.
18. ANF, AJ/13/1161, I, *Nominations et engagements de Rossini comme compositeur puis comme directeur du Théâtre-Italien*（任命和聘用罗西尼先后担任意大利剧院的作曲家和主管的合同）.
19. Patrick Barbier, *Opera in Paris 1800–1850* (Portland, 1995), pp. 188–91; Hervé Lacombe, *The Keys to French Opera in the Nineteenth Century*, trans. Edward Schneider (Berkeley, Calif., 2001), p. 50; David Cairns (trans. and ed.), *The Memoirs of Hector Berlioz, Member of the French Institute, Including His Travels in Italy, Germany, Russia and England, 1803–1865* (New York, 1969), p. 90.
20. Arthur Loesser, *Men, Women and Pianos: A Social History* (London, 1955), p. 344.
21. William Ashbrook, *Donizetti and His Operas* (Cambridge, 1982), pp. 209–10.
22. Herbert Weinstock, *Donizetti and the World of Opera in Italy, Paris and Vienna in the First Half of the Nineteenth Century* (London, 1963), p. 55.
23. Catherine Menciassi-Authier, 'La profession de chanteuse d'opéra dans le premier xixe siècle', *Annales historiques de la Révolution française*, no. 379, 2015, pp. 183–201.
24. 'Madame Malibran à Naples', *Revue et Gazette de Paris*, no. 16, 20 Apr. 1834, p. 130; Gabriella Dideriksen, 'Repertory and Rivalry: Opera and the Second Covent Garden Theatre, 1830–56', Ph.D. diss., King's College London, 1997, p. 31; M. Sterling Mackinlay, *Garcia the Centenarian and His Times* (London, 1908), pp. 111–12.
25. Donald Sassoon, *The Culture of the Europeans: From 1800 to the Present* (London, 2006), p. 531; Mai Kawabata, *Paganini: 'Demonic' Virtuoso* (Woodbridge, 1988), pp. 78–83. 关于演出的元素，见 Gillen Wood, *Romanticism and Music Culture in Britain* (Cambridge, 2010),

pp. 9, 105–23, 169.

26. Serge Gut and Jacqueline Bellas (eds.), *Correspondance de Liszt et de la comtesse d'Agoult*, 2 vols. (Paris, 1933–4), vol. 2, p. 377.
27. Alan Walker, *Franz Liszt: The Virtuoso Years, 1811–47* (Ithaca, NY, 1988), pp. 130, 289; Nauhaus (ed.), *Marriage Diaries of Robert and Clara Schumann*, p. 233.
28. Patrick Barbier, *Pauline Viardot* (Paris, 2009), p. 14.
29. See John Rosselli, 'From Princely Service to the Open Market: Singers of Italian Opera and Their Patrons, 1600–1850', *Cambridge Opera Journal*, vol. 1, no. 1, Mar. 1989, pp. 1–32.
30. James Radomski, Manuel Garcia (1775–1832): *Chronicle of the Life of a Bel Canto Tenor at the Dawn of Romanticism* (Oxford, 2000), pp. 34–5.
31. BNF, NA 16274, Papiers de Pauline Viardot, vol. 3, Lettres adressées à Louis Viardot，保琳娜致维亚尔多的信。
32. Benjamin Walton, 'Italian Operatic Fantasies in Latin America', *Journal of Modern Italian Studies*, vol. 17, no. 4, 2012, pp. 460–71.
33. BNF, NA Fr. 16278, Papiers Viardot, vol. VII, Varia, f. 120.
34. April Fitzlyon, *Maria Malibran: Diva of the Romantic Age* (London, 1987), p. 44.
35. See e.g. NYPL, JOE 82-1, 14, Letter from Pauline Viardot to Julius Rietz, 21 Jan. 1859; HL, MUS 264 (365), Pauline Viardot Journal, memoir dated 1887.
36. Michèle Friang, *Pauline Viardot* (Paris, 2008), p. 15.
37. Radomski, *Manuel Garcia*, p. 286.
38. BNF, NA Fr. 16278, Papiers Viardot, vol. 4, IV, *Lettres*, p. 472, 玛丽亚·马里布兰致华金娜·布里奥内斯的信，1827年7月。
39. HL, MUS 264 (365), Pauline Viardot Journal, entry July 1879, memoir dated 1887.
40. BNF, NA Fr. 16278, Papiers Viardot, vol. VII, Varia, f. 175; HL, MUS 264 (365), Pauline Viardot Journal, memoir dated 1887.
41. *Gazette musicale de Paris*, 4 Sept. 1836.
42. HL, MUS 264 (365), Pauline Viardot Journal, memoir dated 1887; *Gazette musicale de Paris*, 24 Dec. 1837; 3 June 1838.
43. Ernest Legouvé, 'Concerts de M. de Bériot et de Mlle Garcia', *Revue et Gazette musicale de Paris*, no. 51, 23 Dec. 1838; Alfred de Musset, 'Concert de Mlle Garcia', *Revue des deux mondes*, 1 Jan. 1839.
44. Cited in April Fitzlyon, *The Price of Genius: A Life of Pauline Viardot* (London, 1964), p. 52.
45. TMS, p. 21.
46. HL, MUS 264 (365), Pauline Viardot Journal, memoir dated 1887 (where she claims the fee was 6,000 francs for each performance, but this cannot be correct).
47. Pauline Garcia to Celeste Nathan, 13 May 1839. Private collection.
48. Cited in Barbara Kendall-Davies, *The Life and Work of Pauline Viardot-Garcia*, vol. 1: *The*

Years of Fame, 1836–1863 (Amersham, 2004), p. 87.
49. BNF, NA 16274, Papiers de Pauline Viardot, vol. 3, Lettres adressées à Louis Viardot, f. 17, 夏尔·德·贝里奥致路易·维亚尔多的信，1838 年 7 月 26 日。
50. BNF, NA 16274, Papiers de Pauline Viardot, vol. 3, Lettres adressées à Louis Viardot, f. 157, 马里布兰致路易·维亚尔多的信，1833 年 12 月 15 日；Louis Viardot, *Espagne et beaux-arts: Mélanges* (Paris, 1866), pp. 443–4; A. Pougin, *Maria Malibran: Histoire d'une cantatrice* (Paris, 1911), p. 97.
51. Louis Viardot, *Souvenirs de chasse* (Paris, 1849), p. 9.
52. Louis Viardot, *Lettres d'un Espagnol*, 2 vols. (Paris, 1826); Viardot, *Espagne et beaux-arts*, p. 79.
53. See further, Daniel L. Rader, *The Journalists and the July Revolution in France: The Role of the Political Press in the Overthrow of the Bourbon Restoration 1827–1830* (The Hague, 1973).
54. Ibid., pp. 459–61.
55. BNF, Aux Électeurs … de Seine-et-Marne. Louis Viardot [20 Mar. 1848].
56. The best account of the fire is Jean-Louis Tamvaco, *Les Cancans de l'Opéra: Chroniques de l'Académie royale de musique et du théâtre, à Paris sous les deux Restaurations: Première édition critique intégrale du manuscrit Les cancans de l'Opéra, ou, Le Journal d'une habilleuse, de 1836 à 1848*, 2 vols. (Paris, 2000), vol. 1, pp. *384–6*.
57. BMO, LAS Viardot 1, Lettre de Louis Viardot à Robert, London, 20 June 1838.
58. ANF, AJ/13/1160, 1, 罗贝尔和维亚尔多签署的关于意大利剧院管理的合同，1838 年。
59. Armando Rubén Puente, *Alejandro Aguado: Militar, banquero, mecenas* (Madrid, 2007), pp. 19–21; Jean-Philippe Luis, *L'Ivresse de la fortune: A. M. Aguado, un génie des affaires* (Paris, 2009).
60. Louis Véron, *Mémoires d'un bourgeois de Paris*, 6 vols. (Paris, 1853–5), vol. 2, p. 253; Louis Viardot, *Galerie Aguado, choix des principaux tableaux* (Paris, 1839); Ilse Hempel Lipschutz, *Spanish Painting and the French Romantics* (Cambridge, Mass., 1972), pp. 123–8.
61. ANF, AJ/13/1160, II, Rossini Archives, 阿瓜多致罗西尼的信，1831 年 12 月 28 日（给了他 10 万法郎）; Cagli and Ragni, *Gioachino Rossini*, p. 265.
62. Anne-Sophie Cras-Kleiber, 'L'Exploitation de l'Académie royale de Musique sous la monarchie de Juillet', diss., École de Chartres, 1996, p. 145; Cagli and Ragni, *Gioachino Rossini*, pp. 522–9.
63. ANF, AJ/13/180, II, Cahier des charges et supplément (1831).
64. Cras-Kleiber, 'L'Exploitation', p. 141; ANF, AJ/13/1160, 1, 罗贝尔与维亚尔多关于意大利剧院管理的合同，1838 年。
65. Tamvaco, *Les Cancans*, vol. 1, pp. 183–4, 242–4, 251, 429, 503.
66. Ibid., pp. 435–9.
67. Duc de Montmorency, *Lettres sur l'Opéra (1840–1842)* (Paris, 1921), pp. 176–8.
68. See her correspondence with the Philharmonic Society in London: BL MUS, RPS 328, f. 129.

69. Montmorency, *Lettres sur l'Opéra*, p. 172.
70. 保琳娜·加西亚致华金娜·布里奥内斯的信，1839 年 9 月，私人收藏。
71. Alfred de Musset, 'Les Débuts de Mademoiselle Pauline Garcia', in *Oeuvres complètes*, 11 vols. (Paris, 1866), vol. 9, pp. 123, 125–6; Gustave Dulong, *Pauline Viardot, tragédienne lyrique, Cahiers*, no. 8, 1984, p. 78; Théophile Gautier, *Historie de l'art dramatique en France depuis vingt-cinq ans*, 6 vols. (Paris, 1858–9), vol. 2, p. 92.
72. George Sand, *Journal intime* (Paris, 1926), p. 104.
73. *La Revue indépendante*, vol. 1, 1841, pp. v–xx.
74. HL, MUS 264 (365), Pauline Viardot Journal, memoir dated 1887.
75. BNF, NA Fr. 16272, Papiers Viardot, vol. 1, Lettres adressées à Pauline Viardot, f. 304, 若贝尔致保琳娜·维亚尔多的信，1840 年 6 月 17 日。
76. HL, MUS 264 (365), Pauline Viardot Journal, memoir dated 1887.
77. *Allgemeine Musikalische Zeitung*, no. 41, Oct. 1838, p. 677.
78. NYPL, JOE 82-1, 27, 保琳娜致尤里乌斯·里茨的信，巴黎，1859 年 3 月 17 日。
79. 来源同上，4, 保琳娜致尤里乌斯·里茨的信，魏玛，1858 年 12 月。
80. TMS, p. 24.
81. TMS, p. 217.
82. 作为她的母亲和前经理人，华金娜继续为她的演唱合同提供建议（BNF, NA Fr. 16272, Papiers de Pauline Viardot, vol. 1, ff. 128–9，华金娜·加西亚致保琳娜·维亚尔多的信，布鲁塞尔，1847 年 3 月 23 日）。
83. BNF, NA Fr. 162778, Papiers Viardot, vol. 7, Varia, ff. 1–32.
84. John Rosselli, *Singers of Italian Opera: The History of a Profession* (Cambridge, 1995), pp. 66–7.
85. ANF, AJ/13/180, IV, 杜彭谢尔（Duponchel）和拉斯马里斯马斯（Las Marismas）公司解散，由莱昂·皮莱组建的公司取代；Montmorency, *Lettres sur l'Opéra*, p. 157.
86. 关于斯托尔茨，见 Karin Pendle, 'A Night at the Opera: The Parisian Prima Donna', *The Opera Quarterly*, vol. 4, no. 1, 1986, pp. 82–3.
87. 'Critique théatrale', *La Revue indépendante*, vol. 1, 8 Dec. 1841, p. 524.
88. BNF, Aux Électeurs … de Seine-et-Marne. Louis Viardot [20 Mar. 1848].
89. TMS, p. 57. 另见 Tom Kaufman, 'The Grisi–Viardot Controversy, 1848–1852', *The Opera Quarterly*, vol. 14, no. 2, 1997, pp. 7–22.
90. TMS, p. 101.
91. Ibid., pp. 47–8.
92. HL, MUS 264 (365), Pauline Viardot Journal, memoir dated 1887.
93. TMS, pp. 159–61.
94. Ibid., pp. 60, 159, 181; Patrick Waddington, 'Some Gleanings on Turgenev and His International Connections, with Notes on Pauline Viardot and Her Family', *New Zealand Slavonic Journal*, 1983, p. 209.

95. TMS, p. 181.
96. Ibid., pp. 187–8.
97. Gerhard Stahr, 'Kommerzielle Interessen und provinzielles Selbstbewusstsein: Die Eröffnungsfeiern d. Rhein. Eisenbahn 1841 u. 1843', in Manfred Hettling (ed.), *Bürgerliche Feste: Symbolische Formen politischen Handelns im 19. Jh.* (Göttingen, 1993), p. 49.
98. Willim Makepeace Thackeray, *The Roundabout Papers: The Biographical Edition of the Works of William Makepeace Thackeray*, vol. 12 (London, 1914), p. 233.
99. 引自 Wolfgang Schivelbusch, *The Railway Journey: The Industrialization of Time and Space in the Nineteenth Century* (Berkeley, Calif., 1986), p. 38.
100. Jules Michelet, cited in Nicholas Faith, *The World the Railways Made* (London, 1990), p. 58.
101. Waltraud Linder-Beroud, 'Das Eisenbahnzeitalter in Lied und populärer Kultur: Zur Mentalitätsgeschichte der Mobilität am Beispiel der Eisenbahn', in Nils Grosch (ed.), *Fremdheit, Migration, Musik: Kulturwissenschaftliche Essays für Max Matter* (Münster, 2010), p. 312.
102. Camillo Cavour, *Le strade ferrate in Italia*, ed. A. Salvestrini (Florence, 1976), pp. 61–3.
103. Remo Ceserani, *Treni di carta. L'immaginario in ferrovia: L'irruzione del treno nella letteratura moderna* (Genoa, 1993), pp. 50, 53.
104. Schivelbusch, *Railway Journey*, pp. 70–71.
105. Karl Marx, *Grundrisse: Foundations of the Critique of Political Economy*, trans. Martin Nicolaus (London, 1993), p. 524; Linder-Beroud, 'Eisenbahnzeitalter', p. 311; Jürgen Osterhammel, *The Transformation of the World: A Global History of the Nineteenth Century* (Princeton, 2014), p. 726.
106. W. F. Rae, *The Business of Travel: A Fifty Years' Record of Progress* (London, 1891), p. 5.
107. Stefano Maggi, *Le ferrovie* (Bologna, 2017), p. 70.
108. Schivelbusch, *Railway Journey*, p. 233.
109. TMS, pp. 121, 184.
110. Henryk Opieński (ed.), *Chopin's Letters*, trans. E. Voynich (New York, 1988), p. 363.
111. 关于对这种变化的出色考察，见 Tim Blanning, *The Culture of Power and the Power of Culture: Old Regime Europe, 1660–1789* (Oxford, 2003).
112. Frédéric Barbier, 'Les marchés étrangers de la librairie française', in Roger Chartier and Henri-Jean Martin (eds.), *Histoire de l'édition française*, 4 vols. (Paris, 1983–7), vol. 3: *Le Temps des éditeurs: Du Romanticisme à la Belle Époque*, pp. 279–80. On the importance of the German market for French book exports, see Frédéric Barbier, 'Les Échanges de librairie entre la France et l'Allemagne 1850–1914', in Espagne and Werner (eds.), *Transferts*, pp. 236–52.
113. Frédéric Barbier, *L'Empire du livre: Le livre imprimé et la construction de l'Allemagne contemporaine (1815–1914)* (Paris, 1995), pp. 213–15.
114. W. E. Yates, 'Internationalization of European Theatre: French Influence in Vienna between 1830 and 1860', *Austrian Studies*, vol. 13, 2005, Austria and France, p. 45.

115. Gosselin, *La Symphonie dans la cité*, p. 170.
116. Sophie de Schaepdrijver, *Elites for the Capital? Foreign Migration to Mid-Nineteenth-Century Brussels* (Amsterdam, 1990), p. 16.
117. Carlo Gatti, *Il Teatro alla Scala nella storia e nell'arte, 1778–1963*, 2 vols. (Milan, 1964), vol. 2, pp. 11–27.
118. Viardot, *Souvenirs de chasse*, p. 58.
119. Peter Kemp, *The Strauss Family: Portrait of a Musical Dynasty* (London, 1985), pp. 31–2.
120. Cairns (trans. and ed.), *Memoirs of Hector Berlioz*, p. 420.
121. 引自 Richard Osborne, *Rossini: His Life and Works* (Oxford, 2007), p. 116.
122. John Mayne (trans. and ed.), *The Painter of Modern Life and Other Essays* (New York, 1964), p. 13.
123. F. M. Scherer, *Quarter Notes and Bank Notes: The Economics of Music Composition in the Eighteenth and Nineteenth Centuries* (Princeton, 2004), p. 147; Tim Blanning, *The Romantic Revolution* (London, 2010), p. 176.
124. Christopher Prendergast, *For the People by the People? Eugène Sue's 'Les Mystères de Paris': A Hypothesis in the Sociology of Literature* (Oxford, 2003), p. 66; B. P. Chevasco, *Mysterymania: The Reception of Eugène Sue in Britain, 1838–1860* (Berne, 2003), p. 40; James Allen, *In the Public Eye: A History of Reading in Modern France, 1800–1940* (Princeton, 1991), p. 55.
125. Martyn Lyons, *Le Triomphe du livre: Une histoire sociologique de la lecture dans la France du XIXe siècle* (Paris, 1987), p. 50; Henri Loustalan, *La Publicité dans la presse française* (Paris, 1933), p. 20; Pierre Pellissier, Émile de Girardin: Prince de la presse (Paris, 1985), pp. 98ff.
126. Jean-Louis Bory, *Eugène Sue* (Paris, 1962), p. 296.
127. Nora Atkinson, *Eugène Sue et le roman feuilleton* (Paris, 1929), p. 38.
128. Brynja Svane, *Les Lecteurs d'Eugène Sue: Le Monde d'Eugène Sue II, Textes: Cultures & Société*, 3-86 (Copenhagen, 1986), p. 347; Atkinson, *Eugène Sue*, p. 28; F. W. J. Hemmings, *The King of Romance: A Portrait of Alexandre Dumas*, p. 117.
129. Ibid., pp. 118, 138.
130. 'Notes from Paris', *Punch*, no. 5, 1843, p. 12; Charles Augustin Sainte-Beuve, 'Vérités sur la situation en littérature', *Portraits contemporains*, 5 vols. (Paris, 1888), vol. 3, p. 431.
131. Simon Eliot and Jonathan Rose, *A Companion to the History of the Book* (Chichester, 2009), pp. 273–4, 291–2.
132. Alexis Weedon, *Victorian Publishing: The Economics of Book Production for a Mass Market 1836–1916* (The Nineteenth Century Series; Farnham, 2003), p. 66; Jean-Yves Mollier, *Louis Hachette* (Paris, 1999), p. 301; Barbier, *L'Empire du livre*, p. 454; Ronald Fullerton, *The Foundation of Marketing Practice: A History of Book Marketing in Germany* (London, 2016), p. 54.
133. Allen, *In the Public Eye*, table A.7.
134. Frédéric Barbier, 'Une production multipliée', in Chartier and Martin (eds.), *Histoire de*

l'édition française, vol. 3, p. 105.
135. Allen, *In the Public Eye*, table 1.1; Eliot and Rose, *Companion*, p. 304.
136. Dietrich Bode, *Reclam: Daten, Bilder und Dokumente zur Verlagsgeschichte 1828–2003* (Stuttgart, 2003), p. 14.
137. J.-Y. Mollier, *Michel & Calman Lévy ou la naissance de l'édition moderne 1836–1891* (Paris, 1984), p. 264.
138. Anik Devriès, 'La "Musique à bon marché" en France dans les années 1830', in Peter Bloom (ed.), *Music in Paris in the Eighteen-Thirties* (Stuyvesant, 1982), p. 245.
139. Yves Chevrel, Lieven D'hulst and Christine Lombez (eds.), *Histoire des traductions en langue française: XIXe siècle (1815–1914)* (Paris, 2012), pp. 290–91; Isavelle Olivero, 'The Paperback Revolution in France, 1850–1950', in John Spiers (ed.), *The Culture of the Publisher's Series*, 2 vols. (London, 2011), vol. 1: *Authors, Publishers and the Shaping of Taste*, pp. 76–8.
140. Olivero, 'Paperback Revolution', pp. 83–4.
141. Frédéric Barbier, 'Libraires et colporteurs', in Chartier and Martin, *Histoire de l'édition française*, vol. 3, pp. 237–40; Frédéric Barbier, 'La diffusion en Eure-et-Loire au XIXe siècle', in Jean-Yves Mollier (ed.), *Le Commerce de la librairie en France au XIX siècle 1789–1914* (Paris, 1998), pp. 162–3; Lyons, *Le Triomphe du livre*, pp. 152, 159; Martyn Lyons, *Reading Culture and Writing Practices in Nineteenth-Century France* (Toronto, 2008), pp. 50, 53–4.
142. Olivero, 'Paperback Revolution', p. 167.
143. [Carlo Collodi] *Un romanzo in vapore: Da Firenze a Livorno. Guida storicaumoristica di Carlo Lornezini* (Florence, 1856).
144. Christine Haug, 'Ein Buchladen auf Stationen, wo sich zwei Linien kreuzen, müsste gute Geschäfte machen': Der deutsche Bahnhofs- und Verkehrsbuchhandel von 1850 bis zum Ende der Weimarer Republik im internationalen Vergleich', in Monika Burri, Kilian T. Elsasser and David Gugerli (eds.), *Die Internationalität der Eisenbahn 1830–1970* (Zurich, 2003), pp. 71–89.
145. Barbier, 'Libraires et colporteurs', pp. 246–7; Jean Mistler, *La Librairie Hachette de 1826 à nos jours* (Paris, 1964), pp. 81, 131.
146. Viardot, *Espagne et beaux-arts*, pp. 360, 368; Anne Marie de Brem, *L'Atelier d'Ary Scheffer* (Paris, 1992), p. 18; Mrs Grote, *Memoir of the Life of Ary Scheffer* (London, 1860), pp. 26–8, 49.
147. NYPL, JOE 82-1, 7, Letter from Pauline Viardot to Julius Rietz, Weimar, 24 Dec. 1858; Camille Saint-Saëns, *Musical Memories* (London, 1921), pp. 145–6.
148. See Peter Burke, 'Art, Market and Collecting in Early Modern Europe', in *Artwork through the Market* (Bratislava, 2004), pp. 71–7.
149. Nicholas Green, 'Circuits of Production, Circuits of Consumption: The Case of Mid-Nineteenth-Century French Art Dealing', *Art Journal*, vol. 48, no. 1, 1989 (Spring), p. 30.
150. Ibid., p. 98.

151. André Joubin (ed.), *Correspondance générale d'Eugène Delacroix*, 5 vols. (Paris, 1936–8), vol. 2, pp. 191–2. 评论家鲁多维克·维泰（Ludovic Vitet）抨击了这幅画，见'Exposition des tableaux en bénéfice des Grecs; II. M. Delacroix', *Le Globe*, 3 June 1826, pp. 372–4.

152. Michèle Beaulieu, 'Louis-Claude Viardot, collectionneur et critique d'art', Société d'Histoire de l'Art Français, séance du 4 février 1984, in *Bulletin de la Société d'Histoire de l'Art Français*, 1984, pp. 243–62.

153. Pamela Fletcher and Anne Helmreich (eds.), *The Rise of the Modern Art Market in London: 1850–1939* (Manchester, 2013), pp. 27–9; Dianne Macleod, *Art and the Victorian Middle Class: Money and the Making of Cultural Identity* (Cambridge, 1996), pp. 24, 49–55, 93, 393–4, 420, 447, 473–4. See also James Hamilton, *A Strange Business: Making Art and Money in Nineteenth-Century Britain* (London, 2014).

154. Thomas M. Bayer and John R. Page, *The Development of the Art Market in England: Money as Muse, 1730–1900* (London, 2011), p. 96; Marie-Clause Chaudonneret, 'Collectionner l'art contemporain (1820–1840): L'Exemple des banquiers', in Monica Preti-Hamard and Philippe Sénechal (eds.), *Collections et marchés de l'art en France 1789–1848* (Rennes, 2005), pp. 274–6; GJ, vol. 1, p. 877.

155. Antoine Étex, *Essai d'une revue synthétique sur l'Exposition Universelle de 1855* (Paris, 1856), p. 56.

156. Constance Cain Hungerford, *Ernest Meissonier: Master in His Genre* (Cambridge, 1999), pp. 106–9.

157. Samuel Hall, *Retrospect of a Long Life from 1815 to 1883*, 2 vols. (London, 1883), vol. 1, pp. 346–7.

158. Brem, *L'Atelier d'Ary Scheffer*, pp. 45–6, 50–55.

159. On this practice, see Patricia Mainardi, 'The 19th-Century Art Trade: Copies, Variations, Replicas', *The Van Gogh Museum Journal* (2000), pp. 61–73.

160. Vincent Pomarède, 'Eugène Delacroix: The State, Collectors and Dealers', in Arlette Sérullaz and Vincent Pomarède, *Delacroix: The Late Work* (London, 1999), p. 59.

161. Hubert Wellington (ed.), *The Journal of Eugène Delacroix*, trans. Lucy Norton (London, 2010), p. 181. See further, Sérullaz and Pomarède, *Delacroix*; Stephen Pinson, 'Reproducing Delacroix', *Visual Resources*, vol. 14, no. 2, 1998, pp. 155–87.

162. Maxime du Camp, *Le Salon de 1857* (Paris, 1857), p. 51.

163. Malcolm Warner, 'Millais in the Marketplace: The Crisis of the Late 1850s', in Fletcher and Helmreich (eds.), *Rise of the Modern Art Market*, p. 222.

164. Kisiel Marine, 'La peinture impressionniste et la décoration', 1870–1895, *Sociétés & Représentations*, no. 39, 2015/1 (Spring), pp. 257–88.

165. Marquis de Custine, *L'Espagne sous Ferdinand VII*, 2 vols. (Paris, 1838), vol. 2, pp. 234–6.

166. Louis Viardot, 'Une nuit du Pâques au Kremlin du Moscou', *L'Illustration*, 11 April 1846, p. 86.

167. Marquis de Custine, *Russia*, 3 vols. (London, 1844), vol. 3, p. 353.

168. TMS, pp. 207–9.

169. 关于爱德华·萨义德的经典表述，见 Edward Said, *Orientalism* (New York, 1978). 关于对这种欧洲观的更详细思考，见 Federico Chabod, *Storia dell'idea d'Europa* (Milan, 2007).

170. See Roberto Dainotto, *Europe (In Theory)* (Durham, 2007), and Maria Todorova, *Imagining the Balkans* (Oxford, 1997).

171. Ibid., p. 73.

172. A. Hugo, 'Ce que nous entendons par l'Orient', *Revue de l'Orient. Bulletin de la Société Orientale*, vol. 1, nos. 1–4, 1843, p. 7.

173. Katarina Gephardt, *The Idea of Europe in British Travel Narratives, 1789–1914* (Farnham, 2014), pp. 65–75.

174. Théophile Gautier, *Voyage en Espagne* (Paris, 1981), pp. 236–7. On the Romantic myth of Spain, Luis Méndez Rodriguez, *La imagen de Andalucía en el arte del siglo XIX* (Seville, 2008); Calvo Serraller, *La imagen romántica de España: Arte y arquitectura del siglo XIX* (Madrid, 1995); James Parakilas, 'How Spain Got a Soul', in Jonathan Bellman (ed.), *The Exotic in Western Music* (Boston, Mass., 1998), pp. 137–93.

175. Viardot, *Lettres d'un Espagnol*, vol. 1, pp. 28–9.

176. Albert Bensoussan, 'Traducir el *Quijote*', *Mélanges de la casa de Velázquez: Cervantès et la France*, vol. 37, no. 2, 2007, pp. 11–31; Chevrel, D'hulst and Lombez (eds.), *Histoire des traductions*, pp. 569–71; Marta Giné-Janer, 'Voyages des textes: Les récits fantastiques de Mérimée en Espagne', *Cahiers*, no. 27, 2003, pp. 119–38; *NCI*, vol. 2, p. xv.

177. Viardot, *Lettres d'un Espagnol*, vol. 1, pp. 28–9; Heine, *Lutèce*, p. 412.

178. J. G. Kohl, *Russia* (London, 1844), p. 506.

179. Françoise Genevray, *George Sand et ses contemporains Russes* (Paris, 2000), p. 31.

180. TMS, pp. 81–2.

181. *Turgenevskii sbornik*, vol. 5, p. 352; N. S. Nikitina (ed.), *Letopis zhizni i tvorchestva I. S. Turgeneva: 1818–1858* (St Petersburg, 1995), p. 88.

182. *PSS*, vol. 13, p. 248.

183. Tamara Zviguilsky, 'Varvara Pétrovna Loutovinova (1788–1850): Mère d'Ivan Tourguéniev', *Cahiers*, no. 4, 1980, p. 50; *M. M. Stasiulevich i ero sovremenniki v ikh perepiskakh*, 5 vols. (St Petersburg, 1911–13), vol. 3, p. 222; N. A. Ostrovskaia, *Vospominaniia o Turgeneve* (Petrograd, 1915), p. 27; GJ, vol. 2, p. 541; Leonard Schapiro, *Turgenev: His Life and Times* (Oxford, 1978), p. 56.

184. Maksim Kovalevskii, 'Vospominaniia ob I. S. Turgeneve', *Minuvshie gody*, vol. 1, August 1908, p. 10.

185. I. B. Toman, 'I. S. Turgenev i nemetskaia kul'tura', *Turgenevskii sbornik* (Moscow, 1988), p. 31.

186. James L. Rice, 'Varvara Petrovna Turgeneva in Unpublished Letters to Her Son Ivan (1838–1844)', *Slavic Review*, vol. 56, no. 1, 1997 (Spring), p. 6.

187. Anton Seljak, *Ivan Turgenevs Ökonomien: Eine Schriftstellerexistenz zwischen Aristokratie, Künstlertum und Kommerz* (Basel, 2004), pp. 89–90; Schapiro, *Turgenev*, p. 31.

188. 笞刑被认为如此可怕，以至于沙皇政府在 1845 年废止了它，尽管它很快就被夹鞭刑取代。见 See Daniel Beer, *The House of the Dead: Siberian Exile under the Tsars* (London, 2016), pp. 272–3.
189. Ivan Turgenev, 'Avtobiografiia', *PSS*, vol. 15, p. 207; Seljak, *Ivan Turgenevs Ökonomien*, pp. 66, 81; Zviguilsky, 'Varvara Pétrovna Loutovinova', p. 64.
190. *Turgenevskii sbornik*, vol. 5, p. 352.
191. Fitzlyon, *Price of Genius*, p. 164.
192. Nauhaus (ed.), *Marriage Diaries of Robert and Clara Schumann*, pp. 248, 266; Nancy Reich, *Clara Schumann: The Artist and the Woman* (London, 1985), p. 96.
193. BNF, NA Fr. 16278, Papiers Viardot, vol. 7, Varia, f. 1, 'Engagement de Pauline Viardot avec le théâtre de St Petersbourg. Codicil, 26 Jan. 1844'.
194. Fitzlyon, *Price of Genius*, p. 180.
195. T. N. Livanova, *Opernaia kritika v Rossii*, vol. 1, vyp. 2 (Moscow, 1967), p. 66.
196. TMS, p. 218.
197. Patrick Waddington, 'The Role of Courtavenel in the Life and Work of Turgenev', in *Issues in Russian Literature before 1917: Selected Papers for the Third World Congress for Soviet and East European Studies* (Columbus, Ohio, 1989), p. 109.
198. HL, MUS 232/10, Meyerbeer to Louis Viardot, 1 Feb. 1846; Viardot, *Souvenirs de chasse*, p. 154; BNF, NA 16274, Papiers de Pauline Viardot, vol. 3, Lettres adressées à Louis Viardot, f. 259, Lettre d'Eugène Scribe, Aug. 1845.
199. Livanova, *Opernaia kritika*, p. 45.
200. Louise Héritte-Viardot, *Une famille de grands musiciens* (Paris, 1923), p. 68; Viardot, *Souvenirs de Chasse*, p. 215; Zvig, p. 69.
201. HL, MUS 264 (365), Pauline Viardot Journal, memoir dated 1887.

第二章　舞台上的革命

1. Ute Lange-Brachmann and Joachim Draheim (eds.), *Pauline Viardot in Baden-Baden und Karlsruhe* (Baden-Baden, 1999), p. 148; Zvig., p. 220.
2. *PSS*, vol. 1, pp. 208–9.
3. Ibid., p. 210.
4. Eduard Hanslick, *Hanslick's Music Criticism* (New York, 1963), p. 34.
5. BNF, NA Fr. 16274, Papiers Viardot, vol. 7, Lettres adressées à Louis Viardot, 梅耶贝尔致保琳娜·维亚尔多, p. 169; HL MUS 232/10, 梅耶贝尔致保琳娜·维亚尔多, 1851 年 5 月 8 日。
6. BNF, NA Fr. 16272, Papiers Viardot, vol. 1, Lettres adressées à Pauline Viardot, 梅耶贝尔致保琳娜·维亚尔多, 1845 年 7 月 1 日；folio 383, 梅耶贝尔致保琳娜·维亚尔多, 1846 年 7 月 20 日；HL, MUS 232/10, 梅耶贝尔致保琳娜·维亚尔多, 1845 年 7 月 14 日；梅耶贝尔致路易·维亚尔多, 1846 年 5 月 13 日。

7. TMS, p. 232.
8. BMO, LA-VIARDOT PAULINE-65, 路易·维亚尔多致乔治·桑，1847 年 2 月 22 日。
9. *PSS*, vol. 1, pp. 213–14.
10. *I. S. Turgenev v vospominaniiakh sovremennikov*, 2 vols. (Moscow, 1988), vol. 2, *pp. 259–60.*
11. BNF, NA Fr. 162778, Papiers Viardot, vol. 7, Varia: f. 3, 与比尔的合同，1847 年 5 月 27 日；p. 16, 与贾伊的合同, 1852 年 2 月 27 日；p. 18, 与贾伊的合同, 1855 年 5 月 19 日；TMS, p. 240.
12. Reiner Zimmermann, *Giacomo Meyerbeer: Eine Biografie nach Dokumenten* (Berlin, 2014), p. 336; Jean-Claude Yon, 'Le Prophète, un opéra dans la tourmente politique', in Brzoska and Strohmann (eds.), *Meyerbeer: Le Prophète*, p. 152.
13. A. J. Meindre, *Histoire de Paris et de son influence en Europe depuis les temps les plus reculés jusqu'à nos jours*, 5 vols., (Paris, 1855), vol. 5, p. 332; P. Mansel, *Paris Between Empires* (London, 2001), p. 354.
14. Robert Letellier, *Giacomo Meyerbeer: A Reader* (Newcastle, 2007), p. 128. See also Jane Fulcher, 'Meyerbeer and the Music of Society', *The Musical Quarterly*, vol. 67, no. 2, Apr. 1981, pp. 213–29.
15. Jennifer Jackson, *Giacomo Meyerbeer: Reputation Without Cause? A Composer and His Critic* (London, 2011), p. 83.
16. John Rosselli, *The Life of Bellini* (Cambridge, 1996), p. 119.
17. Anselm Gerhard, *The Urbanization of Opera: Music Theater in Paris in the Nineteenth Century*, trans. Mary Whittall (Chicago, 1998), pp. 318–41; Fabien Guilloux, 'Le Livret du *Prophète*: Notes en marge d'une édition critique', in Brzoska and Strohmann (eds.), *Meyerbeer: Le Prophète*, pp. 41–2.
18. David Charlton (ed.), *The Cambridge Companion to Grand Opera* (Cambridge, 2003), part IV: 'On the Italian Assimilation of Grand Opera'; Gloria Staffieri, 'Grand Opera in Preunified Italy: Metamorphoses of a Political Genre', *The Opera Quarterly*, vol. 25, nos. 3–4, July–Oct. 1939, pp. 203–29.
19. 另见 Jane Fulcher, *The Nation's Image: French Grand Opera as Politics and Politicized Art* (Cambridge, 1987).
20. Véron, *Mémoires*, vol. 3, p. 104.
21. Steven Huebner, 'Opera Audiences in Paris 1830–1870', *Music & Letters*, vol. 70, no. 2, May 1989, pp. 206–25.
22. BMO, Série FO 143, 'Académie royale de musique Direction-entreprise Véron, journal des recettes et des dépenses commencé le 1er juin 1831'.
23. Gerhard, *Urbanization of Opera*, pp. 25–33; William Crosten, *French Grand Opera: An Art and a Business* (New York, 1948), pp. 27–31; Tamvaco, *Les Cancans*, pp. 215–16; Véron, *Mémoires*, vol. 3, p. 115.
24. Véron, *Mémoires*, vol. 3, p. 182.
25. ANF, AJ/13/187/V, Direction Véron, Représentation de Robert le Diable (1831).

26. Jackson, *Giacomo Meyerbeer*, p. 104.
27. Henri Blaze de Bury, *Meyerbeer et son temps* (Paris, 1856), pp. 61–2; Letellier, *Meyerbeer: A Reader*, p. 368; Robert Letellier, *Meyerbeer Studies: A Series of Lectures, Essays and Articles on the Life and Work of Giacomo Meyerbeer* (Madison, 2005), p. 23.
28. *The Diaries of Giacomo Meyerbeer*, trans. Robert Letellier, 4 vols. (Madison, 1999–2004), vol. 1: *1791–1839*, p. 16.
29. 见 Murray Pittock (ed.), *The Reception of Sir Walter Scott in Europe* (London, 2006).
30. Opieński (ed.), *Chopin's Letters*, p. 157.
31. 引自 Crosten, *French Grand Opera*, pp. 62–3.
32. A. Randier-Glenison, 'Maurice Schlesinger, éditeur de musique et fondateur de la *Gazette musicale de Paris*, 1834–1846', *Fontis artis musicae*, vol. 38:1, 1991, pp. 37–48; Katharine Ellis, *Music Criticism in Nineteenth-Century France: 'La Revue et Gazette Musicale de Paris' 1834–1880* (Cambridge, 1995); Katharine Ellis, 'The Uses of Fiction: *Contes* and *nouvelles* in the *Revue et Gazette musicale de Paris*, 1843–1844', vol. 90, no. 2, 2004, pp. 253–81; Emily Dolan and John Tresch, 'A Sublime Invasion: Meyerbeer, Balzac and the Opera Machine', *The Opera Quarterly*, vol. 27, no. 1, 2011, pp. 4–31.
33. Rémy Campos, 'Le commerce de la critique: Journalisme musical et corruption au milieu du xixe siècle', *Sociétés & Représentations*, no. 40, 2015/2 (Autumn), pp. 221–45.
34. John Rosselli, *The Opera Industry in Italy from Cimarosa to Verdi: The Role of the Impresario* (Cambridge, 1984), p. 144.
35. Crosten, *French Grand Opera*, pp. 24–5.
36. Kerry Murphy, *Hector Berlioz and the Development of French Music Criticism* (Ann Arbor, 1988), pp. 53, 70–71; Henry Raynor, *Music and Society since 1815* (New York, 1976).
37. Tamvaco, *Les Cancans*, vol. 1, pp. 285–6.
38. Véron, *Mémoires*, vol. 3, pp. 232–41; Crosten, *French Grand Opera*, pp. 41–5; Théophile Gautier, *Histoire de l'art dramatique en France*, vol. 1, p. 192.
39. Heinrich Heine, 'Über die französische Bühne: Vertraute Briefe an August Lewald', in *Sämtliche Schriften*, ed. Klaus Briegleb, 6 vols. (Munich, 1968), vol. 3, p. 339.
40. 引自 Carlotta Sorba, 'To Please the Public: Composers and Audiences in Nineteenth-Century Italy', *The Journal of Interdisciplinary History*, vol. 36, no. 4, *Opera and Society: Part II* (Spring 2006), p. 609.
41. Stendhal, *Life of Rossini*, p. 207 (Stendhal's emphasis).
42. Robert Letellier, *Meyerbeer's Robert le diable: The Premier Opéra Romantique* (Newcastle, 2012), p. 108.
43. Arthur Loesser, *Men, Women and Pianos: A Social History* (London 1955), pp. 156–7.
44. Ibid, p. 362
45. Ibid., p. 235.
46. Mary Burgan, 'Heroines at the Piano: Women and Music in Nineteenth-Century Fiction', in Nicholas Temperley (ed.), *The Lost Chord : Essays on Victorian Music* (Bloomington, 1989),

p. 43.
47. Cyril Ehrlich, *The Piano: A History* (Oxford, 1976), pp. 10, 27–34, 37, 109–10.
48. Loesser, *Men, Women and Pianos*, p. 386; Andreas Ballstaedt and Tobias Widmaier, *Salonmusik: Zur Geschichte und Funktion einer bürgerlichen Musikpraxis* (Wiesbaden, 1989), p. 32.
49. Benjamin Vogel, 'The Piano as a Symbol of Burgher Culture in Nineteenth-Century Warsaw', *The Galpin Society Journal*, vol. 46, Mar. 1993, pp. 137–46.
50. Anne Swartz, 'Technological Muses: Piano Builders in Russia, 1810–1881', *Cahiers du monde russe*, vol. 43, no. 1, Jan.–Mar. 2002, p. 122.
51. Ivan Turgenev, *Home of the Gentry*, trans. Richard Freeborn (London, 1970), pp. 169–70.
52. Ballstaedt and Widmaier, *Salonmusik*, p. 194.
53. Leon Botstein, 'Listening Through Reading: Musical Literacy and the Concert Audience', *19th-Century Music*, vol. 16, no. 2, 1992 (Fall), p. 135.
54. Thomas Christensen, 'Four-Hand Piano Transcription and Geographies of Nineteenth-Century Musical Reception', *Journal of the American Musicological Society*, vol. 52, no. 2, 1999 (Summer), pp. 255–98（数据见 257 页）.
55. Richard Wagner, *My Life*, trans. Andrew Gray (Cambridge, 1983), p. 155.
56. H. C. Robbins Landon (ed.), *Haydn: Chronicle and Works*, 5 vols. (London, 1976–80), vol. 1, pp. 350–51; Blanning, *Culture of Power*, pp. 166–8.
57. Jan Swafford, *Johannes Brahms: A Biography* (New York, 1997), p. 153.
58. Jan Swafford, *Beethoven: Triumph and Anguish* (New York, 2014), pp. 453–4, 477.
59. Ibid., p. 263. See further, Staffan Albinsson, 'Early Music Copyrights: Did They Matter for Beethoven and Schumann?', *International Review of the Aesthetics and Sociology of Music*, vol. 43, no. 2, 2012, pp. 265–302.
60. Rosselli, *Life of Bellini*, p. 64.
61. Ibid., pp. 75–7; Timothy King, 'Patronage and Market in the Creation of Opera before the Institution of Intellectual Property', *Journal of Cultural Economics*, vol. 25, no. 1, Feb. 2001, p. 40; John Rosselli, 'Verdi e la storia della retribuzione del compositore italiano', *Studi Verdiani*, vol. 2, 1983, p. 17.
62. Guido Zavani (ed.), *Donizetti: Vita, musiche, epistolario* (Bergamo, 1948), p. 515.
63. Stefano Baia Curioni, *Mercanti dell'opera: Storie di Casa Ricordi* (Milan, 2011), p. 103; Luke Jensen, *Giuseppe Verdi and Giovanni Ricordi with Notes on Francesco Lucca* (New York, 1989), p. 40.
64. Curioni, *Mercanti dell'opera*, p. 107.
65. Ibid., pp. 151–3; Rosselli, 'Verdi e la storia', pp. 22–3.
66. Jensen, *Giuseppe Verdi*, Appendix to ch. 2.
67. Ibid., pp. 35, 41, 73.
68. Curioni, *Mercanti dell'opera*, pp. 77, 244.
69. Nauhaus (ed.), *Marriage Diaries of Robert and Clara Schumann*, p. 200.

70. Beatrix Borchard, '"Ma chère petite Clara – Pauline de mon coeur" : Clara Schumann et Pauline Viardot, une amitié d'artistes franco-allemande', *Cahiers*, no. 20, 1996, p. 138; Fitzlyon, *Price of Genius*, pp. 210–11.
71. Jackson, *Giacomo Meyerbeer*, pp. 128–9. See further, Leon Plantinga, *Schumann as Critic* (New Haven, 1967).
72. *PSS*, vol. 1, p. 286.
73. Hector Berlioz, *Evenings with the Orchestra*, ed. and trans. Jacques Barzun (New York, 1956), p. 68.
74. William Weber, 'The Origins of the Concert Agent in the Social Structure of Concert Life', in Hans Bödeker, Patrice Veit and Michael Werner (eds.), *Le Concert et son public: Mutations de la vie musicale en Europe de 1780 à 1914* (Paris, 2002), p. 134; Jeffrey Cooper, *The Rise of Instrumental Music and Concert Series in Paris 1828–1871* (Ann Arbor, 1983), pp. 102–3.
75. Cyril Ehrlich, *First Philharmonic: A History of the Royal Philharmonic Society* (Oxford, 1995), pp. 33–44.
76. William Weber, 'Wagner, Wagnerism and Musical Idealism', in David Large and William Weber (eds.), *Wagnerism in European Culture and Politics* (Ithaca, NY, 1984), p. 50.
77. Murphy, *Hector Berlioz*, pp. 137–8.
78. Peter Schmitz, *Johannes Brahms und der Leipziger Musikverlag Breitkopf & Härtel* (Göttingen, 2009), p. 71.
79. Weber, 'Wagner, Wagnerism and Musical Idealism', p. 38.
80. James Garratt, *Music, Culture and Social Reform in the Age of Wagner* (Cambridge, 2010), p. 117; Botstein, 'Listening Through Reading', p. 133; Cecelia Hopkins Porter, 'The New Public and the Reordering of the Musical Establishment: The Lower Rhine Music Festivals, 1818–67', *19th-Century Music*, vol. 3, no. 3, Mar. 1980, pp. 219–23.
81. William Weber, *Music and the Middle Class: The Social Structure of Concert Life in London, Paris and Vienna* (London, 1975, new edn 2004), p. 24.
82. Cooper, *Rise of Instrumental Music*, pp. 69–70.
83. William Weber, *The Great Transformation of Musical Taste: Concert Programming from Haydn to Brahms* (Cambridge, 2008), pp. 162–4.
84. 'What is the Meaning of the Word "Classical" in a Musical Sense?', *Musical Library Monthly Supplement*, no. 25, Apr. 1836, pp. 64–5; Weber, *Great Transformation*, pp. 122–4.
85. Melanie Stier, *Pauline Viardot-Garcia in Grossbritannien und Irland* (Hildesheim, 2012), pp. 175–9, 213–16; FM, Gen/G/Gounod/3, 夏尔·古诺致亨利·乔利，1851 年 2 月 21 日。另见 Nikolai Žekulin, 'Pauline Viardot et la "Musique ancienne" ', *Cahiers*, no. 34, 2010, pp. 47–77. 1759 年亨德尔去世后，他的歌剧的第一次完整演出是 1920 年奥斯卡·哈根（Oskar Hagen）在哥廷根上演的《罗德琳达》(*Rodelinda*)（与芭芭拉·戴安娜［Barbara Diana］的通信）。
86. Walker, *Franz Liszt: The Virtuoso Years*, p. 289.
87. Cairns (trans. and ed.), *Memoirs of Hector Berlioz*, p. 250.
88. HL, MUS 264 (365), Pauline Viardot Journal, memoir dated 1887.

89. See James Hudson, *Listening in Paris: A Cultural History* (Berkeley, Calif., 1995); Richard Sennett, *The Fall of Public Man: On the Social Psychology of Capitalism* (New York, 1974). See also Weber, *Music and the Middle Class,* p. xxix.

90. Christina Bashford, 'Public Chamber-Music Concerts in London, 1835–50: Aspects of History, Repertory and Reception', Ph.D. diss., King's College London, 1996, p. 173.

91. Antje Pieper, *Music and the Making of Middle-Class Culture: A Comparative History of Nineteenth-Century Leipzig and Birmingham* (London, 2008), pp. 99–103.

92. Christopher Gibbs and Dana Gooley (eds.), *Franz Liszt and His World* (Princeton, 2006), pp. 153–60.

93. Devriès, 'La "Musique à bon marché" ', p. 231.

94. Garratt, *Music, Culture and Social Reform,* pp. 117–21.

95. Joel-Marie Fauquet, 'L'Association des artistes musiciens et l'organisation du travail de 1843 à 1853', in Hughes Dufourt and J.-M. Fauquet, *La Musique et le pouvoir* (Paris, 1987), pp. 103–11.

96. Swafford, *Beethoven,* pp. 934–5; Berlioz, *Evenings with the Orchestra,* p. 343; Opieńsky (ed.), *Chopin's Letters,* p. 295.

97. *PSS,* vol. 1, pp. 231–2.

98. Ibid., p. 248.

99. Afanasy Fet, *Moi vospominaniia,* 2 vols. (Moscow, 1890–91), vol. 1, p. 113.

100. *PSS,* vol. 1, pp. 307–8.

101. Héritte-Viardot, *Une famille de grands musiciens,* p. 118.

102. See Waddington, 'Role of Courtavenel'.

103. TMS, pp. 204–8.

104. Michael Steen, *Enchantress of Nations. Pauline Viardot: Soprano, Muse and Lover* (Cambridge, 2007), p. 153.

105. Zavani (ed.), *Donizetti,* p. 641.

106. ROH, Collections, SC 1/1/10-11, Frederick Gye Diaries and Correspondence, 18–20 July 1849, 27 Oct. 1850.

107. HL, MUS 264 (365), Pauline Viardot Journal, memoir dated 1887.

108. Mackinlay, *Garcia the Centenarian,* pp. 96–7.

109. Belinda Jack, *George Sand: A Woman's Life Writ Large* (London, 2001), p. 304.

110. Jeffrey Kallberg, 'Chopin in the Marketplace: Aspects of the International Music Publishing Industry', *Notes,* vol. 39, no. 3, Mar. 1983, p. 549; Opie sky (ed.), *Chopin's Letters,* p. 169; Tad Szulc, *Chopin in Paris: The Life and Times of the Romantic Composer* (New York, 1998), p. 223.

111. *Breitkopf und Härtel in Paris: The Letters of Their Agent Heinrich Probst between 1833 and 1840,* trans. Hans Lenneberg (Stuyvesant, 1990), pp. 25, 61.

112. Kallberg, 'Chopin in the Marketplace', p. 550; Opie sky (ed.), *Chopin's Letters,* vol. 1, pp.

334, 358, 648–9.
113. TMS, p. 105.
114. Alan Walker, *Fryderyk Chopin: A Life and Times* (London, 2018), pp. 564–5.
115. Jean-Jacques Eigeldinger, *Chopin vu par ses élèves* (Neuchâtel, 1979), p. 264.
116. Carolyn Shuster, 'Six Mazurkas de Frédéric Chopin transcrites pour chant et piano par Pauline Viardot', *Revue de Musicologie*, vol. 75, no. 2, 1989, pp. 265–83. See further Magdalena Chyli ska, John Comber and Artur Szklener (eds.), *Chopin's Musical Worlds: The 1840s*, trans. John Comber (Warsaw, 2007), pp. 126–37.
117. Cited in Seljak, *Ivan Turgenevs* Ökonomien, p. 89.
118. Ibid., p. 92.
119. *PSS*, vol. 1, p. 215.
120. *PSS*, vol. 1, p. 232.
121. Nikitina (ed.), *Letopis zhizni i tvorchestva I. S. Turgeneva*, p. 135.
122. *PSS*, vol. 1, p. 267.
123. BNF, NA Fr. 16274, Papiers Viardot, vol. 7, Lettres adressées à Louis Viardot, f. 23.
124. BNF, Aux Électeurs ⋯ de Seine-et-Marne. Louis Viardot [20 Mar. 1848].
125. Jean Larnac, *George Sand révolutionnaire* (Paris, 1947), p. 163.
126. ANF, AJ/13/180, 2, AJ 13/1160, 9, 勒德吕 - 罗兰与杜克洛的私人通信，1848 年；ANF, AJ/13/180, 2, Fermeture, 'Au nom du peuple', April 1848.
127. TMS, p. 248.
128. Ibid., pp. 249–50.
129. BNF, NA 16274, Papiers de Pauline Viardot, vol. 1, f. 130, 曼纽尔致保琳娜 · 维亚尔多。
130. Shuster, 'Six Mazurkas', p. 270; Mackinlay, *Garcia the Centenarian*, p. 170; BL MUS 329, f. 129, 31 May 1848; 保琳娜 · 维亚尔多致法尔茅斯勋爵，1848 年 6 月，私人收藏。
131. NYPL, JOE 82-1, 14, 保琳娜 · 维亚尔多致尤里乌斯 · 里茨，1839 年 6 月 7 日；TMS, p. 256.
132. TMS, p. 259.
133. Brzoska and Strohmann (eds.), *Meyerbeer: Le Prophète*, pp. 152–6.
134. *Diaries of Giacomo Meyerbeer*, vol. 2: *1840–1849*, p. 296.
135. BNF, NA 16274, Papiers de Pauline Viardot, vol. 3, Lettres adressées à Louis Viardot, ff. 177–8, 梅耶贝尔致路易 · 维亚尔多，1848 年 6 月 24 日。
136. Zimmermann, *Giacomo Meyerbeer*, p. 339; *Diaries of Giacomo Meyerbeer*, vol. 2, pp. 295–8.
137. Letellier, *Meyerbeer Studies*, p. 196.
138. *L'Âne à Baptiste, ou, Le Berceau du socialisme, grande folie lyrique en quatre actes et douze tableaux* (Paris, 1849).
139. Zimmermann, *Giacomo Meyerbeer*, p. 326.

140. Gerhard, *Urbanization of Opera*, pp. 254 ff.

141. Karin Pendle, *Eugène Scribe and French Opera of the Nineteenth Century* (Ann Arbor, 1979), pp. 502–4.

142. Frederic Coubes, 'Pauline Viardot dans *Le Prophète*', *Cahiers*, no. 2, 1978, pp. 109–16.

143. Stier, *Pauline Viardot-Garcia in Grossbritannien*, pp. 44–6, 50.

144. Gautier, *Histoire de l'art dramatique*, p. 86.

145. Marie-Hélène Coudroy, *La Critique parisienne des 'grands opéras' de Meyerbeer* (Paris, 1988), p. 11.

146. Brzoska and Strohmann (eds.), *Meyerbeer: Le Prophète*, p. 158; Giacomo Meyerbeer, *Briefwechsel und Tagebücher*, ed. Heinz Becker, 8 vols. (Berlin, 1959, 2006), vol. 4, pp. 487–8; Fitzlyon, *Price of Genius*, p. 245; TMS, p. 273.

147. BMD, 091 VIA, Letter from Pauline Viardot to Mme Puzzi (1849); Meyerbeer, *Briefwechsel und Tagebücher*, vol. 2, pp. 372–3.

148. FM, GEN/T/Turgenev, Turgenev to Henry Chorley, 6 November 1849.

149. *PSS*, vol. 1, p. 300.

150. Ibid.; Brzoska and Strohmann (eds.), *Meyerbeer: Le Prophète*, p. 465; Robert Letellier, *The Operas of Giacomo Meyerbeer* (Cranbury, NJ, 2006), pp. 197–8; Johannes Weber, *Meyerbeer: Notes et souvenirs d'un de ses secrétaires* (Paris, 1898), p. 90; *Le Journal des débâts*, 20 and 29 April, 27 October 1849.

151. Murphy, *Hector Berlioz*, p. 134; *La France musicale*, 29 Apr. 1849, p. 3; A. Gozenpud, *I. S. Turgenev* (St Petersburg, 1994), p. 46; Wellington (ed.), *Journal of Eugène Delacroix*, p. 102.

152. Wagner, *My Life*, p. 436.

153. Ibid., pp. 129–42.

154. Tom Kaufman, 'Wagner v Meyerbeer', *The Opera Quarterly*, vol. 19, no. 4, 2003, pp. 648–9.

155. Ibid.

156. Meyerbeer, *Briefwechsel und Tagebücher*, vol. 3, p. 28.

157. Letellier, *Meyerbeer: A Reader*, p. 306; Kaufman, 'Wagner v Meyerbeer', p. 649.

158. Paul Rose, *Wagner: Race and Revolution* (London, 1996), pp. 80–82.

159. Hans Becker, *Der Fall Heine–Meyerbeer* (Berlin, 1958), p. 101; Henri Blaze de Bury, *Meyerbeer et son temps*, p. 217.

160. Jim Samson, *Chopin* (Oxford, 1996), p. 260.

161. Benita Eisler, *Chopin's Funeral* (London, 2003), p. 3; *PSS*, vol. 1, p. 332.

162. FM, GEN/T/Turgenev, 屠格涅夫致亨利·乔利, 1849 年 11 月 6 日。

第三章 机械复制时代的艺术

1. 'La Villa Medicis en 1840: Souvenirs d'un pensionnaire', *Gazette des beaux-arts*, 1 April 1901, p. 272; Charles Gounod, *Mémoires d'un artiste* (Paris, 1896), p. 175.

2. Thérèse Marix-Spire, 'Gounod and His First Interpreter, Pauline Viardot – Part 1', *The Musical Quarterly*, vol. 31, no. 2, Apr. 1945, pp. 195–6.
3. 见他致亨利·乔利的信，他在信中提到保琳娜对歌剧第一幕的贡献（帮助修改了《萨福颂》），但要求那位乐评人不要告诉别人，见 FM, Gen/G/Gounod/1, 夏尔·古诺致亨利·乔利，1850 年 10 月 11 日。
4. A. I. Gertsen, *Sobranie sochinenii v tridtsati tomakh* (Moscow, 1954–64), vol. 24, p. 17.
5. Patrick Waddington, 'Turgenev and Gounod: Rival Strangers in the Viardots' Country Nest', *New Zealand Slavonic Journal*, no. 2, 1976, p. 14.
6. *NCI*, vol. 1, p. 41.
7. *PSS*, vol. 2, p. 21.
8. *NCI*, vol. 1, pp. 36–9.
9. Ibid., vol. 2, p. 20; Waddington, 'Turgenev and Gounod', pp. 18–20.
10. *NCI*, vol. 1, p. 41.
11. Waddington, 'Turgenev and Gounod', p. 25.
12. BNF, NA 16278, Papiers Viardot, IV, Lettres, ff. 368–9, 保琳娜·维亚尔多致伊凡·屠格涅夫，1850 年 6 月; Waddington, 'Turgenev and Gounod', pp. 25–7.
13. Ibid., p. 28.
14. I. S. Turgenev, *Moskovskoe Vremia* (Moscow, 2018), p. 89.
15. A. Ostrovskii, *Turgenev v zapiskakh sovremennikov* (Leningrad, 1929), pp. 91–2; *Turgenevskii sbornik: materialy k polnomu sobranii sochinenii i pisem I. S. Turgeneva*, 5 vols. (Moscow, 1964–9), vol. 2, p. 326.
16. *PSS*, vol. 2, pp. 40–41.
17. Ibid., pp. 71–3.
18. Ibid., pp. 74, 82; Seljak, *Ivan Turgenevs Ökonomien*, p. 110.
19. BNF, NA Fr. 16274, Papiers Viardot, vol. 7, Lettres adressées à Louis Viardot, 乔治·桑致路易·维亚尔多，1858 年 4 月 28 日。
20. Gounod, *Mémoires*, p. 187.
21. See Steven Huebner, *The Operas of Charles Gounod* (Oxford, 1990), p. 31.
22. BNF, NA Fr. 16278, Papiers Viardot, vol. 7, Varia, f. 15, 28 Feb. 1851.
23. *The Times*, 11 Aug. 1851, p. 3. See Stier, *Pauline Viardot-Garcia in Grossbritannien*, pp. 112 ff.
24. 保琳娜·维亚尔多致华金娜·加西亚，1851 年 7 月，私人收藏。
25. Paul Young, *Globalization and the Great Exhibition: The Victorian New World Order* (Basingstoke, 2009), pp. 51–2; Charles Babbage, *The Exposition of 1851* (London, 1851), pp. 42–3.
26. Karl Marx and Friedrich Engels, 'Review: May–October 1850', *Neue Rheinische Zeitung*, cited from Marxist-org Internet Archive.
27. Clare Pettitt, *Patent Inventions: Intellectual Property and the Victorian Novel* (Oxford, 2004),

p. 86.

28. Walter Benjamin, *The Arcades Project*, ed. Rolf Tiedemann, trans. Howard Eiland and Kevin McLaughlin (New York, 2002).
29. Pettitt, *Patent Inventions*, pp. 145–6; Charles Fay, *The Palace of Industry 1851* (Cambridge, 1951), p. 53.
30. Valentin Kovalev, 'Zapiski okhotnika', *I. S. Turgeneva: voprosy genezisa* (Moscow, 1980), pp. 54–8; V. P. Botkin and I. Turgenev, *Neizdannaia perepiska, 1851–1869* (Moscow–Leningrad, 1930), p. 12.
31. W. Rowe, *Through Gogol's Looking Glass* (New York, 1976), p. 113; *PSS*, vol. 2, p. 122.
32. *GJ*, vol. 2, p. 499.
33. A. Dunin, 'Ssylka I. S. Turgeneva v Orlovskuiu gub.', *Minuvshchie gody*, no. 8, 1908, pp. 34–6; *Vsemirnyi vestnik*, no. 1, 1901, Prilozhenie (Appendix), p. 31; Waddington, 'Some Gleanings on Turgenev', p. 211; *PSS*, vol. 2, pp. 134–5.
34. *PSS*, vol. 2, p. 135; Kovalev, 'Zapiski okhotnika', p. 196; Yulian Oksman, *I. S. Turgenev. Issledovaniia i materialy* (Odessa, 1921), pp. 18–20, 31–42.
35. *Russkoe bogatstvo*, no. 8, August 1894, p. 476.
36. B. Sokolov, 'Muzhik v izobrazhenii Turgeneva', in I. N. Rozanov and Iu. M. Sokolov (eds.), *Tvorchestvo Turgeneva: svornik statei* (Moscow, 1920), p. 203.
37. See e.g. 'Photographs from Russian Life', *Fraser's Magazine*, Aug. 1854, p. 210; Alphonse de Lamartine, 'Littérature Russe: Ivan Tourgueneff: CXXXI Entretien', in *Cours familier de littérature par mois* (Paris, 1866); N.M., 'Cherty iz parizhskoi zhizni I. S. Turgeneva', *Russkaia mysl'*, no. 11, 1883, p. 325.
38. Kovalev, 'Zapiski okhotnika', p. 120; Patrick Waddington, *Turgenev and George Sand: An Improbable Entente* (London, 1981), p. 66.
39. Dunin, 'Ssylka', p. 38; *PSS*, vol. 2, pp. 34, 40, 42–3, 165, 197.
40. HL, MUS 232/10, Meyerbeer to Pauline Viardot, 14 May 1852.
41. *PSS*, vol. 2, 159; T. N. Livanova, *Opernaia kritika v Rossii*, vol. 1, vyp. 2 (Moscow, 1967), pp. 11, 34.
42. HL, MUS 264 (76), 保琳娜·维亚尔多致路易·维亚尔多, 1853年3月17日、4月22日; 保琳娜·维亚尔多致路易·维亚尔多, 1853年4月25日, 私人收藏。
43. HL, MUS 264 (76), 保琳娜·维亚尔多致路易·维亚尔多, 1853年3月27日。
44. Philip Taylor, *Anton Rubinstein: A Life in Music* (Bloomington, 2007), p. 41; V. T. Sokolov, 'A. S. Dargomyzhskii v 1856–1869 gg.', *Russkaia Starina*, vol. 46, no. 5, 1885, p. 345.
45. *PSS*, vol. 2, p. 200; Fitzlyon, *Price of Genius*, pp. 291–2.
46. 'Turgenev v dnevnike P. A. Vasil'chikova', in *I. S. Turgenev. Novye materialy i issledovaniia: Literaturnoe Nasledstvo* (Moscow, 1967), p. 349; Dunin, 'Ssylka', p. 37; *PSS*, vol. 2, p. 244.
47. *Soch.*, vol. 7, pp. 220–29.
48. Seljak, *Ivan Turgenevs Ökonomien*, pp. 114–16, 491; *PSS*, vol. 3, pp. 62, 77, 143.
49. René Bouvier and Édouard Maynial, *Les Comptes dramatiques de Balzac* (Paris, 1938), p. 85.

Honoré de Balzac, *Correspondance*, ed. Roger Pierrot (Paris, 1962), vol. 2, pp. 621, 740.

50. Pettitt, *Patent Inventions*, p. 65; Christophe Charle, 'Le Champ de la production littéraire', in Chartier and Martin (eds.), *Le Temps des éditeurs* (Paris, 1985), vol. 3, pp. 148–50.
51. Frédéric Barbier, 'Le commerce international de la librairie française au XIXe siècle (1815–1913)', *Revue d'histoire moderne et contemporaine*, vol. 28, no. 1, 1981, pp. 94–117.
52. Christine Haynes, *Lost Illusions: The Politics of Publishing in Nineteenth-Century France* (Cambridge, Mass., 2010), p. 76; Herman Dopp, *La Contrefaçon des livres français en Belgique 1815–1852* (Louvain, 1932), pp. 74–6, 81, 94.
53. Catherine Seville, *The Internationalisation of Copyright Law: Books, Buccaneers, and the Black Flag in the Nineteenth Century* (Cambridge, 2006), p. 16; Peter Baldwin, *The Copyright Laws: Three Centuries of Trans-Atlantic Battle* (Princeton, 2014), p. 110; Richard Swartz, 'Wordsworth, Copyright, and the Commodities of Genius', *Modern Philology*, vol. 89, no. 4, 1992, pp. 482–509; T. B. Macaulay, *Speeches by Lord Macaulay: With His Minute on Indian Education*, ed. G. M. Young, Oxford, 1935, p. 164.
54. Isabelle Diu and Élisabeth Parinet, *Histoire des auteurs* (Paris, 2013), pp. 344–7.
55. Graham Robb, *Balzac: A Biography* (London, 1994), p. 239; Honoré de Balzac, 'Lettre adressée aux écrivains français du XIXe siècle', in *Oeuvres diverses*, ed. Pierre-George Castex, vol. 2 (Paris, 1990), p. 1250.
56. Victor Hugo, *Oeuvres complètes de Victor Hugo: Actes et paroles*, 3 vols. (Paris, 1937–40), vol. 1, pp. 306–8.
57. Stephan Füssel, *Schiller und seine Verleger* (Frankfurt, 2005), p. 311; Michael Westren, 'Development and Debate over Copyright in Imperial Russia, 1828–1917', *Russian History*, vol. 38, nos. 1–2, Spring–Summer 2003, p. 160.
58. Maria Iolanda Palazzolo, 'I tre occhi dell'editore: Cultura meridionale e mercato librario tra Otto e Novecento', *Meridiana*, no. 5, 'Città', 1989, pp. 169–98.
59. Alessandro Manzoni, *Epistolario di Alessandro Manzoni*, ed. Giovanni Sforza, 2 vols. (Milan, 1883), vol. 2, pp. 49–53.
60. Laura Forti, 'Alle origini dell'industria musicale italiana: Casa Ricordi e il diritto d'autore (1808–1892)', diss., Università Commerciale Luigi Bocconi, 2006, pp. 29–50; Curioni, *Mercanti dell'opera*, p. 80.
61. Olivero, 'Paperback Revolution', in Spiers (ed.), *Culture of the Publisher's Series*, vol. 1, p. 83.
62. Chartier and Martin (eds.), *Histoire de l'édition française*, vol. 3, pp. 138–9, 197–202; Diu and Parinet, *Histoire des auteurs*, p. 171; Ernest Vizetelly, *Emile Zola: Novelist and Reformer* (London, 1904), p. 114.
63. *GJ*, vol. 2, p. 867; George Sand, *Correspondance*, ed. Georges Lubin, 26 vols. (Paris, 1964–91), vol. 22, pp. 32, 45.
64. Haynes, 'The Politics of Authorship', p. 106; Frederick Brown, *Flaubert: A Biography* (London, 2007), pp. 429–30.
65. Kathryn Hughes, *George Eliot: The Last Victorian* (London, 1998), pp. 210–11.

66. Diu and Parinet, *Histoire des auteurs*, p. 369.
67. Émile Zola, 'Gustave Flaubert', *Oeuvres complètes*, 21 vols., ed. Henri Mitterand (Paris, 2002–10), vol. 10, p. 151; Francis Steegmuller (ed. and trans.), *The Letters of Gustave Flaubert, 1857–1880* (London, 1982), p. 78.
68. Simon Nowell-Smith, *International Copyright Law and the Publisher in the Reign of Queen Victoria* (Oxford, 1968), pp. 43–4; A. Parménie and C. Bonnier de la Chapelle, *Histoire d'un éditeur et de ses auteurs: P.-J. Hetzel* (Paris, 1953), pp. 233–4.
69. Barbier, 'Le commerce international de la librairie française', pp. 97–9.
70. Jean-Yves Mollier, 'Les Réseaux des libraires européens au milieu du XIXe siècle: L'Exemple des correspondants de la maison d'édition Michel Lévy frères, de Paris', in Barbier (ed.), *Est–ouest*, pp. 126–31. For more on Lacroix and *Les Misérables*, see David Bellos, *The Novel of the Century: The Extraordinary Adventure of 'Les Misérables'* (London, 2017).
71. Jules Hetzel, *La Propriété littéraire et le domaine public payant* (Brussels, 1860), p. 48.
72. ANF, AJ 13/1178, Le Droit, Journal des Tribunaux, 16 Oct. 1856, ff. 1–2.
73. Forti, 'Alle origini dell'industria musicale italiana', p. 40.
74. Nicholas Žekulin, 'Early Translations of Turgenev's "Zapiski okhotnika" into German, French and English', *New Zealand Slavonic Journal*, Festschrift in honour of Patrick Waddington (1994), pp. 229–34.
75. 'Photographs from Russian Life', p. 210; '*Zapiski okhotnika*', *I. S. Turgeneva (1852–1952): sbornik statei i materialov* (Orel, 1955), pp. 45–7, 112–16.
76. Pavel Annenkov, *The Extraordinary Decade: Literary Memoirs*, ed. Arthur P. Mendel, trans. Irwin R. Titunik (Ann Arbor, 1968), p. 201.
77. Xavier Darcos, 'Mérimée slavophile', *Cahiers*, no. 27, 2003, p. 15; Gilbert Phelps, *The Russian Novel in English Fiction* (London, 1956), p. 16; John L. Chamberlain, 'Notes on Russian Influences on the Nineteenth-Century French Novel', *The Modern Language Journal*, vol. 33, no. 5, 1949, pp. 374–6.
78. M. Cadot, *La Russie dans la vie intellectuelle française (1839–1856)* (Paris, 1967), p. 428; Wellington (ed.), *Journal of Eugène Delacroix*, p. 218.
79. Christophe Charle, *Les Intellectuels en Europe au xixe siècle: Essai d'histoire comparée* (Paris, 1996), pp. 123–7.
80. Michel Espagne, *Le Paradigme de l'étranger: Les Chaires de littérature étrangère au xixe siècle* (Paris, 1993), pp. 156–7, 195, 275; Thomas Loué, 'La *Revue des deux mondes* et ses libraires étrangers dans la lutte contre la contrefaçon belge (1848–52)', in Mollier (ed.), *Le Commerce de la librairie*, p. 327.
81. Sassoon, *The Culture of the Europeans*, pp. 33, 51.
82. Chevrel, D'hulst and Lombez (eds.), *Histoire des traductions*, pp. 266 ff.
83. Lieven D'hulst, 'Traduire L'Europe en France entre 1810 et 1840', in Michel Ballard (ed.), *Europe et traduction* (Ottawa, 1998), pp. 137–55; Chevrel, D'hulst and Lombez (eds.), *Histoire des traductions*, pp. 286, 293–4; Michael Hollington (ed.), *The Reception of Charles Dickens in Europe*, 2 vols. (London, 2013), vol. 1, pp. 20, 169.

84. Sassoon, *Culture of the Europeans*, p. 39; Peter France and Kenneth Haynes (eds.), *The Oxford History of Literary Translation in English*, vol. 4: *1790–1900* (Oxford, 2006), p. 34.
85. Norbert Bachleitner, 'Produktion, Tausch und Übersetzung im österreichischen Buchhandel im 19. Jahrhundert', in Barbier (ed.), *Est–ouest,* pp. 115, 122.
86. Isabelle Olivero, *L'Invention de la collection: De la diffusion de la littérature et des savoirs à la formation du citoyen au XIXe siècle* (Paris, 1999), p. 106; Jean-François Botrel, 'L'Exportation des livres et modèles éditoriaux français en Espagne et en Amérique latine (1814–1914)', in Jacques Michon and Jean-Yves Mollier (eds.), *Les Mutations du livre et de l'édition dans le monde du XVIIIe siècle à l'an 2000* (Paris, 2001), p. 224.
87. Sassoon, *Culture of the Europeans,* p. 51; Adriaan van der Weel, 'Nineteenth-Century Literary Translations from English in a Book Historical Context', in Martine de Clercq, Tom Toremans and Walter Verschueren (eds.), *Textual Mobility and Cultural Transmission* (Leuven, 2006), pp. 27–40.
88. Philippe Régnier, 'Littérature nationale, littérature étrangère au XIXe siècle: La Fonction de la *Revue des deux mondes* entre 1829 et 1870', in Michel Espagne and Michael Werner (eds.), *Philologiques. III. Qu'est-ce qu'une littérature nationale? Approches pour une théorie interculturelle du champ littéraire* (Paris, 1994), p. 300.
89. Hollington (ed.), *Reception of Charles Dickens in Europe*, vol. 1, pp. xxv–xxviii, 6–7, 错误地认为，狄更斯作品最早俄译是 1847 年的《董贝父子》译本。1838 年,《匹克威克外传》的俄语节译本问世，1840 年又推出了全译本。
90. Cited in Stephen Regan (ed.), *The Nineteenth-Century Novel: A Reader* (London, 2001), p. 23. See further, Joseph T. Flibbert, 'Dickens and the French Debate over Realism: 1838–1856', *Comparative Literature,* vol. 23, no. 1, 1971 (Winter), pp. 18–31.
91. Hollington, *Reception of Charles Dickens in Europe,* pp. 20 ff.
92. Patrick Waddington, 'Dickens, Pauline Viardot, Turgenev: A Study in Mutual Admiration', *New Zealand Slavonic Journal,* no. 1, 1974, pp. 59–60.
93. Ibid., p. 60.
94. Champfleury, *Le Réalisme* (Paris, 1857), p. 6.
95. Elizabeth Barrett Browning, *Aurora Leigh* (New York, 1996), p. 149.
96. Champfleury, *Réalisme*, p. 2.
97. George Eliot, 'The Natural History of German Life', *The Essays of 'George Eliot' Complete,* ed. Nathan Sheppard (New York, 1883), p. 143; Aleksandr Zviguil'skii, *Ivan Turgenev i Frantsiia: Sbornik statei* (Moscow, 2010), p. 92.
98. Peter James Bowman, 'Fontane and the Programmatic Realists: Contrasting Theories of the Novel', *The Modern Language Review,* vol. 103, no. 1, Jan. 2008, pp. 130–31. 关于屠格涅夫与维德特，见 Vladimir Viedert and Nicholas Žekulin, 'The Viedert–Turgenev Correspondence', *New Zealand Slavonic Journal,* 1991, pp. 1–50.
99. Eliot, 'Natural History of German Life', p. 271. See further, John Rignall, *George Eliot, European Novelist* (Farnham, 2011).
100. *PSS,* vol. 2, pp. 191, 201, 205, 306; Zvig., p. 168.

101. Elizabeth McCauley, *Industrial Madness: Commercial Photography in Paris, 1848–1871* (New Haven, 1994), pp. 39, 73; Elizabeth McCauley, *A. A. E. Disdéri and the Carte de Visite Portrait Photograph* (London, 1985); Peter Hamilton and Roger Hargreaves, *The Beautiful and the Damned: The Creation of Identity in Nineteenth-Century Photography* (London, 2001); Quentin Bajac, '"Une branche d'industrie assez importante" : L'Économie de daguerréotype à Paris, 1839–1850', in *Le Daguerréotype français: Un objet photographique* (Paris, 2003), pp. 47–8.
102. Charles Baudelaire, 'Le Public moderne et la photographie: Lettre à M. le Directeur de la *Revue française* sur le Salon de 1859', *Revue française*, vol. XVII, 20 June 1859, p. 263.
103. *Galerie des contemporains. Texte biographie par Dollingen. Portraits en pied, photographés par Disdéri* (Paris, 1861).
104. NYPL, JOE 82-1, 32, 保琳娜·维亚尔多致尤里乌斯·里茨, 1859 年 4 月 23 日 ; TMS, p. 286.
105. Theodore Zeldin, *France, 1848–1945*, 2 vols. (Oxford, 1973–7), vol. 2: *Intellect, Taste and Anxiety*, pp. 435–6; Dominique de Font-Réaulx, *Painting and Photography: 1839–1914* (Paris, 2012), pp. 144 ff; Hamilton and Hargreaves, *Beautiful and the Damned*, p. 45.
106. 关于狄更斯、英国现实主义文学以及照相对维多利亚时代中期影响的书目非常多，Nancy Armstrong, *Fiction in the Age of Photography: The Legacy of British Realism* (Cambridge, Mass., 1999) 提供了很好的介绍。
107. Charles Dickens, *Bleak House* (1853).
108. 例如见 Gustave Flaubert, *Correspondance*, 5 vols., eds. Jean Bruneau and Yvan Leclerc (Paris, 1973–2007), vol. 2, p. 35（致路易丝·科莱的信，1852 年 1 月 16 日）。
109. *GJ*, vol. 1, p. 642.
110. Flaubert, *Sentimental Education*, p. 25.
111. Roland Barthes, 'The Reality Effect', *The Rustle of Language*, trans. Richard Howard (New York, 1986), pp. 141–8.
112. Champfleury, *Réalisme*, p. 96.
113. Viardot, *Espagne et beaux-arts*, p. 353.
114. Charles Baudelaire, 'The Salon of 1859', in *The Mirror of Art: Critical Studies* (London, 1955), pp. 228–9.
115. Roubert Paul-Louis, 'La critique de la photographie, ou la genèse du discours photographique dans la critique d'art, 1839–1859', *Sociétés & Représentations*, no. 40, 2015/2 (Autumn), pp. 213–14.
116. Émile Zola, 'L'École française de peinture à l'exposition de 1878', *Oeuvres complètes*, pp. 992–3.
117. Albert de la Fizilière, 'Les Auberges illustrées', *L'Illustration*, vol. 22, 24 Dec. 1853, p. 425.
118. 见史密森学会的约翰·兰德藏品：http://www.aaa.si.edu/collections/john-goffe-rand-papers-6737/more.
119. 关于照相术对巴比松派风景画家的影响，见 Kermit Champa, *The Rise of Landscape Painting in France: Corot to Manet* (Manchester, NH, 1991), pp. 82 ff; André Jammes and

Eugenia Janis, *The Art of French Calotype* (Princeton, 1983), pp. 82–91; Kimberly Jones et al., *In the Forest of Fontainebleau: Painters and Photographers from Corot to Monet* (New Haven, 2008), pp. 154–63; Malcolm Daniel, *Eugène Cuvelier: Photographer in the Circle of Corot* (New York, 1996), pp. 13–15; Aaron Scharf, *Art and Photography* (London, 1979), pp. 77–9, 89–92.

120. I. S. Zil'bershtein, 'Vospomonaniia I. E. Tsvetkova, 1874', in *I. S. Turgenev. Novye materialy i issledovaniia: Literaturnoe Nasledstvo*, p. 417.

121. I. S. Turgenev, *Sketches from a Hunter's Album* (1852), p. 247; Alphonse Daudet, *Quarante ans de Paris, 1857–1897* (Geneva, 1946), p. 268. 另见 Cynthia Marsh, 'Turgenev and Corot: An Analysis of the Comparison', *The Slavonic and East European Review*, vol. 61, no. 1, Kiev Congress Papers, Jan. 1983, pp. 107–17.

122. René Brimo, *L'Évolution du goût aux États-Unis d'après l'histoire des collections* (Paris, 1938), p. 51.

123. Simon Kelly, 'Early Patrons of the Barbizon School: The 1840s', *Journal of the History of Collections*, vol. 16, no. 2, 2004, pp. 161–72; Rolande Miquel and Pierre Miquel, *Théodore Rousseau: 1812–1867* (Paris, 2010), p. 110.

124. Nicholas Green, *The Spectacle of Nature: Landscape and Bourgeois Culture in Nineteenth-Century France* (Manchester, 1990), pp. 118–19; Jones et al., *In the Forest of Fontainebleau*, pp. 21–3.

125. Petra ten-Doesschate Chu (ed. and trans.), *The Letters of Gustave Courbet* (Chicago, 1992), pp. 60, 98–9.

126. Petra ten-Doesschate Chu, *The Most Arrogant Man in France: Gustave Courbet and the Nineteenth-Century Media Culture* (Princeton, 2007), pp. 50–52, 148.

127. Cited in Font-Réaulx, *Painting and Photography*, p. 60.

128. BNF, Yb3 1739 (1)-4, 居斯塔夫·库尔贝致尚弗勒里, 1854年11月。

129. Ibid., 居斯塔夫·库尔贝致尚弗勒里, 1854年11月。关于对《画室》的这种解读, 见 Béatrice Joyeux-Prunel, *Les Avant-gardes artistiques 1848–1918* (Paris, 2015), p. 53.

130. *Paris Universal Exhibition, 1855. Catalogue of the Works Exhibited in the British Section of the Exhibition, in French and English; Together with Exhibitors' Prospectuses, Prices Current, &c.* (London, 1855), p. 2.

131. Pierre Assouline, *Discovering Impressionism: The Life of Paul Durand-Ruel* (New York, 2004), p. 58.

132. Gerstle Mack, *Gustave Courbet* (New York, 1951), p. 137. 另见 Oskar Bätschmann, *The Artist in the Modern World: The Conflict between Market and Self-Expression* (Cologne, 1997), pp. 122–30.

133. Walter Benjamin, *The Work of Art in the Age of Mechanical Reproduction*, trans. J. A. Underwood (London, 2008), p. 12.

134. Bayer and Page, *Development of the Art Market in England*, pp. 86, 247.

135. Ibid., p. 120; Jeremy Maas, *Gambart: Prince of the Victorian Art World* (London, 1975), pp. 115–16. 1860年11月12日, 甘巴特在写给同为版画商的乔治·佩内尔（George

Pennell）的信中概述了这个商业计划。对于该计划的再现，见 Robert Verhoogt, *Art in Reproduction: Nineteenth-Century Prints after Lawrence Alma-Tadema, Jozef Israëls and Ary Scheffer* (Amsterdam, 2007), pp. 185–6.

136. Pamela Fletcher, 'Creating the French Gallery: Ernest Gambart and the Rise of the Commercial Art Gallery in Mid-Victorian London', *Nineteenth-Century Art Worldwide*, vol. 6, no. 1, 2007 (Spring).
137. Goupil's exploitation of this legal loophole led to a lawsuit brought by the descendants of Scheffer, Delaroche and Vernet against his company. See Agnès Penot, *La Maison Goupil: Galerie d'art internationale au XIXe siècle* (Paris, 2017), pp. 56–7.
138. Verhoogt, *Art in Reproduction*, pp. 292–4, 304.
139. Henri Béraldi, *Les Graveurs du XIXe siècle*, 12 vols. (Paris, 1885–92), vol. 12, p. 17.
140. Émile Zola, 'Nos peintres au Champ-de-Mars', *Écrits sur l'art* (Paris, 1991), p. 184.
141. *PSS*, vol. 2, pp. 279, 283, 305, 315; vol. 3, p. 11.
142. Aileen Kelly, *Toward Another Shore: Russian Thinkers between Necessity and Chance* (New Haven, 1998). p. 41.
143. *PSS*, vol. 2, p. 320.
144. *PSS*, vol. 3, pp. 85, 106, 117.
145. Ibid., pp. 132, 134.
146. Mark Everist, 'Enshrining Mozart: Don Giovanni and the Viardot Circle', *19th-Century Music*, vol. 25, nos. 2–3, 2001–2 (Fall/Spring), pp. 165–72; Catherine Vallet-Collot, 'Don Giovanni: Un manuscrit légendaire', *Revue de la BNF*, no. 54, 2017/1, pp. 108–19.
147. NYPL, JOE 82-1, 12, 7, 保琳娜·维亚尔多致尤里乌斯·里茨, 1859 年 1 月 7 日；Saint-Saëns, *Musical Memories*, p. 148; Héritte-Viardot, *Une famille de grand musiciens*, p. 93.
148. John Forster, *The Life of Charles Dickens*, ed. B. W. Matz, 2 vols. (London, 1911), vol. 2, p. 185; Waddington, 'Dickens, Pauline Viardot, Turgenev', pp. 56–8.
149. BNF, NA 16274, Papiers de Pauline Viardot, vol. 1, f. 255, 古诺致保琳娜·维亚尔多.
150. Thérèse Marix-Spire, 'Gounod and His First Interpreter, Pauline Viardot – Part II', *The Musical Quarterly*, vol. 31, no. 3, July 1945, pp. 299–317; *PSS*, vol. 2, p. 141.

第四章 流动的欧洲

1. *PSS*, vol. 3, p. 201.
2. Ibid., pp. 195, 219.
3. *LI*, pp. xvi, 83–4, 89.
4. I. S. Zil'bershtein, 'Poslednii dnevnik Turgeneva', *IPA*, vol. 1, p. 366.
5. *PSS*, vol. 3, pp. 161–2, 251.
6. NYPL, JOE 82-1, 10, 保琳娜·维亚尔多致尤里乌斯·里茨, 1859 年 1 月 1 日。
7. Zil'bershtein, 'Poslednii dnevnik Turgeneva', p. 366.

8. BNF, NA Fr. 16278, Papiers Viardot, vol. 7, Varia, ff. 74–6, Testament de Louis Viardot.
9. *PSS*, vol. 4, p. 211; Zvig., p. 28; Kendall-Davies, *The Life and Work of Pauline Viardot-Garcia*, vol. 1, p. 416.
10. Schapiro, *Turgenev*, p. 163; *PSS*, vol. 3, pp. 236, 257.
11. Botkin and Turgenev, *Neizdannaia perepiska, 1851–1869*, pp. 116–17, 138–9.
12. Fet, *Moi vospominaniia*, vol. 1, p. 212; *PSS*, vol. 3, p. 264.
13. IRL RAN, f. 365 (Botkin), op. 1, d. 68, l. 107; I. M. Grevs, *Turgenev i Italia* (Leningrad, 1925), pp. 33–41; *PSS*, vol. 3, pp. 269, 278.
14. Ivan Turgenev, 'Poezdka v Al'bano i Frascati', in *Soch.*, vol. 11, p. 81; *PSS*, vol. 3, p. 307.
15. Ivan Turgenev, *Literary Reminiscences*, trans. David Magarshack (Chicago, 1958), p. 193; Richard Freeborn, 'Turgenev at Ventnor', *Slavonic and East European Review*, vol. 51, no. 124, July 1973, pp. 387–8.
16. P. V. Annenkov, *Literaturnye vospominaniia* (Moscow, 1960), p. 452.
17. Freeborn, 'Turgenev at Ventnor', p. 389.
18. Allan Mitchell, *The Great Train Race* (New York, 2000), p. 70; James M. Brophy, *Capitalism, Politics and Railroads in Prussia, 1830–1870* (Columbus, 1998), p. 70.
19. GJ, vol. 2, p. 2.
20. Jeremy Black, The *British Abroad: The Grand Tour in the Eighteenth Century* (New York, 1992), pp. 7–12, 57–9; John Towner, 'The Grand Tour: A Key Phase in the History of Tourism', *Annals of Tourism Research*, vol. 12, no. 3, 1985, pp. 310–12; Jozsef Borocz, 'Travel-Capitalism: The Structure of Europe and the Advent of the Tourist Source', *Comparative Studies in Society and History*, vol. 34, no. 4, Oct. 1992, pp. 710–12; Jan Palmowski, 'Travels With Baedeker–The Guidebook and the Middle Classes in Victorian and Edwardian Britain', in Rudy Koshar (ed.), *Histories of Leisure* (Oxford, 2002), p. 107; 'A Flight', *Household Words*, 30 August 1851.
21. Borocz, 'Travel-Capitalism', p. 721.
22. *The Edinburgh Review*, vol. 138, no. 282, Oct. 1873, p. 497; Theodor Fontane, 'Modernes Reisen: Eine Plauderei' (1873), in *Von, vor und nach der Reise: Plaudereien und kleine Geschichten* (Berlin, 1999), p. 5.
23. *PSS*, vol. 3, pp. 216, 231; *Exhibition of Art Treasures of the United Kingdom, Held at Manchester in 1857: Report of the Executive Committee* (Manchester, 1859). Elizabeth A. Pergram, *The Manchester Art Treasures Exhibition of 1857: Entrepreneurs, Connoisseurs and the Public* (Farnham, 2011), p. 63.
24. Nick Prior, *Museums and Modernity* (Oxford, 2002), pp. 37 ff; James J. Sheehan, *Museums in the German Art World: From the End of the Old Regime to the Rise of Modernism* (Oxford, 2000), pp. 83–4.
25. Ian Ousby, *The Englishman's England: Taste, Travel and the Rise of Tourism* (London, 1990), pp. 38–9; Gail Marshall, 'Women Re-Read Shakespeare Country', in Nicola Watson (ed.), *Literary Tourism and Nineteenth-Century Culture* (Basingstoke, 2009), p. 95; Bodo Plachta, 'Remembrance and Revision: Goethe's Houses in Weimar and Frankfurt', in Herald

Hendrix (ed.), *Writers' Houses and the Making of Memory* (London, 2007), p. 55.

26. Barbara Schaff, 'John Murray's *Handbooks* to Italy: Making Tourism Literary', in Watson (ed.), *Literary Tourism*, pp. 106 ff; *Handbook for Travellers in Central Italy*, 5th edn (London, 1858), p. 270; *The Complete Works of Charles Dickens: Pictures from Italy and American Notes* (New York, 2009), pp. 65–6.
27. 关于若阿那和维亚尔多夫妇，见 TMS, p. 174; Daniel Nordman, 'Les Guides-Joanne: Ancêtres des Guides-Bleus', in Pierre Nora (ed.), *Les Lieux de mémoire*, II: *La Nation*, 3 vols. (Paris, 1986), vol. 1, pp. 530–35.
28. John Mackenzie, 'Empires of Travel: British Guidebooks and Cultural Imperialism in the Nineteenth and Twentieth Centuries', in John Walton (ed.), *Histories of Tourism: Representation, Identity and Conflict* (Clevedon, 2005), p. 22; Nicholas Parsons, *Worth the Detour: A History of the Guidebook* (Thrupp, 2007), p. 182; John R. Gretton, Introduction in W. B. C. Lister (ed.), *A Bibliography of Murray's Handbooks for Travellers* (Dereham, 1993), p. ii.
29. Johann Ebel, *Anleitung auf die nützlichste und genussvollste Art die Schweiz zu bereisen*, 2 vols. (Zurich, 1793).
30. JMA, MS. 40035, 卡尔·拜德克致约翰·穆雷, 1852 年 10 月 22 日。
31. Rudy Koshar, 'What Ought to be Seen: Tourist Guidebooks and National Identities in Modern Germany and Europe', *Journal of Contemporary History*, vol. 33, no. 3, 1998, p. 323.
32. Jemima Morrell, *Miss Jemima's Swiss Journal* (London, 1963), p. 23; Henri Heine, *Reisebilder: Tableaux de voyages*, 2 vols. (Paris, 1856), vol. 2, p. 171; Michal Wiszniewski, *Podrdz do Wioch, Sycylii i Malty*, ed. H. Barycz (Warsaw, 1982), p. 110; John Pemble, *The Mediterranean Passion: Victorians and Edwardians in the South* (Oxford, 1987), p. 72.
33. James Buzard, *The Beaten Track: European Tourism, Literature, and the Ways to 'Culture' 1800–1918* (Oxford, 1993), p. 77.
34. Charles Dickens, *The Complete Works of Charles Dickens (in 30 volumes, Illustrated)*, vol. 1: *Little Dorrit* (London, 2009), p. 201.
35. Jill Steward, '"How and Where to Go" : The Role of Travel Journalism in Britain and the Evolution of Foreign Tourism, 1840–1914', in Walton (ed.), *Histories of Tourism*, p. 46; TCA, *Cook's Excursionist and International Tourist Advertiser*, 28 August 1863, p. 5; *Guide to Cook's Tours in France, Switzerland and Italy* (London, 1865), p. 32.
36. 'Continental Excursionists', *Blackwood's Magazine*, vol. 97, Jan.–June 1865, pp. 231–2.
37. Edward Cook and Alexander Wedderburn (eds.), *The Works of John Ruskin*, 39 vols. (London, 1903–12), vol. 5, pp. 380–81; vol. 18, p. 89.
38. Fontane, *Modernes Reisen*, p. 5.
39. Ivan Turgenev, 'Iz-za granitsy: pis'mo pervoe', in *Soch.*, vol. 11, pp. 303–7.
40. See Buzard, *Beaten Track*, chs. 1 and 2.
41. Mollier, *Louis Hachette*, p. 343; Chartier and Martin, *Histoire de l'édition française*, vol. 3, p. 39.

42. Elsa Damien 'Ruskin vs. Murray: Battles for Tourist Guidance in Italy', *Nineteenth-Century Contexts*, vol. 32, no. 1, 2010, pp.19–30; Keith Hanley and John Walton, *Constructing Cultural Tourism: John Ruskin and the Tourist Gaze* (Bristol, 2010), pp. 78, 133–4, 144–5.
43. See Maxence Mosseron, 'Du "grand musée européen" au musée intérieur: Frontières de l'art et de la création chez Théophile Gautier', *Romantisme*, no. 173, Mar. 2016, pp. 79–87.
44. Beaulieu, 'Louis-Claude Viardot', pp. 243–62.
45. J. Towner, *An Historical Geography of Recreation and Tourism in the Western World, 1540–1940* (New York, 1996), pp. 106–11; Black, *British Abroad*, pp. 10, 23, 59.
46. Parsons, *Worth the Detour*, p. 203; Rolf Lessenich, 'Literary Views of English Rhine Romanticism, 1760–1860', *European Romantic Review*, vol. 10, nos. 1–4, 1999, p. 497.
47. Mary Shelley, *Frankenstein, or The Modern Prometheus* (Oxford, 1969), p. 155; George Byron, *Childe Harold's Pilgrimage*, in *The Poetical Works of Lord Byron* (London, 1837), p. 34.
48. Cecelia Hopkins Porter, *The Rhine as Musical Metaphor: Cultural Identity in German Romantic Music* (Boston, 1996), pp. 46–53, 61, 112, 120–22.
49. Michael Heafford, 'Between Grand Tour and Tourism: British Travellers to Switzerland in a Period of Transition, 1814–1860', *Journal of Transport History*, 3rd Series, vol. 27, no. 1, March 2006, pp. 25–47.
50. Catherine Lavenir, *La Roue et le Stylo: Comment nous sommes devenus touristes* (Paris, 1999), pp. 299 ff; Alain Corbin, *The Lure of the Sea: The Discovery of the Seaside in the Western World, 1750–1840* (Los Angeles, 1994), pp. 270–77; Peter Borsay and John K. Walton (eds), *Resorts and Ports: European Seaside Towns since 1700* (Buffalo, 2011), pp. 39–40; Gabriel Désert, *La Vie quotidienne sur les plages normandes du Second Empire aux Années folles* (Paris, 1883), pp. 59–60. On the Bohemian spa towns: Mirjam Zadoff, *Next Year in Marienbad: The Lost Worlds of Jewish Spa Culture*, trans. William Templer (Philadelphia, 2007).
51. See John Davis, *The Victorians and Germany* (Oxford, 2007).
52. John Pudney, *The Thomas Cook Story* (London, 1953), p. 74; Mark Twain, *Innocents Abroad* (Oxford, 1996), p. 427.
53. *The Times*, 12 Jan. 1850.
54. Théophile Gautier, *Les Beaux-Arts en Europe, 1855* (Paris, 1855), pp. 1–2; Patricia Mainardi, *Art and Politics of the Second Empire: The Universal Expositions of 1855 and 1867* (New Haven, 1989), p. 70.
55. Théophile Thoré, 'Des tendances de l'art au xixe siècle', *Revue universelle des arts*, vol. 1, 1855, p. 83.
56. 'Tourguéniev et la France: Actes du Congrès International de Bougival, 8–9 Mai 1981', *Cahiers*, no. 5, 1981, p. 35; Phelps, *Russian Novel in English Fiction*, p. 54; *PSS*, vol. 1, p. 284, and vol. 2, p. 27; Annenkov, *Extraordinary Decade*, p. 203.
57. Emmanuel de Las Cases, *Mémorial de Saint-Hélène*, 2 vols. (Paris, 1842), vol. 2, pp. 144–5.
58. Giuseppe Mazzini, *A Cosmopolitanism of Nations: Giuseppe Mazzini's Writings on*

Democracy, Nation Building, and International Relations, ed. Stefano Recchia and Nadia Urbinati (Princeton, 2009), p. 2.

59. Victor Hugo, *Oeuvres complètes,* eds. Jacques Seebacher and Guy Rosa, 15 vols. (Paris, 1985–90), vol. 10, pp. 6, 302.
60. Walter Benjamin, 'Paris, the Capital of the Nineteenth Century', in *The Writer of Modern Life: Essays on Charles Baudelaire* (Cambridge, Mass., 2006), pp. 30–45.
61. HL, MUS 264 (76), f. 88–9, 保琳娜·维亚尔多致路易·维亚尔多, 1857 年 12 月 9 日。
62. *LI,* p. 318.
63. See Hilary Poriss, 'Pauline Viardot, Travelling Virtuosa', *Music and Letters,* vol. 96, no. 2, 2015, pp. 185–208.
64. HL, MUS 262 (76), 保琳娜·维亚尔多致路易·维亚尔多, 无日期。
65. NYPL, JOE 82-1, 29, 保琳娜·维亚尔多致尤里乌斯·里茨, 1859 年 3 月 26 日（译自 'Pauline Viardot-Garcia to Julius Rietz, Letters of Friendship', *The Musical Quarterly,* vol. 1, no. 4, Oct. 1915, pp. 549, 552).
66. HL, MUS 264 (76), 保琳娜·维亚尔多致路易·维亚尔多, 1857 年 12 月 17 日（译自 Poriss, 'Pauline Viardot', p. 205).
67. HL, MUS 264 (76), 保琳娜·维亚尔多致路易·维亚尔多, 1858 年 1 月 15 日（译自 Poriss, 'Pauline Viardot', p. 199).
68. HL, MUS 264 (76), 保琳娜·维亚尔多致路易·维亚尔多, 1857 年 12 月 21 日。
69. *Revue et Gazette musicale de Paris,* 15 Aug. 1858.
70. BNF, NA Fr. 16275, Papiers Viardot, vol. IV, Lettres adressées à Claudie et George Chamerot, Ivan Tourgenev et divers, ff. 342–3, 保琳娜·维亚尔多致伊凡·屠格涅夫, 1858 年 11 月 18 日。
71. NYPL, JOE 82-1, 29, 保琳娜·维亚尔多致尤里乌斯·里茨, 1859 年 2 月 13 日（译自 'Pauline Viardot-Garcia to Julius Rietz, Letters of Friendship', *The Musical Quarterly,* vol. 1, no. 4, Oct. 1915, pp. 532, 538).
72. See William Gibbons, *Building the Operatic Museum: Eighteenth-Century Opera in Fin-de-Siècle Paris* (Rochester, NY, 2013).
73. Joël-Marie Fauquet, 'Berlioz's Version of Gluck's *Orphée*', in Peter Bloom (ed.), *Berlioz Studies* (Cambridge, 2006), p. 195.
74. Berlioz, *Correspondance générale,* vol. 5, p. 645.
75. Ibid., pp. 713–14; 'Pauline Viardot-Garcia to Julius Rietz, Letters of Friendship', *The Musical Quarterly,* vol. 2, no. 1, Jan. 1916, p. 42.
76. BNF, NA Fr. 16272, Papiers Viardot, vol. 1, Lettres adressées à Pauline Viardot, f. 35.
77. Berlioz, *Correspondance générale,* vol. 6, pp. 36, 41n.
78. Henry Chorley, *Thirty Years' Musical Recollections,* 2 vols. (London, 1862), vol. 2, pp. 55–60.
79. Patrick Waddington, 'Pauline Viardot-Garcia as Berlioz's Counselor and Physician', *The Musical Quarterly,* vol. 59, no. 3, July 1973, p. 395; Flaubert, *Correspondance,* vol. 3, p. 83.
80. Charles Dupêchez, *Marie d'Agoult, 1805–1876* (Paris, 1994), p. 264.

81. HL, MUS 264 (360), Pauline Viardot-Garcia Papers, 'Costumi', 1858 and undated; BMO, LAS Delacroix (Eugène) 1, Delacroix to Pauline Viardot, 18 Sept. 1859; BNF, NA Fr. 16272, Papiers Viardot, vol. 1, Lettres adressées à Pauline Viardot, f. 87, 德拉克洛瓦致保琳娜·维亚尔多, 1859 年 9 月 21 日。
82. BNF, NA Fr. 16272, Papiers Viardot, vol. 1, Lettres adressées à Pauline Viardot, f. 298, 安格尔致保琳娜·维亚尔多, 1862 年 1 月 5 日。关于受到维亚尔多的《俄耳甫斯》启迪的画家, 见 Katrin Müller-Höcker, *Pauline Viardots Orpheus-Interpretation in der Berlioz-Fassung von Glucks Orphée*, in *Viardot-Garcia-Studien*, vol. 5 (Hildesheim, 2016), pp. 225–8.
83. 'Pauline Viardot-Garcia to Julius Rietz, Letters of Friendship', *The Musical Quarterly*, vol. 2, no. 1, Jan. 1916, p. 44.
84. Fitzlyon, *Price of Genius*, p. 356.
85. Charlton (ed.), *Cambridge Companion to Grand Opera*, part IV, pp. 197 ff.
86. BNF, NA Fr. 16272, Papiers Viardot, vol. 1, Lettres adressées à Pauline Viardot, f. 102; Waddington, 'Dickens, Pauline Viardot, Turgenev', pp. 42–3.
87. Berlioz, *Correspondance générale*, vol. 6, p. 160.
88. Ibid., p. 223; Waddington, 'Viardot-Garcia as Berlioz's Counselor and Physician', pp. 396–7.
89. Peter Bloom and Hans Vaget, 'Berlioz und Wagner: Épisodes de la vie des artistes', *Archiv für Musikwissenschaft*, vol. 58. no. 1, 2001, pp. 1–22.
90. David Cairns, *Berlioz*, vol. 2: *Servitude and Greatness 1832–1869* (London, 1999), pp. 651 ff. Wagner, *My Life*, p. 498.
91. *PSS*, vol. 3, p. 205.
92. Ibid., vol. 4, p. 64.
93. Ibid., vol. 4, p. 211.
94. Ibid., vol. 4, pp. 64, 241.
95. BNF, Tourguéniev, Ivan, Manuscrits parisiens. Slave 88, XV, cote 25. 另见 Andre Mazon, *Manuscrits parisiens d'Ivan Tourguénev, notices et extraits* (Paris, 1930), pp. 61–2, 68, 87.

第五章　欧洲在玩乐

1. HL, MUS 264 (365), Journal, 12 July 1863.
2. *PSS*, vol. 5, p. 175.
3. *Memoirs of Eugenie Schumann*, trans. Marie Busch (London, 1985), p. 109; NYPL, JOE 82-9, 保琳娜·维亚尔多致尤里乌斯·里茨, 1859 年 1 月 1 日。
4. *Revue et Gazette musicale de Paris*, 25 Aug. 1861, 12 Jan. 1862, 30 Mar. 1862.
5. *PSS*, vol. 3, p. 181.
6. *PSS*, vol. 3, pp. 214, 218; vol. 11, p. 223; Kovalevskii, 'Vospominaniia ob I. S. Turgeneve', p. 16.
7. Viardot, *Espagne et beaux-arts*, p. 380.

8. 引自 *Johannes Brahms in Baden-Baden und Karlsruhe* (Catalogue, Baden Landesbibliothek in Karlsruhe, 1983).

9. Klaus Fischer, 'Dernières traces de Tourguéniev à Baden-Baden', *Cahiers,* no. 6, 1982, p. 23; N. P. Generalova, *I. S. Turgenev: Rossiia i Evropa: Iz istorii russko evropeiskikh literaturnykh i obshchevstvennykh sviazei* (St Petersburg, 2003), p. 241.

10. Charles Clark, 'Baden-Baden in 1867', *Temple Bar,* 21 (Oct. 1867), pp. 384, 387; Ivan Turgenev, *Smoke,* trans. Michael Pursglove (London, 2013), p. 3.

11. Berlioz, *Correspondance générale,* vol. 4, no. 1627; Hector Berlioz, *Les Grotesques de la musique* (Paris, 1859), p. 121.

12. BNF, département Estampes et photographie, YD-1 (1863-04-01)-8, Catalogue des tableaux anciens et dessins formant la belle collection de M. Louis Viardot.

13. ANF, O/5/1698, 'Ordonnance de payement', f. 368; ANF, 20144790/129, 基维特致皇家博物馆的首席绘画修复师, 1857 年 7 月 28 日。

14. Julius Kraetz, 'Iwan Turgenjew: Seine Wohnsitze', *Baden-Baden: Beiträge zur Geschichte der Stadt und des Kurortes Baden-Baden,* no. 13, 1976: *Pauline Viardot – Iwan Turgenjew;* Gerhard Ziegengeist (ed.), *I. S. Turgenev und Deutschland: Materialien und Untersuchungen* (Berlin, 1965), p. 26; Lange-Brachmann and Draheim (eds.), *Pauline Viardot,* p. 250; Patrick Waddington, 'Role of Courtavenel', p. 124.

15. Nicholas G. Zekulin, *The Story of an Operetta: Le Dernier Sorcier by Pauline Viardot and Ivan Turgenev* (Munich, 1989), pp. 11–14; *PSS,* vol. 7, p. 178.

16. *PSS,* vol. 5, p. 159, vol. 7, p. 82, vol. 9, pp. 17, 19, vol. 11, pp. 65, 79; Tamara Zviguilsky, 'Tourguéniev et sa fille, d'après leur correspondance', *Cahiers,* no. 12, 1988, p. 40.

17. *PSS,* vol. 7, pp. 139 ff., 170, 174, vol. 9, p. 43; Seljak, *Ivan Turgenevs Ökonomien,* pp. 190–94, 201–16.

18. *PSS,* vol. 4, p. 132, vol. 5, p. 157; Seljak, *Ivan Turgenevs Ökonomien,* pp. 131–2, 147.

19. GJ, vol. 2, p. 941.

20. Seljak, *Ivan Turgenevs Ökonomien,* pp. 134–7, 143, 151.

21. Ibid., p. 131; *PSS,* vol. 5, p. 219, vol. 6, pp. 8, 56, 69, vol. 7, p. 75, vol. 9, pp. 16, 26, 60.

22. OR RNB, f. 654, op. 1, d. 89, l. 3 (V. A. Rubinshtein, 'Otgoloski proshlogo. Vospominaniia').

23. NYPL, JOE 82-9, 10, 维亚尔多致里茨, 1859 年 1 月 1 日。

24. See Robert Priest, *The Gospel According to Renan: Reading, Writing, and Religion in Nineteenth-Century France* (Oxford, 2015), ch. 4.

25. L.V. [Louis Viardot], *Apologie d'un incrédule* (Paris, 1868), pp. 8, 10, 14–15.

26. OR RNB, f. 654, op. 1, d. 89, l. 6 (V. A. Rubinshtein, 'Otgoloski proshlogo. Vospominaniia').

27. *La France musicale,* no. 17, 26 Apr. 1863, p. 130.

28. Beatrix Borchard, *Pauline Viardot-Garcia: Fülle des Lebens* (Vienna, 2016), p. 108.

29. Ostrovskaia, *Vospominaniia o Turgeneve,* p. 5; Lange-Brachmann and Draheim (eds.), *Pauline Viardot in Baden-Baden und Karlsruhe,* p. 88.

30. Borchard, *Pauline Viardot-Garcia,* p. 232.

31. B. Litzmann (ed.), *Letters of Clara Schumann and Johannes Brahms, 1853–96*, 2 vols. (London, 1927), vol. 1, p. 171.
32. Ludwig Pietsch, 'Heimfahrt auf Umwegen', in *Iwan Turgenjew: Briefe an Ludwig Pietsch. Mit einem Anbang: Ludwig Pietsch über Turgenjew* (Berlin, 1968), p. 150.
33. Adelheid von Schorn, *Zwei Menschenhalter: Erinnerungen und Briefe aus Weimar und Rom* (Stuttgart, 1913), p. 153.
34. HL, MUS 264 (365), Journal, 23 July 1863.
35. Ostrovskaia, *Vospominaniia o Turgeneve*, pp. 13–14.
36. Alexandre Zviguilsky, 'Louise Héritte-Viardot 1841–1918', *Cahiers*, no. 15, 1991, pp. 103–12.
37. *PSS*, vol. 4, p. 241.
38. Gustave Dulong, *Pauline Viardot, tragédienne lyrique*, *Cahiers*, no. 8, 1984, p. 273.
39. See Alison F. Frank, 'The Air Cure Town: Commodifying Mountain Air in Alpine Central Europe', *Central European History*, vol. 45, no. 2, 2012, pp. 185–207.
40. Derek Scott, *Sounds of the Metropolis: The 19th-Century Popular Music Revolution in London, New York, Paris and Vienna* (London, 2011), pp. 131 ff.; Peter Kemp, *The Strauss Family* (London, 1989), pp. 66–7.
41. Heinrich Jacob, *Johann Strauss* (London, 1937), pp. 165–70; Hans Fantel, *Johann Strauss: Father and Son and Their Era* (Newton Abbot, 1971), pp. 123–9.
42. Michael Musgrave, *A Brahms Reader* (New Haven, 2000), p. 106.
43. Hervé Maneglier, *Paris impérial: La Vie quotidienne sous le Second Empire* (Paris, 1991), pp. 87–92; Roger Williams, 'Jacques Offenbach and Parisian Gaiety', *The Antioch Review*, vol. 17, no. 1, 1957, p. 121.
44. Weber, *Great Transformation*, pp. 208–31.
45. GJ, vol. 1, p. 1046.
46. François Caradec, Le *Café-concert* (Paris, 1980), p. 34; Patrice Higonnet, *Paris: Capital of the World* (Cambridge, Mass., 2002), trans. Arthur Goldhammer, p. 292; Maneglier, *Paris impérial*, pp. 175–6.
47. Maneglier, *Paris impérial*, pp. 179–80; T. J. Clark, *The Painting of Modern Life: Paris in the Art of Manet and His Followers*, rev. edn (London, 1990), pp. 206–34.
48. GJ, vol. 1, p. 632.
49. Nathalie Coutelet, '*Les Folies-Bergère*: une pornographie "select" ', *Romantisme*, no. 163, 2014/1, pp. 111–24.
50. Peter Bailey (ed.), *Music Hall: The Business of Pleasure* (Milton Keynes, 1986), pp. 16–17, 22–4; Derek Hudson, *Munby, Man of Two Worlds: The Life and Diaries of Arthur J. Munby, 1828–1910* (London, 1972), p. 119.
51. Irene Lawford-Hinrichsen, *Music Publishing and Patronage. C. F. Peters: 1800 to the Holocaust* (Kenton, 2000), p. 18; *A Short History of Cheap Music as Exemplified in the Records of the House of Novello, Ewer and Company* (London, 1887), pp. 78–9, 103–6; Derek Scott, *The Singing Bourgeois: Songs of the Victorian Drawing Room and Parlour*, 2nd edn (London, 2001), pp. 122–30; Paula Gillett, 'Entrepreneurial Women Musicians in Britain:

From the 1700s to the Early 1900s', in William Weber (ed.), *The Musician as Entrepreneur, 1700–1914: Managers, Charlatans, and Idealists* (Bloomington, 2004), pp. 206–7.

52. Zekulin, *Story of an Operetta*, pp. 15–19; *PSS*, vol. 7, p. 31; Paul Viardot, *Souvenirs d'un artiste* (Paris 1910), p. 19.

53. On the Weimar premiere, see Klaus-Dieter Fischer and Nicholas Zekulin, *Die Beziehungen Pauline Viardots und Ivan S. Turgenevs zu Weimar*, in *Viardot-Garcia-Studien*, vol. 5 (Hildesheim, 2016), pp. 41–72.

54. Zekulin, *Story of an Operetta*, p. 26; *PSS*, vol. 7, p. 220.

55. BNF, NA 16274, Papiers de Pauline Viardot, vol. 3, Lettres adressées à Louis Viardot, ff. 192–4, 奥芬巴赫致路易·维亚尔多, 1868 年 7 月 19 日。

56. Alain Decaux, *Offenbach, roi du Second Empire* (Paris, 1958), pp. 142–3; Alexander Faris, *Jacques Offenbach* (London, 1980), pp. 102–4.

57. Robert Schipperges, 'Offenbach – Antisemitismus – Nazismus: Zu einigen Topoi der Rezeption', in Peter Csobádi et al. (eds.), *Das (Musik-)Theater in Exil und Diktatur: Vorträge und Gespräche des Salzburger Symposions 2003* (Salzburg, 2005), pp. 314–30.

58. GJ, vol. 3, p. 64.

59. Siegfried Kracauer, *Jacques Offenbach and the Paris of His Time* (New York, 2002), p. 163.

60. Jean-Claude Yon, *Jacques Offenbach* (Paris, 2000), p. 146.

61. Kracauer, *Jacques Offenbach*, pp. 204, 211–12; James Harding, *Jacques Offenbach: A Biography* (London, 1980), pp. 115–16; Williams, 'Jacques Offenbach and Parisian Gaiety', p. 122.

62. Jacques Offenbach, Henri Meilhac and Ludovic Halévy, *La Belle Hélène: Opéra-bouffe en trois actes* (Paris, 1864), p. 253.

63. Jacques Offenbach, Henri Meilhac and Ludovic Halévy, *La Vie parisienne: Opéra-bouffe en 5 actes ou 4 actes* (Paris, 1866), pp. 4, 45.

64. *PSS*, vol. 7, p. 217.

65. Ibid., p. 219.

66. Ibid.

67. Ibid., p. 218.

68. See Thomas Hall, *Planning Europe's Capital Cities: Aspects of Nineteenth-Century Urban Development* (London, 1997), pp. 344 ff.

69. *Mémoires du baron Haussmann*, 2nd edn, 3 vols. (Paris, 1890), vol. 2, pp. 199–200.

70. Alfred Delvau, *Les Plaisirs de Paris: Guide pratique et illustré* (Paris, 1867), p. 4; Charles Baudelaire, *The Painter of Modern Life and Other Essays*, trans. Jonathan Mayne (New York, 1964), p. 9. See further, Hazel Hahn Haejeong, 'Du flâneur au consommateur: spectacle et consommation sur les Grands Boulevards, 1840–1914', *Romantisme*, no. 134, 2006/4, pp. 67–78.

71. Yon, *Jacques Offenbach*, pp. 347, 359.

72. Williams, 'Jacques Offenbach and Parisian Gaiety', p. 127; Faris, *Jacques Offenbach*, p. 150.

73. Parturier, *Une amitié littéraire*, p. 154; *PSS*, vol. 7, p. 172.
74. Fantel, *Johann Strauss*, pp. 153, 56, 165–8.
75. Marguerite and Jean Alley, *A Passionate Friendship: Clara Schumann and Brahms* (London, 1956), p. 132.
76. 关于她的作品清单，见 Patrick Waddington, *The Musical Works of Pauline Viardot-Garcia (1821–1910): A Chronological Catalogue* (Upper Hutt, 2001).
77. *The Athenaeum*, 19 Jan. 1850, p. 79.
78. *NCI*, vol 1 (1971), p. xx; *LI*, p. 327; Franz Liszt, 'Pauline Viardot-Garcia', in *Gesammelte Schriften*, 6 vols. (Leipzig, 1881), vol. 3, p. 126.
79. *PSS*, vol. 1, p. 207, vol. 5, pp. 148, 184, 209, 215, 244, 249, vol. 6, p. 171, vol. 12, p. 60, vol. 14, p. 58.
80. Ibid., vol. 6, p. 146.
81. Thérèse Marix-Spire, 'Vicissitudes d'un opéra-comique: *La Mare au diable* de George Sand et de Pauline Viardot', *Cahiers*, vol. 3, 1979, pp. 66–7.
82. Nancy B. Reich, 'Women as Musicians: A Question of Class', in Ruth A. Solie (ed.), *Musicology and Difference: Gender and Sexuality in Music Scholarship*, (Berkeley, 1993), pp. 134–6.
83. Sebastian Hensel, *The Mendelssohn Family 1729–1847*, 4th rev. edn, 2 vols. (London, 1884), vol. 1, p. 82; *Letters of Felix Mendelssohn Bartholdy from 1833 to 1847*, ed. Paul Mendelssohn Bartholdy, trans. Lady Wallace (London, 1864), p. 113.
84. HL, MUS 264 (365), Pauline Viardot Journal, memoir dated 1889.
85. Marcia J. Citron, *Gender and the Musical Canon* (Cambridge, 1993), pp. 56–7; Borchard, '"Ma chère petite Clara" ', p. 136.
86. Anna Eugénie Schoen-René, *America's Musical Inheritance* (New York, 1941), p. 134.
87. BMO, NLA 357, 保琳娜·维亚尔多致亨利·欧热尔 (Henri Heugel)，1882 年 2 月 21 日。
88. Marix-Spire, 'Vicissitudes d'un opera-comique', p. 66.
89. Anton Chekhov, *Three Sisters*, in *Plays*, trans. Peter Carson (London, 2002), p. 265.
90. François-Joseph Fétis, *Biographie universelle des musiciens et bibliographie générale de la musique: Supplément et complément* (Paris, 1878), p. 314. See further, Bea Friedland, *Louise Farrenc, 1804–1875: Composer, Performer, Scholar* (Ann Arbor, 1980).
91. GJ, vol. 1, p. 941.
92. Gustave Flaubert, *Lettres inédites à Tourgueneff* (Monaco, 1946), p. 3.
93. Ibid.; *Lettres de Gustave Flaubert à George Sand* (Paris, 1884), p. 73.
94. Flaubert, *Lettres inédites*, p. 21; *PSS*, vol. 8, p. 199.
95. *PSS*, vol. 10, pp. 146–7, vol. 15, p. 22.
96. Anton Fedyashin, *Liberals Under Autocracy: Modernization and Civil Society in Russia, 1866–1904* (Madison, 2012), p. 5; V. E. Kel'ner, *Chelovek svoego vremeni (M. M. Stasiulevich: izdatel'skoe delo i liberal'naia oppozitsiia)* (St Petersburg, 1993), p. 58.

97. Thierry Ozwald, 'Autour d'une collaboration littéraire: Les destins croisés de Mérimée et Tourguéniev', *Cahiers*, no. 15, 1991, pp. 79–101.

98. Rolf-Dieter Kluge, 'Ivan Turgenev und seine deutschen Freunde', in Dittmar Dahlmann, *Deutschland und Rußland: Aspekte kultureller und wissenschaftlicher Beziehungen im 19. und frühen 20. Jahrhundert* (Wiesbaden, 2004), p. 5.

99. Ibid., p. 136; Peter Brang, 'Tourguéniev et l'Allemagne', *Cahiers*, no. 7, 1983, p. 76; Toman, 'I. S. Turgenev i nemetskaia kul'tura', pp. 31–58; *PSS*, vol. 5, p. 12. On Wolfsohn and Glümer: Luis Sundkvist, 'Vil'gel'm Vol'fson, Kler fon Gliumer i pervye nemetskie perevody romana "Otsy i deti" ', in NPG, vol. 4: *K 200-letiiu I. S. Turgeneva (1818–2018)* (Moscow, 2016), pp. 76–165.

100. *PSS*, vol. 8, pp. 191–2.

101. Ibid., vol. 9, pp. 94–5; 'M. Tourgueneff and His English Traducer', *Pall Mall Gazette*, 3 Dec. 1868.

102. OR RNB, f. 654, op. 1, d. 89, l. 7 (V. A. Rubinshtein, 'Otgoloski proshlogo. Vospominaniia'); Taylor, *Anton Rubinstein*, p. 107; *PSS*, vol. 11, p. 32.

103. V. V. Stasov, *Izbrannye sochineniia*, 2 vols. (Moscow, 1937), vol. 2, p. 557.

104. Ts. A. Kiui, *Izbrannye stat'i* (Leningrad, 1952), p. 43; Turgenev, *Smoke*, p. 89.

105. *PSS*, vol. 7, p. 130.

106. Benjamin Curtis, *Music Makes the Nation: Nationalist Composers and Nation Building in Nineteenth-Century Europe* (Amherst, 2008), pp. 128–9; John Tyrrel, *Czech Opera* (Cambridge, 1988), pp. 216–27.

107. See the classic work by Eric Hobsbawm and Terence Ranger (eds.), *The Invention of Tradition* (Cambridge, 1983).

108. Jonathan Bellman, 'Toward a Lexicon for the *Style hongrois*', *The Journal of Musicology*, vol. 9, no. 2, 1991, pp. 214–37; Lynn Hooker, *Redefining Hungarian Music from Liszt to Bartók* (Oxford, 2013), p. 139.

109. Joseph Frank, *Dostoevsky: The Miraculous Years 1865–1871* (Princeton, 1996), pp. 189–204; Anna Dostoevsky, *Dostoevsky Reminiscences*, trans. Beatrice Stillman (London, 1977), p. 130.

110. Turgenev, *Smoke*, pp. 3–4.

111. Frank, *Dostoevsky: The Miraculous Years*, pp. 212–13.

112. Ibid., pp. 215–16.

113. *PSS*, vol. 8, p. 87.

114. Fyodor Dostoevsky, *The Possessed*, trans. David Magarshack (London, 1973), pp. 452, 454, 474–5.

115. Frank, *Dostoevsky: The Miraculous Years*, p. 211; *PSS*, vol. 11, p. 86, vol. 12, p. 71.

116. Schapiro, *Turgenev*, p. 197.

117. *Letopis' zhizni i tvorchestva I. V. Turgeneva (1867–1870)* (Moscow, 1997), pp. 4, 33, 56; *PSS*, vol. 7, pp. 205, 207.

118. *PSS*, vol. 6, pp. 45–6.
119. HL, MUS 264 (365), Pauline Viardot Journal, 24 May 1868.
120. Ibid., Feb. 1869.
121. Frithjof Haas, *Hermann Levi: From Brahms to Wagner* (Toronto, 2012), pp. 51–5; Julien Tiersot (ed.), *Lettres françaises de Richard Wagner* (Paris, 1935), pp. 285–6.
122. Schoen-René, *America's Musical Inheritance*, pp. 69–71; *NCI*, vol. 1, p. 354.
123. Ziegengeist (ed.), *Turgenev und Deutschland*, pp. 279–80; Schapiro, *Turgenev*, pp. 191–2; *PSS*, vol. 9, p. 21, vol. 10, p. 44. See further: Karl-Dietrich Fischer, 'Turgenev und Richard Wagner', *Zeitschrift für Slawistik*, vol. 31, no. 2, 1986, pp. 228–32.
124. 'Pauline Viardot-Garcia to Julius Rietz', *The Musical Quarterly*, vol. 2, no. 1, Jan. 1916, p. 58.
125. Albert Goldman and Evert Sprinchorn (eds.), *Wagner on Music and Drama: A Selection from Richard Wagner's Prose Works*, trans. H. Ashton Ellis (London, 1970).
126. Max Horkheimer and Theodor Adorno, 'The Culture Industry: Enlightenment as Mass Deception', in *Dialectic of Enlightenment* (Stanford, 2002 [1944]). See further, Nicholas Vazsonyi, *Richard Wagner: Self-Promotion and the Making of Brand* (Cambridge, 2010), p. 89 and passim.
127. Robert Hartford (ed.), *Bayreuth: The Early Years* (Cambridge 1980), pp. 16–28; Frederic Spotts, *Bayreuth: A History of the Wagner Festival* (New Haven, 1994), p. 40.
128. Haas, *Hermann Levi*, pp. 53–5; Lange-Brachmann and Draheim (eds.), *Pauline Viardot in Baden-Baden und Karlsruhe*, pp. 101–2.
129. Zekulin, *Story of an Operetta*, p. 58.
130. Heinz Becker and Gudrun Becker, *Giacomo Meyerbeer: A Life in Letters* (London, 1989), p. 14.
131. Zekulin, *Story of an Operetta*, pp. 58–9.
132. Rolf Kabel (ed.), *Eduard Devrient aus seinen Tagebüchern*, 2 vols. (Weimar, 1964), vol. 2, p. 567; *PSS*, vol. 10, p. 145; Zekulin, *Story of an Operetta*, pp. 54–5.
133. Zekulin, *Story of an Operetta*, pp. 56 ff.; *PSS*, vol. 10, p. 145.
134. Fischer and Zekulin, *Die Beziehungen Pauline Viardots*, p. 91.
135. *PSS*, vol. 10, pp. 192, 195.
136. Turgenev, *Sochinenii*, vol. 10, p. 313.
137. Litzmann (ed.), *Letters of Clara Schumann and Johannes Brahms*, vol. 1, p. 248.
138. *PSS*, vol. 10, pp. 216, 249; N. Mikhailov, 'Vitse-presidenta kongressa', in *Shakhmaty v SSSR* (Moscow, 1970), pp. 24–5.
139. *PSS*, vol. 10, pp. 231–2; *Turgenevskii sbornik*, p. 58.
140. *Memoirs of Eugénie Schumann*, p. 127.
141. *PSS*, vol. 10, pp. 233, 237–8.
142. Ibid., p. 239; Waddington, *Turgenev and England*, p. 141.

143. Decaux, *Offenbach*, pp. 208–9.
144. BNF NA 16274, Papiers de Pauline Viardot, vol. 3, Lettres adressées à Louis Viardot, 乔治·桑致保琳娜·维亚尔多，1870 年 9 月 8 日。
145. BMO, LA-VIARDOT PAULINE-66, Lettre de Pauline Viardot à Madame Crémieux.
146. HL, MUS 264 (365), Journal, 18 Oct. 1870.
147. *PSS*, vol. 10, p. 252.

第六章　没有音乐的国度

1. Waddington, *Turgenev and England*, p. 144.
2. Barbara Kendall-Davies, *The Life and Work of Pauline Viardot-Garcia*, vol. 2: *The Years of Grace, 1863–1910* (Amersham, 2013), p. 1; Litzmann (ed.), *Letters of Clara Schumann and Johannes Brahms*, vol. 1, p. 253; Viardot, *Souvenirs d'un artiste*, pp. 21–2.
3. Michèle Beaulieu, 'Louis-Claude Viardot, collectionneur et critique d'art', Société d'Histoire de l'Art Français, Séance du 4 février 1984, *Bulletin de la Société d'Histoire de l'Art Français*, 1984, pp. 252–3.
4. Stier, *Pauline Viardot-Garcia in Grossbritannien*, pp. 241–6.
5. HL, MUS 232/1, Gounod to Pauline Viardot, 31 Jan. 1864.
6. TCL, Houghton MSS, Q 47/1, 路易·维亚尔多致托马斯·米尔纳·吉布森，1871 年 3 月 23 日。
7. Herman Klein, *Thirty Years of Musical Life in London, 1870–1900* (London, 1903), pp. 34–41; Waddington, *Turgenev and England*, p. 145; *PSS*, vol. 10, p. 268.
8. *PSS*, vol. 11, pp. 18, 55.
9. *PSS*, vol. 11, p. 88.
10. Thomas C. Jones and Robert Tombs, 'The French Left in Exile: *Quarante*-Huitards and Communards in London, 1848–1880', in Martyn Cornick and Debra Kelly (eds.), *A History of the French in London: Liberty, Equality, Opportunity* (London, 2013), pp. 165–8, 235–7; Jerry White, *London in the Nineteenth Century: 'A Human Awful Wonder of God'* (London, 2007), pp. 142–3.
11. Jones and Tombs, 'French Left in Exile', pp. 170–71; B. Porter, *The Refugee Question in Mid-Victorian Politics* (Cambridge, 1979), pp. 182–3.
12. White, *London in the Nineteenth Century*, pp. 142–7; Lucio Sponza, *Italian Immigrants in Nineteenth-Century Britain: Realities and Images* (Leicester, 1988), pp. 2–4. On the German community in London, see Rosemary Ashton, *Little Germany: Exile and Asylum in Victorian England* (Oxford, 1986).
13. Christine Corton, *London Fog: The Biography* (London, 2015), ch. 5.
14. Flora Tristan, *Promenades dans Londres* (Paris, 1840), pp. 49–50.
15. Fabrice Bensimon, 'The French Exiles and the British', in Sabine Freitag (ed.), *Exiles from European Revolutions: Refugees in Mid-Victorian England* (New York, 2002), p. 91; Theodor Fontane, *A Prussian in Victorian London*, ed. John Lynch (London, 2014), p. 107.

16. Waddington, *Turgenev and England*, pp. 141–2.
17. GJ, vol. 1. p. 1138.
18. *Londres et son environs: Collection des Guides-Joannes* (Paris, 1882), p. 16.
19. Viardot, *Souvenirs de chasse*, pp. 53, 63.
20. TMS, p. 101; *LI*, p. 311.
21. Alexander Herzen, *My Past and Thoughts: The Memoirs of Alexander Herzen*, trans. Constance Garnett, 4 vols. (London, 1968), vol. 3, p. 1048.
22. Edward Carr, *The Romantic Exiles: A Nineteenth-Century Portrait Gallery* (London, 1949), p. 119; Edmondo De Amicis, *Memories of London*, trans. Stephen Parkin (London, 2014), pp. 63–4; Vallès cited in Higonnet, *Paris: Capital of the World*, p. 241.
23. Viardot, *Souvenirs de chasse*, p. 300.
24. Henry Taine, *Taine's Notes on England*, trans. Edward Hyams (London, 1957), p. 242.
25. Ian Buruma, *Anglomania: A European Love Affair* (New York, 1998), pp. 105–6; Litzmann (ed.), *Letters of Clara Schumann and Johannes Brahms*, vol. 1, p. 187; G. Karpeles (ed.), *Heinrich Heine's Memoirs*, trans. G. Cannan, 2 vols. (London 1910), vol. 1, pp. 192–3.
26. Iwo Zaluski and Pamela Zaluski, 'Chopin in London', *The Musical Times*, vol. 133, no. 1791, May 1992, p. 227.
27. Alley, *Passionate Friendship*, p. 160.
28. Davis, *Victorians and Germany*, pp. 248–9.
29. Jonathan Parry, *The Politics of Patriotism: English Liberalism, National Identity and Europe, 1830–1886* (Cambridge, 2006), pp. 9–10.
30. Lucy Riall, *Garibaldi: Invention of a Hero* (New Haven, 2007), pp. 336 ff.
31. Pemble, *Mediterranean Passion*, pp. 268–9.
32. 引自 Antoni Ma̧czak, 'Gentlemen's Europe: Nineteenth-Century Handbooks for Travellers, *Annali d'Italianistica*, vol. 21: *Hodoeporics Revisited / Ritorno all'odeporica* (2003), p. 360.
33. Linda Colley, *Britons: Forging the Nation 1707–1837* (New Haven, 1992).
34. Henry Mayhew, *German Life and Manners: As Seen in Saxony at the Present Day*, 2 vols. (London, 1864), vol. 1, pp. viii–ix.
35. Waddington, *Turgenev and England*, p. 203.
36. Sassoon, *Culture of the Europeans*, pp. 37–40.
37. Taine, *Taine's Notes on England*, p. 25.
38. Albinsson, 'Early Music Copyrights', p. 276; Franz Joseph Haydn, *The Collected Correspondence and London Notebooks of Joseph Haydn*, ed. H. C. Robbins Landon (Fair Lawn, 1959), p. 252.
39. Rudolf Evers (ed.), *Mendelssohn: A Life in Letters* (New York, 1986), p. 106; Cairns, *Berlioz*, vol. 2, p. 509.
40. Verdi, *Lettere*, p. 170.
41. Rosselli, *Singers of Italian Opera*, pp. 142–3.

42. Matthew Ringel, 'Opera in "The Donizettian Dark Ages" : Management, Competition and Artistic Policy in London, 1861–70', Ph.D. diss., King's College London, 1996, p. 29.
43. Christophe Charle, 'La circulation des opéras en Europe au xixe siècle', *Relations internationales*, no. 155, 2013/3, pp. 11–31; Dideriksen, 'Repertory and Rivalry', pp. 286–8.
44. Henry Wyndham, *The Annals of Covent Garden Theatre*, 2 vols. (London, 1906), vol. 2, pp. 243–4.
45. Ibid., pp. 49–51, 71–3.
46. Henri Moulin, *Impressions de voyage d'un étranger à Paris: Visite à l'Exposition Universelle de 1855* (Mortain, 1856), p. 47.
47. Oscar Schmitz, *The Land without Music* (London, 1918), p. 26; Carl Engel, *An Introduction to the Study of National Music* (London, 1866), p. 3.
48. Guido Guerzoni, 'The British Painting Market 1789–1914', in M. North and W. Koln (eds.), *Economic History and the Arts* (Vienna, 1996), pp. 97–132; Bayer and Page, *Development of the Art Market in England*, p. 96.
49. M. F. MacDonald, P. de Montfort and N. Thorp (eds.), *The Correspondence of James McNeill Whistler, 1855–1903* (Glasgow, 2003), no. 08050.
50. Ross King, *The Judgement of Paris: The Revolutionary Decade That Gave the World Impressionism* (New York, 2006), pp. 239–40; Edward Morris, *French Art in Nineteenth-Century Britain* (London, 2005), pp. 156–7.
51. GJ, p. 596.
52. Assouline, *Discovering Impressionism*, p. 99.
53. Paul Durand-Ruel, *Memoirs of the First Impressionist Art Dealer (1831–1922)* (Paris, 2014), p. 122; John House, 'New Material on Monet and Pissaro in London,' *Burlington Magazine*, Oct. 1978, pp. 636–7; Morris, *French Art*, p. 157.
54. Caroline Corbeau-Parsons, 'Crossing the Channel', in Corbeau-Parsons (ed.), *The EY Exhibition. Impressionists in London: French Artists in Exile 1870–1904* (London, 2017), p. 19; Anne Robbins, 'Monet, Pissaro and Fellow French Painters in London, 1870–1', in ibid., p. 61.
55. Moulin, *Impressions*, p. 47.
56. Louis Viardot, *The Wonders of Sculpture* (London, 1872), pp. 271–2.
57. BNF, NA 16273, Lettres à Pauline Viardot, ff. 395–6, 屠格涅夫致保琳娜·维亚尔多, 1879年6月4日。
58. GJ, vol. 2, p. 369.
59. *PSS*, vol. 11, p. 15.
60. Ibid., p. 88.
61. BMO, LA-VIARDOT PAULINE-57, 保琳娜·维亚尔多致弗朗索瓦·施瓦布, 1871年5月15日。
62. *PSS*, vol. 11, p. 102.
63. Ibid., p. 118.

64. Waddington, *Turgenev and England*, pp. 161–2.
65. *PSS*, vol. 11, p. 116; Waddington, *Turgenev and England*, pp. 115, 122–3.
66. Waddington, *Turgenev and England*, pp. 131, 130.

第七章　没有国界的文化

1. *PSS*, vol. 11, p. 158; Waddington, 'Some Gleanings on Turgenev', p. 212.
2. *Vosp.*, pp. 318, 322; 'Vospominaniia A. I. Abarinovoi', *Istoricheskii vestnik*, vol. 83, Jan. 1901, p. 219.
3. Maria Ge, 'Vospominaniia (Iz znakomstva c Ivanom Sergeevichem Turgenevym)', *Novyi zhurnal dlia vsekh*, no. 2, 1915, p. 23; Maurice Guillemot, 'Un Russe de jadis', *Le Figaro*, 7 Nov. 1925; A. F. Koni, *Na zhiznennom puti*, 5 vols. (St Petersburg, 1912–29), vol. 2, p. 40; E. O. Repchanskaia, 'Moi vospominaniia o Viardot i ee otnosheniiakh k Turgenevu', *Angara* (Irkutsk), no. 1 (58), 1963, p. 117; Héritte-Viardot, *Une famille de grands musiciens*, p. 130.
4. P. D. Boborykin, 'U romanistov (Parizhskie Vpechatleniia)', *Slovo*, no. 11, 1878, p. 38; P. D. Boborykin, 'Turgenev doma i za granitsei', in *I. S. Turgenev v vospominaniiakh sovremennikov*, pp. 187–8.
5. APP BA art. 1287: Tourgeneff, Cabinet du Préfet: affaires générales, 106409, 'Rapports', 28 Oct. 1873, 3 Mar. 1880, 8 Sept. 1883.
6. Ibid., 10 Jan. 1877.
7. 1870年10月，他曾致信乔治·桑，请她帮忙为自己在安德尔省（桑生活在那里）赢得一个共和派议员的席位，见 Sand, *Correspondance*, vol. 22, p. 208.
8. APP BA art. 1294: Viardot, Cabinet du Préfet: affaires générales, 128027, 'Rapports', 1 and 9 Dec.1874, 9 Oct. 1875.
9. Flaubert, *Correspondance*, vol. 5, p. 140.
10. Ibid., vol. 4, p. 723.
11. *GJ*, vol. 10, p. 75; Leon Edel (ed.), *Henry James Letters*, vol. 2: *1875–83* (London, 1974), pp. 16, 45.
12. Alphonse Jacobs (ed.), *Gustave Flaubert–George Sand: Correspondance* (Paris, 1981), pp. 222, 273.
13. *The George Sand–Gustave Flaubert Letters*, trans. A. L. McKenzie (New York, 1921), p. 289.
14. N.M., 'Cherty is parizhskoi zhizni', p. 314.
15. BNF, NA, 25877, pp. 1–2; B. Rees, *Camille Saint-Saëns: A Life* (London, 1999), p. 93.
16. Edel (ed.), *Henry James Letters*, vol. 2, p. 37.
17. Caroline Franklin Grout, *Heures d'autrefois: Mémoires inédits. Souvenirs intimes* (Rouen, 1999), pp. 84–5.
18. Elena Apreleva (E. Ardov), 'Iz vospominanii ob I. S. Turgeneve', *Russkie vedomosti*, 15 and 18 Jan. 1904; Viardot, *Souvenirs d'un artiste*, pp. 47–8.

19. Kovalevskii, 'Vospominaniia ob I. S. Turgeneve', p. 18.
20. L. N. Nazarova, 'Ochagi russkoi kul'tury v Parizhe', in NPG, vol. 1, pp. 7–9; Maria Ge, 'Vospominaniia', pp. 21–6.
21. GARF, f. 109, op. 1, d. 2159, l. 1 ff.
22. Ibid., p. 45; PSS, vol. 11, p. 223; Friang, *Pauline Viardot*, pp. 235–6.
23. Michael Strasser, 'The Société Nationale and Its Adversaries: The Musical Politics of *L'invasion germanique* in the 1870s', *19th-Century Music*, vol. 24, no. 3, 2001 (Spring), pp. 225–51.
24. PSS, vol. 13, p. 172; 'Vospominaniia A. I. Abarinovoi', pp. 220–21.
25. BMO, LA-VIARDOT PAULINE-67, 保琳娜·维亚尔多致特奥多尔·杜布瓦, 1877 年 6 月 23 日。
26. HL, MS Mus 232, Massenet to Pauline Viardot, 9 Apr. 1878; Jules Massenet, *Mes Souvenirs* (Paris, 1912), p. 17; Demar Irvine, *Massenet: A Chronicle of His Life and Times* (New York, 1994), pp. 71–3; Alexandre Zviguilsky, 'Jules Massenet et Pauline Viardot d'après une correspon dance inédite', *Cahiers*, no. 16, 1992, pp. 171, 177.
27. BMO, LA-VIARDOT PAULINE-67, 柏辽兹致保琳娜·维亚尔多, 1851 年 2 月 20 日和 22 日。
28. Celsa Alonso, 'La Réception de la chanson espagnole dans la musique française du XIXe siècle', in François Lesure (ed.), Échanges *musicaux franco-espagnols, XVIIe–XIXe siècles* (Paris, 2000), pp. 123–60; Hervé Lacombe, 'L'Espagne à l' Opéra-Comique avant *Carmen*: Du *Guitarrero* de Halévy (1841) à *Don Cesar de Bazan* de Massenet (1872)', in Lesure (ed.), Échanges *musicaux*, pp. 161–94.
29. See Francesca Zantedeschi, 'Pan-National Celebrations and Provençal Regionalism', in Joep Leerssen and Ann Rigney (eds.), *Commemorating Writers in Nineteenth-Century Europe: Nation-Building and Centenary Fever* (London, 2014), pp. 134–51; Francesca Zantedeschi, 'Panlatinismes et visions d'Europe, 1860–1890', in Philippe Darriulat et al. (eds.), *Europe de papier: Projets européens au XIXe siècle* (Villeneuve d'Ascq, 2015), pp. 281–94.
30. 比如见 HL MUS 264, 77, 保琳娜·维亚尔多致塞瓦斯蒂安·伊拉迪尔, 巴黎, 1856 年 7 月 23 日。
31. Hervé Lacombe, *Georges Bizet: Naissance d'une identité créatrice* (Paris, 2000), p. 654.
32. NYPL, JOE 82-1, 38, Letter from Pauline Viardot to Julius Rietz, 12 June 1859; HL, MUS 264, 236–47; Julien Tiersot, 'Bizet and Spanish Music', *The Musical Quarterly*, vol. 13, no. 4, Oct. 1927, p. 581. For a musical analysis: Ralph P. Locke, 'Spanish Local Colour in Bizet's *Carmen*: Unexplored Borrowings and Transformations', in Mark Everist and Annegret Fauser (eds.), *Music, Theater, and Cultural Transfer: Paris, 1830–1914* (Chicago, 2009), pp. 318–32.
33. 引自 Kerry Murphy, 'Carmen: Couleur locale or the Real Thing?', in Everist and Fauser (eds.), *Music, Theater, and Cultural Transfer*, p. 301.
34. Winton Dean, *Georges Bizet: His Life and Work* (London, 1965), pp. 117–18.
35. P. I. Chaikovskii, *Polnoe sobranie sochinenii*, vol. 9 (Moscow, 1965), p. 195; Mina Curtiss, *Bizet and His World* (London, 1959), p. 430.
36. Elizabeth Kertesz and Michael Christoforidis, 'Confronting "Carmen" beyond the Pyrenees:

Bizet's opera in Madrid, 1887–1888', *Cambridge Opera Journal*, vol. 20, no. 1, Mar. 2008, pp. 79–110; Murphy, 'Carmen', pp. 313–14.

37. BNF, NA, 16273, Papiers de Pauline Viardot, vol. II, Lettres adressés à Pauline Viardot (S–Z), ff. 411, 屠格涅夫致保琳娜·维亚尔多, 1880 年 4 月 10/22 日。

38. V. V. Stasov, 'Iz vospominaniia ob I. S. Turgeneva', in V. G. Fridliand and S. M. Petrov (eds.), *I. S. Turgenev v vospominaniiakh sovremennikov*, 2 vols. (Moscow, 1983), vol. 2, pp. 96–114; *PSS*, vol. 13, pp. 85, 87.

39. Rollo Myers, 'Claude Debussy and Russian Music', *Music & Letters*, vol. 39, no. 4, Oct. 1958, pp. 336–42; Edward Lockspeiser, 'Debussy, Tchaikovsky, and Madame von Meck', *The Musical Quarterly*, vol. 22, no. 1, Jan. 1936, pp. 38–44.

40. *PSS*, vol. 11, p. 80.

41. *P. I. Chaikovskii–S. I. Taneev: Perepiska (1874–1893)* (Moscow, 1951), p. 15; E. Blaramberg, 'Vospominaniia ob I. S. Turgeneve', in Fridliand and Petrov (eds.), *I. S. Turgenev v vospominaniiakh sovremennikov*', vol. 2, p. 192; *Vosp.*, p. 166.

42. Donald Mackenzie Wallace, *Russia*, 2 vols. (London, 1877); Anatole Leroy-Beaulieu, *L'Empire des tsars et les Russes*, 3 vols. (Paris, 1881–9).

43. V. V. Stasov, 'Vtoroi russkii kontsert', 'Poslednye dva kontserta v Parizhe', *Sobranie sochinenii V. V. Stasova 1847–1886, Khudozhestvenyye stat'i*, vol. 3 (St Petersburg, 1894), pp. 331–9, and 342–50; Alexandre Zviguilsky, 'En marge d'une lettre inédite de Tchaikovsky à Edouard Colonne', *Cahiers*, no. 14, 1990, p. 154.

44. OR, f. 124, d. 2499, l. 2 (Ernst Karlovich Lipgart, 'Moi vospominaniia o Turgeneve'); *PSS*, vol. 14, pp. 30, 39, vol. 15, pp. 31, 78; Émile Zola, 'Le Salon de 1876', in *Oeuvres complètes*, ed. Henri Mitterand, 15 vols. (Paris, 1966–9), vol. 10, p. 958.

45. OR, f. 124, d. 2499, l. 2 (Lipgart, 'Moi vospominaniia o Turgeneve').

46. IRL, f. 7, no. 12, ll. 55–6; *PSS*, vol. 13, kn. 1: *1880–1882*, p. 48; *Turgenevskii sbornik*, vol. 5, pp. 393–7.

47. I. S. Zil'bershtein, 'Vystavka khudozhnika V. Vereshchagina', in *Iz Parizhskogo arkhiva I. S. Turgeneva, Neizvestvnye proizvedeniia*, in *Literaturnoe nasledstvo*, vol. 73, kn. 1 (Moscow, 1964), pp. 291, 305, 312, 317–18; V. V. Stasov, 'Venskaia pechat' o Vereshchagine', and 'Vystavka Vereshchagina v Berline', *Sobranie sochinenii V. V. Stasova 1847–1886, Khudozhestvenyye stat'i*, vol. 2 (St Petersburg, 1894), pp. 538–40, 563–4.

48. I. E. Repin, *Dalekoe blizkoe* (Moscow, 1960), p. 217; *I. E. Repin i V. V. Stasov: perepiska, 1871–[1906]*, 3 vols. (Moscow, 1948–50), vol. 1, p. 75.

49. *I. E. Repin i V. V. Stasov: perepiska, 1871–[1906]*, vol. 1, pp. 92–3; Gabriel Simonoff, 'Répine et Tourguéniev: des relations amicales difficiles', *Cahiers*, no. 19, 1995, pp. 23–7.

50. Simonoff, 'Répine et Tourguéniev', p. 89; *I. E. Repin i I. N. Kramskoï; perepiska, 1873–1885* (Moscow, 1949), pp. 99–100, 106; I. S. Zil'bershtein, *Repin i Turgenev* (Moscow–Leningrad, 1945), p. 44; Elizabeth Kridl Valkenier, 'Politics in Russian Art: The Case of Repin', *The Russian Review*, vol. 37, no. 1, Jan. 1978, p. 18.

51. Émile Bergerat, *Souvenirs d'un enfant de Paris*, vol. 2: *La Phase critique de la critique 1872–*

1880 (Paris, 1912), p. 189; Pierre Miquel, 'Les maîtres du paysage français dans la collection Tourguéniev', *Cahiers*, no. 5, 1981, p. 124; Steegmuller (ed. And trans.), *Letters of Gustave Flaubert*, p. 587.

52. *PSS*, vol. 13, p. 141, vol. 16, p. 23; Seljak, *Ivan Turgenevs Ökonomien*, pp. 137.
53. Zvig., pp. 311, 315, 321.
54. *Vosp*., pp. 222–3, 340–41; Bergerat, *Souvenirs d'un enfant*, vol. 2, p. 195.
55. Hilary Spurling, *The Unknown Matisse: A Life of Henri Matisse*, vol. 1: *1869–1908* (London, 1998), p. 123. *PSS*. vol. 13, kn. 2: *1882–1883*, pp. 24–7.
56. GJ, vol. 1, p. 822.
57. Ibid., vol. 2, p. 148. See also Robert Dessaix, *Twilight of Love: Travels with Turgenev* (New York, 2004), pp. 146–7.
58. Alexandre Zviguilsky, 'Tourguéniev à Bougival', *Cahiers*, no. 5, 1981, pp. 19–22; Zvig., p. 273; Jean-Claude Menou, 'Sauver, protéger, animer la datcha d'Ivan Tourguéniev et la villa de Pauline Viardot', *Cahiers*, no. 5, 1981, pp. 7–10; *PSS*, vol. 12, p. 161.
59. 保罗—路易 · 杜朗—吕埃尔与弗拉维 · 杜朗—吕埃尔的通信根据1873—1875年杜朗—吕埃尔发布的验讫记录; Sylvie Patry (ed.), *Inventing Impressionism: Paul Durand-Ruel and the Modern Art Market* (London, 2015), p. 71.
60. Durand-Ruel, *Memoirs*, p. 117.
61. Merete Bodelsen, 'Early Impressionist Sales 1874–94 in the Light of Some Unpublished "Procès-Verbaux" ', *The Burlington Magazine*, vol. 110, no. 783, June 1968, pp. 330–39; Patry (ed.), *Inventing Impressionism*, p. 39.
62. Lionello Venturi, *Les Archives de l'impressionnisme* (Paris, 1939), pp. 34, 115; Henry James, *Parisian Sketches: Letters to the New York Tribune* (New York, 1957), pp. 131, 166; Daniel Hannah, 'Henry James, Impressionism, and Publicity', *Rocky Mountain Review of Language and Literature*, vol. 61, no. 2, 2007 (Fall), pp. 28–43.
63. Anne Distel, *Impressionism: The First Collectors*, trans. Barbara Perroud-Benson (New York, 1989), pp. 57–60.
64. *I. E. Repin i V. V. Stasov*, p. 132.
65. Émile Zola, 'M. Manet', in *Oeuvres complètes*, vol. 12, p. 802; F. W. J. Hemmings, 'Zola, Manet and the Impressionists (1875–1880)', *PMLA*, 93, 1959, p. 407.
66. Émile Zola, 'Une exposition: Les Peintres impressionnistes', in *Oeuvres complètes*, vol. 12, pp. 973–4.
67. GJ, vol. 2, p. 186 (14 Dec. 1868); Michel Robida, *Le Salon Charpentier et les impressionnistes* (Paris, 1958), p. 65.
68. Marcel Proust, *In Search of Lost Time*, vol. 6: *Time Regained*, trans. Andreas Mayor and Terence Kilmartin (London, 1996), p. 38.
69. Ibid., pp. 45, 71, 81–2.
70. Distel, *Impressionism*, pp. 95, 125–37, 177 ff., 195–7, 202, 207.
71. Assouline, *Discovering Impressionism*, pp. 81–93, 126; Patry (ed.), *Inventing Impressionism*,

p. 28. 关于复制品在艺术市场国际化过程中扮演的角色，见 Paolo Serafini (ed.), *La Maison Goupil: Il successo italiano a Parigi negli anni dell'impressionismo* (Milan, 2003), pp. 57 ff.

72. *PSS*, vol. 15, p. 152, vol. 16, p. 199; *Zvig.*, pp. 312, 318.
73. Distel, *Impressionism*, pp. 83, 103–4.
74. *Collection de M. Ivan Tourguéneff et collection de M.X.* (Paris, 1878); Miquel, 'Les maîtres du paysage français', pp. 131–4; *PSS*, vol. 12, kn. 1: *1876–1878*, pp. 283, 310.
75. Francis Steegmuller, *Maupassant: A Lion in the Path*. (New York, 1972), pp. 64, 93.
76. Émile Zola, 'Flaubert et Tourgueneff', *Les Annales politiques et littéraires*, 12 November 1893, p. 307.
77. Edel (ed.), *Henry James Letters*, vol. 2, pp. 20, 52; Alphonse Daudet, *Trente ans de Paris* (Paris, 1888), p. 333.
78. 关于福楼拜的社交和他的避世者形象，见 Thierry Poyet, *La Gens Flaubert: La Fabrique de l'écrivain entre postures, amitiés et théories littéraires* (Paris, 2017), pp. 37–171.
79. Barbara Beaumont (ed.), *Flaubert and Turgenev: A Friendship in Letters. The Complete Correspondence* (New York, 1987), pp. 69, 71.
80. *PSS*, vol. 14, p. 146.
81. Sylvain Kerandoux (ed.), *Gustave Flaubert, Guy de Maupassant: Correspondance (1873–1880)* (Rennes, 2009), p. 167.
82. Beaumont (ed.), *Flaubert and Turgenev*, p. 157.
83. Gustave Flaubert, *Oeuvres complètes: Correspondance*, ser. 7: *1873–1876*, (Paris, 1930), pp. 120, 138–40; *PSS*, vol. 13, pp. 77, 95.
84. Flaubert, *Correspondance*, vol. 5, p. 113.
85. OR RNB, f. 293 op. 1 d. 1466, l. 7; op. 3, d. 132, l. 1; Nikolai Zhekulin, 'Turgenev – Perevodchik Flobera: Legenda o Sv. Iuliane Milostivom', *Slavica Litteraria*, vol. 15, 2012/1, pp. 57–8, 68; *PSS*, vol. 15, kn. 2, pp. 68, 77.
86. Alain Pagès, 'La topographie du discours (Sur quelques textes de Zola publiés en 1879)', *Les Cahiers naturalistes*, no. 54, 1980, pp. 174–84.
87. P. Boborykin, *Stolytsi mira (Tridsat' let vospominanii)* (Moscow, 1911), pp. 183–9.
88. Vizetelly, *Emile Zola*, pp. 65, 114, 136; E. Halpérine-Kaminsky (ed.), *Ivan Tourguéneff d'après sa correspondance avec ses amis français* (Paris, 1901), pp. 189–90.
89. *PSS*, vol. 14, pp. 9, 28, 44, 66, 77, vol. 15, kn. 1, p. 17; *M. M. Stasiulevich i ero sovremenniki v ikh perepiskakh*, vol. 3, p. 610; M. Kleman, 'Zola v Rossii', *Literaturnoe nasledstvo*, 2, 1932, pp. 243, 245; Émile Zola, *Correspondance*, ed. B. H. Bakker, Colette Becker and Henri Mitterand, 10 vols. (Paris, 1978–1995), vol. 2: *1868–1877*, pp. 502, 557; Florence Montreynaud, 'La correspondence entre Zola et Stassioulevich, directeur du "Messenger de l'Europe" (Deuxième partie)', *Les Cahiers naturalistes*, no. 47, 1974, pp. 34–8.
90. Phillip Duncan, 'The Fortunes of Zola's *Parizhskie Pis'ma* in Russia', *Slavonic and East European Journal*, vol. 3, no. 2, 1959, p. 108; Kleman, 'Zola v Rossii', p. 235; *PSS*, vol. 13, p. 95; *Vestnik Evropy*, vol. 10, no. 1, 1875, pp. 253–328, no. 2, pp. 694–774, no. 3, pp. 271–365.

91. Paul Alexis, Émile Zola: Notes d'un ami (Paris, 1882), p. 119.
92. Zola, Correspondance, vol. 2, pp. 453, 455, 457–8, 465–7; PSS, vol. 15, kn. 1, pp. 69, 238–9, vol. 15, kn. 2, p. 46.
93. GJ, vol. 3, p. 180. Translation taken from Edmond and Jules de Goncourt, Pages from the Goncourt Journal, ed. and trans. Robert Baldick (New York, 2007), p. 229.
94. HL, Mus 232, Letter from Jules Vallès to Turgenev, 13 Oct. 1877; A. Fifis, 'Al'fons Dode – Sotrudnik Petersburgskoi gazety "Novoe Vremia" ', in NPG, vol. 1, pp. 210–12; Vosp., p. 300; Zola, Correspondance, vol. 2, p. 553, vol. 3, p. 89; N. P. Generalova, 'Neopublikovannoe pis'mo k Turgenevu Zhiulia Vallesa (1877)', in NPG, vol. 4, pp. 629–30.
95. M. M. Stasiulevich i ero sovremenniki v ikh perepiskakh, vol. 3, pp. 193, 224; PSS, vol. 14, pp. 86, 163, 77–8, 90–91.
96. PSS, vol. 8, pp. 191–2, vol. 13, p. 98; Chevrel, D'hulst and Lombez (eds.), Histoire des traductions, pp. 620–21.
97. L. N. Tolstoi, Polnoe sobranie sochinenii, 90 vols. (Moscow–Leningrad, 1928–64), vol. 62, p. 446; Fet, Moi vospominaniia, pp. 369–71; Ostrovskaia, Vospominaniia o Turgeneve, p. 41.
98. Ilia Zilberstein, 'Le Roman Guerre et Paix et la France: Ivan Tourgueniev s'emploie à faire connaître l'oeuvre de Léon Tolstoï', in Tolstoï aujourd'hui: Colloque international Tolstoï tenu à Paris du 10 au 13 Octobre 1978 (Paris, 1980), pp. 225–7; Ostrovskaia, Vospominaniia o Turgeneve, p. 40.
99. Tolstoi, Polnoe sobranie sochinenii, vol. 62, p. 446; PSS, vol. 12, kn. 1, p. 323.
100. Zilberstein, 'Le Roman Guerre et Paix', pp. 226–30; PSS, vol. 12, kn. 2, 1879–1880, p. 197
101. Zilberstein, 'Le Roman Guerre et Paix', p. 230; Beaumont (ed.), Flaubert and Turgenev, pp. 174–5.
102. PSS, vol. 10, p. 381; Seljak, Ivan Turgenevs Ökonomien, p. 143; Rissa Tachnin and David H. Stam (compilers), Turgenev in English: A Checklist of Works by and about Him (New York, 1962), pp. 17–19.
103. PSS, vol. 12, pp. 48, 72, vol. 15, kn. 1, p. 157, vol. 15, kn. 2, p. 257, vol. 16, pp. 482–3.
104. Bachleitner, 'Produktion, Tausch und Übersetzung', in Barbier, ed., Est–ouest, p. 118; Dorrotaya Liptak, 'Die Sozialgeschichte der Literatur oder die übersetzte Literatur in den Wochenzeitschriften Prags und Budapests gegen Ende des 19. Jahrhunderts', in Barbier, ed., Est–ouest, p. 202.
105. Paul Aron and Pierre-Yves Soucy, Les Revues littéraires belges de langue française de 1830 à nos jours (Brussels, 1998), p. 17; Paul Aron, 'La Belgique francophone, carrefour du cosmopolitisme européen', in Jacqueline Pluet-Despatin, Michel Leyarie and Jean-Yves Mollier (eds.), La Belle Époque des revues 1880–1914 (Paris, 2002), p. 329.
106. Carlos Serrano, 'Les Revues littéraires dans l'Espagne fin-de-siècle', in Pluet-Despatin, Leyarie and Mollier (eds.), La Belle Epoque des revues, p. 387.
107. Julian Schmidt, 'Iwan Turgenjev', in Bilder aus dem geistigen Leben unserer Zeit (Leipzig, 1870), pp. 428–71.
108. Kluge, Ivan Turgenev und seine deutschen Freunde, p. 126.

109. *PSS*, vol. 6, p. 111; Mikhail Alexeev, 'Lamartine et Tourguéniev', *Cahiers*, no. 14, 1990, p. 20; M. P. Alekseev and Iu.D. Levin, *Vil'iam Rol'ston –propagandist russkoi literatury i fol'klora* (St Petersburg, 1994), pp. 32–7.

110. Christine Richards, 'Occasional Criticism: Henry James on Ivan Turgenev', *Slavonic and East European Review*, vol. 78, no. 3, 2000, p. 463; Dale E. Peterson, *The Clement Vision: Poetic Realism in Turgenev and James* (Port Washington, 1975), pp. 10 ff.

111. Pauline Gacoin Lablanchy, 'Le vicomte Eugène-Melchior de Vogüé et l'image de la Russie dans la France de la IIIe République', *Bulletin de l'Institut Pierre Renouvin*, no. 39, 2014/1 (Spring), pp. 65–78; Edmund Gosse, *Portraits and Sketches* (London, 1913), pp. 243–63; F. W. J. Hemmings, *The Russian Novel in France 1885–1914* (Oxford, 1950), pp. 49–52.

112. Sylvain Briens, 'La mondialisation du théâtre nordique à la fin du XIXe siècle: Le fonds Prozor de la Bibliothèque nordique de Paris lu au prisme de la sociologie de l' acteur-réseau', *Revue de littérature comparée*, no. 354, 2015/2, pp. 137–50.

113. Franco Moretti, *Atlas of the European Novel 1800–1900* (London, 1998), p. 176.

114. Régnier, 'Littérature nationale, littérature étrangère', in Espagne and Werner, eds., *Philologiques III*, pp. 299–300.

115. Moretti, *Atlas of the European Novel*, pp. 184–5.

116. René Ternois, *Zola et ses amis Italiens* (Paris, 1967), p. 43; Pascale Casanova, *La République mondiale des lettres* (Paris, 1999), pp. 146–7.

117. A. Dezalay (ed.), *Zola sans frontières* (Strasbourg, 1996), p. 177.

118. Bard H. Bakker, 'Zola aux Pays-Bas, 1875–1885: Contribution à l'étude du naturalisme européen', *Revue des sciences humaines*, vol. XL, 1975, pp. 581–8; Joseph Hurt, 'The Reception of Naturalism in Germany', in Brian Nelson (ed.), *Naturalism in the European Novel: New Critical Perspectives* (Oxford, 1992), pp. 101–3.

119. Steegmuller (ed. and trans.), *Letters of Gustave Flaubert*, p. 624.

120. Émile Zola, 'L'Ouverture de l'Exposition Universelle', in *Oeuvres complètes*, vol. 10, pp. 342, 347–8; Zola, *Correspondance*, vol. 3, p. 32.

121. P. Boborykin, *Stolitsy mira: tridtsat' let vospominaniia* (Moscow, 1911), pp. 193–4.

122. Ibid., p. 194; Graham Robb, *Victor Hugo* (London, 1997), pp. 493–6.

123. *LI*, p. xxviii.

124. Ibid., p. 494; E. M. Garshin, 'Vospominaniia o Turgeneve', *Istoricheskii vestnik*, no. 14, 1883, pp. 381–2.

125. *Congrès littéraire international de Paris, 1878. Présidence de Victor Hugo. Compte rendu in extenso et documents* (Paris, 1879), pp. 112–13.

126. Ibid., pp. 102–3.

127. *PSS*, vol. 8, pp. 76–81, 174, vol. 9, p. 94, vol. 11, p. 275, vol. 12, pp. 16, 52, 86–7, vol. 15, kn. 2, pp. 119–20.

128. Jac Ahrenberg, *Människor som jag känt: personliga minnen, utdrag ur bref och anteckningar*, 6 vols. (Helsingfors, 1904–14), vol. 3, pp. 75–7.

129. *PSS*, vol. 12, kn. 1: *1876–1878*, pp. 322, 326–7; M. P. Dragomanov, *Vospominaniia o znakomstve c I. S. Turgenevym* (Kazan, 1906), pp. 7–8.
130. *Congrès littéraire international de Paris, 1878*, pp. 186–90, 330–50; Patrick Waddington, 'I. S. Turgenev and the International Literary Congress of 1878', *New Zealand Slavonic Journal*, 1983, pp. 62–4; B. L. Chivilev, 'Otryvochnye vospominannia o Turgeneve', *Russkie vedomosti*, no. 270, 2 Sept. 1883; Kovalevskii, 'Vospominaniia ob I. S. Turgeneve', pp. 5–6; Dragomanov, *Vospominaniia*, p. 9.
131. *PSS*. vol. 12, kn. 1, p. 333; Flaubert, *Correspondance*, vol. 5, p. 398.
132. *PSS*. vol. 12, kn. 2: *1879–1880*, p. 81; Waddington, 'Turgenev and the International Literary Congress', p. 66.
133. Laurent Tissot, 'Naissance d'une Europe ferroviaire: la convention internationale de Berne (1890)', in *Les Entreprises et leurs réseaux: Hommes, capitaux, techniques et pouvoirs, XIXe–XXe siècles. Mélanges en l'honneur de François Caron* (Paris, 1998), pp. 283–95.

第八章 死亡与正典

1. *PSS*, vol. 16, kn. 1, pp. 74, 92.
2. *Vosp.*, p. 536.
3. Samuel Fiszman, 'Ivan Turgenev's Unknown Letter and His Stay in Russia in 1879', *Slavic Review*, vol. 40, no. 1, 1981 (Spring), p. 82. On Turgenev's fears of arrest, see Vasili Vérechtchaguine, 'I. S. Tourguénieff, 1879–1883', *Cahiers*, no. 16, 1992, p. 48.
4. *Vosp.*, p. 538.
5. Ibid., p. 235.
6. Nora Gottlieb and Raymond Chapman (eds. and trans.), *Letters to an Actress: The Story of Turgenev and Marya Gavrilovna Savina* (London, 1973), p. 70.
7. Gottlieb and Chapman (eds. and trans.), *Letters to an Actress*, pp. 50 ff.
8. D. W. Martin, 'The Pushkin Celebrations of 1880: The Conflict of Ideals and Ideologies', *Slavonic and East European Review*, vol. 66, no. 4, Oct. 1988, p. 506; Marcus C. Levitt, *Russian Literary Politics and the Pushkin Celebration of 1880* (Cornell, 1989), pp. 3–4.
9. *PSS*, vol. 12, kn. 2 (Moscow, 1967), p. 247; Martin, 'Pushkin Celebrations', p. 506.
10. *Soch.*, pp. 341–50; Levitt, *Russian Literary Politics*, p. 125. *Turg*, vol. 12, kn. 2, p. 272.
11. David Magarshack, *Turgenev: A Life* (London, 1954), p. 295; Steegmuller, *Maupassant*, pp. 128–9.
12. Émile Zola, 'Gustave Flaubert', in *Oeuvres complètes*, ed. Henri Mitterand (Paris, 1966–9), vol. 11, pp. 124–6.
13. *PSS*, vol. 12, kn. 2: *1879–1880*, p. 322; André Billy, *The Goncourt Brothers*, trans. Margaret Shaw (London, 1960), pp. 258–60; GJ, vol. 3, p. 496.
14. GJ, vol. 3, pp. 497–8.
15. *Letopis' zhizni i tvorchestva F. M. Dostoevskogo*, 3 vols. (St. Petersburg, 1995), vol. 3, pp.

547, 558–9; Réné Fülöp-Miller, 'The Posthumous Life of Dostoevsky', *Russian Review*, vol. 15, no. 4, Oct. 1956, pp. 259–65.

16. Joseph Frank, *Dostoevsky: The Mantle of the Prophet, 1871–1881* (Princeton, 2003), pp. 752–4; *PSS*, vol. 13, kn. 1: *1880–1882*, pp. 56–7.
17. *Tombeau de Victor Hugo* (Paris, 1985), pp. 61, 164; Robb, *Victor Hugo*, pp. 522–3; Avner Ben-Amos, *Funeral, Politics, and Memory in Modern France, 1789–1996* (Oxford, 2000), p. 281.
18. Maurice Barrès, *Les Déracinés* (Paris, 1920), p. 443; Robb, *Victor Hugo*, pp. 527–9; Avner Ben-Amos, 'Les Funérailles de Victor Hugo', in Nora (ed.), *Lieux de Mémoire*, I: *La République* (Paris, 1984), pp. 499, 516.
19. APP BA art. 1294: Viardot, Cabinet du Préfet: affaires générales, 31 May 1878.
20. Jean-Marie Goulement and Éric Walter, 'Les Centenaires de Voltaire et de Rousseau', in Nora (ed.), *Lieux de Mémoire*, I, pp. 396, 409.
21. Jane Mayo Roos, 'Rodin's Monument to Victor Hugo: Art and Politics in the Third Republic', *The Art Bulletin*, vol. 68, no. 4, 1986, pp. 632–56; Ben-Amos, 'Funérailles de Victor Hugo', pp. 473–4.
22. Elizabeth Emery, *Photojournalism and the Origins of the French Writer House Museum (1881–1914): Privacy, Publicity, and Personality* (London, 2012), pp. 161–4, 175 ff.
23. 根据 http://romanticnationalism.net 上的 19 世纪雕像数据库计算。
24. Marshall, 'Women Re-Read Shakespeare Country', p. 95; Julia Thomas, 'Shakespeare and Commercialism', in Gail Marshall (ed.), *Shakespeare in the Nineteenth Century* (Cambridge, 2012), p. 252.
25. *PSS*, vol. 10, p. 298.
26. See George Martin, 'Verdi, Politics and "Va Pensiero": The Scholars' Squabble', *The Opera Quarterly*, vol. 21, no. 1, Jan. 2005, p. 110. 关于那场葬礼的同时代描述没有提及合唱《飞吧，思想》，但马丁引用了对威尔第学者卡洛·嘉蒂（Carlo Gatti）的访问，嘉蒂参加了葬礼。
27. Roger Parker, *Studies in Early Verdi, 1832–1844: New Information and Perspectives on the Milanese Musical Milieu and the Operas from Oberto to Ernani* (New York, 1989), p. 139. See further Ann Smart, 'Liberty on (and off) the Barricades: Verdi's Risorgimento Fantasies', in Albert Ascoli and Krystyna von Henneberg (eds.), *Making and Remaking Italy: The Cultivation of National Identity around the Risorgimento* (Oxford, 2001).
28. Joep Leerson, 'Schiller 1859: Literary Historicism and Readership Mobilization', in J. Leerson and A. Rigney (eds.), *Commemorating Writers in Nineteenth-Century Europe: Nation-Building and Centenary Fever* (London, 2014), p. 27（雕像清单根据 http://romanticnationalism.net 上的 19 世纪雕像数据库修改）。
29. An de Rider, 'Conscience 1883: Between Flanders and Belgium', in Leerson and Rigney, *Commemorating Writers*, pp. 188 ff.
30. S. Prawer, *Karl Marx and World Literature* (London, 2011), pp. 143–5; K. Marx and F. Engels, *The Communist Manifesto* (London, 1848).

31. L. E. Obolenskii, 'Literaturnye vospominaniia i kharakteristiki (1854–1892)' *Istoricheskii vestnik*, 1902, vol. 87 (Jan.–Mar.), pp. 504–5; *PSS*, vol. 12, kn. 2: *1879–1880*, p. 327.

32. BNF, NA Fr. Papiers de Pauline Viardot, 16275, Lettres adressées a Claudie et George Chamerot, Ivan Tourgénev et divers, ff. 257–8, 莫泊桑致屠格涅夫。

33. William Weber, 'Mass Culture and the Reshaping of European Musical Taste, 1770–1870', *International Journal of the Aesthetics and Sociology of Music*, vol. VIII, 1977, pp. 5–21.

34. Cooper, *Rise of Instrumental Music*, p. 157.

35. Taylor, *Anton Rubinstein*, p. 219; Weber, *Musician as Entrepreneur*, p. 118.

36. Georg Jäger, 'Der Musikalienverlag', in Jäger (ed.), *Geschichte des deutschen Buchhandels im 19. und 20. Jahrhundert: Das Kaiserreich 1871–1918*, vol 2 (Frankfurt am Main, 2003), pp. 7–61.

37. Lawford-Hinrichsen, *Music Publishing and Patronage*, pp. 18–20, 27.

38. Ringel, 'Opera in "The Donizettian Dark Ages" ', p. 58; *The Times*, 8 July 1861.

39. Ibid., pp. 73–4.

40. Albert Soubies, *Le Théâtre-Italien de 1801 à 1913* (Paris 1913), appendix table.

41. See Charle, 'Comparaisons et transferts', p. 31.

42. John Rosselli, 'Materiali per la storia socio-economica del San Carlo nel Ottocento', in Lorenzo Bianconi and Renato Bossa (eds.), *Musica e cultura a Napoli dal XV al XIX secolo* (Florence, 1983), p. 376; Jutta Toelle, *Bühne der Stadt: Mailand und das Teatro alla Scala zwischen Risorgimento und Fin de Siècle* (Munich, 2009), p. 81.

43. Katharine Ellis, 'Unintended Consequences: Theatre Deregulation and Opera in France, 1864–1878', *Cambridge Opera Journal*, vol. 22, no. 3, 2010, pp. 327–52; Katharine Ellis, 'Systems Failure in Operatic Paris: The Acid Test of the Théâtre-Lyrique', in Everist and Fauser (eds.), *Music, Theater, and Cultural Transfer*, pp. 53–5, 67.

44. Faith, *World the Railways Made*, p. 279.

45. Jutta Toelle, 'Der Duft der grossen weiten Welt: Ideen zur weltweiten Ausbreitung der italienischen Oper im 19. Jahrhundert', in Müller et al. (eds.), *Oper im Wandel der Gesellschaft*, p. 259.

46. Ibid., p. 71.

47. Jutta Toelle, *Oper als Geschäft: Impresari an italienischen Opernhäusern, 1860–1900* (Kassel, 2007), pp. 53–5; Toelle, *Bühne der Stadt*, p. 113.

48. Annegret Fauser, "Cette musique sans tradition" : Wagner's Tannhäuser and Its French Critics', in Everist and Fauser (eds.), *Music, Theater, and Cultural Transfer*, p. 238.

49. Forti, 'Alle origini dell'industria musicale italiana', pp. 109–11.

50. Hans Busch (ed.), *Verdi's Aida: The History of an Opera in Letters and Documents* (Minneapolis, 1978), pp. 365, 397–400, 499–553; Toelle, *Bühne der Stadt*, p. 93.

51. Ibid., pp. 94 ff.

52. See Philipp Ther, 'Wie national war die Oper? Die Opernkultur des 19. Jahrhunderts zwischen nationaler Ideologie und europäischer Praxis', in Ther and Sachel (eds.), *Wie*

europäisch ist die Oper?, pp. 110–11.
53. *Fellner & Helmer: Die Architekten der Illusion. Theaterbau und Bühnenbild in Europa: anlässlich des Jubiläums '100 Jahre Grazer Oper'* (Graz, 1999), pp. 10–11.
54. Toelle, *Bühne der Stadt*, p. 100; Annibale Alberti, *Verdi intimo, 1861–1886* (Milan, 1931), p. 17.
55. 关于数据收集的问题，见 Mark O'Neill, Sara Selwood and Astrid Swenson (2019): 'Looking Back: Understanding Visits to Museums in the UK and beyond since the Nineteenth Century', *Cultural Trends*, DOI: 10.1080/09548963.2019.1559472. 关于荷兰国立博物馆，见 Ellinoor Bergvelt and Claudia Hörster, 'Kunst en publiek in de Nederlandse rijksmusea voor oude kunst (1800–1896): Een vergelijking met Bennets *Birth of the Museum*', *De Negentiende Eeuw*, vol. 34, no. 3, 2010, pp. 232–48; Claudia Hörster, 'Visiting the Trippenhuis: Social History of the Rijksmuseum Amsterdam 1800–1885', diss., Universiteit van Amsterdam, 2010. 提供的参观者人数。另见 Liesbet Nys, *De intrede van het publiek: Museumbezoek in België 1830–1914:* (Leuven, 2012); Bénédicte Savoy and Philippa Sissis (eds.), *Die Berliner Museumsinsel: Impressionen internationaler Besucher, 1830–1990. Eine Anthologie* (Vienna, 2013).
56. Louis Viardot, *Les Merveilles de la peinture* (Paris, 1868); *Les Merveilles de la sculpture. Ouvrage illustré ··· par Chapuis, etc.* (Paris, 1871); *Wonders of European Art. Illustrated by Reproductions by the Woodbury Permanent Process, and Wood Engravings* (London, 1871); *Wonders of Sculpture: Illustrated* (London, 1872); *A Brief History of the Painters of all Schools* (London, 1877).
57. Théophile Gautier, 'Le Musée ancien', *La Presse*, 10 Feb. 1849, p. 2.
58. McCauley, *Industrial Madness*, pp. 265–74. On the nineteenth-century cult of these two artists, see Alison McQueen, *The Rise of the Cult of Rembrandt: Reinventing an Old Master in Nineteenth-Century France* (Amsterdam, 2014); Berthold Hinz, *Dürers Gloria: Kunst, Kult, Konsum* (Berlin, 1971).
59. *Gérôme & Goupil: Art et entreprise* (Paris, 2000), p. 23; Alexandre Benois, *Memoirs*, trans. Moura Budberg (London, 1960), p. 103.
60. Anthony Hamber, 'Facsimile, Scholarship, and Commerce: Aspects of the Photographically Illustrated Art Book (1839–1880)', *Studies in the History of Art*, vol. 77: *Symposium Papers LIV: Art and the Early Photographic Album*, 2011, p. 144.
61. Austen Barron Bailey, 'Vetting the Canon: Galerie contemporaine, 1876–1884', *Studies in the History of Art*, vol. 77, *Symposium Papers LIV*, pp. 173–94.
62. *Turgenevskii sbornik*, vol. 2, pp. 286–7; Kel'ner, *Chelovek svoego vremeni*, p. 95; Fedyashin, *Liberals Under Autocracy*, pp. 89–90.
63. Olivero, 'Paperback Revolution', in Spiers, ed., *Culture of the Publisher's Series*, vol. 1, p. 78.
64. Olivero, *L'Invention de la collection*, pp. 41, 166–9.
65. Alvaro Ceballos Viro, 'The Foreign Series of Herder Verlag by 1900: International Catholic Literature', in Spiers, ed., *Culture of the Publisher's Series*, vol. 2: *Nationalisms and the National Canon*, pp. 62–81.
66. Frederic Barbier, *L'Empire du livre: Le livre imprimé et la construction de l'Allemagne*

contemporaine (1815–1914) (Paris, 1995), pp. 92–7; Bode, *Reclam*, pp. 14–15; Olivero, *L'Invention de la collection*, pp. 81–2.

67. Liptak, 'Sozialgeschichte der Literatur', pp. 203 ff.; Olivero, *L'Invention de la collection*, p. 107; Mariella Colin, 'La naissance de la littérature romanesque pour la jeunesse au xixe siècle en Italie; Entre l'Europe et la nation', *Revue de littérature comparée*, no. 304, 2002, pp. 507–18; Marisa Fernândez-Lépez, 'La naissance du roman hispanique à la lumière de ses modèles français, anglais et américain', *Revue de littérature comparée*, no. 304, 2002, pp. 493–505.

68. Simonetta Soldani and Gabriele Turi, *Fare gli Italiani: Scuola e cultura nell'Italia contemporanea*, 2 vols. (Bologna, 1993), vol. 1, p. 50; Jean-François Botrel, *La Diffusion des livres en Espagne (1868–1914): Les libraires* (Madrid, 1988), p. 127; David Vincent, *The Rise of Mass Literacy: Reading and Writing in Modern Europe* (Oxford, 2000), p. 31.

69. Hermann Korte, 'Gymnasiale Kanonarchitektur und literarische Kanonisierungspraxis 1871 bis 1918 am Beispiel Westfalens', in Korte, Ilonka Zimmer and Hans-Joachim Jakob (eds.), *Der deutsche Lektürekanon an höheren Schulen Westfalens von 1871 bis 1918* (Frankfurt/M. 2011), pp. 11–122; Jana Mikota, 'For the Love of Words and Works: Tailoring the Reader for Higher Girls' Schools in Late Nineteenth-Century Germany', in Lynne Tatlock (ed.), *Publishing, Culture and the Reading Nation: German Book History in the Long Nineteenth Century* (Rochester, 2010), pp. 181–203.

70. M. Guiney, *Teaching the Cult of Literature in the French Third Republic* (London, 2004), pp. 102–5; Richard Altick, *The English Common Reader: A Social History of the Mass Reading Public 1800–1900* (Chicago, 1957), p. 185; Mary Hammond, *Reading, Publishing and the Formation of Literary Taste in England, 1880–1914* (Aldershot, 2006), p. 87.

71. Moretti, *Atlas of the European Novel*, p. 146.

72. Maurice Pellison, *Les bibliothèques populaires à l'étranger et en France* (Paris, 1906), p. 57; *The English Public Library, 1850–1939: Introduction to Heritage Assets* (English Heritage, 2014), p. 3.

73. Pellison, *Bibliothèques populaires*, p. 169; Eugène Morel, *Bibliothèques: Essai sur le développement des bibliothèques publiques et de la librairie dans les deux mondes* (Paris, 1908), pp. 128–9.

74. Pellison, *Bibliothèques populaires*, pp. 95–102; Giovanni Lazzari, *Libri e popolo: Politica della biblioteca pubblica in Italia dal 1861 ad oggi* (Naples, 1985), p. 45; Sassoon, *Culture of the Europeans*, p, 610.

75. Marie-Laure Malingre, 'Le roman dans les bibliothèques populaires au dix-neuvième siècle', in *Lectures et lecteurs au XIXe siècle: La Bibliothèque des Amis de l'instruction* (Paris, 1985), pp. 110–18.

76. *PSS*, vol. 12, kn. 2, *1879–1880*, pp. 48, 58, 428–9.

77. *PSS*, vol. 13, kn. 1, *1880–1882*, p. 245.

78. *Turgenevskii sbornik*, vol. 2, p. 331.

79. Patrick Waddington, *Turgenev's Mortal Illness: From Its Origins to the Autopsy* (Pinehaven, 1999), pp. 2–7, 14–15; Patrick Waddington, 'Turgenev's Last Will and Testament', *New Zealand Slavonic Journal*, no. 2, 1974, pp. 39–64.

80. M. K. Tenisheva, *Vpechatleniia moei zhizni* (Leningrad, 1991), p. 46.
81. Henri de Saint-Simon, 'Viardot et Tourgueneff', *Le Figaro*, 8 May 1883, pp. 1–2.
82. BMO, NLA 357, 保琳娜·维亚尔多致未具名者, 1883 年 5 月 4 日。
83. *PSS*, vol. 13, kn. 2, *1882–1883*, p. 180.
84. RGALI, f. 1573, op. 3, d. 1325, l. 27.
85. Waddington, *Turgenev's Mortal Illness*, pp. 58–60; *Vosp.*, pp. 409–11.
86. *Vosp.*, pp. 412, 420; *M. M. Stasiulevich i ero sovremenniki v ikh perepiskakh*, vol. 3, p. 230.
87. Waddington, *Turgenev's Mortal Illness*, p. 61; 'Pauline Viardot o konchine Turgeneva', *Knizhnye novosti*, no. 10, 1937, p. 55.
88. APP BA art. 1287: Tourgeneff, Cabinet du Préfet: affaires générales, 106409, Police reports on Turgenev funeral; 'Les obsèques de Tourguéneff', *La France*, 8 Sept. 1883, p. 3; H. de L., 'Nécrologie', *Le Clairon*, 8 Sept. 1883, p. 3.
89. *Vosp.*, p. 418.
90. *M. M. Stasiulevich i ero sovremenniki v ikh perepiskakh*, vol. 3, pp. 230–34, 273; Waddington, *Turgenev's Mortal Illness*, p. 57.
91. *M. M. Stasiulevich i ero sovremenniki v ikh perepiskakh*, vol. 3, p. 265; *Soch.*, p. 182.
92. L. D. Obolenskii, 'U groba Turgeneva', pp. 942–4; *Le XIXe siècle*, 3 Oct. 1883, p. 1; 'Ernest Renan, Tourguéniev et Pauline Viardot', *Cahiers*, no. 16, 1992, p. 25.
93. M. Stasiulevich, 'Iz vospominanii o poslednikh dniakh I. S. Turgeneva i ego pokhorony', in *I. S. Turgenev v vospominaniiakh sovremennikov*, vol. 2, pp. 420–24.
94. Ibid., pp. 424–7.
95. Ibid., p. 428; *Novoe vremia*, 28 Sept. (10 Oct.) 1883, pp. 1–2; *Iz Parizhskogo arkhiva I. S. Turgeneva, kniga pervaia, neizvestvnye proizvedeniia*, in *Literaturnoe Nasledstvo*, p. 328; Tamara Zviguilsky, *Le Musée Tourguéniev* (Bougival, 1993), p. 52.

后记

1. Friang, *Pauline Viardot*, p. 252; Héritte-Viardot, *Une famille de grands musiciens*, p. 65.
2. BMD, 091 VIA, 保琳娜·维亚尔多致埃德蒙·柯蒂奈, 1892 年 1 月 13 日; Borchard, *Pauline Viardot-Garcia*, p. 48.
3. *Dnevniki P. I. Chaikovskogo (1873–1891)* (St Petersburg, 1993), p. 64; Chaikovskii, *Polnoe sobranie sochinenii*, vol. 9, pp. 355–8, 383–4.
4. RGALI, f. 1573, op. 3, d. 1325, ll. 21, 26–9.
5. *Vosp.*, p. 169.
6. Ibid., pp. 353, 355.
7. M. A. Arzumanova, 'Zaveshchanie I. S. Turgeneva', in *I. S. Turgenev (1818–1883–1958): Stat'i i materiali* (Orel, 1960), pp. 264–86.
8. Kluge, 'Ivan Turgenev und seine deutschen Freunde', pp. 128–9.

9. Christophe Charle, 'Champ Littéraire francais et importations étrangères: de la vogue du roman russe à l'émergence d'un nationalisme littéraire (1886–1902)', in Espagne and Werner, eds., *Philologiques III*, p. 255; Phelps, *Russian Novel in English Fiction*, p. 39.
10. GJ, vol. 3, p. 67.
11. Henry James, *The House of Fiction: Essays on the Novel* (London, 1957), p. 170.
12. Chevrel, D'hulst and Lombez, eds., *Histoire des traductions*, pp. 257–8.
13. Béatrice Joyeux-Prunel, *Nul n'est prophète en son pays? L'internationalisation de la peinture des avant-gardes parisiennes, 1855–1914* (Paris, 2007), p. 61.
14. Comte de Saint-Simon, *De la réorganisation de la société européenne* (Paris, 1914), pp. 108–11.
15. Friedrich Nietzsche, *Human, All Too Human*, trans. Marion Faber and Stephen Lehmann (London, 1994); Nietzsche, *The Joyous Science*, trans. R. Kevin Hill (London, 2018); Nietzsche, *Beyond Good and Evil*, trans. R. Hollingdale (London, 2003), pp. 172–3.
16. Georg Brandes, 'Verdenslitteratur' (1899), in *Samlede Skrifter*, 18 vols. (Copenhagen, 1899–1910), vol. 12, pp. 23–8.
17. Paul Valéry, 'The Crisis of the Mind', in *The Outlook for Intelligence*, trans. Denise Folliot and Jackson Mathews (Princeton, 1989), pp. 26–8.
18. BNF, NA Fr. 17273, Papiers Pauline Viardot, vol. 2, ff. 10–11, Camille Saint-Saëns to Pauline Viardot, 19 Dec. 1909.
19. Borchard, *Pauline Viardot-Garcia*, p. 105.
20. BNF, VM BOB-21366, Lettres de Pauline Viardot à Gabriel Fauré, 1907–1910, nos. 299–305.
21. HL MUS 264 (366), Pauline Viardot Journal, 'La viellesse (la mienne)'.
22. See Richard Taruskin, *Stravinsky and the Russian Traditions*, 2 vols. (Oxford, 1996), vol. 1: *A Biography of the Works through Mavra*, pp. 637–45.
23. 至少在相关档案中没有提到两人会过面：BNF (Viardot, Boris Kochno), ANF (Viardot, Comtesse de Greffulhe, Princesse de Polignac), HL (Viardot), BMO (Viardot, Diaghilev), IRL (Diaghilev, Panaev-Kartseva), RGALI (Diaghilev) or NYPL (Gabriel Astruc Papers).
24. Héritte-Viardot, *Une famille de grands musiciens*, p. 65; *Les Annales politiques et littéraires*, no. 1405, 29 May 1910, p. 3.

致谢

我写本书已经太久了,现在已不记得这个想法是怎么来的。直到计划过半——过去了三四年——我才觉得有可能写出一本书。在我研究的那些早期阶段对我鼓励最多的两个人,我的母亲埃娃·费吉斯和我挚爱的经纪人黛波拉·罗杰斯都已辞世。我非常想念她们,多么希望她们能活着看到一部受过她们激励的作品。

我的新经纪人彼得·斯特劳斯一直对我鼎力支持,我的两位编辑,艾伦雷恩出版社的西蒙·温德和大都会出版社的莎拉·贝什特尔同样如此,在这些年里,他们没有看到过我的作品,只得到了我关于工作在缓慢推进的保证。

本书的研究没有得到机构支持。我没有学院、基金会或委员会需要感谢,没有人向我提供过学术资助或是教学休假。因此,我更要感谢我在比尔贝克的同事们,感谢他们的友谊和鼓励,特别是菲利波·德·维沃,弗雷德·安斯科姆,扬·吕格尔,杰西卡·莱茵尼什,凯瑟琳·爱德华兹,昌达克·森古普塔,塞拉芬娜·科莫和米里雅姆·祖卡斯,他们在我多次申请资助时提供了反馈。我还要感谢迈尔斯·泰勒，理查德·埃文斯，克里斯·克拉克和斯蒂夫·史密斯，他们慷慨地充当了我的学术裁判。

我极为幸运地得到了两位出色的年轻学者的帮助：安托万·尤帮助我完成了在巴黎档案中的一些"侦探"工作；埃拉·萨金纳泽在莫斯科和圣彼得堡为我找到了材料。我还要感谢克莱尔·布洛迪尔，莫德·古德哈特和伊莎贝尔·戴金，她们每人都帮助我完成了一项更具体的工作。

我要感谢下列学者，感谢他们提供了关于特定主题的信息，他们在那些方面远比我专业：亚历山大·兹维格维尔斯基，尼古拉斯·泽库林，阿涅斯·佩诺，劳拉·福尔蒂，达格马尔·保卢斯，珍妮弗·戴维斯，茱莉亚·阿姆斯特朗-托滕，穆拉特·西维洛格鲁，詹姆斯·拉多姆斯基，亚当·扎莫伊斯基，埃莉诺·贝尔格维尔特和克劳迪娅·霍尔斯特。我还要感谢众多对我的研究提供了帮助的档案人员，特别是威尔玛·赞诺蒂（里科尔迪历史档案），保罗-路易·杜朗-吕埃尔和弗拉维·杜朗-吕埃尔（杜朗-吕埃尔档案），保罗·比尔德（皇家歌剧院档案），詹姆斯·基尔万（三一学院图书馆），以及玛丽·海格特和苏珊·哈尔佩特（霍顿图书馆）。

我要特别感谢那些慷慨地阅读了我的初稿的亲爱的人们：斯黛拉·蒂尔亚德，休·麦克唐纳德，芭芭拉·戴安娜，迈尔斯·泰勒，玛丽-皮埃尔·雷伊，彼得·斯特劳斯和凯特·费吉斯。他们的反馈极其宝贵，帮助我完成了后续的诸稿。我觉得莎拉·贝什特尔和西蒙·温德无疑是英语世界中最好的编辑团队。他们以不同的方式对我的作品产生了巨大的影响。

我要感谢塞西莉娅·马凯，她对《创造欧洲人》和我的其他许多书中的图片研究是最高水准的，还要感谢马克·汉兹利，他是最好的文字编辑。

最后，我要感谢家人斯蒂芬妮、莉迪亚、爱丽丝、凯特和斯托夫，感谢他们的爱和支持。本书献给我的姐姐凯特,她是唯一始终出现在我生活中的人,在英国决定离开欧盟后,她和我一起重新申请了德国国籍。

  在我开始撰写本书时,这个事件是无法预见的(事实上也是不可思议的),它让本书的写作有了真正的紧迫性。我希望本书能提醒人们注意将欧洲文明统一起来的力量,忽视这一点将给欧洲各国带来危险。

伦敦
2019 年 1 月

# 索引

（按汉语拼音顺序排列，页码见本书边码）

1848 年革命（Revolutions of 1848）127-130, 155, 185, 240-241, 344-345

A

阿伯内克，弗朗索瓦—安托万（Habeneck, François-Antoine）108
阿布，埃德蒙（About, Edmond）409, 464
阿尔巴诺湖（Albano, Lake）215
阿尔卑斯山的旅游（Alps, tourism in）220, 235
阿尔伯特亲王（Albert, Prince consort）152-153, 188, 237
阿尔弗雷德·桑西耶（Sensier, Alfred）194, 378
阿尔及尔（Algiers）446
阿尔托，德西雷（Artôt, Désirée）369
阿夫季耶夫，米哈伊尔（Avdeev, Mikhail）303-304
阿瓜多，亚历杭德罗［拉斯马里斯马斯侯爵］（Aguado, Alejandro, Marquis de Las Marismas）26-29, 32, 35, 60, 87
阿克萨科夫，康斯坦丁（Aksakov, Konstantin）127
阿克萨科夫，谢尔盖（Aksakov, Sergei）176
阿克萨科夫，伊凡（Aksakov, Ivan）157-158
阿拉伯人（Arabs）66-67, 69-70
阿莱，安德烈（Hallays, André）476-477
阿莱维，卢多维克（Halévy, Ludovic）365
阿列克谢［沙皇］（Aleksei, Tsar）463
阿列维，弗罗芒塔尔（Halévy, Fromental）:《犹太女》（La Juive）92
阿伦贝里，雅克（Ahrenberg, Jac）410-412
阿罗史密斯，约翰（Arrowsmith, John）192
阿米契斯，埃德蒙多·德（Amicis, Edmondo de）337
阿姆斯特丹（Amsterdam）194；国家博物馆（Rijksmuseum）447
阿尼姆，贝蒂娜·冯（Arnim, Bettina von）75, 234
阿让特伊（Argenteuil）377

阿塞尔曼，玛丽（Hasselmans, Marie）281

阿歇特，路易（Hachette, Louis）54, 57-58, 180-181

阿歇特［出版社］（Hachette）52, 54, 57-58, 174, 181, 392, 401；（Bibliothèque des Chemins de Fer series）155, 180, 451；(travel guides)224, 231, 447

埃贝尔，约翰·戈特弗里德（Ebel, Johann Gottfried）：瑞士旅游指南（Swiss guidebook）224

埃策尔，皮埃尔—儒勒（Hetzel, Pierre-Jules）54, 170, 174, 303, 466

埃德蒙，夏尔［弗朗西斯科·莫里西·乔耶斯基］（Edmond, Charles [Franciszek Maurycy Chojecki]）173, 298

埃尔伯菲尔德（Elberfeld）110

埃尔加，爱德华［爵士］（Elgar, Sir Edward）344, 347

埃尔维［本名：弗洛里蒙·隆热］（Hervé [Florimond Ronger]）284

埃弗吕西，夏尔（Ephrussi, Charles）381

埃拉，约翰（Ella, John）95, 110

埃拉尔，塞巴斯蒂安（Érard, Sébastien）96

埃拉尔［钢琴制造商］（Érard）96, 124, 469n

埃里特，欧内斯特（Héritte, Ernest）271

埃姆斯快报［1870年］（Ems Despatch [1870]）322-323

埃斯居迪埃，莱昂和马里（Escudier, Léon and Marie）137

埃斯特哈齐，安东［亲王］（Esterházy, Prince Anton）99, 344

埃特克斯，安托万（Étex, Antoine）62

艾克斯莱班（Aix-les-Bains）236, 272

艾略特，乔治（Eliot, George）184-186, 331, 342, 406；财务（finances）171-172；《亚当·比德》（Adam Bede）171-172, 185；《阿姆加特》（Armgart）331n；《弗洛斯河上的磨坊》（The Mill on the Floss）172；《德国生活的自然史》（"The Natural History of German Life"）186

爱迪生，托马斯（Edison, Thomas）407

爱丁堡（Edinburgh）42, 101, 332, 354；（Scottish National Gallery）222

《爱丁堡评论》（Edinburgh Review）220

爱乐协会（Philharmonic Society）108-109

安德烈，奥古斯蒂娜（André, Augustina）207

安德烈，约翰·安东（André, Johann Anton）207

安格尔，让—奥古斯特—多米尼克（Ingres, Jean-Auguste-Dominique）1, 33, 1998, 249, 481

安年科夫，帕维尔（Annenkov, Pavel）：谈屠格涅夫（on Turgenev）74, 76, 126, 178, 218, 239-240；与屠格涅夫的友谊和通信（Turgenev's friendship and correspondence with）205, 210-211, 215, 254-255, 281, 312, 314, 328, 353, 355-356, 398；作为屠格涅夫的文学遗嘱执行人（as Turgenev's literary executor）458, 459, 461, 473

安培，让—雅克（Ampère, Jean-Jacques）405

安特卫普（Antwerp）432：港口（harbour）39, 227；艺术和文学版权大会［1861年］（Congress on Artistic and Literary Property [1861]）408；铁路（railways）1, 39-40, 327

安托科尔斯基，马克（Antokolsky, Marc）372, 386

昂古莱姆（Angoulême）56

敖德萨（Odessa）10, 381, 445

索引   653

奥柏，丹尼尔，《波尔蒂契的哑女》（Auber, Daniel, *La Muette de Portici*）86-87, 89

奥勃伦斯基，亚历山大［公爵］（Obolensky, Prince Alexander）466

奥多耶夫斯基，弗拉基米尔［公爵］（Odoevsky, Prince Vladimir）72

奥尔巴赫，贝尔托德（Auerbach, Berthold）184, 396, 403, 420；《莱茵河边的房子》（*The House on the Rhine*）302

奥尔格尼，阿格拉亚（Orgeni, Aglaja）269, 470

奥尔良（Orléans）325：铁路（railways）7, 40, 42

奥尔良的路易丝［比利时王后］（Louise of Orléans, Queen consort of the Belgians）3, 22

奥尔良公爵（Orléans, Duc d'），见"费迪南—菲利普""路易·菲利浦一世"

奥尔纳特，约翰（Allnutt, John）62

奥尔南（Ornans）195

奥尔西尼，费利切（Orsini, Felice）334

奥芬巴赫，雅克（Offenbach, Jacques）：282-287, 326-327, 346, 366, 446；《美女海伦》（*La belle Hélène*）286-287；《盖洛尔施泰因的大公夫人》（*La Grande-Duchesse de Gérolstein*）290-291；《小丽思和小弗里茨》（*Lischen et Fritzchen*）283；《地狱中的俄耳甫斯》（*Orpheus in the Underworld*）246, 251, 285-286, 346；《奥亚耶，岛屿女王》（*Oyayaye, ou La Reine des îles*）284；《巴黎的生活》（*La Vie parisienne*）286-287

奥古斯塔［普鲁士王后，后为德意志皇后］（Augusta, Queen consort of Prussia [*later* German Empress consort]）23, 269, 327, 354

奥古斯特·哈格伯格（Hagborg, August）61

奥利维耶，埃米尔（Ollivier, Émile）321

奥廖尔（Orel）162, 186-187, 368, 419

奥佩库辛，亚历山大（Opekushin, Alexander）：普希金的雕像（statue of Pushkin）420

奥日埃，埃米尔（Augier, Émile）207

奥施代，欧内斯特（Hoschedé, Ernest）383, 386

奥斯曼，乔治—欧仁［男爵］（Haussmann, Georges-Eugène, Baron）：巴黎的再发展（redevelopment of Paris）276, 288-290, 383

奥斯坦德（Ostend）1, 216, 236, 327-328

奥斯特罗夫斯基，亚历山大（Ostrovksy, Alexander）397

奥斯特罗夫斯卡娅，娜塔莉亚（Ostrovskaya, Natalia）271

奥斯汀，简（Austen, Jane）：《傲慢与偏见》（*Pride and Prejudice*）96

奥腾盖尔，弗朗索瓦（Hottinguer, François）63

B

巴贝奇，查尔斯（Babbage, Charles）152-153, 154

巴比松派（Barbizon group）191-195, 349, 371, 376, 378-379, 384, 386

巴达捷夫斯卡—巴拉诺夫斯卡，特克拉（Bądarzewska-Baranowska, Tekla）98, 297

巴德埃姆斯（Bad Ems）236, 272, 282-283, 323

巴德加施泰因（Bad Gastein）273

巴德维尔德巴德（Bad Wildbad）323

巴德伊舍尔（Bad Ischl）236, 274

巴登—巴登（Baden-Baden）210, 227, 236,

257, 259-262, 282283, 309-310, 315, 354：赌场（casino）261-262, 275, 304-305, 310；利希腾塔尔（Lichtental）257, 269, 270, 275；普法战争期间（during Franco-Prussian War）323-328, 彩插图16；谈话厅（Konversationshaus）16, 彩插图16；屠格涅夫的别墅（Turgenev's villa）263-264, 267, 280-281, 328, 354-355；维亚尔多夫妇的别墅（Viardots' villa）257, 263-264, 328, 354-355；乐坛（music scene）247, 261-263, 269-270, 275, 309, 444

《巴登报》[报纸]（Badenblätter）260, 275

巴登的路易丝 [巴登大公国公主，后为俄国王后伊丽莎白·阿列克谢耶芙娜]（Louise of Baden, Princess [later Tsarina Elizabeth Alexeievna]）260

巴尔，让－奥古斯特（Barre, Jean-Auguste）23

巴尔巴亚，多梅尼科（Barbaja, Domenico）12-13, 16, 29, 261

巴尔扎克，奥诺雷·德（Balzac, Honoré de）：《邦斯舅舅》（Le Cousin Pons）49；《贝姨》（Le Cousin Bette）49；《比拉格的女继承人》（L'Héritière de Birague）164；笔名与合著作品（pseudonymous and joint works）164；财务情况（finances）49, 147n, 164-165；《冈巴拉》（Gambara）91-92；《高老头》（Le Père Goriot）164；《幻灭》（Les Illusions perdues）54, 163；《老姑娘》（La Vieille Fille）48；连载出版物（serialized publication）48, 49, 165；《吕西尼昂的克洛蒂尔德》（Clotilde de Lusignan）164；名气与影响力（reputation and influence）185-186；《莫黛斯特·米尼翁》（Modeste Mignon）165；《让一路易，或找到的女儿》（Jean-Louis, ou La Fille trouvée）164；肖像（portraits of）188；译本（translated editions）71, 180；音乐爱好（musical interests）109；早期的职业（early career）164；争取知识产权（campaigner for intellectual property rights）167；《致19世纪法国作家的信》（Lettre adressé aux écrivains français du XIXe siècle）167；《朱安党人》（Les Chouans）164；作为文学经典的一部分（as part of literary canon）454, 457

巴甫洛夫斯克（Pavlovsk）70, 273-274

巴赫，约翰·塞巴斯蒂安（Bach, Johann Sebastian）109, 305

巴枯宁，米哈伊尔（Bakunin, Mikhail）75-76, 139, 208

巴莱斯，莫里斯（Barrès, Maurice）425

巴勒莫（Palermo）443, 445；马西莫剧院（Teatro Massimo）446

《巴黎，奥尔良，鲁昂》[歌舞杂耍表演]（Paris, Orléans, Rouen）44

巴黎 [景点与场所]（Paris [landmarks & places]）：阿尔马大道（avenue d'Alma）288；凯旋门（Arc de Triomphe）425；圣克洛蒂尔德大教堂（Basilica of Sainte-Clothilde）483；巴塔克朗 [剧院]（Bataclan [theatre]）277；马扎林图书馆（Bibliothèque Mazarine）389；（Brébant's restaurant）387, 395；阿尔卡萨尔咖啡馆（Café Alcazar）276；埃尔多拉多咖啡馆（Café Eldorado）276-277；格尔布瓦咖啡馆（Café Guerbois）381；里什咖啡厅（Café Riche）387；加莱街（rue de Calais）247；卡普辛大道（boulevard des Capucines）188；战神广场（Champ de Mars）288, 407；香

索引

榭丽舍（Champs Élysées）284, 425；沙普塔尔街（rue Chaptal）58-59, 208；美国马戏团（Cirque Américain）427；冬季马戏场（Cirque d'Hiver）276；克利希街（rue de Clichy）408；协和广场（place de la Concorde）128, 480；达吕街（rue Daru）464；杜埃街（rue de Douai）131-132, 208-208, 263, 276, 353-357, 361, 410, 469；巴黎美术学院（École des Beaux Arts）59-60；尼德迈耶尔学院（École Niedermeyer）363；高等师范学校（École Normale Supérieure）57；埃菲尔铁塔（Eiffel Tower）427；埃罗大道（avenue d'Eylau）424, 428-429；圣奥诺雷郊区（Faubourg Saint Honoré）361, 387；法瓦尔街（rue Favart）33；女神游乐厅（Folies Bergère）277, 413；北站（Gare du Nord）148, 286, 466；圣拉扎尔（Gare Saint-Lazare）1, 382；法国大东方共济会堂（Grand Orient of France Masonic Lodge）408；格勒内尔街（rue de Grenelle）382；德鲁奥拍卖行（Hôtel Drouot）194, 263, 374-375, 378, 383-384, 386, 469；意大利人大道（boulevard des Italiens）60, 116, 386；马比耶花园（Jardin Mabille）275, 286；土耳其花园（Jardin Turc）275；赛马会（Jockey Club）317；拉丁区（Latin Quarter）60；卢浮宫（Louvre）231-232, 447-448；卢森堡花园（Luxembourg Gardens）423；玛德莲广场（place de la Madeleine）58；玛德莲教堂（Madeleine church）141；马尼餐厅（Magny's restaurant）298, 387；马莱区（Marais）275；蒙马特（Montmartre）59, 337, 356, 461, 483；穆里略街（rue Murillo）387；卢森堡博物馆（Musée du Luxembourg）62, 449；西班牙博物馆（Musée Espagnol）27；奥尔良广场（square d'Orléans）34；波旁宫（Palais Bourbon）128-129；加尼耶宫（Palais Garnier）372, 446；罗亚尔宫（Palais-Royal）167, 428；先贤祠（Panthéon）425-426；蒙索公园（Parc Monceau）427-428；王子拱廊（Passage des Princes）383；帕西（Passy）258；皮加勒区（Pigalle）277；耶拿桥（Pont d'Iéna）407；黎塞留街（rue Richelieu）134；里沃利街（rue de Rivoli）207, 257, 298；俄国阅览室（Russian Reading Room）362；圣日耳曼大道（boulevard Saint Germain）469；圣乔治广场（place Saint-Georges）356；法瓦尔厅（Salle Favart）14, 26, 29；普莱耶尔厅（Salle Le Peletier）14, 28-29, 87-88, 103, 130, 134；旺塔杜尔厅（Salle Ventadour）23；索邦大学（Sorbonne）24, 343, 358-359；苏弗洛街（rue Soufflot）425；圣殿大道（boulevard du Temple）276, 284；欢乐剧院（Théâtre de la Gaieté）427；圣马丁港剧院（Théâtre de la Porte Saint-Martin）282；奥德翁剧院（Théâtre de l'Odéon）26；滑稽剧院（Théâtre des Bouffes-Parisiens）246, 251, 282, 284-285；沙特莱剧院（Théâtre du Châtelet）408, 482；罗亚尔宫剧院（Théâtre du Palais-Royal）43-44；杂耍剧场（Théâtre du Vaudeville）133, 290；鲁弗瓦剧院（Théâtre Louvois）94-95；蒂尔西街（rue de Tilsitt）362；特罗卡德罗宫（Trocadéro Palace）407；游艺场剧院（Variety Theatre）282, 290；沃尔内街（rue Volney）373；孚日广场（place des Vosges）429

巴黎［历史］（Paris [history]）：七月革命［1830年］（July Revolution [1830]）25-28, 81, 87, 426；二月革命［1848年］（February Revolution [1848]）128-129；六月起义［1848年］（June Days [1848]）129, 131；法兰西第二帝国（Second Empire）241, 258, 285；奥斯曼的建设（Haussmann's developments）176, 288-290, 383；普法战争（Franco-Prussian War）325, 327, 348, 352, 356；第三共和国（Third Republic）325, 355, 382；巴黎公社［1871年］（Commune [1871]）352-354, 356

巴黎［文化生活］（Paris [cultural life]）：艺术市场（art market）59-62, 194, 371-374, 378-387；艺术工作室（artists' studios）58-60；"波希米亚"文化（"Bohemian" culture）122；图书贸易与出版（book trade and publishing）56, 174, 179-180, 382, 443, 451；咖啡馆和餐厅（cafés and restaurants）47-48, 276-277, 298, 364, 366, 381, 387；百货公司（department stores）60, 154n；博物馆和画廊（museums and galleries）27, 62, 231-232；乐坛（music scene）84-88, 96, 108-111, 114, 275-277, 283-287, 290-291, 316-317, 360-366, 370-371, 436, 438-439, 482-483；歌剧公司（opera companies）见"喜歌剧院""巴黎歌剧院""意大利剧院""抒情剧院"；照相馆（photographic studios）187-188, 463；游乐园（pleasure gardens）275；（population totals）96, 440；（prostitution）275-277, 337, 407；铁路（railways）1-3, 39-40, 214, 237, 260, 285-286；俄罗斯艺术界（Russian artistic community）304-307, 362, 371-374；沙龙和音乐会（salons and musical soirées）23, 207-209, 360-362, 364-366, 382-383, 408-409, 470-471, 483；购物中心（shopping arcades）154, 383；旅游业（tourism）287-290；世界博览会（universal exhibitions），见"世界博览会［巴黎］"

巴黎俄国艺术家互助和赞助协会（Society for the Mutual Aid and Patronage of Russian Artists in Paris）362

巴黎歌剧院（Paris Opéra）13, 14, 27-29, 35, 46, 81, 84-88, 130-133, 251-253, 259, 290, 316-317, 372, 439, 442, 482

巴黎公社［1871年］（Commune, Paris [1871]）352-354, 356

巴黎和平会议［1849年］（Paris Peace Conference [1849]）240-241

《巴黎和约》［1856年］（Paris, Treaty of [1856]）205

《巴黎评论》（Revue de Paris）35, 147, 170, 172

《巴黎音乐评论与新闻报》（Revue et Gazette musicale de Paris）91-92, 95, 110-111, 115, 297

巴黎音乐学院（Paris Conservatoire）114, 252, 269, 294, 298, 363, 369, 436

巴里，安托万－路易（Barye, Antoine-Louis）60

巴鲁瓦耶，保罗（Barroilhet, Paul）194

巴麦尊，亨利·坦普尔［第三任子爵］（Palmerston, Henry Temple, 3rd Viscount）33-34

巴纳德，夏洛特［化名：克拉里贝尔］（Barnard, Charlotte [Claribel]）297

巴塞尔（Basel）41, 57, 233, 235, 237

巴塞隆纳（Barcelona）289, 454

索引

巴桑，埃米利亚·帕尔多（Bazán, Emilia Pardo）402, 406
巴舍，卢多维克（Baschet, Ludovic）449-450
巴约，皮埃尔（Baillot, Pierre）110
芭蕾（ballet）482-483；歌剧中（in opera）28, 90, 134, 317, 442
百货公司（department stores）60, 154
柏辽兹，埃克托尔（Berlioz, Hector）：参加巴黎—布鲁塞尔铁路的开幕式（at opening of Paris–Brussels railway）2；国外旅游（foreign tours）3, 45-46, 223n, 344；在梅耶贝尔《先知》的首演（at premiere of Meyerbeer's Le Prophète）135；参加维亚尔多夫妇的音乐晚会（at Viardots' musical soirées）207, 247, 253-254；已发表的评论（published reviews）92, 109, 136；肖像画（portraits of）188, 196, 246；对格鲁克《俄耳甫斯与欧律狄刻》的改编（adaptation of Gluck's Orphée）245-252；与保琳娜·维亚尔多的关系（relations with Pauline Viardot）247-248, 252-254；与瓦格纳的关系（relations with Wagner）253-254；与巴登—巴登音乐节（and Baden-Baden music festival）262；对西班牙音乐的兴趣（Spanish music interests）364；与建立音乐会的经典曲目（and establishment of canon in concert repertoire）435-436；谈意大利歌剧（on Italian opera）14；谈奥古斯特·勒瓦瑟尔（on Auguste Levasseur）93；谈独奏家（on virtuoso soloists）107-108；谈贝多芬（on Beethoven）109；谈格局观众的行为举止（on behaviour of opera audiences）113；谈作曲家的社会地位（on social position of composers）115；谈维亚尔多夫妇（on Louis and Pauline Viardot）116, 136, 247, 252；谈梅耶贝尔的《先知》（on Meyerbeer's Le Prophète）133, 137；谈肖邦的葬礼（on Chopin's funeral）141；谈路易丝·法仑克（on Louise Farrenc）298；（on London season）344；《比阿特丽丝和本尼迪克》（Béatrice et Bénédict）262；《本韦努托·切利尼》（Benvenuto Cellini）92；《铁路之歌》（Le Chant des chemins de fer）2；欧弗尼亚》（Euphonia）115；《凯旋与葬礼大交响曲》（Grande symphonie funèbre et triomphale）2；《特洛伊人》（Les Troyens）246-248, 252-253, 258
柏林（Berlin）：1848年革命（Revolution of 1848）128；博物馆、美术馆与画廊（museums and galleries）222；乐坛（music scene）38, 82-83, 275, 318, 445；铁路（railways）39, 41, 46, 57；图书贸易与出版（book trade and publishing）43, 57, 401；艺术市场（art market）201, 373；再发展（redevelopment）289
柏林［地标和场所］（Berlin [landmarks & places]）：皇家博物馆（Royal Museum）；222；夏洛滕堡宫（Charlottenburg Palace）22
柏林大学（Berlin University）74-75
《柏林日报》（Berliner Tageblatt）474
《柏林综合音乐报》（Berliner allgemeine musikalische Zeitung）91
拜德克，卡尔（Baedeker, Karl）224-225；旅行指南（guidebooks）224-225, 230, 447
拜伦，乔治（Byron, George）69, 215, 222-224, 235, 342, 429-430：《恰尔德·哈罗德游记》（Childe Harold's Pilgrimage）223,

234；《威尼斯总督马里诺·法列罗》
（*Marino Faliero, Doge of Venice*）60
拜罗伊特（Bayreuth）316n, 320, 444
版权与知识产权（copyright and intellectual property）：国际协议（international agreements）173-176, 181n, 266, 302-304, 407-414, 474；图书出版（book publishing）165-176, 181n, 266, 302-304, 407-414, 452, 474；音乐出版（music publishing）14, 94, 99-100, 102, 105, 169, 175, 437, 440；另见"版税"
版税（royalties）：给作者的（for authors）167-168, 170-172, 457；给音乐家和作曲家的（for musicians and composers）85, 94, 100-104, 276, 279, 440；另见"版权与知识产权"
邦维尔，泰奥多尔·德（Banville, Thédore de）422
保罗·德·科克，夏尔（Paul de Kock, Charles）71
保纳（Beaune）456
报纸（newspapers）：印刷和生产（printing and production）43, 49；广告收益（advertising revenue）48-49；小说的连载（serialization of fiction）47-51；音乐评论（music reviews）91-94；记者和职业作家（journalists and jobbing writers）163, 343
鲍德里，埃蒂安（Baudry, Étienne）381
鲍德里，弗雷德里克（Baudry, Frédéric）389n
鲍罗丁，亚历山大（Borodin, Alexander）305, 369, 482
北安普敦（Northampton）244, 332
《北方蜜蜂》[报纸]（*Northern Bee, The*）11
北方铁路公司（Compagnie des Chemins de Fer du Nord）1, 40, 586
《北美评论》（*North American Review*）403
贝多芬，路德维希·凡（Beethoven, Ludwig van）：财务状况（finances）100-101；《第九号交响曲》（Ninth Symphony）108；《费德里奥》（*Fidelio*）99, 252；钢琴作品（piano works）96, 100-101, 345；歌剧变奏曲（variations on opera tunes）95；"拉祖莫夫斯基"弦乐四重奏（Razumovsky String Quartets）110, 彩图7；室内乐（chamber works）112；在音乐会曲目中的流行和地位（popularity and position in concert repertoire）108-111, 115-116, 305, 435；作品的出版（publication of works）99-101, 437
贝尔，埃里克（Behre, Eric）303
贝尔，亚历山大·格雷厄姆（Bell, Alexander Graham）407
贝尔法斯特（Belfast）54
贝尔乔约索，埃米利奥·巴尔比亚诺[王子]（Belgiojoso, Prince Emilio Barbiano di）23
贝尔坦，路易丝（Bertin, Louise）297-298
贝克尔，尼古拉斯（Becker, Nikolaus）：《德国的莱茵河》（'The German Rhine'）234-235
贝拉尔迪，亨利（Béraldi, Henri）：《19世纪的刻工》（*Les Gravures du XIXe siècle*）203
贝里奥，夏尔·德（Bériot, Charles de）21, 22, 24, 30, 32, 116
贝里尼，温琴佐（Bellini, Vincenzo）85, 101, 103, 124, 479；《海盗》（*Il Pirata*）79, 101；《梦游女》（*La Sonnambula*）9, 101, 113, 161, 243, 438；《诺尔玛》（*Norma*）10, 22, 78, 101, 242-243, 438, 441, 483

索引

贝利奥，乔治·德（Bellio, Georges de）386
贝洛尼，盖塔诺（Belloni, Gaetano）17
贝纳泽，爱德华（Bénazet, Édouard）261-262
贝纳泽，雅克（Bénazet, Jacques）261
贝内代蒂，维克多［伯爵］（Benedetti, Victor, Count）322-323
贝内特，托马斯（Bennet, Thomas）227
贝内特，威廉·斯特恩代尔（Bennett, Sir William Sterndale）339
贝桑松（Besançon）197, 264
贝滕森，L. G.（Bertenson, L. G.）460
"被拒绝者的沙龙"（Salon des Refusés）381
本松，恩斯特（Benzon, Ernst）354
本雅明，瓦尔特（Benjamin, Walter）241；《机械复制时代的艺术》（The Work of Art in the Age of Mechanical Reproduction）199, 449
比昂松，比昂斯滕（Bjørnson, Bjørnstjerne）403-404, 475
比才，乔治（Bizet, Georges）294, 325, 361, 365-367；《卡门》（Carmen）365-367
比尔，托马斯·威勒特（Beale, Thomas Willert）244, 332
比克内尔，埃尔赫南（Bicknell, Elhanan）62
比萨（Pisa）42, 57, 215
比亚里茨（Biarritz）236
彼得大帝［沙皇］（Peter the Great, Tsar）83
彼得拉克（Petrarch）222, 429
彼得拉舍夫斯基小组（Petrashevsky Circle）155-156
彼得斯版［音乐出版商］（Peters, Edition）437
彼得斯版古典音乐文库（Edition Peters [music library]）437

俾斯麦，奥托·冯（Bismarck, Otto von）260, 290-291, 322-324, 326, 367
毕加索，巴勃罗（Picasso, Pablo）199
毕沙罗，卡米耶（Pissaro, Camille）349-350, 377, 380-381, 384, 386, 481
《边境信使》［期刊］（Grenzboten）403
《辩论报》（Journal des débats）47-50, 92, 136, 165, 285, 298
"标准"制定的国际协议（standards, international agreements on）414
彪罗，汉斯·冯（Bülow, Hans von）138, 318
别林斯基，维萨里昂（Belinsky, Vissarion）：背景（background）126；对屠格涅夫的评论（reviews of Turgenev）72-73；关于果戈理、陀思妥耶夫斯基和普希金的著作（writings on Gogol, Dostoevsky and Pushkin）155, 156, 183, 419；逝世与埋葬（death and burial）464, 465；与屠格涅夫的友谊（friendship with Turgenev）75, 126, 129, 216, 464；职涯（career）126, 393
波波里金，彼得（Boborykin, Petr）357-358, 408
波茨坦（Potsdam）38-39
波德莱尔，夏尔（Baudelaire, Charles）122, 170, 188：《1859年的沙龙》（"The Salon of 1859"）143；《恶之花》（Les Fleurs du mal）170；谈"游手好闲者"（on flâneurs）289；谈摄影（on photography）187, 190；谈现代性（on modernity）47, 184, 187；谈艺术收藏（on art collecting）63；谈艺术与复制（on art and reproduction）143
波多黎各（Puerto Rico）446
波恩（Bonn）116, 233-234

波尔，费迪南德（Bol, Ferdinand）:《女人肖像》(*Portrait of a Woman*) 61

波尔，理查德（Pohl, Richard）275

波尔多（Bordeaux）56, 152

波尔多，亨利（Bordeaux, Henry）476

波莱罗［舞蹈］（Bolero [dance]）365

波兰起义（Polish uprisings）: 1830—1831年（1830–1831）67, 120；1848年（1848）128

波隆纳（Bologna）46, 92, 223-224；科尔索剧院（Teatro del Corso）14

波隆斯基，雅科夫（Polonsky, Yakov）376, 473

波梅，路易（Pomey, Louis）258, 281

波拿巴，约瑟夫（Bonaparte, Joseph）20

波士顿（Boston）194

"波希米亚人"（"Bohemians"）122

波兹南起义［1848年］（Poznán uprising [1848]）128

玻璃制造（glass manufacture）154

伯恩斯坦，海因里希（Börnstein, Heinrich）93n

伯尔尼（Berne）152

《伯尔尼公约》，全名《保护文学和艺术作品伯尔尼公约》［1886年］（Berne Convention for the Protection of Literary and Artistic Works [1886]）176, 413-414, 474

伯克，埃德蒙（Burke, Edmund）6

伯明翰（Birmingham）45, 62, 244；（Choral Festival）243

勃拉姆斯，约翰内斯（Brahms, Johannes）100, 269-270, 274-275, 292, 323, 325-326, 338-339；《女低音狂想曲》*Alto Rhapsody* 322, 363；《四首叙事曲》*Four Ballads* 100；《匈牙利舞曲》（*Hungarian Dances*）308-309, 371；《胜利之歌》（*Triumphlied*）326

勃兰特，玛丽安娜（Brandt, Marianne）316n, 470, 480

勃朗，路易（Blanc, Louis）128, 130, 334

勃朗宁，罗伯特（Browning, Robert）331, 354

勃朗特，夏洛蒂（Brontë, Charlotte）184

"勃朗特之乡"（"Brontë Country"）222, 430

勃鲁盖尔，彼得（Bruegel, Pieter）263

博登施泰特，弗雷德里希（Bodenstedt, Friedrich）303, 402

博戈留博夫，阿列克谢（Bogoliubov, Aleksei）362, 371, 376, 462, 472

博纳，莱昂（Bonnat, Léon）371

博特金，瓦西里（Botkin, Vasily）156, 157, 206-207, 211, 265, 267；《西班牙书简》（*Letters from Spain*）66-67；与屠格涅夫旅行（travels with Turgenev）214-216

博物馆，作家故居（museums, writers' houses）428-430

博物馆与美术馆，公共的（museums and galleries [public]）222, 385：(curatorial arrangements) 222, 231-232, 448；(guides to) 231-232, 447, 449-450；(numbers of visitors) 447

不从国教运动（Nonconformist churches）237

布达佩斯（Budapest）243-244, 287, 289, 373, 433, 445, 454

布丹，欧仁（Boudin, Eugène）376

布尔加林，法杰伊（Bulgarin, Faddei）11

布拉顿，玛丽（Braddon, Mary）:《医生的妻子》(*The Doctor's Wife*) 390n

布拉格（Prague）38, 40, 307-308, 4445, 454：国家剧院（Estates Theatre）307；日耳曼

索引

剧院（German Theatre）444-445；民族剧院（National Theatre）308

布拉姆，埃克托—亨利—克莱芒（Brame, Hector-Henri-Clement）385

布拉耶尔，儒勒·德（Brayer, Jules de）369

布拉兹·德·比里，亨利（Blaze de Bury, Henri）35-36, 85

布莱顿（Brighton）244

布莱克当的丁尼生宅邸（Blackdown, Tennyson's house at）341-342

布莱克伍德，约翰（Blackwood, John）171-172

《布莱克伍德杂志》（Blackwood's Magazine）228

布莱斯，詹姆斯（Bryce, Jamesst Viscount）226

布莱特科普夫与黑particle尔公司［音乐出版商］（Breitkopf & Härtel）92, 100, 122, 123, 137；人民版（People's Edition series）437

布兰德斯，格奥尔格（Brandes, Georg）406, 478

布兰都斯［音乐出版商］（Brandus）137

布兰杜科夫，阿纳托利（Brandukov, Anatoly）471

布兰塔诺，克莱门斯（Brentano, Clemens）：《儿童的奇异号角》（Des Knaben Wunderhorn）234

布朗宁，伊丽莎白·巴雷特（Browning, Elizabeth Barrett）：《奥罗拉·雷》（Aurora Leigh）184-185

布里奥内，华金娜（Briones, Joaquina）18-23, 29-30, 32, 116

布里恩茨湖（Brienz, Lake）235

布留洛夫，卡尔（Bruillov, Karl）72

布卢瓦（Blois）56

布鲁塞尔（Brussels）：艺术市场（art market）201；艺术和文学版权大会［1858年］（Congress on Artistic and Literary Property [1858]）175-176, 408；文化生活和发展（cultural life and development）44, 287, 289, 294, 367, 432；出版业（publishing trade）165-166, 175-176, 401-402；（railways）1-3, 40, 44；旅游业（tourism）227；1847年世博会（universal exhibition [1847]）152

布伦瑞克（Brunswick）40, 46

布罗德伍德，亨利（Broadwood, Henry）131

布罗德伍德，约翰（Broadwood, John）96

布罗德伍德公司［钢琴制造商］（Broadwood and Sons [piano-makers]）96, 97

布罗克豪斯，弗里德里希（Brockhaus, Friedrich）174

布洛涅（Boulogne）40, 210, 353

布吕埃尔，加斯东（Bruère, Gaston）264, 386, 458, 473

布吕埃尔，乔治（Bruère, George）386, 474

布吕埃尔，让娜（Bruère, Jeanne）386, 474

布吕尔（Brühl Castle）116

布吕亚，阿尔弗莱（Bruyas, Alfred）197

布日瓦尔（Bougival）367, 377；屠格涅夫的别墅（Turgenev's dacha）378, 彩图 31-32, 34；维亚尔多—屠格涅夫的房子（Viardot–Turgenev house）358, 377-378, 410, 461, 彩图 30

布塞公司［音乐出版商］（Boosey & Co.）278-279

布图尔林委员会［俄国的审查机关］（Buturlin Committee [Russian censorship body]）155

布瓦涅，夏尔·德（Boigne, Charles de）88
布耶，路易（Bouilhet, Louis）388
布宜诺斯艾利斯（Buenos Aires）20, 439, 446

C

查理·亚历山大［萨克森—魏玛—爱森纳赫大公］（Charles Alexander, Grand Duke of Saxe-Weimar-Eisenach）281, 293, 322
查理十世［法国国王］（Charles X, King of France）25
查理十五世［瑞典国王］（Charles XV, King of Sweden）259
查佩尔公司［音乐出版商］（Chappell & Co.）278
查普，亨利（Chapu, Henri）423
查普曼和霍尔［出版社］（Chapman and Hall）57
柴可夫斯基，彼得·伊里奇（Tchaikovsky, Pyotr Ilyich）305, 364, 367, 369-371, 471, 482-483
车尔尼，卡尔（Czerny, Carl）95
出版，另见"图书贸易""文学期刊""音乐出版""报纸"
茨威格，斯蒂芬（Zweig, Stefan）479
茨维特科夫，伊凡（Tsvetkov, Ivan）193

D

达博，亨利（Dabot, Henri）276
达尔戈梅日斯基，亚历山大（Dargomyzhsky, Alexander）161, 368, 170；《石客记》（*The Stone Guest*）368
达盖尔，路易（Daguerre, Louis）86, 143
达盖尔照相法／银版照相法（daguerrotype）86, 158, 186-187
达古尔，玛丽［伯爵夫人］（Agoult, Countess Marie d'）15, 31, 249
达莱拉克，尼古拉（Dalayrac, Nicolas）14
达卢，儒勒（Dalou, Jules）350
达维利耶，夏尔［男爵］（Davillier, Baron Charles）：《西班牙》（*L'Espagne*）366
达沃斯（Davos）272
鞑靼人（Tatars）355
大师插图文库［丛书］（Illustrated Library of Master Authors）454
大卫，雅克·路易（David, Jacques-Louis）481
《大西洋月刊》［期刊］（*Atlantic Monthly*）403
大展会［伦敦，1851年］（Great Exhibition [London, 1851]）57, 151-154, 188, 197, 221, 227, 238
大仲马（Dumas, Alexandre, père）1, 50-51, 71, 91, 166-167, 426, 457
大众教育促进协会［公益组织］（Verein für Förderung der Volksbildung）456
大众图书促进协会（Società Promotrice delle Biblioteche Popolari）456
大众图书馆协会［公益组织］（Vereeniging voor Volksbibliotheken）456
大众音乐产业（popular-music industry）：发展（development of）272-279, 346, 364；另见"轻歌剧"
戴塞尔，洛德维克·范［笔名：卡雷尔·泰姆］（Deyssel, Lodewijk van [Karel Thijm]）406
戴维森，詹姆斯（Davison, James）124-125, 438
但丁·阿利吉耶里（Dante Alighieri）：纪念活动（commemoration）429-432；《神曲》（*The Divine Comedy*）203, 432

索引

《当代画廊》[杂志]（Galerie contemporaine）449
《当代评论》（Contemporary Review）403
当图, 爱德华（Dentu, Édouard）174
盗版（piracy）: 图书贸易中的盗版（in book trade）51, 165-167, 174-175, 177n, 181, 302, 304, 400, 410, 414; 音乐出版中的盗版（in music publishing）99, 100-102, 105, 169
德比（Derby）332
德彪西, 阿希尔-克劳德（Debussy, Achille-Claude）369, 483;《佩里亚斯与梅丽桑德》（Pelléas et Mélisande）470
德布鲁瓦斯, 欧仁（Broise, Eugène de）170
德尔沃, 阿尔弗雷（Delvau, Alfred）:《巴黎的快乐》（Les Plaisirs de Paris）289
德弗里恩特, 爱德华（Devrient, Eduard）320-321
《德国广播》[杂志]（Deutsche Rundschau）40
德加, 埃德加（Degas, Edgar）267, 380-381, 383, 彩图 17;《勒佩勒蒂耶街歌剧院的舞蹈演员休息室》（Le Foyer de la danse à l'Opéra）87n;《巴黎歌剧院的管弦乐队》（The Orchestra at the Opéra）383, 彩图 26
德康, 亚历山大-加布里埃尔（Decamps, Alexandre-Gabriel）63
德拉菲尔德和比尔出版社 [音乐出版商]（Delafield and Beale）137
德拉克洛瓦, 欧仁（Delacroix, Eugène）: 职涯（career）60, 64-65, 198; 音乐兴趣（musical interests）14, 109, 135, 137; 在诺昂（at Nohant）36, 119; 巴黎工作室（Paris studio）59; 参加肖邦的葬礼（at Chopin's funeral）141; 肖像画（portraits of）188; 谈路易·维亚尔多（on Louis Viardot's Nouvelles russes）179; 参加维亚尔多夫妇的音乐晚会（at Viardots' musical soirées）207; 为保琳娜·维亚尔多设计衣服（costume design for Pauline Viardot）249; 作品在 1900 年世博会中展览（work featured at 1900 Exposition Universelle）481;《浴女》（Bathers）64;《处决马里诺·法列罗总督》（Execution of the Doge Marino Faliero）60;《疯人院里的塔索》（Tasso in the Madhouse）60
德拉罗什, 保罗（Delaroche, Paul）59, 201, 203
德拉沃, 亨利（Delaveau, Henri）177
德莱塞尔, 邦雅曼（Delessert, Benjamin）62-63
德雷福斯事件（Dreyfus affair）476
德雷科鲁兹, 埃蒂安-让（Delécluze, Étienne-Jean）197
德雷克, 弗朗西斯 [爵士]（Drake, Sir Francis）340
德累斯顿（Dresden）309-310; 画廊（art galleries）128, 222, 373, 447; 乐坛（music scene）83, 116, 138, 293, 318-319, 445, 470; 旅游业（tourism）127, 216, 232
德累斯顿起义 [1849 年]（Dresden Uprising [1849]）128, 139, 317
德利勃, 莱奥（Delibes, Léo）471
德罗兹, 居斯塔夫（Droz, Gustave）:《先生、夫人和宝贝》（Monsieur, Madame et Bébé）304
德绍（Dessau）318
德意志统一（German unification）168
德拉亨山城堡（Drachenfels Castle）234
的里雅斯特（Trieste）40, 155

狄更斯，查尔斯（Dickens, Charles）136, 200, 342, 403；与维亚尔多夫妇的友谊（friendship with Viardots）208-209, 249, 251-252；杂志出版人（magazine publisher）172, 177；常看歌剧者（opera-going）251-252；名气和影响（reputation and influence）182-186, 398, 402, 406, 457；连载出版物（serialized publication）48-49；支持版权法案（support for copyright bill）167；译本（translated editions）71, 173, 180, 183-184, 304, 454；《荒凉山庄》（Bleak House）49, 188；《壁炉上的蟋蟀》（The Cricket on the Hearth）208；《大卫·科波菲尔》（David Copperfield）183；《艰难时世》（Hard Times）49, 185；《小杜丽》（Little Dorrit）208；《匹克威克外传》（The Pickwick Papers）48-49；《意大利风光》（Pictures from Italy）223-224

迪纳堡（Dinaburg）467

迪蓬谢尔，亨利（Duponchel, Henri）84, 130-131 check 98

迪斯代里，安德烈—阿道夫—欧仁（Disdéri, André-Adolphe-Eugène）187；照片（photographs）187, 250

迪亚兹，纳西斯·维尔吉利奥（Diaz, Narcisse Virgilio）191, 376

笛福，丹尼尔（Defoe, Daniel）：《鲁滨孙漂流记》（Robinson Crusoe）454-455

笛卡尔，勒内（Descartes, René）426-427

第二国际（Second International）414

第戎（Dijon）197, 210

第一次世界大战（First World War）326, 476, 479

蒂索，雅姆（Tissot, James）292, 348, 彩图 18

电报（telegraph）43, 273, 385, 414, 443, 479

电灯（electric lighting）445, 479

电话（telephone）407

丁尼生，阿尔弗雷德［男爵］（Tennyson, Alfred, 1st Baron）341-342, 420

丢勒，阿尔布雷希特（Dürer, Albrecht）448

东方主义（Orientalism）66-70

都柏林（Dublin）244, 367

都德，阿尔方斯（Daudet, Alphonse）193, 387, 396, 399, 402, 422, 460, 464

都德，欧内斯特（Daudet, Ernest）283

《逗闹》［杂志］（Charivari, Le）379

《独立评论》[1841—1848 年]（Revue indépendante [1841–1848]）31, 35-36, 49

《独立评论》[1882—]（Revue indépendante [1882–]）404-405

赌博（gambling）12, 261-262, 304-305, 309-310

杜邦，亚力克西（Dupont, Alexis）141

杜比尼，夏尔-弗朗索瓦（Daubigny, Charles-François）191, 193-194, 349-350, 376, 彩图 11

杜边斯卡娅，瓦林卡［拉格勒内夫人］（Dubenskaya, Varinka [Madame Lagrené]）178

杜蒂约，贡斯当（Dutilleux, Constant）193

杜康，马克西姆（du Camp, Maxime）65, 230

杜朗，提乌斯（Durand, Sextius）281-282

杜朗—吕埃尔，保罗（Durand-Ruel, Paul）60, 194, 348-349, 374, 376, 378-379, 383-385

杜朗—吕埃尔，让—玛丽（Durand-Ruel, Jean-Marie）60, 64, 349

杜雷，泰奥多尔（Duret, Théodore）350, 380-381, 383

索引

杜米埃，奥诺雷（Daumier, Honoré）60
杜普雷，儒勒（Dupré, Jules）60, 376
杜塞尔多夫（Düsseldorf）xii, 110
杜韦尔努瓦，维克多-阿尔方斯（Duvernoy, Victor-Alphonse）363-364
度量衡系统（metric system）414
度量衡系统联盟［1875年］（Union for the Metric System [1875]）414
敦刻尔克（Dunkerque）1, 40
多德雷赫特（Dordrecht）58
多雷，居斯塔夫（Doré, Gustave）207, 348, 361, 366
多尼采蒂，加埃塔诺（Donizetti, Gaetano）15-16, 29, 32, 102, 121；《阿黛莉娅》（Adelia）102；《阿拉霍在格拉纳塔》（Alahor in Granata）15；《爱的甘醇》（L'elisir d'amore）15, 113；《宠姬》（La favorite）99, 259；《唐·帕斯夸莱》（Don Pasquale）121；《凯尼尔沃斯城堡的伊丽莎白》（Elizabeth at Kenilworth Castle）15；《拉美莫尔的露琪亚》（Lucia di Lammermoor）9, 441, 448；《卢克蕾齐亚·博尔吉亚》（Lucrezia Borgia）438, 480
多维尔（Deauville）196, 236
多伊利·卡特歌剧公司（D'Oyly Carte Opera Company）445

E

俄耳甫斯［神话人物］（Orpheus）246, 249, 285
《俄国档案》［期刊］（Russky Arkhiv; Russian Archive）312
《俄国导报》［期刊］（Russkii vestnik; The Russian Messenger）265-266, 310, 314
俄国文学爱好者协会（Society of Lovers of Russian Literature [OLRS]）419-421
俄国音乐协会（Russian Musical Society）305
俄罗斯芭蕾舞团（Ballets Russes）482-483
俄土战争［1877—1878年］（Russo-Turkish War [1877–1878]）385, 396, 418
鄂木斯克（Omsk）71
恩格斯，弗里德里希（Engels, Friedrich）153, 334；《共产党宣言》（Communist Manifesto）433-434
恩斯特一世［萨克森选帝侯］（Ernst I, Elector of Saxony）229
二月革命［法国，1848年］（February Revolution [France, 1848]）127-130

F

法奥战争［1859年］（Franco-Austrian War [1859]）307
法尔茅斯勋爵，乔治·博斯科恩（Falmouth, George Boscawen, 2nd Earl of）131
法国大革命（French Revolution）41, 234, 333, 426-427
法国国家音乐协会（Société Nationale de Musique）363-364
法国喜剧剧院（Comédie-Francaise）130, 283
法兰克福/美因河畔法兰克福（Frankfurt-am-Main）57, 287, 432；歌德故居（Goethe House）222
法兰克福国民大会［1848—1849年］（Frankfurt Parliament [1848–49]）128
法郎士，安纳托尔（France, Anatole）389n, 398
法仑克，路易丝（Farrenc, Louise）297-298
凡·戴克，安东尼［爵士］（Van Dyck, Sir Anthony）215

凡·高，文森特（Van Gogh, Vincent）384

凡·雷斯达尔，萨洛蒙（Ruysdael, Salomon van）61, 263

凡尔纳，儒勒（Verne, Jules）170, 401, 454

凡尔赛（Versailles）40, 59, 352

反奴隶制运动（anti-slavery movement）158, 403

反世界主义（anti-cosmopolitanism）476

反犹太主义（anti-Semitism）94, 140-141, 283, 305, 320-321, 476

泛拉丁主义（Pan-Latinism）364-265

范德尼尔，阿尔特（Van der Neer, Aert）263

方丹—拉图尔，亨利（Fantin-Latour, Henri）347-348, 381

飞机（flying machines）407, 479

菲蒂斯，爱德华（Fétis, Édouard）96

菲蒂斯，弗朗索瓦—约瑟夫（Fétis, François-Joseph）298

菲尔米尼（Firminy）456

菲兹利埃，阿尔贝·德·拉（Fizilière, Albert de la）191

斐迪南二世［两西西里国王］（Ferdinand II, King of the Two Sicilies）169

斐迪南七世［西班牙国王］（Ferdinand VII, King of Spain）25

费迪南—菲利普［奥尔良公爵］（Ferdinand Philippe, Duc d'Orléans）28, 202

费尔纳，费迪南德（Fellner, Ferdinand）445-446

费尔内（Ferney）235

《费加罗报》［报纸］（Figaro, Le）284-285, 291-292, 326, 379, 389n；《大事》增刊（L'Évènement supplement）381, 392

费拉尔，儒勒（Féral, Jules）387

费拉拉（Ferrara）42

费里，儒勒（Ferry, Jules）382；《费里法案》（"Ferry Laws"）400, 455

费特，阿法纳西（Fet, Afanasy）117, 205, 214, 259, 293

风湿性疼痛，治疗的机器（rheumatic pain, machines for treatment）460

枫丹白露（Fontainebleau）191, 193；铁路与旅游业（railway and tourism）195

冯塔纳，特奥多尔（Fontane, Theodor）47, 184, 230, 335, 346-347, 455；《艾菲·布里斯特》（Effi Briest）210；（Modern Travel）220, 229；《伦敦一夏》（Ein Sommer in London）230；《1848 年以来我们的抒情诗和史诗》（"Unsere lyrische und epische Poesie seit 1848"）185-186；《勃兰登堡边侯国漫游》（Wanderungen durch die Mark Brandenburg）230

弗尔，夏尔（Furne, Charles）165

弗拉夫斯凯亚，尤莉娅［男爵夫人］（Vrevskaia, Baroness Julia）418

弗拉门戈舞（Flamenco）69, 366

弗拉斯卡蒂（Frascati）215

弗兰克，塞萨尔（Franck, César）361, 470, 483

弗朗茨·约瑟夫一世［奥匈帝国皇帝］（Franz Joseph I, Emperor of Austria）291

《弗雷泽杂志》（Fraser's Magazine）177

弗里德兰德，路德维希（Friedländer, Ludwig）324

弗里德里希·威廉三世［普鲁士国王］（Friedrich Wilhelm III, King of Prussia）22

弗里德里希·威廉四世［普鲁士国王］（Friedrich Wilhelm IV, King of Prussia）

38-39, 82

弗里德里希一世［奥匈帝国皇帝］（Friedrich I, Grand Duke of Baden）269, 271, 320

弗里斯，威廉（Frith, William）201

弗林克，戈瓦尔特（Flinck, Govaert）61

弗洛伦萨（Florence）215-216, 432；但丁故居（Dante's house）430；出版业（publishing trade）169；铁路（railways）42, 57；佩尔戈拉歌剧院（Teatro della Pergola）105

弗农，罗伯特（Vernon, Robert）62

伏尔泰（Voltaire）68, 222；费尔内的城堡（château at Ferney）235；逝世、下葬和纪念活动（death, burial and commemoration）426-427, 429

福尔，让-巴蒂斯特（Faure, Jean-Baptiste）383, 386

福莱，加布里埃尔（Fauré, Gabriel）325, 361, 363-364, 470, 483；《慈悲的耶稣》（"Pie Jesu"）483

福楼拜，居斯塔夫（Flaubert, Gustave）299；生活和职涯（life and career）171, 300-302, 325, 382, 387-390, 393；性格、外貌和衣着（character, appearance and dress）300, 387；风格和文学影响（style and literary influences）186, 189；财务（finances）170-171, 387-390；连载出版物（serialized publication）172-173, 391；译本（translated editions）302, 390-391；名声（reputation）184, 301-302, 388, 390, 423, 457；与屠格涅夫的关系（relations with Turgenev）173, 291, 298-302, 333, 352-353, 359-360, 385, 388-390；逝世和葬礼（death and funeral）422；纪念活动（commemoration）422-423；作为文学经典之一（as part of literary canon）454, 457；在世博会上（on Exposition Universelle）407；谈雨果（on Hugo）408；谈现代世界（on modern world）388；谈保琳娜·维亚尔多（on Pauline Viardot）249；谈托尔斯泰（on Tolstoy）398-399；谈屠格涅夫（on Turgenev）299-301, 359, 374-375；谈左拉（on Zola）395；《包法利夫人》（Madame Bovary）170-173, 189, 273, 301, 390n；《穿过田野，穿过沙漠》（Par les champs et par les grèves）230；《萨朗波》（Salammbô）171, 301；《情感教育》（Sentimental Education）91n, 171, 189, 301-302, 388；《圣安东尼的诱惑》（The Temptation of St Anthony）300, 302, 388, 390-391；《三故事》（Three Tales）391

福斯特，约翰（Forster, John）208-209

福特，理查德（Ford, Richard）：《西班牙旅行者手册》（A Handbook for Travellers in Spain）340

福图尼，玛丽亚（Fortuny, Marià）371

富兰克林协会（Société Franklin）456

G

盖尔维努斯，格奥尔格·戈特弗里德（Gervinus, Georg Gottfried）318

盖里科，泰奥多尔（Géricault, Théodore）192

盖斯凯尔，伊丽莎白（Gaskell, Elizabeth）184；《北方和南方》（North and South）185

盖塔诺·诺比利（Nobili, Gaetano）169

盖兹，亨利（Gaze, Henry）227

甘巴特，欧内斯特（Gambart, Ernest）60,

199-201, 349, 448

甘必大，莱昂（Gambetta, Léon）382, 389

冈察洛夫，伊凡（Goncharov, Ivan）310, 397

钢琴的制造和所有权（piano manufacture and ownership）96-99, 437

高尔斯华绥，约翰（Goldsworthy, John）475

高更，保罗（Gauguin, Paul）199, 481

《高卢人报》[报纸]（Gaulois）435

高乃依，皮埃尔（Corneille, Pierre）253, 430, 456

戈蒂埃，泰奥菲尔（Gautier, Théophile）1, 22, 195, 198, 231, 266n, 291, 388；谈鼓掌捧场者（on claques）93；谈世博会（on the Exposition Universelle）238-239；谈卢浮宫（on the Louvre）448；谈梅耶贝尔的《先知》（on Meyerbeer's Le Prophète）134-135；谈保琳娜·维亚尔多（on Pauline Viardot）31；谈巴黎歌剧院的法瓦尔厅（on Salle Favart of Paris Opéra）14；《西班牙之旅》（Voyage en Espagne）69；《俄国之旅》（Voyage en Russie）370

戈宁，弗朗切斯科（Gonin, Francesco）169

哥本哈根（Copenhagen）219, 259, 275

哥本哈根大学（Copenhagen University）406

哥尼斯堡（Königsberg）318, 432

歌唱俱乐部与合唱队（singing clubs and choirs）109, 115, 307

歌德，约翰·沃尔夫冈·冯（Goethe, Johann Wolfgang von）342, 409；作品的出版（publication of）53, 163, 186, 435, 452-454；财务（finances）163, 168；房屋（houses）222, 430；名声（reputation）89, 421；作为民族诗人（as national poet）183, 420, 431；对屠格涅夫的影响（influence on Turgenev）75, 239, 255n, 388；谈欧洲文化认同（on European cultural identity）477；谈快乐（on happiness）255n；谈文学经典（on literary canon）433；谈铁路（on railways）41-42；《浮士德》（Faust）82, 203, 452-453；《少年维特的烦恼》（Sorrows of Young Werther）53, 163

歌剧（opera）：在西欧的发展（development in Western Europe）11-14, 46, 86-88, 308, 365-367；商业模式（business models）11, 14-18, 27-29, 44-45, 85-88, 91, 345-346, 439-441；乐谱的出版（publication of scores）99-105, 441-443；标准剧目的建立（establishment of standard repertoire）438-443, 446；在英国（in Britain）13, 83-84, 113, 345-347, 440；在俄国（in Russia）7-11, 78-80, 161, 482；在美洲（in Americas）19-20, 365, 439-440, 446；在非洲和亚洲（in Africa and Asia）446；另见"贝里尼""多尼采蒂""格鲁克""梅耶贝尔""莫扎特""罗西尼""威尔第""瓦格纳""韦伯"

歌剧和音乐会的观众组成（audiences [opera and concert performances], comportment of）93, 112-115

歌剧院（opera houses）：设计（design）87, 319-320, 445-446；观众的组成（comportment of audiences）93, 112-115

歌舞杂耍表演（vaudeville）9, 43-433, 133, 277, 290, 297, 366

格杰奥诺夫，斯捷潘（Gedeonov, Stepan）77

格拉茨（Graz）444；国家剧院（State Theatre）445-446

格拉纳达（Granada）36

格拉诺夫斯基，季莫菲（Granovsky,

索引 669

Timofei）75

格拉祖诺夫，I. I.（Glazunov, I. I.）461-462, 473

格莱斯顿，威廉（Gladstone, William）331

格朗纪尧姆，莱昂德尔（Grandguillaume, Léandre）193

格劳恩，约翰·戈特利布（Graun, Johann Gottlieb）112

格雷夫勒，伊丽莎白［伯爵夫人］（Greffulhe, Élisabeth, Countess）483

格雷特里，安德烈（Grétry, André）14

格雷维，儒勒（Grévy, Jules）382

格里高利十六世［教皇］（Gregory XVI, Pope）41

格里高利耶夫娜，安娜（Grigorievna, Anna）309-310

格里戈洛维奇，季米特里（Grigorovich, Dimitry）468

格里格，爱德华（Grieg, Edvard）471

格里西，朱莉娅（Grisi, Giulia）35, 84, 331

格利内克，约瑟夫（Gelinek, Josef）95

格林卡，米哈伊尔（Glinka, Mikhail）9, 72, 161, 305-306, 370, 482

格鲁克，克里斯托夫·维利巴尔德（Gluck, Christoph Willibald）14, 82, 86, 112；《俄耳甫斯与欧律狄刻》（Orphée et Eurydice）116, 245-251, 257, 322；《阿尔切斯特》（Alceste）252-253, 259

格罗斯特"三合唱团音乐节"（Gloucester, Three Choirs Festival）45

格日马瓦，沃伊切赫（Grzymała, Wojciech）123

根特（Ghent）3

根西岛（Guernsey）241, 333, 427

庚斯博罗，托马斯（Gainsborough, Thomas）231, 350

《公共福祉》［期刊］（Bien public, Le）394-396

公共图书馆（public libraries）455-457

龚古尔，埃德蒙和儒勒（Goncourt, Edmond and Jules）62, 171, 298, 387, 396, 408, 422-423, 464；谈作者收入（on authors' earnings）266；谈英国游客（on British tourists）219；谈福楼拜（on Flaubert）189, 423；谈雅姆·蒂索（on James Tissot）348；谈奥芬巴赫（on Offenbach）283；谈普法战争期间的巴黎（on Paris during Franco-Prussian War）352；谈巴黎的咖啡馆文化（on Parisian café culture）276-277；谈巴黎河岸郊区（on riverside banlieues of Paris）377；谈屠格涅夫（on Turgenev）298-299, 464, 475

《共和国公报》（Bulletin de la République）129

《共和评论》（Revue républicaine）26

贡格尔，约瑟夫（Gung'l, Josef）275

古贝尔，阿尔塞纳（Goubert, Arsène）276

古德，汉斯（Gude, Hans）315

"古典音乐"术语的发展（"classical music", development of term）111，另见"经典的建立"

古诺，夏尔（Gounod, Charles）：外貌和性格（appearance and character）144-145；早期的职业（early career）33, 143；与维亚尔多夫妇的初见（first meets the Viardots）33, 143-144；与保琳娜的关系（relationship with Pauline）144-147, 160, 480；《萨福》的创作（writing of Sapho）144-147；《萨福》的首演（premieres of Sapho）151；婚姻和与保琳娜的关系破

裂（marriage and breaking of relations with Pauline）209, 331；在伦敦（in London）331；与维亚尔多夫妇的和解（reconciliation with Viardots）331；肖像画（portrait of）357；参加维亚尔多夫妇的音乐晚会（at Viardots' musical soirées）361, 364；对西班牙音乐的兴趣（Spanish music interests）364；与比才的友谊（friendship with Bizet）366-367；《浮士德》（*Faust*）251, 441；《罗密欧与朱丽叶》（*Romeo and Juliet*）290；《萨福》（*Sapho*）144-147, 151, 160

古皮尔，阿道夫（Goupil, Adolphe）59, 64, 201-203, 372

古皮尔和维贝尔［艺术经销商］（Goupil & Vibert）59-60, 64, 199-203, 372, 448-449

古特曼，阿尔贝特（Gutman, Albert）437

鼓掌者［剧院雇佣］（claques）93

管装颜料的发明（tube paints, invention of）192-193, 383

国际博览会（international exhibitions），见"世界博览会"

国际电信联盟［1865年］（International Telegraphic Union [1865]）414

国际文学和艺术协会（ALAI, International Literary and Arts Association]）413

国际展览（international exhibitions），见"世界博览会"

国际子午线大会［1884年］（International Meridian Conference [1884]）414

国际作家大会［巴黎，1878年］（International Writers' Congress [Paris, 1878]）407-413, 434

国家图书贸易组织［荷兰图书贸易组织］（VBBB [Dutch book trade organization]）181n

国家文库［丛书］（Bibliothèque Nationale）451

果戈理，尼古拉（Gogol, Nikolai）71-72, 183-184, 239, 260, 409, 450, 457；逝世和讣闻（death and obituaries）156-157；译本（translated editions）178-179, 303；《死魂灵》（*Dead Souls*）177n；《钦差大臣》（*The Government Inspector*）76；《外套》（"The Overcoat"）156

H

哈代，托马斯（Hardy, Thomas）406, 475

哈尔科夫（Kharkov）71

哈夫迈耶尔，路易丝与亨利（Havemeyer, Louisine and Henry）381

哈佛大学（Harvard University）403

哈拉赫，扬［伯爵］（Harrach, Count Jan）308

哈拉莫夫，阿列克谢（Kharlamov, Alexei）371-372, 374, 472, 彩图20-21

哈雷，查尔斯［爵士］（Hallé, Sir Charles）112, 331, 344-345

哈里奇（Harwich）227

哈斯林格，卡尔（Haslinger, Carl）273

哈瓦那（Havana）446

哈瓦涅拉舞曲（Habanera）365, 367

《海盗日报》［报纸］（*Corsaire, Le*）392

海德堡（Heidelberg）227, 232

海顿，约瑟夫（Haydn, Joseph）99, 108, 305, 308, 435, 437；《创世纪》（*The Creation*）243

海涅，海因里希（Heine, Heinrich）135, 397；谈英格兰（on England）338；谈李斯特（on Liszt）18；谈梅耶贝尔（on

索引　　　　　　　　　　　　　　　　　　　　　　　　　　　671

Meyerbeer）94, 140；谈巴黎的音乐（on music in Paris）96；谈保琳娜·维亚尔多（on Pauline Viardot）8, 70；谈铁路（on railways）7, 40；《罗蕾莱少女》（Die Lorelei）234

海涅曼［出版社］（Heinemann）451

海牙（Hague, The）201

海泽，保罗（Heyse, Paul）185, 325

汉堡（Hamburg）57, 373, 432

汉诺威（Hanover）39, 46, 232, 318, 432

汉斯立克，爱德华（Hanslick, Eduard）82, 139, 437

豪厄尔斯，威廉·迪恩（Howells, William Dean）403

豪普特曼，格哈特（Hauptmann, Gerhart）406

合唱队（choirs），见"歌唱俱乐部与合唱队"

河内（Hanoi）446

赫德和霍顿公司［出版社］（Hurd and Houghton）224

赫尔岑，亚历山大（Herzen, Alexander）71, 76, 129, 144, 208；在伦敦流亡（in exile in London）210, 216, 313, 334-337；《往事与随想》（My Past and Thoughts）336-337

赫尔茨，亨利（Herz, Henri）95, 98, 298

赫尔默，赫尔曼（Helmer, Hermann）445-446

赫尔辛堡（Helsingborg State Theatre）404

赫尔佐格，维尔纳（Herzog, Werner）:《菲茨卡拉多》（Fitzcarraldo）446

赫林斯多夫（Heringsdorf）236

赫伦诺夫斯基［出版社］（Chlenowski）165

黑恩，维克多（Hehn, Viktor）303

黑格尔，格奥尔格·威廉·弗里德里希（Hegel, Georg Wilhelm Friedrich）68

亨德尔，格奥尔格·弗里德里希（Handel, George Friedrich）110, 112, 116, 278, 343, 彩图 6；《弥赛亚》（Messiah）243

亨里克尔－杜邦，路易（Henriquel-Dupont, Louis）202

亨塞尔，威廉（Hensel, Wilhelm）295

亨特，威廉·霍尔曼（Hunt, William Holman）200

亨特，威廉·莫里斯（Hunt, William Morris）194

红十字会（Red Cross）：英国（British）339；国际（International）414

洪堡，亚历山大（Humboldt, Alexander）75

喉镜（laryngoscope）331

《呼声报》［报纸］（Golos）422

户外作画/露天绘画（plein-air painting）191-193, 377

华尔兹（waltzes）94, 273, 275, 291-292

华莱士，唐纳德·麦肯齐［爵士］（Wallace, Sir Donald Mackenzie）:《俄国》（Russia）370

华莱士，文森特（Wallace, Vincent）:《沙漠之花》（The Desert Flower）346；《玛丽塔娜》（Maritana）346

华沙（Warsaw）：乐坛（music scene）97, 242-243；人口总数（population totals）97；铁路（railways）40, 368

《华沙信使报》（Warsaw Courier）97

华兹华斯，威廉（Wordsworth, William）166-167, 233；华兹华斯的湖区（Wordsworth's Lake District）222, 430

滑铁卢［战场］（Waterloo, battlefield site）227

《画报》［报纸］（Illustration, L'）80, 82, 179

《环球》［期刊］（Globe, Le）25

皇村（Tsarskoe Selo）70, 273, 419
皇家学会（Royal Society）152-153
皇家英国歌剧公司（Royal English Opera Company）346
惠斯勒，詹姆斯·麦克尼尔（Whistler, James McNeill）347, 349, 381
惠特曼，沃尔特（Whitman, Walt）397
霍布豪斯，约翰［第一任布劳顿男爵］（Hobhouse, John, 1st Baron Broughton）69
霍布雷希特，詹姆斯（Hobrecht, James）289
霍顿勋爵，理查德·蒙克顿·米尔尼斯［第一任男爵］（Houghton, Richard Monckton Milnes, 1st Baron）331
霍夫梅斯特，弗里德里希（Hofmeister, Friedrich）101
霍夫梅斯特音乐出版社［音乐出版商］（Hofmeister）98-99
霍加斯，威廉（Hogarth, William）199, 231

J

基辅（Kiev）445
基辛斯基［斯帕斯科耶庄园经理］（Kishinsky [Spasskoe estate manager]）265, 385
基佐，弗朗索瓦（Guizot, François）48, 57
《基佐教育法》（Guizot Law）48, 57
吉本，爱德华（Gibbon, Edward）219
吉卜林，拉迪亚德（Kipling, Rudyard）454
吉卜赛人（gypsies）69, 122, 178, 366；音乐（music）308-309, 371
吉尔伯特，威廉·施文克［爵士］（Gilbert, Sir William Schwenck）346
吉拉尔，让-巴普蒂斯特（Girard, Jean-Baptiste）456

吉拉尔丹，埃米尔·德（Girardin, Émile de）48-49, 55
吉伦特俱乐部图书馆［图书馆协会］（Bibliothèque du Cercle Girondin）457
吉罗，皮埃尔［坎布雷大主教］（Giraud, Pierre, Archbishop of Cambrai）2
吉洛特，约瑟夫（Gillot, Joseph）62
吉约曼，阿尔芒（Guillaumin, Armand）384
纪埃河岸（Rive-de-Gier）456
季诺维也夫，P. V.（Zinoviev, P. V.）77
济慈，约翰（Keats, John）215
加的斯（Cadiz）18
加尔迪亚诺，何塞·拉萨洛（Galdiano, José Lázaro）402
加尔各答（Calcutta）446
加富尔，卡米洛（Cavour, Camillo）41
加拉霍娃，奥尔加（Galakhova, Olga）473-474
加莱（Calais）40
加里波第，朱塞佩（Garibaldi, Giuseppe）340
加内特，康斯坦斯（Garnett, Constance）399
加特契纳（Gatchina）467
加瓦尔尼，保罗（Gavarni, Paul）59
加西亚，保琳娜（García, Pauline），见"维亚尔多，保琳娜"
加西亚，玛丽亚（García, Maria），见"马里布兰，玛丽亚"
加西亚，曼纽埃尔［保琳娜·维亚尔多的父亲］（García, Manuel [father of Pauline Viardot], Plate）18-22, 24, 366，彩图2；《伪装的仆人》（The Man in Servant's Disguise）366
加西亚，曼纽埃尔［保琳娜·维亚尔多的兄长］（García, Manuel [brother of Pauline

索引 673

Viardot］）18, 20-21, 131, 279, 327-328, 331

加谢，保罗（Gachet, Paul）384

佳吉列夫，谢尔盖（Diaghilev, Sergei）482-483

《家常话》[杂志]（*Household Words*）177, 181

戛纳（Cannes）236

贾伊，弗雷德里克（Gye, Frederick）84, 112n, 121, 151, 345, 440

剑桥大学（Cambridge University）354

《教育法案》[英国，1870年]（Education Act [Britain, 1870]）400, 455

教育之友图书馆[图书馆协会]（Bibliothèque des Amis de l'Instruction）456

杰瓦诺夫斯基，多米尼克（Dziewanoski, Dominik）123

捷尼舍娃，玛丽亚·克拉夫季耶芙娜[大公夫人]（Tenisheva, Princess Maria Klavdievna）459

介朗，皮埃尔—纳西斯（Guérin, Pierre-Narcisse）58, 64

金钱（money）x-xii：乔治·桑谈金钱（George Sand on）122；左拉谈金钱（Zola on）题记；另见"收入"

金兹堡，约瑟夫[男爵]（Günzburg, Joseph Baron de）362, 386

《浸信会的驴子》[歌舞杂耍表演]（*Âne à Baptiste, L'*）133

"经典"的建立（canon, establishment of）4-5, 45：文学的（in literature）55, 433-435, 450-457；音乐会曲目的（in concert repertoire）111, 115, 435-437, 481-482；歌剧曲目的（in opera repertoire）345-346, 438-443, 446, 481-482；艺术的（in art）447-450

经纪人，文学与艺术的（agents, literary and artistic）361

居里，玛丽（Curie, Marie）426

居斯蒂纳侯爵，阿斯托尔夫—路易—莱诺尔（Custine, Astolphe-Louis-Lénor, Marquis de）370；《斐迪南七世时代的西班牙》（*L'Espagne sous Ferdinand VII*）66；《1839年的俄国》（*La Russie en 1839*）65-68

居维利耶，阿达尔贝（Cuvelier, Adalbert）193

居伊，策扎尔（Cui, César）305-306, 369；《安吉洛》（*Angelo*）368；《俄国音乐》（*La musique en Russie*）371

《剧场信使报》[报纸]（*Messager des théâtres, Les*）135

《剧院信使》[期刊]（*Courier des théâtres*）92

《剧院杂志》[期刊]（*Magasin théâtral*）44

君士坦丁堡（Constantinople）136, 287, 446

K

咖啡馆音乐会（café-concerts）276-277, 364, 266

卡堡（Cabourg）236

卡尔斯巴德（Karlsbad）236, 272, 275, 413

卡尔斯鲁厄（Karlsruhe）315, 318, 320-322

卡拉姆津，尼古拉（Karamzin, Nikolai）301

卡莱尔，托马斯（Carlyle, Thomas）342

卡莱尔吉斯，玛丽[伯爵夫人]（Kalergis, Countess Marie）253-254

卡鲁索，欧内斯特（Caruso, Enrico）446, 480

卡罗，莫里茨（Karo, Moritz）355

卡罗尔，刘易斯（Carroll, Lewis）370

卡梅罗尼，菲利切（Cameroni, Felice）406

卡蒙斯，路易斯·德（Camões, Luís de）429

卡普阿纳，路易吉（Capuana, Luigi）406

卡塞尔［出版社］（Cassell）451

卡斯特朗，让娜（Castellan, Jeanne）78, 141

卡斯特罗，纪廉·德（Castro, Guillén de）:《熙德的青年时代》（Las mocedades del Cid）365

卡特科夫，米哈伊尔（Katkov, Mikhail）265, 310

卡瓦略，莱昂（Carvalho, Léon）245-247, 251-252, 439

卡瓦耶－科尔，阿里斯蒂德（Cavaillé-Coll, Aristide）132；管风琴（organs）132, 207, 356, 483

卡沃斯，卡特里诺（Cavos, Catterino）10

卡耶波特，居斯塔夫（Caillebotte, Gustave）383

开罗（Cairo）289, 445-446

凯勒，戈特弗里德（Keller, Gottfried）183, 186, 303, 342

康德，伊曼纽尔（Kant, Immanuel）42

康斯太布尔，约翰（Constable, John）192

康斯特布尔，阿奇博尔德（Constable, Archibald）51-52

康西安斯，亨德里克（Conscience, Hendrik）432

珂罗版［照相制作工序］（collotype）448

柯勒律治，塞缪尔·泰勒（Coleridge, Samuel Taylor）233

柯林斯，威尔基（Collins, Wilkie）63, 200

柯罗，卡米耶（Corot, Camille）60, 191, 193-194, 207, 249, 376, 385, 彩图22

柯尼希湖（Königssee）220

科尔，亨利［爵士］（Cole, Sir Henry）152, 154

科夫诺（Kovno）467

科隆（Cologne）：乐坛（music scene）110；铁路（railways）1, 39-41, 57, 110, 327；旅游业（tourism）227, 233

科罗，保罗（Collot, Paul）194

科罗迪，卡洛（Collodi, Carlo）56-57

科蒙维尔，卡罗琳（Commonville, Caroline）361, 388-389

科尼，阿纳托利（Koni, Anatoly）357, 418

科斯塔，迈克尔［爵士］（Costa, Sir Michael）245, 344

科塔，J. G. A.（Cotta, J. G. A.）52, 168

科特赖克（Kortrijk）3

科瓦列夫斯基，马克西姆（Kovalevsky, Maksim）356, 362

克拉克，查尔斯（Clark, Charles）:《1867年的巴登—巴登》（"Baden-Baden in 1867"）257

克拉克，肯尼斯（Clark, Kenneth）4, 377

克拉朗（Clarens）228

克拉姆斯科伊，伊凡（Kramskoi, Ivan）374

克拉耶夫斯基，安德烈（Kraevsky, Andrei）126-127

克莱尔·冯·格吕默（Glümer, Claire von）303

克雷洛夫，伊凡（Krylov, Ivan）179

克雷米厄，阿道夫（Crémieux, Adolphe）327

克雷默公司［音乐出版商］（Cramer & Co.）278

克雷森热，索朗日（Clésinger, Solange）393

克雷西，爱德华（Cresy, Edward）34

克里米亚战争［1853—1855年］（Crimean War）177, 204-205, 239, 241, 303, 324, 339, 368

索引 675

克林德沃特，卡尔（Klindworth, Karl）253
克鲁瓦塞，福楼拜的家（Croisset, Flaubert's house）300, 325, 388, 389, 391
孔德，奥古斯特（Comte, Auguste）434
库尔贝，居斯塔夫（Courbet, Gustave）122, 191, 194-199, 288, 376, 380-381, 381, 彩图 8
库尔塔维内尔，维亚尔多夫妇的城堡（Courtavenel, Viardots' château）79, 116-120, 148, 206, 263
库克，托马斯（Cook, Thomas）227-228, 236-238
库洛米耶的宴会［1847 年］（Coulommiers, Banquet de [1847]）129
库姆，托马斯（Combe, Thomas）65
库珀，詹姆斯·费尼莫尔（Cooper, James Fenimore）20：《最后的莫希干人》（The Last of the Mohicans）454
库因德兹，阿西普（Kuindhzi, Arkhip）372
《拐包指南》［旅行指南］（Satchel Guides）224

L

拉比茨基，约瑟夫（Labitzky, Joseph）275
拉布，威廉（Raabe, Wilhelm）183, 303
拉布拉凯，路易吉（Lablache, Luigi）141
拉德沃，皮埃尔—弗朗索瓦（Ladvocat, Pierre-François）53-54
拉尔斯顿，威廉（Ralston, William）325, 341-342, 354, 402-403
拉菲特，雅克（Lafitte, Jacques）62
拉斐尔（Raphael）216, 222, 373, 448
拉封丹，让·德（La Fontaine, Jean de）:《寓言》（Fables）53
拉夫罗夫，彼得（Lavrov, Pyotr）465-466
拉格勒内夫人［本名：瓦林卡·杜边斯卡娅］（Lagrené, Madame [Varinka Dubenskaya]）178
拉赫曼尼诺夫，谢尔盖（Rachmaninov, Sergei）482
拉克洛瓦，阿尔贝（Lacroix, Albert）174, 179, 392
拉罗，爱德华（Lalo, Édouard）361, 365:《西班牙交响曲》（Symphonie espagnole）365
拉马丁，阿方斯·德（Lamartine, Alphonse de）128, 402, 451
拉纳里，亚历山德罗（Lanari, Alessandro）92
拉皮埃尔，夏尔（Lapierre, Charles）422
拉斯·卡塞斯，埃曼纽尔·德（Las Cases, Emmanuel de）240
拉斯佩齐亚（La Spezia）228
拉威尔，莫里斯（Ravel, Maurice）483
拉辛，让（Racine, Jean）456
拉于尔，夏尔（Lahure, Charles）180
莱比锡（Leipzig）128：乐坛（music scene）97, 109, 114, 254, 298, 318-319, 321, 436, 444-445；出版业（publishing trade）43, 54, 92, 163, 173-174, 179-180, 437, 443, 451-453
莱顿的约翰（John of Leiden）133-134
莱蒙托夫，米哈伊尔（Lermontov, Mikhail）73, 178-179, 409, 450
莱切（Lecce）444
莱维，米歇尔（Lévy, Michel）52, 54-56, 166, 171, 174；米歇尔·莱维丛书（Collection Michel Lévy）451
莱辛，戈特霍尔德·埃弗拉伊姆（Lessing, Gotthold Ephraim）452, 454
莱辛，卡尔（Lessing, Karl）315
莱因哈德斯布伦城堡（Reinhardsbrunn

Castle）229

莱茵河（Rhine, River）：观光（tourism）232-235, 237

莱茵联邦（Confederation of the Rhine）240

赖耶尔，欧内斯特（Reyer, Ernest）92n

兰波（Rimbaud, Arthur）479

兰德，约翰（Rand, John）192-193

兰姆，查尔斯和玛丽（Lamb, Charles and Mary）：《莎士比亚故事集》（Tales From Shakespeare）455

兰斯科伊，P. P.（Lanskoi, P. P.）168

朗贝尔，欧金尼娅［伯爵夫人］（Lambert, Eugenia, Countess）206, 215, 218, 254-255, 272, 314

朗文［出版社］（Longman）57

劳特利奇［出版社］（Routledge）54, 57, 401；铁路文库（Railway Library series）180, 451；世界文库（World Library series）451

乐谱（sheet music），见"音乐出版"

勒布伦，夏尔（Le Brun, Charles）231-232

勒德吕—罗兰，亚历山大（Ledru-Rollin, Alexandre）129-130, 132, 334

勒菲弗，儒勒（Lefebvre, Jules）371

勒格雷，居斯塔夫（Le Gray, Gustave）193

勒格罗，阿尔方斯（Legros, Alphonse）347-349

勒孔特·德·里尔，夏尔（Leconte de Lisle, Charles）389n

勒鲁，皮埃尔（Leroux, Pierre）31

勒鲁瓦—博利厄，阿纳托尔（Leroy-Beaulieu, Anatole）：《沙皇帝国与俄国人》（L'Empire des tsars et les Russes）370

勒芒（Le Mans）325

勒南，欧内斯特（Renan, Ernest）58, 198, 207, 268,, 387, 398, 464, 466；《耶稣传》（Vie de Jésus）268-269, 364

勒普瓦特文，奥古斯特（Lepoitevin, Auguste）164

勒瓦瑟尔，奥古斯特（Levasseur, Auguste）93

雷顿，弗雷德里克［男爵］（Leighton, Frederic, Baron）331, 349

雷哈，安东（Reicha, Anton）21, 294, 298

雷克拉姆，安东·菲利普（Reclam, Anton Philipp）54, 451-453

雷利，沃尔特［爵士］（Raleigh, Sir Walter）340

雷诺阿，奥古斯特（Renoir, Auguste）377, 381-382, 384, 彩图24

雷诺兹，G. W. M.（Reynolds, G. W. M.）57

雷诺兹，约书亚［爵士］（Reynolds, Sir Joshua）231, 350

雷普钱斯卡娅，叶莲娜（Repchanskaya, Elena）357

雷西奥，玛丽（Recio, Marie）247

李斯特，弗朗茨（Liszt, Franz）：早年职涯（early career）17；（relationship with Marie d'Agoult）15；巡演（touring）10, 16-18, 96, 111-112；李斯特狂热（"Lisztomania"）17-18；（finances）16-17；保琳娜·维亚尔多的老师（teacher to Pauline Viardot）22, 244；为音乐家争取专业认可的运动（campaigns for professional recognition for musicians）115；组织贝多芬音乐节（organizes Beethoven Festival）116；在诺昂（at Nohant）119；参加维亚尔多夫妇的音乐晚会（at Viardots' musical soirées）208, 471；为保琳娜在布达佩斯组织乐季（organizes season for Pauline in Budapest）244；在魏玛陪伴保琳娜（accompanies

索引 677

Pauline at Weimar）322；支持俄国"五人团"（support for Russian 'Mighty Five'）368；与建立音乐会的经典曲目（and establishment of canon in concert repertoire）436；晚年（later life）471；谈罗西尼的退休（on Rossini's retirement）89；谈瓦格纳（on Wagner）138；谈保琳娜·维亚尔多的作曲（on Pauline Viardot's compositions）292；《匈牙利狂想曲》（Hungarian Rhapsodies）308-309；《罗蕾莱少女》（Die Lorelei）234；《恶魔罗伯的回忆》（Réminiscences de "Robert le diable"）95，彩图 7

李斯特，弗里德里希（List, Friedrich）：《政治经济学的国民体系》（The National System of Political Economy）41

李斯特，科西玛［后改夫姓瓦格纳］（Liszt, Cosima [later Wagner]）318

里昂（Lyons）40, 56, 232

理查德·瓦格纳剧院［国际巡演公司］（Richard Wagner Theatre [touring company]）444

里茨，尤里乌斯（Rietz, Julius）32, 241, 293；保琳娜·维亚尔多与其之通信（Pauline Viardot's correspondence with）32-33, 212, 242, 244-245, 247-250, 258, 267-268, 317

里尔（Lille）1-2, 40, 44, 56

里尔，威廉·海因里希·冯（Riehl, Wilhelm Heinrich von）186

里吉山（Rigi, Mount）220, 235

里加（Riga）155, 319

里科尔迪，蒂托（Ricordi, Tito）176

里科尔迪，乔瓦尼（Ricordi, Giovanni）102-105

里科尔迪［音乐出版商］（Ricordi）101-105, 169, 175-176, 441-443, 446

里姆斯基—科萨科夫，尼古拉（Rimsky-Korsakov, Nikolai）305, 369, 482

里斯本（Lisbon）152, 413

里韦拉，胡塞佩·德（Ribera, Jusepe de）215, 231, 263, 357

里维埃尔，乔治（Rivières, Georges）384

里约热内卢（Rio de Janeiro）446

《立宪者报》［报纸］（Constitutionnel, Le）49-50

利奥波德［霍亨索伦亲王］（Leopold, Prince of Hohenzollern）323

利奥波德一世［比利时国王］（Léopold I, King of the Belgians）3, 22

利弗，查尔斯（Lever, Charles）228

利普哈特，恩斯特（Liphart, Ernst）372

利沃夫公爵（Lvov, Prince V. V.）156-158

利沃诺（Livorno）42, 57, 174, 232

利物浦（Liverpool）45, 154n, 244

利兹（Leeds）62, 244：市政厅（Town Hall）245

连载小说（serialized fiction, romans feuilletons）47-51, 91, 165, 172-173, 165-166, 301-302, 375, 391, 393-394

廉价文库［丛书］（Inexpensive Entertainment Library [book series]）452

《两个世界的评论》（Revue des deux mondes）23, 30, 35-36, 173, 178-179, 182-183, 343, 400-405

列宾，伊利亚（Repin, Ilia）373-374, 376，彩图 19

列日（Liège）22, 39

《猎人笔记》（Sketches from a Hunter's Album）：写作（writing of）116-117,

119, 127；风格和文学影响（style and literary influences）119, 158-159, 185, 193-194；出版（publication）154-158；审查（censorship）155-156, 158, 162；商业上的成功（commercial success）147, 158, 162-163；影响和重要性（impact and importance）158-159, 178-179, 403；译本和新版本（translations and new editions）162, 176-177, 299, 403

林德，珍妮（Lind, Jenny）127, 331

林德哈根，阿尔贝特（Lindhagen, Albert）289

刘易斯，乔治（Lewes, George）331

留声机（phonograph）98, 407, 480

六月起义［法国，1848 年］（June Days [Paris, 1848]）129, 131

隆热，弗洛里蒙（Ronger, Florimond），见"埃尔维"

卢伯克，约翰［爵士］（Lubbock, Sir John）434

卢布尔雅那（Ljubljana）433, 445

卢夫西恩-弗瓦森（Louveciennes-Voisins）377

卢卡，弗朗切斯科（Lucca, Francesco）103, 104

卢塞恩湖（Lucerne, Lake）220, 228, 235, 318

卢梭，让-雅克（Rousseau, Jean-Jacques）：住宅成为观光景点（home as tourist attraction）222, 430；下葬和纪念活动（burial and commemoration）426-427, 429；《新爱洛依丝》（La Nouvelle Héloïse）235

卢梭，泰奥多尔（Rousseau, Théodore）xi, 60, 191, 193-195, 376, 385, 458：《霜，在瓦尔蒙杜瓦的高山上》（Le Givre, hauteurs de Valmondois）378, 彩图 23

卢托维诺娃，瓦尔瓦拉·彼得罗夫娜［后改夫姓屠格涅夫］（Lutovinova, Varvara Petrovna [later Turgeneva]）73-77, 126, 149-151

鲁昂（Rouen）325, 422-423, 430；铁路（railways）7, 40

鲁比尼，乔瓦尼（Rubini, Giovanni）8, 10-11, 77

鲁宾斯坦，安东（Rubinstein, Anton）112n, 161, 208, 262, 269-270, 304-306, 368, 370, 437

鲁宾斯坦，尼古拉（Rubinstein, Nikolai）269-270, 370

鲁日蒙（Rougemont）264

鲁瓦耶，阿尔方斯（Royer, Alphonse）252-253, 317

鲁亚尔，亨利（Rouart, Henri）383-384

录音机器（recording machines），见"留声机"

路德维希堡（Ludwigsburg）432

路德维希二世［巴伐利亚国王］（Ludwig II, King of Bavaria）318, 320

路易·菲利普一世［法国国王］（Louis Philippe I, King of the French）：作为奥尔良公爵（as Duc d'Orléans）25, 58-59；作为国王（as King）1, 25-26, 27, 64, 426；逊位（abdication）128

路易-拿破仑［亲王总统］（Louis–Napoleon, Prince-President），见"拿破仑三世"

路易十六［法国国王］（Louis XIV, King of France）231

路易丝（Louise）：书中提及的三位路易丝，分别见词条"奥尔良的路易丝""巴登的路易丝""普鲁士的路易丝"

路易丝·阿诺尔（Arnholt, Louise）432

索引

伦拜, 汉斯-克里斯蒂安（Lumbye, Hans-Christian）275

伦贝格（Lemberg）445

伦勃朗·凡·赖恩（Rembrandt van Rijn）27, 222, 232, 372, 448；《穿军装的老人》（An Old Man in Military Costume）331；《被屠宰的牛》（Slaughtered Ox）61, 263

伦敦（London）：艺术市场（art market）60-62, 194, 196, 200-201, 347-352, 372；图书贸易与出版（book trade and publishing）57, 174, 342, 399, 402-403, 413, 443, 451；百货公司（department stores）154；码头（docks）343；欧洲人对伦敦的看法（European visitors' views on）334-338；绅士俱乐部（gentlemen's clubs）335, 353；国际展览（international exhibitions）151-154, 188, 197, 221, 227, 238, 370, 441；新闻业和职业作家（journalism and jobbing writers）163, 343；移民和流亡人口（migrant and exile population）333-334, 338-339, 344-345, 347-350；博物馆、美术馆与画廊（museums and galleries）62, 222, 231；音乐厅（music halls）277-279, 347；乐坛（music scene）36, 108, 110-111, 113-114, 244-245, 275, 277-279, 287, 329, 336, 343-347, 367, 436, 438-441, 445；照相馆（photographic studios）187；游乐园（pleasure gardens）228, 274-275；人口总数（population totals）440；铁路（railways）42, 57, 345

伦敦［景点与场所］（London [landmarks & places]）：阿尔伯特纪念馆（Albert Memorial）237；阿盖尔音乐厅（Argyll Rooms）108；雅典娜俱乐部（Athenaeum）353；博蒙特街（Beaumont Street）333；本廷克街（Bentinck Street）329；伯纳斯街（Berners Street）60；邦德街（Bond Street）348-349；大英博物馆（British Museum）350；白金汉宫（Buckingham Palace）336；坎特伯雷音乐厅（Canterbury Music Hall）278；克莱肯韦尔（Clerkenwell）334；考文特花园［歌剧院］（Covent Garden [opera house]）13,16, 29, 83-84, 121, 345-346, 438, 440；克雷莫恩花园（Cremorne Gardens）228, 275；水晶宫（Crystal Palace）111-112, 152, 154, 344；德文郡广场（Devonshire Place）329-330, 333, 369；埃及厅（Egyptian Hall）112；尤斯顿车站（Euston Station）57；埃克塞特音乐厅（Exeter Hall）339；菲茨罗维亚区（Fitzrovia）333-334；欢乐剧院（Gaiety Theatre）346；加里克俱乐部（Garrick Club）353；格罗夫纳馆（Grosvenor House）351；汉诺威广场音乐厅（Hanover Square Rooms）114；霍利斯街（Holles Street）429-430；议会大厦（Houses of Parliament）237；国王剧院/女王陛下剧院（King's Theatre/Her Majesty's Theatre）13, 17, 19, 23, 345-346, 438, 441；莱斯特广场（Leicester Square）333；兰心剧院（Lyceum Theatre）345；马里波恩（Marylebone）328-330, 333-334；国家艺术培训学校/皇家艺术学院（National Art Training School/Royal College of Art）348；国家美术馆（National Gallery）62, 222, 231, 447；国家肖像馆（National Portrait Gallery）222；诺伍德（Norwood）349；牛津音乐厅（Oxford Music Hall）278；帕尔摩尔画廊（Pall Mall [French] Gallery）200-201, 349；皮卡迪利（Piccadilly）

351；象限拱廊［摄政街］（Quadrant [Regent Street]）13；（Regent's Park）22；里科尔迪［音乐商店］（Ricordi [music shop]）443；皇家学院（Royal Academy）201, 349；皇家音乐学院（Royal Academy of Music）131；萨布洛尼埃酒店（Sablonière Hotel）333；圣詹姆斯音乐厅（St James Hall [concert hall]）278；圣詹姆斯广场（St James's Square）131；圣潘克拉斯车站（St Pancras Station）237；萨沃伊剧院（Savoy Theatre）445；西摩街（Seymour Street）328-329；苏豪区（Soho）333-334；萨里动物园（Surrey Zoological Gardens）275；德鲁里巷的皇家剧院（Theatre Royal, Drury Lane）13, 16, 243, 345；特拉法加广场（Trafalgar Square）201；伦敦大学学院（University College）348；沃克索尔花园（Vauxhall Gardens）274-275；维多利亚和阿尔伯特博物馆（Victoria and Albert Museum）222

伦敦大学学院（University College London）348

《伦敦画报》（Illustrated London News）348

轮盘赌（roulette）12, 304-305

罗贝尔，爱德华（Robert, Édouard）27-28

罗伯特·科克斯公司［音乐出版商］（Robert Cocks and Co.）95

罗丹，奥古斯特（Rodin, Auguste）199, 481；雨果的雕像（statue of Hugo）427-428

罗德，爱德华（Rod, Edouard）404

罗克普朗，内斯托尔（Roqueplan, Nestor）84, 144

罗兰，罗曼（Rolland, Romain）424

罗蕾莱的传说（Lorelei myth）234

罗马（Rome）214-215, 340, 446：希腊咖啡馆（Café Greco）215；英国酒店（Hotel d'Inghilterra）215；铁路（railways）215, 219；阿波罗剧院（Teatro Apollo）102；银塔剧院（Teatro Argentine）15；旅游业（tourism）236；马达马别墅（Villa Madama）215；美第奇别墅（Villa Medici）33, 143；潘菲里别墅（Villa Pamphili）215

罗齐埃尔，玛丽·德（Rozières, Marie de）125

罗热，居斯塔夫（Roger, Gustave）130

罗斯柴尔德，阿方斯·德（Rothschild, Alphonse de）376

罗斯柴尔德，雅姆斯［男爵］（Rothschild, Baron James de）1-2

罗斯金，约翰（Ruskin, John）62：谈铁路与旅游（on railways and tourism）228-229；《佛罗伦萨的早晨》（Mornings in Florence）230；《威尼斯之石》（The Stones of Venice）230

罗西尼，焦阿基诺（Rossini, Gioachino）：早年职涯（early career）12, 14-15；名声嘞起（rise to fame）12-13, 479；意大利剧院音乐总监（director of Théâtre Italien）13-14, 27, 84；财务（finances）12, 14-15, 27, 101；作品的出版（publication of works）103；停止歌剧创作（retirement from opera-writing）46-47, 58, 89；与奥兰普·佩里西耶的关系（relationship with Olympe Pélissier）46, 58；治疗淋病（treated for gonorrhea）58；阿里·舍费尔为其绘制的肖像画（portrait painted by Ary Scheffer）58, 64；参加维亚尔多夫妇的音乐晚会（at Viardots' musical soirées）207；《塞维利亚的理发师》（Il barbiere di Siviglia

索引

7-8, 13, 15, 19-20, 38, 94-95, 161, 243,, 438, 441；《灰姑娘》(La Cenerentola) 13, 38；《奥利伯爵》(Le comte Ory) 27；《奥赛罗》(Otello) 9, 23-24, 30-31, 161；《赛密拉米德》(Semiramide) 10, 21；《音乐晚会》(Soirées musicales) 97；《坦克雷迪》(Tancredi) 12；《威廉·退尔》(William Tell) 27, 46, 89, 彩图 7

洛帕金, 赫尔曼 (Lopatin, German) 362, 370, 472

吕利, 让－巴蒂斯特 (Lully, Jean-Baptiste) 112

旅行社 (travel agencies)

旅行文学 (travel writing) 65-68, 229-232, 370

旅游 (tourism)：在欧洲的英国游客 (British tourists in Europe) 219-221, 232-236, 340-341；文化景点 (cultural sites) 195, 221-224, 235, 430；一日游者 (day-trippers) 227, 273-274, 377, 430, 440；与欧洲人的身份认同 (and European identity) 237-239, 241；铁路的影响 (impact of railways) 197, 218-221, 228-229, 232, 235-238, 272-274, 430；对旅游的反应和批评 (reactions to and criticism of) 219；另见 "壮游" "指南" "温泉中心" "旅行社" "旅行文学"

旅游指南 (guidebooks) 224-226, 230, 289, 335, 340, 447；穆雷的《旅行者手册》(Murray's Handbooks) 214-216, 223-226, 230, 240, 447

旅游指南 (travel guides)，见 "指南"

铝制飞机 (aeroplanes) 407, 479

M

马德里 (Madrid) 18-19；图书贸易与出版 (book trade and publishing) 401-402, 454；塞万提斯故居 (Cervantes' house) 430；乐坛 (music scene) 367, 438；普拉多美术馆 (Prado) 232；铁路 (railways) 219；1845 年世博会 (universal exhibition [1845]) 152

马蒂斯, 亨利 (Matisse, Henri) 376

马丁, 约瑟芬 (Martin, Josephine) 297

马尔巴赫 (Marbach) 432

马尔科维奇, 玛丽亚 (Markovich, Maria) 215, 218, 255, 397；《民间故事》(Folk Tales) 303

马尔腾, 特蕾莎 (Malten, Therese) 316n

马尔维尔, 夏尔 (Marville, Charles) 193

马格德堡 (Magdeburg) 39, 46

马凯, 奥古斯特 (Macquet, Auguste) 50

马克·吐温 (Twain, Mark)；《傻子出国记》(Innocents Abroad) 238

马克思, 卡尔 (Marx, Karl) 48, 74, 93n, 334, 390n；谈大展会 (on Great Exhibition) 153；谈铁路 (on railways) 41-42；谈世界文学 (on world literature) 433-434；《共产党宣言》(Communist Manifesto) 433-434；《政治经济学批判大纲》(Grundrisse) 41-42

马克思－阿维林, 埃莉诺 (Marx-Aveling, Eleanor) 390n

马拉加 (Malaga) 18

马勒, 古斯塔夫 (Mahler, Gustav) 445

马里布兰, 玛丽亚 [娘家姓: 加西亚] (Malibran, Maria [née García])：童年和早期生活 (childhood and early life) 19-20；性格和唱腔 (character and singing voice) 19, 21, 23；职涯 (career) 16, 19-22, 124；婚姻和感情关系 (marriage and relationships) 20-21, 24-25；逝世 (death) 22, 32；与妹妹的比较 (sister compared

to）23, 30；肖像画（portrait of）357, 彩
图 4
马里布兰，欧仁（Malibran, Eugène）20-21,
24
马里恩巴德（Marienbad）236, 318
马罗夫，A. S.（Komarov, A. S.）72
马米埃，格扎维埃（Marmier, Xavier）178
马奈，爱德华（Manet, Édouard）348,
380-381, 392, 481；个人展览（one-man
exhibitions）199, 288, 383；《女神游乐
厅的吧台》（A Bar at the Folies Bergère）
277；《草地上的午餐》（Le Déjeuner sur
l'herbe）381；《埃米尔·左拉像》（Portrait
of Émile Zola）381, 彩图 25
马瑙斯的亚马孙剧院（Manaus, Teatro
Amazonas）446
马塞兰，埃米尔（Marcelin, Émile）50
马赛（Marseilles）214, 232, 237, 396
马斯卡尼，皮埃特罗（Mascagni, Pietro）:《乡
村骑士》（Cavalleria rusticana）442
马斯奈，儒勒（Massenet, Jules）361,
364-466, 464, 470；《熙德》（Le Cid）
365n, 442；《抹大拉的玛丽亚》（Marie-
Magdaleine）364
马特玛，阿玛利娅（Matema, Amalie）316n
马志尼，朱塞佩（Mazzini, Giuseppe）240,
334
玛丽亚·尼古拉耶夫娜［俄国大公夫人］
（Maria Nikolaevna, Grand Duchess of
Russia）331
迈尔，西蒙（Mayr, Simon）12
迈科夫，阿波隆（Maikov, Apollon）311-312
迈克尔·巴尔夫（Balfe, Michael）:《波希米
亚女孩》（The Bohemian Girl）346；《内
维尔的布朗什》（Blanche de Nevers）346

迈松拉菲特（Maisons-Laffitte）373
迈耶尔，利伯曼（Meyer, Liebmann）84
麦康奈尔，亨利（McConnell, Henry）62
麦考利，托马斯·巴宾顿［第一任男爵］
（Macaulay, Thomas Babington, 1st Baron）
166；《英国史》（History of England）341
卖淫（prostitution）272, 275-277, 334, 337,
40,7
曼，托马斯（Mann, Thomas）474
曼彻斯特（Manchester）22, 45, 62, 112n,
332, 345；艺术珍宝展［1857 年］（Art
Treasures Exhibition [1857]）222；艺术
和文学版权大会［1866 年］（Congress on
Artistic and Literary Property [1866]）408
曼海姆（Mannheim）57, 232, 318, 327, 432
曼宁，达尼埃莱（Manin, Daniele）207
曼斯，奥古斯特［爵士］（Manns, Sir
August）111, 344
曼佐尼，亚历山德罗（Manzoni,
Alessandro）:《约婚夫妇》（The
Betrothed）169
芒比，亚瑟（Munby, Arthur）278
毛奇，赫尔穆特·冯（Moltke, Helmuth von）
322
梅当［左拉宅邸］（Médan, Zola's house）407
梅赫伦（Mechelen）3
梅克，娜杰日达·冯（Meck, Nadezhda von）
369, 371
梅克伦堡—施韦林的海伦［奥尔良公爵夫
人］（Hélène of Mecklenburg–Schwerin,
Duchesse d'Orléans）28
梅里美，亨利（Mérimée, Henri）:《俄国的
一年》（Une année en Russie）178
梅里美，普罗斯佩（Mérimée, Prosper）70,
156, 291, 298；翻译作品（translations）

索引

178, 299, 303, 390, 402；《卡门》（Carmen）178, 365-366

梅纳德，沃尔特（Maynard, Walter）440

梅尼埃［巧克力公司］（Menier [chocolate company]）427

梅普尔森，詹姆斯（Mapleson, James）345, 438, 441

梅索尼耶，欧内斯特（Meissonier, Ernest）63, 190-191, 288, 378, 481；《国际象棋游戏》（The Chess Game）63

梅特涅，保利娜·冯［公主］（Metternich, Princess Pauline von）38, 253, 317

梅谢尔斯基，弗拉基米尔［公爵］（Meshchersky, Prince Vladimir）462-464

梅辛，安托万（Mezin, Antoine）181

梅休，亨利（Mayhew, Henry）：《德国人的生活与礼仪》（German Life and Manners）341

梅亚克，亨利（Meilhac, Henri）365

梅耶贝尔，贾科莫（Meyerbeer, Giacomo）37；背景、早年生活和性格（background, early life and character）84, 94；普鲁士宫廷音乐主管（musical director at Prussian court）38；(style of composition) 46-47, 84-85；参加保琳娜·维亚尔多的首场音乐会（at Pauline Viardot's debut concert）22；柏林歌剧院音乐总监（director of music at Berlin Opera）38, 82；与保琳娜的第一次会面（first meets Pauline）38；路易·维亚尔多担任其经纪人（Louis Viardot acts as agent for）80；写给保琳娜的角色（roles for Pauline）83-84, 133-134；开始为巴黎歌剧院创作（begins writing for Paris Opéra）84-86；媒体管理（media management）93-94；对梅耶贝尔的评论和攻击（criticisms of and attacks on）94, 107, 111, 137, 139-140；音乐家联盟的委员会成员（committee member of musicians' union）115；《先知》的首演（premieres of Le Prophète）132-137；与瓦格纳的关系（relations with Wagner）137-141；参加肖邦的葬礼（at Chopin's funeral）141；晚年职涯和下滑的名声（later career and declining reputation）140-141, 439；逝世与葬礼（death and funeral）320-321；《非洲女郎》（L'Africaine）140；《胡格诺教徒》（Les Huguenots）38, 82-83, 106-107, 138-139, 259, 438；《先知》（Le Prophète）82, 84, 121, 132-140, 144, 145, 208, 322, 420, 480；《恶魔罗伯》（Robert le diable）38, 83, 88-95, 360, 441

梅兹（Metz）324

煤气灯（gas lighting）52, 86, 90, 445, 479

美术馆和博物馆，公共的（art galleries and museums, public）222, 385；访客人数（numbers of visitors）447；收藏品的重组（curatorial arrangements）222, 231-232, 448；指南（guides to）231-232, 447

美因茨（Mainz）233, 432

门德尔松，范妮（Mendelssohn, Fanny）295

门德尔松，费利克斯（Mendelssohn, Felix）109, 112, 140, 243, 295, 320-321, 344, 436

门德尔松，亚伯拉罕（Mendelssohn, Abraham）295

《萌芽》［期刊］（Germinal）406

《蒙代拉规范》［英国，1880年］（Mundella Code [Britain, 1880]）455

蒙得维的亚（Montevideo）446

蒙庞希埃，安托万［公爵］（Montpensier, Antoine, Duc de）1-2

蒙斯（Mons）40

蒙特威尔第，克劳迪奥（Monteverdi, Claudio）112

孟德斯鸠，查理·路易［男爵］（Montesquieu, Charles-Louis de Secondat, Baron de）451：《论法的精神》（The Spirit of the Laws）68

米奥兰，卡罗琳（Miolan, Caroline）245

米尔库尔，欧仁·德（Mirecourt, Eugène de）：《小说工厂》（Fabrique de romans）50-51

米尔尼斯，理查德·蒙克顿［第一任霍顿男爵］（Milnes, Richard Monckton, 1st Baron Houghton）331

米开朗琪罗（Michelangelo）222

米拉波，奥诺雷·加布里埃尔［伯爵］（Mirabeau, Honoré Gabriel Riqueti, Comte de）427

米莱斯，约翰·埃弗雷特（Millais, John Everett）65

米兰（Milan）215, 431-432, 44；歌剧界（opera scene）12, 22, 29, 44, 102-103, 113, 438, 441-445；出版业（publishing trade）102-105, 169, 441-443

《米兰音乐报》（Gazzetta musicale di Milano, La）104

米勒，阿道夫（Müller, Adolf）45

米勒，让·弗朗索瓦（Millet, Jean-François）191, 193-194, 376, 378：《牧羊人看管羊群》（The Shepherd）378

米利·巴拉基列夫（Balakirev, Mily）305, 307

米萨尔，菲利浦（Musard, Philippe）111, 275

米什莱，儒勒（Michelet, Jules）40, 451

米塔乌（Mitau）303

米西亚·塞尔（Sert, Misia）483

密茨凯维奇，亚当（Mickiewicz, Adam）90, 433

民族主义与民族主义艺术（nationalism, and the arts）305-309, 317-318, 321-322, 325-326, 371, 373, 405-406, 430-433, 4,76-478

明斯特起义［1534—1535年］（Münster rebellion [1534–1535]）133

明信片（postcards）198, 203, 448, 450, 463

摩德纳（Modena）439

摩尔，乔治（Moore, George）406, 475

摩尔，托马斯（Moore, Thomas）429

摩尔人（Moors）66-67, 69-70

摩里索，贝尔特（Morisot, Berthe）377

莫顿，查尔斯（Morton, Charles）278

莫尔尼，夏尔·德（Morny, Charles, Duc de）270

莫拉莱斯，曼努埃拉（Morales, Manuela）18-19

莫雷尔，杰米玛（Morrell, Jemima）：《瑞士日志》（Swiss Journal）225-226

莫里哀（Molière）451, 456

莫里斯，夏尔（Maurice, Charles）92

莫罗，居斯塔夫（Moreau, Gustave）249

莫奈，克劳德（Monet, Claude）199, 349-350, 377, 380-382, 384, 386, 481, 彩图28：《特鲁维尔的海滩》（The Beach at Trouville）349；《特鲁维尔的港口》（The Harbour at Trouville）349；《印象·日出》（Impression, Sunrise）383, 386

莫泊桑，吉·德（Maupassant, Guy de）387, 389n, 396, 408, 435, 457, 475；与福楼拜之死（and death of Flaubert）422-423

莫斯科（Moscow）：文学生活（literary life）71；乐坛（music scene）78, 80, 97, 161, 373；铁路（railways）149, 219, 368；旅

索引　685

游业（tourism）70, 370
莫斯科［景点与场所］（Moscow [landmarks & places]）：名人厅（Assembly Hall of Nobility）416；德累斯顿酒店（Dresden Hotel）162；英国人俱乐部（English Club）314；普希金纪念碑（Pushkin monument）419-421
莫斯科大学（Moscow University）74, 76
《莫斯科新闻报》［报纸］（*Moskovskie Vedomosti / Moscow Herald*）156
莫谢莱斯，伊格纳茨（Moscheles, Ignaz）134
莫扎特，利奥波德（Mozart, Leopold）343
莫扎特，沃尔夫冈·阿玛多伊斯（Mozart, Wolfgang Amadeus）:《安魂曲》（*Requiem*）141；财务（finances）100；在音乐会曲目中的流行和地位（popularity and position in concert repertoire）108, 110-111, 123, 305, 435；《唐璜》（*Don Giovanni*）20, 24, 207, 263, 438, 441-442, 471；职涯（career）12, 15, 95；作品的出版（publication of works）437
墨西哥（Mexico）20
牟利罗，巴托洛梅·埃斯特万（Murillo, Bartolomé Esteban）27
缪塞，阿尔弗雷德·德（Musset, Alfred de）14, 22-23, 30-34, 341；《一个世纪之子的忏悔》（*The Confession of a Child of the Century*）32；《德国的莱茵河》（"The German Rhine"）235
缪塞，保罗·德（Musset, Paul de）23
姆岑斯克（Mtsensk）74, 160, 419
慕尼黑（Munich）432；博物馆、美术馆与画廊（museums and galleries）222, 477；铁路（railways）41, 57；乐坛（music scene）275, 315-316, 318-319

慕尼黑大学（Munich University）303, 402
穆尔热，亨利（Murger, Henri）122
穆兰，亨利（Moulin, Henri）347, 350
穆雷，欧仁（Murer, Eugène）384, 386
穆雷，约翰（Murray, John）223, 225
穆雷的《旅行者手册》系列（Murray's Handbooks）214-216, 223-226, 230, 340, 447
穆齐奥，埃马努埃莱（Muzio, Emanuele）99, 105
穆索尔斯基，莫杰斯特（Mussorgsky, Modest）305, 307, 368, 482；《鲍里斯·戈杜诺夫》（*Boris Godunov*）368-369, 482；《霍万斯基党人之叛乱》（*Khovanshchina*）368

N
拿破仑三世［法兰西皇帝］（Napoleon III, Emperor of the French）：作为路易—拿破仑，亲王—总统（as Louis-Napoleon, Prince-President）135, 151, 157, 160, 171, 195, 33；作为皇帝（as Emperor）167, 188, 241, 253, 258-259, 281, 285-286, 288, 290, 317, 334, 381, 426；倒台（fall of）324-325, 408
拿破仑一世［法兰西皇帝］（Napoleon I, Emperor of the French）240, 255n
拿破仑战争（Napoleonic Wars）25-26, 62, 237
那不勒斯（Naples）215：乐坛（music scene）12, 29, 261, 438-439；出版业（publishing trade）105, 169, 443；旅游业（tourism）228
纳达尔［本名：加斯帕—费利克斯·杜尔纳雄］（Nadar [Gaspard-Félix Tournachon]）188, 378

纳什，约翰（Nash, John）13
内卡河畔的马尔巴赫（Marbach-am-Neckar）432
内穆尔公爵，路易亲王（Nemours, Prince Louis, Duc de）1-2
内切尔，弗兰斯（Netscher, Frans）406
内塞尔罗德，卡尔（Nesselrode, Karl）8, 253
内斯特罗伊，约翰（Nestroy, Johann）44
尼伯龙根的传说（Nibelungen myth）234
尼采，弗里德里希（Nietzsche, Friedrich）479；谈欧洲文化认同（on European cultural identity）477-478；谈雨果的葬礼（on Hugo's funeral）425；《人性的，太人性的》（Human, All too Human）477-478
尼古拉一世［沙皇］（Nicholas I, Tsar）：镇压1830年的波兰起义（repression of 1830 Polish uprising）67-68；音乐兴趣（musical interests）9-11, 112, 161；审查力度（censorship powers）155-156, 301；逮捕屠格涅夫和禁止《猎人笔记》（arrest of Turgenev and banning of Sketches from a Hunter's Album）157-158, 162, 204；克里米亚战争（Crimean War）204；逝世（death）205
尼斯（Nice）214, 236：市立剧院（Théâtre Municipal）445
尼乌维尔克，埃米利安［伯爵］（Nieuwerkerke, Émilien, Comte de）197, 299
"匿名照相"［摄影工作室］（Photographie Anonyme）463
涅克拉索夫，尼古拉（Nekrasov, Nikolai）71, 78-79, 127, 154, 162, 211
牛津大学（Oxford University）343, 403
纽卡斯尔（Newcastle）332
纽伦堡（Nüremberg）432

纽约（New York）19-20, 136, 201, 297, 367, 439, 443, 446；大都会艺术博物馆（Metropolitan Museum of Art）381
《纽约论坛报》（New York Tribune）387
农奴制（serfdom）155, 158, 205；废除（abolition）158, 265, 417
诺埃，阿梅代·德［笔名：商］（Noé, Amédée de ['Cham']）379
诺昂（Nohant）31, 36, 42, 119-120, 360, 393
诺德尼（Norderney）236
诺盖拉，玛蒂尔德·德（Nogueiras, Mathilde de）482
诺维洛，克拉拉（Novello, Clara）112
诺维洛［音乐出版商］（Novello and Company）278, 437
诺伊曼，安吉洛（Neumann, Angelo）444-445
女性作曲家（women composers）130, 292-298

O

《欧罗巴导报》［期刊］（Vestnik Evropy / The Messenger of Europe）301-302, 375, 390-394, 396, 399, 402, 410
欧热妮［法国皇后］（Eugénie, Empress of the French）269
"欧洲联合国"的计划（United States of Europe, plans for）240

P

帕德鲁，儒勒（Pasdeloup, Jules）276
帕蒂，阿德利娜（Patti, Adelina）287, 440
帕尔马（Parma）439
《帕尔摩尔报》（Pall Mall Gazette）304
帕格尼尼，尼科洛（Paganini, Niccolò）16-17, 19
帕纳耶娃-卡尔采娃，亚历山德拉（Panaeva-

索引

Kartseva, Alexandra）483
帕斯卡尔，布莱兹（Pascal, Blaise）479
帕斯塔，朱迪塔（Pasta, Giuditta）10, 16
派恩—哈里森歌剧公司（Pyne-Harrison Opera Company）346
派塞洛，乔万尼（Paisiello, Giovanni）:《塞维利亚的理发师》（The Barber of Seville）44
庞贝（Pompei）215, 226
庞特，洛伦佐·达（Ponte, Lorenzo da）20
裴多菲·山陀尔（Petöfi, Sándor）433
佩尔戈莱西，乔瓦尼·巴蒂斯塔（Pergolesi, Giovanni Battista）112
佩尔夏尼，范妮（Persiani, Fanny）127
佩克尔，贡斯当（Pecqueur, Constantin）41
佩雷尔，伊萨克（Péreire, Isaac）62
佩里，托马斯·萨金特（Perry, Thomas Sergeant）403
佩里埃，卡西米尔—皮埃尔（Périer, Casimir-Pierre）26, 62-63
佩里西耶，奥兰普（Pélissier, Olympe）46, 58
彭斯，罗伯特（Burns, Robert）:《约翰·安特生，我的爱人》（"John Anderson, My Jo"）332
蓬基耶利，阿米尔卡雷（Ponchielli, Amilcare）:《歌女焦孔达》（La Gioconda）446
蓬图瓦兹（Pontoise）377
皮莱，莱昂（Pillet, Léon）35, 82, 84
皮莱，夏尔（Pillet, Charles）378
皮洛蒂，卡尔·冯（Piloty, Karl von）288
皮奇，路德维希（Pietsch, Ludwig）83, 159, 259, 270, 280, 322, 325, 463, 469；绘画（drawing）280
皮热，洛伊萨（Puget, Loïsa）297
皮特罗赫里，阿里恩庄园（Pitlochry, Allean House）354
平版印刷（lithography）49, 95, 169, 199, 200, 278, 437, 448
珀尔，科拉（Pearl, Cora）270
蒲鲁东，皮埃尔—约瑟夫（Proudhon, Pierre-Joseph）132, 196, 198
普奥战争［1866 年］（Austro-Prussian War [1866]）290-291
普尔塔莱，梅拉妮·德（Pourtalès, Mélanie de）483
普法联盟［1894 年］（Franco-Russian Alliance [1894]）370
普法战争［1870 年］（Franco-Prussian War [1870]）260, 290-291, 319, 322-328, 333, 338-339, 348, 352, 356, 370
普雷—马拉西，奥古斯特（Poulet-Malassis, Auguste）170
普莱耶尔，卡米耶（Pleyel, Camille）141
普莱耶尔［钢琴制造商］（Pleyel）96-97, 123
普隆比埃尔（Plombières）236, 272
普鲁士的路易丝［普鲁士王国公主、巴登大公夫人］（Louise of Prussia, Princess, Grand Duchess of Baden）269, 271, 320
普鲁斯特，马塞尔（Proust, Marcel）382：《追忆逝水年华》（À la recherche du temps perdu）230, 236, 381-382
普罗佐，莫里斯［伯爵］（Prozor, Count Maurice）404-405
普桑，尼古拉（Poussin, Nicolas）263
普斯科夫（Pskov）464, 467
普瓦捷（Poitiers）56
普希金，亚历山大（Pushkin, Alexander）371, 409, 450：逝世、丧礼和下葬（death, funeral and burial）73, 126, 424, 464；作品的版权（copyright of works）168；译

本（translated editions）178-179, 293；纪念活动（commemoration）419-421；普希金的戒指（his ring）465, 472；《叶甫盖尼·奥涅金》（Eugene Onegin）10；《茨冈人》（The Gypsies）178；《黑桃皇后》（The Queen of Spades）178

Q

七月革命［法国，1830 年］（July Revolution [France, 1830]）25-28, 81, 87
齐默尔曼，安娜（Zimmermann, Anna）209
契诃夫，安东（Chekhov, Anton）402, 475：《三姐妹》（Three Sisters）297
契玛罗萨，多梅尼科（Cimarosa, Domenico）112
《前进报》［报纸］（Vpered）465
钱多斯经典［丛书］（Chandos Classics）451
乔利，亨利（Chorley, Henry）24, 111-112, 134, 142, 208, 249, 251, 292
乔耶斯基，弗朗西斯科·莫里西（Chojecki, Franciszek Maurycy），见"埃德蒙，夏尔"
切尔普宁，尼古拉（Tcherepnin, Nikolai）：《阿尔米达的别墅》（Le Pavillon d'Armide）482
切斯尼，乔治［爵士］（Chesney, Sir George）：《多尔金之战》（The Battle of Dorking）339
侵略文学（invasion literature）339
轻歌剧（operetta）18, 246, 279-287, 290-291, 346, 364, 366：（Viardot–Turgenev compositions）279-282；另见"奥芬巴赫""沙利文"
丘特切夫，N. N.（Tiutchev, N. N.）151, 159

R

热罗姆，让—莱昂（Gérôme, Jean-Léon）201-203, 348-349, 371, 彩图 10
热姆丘日尼科夫，尼古拉（Zhemchuzhnikov, Nikolai）335
热那亚（Genoa）42, 214-215
热维尔—里亚什，让娜（Gerville-Riache, Jeanne）470
人人文库［丛书］（Everyman Library）451
日内瓦（Geneva）235；《世界版权公约》[1952年]（Universal Copyright Convention [1952]）414n
日内瓦湖（Geneva, Lake）22, 235, 430
容希埃，维克托兰·德（Joncières, Victorin de）92
茹科夫斯基，帕维尔（Zhukovsky, Pavel）465
茹科夫斯基，瓦西里（Zhukovsky, Vasily）260
若阿那，阿道夫（Joanne, Adolphe）224；旅游指南（guidebooks）224-225, 335, 447
若贝尔，卡罗琳（Jaubert, Caroline）23, 32

S

萨尔特科夫—谢德林，米哈伊尔（Saltykov-Shchedrin, Mikhail）183, 255n, 393, 397
萨格勒布（Zagreb）445
萨克雷，威廉·梅克皮斯（Thackeray, William Makepeace）40, 51, 136, 184
萨克斯，阿道夫（Saxe, Adolphe）135
萨克斯，汉斯（Sachs, Hans）318
萨拉萨特，巴勃罗（Sarasate, Pablo）365
萨拉耶夫公司［出版社］（Salaev）457-458
萨马林，尤里（Samarin, Yury）155
萨维娜，玛丽亚（Savina, Maria）417-419,

461, 465

塞德尔迈耶尔，查尔斯（Sedelmeyer, Charles）372

塞尔达，伊尔德方斯（Cerdà, Ildefons）289

塞贡，保罗（Segond, Paul）460

塞梅林（Semmering）40, 272

塞涅卡（Seneca）114

塞尚，保罗（Cézanne, Paul）381, 384, 481, 彩图 9

塞瓦斯托波尔围城战［1854—1855 年］（Sevastopol, siege of [1854–1855]）204-205, 324

塞万提斯，米格尔·德（Cervantes, Miguel de）25, 239, 421, 456；《堂吉诃德》（Don Quixote）70

塞维里尼，卡洛（Severini, Carlo）26

塞维利亚（Seville）18, 25, 66

赛马（horse-racing）261-262

"三合唱团音乐节"（Three Choirs Festival）45

三一学院，剑桥大学（Trinity College, Cambridge）354

桑，莫里斯（Sand, Maurice）79n

桑，乔治（Sand, George）：外貌和衣着（appearance and dress）14, 122, 209；财务与对金钱的态度（finances and attitude to money）xi, 120, 122；常看歌剧者和音乐兴趣（opera-going and music interests）14, 292；政治（politics）129-130；与缪塞的关系（relationship with Musset）31-33；与肖邦的关系（relationship with Chopin）31, 34, 58, 120, 122-124；在诺昂的住家（house at Nohant）31, 36, 42, 119-20, 359；保琳娜·维亚尔多的朋友与顾问（friend and adviser to Pauline Viardot）31-32, 36-38, 79-80n, 82, 119-120；与保琳娜的婚姻（and Pauline's marriage）32-33；连载出版物（serialized publications）49-50；俄语译本（Russian translations）71-72；对屠格涅夫写作的影响（influence on Turgenev's writing）119, 185-186；与肖邦关系破裂（rupture with Chopin）131；在 1958 年革命期间（during Revolutions of 1848）129-131；肖邦之死（death of Chopin）141；谈屠格涅夫《猎人笔记》的出版（on publication of Turgenev's Sketches from a Hunter's Album）159；支持福楼拜与出版社谈判（support for Flaubert in negotiations with publishers）171；肖像画（portraits of）；与狄更斯在维亚尔多夫妇的音乐晚会上见面（meets Dickens at Viardots' soirées）208-209；谈保琳娜在《先知》中的角色（on Pauline's role in Orphée）249；在普法战争期间（during Franco-Prussian War）327；晚年（later life）359-360, 387, 390；逝世和葬礼（death and funeral）393；作为文学经典之一（as part of literary canon）457；《康素爱萝》（Consuelo）31, 49, 342；《鲁道尔施塔特伯爵夫人》（The Countess of Rudolstadt）31；《让娜》（Jeanne）50；（"Letters to the People"）129-130；（La Mare au diable）293-294；（La Petite Fadette）342；《我的人生故事》（The Story of My Life）120, 122, 彩图 7

桑佩尔，戈特弗里德（Semper, Gottfried）319

桑佐尼奥，爱德华多（Sonzogno, Edoardo）441-442

色丹战役［1870 年］（Sedan, battle of [1870]）

325, 387

沙夫，乔治［爵士］（Scharf, Sir George）222

沙夫豪森瀑布（Schaffhausen Falls）228, 235, 237

沙利文，亚瑟［爵士］（Sullivan, Sir Arthur）251, 331, 39, 344, 346：《考克斯与博克斯》（*Cox and Box*）346；《失去的和弦》（"The Lost Chord"）279；《忒斯皮斯，或诸神变老》（*Thespis, or The Gods Grown Old*）346

沙龙［巴黎］（Salon [Paris]）59-61, 65, 143, 192-193, 372, 374, 380-381, 449

沙特尔（Chartres）56；大教堂（Cathedral）369

莎士比亚，威廉（Shakespeare, William）239, 399, 420-421, 456：出生地（birthplace）222, 430；纪念活动（commemoration）429-430；译本（translated editions）452；童书版（children's editions）455

商「阿梅代·德·诺埃］（Cham [Amédée de Noé]）：漫画（cartoon）379

上海（Shanghai）446

上门兜售书籍（colportage）54-56

尚弗勒里［本名：儒勒·弗勒里—于松］（Champfleury, Jules Fleury-Husson）122, 198：《现实主义》（*Le Réalisme*）184-185, 189-190

尚特勒伊，安托万（Chintreuil, Antoine）61, 376

舍恩—勒内，安娜·欧根妮（Schoen-René, Anna Eugénie）296

舍尔谢，维克多（Schoelcher, Victor）335

舍费尔，阿里（Scheffer, Ary）xi, 32, 58-60, 64, 128, 131, 207, 209, 322：与巴比松派（and Barbizon group）194；巴黎工作室（Paris studio）58, 60；狄更斯的肖像（portrait of Dickens）208；罗西尼的肖像（portrait of Rossini）58, 64；保琳娜·维亚尔多的肖像（portraits of Pauline Viardot）59, 132, 彩图1；（reproductions）201-203；《宽慰者基督》（*Christus Consolator*）202；《浮士德和玛格丽特在花园里》（*Faust and Marguerite in the Garden*）203；《里米尼的弗朗西丝卡》（*Francesca da Rimini*）203

舍费尔，高奈莉（Scheffer, Cornélie）268

舍甫琴科，塔拉斯（Shevchenko, Taras）72

摄影（photography）见"照相"

审查制度（censorship）155-156, 205, 301, 390

圣彼得堡（St Petersburg）70-72：图书贸易与文学生活（book trade and literary life）71-72, 390, 394, 398；博物馆与画廊（museums and galleries）222；乐坛（music scene）78-80, 97, 136, 161, 305-307, 367-369；铁路（railways）3, 70, 149, 219, 273-274；旅游业（tourism）80, 273-274；1848年世博会（universal exhibition [1848]）152

圣彼得堡［景点与场所］（St Petersburg [landmarks & places]）：艺术学院（Academy of Arts）371, 373；亚历山大·涅夫斯基修道院（Alexander Nevsky Monastery）424；亚历山大德里娜剧院（Alexandrine Theatre）417；阿尼奇科夫宫（Anichkov Palace）204；大彼得罗夫大剧院（Bolshoi Theatre）7-8, 10；音乐学院（Conservatory）305-306；杰米多夫宫（Demidov Palace）71-72；自由音乐学

索引

校（Free Music School）306；艾尔米塔什博物馆（Hermitage）222, 373；皇家剧院（Imperial Theatre）77, 80, 161；库兹涅奇尼巷（Kuznechny Lane）424；米哈伊洛夫斯基宫（Mikhailovsky Palace）305；（Nevsky Prospekt）71, 78；沃尔科夫公墓（Volkovo Cemetery）464-465；华沙车站（Warsaw Station）467

圣彼得堡大学（St Petersburg University）76

《圣彼得堡日报》（*Journal de St.-Pétersbourg*）177

圣伯夫，夏尔（Sainte-Beuve, Charles）47-48, 51, 298

圣戈尔斯豪森（St Goarshausen）234

圣塞瓦斯蒂安（San Sebastian）236, 327

圣-桑，卡米尔（Saint-Saëns, Camille）92n, 207, 325, 331, 357, 360-362, 364-365, 464, 470-471, 483：谈保琳娜·维亚尔多（on Pauline Viardot）8, 59, 248, 479-480；《不幸者》（"El desdichado"）365；《序曲与轮旋随想曲》（*Introduction and Rondo Capriccioso*）365；《参孙与达利拉》（*Samson and Delilah*）363

圣山拉伏拉修道院（Svyatogorsk Monastery）464

圣西门运动（Saint-Simonian movement）25, 41, 115, 477

施莱辛格，阿道夫（Schlesinger, Adolf）91

施莱辛格，艾丽莎（Schlesinger, Élisa）91n

施莱辛格，莫里斯（Schlesinger, Maurice）91-92, 95, 99, 110-111, 115, 122-123

施密茨，奥斯卡（Schmitz, Oscar）：《没有音乐的国家》（*The Land Without Music*）329, 347

施密特，尤里安（Schmidt, Julian）390, 402-403

施耐德，奥尔唐斯（Schneider, Hortense）290

施坦根，卡尔（Stangen, Carl）227

施特劳斯，爱德华（Strauss, Eduard）273

施特劳斯，安娜（Strauss, Anna）273

施特劳斯，老约翰（Strauss, Johann I）45, 111, 273

施特劳斯，理查德（Strauss, Richard）470, 480

施特劳斯，小约翰（Strauss, Johann II）273-275：《蓝色多瑙河》（"Blue Danube"）291-291

施特劳斯，约瑟夫（Strauss, Josef）273

施托尔岑费尔斯城堡（Stolzenfels Castle）82

施托克豪森，尤里乌斯（Stockhausen, Julius）331

施托姆，特奥多尔（Storm, Theodor）185, 303, 396, 455

施托伊本，布鲁诺（Steuben, Bruno）474

施韦宁根（Scheveningen）236

湿版工艺［照相制作工序］（collodion process）187, 193

十二月党人起义［俄国，1825年］（Decembrist uprising [Russia, 1825]）157n

《时报》［期刊］（*Temps, Le*）397, 404

《时代》［俄国期刊］（*Vremia*）311

时间的标准化（time, standardization of）414

《时世》［杂志］（*Epokha*）311, 313

识字率（literacy rates）48, 52, 400, 454

食物与烹调（food and cooking）12, 238, 244, 260, 329, 334-337, 352

蚀刻画（engraving）64-65, 169, 199-203, 448

史蒂文斯，阿尔弗雷德（Stevens, Alfred）381

史密斯，威廉·亨利（Smith, William Henry）57-58

史密斯，威廉·亨利［书商］（William Henry Smith）57-58

史密斯和埃尔德公司［出版社］（Smith and Elder）172

《世纪报》［报纸］（Siècle, Le）36, 50, 157

《世界版权公约》［日内瓦，1952年］（Universal Copyright Convention [Geneva, 1952]）414n

世界博览会（universal exhibitions）152, 221-222, 238-239, 370：1851年伦敦"大展会"（Great Exhibition [London, 1851]）57, 151-154, 188, 197, 221, 227, 238；1855年巴黎世博会（Exposition Universelle [Paris, 1855]）197-198, 207, 221, 227, 238-239；1862年伦敦世博会（International Exhibition [London, 1862]）221, 441；1867年巴黎世博会（Exposition Universelle [Paris, 1867]）221, 241, 284, 287-292, 407-408；1873年维也纳世博会（Vienna World's Fair [1873]）221；1878年巴黎世博会（Exposition Universelle [Paris, 1878]）366, 370, 372, 407, 449；1989年巴黎世博会（Exposition Universelle [Paris, 1889]）427, 429；1900年巴黎世博会（Exposition Universelle [Paris, 1900]）480-481

世界文库［丛书］（Biblioteca Universal）454

世界小说文库［丛书］（Universal Novel Library）454

《世界之旅》［杂志］（Tour du Monde, Le）229-230

收入［艺术上的］（incomes and earnings [in the arts]）xi-xii；艺术家（artists）xi, 195-200, 347-348；作者（authors）xi, 49-50, 147, 162-172, 265-266, 303-304, 343, 375, 392, 457-458；作曲家（composers）xi-xii, 15-17, 99-105, 137, 343-345, 440；评论家（critics and reviewers）92, 343；音乐家（musicians）14-17, 78, 276, 279；歌剧导演和演员（opera directors and performers）10-12, 14, 16, 27, 29, 78, 83-85, 120-121, 439-440

狩猎（hunting）72, 77, 118-119, 144, 150, 354；狩猎故事（hunting stories）67, 80, 154-155

书目，文学的和艺术的（biographies, literary and artistic）430

抒情剧院［歌剧公司］（Théâtre Lyrique [opera company]）245-256, 251-252, 258, 290, 439

叔本华，阿图尔（Schopenhauer, Arthur）：《作为意志和表象的世界》（The World as Will and Representation）318

舒伯特，弗朗茨（Schubert, Franz）109, 112, 123, 436, 437：艺术歌曲（Lieder）112

舒曼，克拉拉［娘家姓：维克］（Schumann, Clara [née Wieck]）106：音乐会和独奏会（concerts and recitals）78, 111, 262, 269-270；作曲（compositions）295-296；与保琳娜·维亚尔多的关系（relations with Pauline Viardot）8, 105-107, 112, 269-270, 292, 329-330；在巴登—巴登（at Baden-Baden）262；在普法战争期间（during Franco-Prussian War）323-325, 338-339；访问英国（visits England）329-330, 338-339

舒曼，罗伯特（Schumann, Robert）106-107, 295-296, 435-436：室内乐作品（chamber works）112, 296；财务（finances）xi-xii, 78；《新音乐杂志》的出版（publication of Neue Zeitschrift für Musik）107；乐评

索引

（reviews）92n, 107, 298；巡演（touring）78；对商业音乐的看法（views on commercial music）107, 111, 139；《狂欢节》（Carnaval）107；("Frühlingsnacht")480；《天堂与仙子》（Das Paradies und die Peri）106-107

舒曼，尤金（Schumann, Eugenie）258, 324

舒庞齐格，伊格纳兹（Schuppanzigh, Ignaz）110

舒瓦特，安娜（Shvarts, Anna）149-150

《竖琴》[期刊]（Arpa, L'）92

朔恩，阿德尔海德·冯（Schorn, Adelheid von）270

司各特，沃尔特（Scott, Walter）51-53, 90, 163-164, 182, 225, 342, 457：百周年庆典（centenary celebrations）354, 429

司汤达（Stendhal）457：《罗西尼传》（Life of Rossini）12, 14, 94-95；《一个旅行者的回忆录》（Mémoires d'un touriste）230

斯宾格勒，奥斯瓦尔德（Spengler, Oswald）：《西方的没落》（The Decline of the West）479

斯德丁（Stettin）148, 206

斯德哥尔摩（Stockholm）219, 259, 289

斯蒂尔曼，玛丽·斯巴达利（Stillman, Marie Spartali）351

斯克里布，欧仁（Scribe, Eugène）80, 85, 91：梅耶贝尔的剧本作者（librettist for Meyerbeer）85, 89-90, 133

斯克里亚宾，亚历山大（Scriabin, Alexander）482

斯梅塔纳，贝德日赫（Smetana, Bedřich）308；《被出卖的新娘》（The Bartered Bride）308

斯摩棱斯克（Smolensk）368

斯帕斯科耶（Spasskoe）205：屠格涅夫家族产业（Turgenev family estates）74-75, 149-151, 159-160, 265, 322, 368, 385-386, 419, 459, 472-474

斯蓬蒂尼，加斯帕雷（Spontini, Gaspare）86

斯塔索夫，弗拉基米尔（Stasov, Vladimir）78, 306-307, 368, 371, 373-374, 424

斯塔西乌列维奇，米哈伊尔（Stasiulevich, Mikhail）：《欧罗巴导报》出版者（publisher of The Messenger of Europe）301-302, 410, 420-421；屠格涅夫作为其代理人（Turgenev acts as agent for）302, 322, 392；福楼拜和左拉作品的出版（publication of Flaubert and Zola）302, 391-395；俄国文库（"Russian Library" series）450；与屠格涅夫最后的疾病及死亡（and Turgenev's final illness and death）461, 464-467

斯泰拉，雅克（Stella, Jacques）61

斯坦福，查尔斯[爵士]（Stanford, Sir Charles）344

斯坦科维奇，尼古拉（Stankevich, Nikolai）75

斯特拉斯堡（Strasbourg）227, 259, 324-325

斯特拉福[全名：埃文河畔斯特拉特福]（Stratford [Stratford-on-Avon]）222, 430

斯特拉文斯基，伊戈尔（Stravinsky, Igor）482-483

斯特林，安托瓦内特（Sterling, Antoinette）279, 331

斯特林，简（Stirling, Jane）131

斯特林堡，奥古斯特（Strindberg, August）404, 406, 475

斯图加特（Stuttgart）432

斯托，哈丽叶特·比彻（Stowe, Harriet Beecher）：《汤姆叔叔的小屋》（Uncle

Tom's Cabin）158, 403

斯托尔茨，罗西娜（Stolz, Rosine）35, 82, 84, 246

斯温伯恩，阿尔杰农（Swinburne, Algernon）342

四手联弹改编曲（four-hand piano transcription）98-99

苏，欧仁（Sue, Eugène）49, 71 ;《流浪的犹太人》(Le Juif errant) 49 ;《玛蒂尔德》(Mathilde) 49 ;《巴黎的秘密》(Les Mystères de Paris) 47-49, 51, 180, 185

苏巴朗，弗朗西斯科·德（Zurbarán, Francisco de）27, 231, 263

苏尔，让—德—迪厄（Soult, Jean-de-Dieu）16

苏弗洛，雅克—热尔曼（Soufflot, Jean-Jacques）426

苏霍蒂娜，克莱奥帕特拉（Sukhotina, Kleopatra）473-474

苏沃林，阿列克谢（Suvorin, Aleksei）410, 450

苏伊士运河（Suez Canal）446

《所有人的博物馆：当代艺术画册》[杂志]（Musée pour tous: Album de l'art contemporain）449

索邦大学（Sorbonne University）24, 343, 358-359

索菲，符腾堡的［荷兰王后］（Sophie of Württemberg, Queen consort of the Netherlands）269

索菲，荷兰的［荷兰公主，萨克森—魏玛—爱森纳赫大公夫人］（Sophie of the Netherlands, Princess, Grand Duchess consort of Saxe-Weimar-Eisenach）281

索洛古布，弗拉基米尔（Sollogub, Vladimir）:《花》(Bouquets) 9

索洛图恩（Solothurn）458

索瓦耶，阿莱克西（Soyer, Alexis）238

T

塔尔贝格，西吉斯蒙德（Thalberg, Sigismond）95-98, 123

塔尔福德，托马斯［爵士］（Talfourd, Sir Thomas）166

塔尼耶夫，谢尔盖（Taneyev, Sergei）369

塔扬蒂耶，圣—勒内（Taillandier, Saint-René）182, 405, 476

泰纳，伊波利特（Taine, Hippolyte）183-184, 338, 343, 396, 398

《泰晤士报》[报纸]（Times, The）238, 343, 438

汤姆森，乔治（Thomson, George）101

唐普尔，费利克斯·杜（Temple, Félix du）407

陶施尼茨，伯纳德（Tauchnitz, Bernhard）54, 173-174

特尔尼瀑布（Terni Falls）223

特蕾莎［艾玛·瓦拉东］（Thérésa [Emma Valldon]）276, 287

特里布申（Tribschen）318

特里斯坦，弗洛拉（Tristan, Flora）:《伦敦漫步》(Promenades dans Londres) 334-345

特列季亚科夫，帕维尔（Tretiakov, Pavel）374

特鲁巴，儒勒（Troubat, Jules）389n

特鲁瓦永，康斯坦特（Troyon, Constant）191

特鲁维尔（Trouville）91n, 196, 236, 349

特罗洛普，安东尼（Trollope, Anthony）331, 403 :《旅行杂记》(Travelling Sketches) 220-221

索引

梯也尔，阿道夫（Thiers, Adolphe）64, 352, 356

天主教（Catholic Church）451

铁路（railways）：发展（development）1-3, 39-40, 218-219, 368；影响（impact and influence）40-47, 152, 218-219；与音乐和娱乐产业（and music and entertainment business）43-47, 109-110, 436-437, 440；与图书贸易（and book trade）43, 55-58, 184, 401, 451；与艺术市场（and art market）194-195；与旅游业（and tourism）195, 218-221, 228-229, 232, 235-238, 272-274, 430

《铁路婚姻，或维也纳、诺伊施塔特、布吕恩》[歌舞杂耍表演]（*Railway Marriages*）44

童书（children's books）454-455

透纳，J. M. W.（Turner, J. M. W.）62, 231

图恩湖（Thun, Lake）235

图尔（Tours）56

《图画画廊》[期刊]（*Picture Gallery, The* [periodical]）449

图书馆，公共的（libraries, public）455-457

图书贸易（book trade）：生产过程（production processes）51-54, 401, 447-449, 452；销售技巧（marketing techniques）54-55, 392, 452-453；铁路对此的影响（influence of railways）43, 55-58, 184, 401；出口与翻译贸易（export and translation trade）43, 166, 174, 176-186, 301-304, 342-343, 390-406, 409-414, 451, 454, 474-476；盗版（piracy）51, 165-167, 174-175, 177n, 181, 302, 304, 400, 410, 414；版权与知识产权法（copyright and intellectual property laws）165-176, 181n, 266, 302-304, 407-414, 452, 474；作者的报酬（remuneration of authors）xii, 49, 50, 147, 162-172, 265-267, 303-304, 343, 375, 392, 457-458；另见"旅行文学""旅游指南""文学经典""文学杂志""连载小说""艺术书""传记"

屠格涅夫，保琳奈特[后改夫姓布吕埃尔]（Turgenev, Paulinette [*later* Bruère]）：出生（birth）149, 397；童年和成长经历（childhood and upbringing）149, 206；青年时期（early adulthood）257-258；与父亲的关系（relations with father）265, 267, 272, 298, 458；婚姻（marriage）164-165, 167, 386, 458；离开丈夫并逃亡瑞士（leaves husband and flees to Switzerland）458, 473；父亲的逝世（death of father）462；重返婚姻（returns to marriage）473；与父亲的遗嘱（and father's will）457, 473

屠格涅夫，尼古拉[1825年十二月党人起义的领袖]（Turgenev, Nikolai [leader of 1825 Decembrist uprising]）157n

屠格涅夫，尼古拉[伊凡的伯父]（Turgenev, Nikolai [Ivan's uncle]）151, 265

屠格涅夫，尼古拉[伊凡的兄长]（Turgenev, Nikolai [Ivan's brother]）76, 149-150, 265, 323, 386, 415；逝世（death）416, 457

屠格涅夫，皮埃尔—尼古拉斯（Tourgueneff, Pierre-Nicolas）463

屠格涅夫，瓦尔瓦拉·彼得罗夫娜（Turgenev, Varvara Petrovna），见"卢托维诺娃，瓦尔瓦拉·彼得罗夫娜"

屠格涅夫，谢尔盖·尼古拉耶维奇（Turgenev, Sergei Nikolaevich）73-74

屠格涅夫，伊凡（Turgenev, Ivan）：家庭背景（family background）5, 73-74, 355n；童年（childhood）74；教育和早年生活（education and early life）74-76, 149；作

为公务员（works as civil servant）73, 76；写作的开始（beginnings of literary career）72-73, 76-77, 126-127；认识维亚尔多夫妇（meets the Viardots）24, 72-73, 77；与保琳娜相爱（falls in love with Pauline）77, 79；辞去公务员工作并至欧洲旅行（resigns civil service post and travels in Europe）79-80；与保琳娜逐渐加深的感情（growing relationship with Pauline）79-83, 116-118；跟随维亚尔多夫妇去德国和伦敦（follows Viardots to Germany and London）83-84；定居巴黎（settles in Paris）116, 126；逗留库尔塔维内尔的维亚尔多夫妇城堡（stays in Viardots' château at Courtavenel）116-118, 145-146, 148, 206, 210-211, 254, 360；《猎人笔记》的写作（writing of *Sketches from a Hunter's Album*）116-117, 119, 185；1848年革命期间（during Revolutions of 1848）127-129；与保琳娜的《先知》首演（and Pauline's premieres in *Le Prophète*）135-137；参加肖邦的葬礼（at Chopin's funeral）141-142；对保琳娜与夏尔·古诺的关系之反应（reaction to Pauline's relationship with Charles Gounod）144-147；返回俄国（returns to Russia）146-151；得知私生女的存在（learns of illegitimate daughter）149；女儿的教养（daughter's upbringing）149；母亲的逝世（death of mother）150-151；《猎人笔记》的出版（publication of *Sketches*）154-159, 162-163, 176-179；在发表果戈理讣告后被捕（arrested following publication of Gogol obituary）1567-157；监禁（imprisonment）157；被软禁在斯帕斯科耶（under house arrest at Spasskoe）159-160, 186-187；与保琳娜在莫斯科密会（secret rendez-vous with Pauline in Moscow）161-162；从软禁中释放（release from house arrest）162, 204；返回圣彼得堡（returns to St Petersburg）204；在克里米亚战争期间（during Crimean War）204, 239；认识托尔斯泰（meets Tolstoy）205；与托尔斯泰的妹妹的关系（relationship with Tolstoy's sister）205；战争结束后回到欧洲（returns to Europe following end of war）205-206；与保琳娜恢复关系（resumption of relationship with Pauline）206-207, 209, 211, 254-257, 270-272；在巴黎的生活（life in Paris）207, 210-211；可能是保琳娜第四个孩子的父亲（as possible father of Pauline's fourth child）211-213；与保琳娜关系破裂（break in relations with Pauline）211-213；1857—1861年的旅行（travelling [1857–1861]）210-211, 213-216, 222, 229, 236, 239-240, 254；《贵族之家》《前夜》《父与子》的写作（writing of *Home of the Gentry*, *On the Eve* and *Fathers and Sons*）213, 216-218；《父与子》的出版（publication of *Fathers and Sons*）216, 259, 358；与维亚尔多夫妇一起搬去巴登-巴登（moves to Baden-Baden with Viardots）258-260；在巴登的生活（life at Baden）263-264, 267, 269-272, 280, 314-315；从巴登到俄罗斯的短期访问（short visits from Baden to Russia）259, 271n, 305, 307, 322；与保琳娜的音乐合作（musical collaborations with Pauline）279-282, 293, 305, 320-322, 331；从巴登前往巴黎（trips from Baden to Paris）173, 287-291, 298-299；会见福楼

拜和马尼餐厅圈子的文友（meets Flaubert and Magny's circle of literary friends）173, 298-299, 387；参观1867年世博会（visits 1867 Exposition Universelle）287-291；福楼拜的关系（relations with Flaubert）173, 291, 298-302, 388-390；充当俄国和欧洲文化界的中间人（acts as intermediary between Russian and European cultural scenes）301-307, 361-362, 367-369, 371-374, 390-399；与陀思妥耶夫斯基的关系（relations with Dostoevsky）310-313, 421, 424；《烟》的写作和出版（writing and publication of Smoke）313-314；卡尔斯鲁厄的冬天（winters in Karlsruhe）315, 320-322；认识瓦格纳（encounters with Wagner）316, 321-322；在魏玛的三个月（three months in Weimar）322, 430；普法战争期间（during Franco-Prussian War）322-327；与维亚尔多夫妇一起离开巴登前往英国（leaves Baden for England with Viardots）327-329；在伦敦的生活（life in London）329-330, 332-333, 335, 352-354；在英国的文学联系（literary connections in Britain）341-342, 3535-354；《春潮》的写作（writing of Spring Torrents）353；离开英国，前往巴登并出售房产（leaves Britain, travels to Baden and sells property）352-353, 355；与维亚尔多夫妇一起返回巴黎（returns to Paris with Viardots）354, 356；（life in Paris）356-362, 366, 387-390；在警察的监视下（under police surveillance）358；过早衰老（premature ageing）359-360；继续作为俄罗斯艺术家的中介角色（continued role as intermediary for Russian artists）361-362, 367-369, 371-374；对比才《卡门》歌词的建议（advises on libretto for Bizet's Carmen）365；从巴黎到俄罗斯的短期访问（short visits from Paris to Russia）368-369, 415-417, 435；与维亚尔多夫妇一起在布日瓦尔买房子（buys house at Bougival with Viardots）377-378；乔治·桑之死（death of George Sand）393；《处女地》的出版（publication of Virgin Soil）375, 391, 400, 415；被迫出售艺术品收藏（forced to sell art collection）385-387, 458；在俄国进一步推广欧洲作家（further promotion of European writers in Russia）390-397；继续担任俄国文学在欧洲的推广大使（continuing role as ambassador for Russian literature in Europe）397-399；出席1878年的国际作家大会（delegate at International Writers' Congress [1878]）408-413, 434；计划"欧洲作家画廊"项目（planned project for 'Gallery of European Writers'）434-435, 450；在哥哥去世后访问俄国（visits Russia following brother's death）416-417, 457；就作品集的合同进行谈判（renegotiation of contract for collected works）457-458；与玛丽亚·萨维娜的关系（relationship with Maria Savina）417-419；1880年在俄国逗留五个月（five-month stay in Russia [1880]）419-422；参加普希金纪念活动（at Pushkin commemoration celebrations）419-422；对福楼拜去世的反应（reaction to death of Flaubert）422-423；任命文学执行人并起草遗嘱（appointment of literary executor and drafting of will）212, 458-459, 461, 473；健康状况下降（declining health）

458-431；路易·维亚尔多的逝世（death of Louis Viardot）461；安排出版作品的遗稿（arranges publication of posthumous edition of works）461-462；最后的日子（final days）462；（death）462-464, 469；葬礼和埋葬（funeral and burial）464-468；处理遗产（settlement of estate）472-474；死后名声（posthumous reputation）474-475；另见彩图 5, 19-20

屠格涅夫的性格和特点（Character & characteristics, Turgenev）：外貌（appearance）72, 76, 83, 270, 298-299, 359；艺术收藏（art collecting）193-194, 288, 374-377, 381, 385-387, 458；（biographies）402；商业嗅觉（business sense）5, 265, 457, 461, 473；西洋棋（chess-playing）324；谈话者（conversationalist）298；世界主义（cosmopolitanism）75, 239-240, 387-388, 434；衣着（dress）76, 83, 357；财务（finances）xi, 73, 75, 116, 126, 127n, 147, 150-151, 162-163, 263-267, 303-304, 332-333, 368, 375, 385-387, 416, 457-458, 461-462；爱玩（fun-loving）280；荣誉和奖项（honours and awards）403, 416；狩猎（hunting）72, 77, 144, 150, 154-155, 267, 354；恶化的健康（ill-health）204, 210, 260, 270, 333, 359, 458-461；语言能力（language skills）74, 239, 259, 341, 388, 462；文学影响（literary influences）75, 184-186, 239；悲观主义（pessimism）300, 314；摄影兴趣（photographic interests）186-187；政治（politics）129, 313-315, 354, 465；肖像画（portraits）357, 372, 374, 463, 472；笔名（pseudonyms）127；公开讲话（public speaking）409, 421；与女性的关系（relations with women）74, 254-255, 360, 418-419；宗教观点（religious views）267, 314；名气和影响力（reputation and influence）178-179, 184-186, 216-217, 259, 302-304, 387-388, 399-400, 402-403, 416-417, 457, 474-475；说话声音（speaking voice）72, 409

屠格涅夫的著作（Writings, Turgenev）：《阿霞》（Asya）213；文集版本（collected works editions）266, 303, 375, 399, 457-458, 461-462；《多余人日记》（The Diary of a Superfluous Man）144；《切尔托普哈诺夫的结局》（"The End of Chertopkhanov"）399-400；《够了：一位去世艺术家的笔记残篇》（"Enough - A Fragment from the Note-book of a Dead Artist"）162；《父与子》（Fathers and Sons）213, 216-218, 259, 293, 299, 303, 311, 313, 358, 417, 474；《浮士德》（Faust）205, 303；《结局》（Un Fin）462；《初恋》（First Love）299；（"A Game of Croquet at Windsor"）396；《贵族之家》（Home of the Gentry）97, 213；《草原上的李尔王》（"King Lear of the Steppes"）322；《普法战争书简》（"Letters from the Franco-Prussian War"）324；收入文学经典丛书（in literary classics' series）450；《文学回忆录》（Literary Reminiscences）217；《村居一月》（A Month in the Country）144-145, 417；《前夜》（On the Eve）213, 265, 410；歌剧文章（opera articles）127, 137；歌剧歌词（operetta libretti）279-282；《帕拉莎》（Parasha）72-73, 76-77；《幽灵》（"Phantoms"）266, 311, 313；《散文诗》

（*Poems in Prose*）465；诗（poetry）127，396，419，465；序言（prefaces）302；《牧师之子》（"A Priest's Son"）410；已出版的通信（published correspondence）118n，127，461-462；（Pushkin pamphlet）420；评论（reviews）107，127，137；《罗亭》（*Rudin*）299，305；《猎人笔记》（*Sketches from a Hunter's Album*）见"猎人笔记"；《烟》（*Smoke*）261，265，304，306，310-314；《胜利爱情之歌》（"The Song of Triumphant Love"）471；《春潮》（*Spring Torrents*）213，353，411；《奇怪的故事》（"A Strange Story"）410；屠格涅夫作品译本（translated editions of IT's works）176-177，299，303-304，399-400，402-403，410-411；屠格涅夫翻译的作品（translations by IT）179，302-303，388，390-391，397；旅游文章（travel articles）127；《处女地》（*Virgin Soil*）375，391，400，415；《当我不复存在》（"When I am No More"）465

屠格涅沃［产业］（Turgenevo [estate]）74，150

土伦（Toulon）232

托波罗夫，亚历山大（Toporov, Alexander）461

托博尔斯克（Tobolsk）71

托尔斯泰，阿列克谢（Tolstoy, Aleksei）397；《谢列勃朗内公爵》（*Prince Serebrenni*）303

托尔斯泰，列夫（Tolstoy, Leo/ Lev）：早年生活（early life）204；克里米亚战争期间从军（military service during Crimean War）204-205；与屠格涅夫的关系以及对他的看法（relations with and views on Turgenev）193，205，210-211，259，371，397-398；译本（translated editions）303，397-399，404；国际名声（international reputation）397-399，404，474；晚年（later life）420，462；文学经典系列的出版（publication in literary classics' series）450；《童年》《少年》《青年》（*Childhood, Boyhood and Youth*）204，397-398；《哥萨克人》（*The Cossacks*）303；《两个轻骑兵》（*The Two Hussars*）397；《塞瓦斯托波尔故事》（*Sevastopol Sketches*）205；《战争与和平》（*War and Peace*）302，397-399，404

托尔斯泰，玛丽亚（Tolstoy, Maria）205

托尔斯泰，尼古拉（Tolstoy, Nikolai）204

托雷－比尔热，泰奥菲勒（Thoré-Bürge, Théophile）题记，239

托马，安布鲁瓦兹（Thomas, Ambroise）463

托马塞奥，尼科罗（Tommaseo, Niccolò）168

托马斯·库克父子公司［旅行社］（Thomas Cook and Son）227-228，236

陀思妥耶夫斯基，安娜（Dostoevsky, Anna）309-310

陀思妥耶夫斯基，费奥多尔（Dostoevsky, Fyodor）：作为彼得拉舍夫斯基小组成员而被逮捕并审判（arrest and trial as member of Petrashevsky Circle）155-156；流放西伯利亚（Siberian exile）156；文学影响（literary influences）183；财务（finances）309-311；在巴登－巴登（in Baden-Baden）309-312；与屠格涅夫的关系（relations with Turgenev）310-313，421，424；译本（translated editions）303，402；在普希金纪念活动上的讲话（speech at Pushkin commemoration）421，423；名

声（reputation）421, 423-424, 474；逝世和葬礼（death and funeral）423-424；纪念活动（commemoration）424；《罪与罚》（Crime and Punishment）71, 310；《群魔》（The Devils）312-313；《赌徒》（The Gambler）309；《被侮辱与被损害的》（The Insulted and the Injured）183；《穷人》（Poor Folk）183；《冬天记的夏天印象》（Winter Notes on Summer Impressions）230

W

瓦格纳，理查德（Wagner, Richard）：职涯（career）99, 137-139, 315-320；赞助人（patronage）318, 320；政治和信仰（politics and beliefs）139-140, 283, 317-318, 320-321；重要性和影响（importance and influence）44, 86, 141, 316, 480；"经典"的发展（development of canon）444-445；拜罗伊特（Bayreuth）316n, 319-320, 444；与梅耶贝尔的关系（relations with Meyerbeer）137-140；与柏辽兹的关系（relations with Berlioz）253-254；与维亚尔多夫妇和屠格涅夫的关系（relations with Viardots and Turgenev）253-254, 316-317, 320-322；对奥芬巴赫的看法（views on Offenbach）283；《未来的艺术》（"The Artwork of the Future"）317；《漂泊的荷兰人》（The Flying Dutchman）138；《德国的艺术与德国的政治》（"German Art and German Politics"）318；《音乐中的犹太性》（"Jewishness in Music'）139-140, 320-321；《罗恩格林》（Lohengrin）253, 316, 444；《纽伦堡的名歌手》（Die Meistersinger von Nürnberg）315-316, 318-320；《未来的音乐》（"The Music of the Future"）307n；《歌剧与戏剧》（Opera and Drama）140；《帕西法尔》（Parsifal）316n；《黎恩济》（Rienzi）137-138, 317；《尼伯龙根的指环》（Der Ring des Nibelungen）234, 316, 319, 444；《唐豪瑟》（Tannhäuser）253, 316-317, 444；《特里斯坦和伊索尔德》（Tristan and Isolde）253, 318；《什么是德国人？》（"What is German?"）318

瓦根，古斯塔夫（Waagen, Gustav）222

瓦拉东，艾玛（Valladon, Emma），见"特蕾莎"

瓦莱里，保罗（Valéry, Paul）:《心灵的危机》（"The Crisis of the Mind"）478-479

瓦莱斯，儒勒（Vallès, Jules）337, 396

瓦朗谢纳，皮埃尔-亨利·德（Valenciennes, Pierre-Henri de）192

瓦特（Watt, A. P.）361n

瓦兹河畔的奥维尔（Auvers-sur-Oise）384

《外国人法案》[英国，1848年]（Alien Act [Britain; 1848]）334

万有文库「丛书」（Universal-Bibliothek）451-453

威尔第，朱塞佩（Verdi, Giuseppe）：财务（finances）102-105, 175, 345, 440；作品的出版（publication of works）92, 102-105, 169, 442；雇用助理（employment of assistants）99, 105；谈现代歌剧创作（on modern opera productions）94；屠格涅夫对其的看法（Turgenev's views on）127；作品的审查（censorship of works）155；与意大利剧院的官司（court case against Théâtre Italien）175；在伦敦（in London）345；逝世、葬礼和死后名声（death, funeral and posthumous reputation）431-432, 446；《阿依达》（Aida）438,

索引   701

446；《阿提拉》（Attila）104；《莱尼亚诺战役》（La battaglia di Legnano）104；《海盗》（Il corsaro）104；《唐卡洛》（Don Carlos）290；《福斯卡利父子》（I due Foscari）103；《埃尔纳尼》（Ernani）103, 105；《贞德》（Giovanna d'Arco）103；《耶路撒冷》（Jérusalem）84, 103-104, 127；《伦巴第人》（I Lombardi alla Prima Crociata）84, 104-105, 107；《麦克白》（Macbeth）99,, 103, 105, 460；《强盗》（I masnadieri）104, 345；《纳布科》（Nabucco）103-1-5, 432；《奥贝托》（Oberto）102-104；《弄臣》（Rigoletto）155, 175, 438, 441；《西蒙·博卡涅格拉》（Simon Boccanegra）104；《斯蒂费利奥》（Stiffelio）155；《茶花女》（La Traviata）175, 438, 441；《游吟诗人》（Il Trovatore）175, 241, 243, 259, 438, 446

威勒特·比尔歌剧团（Willert Beale Opera Company）244, 332

威廉一世［荷兰国王］（Willem I, King of the Netherlands）87

威廉一世［普鲁士国王；德意志皇帝］（Wilhelm I, King of Prussia [later German Emperor]）269, 281, 291, 322-323, 327, 354

威灵顿公爵，亚瑟·韦尔斯利［第一任公爵］（Wellington, Arthur Wellesley, 1st Duke of）21：其雕像（statues of）351

威尼斯（Venice）215：圣马可共和国［1848—1849年］（Republic of San Marco [1848–1849]）128；凤凰剧院（Teatro La Fenice）103；旅游业（tourism）230, 236

威斯巴登（Wiesbaden）236, 432

韦伯，卡尔·马里亚·冯（Weber, Carl Maria von）：《自由射手》（Der Freischütz）13, 143

韦尔加，乔瓦尼（Verga, Giovanni）406

韦尔内，奥拉斯（Vernet, Horace）59, 201

韦列夏金，瓦西里（Vereshchagin, Vasily）373, 462

韦日博洛沃（Verzhbolovo）466

韦斯特马科特，理查德［爵士］（Westmacott, Sir Richard）350

韦伊，弗朗西斯（Wey, Francis）196

维德特，奥古斯特（Viedert, August von）185

维多利亚女王（Victoria, Queen）23, 82, 116, 154, 188, 237, 195n, 333, 336, 396

维厄唐，亨利（Vieuxtemps, Henri）262

维尔霍斯基，米哈乌［伯爵］（Wielhorski, Count Michał）72, 77, 133

维尔拉，夏尔（Verlat, Charles）322

维尔纽斯（Vilnius）368, 466-467

维金斯基，伊里纳赫（Vvedensky, Irinakh）183

维克，克拉拉（Wieck, Clara），见"舒曼，克拉拉"

维勒梅桑，伊波利特·德（Villemessant, Hippolyte de）284, 291-292, 326

维隆，路易—德西雷（Véron, Louis-Désiré）：背景和早年生活（background and early life）28；巴黎歌剧院主管（director of Paris Opéra）28, 87-88, 90-93；《立宪者报》编辑（editor of Le Constitutionnel）49-50；《一个巴黎资产阶级的回忆录》（Mémoires d'un bourgeois de Paris）81, 87-88

维罗纳会议［1822年］（Verona, Congress of [1822]）25

维米尔，约翰内斯（Vermeer, Johannes）

232, 239

维尼，阿尔弗雷·德（Vigny, Alfred de）109

维托里奥·埃马努埃莱二世［意大利国王］（Victor Emmanuel II, King of Italy）432

维希（Vichy）216, 236, 272

维亚尔多，保琳娜（娘家姓：加西亚）(Viardot, Pauline [née García]：家庭背景（family background）5, 18-19；出生（birth）19；童年和早年生活（childhood and early life）19-22；音乐教育（musical education）21-22, 294；开始唱歌（takes up singing）22；首场音乐会（debut concerts）22-23, 32；歌剧处女作（opera debut）23-24；认识路易·维亚尔多（meets Louis Viardot）24, 29, 32；与意大利剧院签约（contract with Théâtre Italien）29-30, 32；巴黎首演（Paris debut）30-31；与乔治·桑的友谊（friendship with George Sand）31-32, 36-37；与路易结婚（marriage to Louis）32-33；蜜月（honeymoon）33, 113, 143；在巴黎的早期婚姻生活（early married life in Paris）33-34, 58-59；在巴黎的事业受阻（career in Paris blocked）35-36, 121；1841—1843年国外旅行（1841–1843 foreign tours）36-38, 45；第一个孩子出生（birth of first child）36；俄罗斯首演季（Russian debut season）7-11, 38-39, 49, 67-68, 70-72, 77-78；在圣彼得堡的生活（life in St Petersburg）71-72, 77-78；遇见屠格涅夫（meets Turgenev）72, 77；在俄罗斯的第二和第三乐季（second and third seasons in Russia）78-80；与屠格涅夫的关系越来越好（growing relationship with Turgenev）79-80, 116-117；返回柏林（returns to Berlin）80-82；在维多利亚女王的盛大音乐会上演出（performs at gala concert for Queen Victoria）82；在柏林的第一个大歌剧角色（first Grand Opera roles in Berlin）82-83；与考文特花园的两个月合同（two-month contract at Covent Garden）83-84；拒绝为舒曼演出（declines role for Schumanns）105-107；在库尔塔维内尔买城堡（buys château at Courtavenel）118-120；1847年的德国之行（1847 German tour）116-117；在伦敦演奏肖邦玛祖卡的改编曲（performs arrangement of Chopin's Mazurkas in London）124-125；1848年革命期间（during Revolutions of 1848）129-130；创作《年轻共和国》康塔塔（composes "The Young Republic" cantata）130；1848—1849年的考文特花园演出季（1848 and 1849 Covent Garden seasons）121, 131, 208；搬去杜埃街的新房子（moves to new house on rue de Douai）131-132；梅耶贝尔《先知》的首演（premieres of Meyerbeer's Le Prophète）121, 133-134, 136-137；在肖邦的葬礼上表演（performs at Chopin's funeral）141-142；遇见夏尔·古诺（meets Charles Gounod）143-144；与古诺的关系（relationship with Gounod）144-148, 160；与屠格涅夫返回俄国的决定（and Turgenev's decision to return to Russia）147-148；与屠格涅夫的私生女的养育（and Turgenev's illegitimate daughter's upbringing）149, 206, 257-258；1850年和1851年的考文特花园乐季（1850 and 1851 Covent Garden seasons）147-148, 151, 336；古诺《萨福》的首演（premieres of Gounod's Sapho）151；参

观伦敦"大展会"（visits Great Exhibition in London）152-152；屠格涅夫《猎人笔记》的献词人（dedicatee of Turgenev's *Sketches from a Hunter's Album*）156；第二个孩子的出生（birth of second child）160, 209；与古诺关系破裂（breaking of relations with Gounod）209；1853年的俄国之行（1853 Russian tour）160-162, 186；在莫斯科与屠格涅夫秘密会面（secret rendez-vous with Turgenev in Moscow）161-162；1856年伦敦演出季（1856 London season）206；在屠格涅夫从软禁释放后与他恢复关系（resumption of relationship with Turgenev following his release from house arrest）206-207, 209；每周在巴黎家中举行音乐晚会（weekly musical soirées at Paris home）207-209, 253-254；怀孕和第四个孩子的出生（pregnancy and birth of fourth child）211-213；与屠格涅夫关系破裂（break in relations with Turgenev）211-213；1857—1859年的巡演（touring [1857–1859]）241-245；在格鲁克的《俄耳甫斯与欧律狄刻》和《阿尔切斯特》中的角色（roles in Gluck's *Orphée* and *Alceste*）245-253, 258-259, 322；与柏辽兹的关系（relations with Berlioz）247-248, 252-254；歌声变差（declining singing voice）243, 252, 258, 332, 363；恢复与屠格涅夫的关系（resumption of relationship with Turgenev）254-257, 270-272；从巴黎舞台退休（retirement from Paris stage）258-259；搬到巴登-巴登（moves to Baden-Baden）257-260；在巴登的生活（life at Baden）263, 267, 269-272, 280；在巴登教学（teaching in Baden）269, 279, 281, 316；《古典唱法》的出版（publication of *L'École classique du chant*）269, 363；与屠格涅夫的音乐合作（musical collaborations with Turgenev）279-282, 305, 320-322, 331；从巴登到巴黎的旅行（trips from Baden to Paris）299；卡尔斯鲁厄的冬天（winters in Karlsruhe）315, 320-322；与瓦格纳的关系（relations with Wagner）315-317, 320-322；在魏玛的三个月（three months in Weimar）322；最后的主要公开演出（last major public performances）322, 362-363；普法战争期间（during Franco-Prussian War）323-327；被迫离开巴登（forced to leave Baden）326-327；前往英国（travels to England）328；在伦敦的生活（life in London）328-332, 335-336, 353, 369；在英国教学和演出（teaching and performing in England）331-332, 339；离开伦敦，前往巴登并出售房产（leaves London, travels to Baden and sells property）352-355；回到巴黎（returns to Paris）354-356；在巴黎的生活（life in Paris）356-366；在巴黎教学（teaching in Paris）357-358, 363；在警察的监视下（under police surveillance）358；恢复沙龙和音乐晚会（resumption of salon and musical soirées）360-362, 364-365；在巴黎的私人音乐会上演唱（sings at private concerts in Paris）363, 369-370；巴黎的公开钢琴独奏会（public piano recitals in Paris）369；在布日瓦尔买房子（buys house at Bougival）377-378；乔治·桑之死（death of George Sand）393；晚年与屠格涅夫的关系（relationship with Turgenev in later years）417-418；与

屠格涅夫最后的疾病（and Turgenev's final illness）459-460, 462；屠格涅夫的朋友和崇拜者对其感到愤慨（resented by Turgenev's friends and admirers）459, 471-472；丈夫的逝世（death of husband）461；屠格涅夫最后的日子（Turgenev's final days）462；屠格涅夫之死（death of Turgenev）462-464, 469；屠格涅夫在俄国举办葬礼期间留在巴黎（remains in Paris during Turgenev's burial in Russia）465；屠格涅夫的遗产（inheritance from Turgenev）457-459, 461, 472-474；晚年（later life）469-472, 479-483；逝世（death）483；丧礼和埋葬（funeral and burial）483；另见以下彩图：1, 12, 14-15, 33, 36

维亚尔多，保琳娜的性格和特点（Character & characteristics）：表演风格（acting style）30, 249；雄心（ambition）21；对"古代"音乐的兴趣（"ancient' music interests）112；（appearance）8, 59, 186, 360；商业头脑（business acumen）5, 120-122；作曲和编曲（compositions and arrangements）124-125, 130, 144, 247-248, 279- 282, 292-294, 296-297, 305, 469-470；财务（finances）10-11, 23-24, 29, 78, 83-84, 120-121, 243-244, 263, 327, 328, 330-333；爱玩（fun-loving）280；独立（independence）242-243；对作曲缺乏信心（lack of confidence in composing）293, 296-297；语言能力（language skills）9, 21, 83, 462;（likenesses）59, 132, 186-188, 250, 327, 470；文学描写（literary portrayals）31, 331n；商业信誉（mercenary reputation）120-121, 141-142；母亲身份（motherhood）36, 160, 242, 269；钢琴演奏（piano-playing）21-22,

369；与男性的关系（relations with men）211；宗教观点（religious views）267-268；适应力（resilience）121；对俄罗斯音乐的兴趣（Russian music interests）161, 243, 304, 307, 161-362, 367-370, 471；俄罗斯音乐兴趣（showmanship）9, 249；唱腔、嗓音（singing voice）8, 23, 82-83, 116, 243, 249, 258, 332, 363, 370, 480；对西班牙音乐的兴趣（Spanish music interests）364-366；坚忍不拔（stoicism）21；教学能力（teaching abilities）269, 331, 363, 470；多才多艺（versatility）112, 134；著作和出版物（writings and publications）269, 293, 363

维亚尔多，保罗（Viardot, Paul）：亲子关系（paternity）211-213；出生（birth）212；童年（childhood）212, 242, 255, 271, 281；教育（education）331, 361；在伦敦（in London）330；福莱所作奏鸣曲的献词人（dedicatee of Fauré sonata）363；屠格涅夫的逝世（death of Turgenev）462；屠格涅夫的遗产（inheritance from Turgenev）474

维亚尔多，克劳迪娅（Viardot, Claudie）：出生（birth）160, 209；童年和青少年时期（childhood and teenage years）242, 271-272, 281；艺术教育（art education）315, 322；与屠格涅夫的关系（relations with Turgenev）271-272, 358, 375；嫁妆和婚姻（dowry and marriage）333, 357；福莱和圣—桑作品的献词人（dedicatee of Fauré and Saint-Saens works）363, 365；屠格涅夫的逝世和葬礼（Turgenev's death and funeral）462-463, 465, 468；屠格涅夫的遗产（inheritance from Turgenev）474, 彩图

索引

15

维亚尔多，莱昂（Viardot, Léon）461
维亚尔多，路易（Viardot, Louis）：家庭背景（family background）24；出生（birth）24；早年生活和职业（early life and career）24-26, 31, 167；意大利剧院主管（director of Théâtre Italien）24, 26, 28-30；认识保琳娜·加西亚（meets Pauline García）24, 29, 32；将保琳娜带到意大利剧院（brings Pauline to Théâtre Italien）29-31；与保琳娜结婚（marriage to Pauline）32-33；蜜月（honeymoon）33, 113, 143；从意大利剧院辞职（resigns from Théâtre Italien）33；在巴黎的早期婚姻生活（early married life in Paris）33-34, 58-59；担任保琳娜的业务经理 works as Pauline's business manager）34-38, 45；保琳娜的俄罗斯首演乐季（Pauline's Russian debut season）38-39, 49, 67-68, 70-72；在圣彼得堡的生活（life in St Petersburg）71-72, 77-78；认识屠格涅夫（meets Turgenev）72-73, 77；在俄罗斯的第二和第三乐季（second and third seasons in Russia）78-80；以及保琳娜与屠格涅夫的关系（and Pauline's relationship with Turgenev）79, 116, 118；返回柏林（returns to Berlin）80-82；在库尔塔维内尔买城堡（buys château at Courtavenel）118-120；1848年革命期间（during Revolutions of 1848）129；拒绝被考虑担任巴黎歌剧院主管（declines to be considered for role as Paris Opéra director）130-131；搬到杜埃街的新房子（moves to new house on rue de Douai）131-132；以及保琳娜与夏尔·古诺的关系（and Pauline's relationship with Charles Gounod）144, 160, 209；与屠格涅夫决定返回俄国（and Turgenev's decision to return to Russia）148；谈果戈理之死（on death of Gogol）157；在路易－拿破仑政变后受到监视（under surveillance following Louis-Napoleon's coup d'état）160；在保琳娜1853年的俄罗斯之行期间（during Pauline's 1853 Russian tour）161-162；在巴黎家中每周举行一次音乐晚会（weekly musical soirées at Paris home）207-209；向屠格涅夫推荐医生（recommends doctor to Turgenev）210；与第四个孩子的亲子关系问题（and question of paternity of fourth child）211-212；在保琳娜1857—1859年巡演期间留在巴黎（remains in Paris during Pauline's 1857–1859 tours）242；保琳娜演出《俄耳甫斯与欧律狄刻》期间（at Pauline's performance of *Orphée*）251；保琳娜与屠格涅夫的关系恢复（and resumption of Pauline's relationship with Turgenev）254, 256, 271-272；在保琳娜退出巴黎舞台后搬到巴登－巴登（moves to Baden-Baden following Pauline's retirement from Paris stage）257-260；在巴登的生活（life at Baden）263, 267, 269-272, 280；《一个不轻信者的辩护》与《西班牙与美术》的撰写（writing of *Espagne et les beaux-arts* and *Apologie d'un incrédule*）267-269；（and Pauline's compositions）294, 296；卡尔斯鲁厄的冬天（winters in Karlsruhe）315；在魏玛的三个月（three months in Weimar）322；普法战争期间（during Franco-Prussian War）323-327；被迫离开巴登（forced to leave Baden）326-327；

前往英国（travels to England）3228-329；
（life in London）329-332, 335-338, 350-
351, 353；离开伦敦, 前往巴登并出售房
产（leaves London, travels to Baden and
sells property）352-355；返回巴黎（returns
to Paris）354-356；在巴黎的生活（life
in Paris）356-366, 372；重新受到警察
监视 359；（renewed police surveillance）
358；在市政选举中失利（unsuccessful
candidate in municipal elections）359；恢
复沙龙和音乐晚会（resumption of salon
and musical soirées）360-362, 364-365；就
艺术收藏和财务问题向屠格涅夫提出建
议（advises Turgenev on art collection and
finances）375-376, 386；在布日瓦尔买房
子（buys house at Bougival）377-378；乔
治·桑之死（death of George Sand）393；
伏尔泰和卢梭百年纪念活动组织委员会成
员（member of organizing committee for
Voltaire and Rousseau centenaries）427；
逝世、丧礼和埋葬（death, funeral and
burial）461, 483；另见彩图 3, 13, 21

维亚尔多, 路易的性格和特点（Character &
characteristics）：外貌（appearance）24,
33；艺术收藏（art collecting）61, 215,
263, 331, 357；无神论（atheism）267-
269, 393, 461, 483；商业头脑（business
acumen）5, 32；财务（finances）26, 263,
330-333；狩猎（hunting）67, 72, 80, 119,
144；恶化的健康（ill-health）260, 461；
国际主义（internationalism）25；歌剧爱
好者（opera-lover）24；政治（politics）
25-26, 82, 129, 160, 241, 258, 354, 359；肖
像和漫画（portraits and caricatures）33-
34, 372；严肃（seriousness）280；对西

班牙的兴趣（Spanish interests）25, 27, 70,
179, 232, 365-366；气质（temperament）
24-25, 32-33, 144；价值观（values）24-25

维亚尔多, 路易的著作与译作（Writings
& translations）33, 80, 157, 179, 390：
《一个不轻信者的辩护》（Apologie d'un
incrédule）267-269；《堂吉诃德》（Don
Quixote）70；《西班牙与美术》（Espagne
et les beaux-arts）25, 190, 267；《论西班
牙的阿拉伯人和摩尔人的历史》（L'Essai
sur l'histoire des Arabes et des Mores
d'Espagne）70；《阿瓜多画廊》（Galerie
Aguado）27；《西班牙人书简》（Lettres
d'un Espagnol）25, 70, 366；《绘画奇
观》（Les merveilles de la peinture）447-
448；《雕塑奇观》（Les merveilles de la
sculpture）350-351, 447-448；博物馆指
南（museum guides）230-232, 447；《俄国
短篇小说》（Nouvelles russes）179；《狩
猎回忆录》（Souvenirs de chasse）67-68,
154-155, 336；《莫斯科克里姆林宫的复活
节之夜》（"Une nuit de Pâques au Kremlin
de Moscou"）67, 82

维亚尔多, 路易丝（Viardot, Louise）：出生
（birth）36；童年（childhood）36, 80；
青少年（teenage years）207-208；结婚
（marriage）271；屠格涅夫的逝世（death
of Turgenev）462, 469；自屠格涅夫继承
的财产（inheritance from Turgenev）474；
母亲的逝世（death of mother）483；谈屠
格涅夫（on Turgenev）357

维亚尔多, 玛丽安娜（Viardot, Marianne）
242, 281, 358, 363-365, 462, 474, 彩图 15

维亚泽姆斯基, 彼得［公爵］（Vyazemsky,
Prince Pyotr）72

索引

维也纳（Vienna）：艺术市场（art market）
196, 373；图书贸易与出版（book trade
and publishing）174, 403, 413；国家展览
会（international exhibitions）221, 370；
博物馆和画廊（museums and galleries）
222；乐坛（music scene）13, 97, 109-111,
273, 275, 287, 291, 318, 367, 436-438, 445；
铁路（railways）40；1848年革命
（Revolution of 1848）128

维也纳［景点与场所］（Vienna [landmarks &
places]）：克恩顿剧院（Kärntnertortheater）
29；艺术史博物馆（Kunsthistorische
Museum）222；艺术馆（Künstlerhaus）
373；爱乐大厅（Philharmonic Hall）437；
环城大道（Ringstrasse）289；环形剧院
（Ringstrasse Theatre）445；施佩尔舞厅
（Sperl dance hall）273；河畔剧院（Theater
an der Wien）44；人民公园（Volksgarten）
273

维也纳歌剧院（Vienna Opera）13, 438

维也纳会议［1815年］（Vienna, Congress of
[1815]）234

维兹尼耶夫斯基，米哈乌（Wiszniewski,
Michal）226

委拉斯开兹，迭戈（Velázquez, Diego）27,
263, 357

魏玛（Weimar）316 318, 363, 432：艺术学
校（Art School）322；宫廷剧院（Court
Theatre）281, 322；席勒故居博物馆（Schiller
House Museum）430

温泉中心（spa resorts）213, 216, 236, 260,
272-275, 282-283, 326；另见"巴登-巴登"

温莎和牛顿公司［艺术用品制造商］（Winsor
& Newton）192

文化协会［公益组织］（Kulturvereine
[philanthropic organization]）456

文琴佐·雅科瓦齐（Jacovacci, Vincenzo）
102

文特诺（Ventnor）216-218

文学翻译（translations, literary）179-186,
342-343, 390-406, 409-414, 474-476

文学家协会（Société des Gens de Lettres）
167, 408

文学经典丛书的出版（literary classics' series,
publication of）434-435, 450-454

文学期刊的成长与发展（literary periodicals,
growth and development of）401-403

《文字》［期刊］（Slovo）396

沃德尼克，瓦伦丁（Vodnik, Valentin）433

沃尔夫松，威廉（Wolfsohn, Wilhelm）303

沃尔尼伯爵，康斯坦丁·弗朗索瓦·德·沙
斯博夫（Volney, Constantin François de
Chassebœuf, Comte de）70

沃弗曼，菲利普（Wouwerman, Philips）61,
263

沃盖，欧仁—梅尔希奥·德（Vogüé, Eugène-
Melchior）：《俄国小说》（Le Roman russe）
404, 474

沃伊切霍夫斯基，提图斯（Woyciechowski,
Tytus）90

乌尔巴赫，路易（Ulbach, Louis）389n

乌兰特，路德维希（Uhland, Ludwig）454

"五人团"［俄国作曲家］（"Mighty Five"）
305-307, 368-371, 373

伍德伯里，沃尔特（Woodbury, Walter）
447：伍德伯里照相印版（Woodburytype
reproductions）447-449

伍尔弗汉普顿（Wolverhampton）244

707

X

西班牙宗教裁判所（Spanish Inquisition）18

西尔歇，弗里德里希（Silcher, Friedrich）：《罗蕾莱少女》（Die Lorelei）234

西蒙，儒勒（Simon, Jules）466

西姆斯，玛格丽特（Siems, Margarethe）470

西姆斯和麦金太尔公司［出版社］（Simms and McIntyre）54, 57

西塞里，夏尔（Ciceri, Charles）86

西斯莱，阿尔弗雷德（Sisley, Alfred）377, 381, 386

西维阿尔，让（Civiale, Jean）58

希普尚克斯，约瑟夫（Sheepshanks, Joseph）62

席勒，弗里德里希（Schiller, Friedrich）52, 168, 222, 402, 409, 421, 435, 452, 454, 456：纪念活动（commemoration）429-430, 432

席曼诺夫斯基，瓦茨瓦夫（Szymanowski, Wacław）434

喜歌剧院（Opéra-Comique）13, 86, 283-284, 366-367, 439

《戏剧杂志》（Journal des théâtres）136

下莱茵音乐节（Lower Rhine Music Festivals）109-110

夏布里尔，伊曼纽尔（Chabrier, Emmanuel）383, 470, 彩图 26

夏多布里昂，弗朗索瓦—勒内·德（Chateaubriand, François-René de）451

夏尔科，让—马丁（Charcot, Jean-Martin）459

夏里埃尔，欧内斯特（Charrière, Ernest）：屠格涅夫《猎人笔记》译本（translation of Turgenev's Sketches）176-177

夏里亚宾，费奥多尔（Chaliapin, Feodor）480, 482

夏蒙尼（Chamonix）235

夏庞蒂埃，玛格丽特（Charpentier, Marguerite）382-383, 389, 彩图 27

夏庞蒂埃，乔治（Charpentier, Georges）382-383, 390, 392

夏庞蒂埃，热尔韦（Charpentier, Gervais）54-55, 180, 382

夏庞蒂埃［出版社］（Charpentier）54, 170, 174, 382, 401：丛书（Bibliothèque series）52, 54, 180, 382, 451

《现代人》［杂志］（Contemporary, The / Sovremennik）126-127, 147, 154, 156, 204-205, 218

《现代生活》［期刊］（Vie moderne, La）383

《现代西班牙》［杂志］（España moderna）401-402

《现代艺术》［期刊］（Art moderne, L'）401-402

香港（Hong Kong）446

小仲马（Dumas, Alexandre, fils）291, 393, 422, 457；《茶花女》（La Dame aux camélias）290

肖邦，弗里德里克（Chopin, Frédéric）：性格作曲风格（character）123-124；（composition style）123；与乔治·桑的关系（relationship with George Sand）31, 34, 58, 120, 122-124；财务（finances）122-124；与梅耶贝尔的《恶魔罗伯》（and Meyerbeer's Robert le diable）90, 95；与保琳娜·维亚尔多（and Pauline Viardot）124-125, 131, 292；（rupture with Sand）131；在伦敦（in London）131, 338；恶化的健康（failing health）131, 135；参加梅耶贝尔《先知》的首演（at premiere of Meyerbeer's Le Prophète）135；逝世与葬

索引

礼（death and funeral）141-142；玛祖卡
（Mazurkas）122, 124-126；夜曲（Nocturnes）
122-123
肖邦，路德维卡（Chopin, Ludwika），见"耶
德热耶维奇，路德维卡"
肖邦，路德维卡（Chopin, Ludwika）120,
123, 141
肖凯，维克多（Choquet, Victor）384
肖像画（portraiture）58-59, 196, 372, 374,
382：人像摄影（photographic）186-188
"肖像名片"（cartes de visites）187, 448
写实主义（realism）：艺术上的（in art）
196-197；文学上的（in literature）156,
159, 182-186, 188-190, 403-404, 406
谢菲尔德（Sheffield）244
谢苗诺夫，V. P.（Semenov, V. P.）398
辛齐希（Sinzig）210, 213-24
欣滕，弗朗茨（Hünten, Franz）98
新奥尔良（New Orleans）136
《新评论》（Nouvelle Revue, La）389
《新时代》[报纸]（Novoe Vremia）396, 410
《新闻报》[报纸]（Presse, La）48-49
《新音乐杂志》（Neue Zeitschrift für Musik）
107, 139, 292
《信贷报》[报纸]（Crédit, Le）135
"匈牙利风格"[音乐上的]（"style hongrois'
[in music]）308-309, 371
学校教育，国家的（schooling, state）57,
400, 454-456
雪莱，玛丽（Shelley, Mary）：《弗兰肯斯坦》
（Frankenstein）233
雪莱，珀西·比斯（Shelley, Percy Bysshe）
233, 235, 342
巡回画派[俄国艺术家团体]（peredvizhniki
/ Wanderers）373

Y

《雅典娜神庙》[杂志]（Athenaeum）24, 403
雅各宾派（Jacobins）152, 240
雅库，弗朗索瓦—西吉斯蒙（Jaccoud,
François-Sigismond）460
雅南，儒勒（Janin, Jules）2, 92, 285-286
亚伯拉罕，马克斯（Abraham, Max）437
亚琛（Aachen）39, 110
亚琛巴赫，赫尔曼（Achenbach, Hermann）
355
亚当，阿道夫（Adam, Adolphe）95
亚当，朱丽叶特（Adam, Juliette）389
亚历山大（Alexandria）446
亚历山大·伯努瓦（Benois, Alexander）448
亚历山大二世[沙皇]（Alexander II, Tsar）
158, 205, 290, 331, 416-417, 463：暗杀
（assassination）466
亚历山大三世[沙皇]（Alexander III, Tsar）
466-467
亚历山大一世[沙皇]（Alexander I, Tsar）260
亚历山德拉·费奥多罗芙娜[沙皇皇后]
（Alexandra Feodorovna, Tsarina）9
亚眠（Amiens）325
耶德热耶维奇，路德维卡[娘家姓：肖邦，
弗里德里克·肖邦长姐]（Jędrzejewicz,
Ludwika [née Chopin]）120, 123, 141
耶拿（Jena）322, 362-363, 432
叶卡捷琳娜大帝[俄国女皇]（Catherine the
Great, Russian Empress）260, 290
叶莲娜·帕夫洛夫娜[俄国女大公]（Elena
Pavlovna, Grand Duchess of Russia）269,
304-305
《一年到头》[杂志]（All the Year Round）172
伊凡诺夫，亚历山大（Ivanov, Alexander）
215

伊弗茨海姆马场（Iffezheim racecourse）261-262
伊拉迪尔，塞瓦斯蒂安（Iradier, Sebastián）365
伊莲娜·帕斯凯维奇［公主］（Paskévitch, Princess Irène）398
伊莎贝拉二世［西班牙王后］（Isabella II, Queen of Spain）290
伊斯兰（Islam）68
伊斯梅尔帕夏，赫迪夫［埃及］（Isma'il Pasha, Khedive of Egypt）446
艺术市场（art market）：当代艺术（contemporary art）58-65, 192, 194-199, 347-352, 378-387；俄罗斯绘画（Russian painting）371-374；个人展（one-man exhibitions）197-199, 288, 373, 385, 481；收藏作为投资（collecting as investment）62-65；西班牙绘画（Spanish painting）27, 61, 366；肖像（portraiture）58-59, 196, 372, 374, 382；赝品（forgeries）61, 375-376；"老大师"（Old Masters）59, 61-62；印刷与复制（prints and reproductions）64-65, 199-203, 385, 447, 448-449
艺术书籍（art books）203, 447-450
艺术杂志的成长和发展（art periodicals, growth and development of）449
易卜生，亨里克（Ibsen, Henrik）404, 475；《群鬼》（Ghosts）404-405
驿站（stagecoaches）3, 39, 42, 148-149
意大利复兴运动（Risorgimento），见"意大利统一"
意大利剧院［歌剧公司］（Théâtre Italien [opera company]）13-14, 26-31, 175, 241, 286, 438
意大利统一（Italian unification）102, 161, 168-169, 240, 340, 432, 439
音乐出版（music publishing）91-92, 94-95, 98-105, 115, 137, 273, 278-279, 437, 441-443：版权与知识产权法（copyright and intellectual property laws）14, 94, 99-100, 102, 105, 169, 175, 437, 440
《音乐法国》［期刊］（France musicale, La）137, 281
《音乐广讯报》（Allgemeine Musikalische Zeitung）92, 109, 321
音乐会的欧洲经典曲目的建立（concert repertoire, establishment of European canon）435-437
音乐家联盟（unions, musicians）115, 276
音乐节（music festivals）45, 109-110, 115-116, 243, 247, 278, 455
《音乐世界》［期刊］（Musical World, The）124
音乐厅（music halls）277-279, 347
音乐学院演奏协会（Société des Concerts du Conservatoire）108-110
印度支那战争［1858—1862年］（Indochina, French campaigns [1858–1862]）277
印刷，另见"图书贸易：生产过程""平版印刷""报纸：印刷与生产"
印象派（Impressionists）：展览（exhibitions）349-350, 373-374, 378-380, 382, 384, 481；名声、销售与收藏（reputation, sales and collecting）65, 349-350, 376, 378-386, 476；技巧与方法（techniques and methods）376-377, 380, 382
《英国评论季刊》（British Quarterly Review）402-403
英国圣公会（Anglicanism）237, 337-338
英吉利海峡（English Channel, crossings）40,

索引

219

邮件寄送(mail delivery)42, 159-160, 385, 414

邮政服务(postal services),见"邮件寄送"

邮政总联盟(Universal Postal Union [1875])414

《游吟诗人》[期刊](*Ménestrel, Le*)35

于斯曼斯,约里斯—卡尔(Huysmans, Joris-Karl)422

雨果,维克多(Hugo, Victor):职涯和财务(career and finances)题记,164, 170, 408;(musical interests)109;支持知识产权(support for intellectual property rights)167, 408;流放到海峡群岛(exile in Channel Islands)241, 3333, 408;晚年(later life)372, 408-409, 420, 422-423, 427;逝世和葬礼(death and funeral)424-426, 431;纪念活动和死后名声(commemoration and posthumous reputation)427-429, 457;谈欧洲团结(on European unity)240-241;谈铁路(on railways)1, 41;《秋叶集》(*Feuilles d'automne*)164;《悲惨世界》(*Les Misérables*)174, 185, 408;《巴黎圣母院》(*Notre-Dame de Paris*)90;《颂诗和歌谣》(*Odes et ballades*)164;《国王寻欢》(*Le Roi s'amuse*)155

《远足者》[杂志](*Excursionist, The*)227

约阿希姆,约瑟夫(Joachim, Joseph)111n

约翰森,奥古斯特(Johansen, August)293

约瑟芬[法国皇后](Josephine, Empress of the French)377

约瑟夫·登特(Dent, Joseph)451

约瑟夫·帕克斯顿[爵士](Paxton, Sir Joseph)152

Z

再洗礼派起义[1534—1535年](Anabaptist uprising)133

泽西岛(Jersey)241, 333

扎尔托里斯基,亚当[王子](Czartoryski, Prince Adam)141

詹姆斯,亨利(James, Henry)329, 403, 475;关于印象派画家(on Impressionists)380;谈保琳娜·维亚尔多(on Pauline Viardot)360-361;关于屠格涅夫(on Turgenev)184, 359, 387-388, 403, 475;《小说的艺术》(*The Art of Fiction*)380;《欧洲人》(*The Europeans*)题记,388n;《小说之家》(*The House of Fiction*)475;《新英格兰:秋天的印象》("New England: An Autumn Impression")380

照相(photography):发展(development of)86, 186-188, 447-448;影响(impact and influence)47, 184;与文学(and literature)158-159, 184, 188-190;与绘画风格和技巧(and painting styles and techniques)190-193, 196-197;作为艺术品(as artworks)193;艺术品的复制(reproduction of artworks)197-199, 203, 385, 447-449

照相凹版(photogravure)448

照相平版(photolithography)448

《箴言报》[期刊](*Moniteur, Le*)35, 266n

蒸汽船和轮船(steamships and steamboats)43, 232-233, 235, 327, 440, 444, 479

知识产权(intellectual property),见"版权与知识产权"

中国风(chinoiserie)275, 277

朱利安,路易—安托万(Jullien, Louis-Antoine)111, 121, 275, 344

壮游（Grand Tour）63, 219, 224, 232-233, 235, 237

兹拉塔文库［丛书］（Zlata Library）454

自然主义（Naturalism）395-396, 402, 404

自由女神像（Statue of Liberty）407

《祖国纪事》［期刊］（Annals of the Fatherland）72, 126, 127, 137, 393

《最后的巫师》［轻歌剧］（Le Dernier Sorcier / Letzte Zauberer, Der）279-283, 293, 320-322, 331

左拉，埃米尔（Zola, Émile）：职涯和财务（career and finances）170, 382, 387, 391-396, , 407-408；译本和国际名声（translated editions and international reputation）391-394, 402, 405-406；与屠格涅夫的关系（relations with Turgenev）288, 381, 387, 391-392, 399；与福楼拜的逝世（and death of Flaubert）422-423；参加屠格涅夫的告别式（at Turgenev's farewell service）466；在先贤祠下葬（burial in Panthéon）426；作为文学经典之一（as part of literary canon）457；谈世博会（on Exposition Universelle）407；谈福楼拜（on Flaubert）172；谈乔治·桑（on George Sand）393；谈雨果（on Hugo）408；谈金钱（on money）题记；谈绘画（on painting）191, 203, 288, 372, 381-382, 392；《克劳德的忏悔》（La Confession de Claude）170；《萌芽》（Germinal）406；《金钱》（Money）385；《文学中的金钱》（"Money in Literature"）题记；《我们的画家在战神广场上》（"Nos peintres au Champ-de-Mars"）203；(Rougon-Macquart series）382, 394-395, 407；《给尼侬的故事》（Tales for Ninon）392；《特蕾莎·拉甘》（Thérèse Raquin）392

作家和剧作家协会（Société des Auteurs et Compositeurs Dramatiques）167

理想国译丛
imaginist [MIRROR]

001 没有宽恕就没有未来
　　[南非] 德斯蒙德·图图 著
002 漫漫自由路：曼德拉自传
　　[南非] 纳尔逊·曼德拉 著
003 断臂上的花朵：人生与法律的奇幻炼金术
　　[南非] 奥比·萨克斯 著
004 历史的终结与最后的人
　　[美] 弗朗西斯·福山 著
005 政治秩序的起源：从前人类时代到法国大革命
　　[美] 弗朗西斯·福山 著
006 事实即颠覆：无以名之的十年的政治写作
　　[英] 蒂莫西·加顿艾什 著
007 苏联的最后一天：莫斯科，1991年12月25日
　　[爱尔兰] 康纳·奥克莱利 著
008 耳语者：斯大林时代苏联的私人生活
　　[英] 奥兰多·费吉斯 著
009 零年：1945 现代世界诞生的时刻
　　[荷] 伊恩·布鲁玛 著
010 大断裂：人类本性与社会秩序的重建
　　[美] 弗朗西斯·福山 著
011 政治秩序与政治衰败：从工业革命到民主全球化
　　[美] 弗朗西斯·福山 著
012 罪孽的报应：德国和日本的战争记忆
　　[荷] 伊恩·布鲁玛 著
013 档案：一部个人史
　　[英] 蒂莫西·加顿艾什 著
014 布达佩斯往事：冷战时期一个东欧家庭的秘密档案
　　[美] 卡蒂·马顿 著
015 古拉格之恋：一个爱情与求生的真实故事
　　[英] 奥兰多·费吉斯 著
016 信任：社会美德与创造经济繁荣
　　[美] 弗朗西斯·福山 著
017 奥斯维辛：一部历史
　　[英] 劳伦斯·里斯 著
018 活着回来的男人：一个普通日本兵的二战及战后生命史
　　[日] 小熊英二 著
019 我们的后人类未来：生物科技革命的后果
　　[美] 弗朗西斯·福山 著

020	奥斯曼帝国的衰亡：一战中东，1914—1920
	［英］尤金·罗根 著
021	国家构建：21世纪的国家治理与世界秩序
	［美］弗朗西斯·福山 著
022	战争、枪炮与选票
	［英］保罗·科利尔 著
023	金与铁：俾斯麦、布莱希罗德与德意志帝国的建立
	［美］弗里茨·斯特恩 著
024	创造日本：1853—1964
	［荷］伊恩·布鲁玛 著
025	娜塔莎之舞：俄罗斯文化史
	［英］奥兰多·费吉斯 著
026	日本之镜：日本文化中的英雄与恶人
	［荷］伊恩·布鲁玛 著
027	教宗与墨索里尼：庇护十一世与法西斯崛起秘史
	［美］大卫·I. 科泽 著
028	明治天皇：1852—1912
	［美］唐纳德·基恩 著
029	八月炮火
	［美］巴巴拉·W. 塔奇曼 著
030	资本之都：21世纪德里的美好与野蛮
	［英］拉纳·达斯古普塔 著
031	回访历史：新东欧之旅
	［美］伊娃·霍夫曼 著
032	克里米亚战争：被遗忘的帝国博弈
	［英］奥兰多·费吉斯 著
033	拉丁美洲被切开的血管
	［乌拉圭］爱德华多·加莱亚诺 著
034	不敢懈怠：曼德拉的总统岁月
	［南非］纳尔逊·曼德拉、曼迪拉·蓝加 著
035	圣经与利剑：英国和巴勒斯坦——从青铜时代到贝尔福宣言
	［美］巴巴拉·W. 塔奇曼 著
036	战争时期日本精神史：1931—1945
	［日］鹤见俊辅 著
037	印尼 Etc.：众神遗落的珍珠
	［英］伊丽莎白·皮萨尼 著
038	第三帝国的到来
	［英］理查德·J. 埃文斯 著

039　当权的第三帝国
　　　[英] 理查德·J. 埃文斯 著

040　战时的第三帝国
　　　[英] 理查德·J. 埃文斯 著

041　耶路撒冷之前的艾希曼：平庸面具下的大屠杀刽子手
　　　[德] 贝蒂娜·施汤内特 著

042　残酷剧场：艺术、电影与战争阴影
　　　[荷] 伊恩·布鲁玛 著

043　资本主义的未来
　　　[英] 保罗·科利尔 著

044　救赎者：拉丁美洲的面孔与思想
　　　[墨] 恩里克·克劳泽 著

045　滔天洪水：第一次世界大战与全球秩序的重建
　　　[英] 亚当·图兹 著

046　风雨横渡：英国、奴隶和美国革命
　　　[英] 西蒙·沙玛 著

047　崩盘：全球金融危机如何重塑世界
　　　[英] 亚当·图兹 著

048　西方政治传统：近代自由主义之发展
　　　[美] 弗雷德里克·沃特金斯 著

049　美国的反智传统
　　　[美] 理查德·霍夫施塔特 著

050　东京绮梦：日本最后的前卫年代
　　　[荷] 伊恩·布鲁玛 著

051　身份政治：对尊严与认同的渴求
　　　[美] 弗朗西斯·福山 著

052　漫长的战败：日本的文化创伤、记忆与认同
　　　[美] 桥本明子 著

053　与屠刀为邻：幸存者、刽子手与卢旺达大屠杀的记忆
　　　[法] 让·哈茨菲尔德 著

054　破碎的生活：普通德国人经历的20世纪
　　　[美] 康拉德·H. 雅劳施 著

055　刚果战争：失败的利维坦与被遗忘的非洲大战
　　　[美] 贾森·斯特恩斯 著

056　阿拉伯人的梦想宫殿：民族主义、世俗化与现代中东的困境
　　　[美] 福阿德·阿贾米 著

057　贪婪已死：个人主义之后的政治
　　　[英] 保罗·科利尔　约翰·凯 著

058 最底层的十亿人：贫穷国家为何失败？
　　［英］保罗·科利尔 著
059 坂本龙马与明治维新
　　［美］马里乌斯·詹森 著
060 创造欧洲人：现代性的诞生与欧洲文化的形塑
　　［英］奥兰多·费吉斯 著